Nach einer photograph. Aufnahme von W. Höffert.

Prinzessin Marie von Sachsen-Meiningen.

Protektorin der Pestalozzi-Heine-Stiftung im Herzogtum Sachsen-Meiningen.

Thüringen

in Wort und Bild.

Herausgegeben von den

Thüringer Pestalozzivereinen.

Mit etwa 150 Abbildungen.

ALLE KRAFT IST WILLE

Berlin.
Verlag von Julius Klinkhardt.
1900.

Unveränderter Nachdruck der
Ausgabe des Verlag von
Julius Klinkhardt, Berlin 1900
durch Weltbild Verlag GmbH, Augsburg 1998
Gesamtherstellung: Wiener Verlag, Himberg bei Wien
Printed in Austria
ISBN 3-86047-919-9

Vorwort.

Wenn irgend ein Teil unseres deutschen Vaterlandes verdient, durch Wort und Bild verherrlicht zu werden, so ist es unser Thüringen. Eine Natur von seltener Lieblichkeit und Mannigfaltigkeit, eine bis in die ältesten Zeiten des Germanentums zurückreichende, vielfach von dem Schleier der Sage umwobene Geschichte, dazu eine Bevölkerung von schlichtem, geradem Wesen und tiefem Gemüt, begeistert für Kunst und Wissenschaft und dabei eifrig bemüht, durch Erzeugnisse regen Gewerbfleißes an dem Wettbewerb der Völker in hervorragendem Maße teilzunehmen — das sind die Eigentümlichkeiten, die nicht nur dem Thüringer selbst seine Heimat so lieb und wert machen, sondern auch bewirken, daß Thüringen von Fremden gern und immer wieder aufgesucht wird.

Durch das vorliegende Werk „Thüringen in Wort und Bild" sollen die Eigenartigkeiten und Schönheiten Thüringens, sowie das Leben und Treiben, die Sitten und Gebräuche seiner Bewohner in schlichter, volkstümlicher Weise dargestellt werden, einesteils, um dadurch dem Thüringer selbst seine Heimat nur noch lieber und werter zu machen, andernteils aber auch, um den Fremden, die in Thüringens herrlichen Wäldern und Auen Erholung oder Genesung gefunden haben, ein Erinnerungszeichen zu bieten, das ihnen immer und immer wieder lebhaft vor die Seele stellt, was sie hier erfreut und erquickt hat.

Dürfte schon dadurch dem Buche überall eine freundliche Aufnahme gesichert sein, so vielleicht nicht minder durch den Umstand, daß es den Thüringer Pestalozzi-Vereinen eine Einnahmequelle eröffnen wird.

Die Beiträge für das Buch, die teils im Gewande der Wissenschaftlichkeit erscheinen und die Früchte eingehender Quellenstudien und fachmännischer Einsicht sind, teils in Form und Inhalt mehr der Auffassungskraft des schlichten Mannes entsprechen, haben fast ausschließlich Thüringer Lehrer, und zwar vom Volksschullehrer bis zum Professor der Hochschule, zu Verfassern; einige Beiträge verdanken wir der Güte solcher Männer, die zwar selbst nicht Lehrer sind, aber zum Lehrerstande stets die freundschaftlichsten Beziehungen unterhalten haben.

Und in so großer Menge sind uns die Beiträge zugegangen, daß es gar nicht möglich war, sie alle in diesem Bande zu vereinigen; eine große Anzahl mußte für einen zweiten Teil zurückgestellt werden. Wenn deshalb auch das in dem vorliegenden Bande von Thüringen gegebene Bild als ein umfassendes nicht angesehen werden kann, so wird doch die hier gebotene Mannigfaltigkeit und Vielgestaltigkeit das Charakteristische unseres mit Recht so viel gerühmten Heimatlandes zu voller Geltung bringen.

Die zahlreichen Illustrationen, zumeist nach Originalphotographien und Handzeichnungen für das Thüringbuch erst hergestellt, werden das Verständnis des Inhalts unterstützen und das Auge des Lesers erfreuen.

Wenn auch das Buch kein Lehrbuch im eigentlichen Sinne des Wortes sein soll, so wird es doch neben der Unterhaltung auch zur Belehrung und zur Belebung des Unterrichts in Schule und Haus mit Erfolg benutzt werden können. Möge es daher seinen Einzug halten in die verschiedensten Kreise und auch in die Schul- und Volksbibliotheken; möge es aber vor allem ein gern gesehener Gast in der Familie werden und überall dem Zwecke dienen, zu dem es geschrieben ward, nämlich Liebe zu pflanzen und Liebe zu pflegen bei Jungen und Alten zu Fürst, Volk und Vaterland!

Die Herausgeber.

Schirme dich allezeit Gott, lieblicher Thüringer Wald!

Endlich umfängest du mich, Rauschwald, mit schattiger Kühlung,
Wehest mit würzigem Duft freundlich den Wanderer an,
Der, des Werktags Gewirr und hastendes Treiben verlassend,
Sehnenden Auges zu dir wendet den eilenden Fuß!
Schwingt euch leichtlich herbei, ihr geflügelten Sänger des Waldes,
Stimmet in freudigem Chor himmlische Hymnen mir an!
Meine Seele hat lange nach eurem Sange geschmachtet,
Löset mit lieblichem Laut lindig vom Herzen den Druck!
Schwellendes Moos umher, du ladest am gluckernden Bergquell,
Welcher dem Felsen entströmt, freundlich zu rasten mich ein!
Über dem nickenden Farn hintanzen die leichten Libellen,
Und in silberner Flut spiegelt sich lachend der Tag.
All' mein Sorgtum werf' ich auf euch, ihr wandernden Wellen,
Traget es eilends dahin, tragt es zum brausenden Meer!
Frohgesinnet ergreif' ich wieder den Stecken und wand're;
Auf gewundenem Pfad klimm' ich die Höhe hinan,
Und je höher ich steige, je leichter wird mir's im Herzen,
Und ein glücklich' Gefühl sproßt in dem Busen mir auf.
Steiler wird jetzo der Steg, und voller drängt sich der Lichtstrom
Durch das breite Geäst knorriger Föhren hindurch,
Mit verhaltenem Atem betret' ich die luftige Lichtung,
Die dem berauschten Blick zaubert das lieblichste Bild.

Weitab streckt sich das Land, der Gefilde üppiger Reichtum,
Wogend in goldiger Pracht, grüßt zu den Höhen herauf.
Ragende Schlösser umher mit blitzenden Zinnen und Fenstern,
Thronend auf stattlicher Höh', künden gar sinnige Mär
Von manch' minniger Maid und entschwundener Tage Bedeutung,
Künden von frohem Gelag', künden von blutigem Strauß.
Weithin erglänzen die Dächer von lieblichen Flecken und Städten,
Die nun von Jahr zu Jahr dehnt der gewerbliche Fleiß.
Riesigen Schlöten entsteigt wild-hastig ein lodernder Glutstrom,
Unter der Hämmer Gedröhn winden sich Kupfer und Stahl.
Wie ein schnaubender Drache hinstürmt mit Gedonner das Dampfroß,
Weißliche Wölkchen umwehn wallend den ehernen Leib.
Fernher kommt es gezogen, von ferner Meere Gestade,
Da unermeßliche Fracht landet das ankernde Schiff.
Jetzo mündet es ein in des Thales liebliche Pforte,
Während vor Staunen stumm lauscht der erbebende Wald.
Ächzend und stöhnend und schwer, doch mit gemäßigter Eile
Stampft es am Berghang hin, jegliche Windung des Thals
Treu nachahmend und so die Steigung glücklich besiegend,
Bis jähstürzend ein Berg wehret dem Weiterhinauf.
Wie ein gewaltiger Recke erhebt er sich dräuend und trotzig,
In der gefurchten Stirn wohnet der finstere Groll,
Zackiger Felsen Gegürt umschließt seine mächtigen Lenden,
Rinnender Quellen Gestäub netzt ihm die felsige Brust.
Aber nun siehe! Herbei aus allen Ecken und Enden
Strömet ein winzig Geschlecht, welches den Riesen zum Kampf
Fordert und herrlich bezwingt durch die Freundschaft gütiger Götter.
Mit durchschossener Brust decket die Wahlstatt der Held,
Nicht mehr hemmend die Bahn, wo im Drange geflügelten Laufes
Stolz das Dampfroß treibt, dienend dem Wohle des Zwergs.
Mit erneuerter Kraft anstürmt es gegen die Felswand,
Die zum granitenen Thor mächtig gewölbet die Kunst.
Seitlich schäumet der Bach, in geordnete Bahnen gezwungen,
Dumpf, mit verborgener Wut spritzet er milchichten Gischt.
Plötzlich ertönet ein Pfiff, daß rings die Lüfte erzittern,
Und das eherne Roß stürzt in den finsteren Schlund. —
Sinnend nun stehest du da, solch' rühmlich' Schauspiel bewundernd,

Während in duftigem Blau rüttelnd ein Falke sich wiegt. —
Siehe, da tritt es heraus an jener Seite des Berges,
Und ein anderes Thal thuet sich lachend ihm auf.
Leichter rollen die Räder, es fliegen in stürmischer Eile
Rodung und Pflanzung und Schacht, Hütten und Herden vorbei.
Glück auf die Reise! Ich muß dich segnen, du flüchtiger Renner,
Der du das Menschengeschlecht leichter dem Menschen gesellst,
Fremder Zungen Gemisch und der Geister verständigen Austausch
Freundlich förderst und schnell, der du in friedlichem Streit
Handel und Wandel belebst und der Künste gediegenes Schaffen.
Sei mir gesegnet stets, Bote des göttlichen Lichts!
Mögen die Narren nun auch in thöricht-finst'rer Verblendung
Hassen und schmähen die Zeit, welche so Großes erschuf,
Mögen sie toben und schrein und in selbstsuchtstarrer Verbindung
Hemmen und stören die Macht, welche die Geister befreit:
Wahr ist es dennoch und bleibt's, daß die Welt und die Menschen sich stetig
Aufwärtsrecken zum Licht, wenn auch mit Ringen und Kampf.
Während ich also sinne, versinket gemächlich die Sonne,
Und ein flammendes Rot säumt den erglühenden West,
Goldige Schleier umflattern des Waldes wogende Wipfel,
Und in rosiger Glut leuchtet der schimmernde Fels.
Siehe, da tritt eine Schar breithörniger Hirsche zur Lichtung,
Witternd und äugend zugleich schreitet das leitende Tier,
Während in munterm Getänz die zierlichen Zicken sich regen,
Welche in liebender Lust säuget die äsende Kuh.
Leise nun steig' ich zu Thal, dies friedliche Bild nicht zu stören,
Und der geschwätzige Bach leitet mich sicher hinab.
Aber im Gehen noch breit' ich segnend die Hände und rufe:
„Schirme dich allezeit Gott, lieblicher Thüringer Wald!'

Zentgraf, Gotha.

Die Wartburg.

„Erspart bleibt fürder, willst du Schönheit schauen,
Die Pilgerfahrt nach welschem Land und Meer,
Wetteifernd mit dem Besten aller Gauen,
Prangt hier ein Kleinod, kunstdurchglänzt und hehr;
Gleich einem jener Marmorprachtpaläste,
Entstiegen aus Venedigs Meeresschoß,
Hebt sich Thüringens jungfräuliche Feste
Auf deutschem Berge säulenschlank und groß.
Statt Salzflutwogen rauscht um ihre Mauern
Der Eichen und der Buchen flüsternd Schauern."
Scheffel.

Ein Wallfahrtsort ist die Wartburg in Wahrheit geworden. Ihr Name weckt in den Herzen nicht nur der Thüringer, sondern aller Deutschen die hehrsten und heiligsten Empfindungen, und viele Tausende pilgern alljährlich hinauf zur waldigen Höhe. In schönen Frühlingstagen, wenn rings der Wald im mannigfachsten Grün prangt, in heißen Sommertagen, wenn hier oben die reine Waldesluft erquickend und belebend weht, in klaren Herbstestagen, wenn des Waldes Blätterschmuck vor seinem Abschied noch in bunter Farbenpracht erglüht, dann blühet hier ein frisches, frohes Wanderleben, dann zieht's und singt's auf allen Wegen zu der Burg hinan, und Schar auf Schar wallt durch das alte Thor und schaut mit Ehrfurcht die geweihten Hallen. Ja, es ist gewiß: unter all den Burgen und prächtigen Schlössern, die auf deutscher Erde stehen, ist doch keine, die so eng mit dem deutschen Gemüte verbunden ist, die mit so unwiderstehlicher Gewalt den Fuß der Deutschen zu sich heranzieht, die mit so innerer Erhebung und so trautem Heimatgefühl betreten wird, wie die Wartburg. — Was aber ist es, das ihr diese Macht verleiht? Worin liegt die geheimnisvolle Kraft ihres Zaubers? —

Willst du, Wandrer, Antwort finden, so komme und schaue es selbst, wie sie frei und stolz, gleich einer Königin, über rauschender Waldesherrlichkeit thront, wie sie — bist du erst in ihren Gesichtskreis getreten — mit hellen Augen zu dir herüberblickt, dich von Höhe zu Höhe begleitet und auf verschlungenen Waldespfaden zu ihrem Felsenthrone leitet. Und welch herrliches Landschaftsbild breitet sich hier oben vor den Blicken aus! Die Berge des Thüringer Waldes schlingen ihre grünen Arme ineinander. Es wallet und woget zu deinen Füßen wie Meereswellen, und dein Auge hängt trunken an dem satten Grün und der wundersamen Gliederung. Hier zackige Felsen und tiefe Schluchten, dort grüne Matten und freundliche Thäler. Hoch über allen Wellenhäuptern aber reckt sich breit und hoch der Inselsberg heraus. Und drüben überm Waldmeer blicken die vorgeschobenen Rhönkegel: der Öchsen, der Dietrichsberg und der Baier, zu uns herüber.

Wie friedlich ruht dort das Dörfchen Stedtfeld im Wiesengrunde des lieblichen Hörselthales, während dahinter der scharfrückige Kielforst und der turmgeschmückte Heldrastein zur Werra abstürzen und in verschleierter Ferne der massige Meißner sich erhebt. Hier lehnt sich fruchtbares Hügelland an die waldige Höhe des Hainich an, und dort winkt von Osten her der kahle Rücken des sagenumwobenen Hörselberges, während der Blick bis zu den Gleichen und weiter bis zum Ettersberg bei Weimar schweift. Drunten aber am Fuße des Wartberges hat sich die lebensfrohe und thätige Stadt Eisenach gelagert und schmiegt sich zärtlich wie ein Kind an der Mutter hohen Bergsitz.

Nach einer photogr. Aufnahme von Sophus Williams, Berlin.

Die Wartburg.

Nun, da dein Auge die wunderbare Schönheit des Rundblicks genossen, wirst du das Wort, das die Sage dem Erbauer der Wartburg in den Mund legt, verstehen. Ein Wild verfolgend, war Graf Ludwig der Springer auf diese Höhe gelangt, und voll Entzücken über die herrliche Aussicht und die vorzügliche Lage des Berges rief er die Worte aus: „Wart', Berg, du sollst mir eine Burg werden!“ Graf Ludwig war ein kluger Herr, und so erkannte er sofort, daß die schroffabstürzenden Wände eine auf dem Berge stehende Burg fast uneinnehmbar machen müßten. Darum zögerte er auch nicht lange, seine Absicht auszuführen. Dabei stieß er jedoch auf eine große Schwierigkeit; denn die Herren von Frankenstein, die auch Eigentümer des benachbarten Metilsteins waren, erklärten den Berg als zu ihrem Besitz gehörig und erhoben Klage gegen Ludwig. Der richterliche Schiedsspruch lautete dahin, daß Ludwig mit zwölf Rittern sein Recht auf den Berg beschwören sollte. Der schlaue Graf wußte sich auch hier zu helfen. In dunkler Nacht wurden Körbe voll Erde aus seinem Besitztum auf den Berg geschafft, und nun — die Schwerter in die Erde stoßend — schwur er mit seinen Eideshelfern, daß er auf eignem Grund und Boden stehe. So ward ihm der Berg zugesprochen. Um diese Zeit trat eine Hungersnot ein; da nun Ludwig große Getreidevorräte hatte, waren tausend Hände gern bereit, am Bau der Wartburg zu helfen, um nur das tägliche Brot zu verdienen. In drei Jahren schon (1067—1070) war die stolze Feste mit Türmen und Zinnen errichtet. Sie wurde nun der Sitz der Landgrafen von Thüringen und erlebte unter Ludwigs Nachfolgern Tage voll Glanz und Herrlichkeit. Das gilt vor allem von der Regierungszeit Hermanns I., jenes kunstbegeisterten Fürsten, der an seinem Hofe die bedeutendsten Dichter seiner Zeit versammelte, einen Reinmar Zweter, einen Biterolf, einen Heinrich

Nach einer photograph. Aufnahme von Sophus Williams, Berlin.

Der Hofraum der Wartburg.

von Ofterdingen, einen Walther von der Vogelweide und vor allen den ernsten Wolfram von Eschenbach, der auf der Wartburg den „Parzival" dichtete und von Hermann Anregung und Stoff zum „Willehalm" erhielt. Es sind die Minnesänger, die, wie die Sage erzählt, an dem „Sängerkrieg auf der Wartburg" beteiligt waren. Das waren hohe Zeiten. Da rauschten die Harfen in Hof und Saal, da erklangen süße Minnelieder, da hallte Palast und Saal von frohen Festen wieder. Wie gastfrei der Landgraf war, das sagt uns Walther von der Vogelweide:

„Der Landgraf hat so milden Mut,
Daß er mit stolzen Helden, was er hat, verthut,
Davon ein jeder wohl als Kämpe stände,
Mir ist sein hohes Thun wohl kund:
Und gält ein Fuder guten Weines tausend Pfund,
Doch niemand leer der Ritter Becher fände."

Dieses weltliche Treiben wurde abgelöst von dem Geiste frommer Schwärmerei. Es war im Jahre 1211, als in die Thore der Wartburg ein liebliches Kind von vier Jahren in silberner Wiege einzog. Es war Elisabeth, die ungarische Königstochter, die mit Ludwig, dem 11jährigen Sohn Hermanns, verlobt war und auf der Wartburg erzogen werden sollte. Wie hat die fromme Sage das kurze aber reiche Leben dieser Landgräfin so herrlich ausgeschmückt! Als ein Segensengel wandelte sie unter der leidenden Menschheit, als ein Ideal christlicher Demut und Milde brachte sie in die Hütten der Armut und Krankheit nicht bloß leibliche Erquickung, sondern auch die Rosen der Liebe, den süßen Trost des Mitgefühls, die milde Pflege ihrer sanften Hand. Und mit ihr wetteiferte ihr Gatte in Werken der Liebe und Barmherzigkeit.

Nach einer photograph. Aufnahme von Sophus Williams, Berlin.

Das Landgrafenzimmer (Wartburg).

Aber der fromme Wahn, der mit diesen Werken Hand in Hand ging, riß beide Gatten auch frühzeitig auseinander und trieb den Landgrafen, am Kreuzzuge nach dem heiligen Lande teilzunehmen.

Mit dem jähen Tode, der Ludwig IV. schon in Italien hinwegriß, fangen für die Wartburg die trüben Tage an.

Tief ergreifend gestaltet sich Elisabeths Los. In rauher Winterszeit mit ihren vier Kindern von der Wartburg vertrieben, muß sie selbst in bittrer Armut leben und beschließt schon mit 24 Jahren in schlichter Zelle zu Marburg ihr tugendreiches, streng asketisches Leben. — Die kaiserlose, die schreckliche Zeit Deutschlands ist auch für die Wartburg eine Zeit der Verwirrung und des Schreckens gewesen. Der neunjährige Erbfolgekrieg zwischen Heinrich dem Erlauchten, einem Enkel Hermanns, und Sophia, der Tochter Elisabeths, tobte um ihre Mauern. Wohl kamen wieder ruhige

Tage, aber wie dem deutschen Reiche nach dem Untergang der Hohenstaufen die alte Herrlichkeit nicht wiederkehrte, so wollte auch auf der Wartburg, nachdem Albrecht der Unartige seine Gemahlin Margarete, die letzte Hohenstaufin, verstoßen, nachdem sie in bitterstem Mutterschmerz sich durch nächtliche Flucht der Mörderhand entzogen hatte, die alte Pracht nicht wiederkommen. Vollends öde und still wurde es in den Hallen, als die Wartburg (1400) aufhörte, Fürstensitz zu sein.

Ein Jahrhundert ist vergangen, es ist am 4. Mai 1521. Da wird die Stille der Burg um Mitternacht plötzlich rauh unterbrochen: die Zugbrücke rasselt nieder, das Thor thut sich auf, und im Fackelscheine sprengt ein Reitertrupp herein, einen Gefangenen mit sich führend. Ein Mönchlein ist's; das Angesicht ist hager und bleich, doch hoher Seelenmut strahlt aus den tiefen Augen. Martin Luther ist's, der kühne Gottesstreiter, dem der weise Kurfürst Friedrich hier trotz Papstes Bann und Kaisers Acht ein traut Asyl bereitet hat. Hier sitzt er nun in einsamer Zelle; doch unthätig kann sein rastloser Geist nicht sein. Die Feder ist sein Schwert, und wie ein echter „Junker Jörg" führt er von seinem „Patmos" aus den Kampf mit dem Drachen der römischen Lüge und Tyrannei unerschrocken weiter. Ja, er holt hier zum mächtigsten Streiche aus, indem er die Bibel ins Deutsche übersetzt und so dem Gotteswort die Schwingen löst, daß es, Wahrheit verkündend, in alle deutschen Herzen dringen kann. Ein großes Werk, das nicht nur ein neues Glaubenslicht entzündete, sondern dem Vaterlande auch eine einheitliche Sprache gab, ein einigendes Band, ein kostbar Gut für die nächsten Jahrhunderte deutscher Zerrissenheit und Zerfahrenheit. — Wie das Reich, so war auch die Wartburg zerfallen. Doch vergessen war die Stätte herrlicher, ruhmvoller Vergangenheit nicht. Wenn die Sehnsucht nach alter, deutscher Herrlichkeit nach Ausdruck verlangte, wenn es galt, sich der ererbten idealen Güter bewußt zu werden, dann wurde die Wartburg aufgesucht. So auch, als zum dreihundertjährigen Reformationsjubiläum am 18. und 19. Oktober 1817 die Burschenschafter ein Dank- und Freudenfest hier oben abhielten. Damals wurde in den jungen Herzen auch das Ideal eines freien und einigen Vaterlandes entzündet. Jene großen Gedanken der vaterländischen Einheit und Freiheit, die allmählich eine neue Zeit heraufführten, waren es, die auch die späteren Studentenversammlungen auf der Wartburg begeisterten; sie waren es,

Karl Alexander.

die auch im Jahre 1847 die 1400 auf der Wartburg versammelten Sänger entflammten. Bevor aber noch diese Ideale in der Wiedergeburt des deutschen Reiches zur glorreichen Wirklichkeit gediehen waren, hatte die alte Pracht der Wartburg eine glänzende Auferstehung erfahren. Den jetzigen Schirmherrn der Burg, Großherzog Karl Alexander, hatte es schon als Jüngling mit tiefer Betrübnis erfüllt, daß das Schloß seiner ruhmvollen Ahnen, diese von der Sage so blütenreich ausgeschmückte Stätte, die mit ihren weihevollen Erinnerungen so eng mit den bedeutendsten Perioden unserer deutschen Kulturgeschichte verbunden ist, teils schon dem Verfalle preisgegeben, teils von unverzeihlichster Geschmacklosigkeit entstellt war. Ein Denkmal von so hoher geschichtlicher Bedeutung und poetischer Weihe zu erhalten, erschien dem edlen,

Nach einer photograph. Aufnahme von Sophus Williams, Berlin.

Die Sängerlaube (Wartburg).

patriotischen und kunstsinnigen Fürsten eine hehre vaterländische Pflicht. So faßte er denn den Entschluß, „die Wartburg möglichst treu in ihrer früheren Gestalt wiederherzustellen, damit sie ein Bild gebe zunächst von ihrer Glanzperiode im 12. Jahrhundert als Sitz mächtiger, kunstliebender Landgrafen und als Kampfplatz der großen deutschen Dichter des Mittelalters, und dann später im Anfange des 16. Jahrhunderts als Asyl Dr. M. Luthers und als die Stelle, von der der große Glaubenskampf ausging.“ Eine große und schöne, aber auch eine schwere Aufgabe. Doch im Verein mit ebenso begeisterten wie kunstverständigen Beratern und ebenso eifrigen wie genialen Künstlern wurden alle Schwierigkeiten überwunden. Und wie meisterhaft wurde das Werk, das im Jahre 1847 unter der Oberleitung des Hofbaurats H. v. Ritgen aus Darmstadt in Angriff genommen worden war, durchgeführt! Das noch Vorhandene wurde pietätvoll erhalten, das Verfallene ließ man in seiner Urgestalt neu erstehen und das schon Erstandene durch den Zauber der Kunst verklären. So steht die Wartburg wieder da in altem Glanze, ein hellstrahlend Bild, aus dem Dunkel der Vergangenheit hervorgezaubert, ein wahres Kunstwerk. Da steht sie wieder, wie einst, in Vorburg und Hofburg geteilt. Von der zinnengekrönten Bastei führt der Weg über die Zugbrücke, durch das alte dunkle Thorgewölbe in den Hof der Vorburg, die mit dem Ritterhaus in Stil und Einrichtung des 16. Jahrhunderts erhalten ist. Dort laufen links und rechts die Verteidigungsgänge (Letzen) den Hof entlang, der rechte an die Flucht der unglücklichen Margarete erinnernd und nach ihr „Margaretengang“ geheißen. Durch die Thorhalle, welche mit der gleichfalls neuerstandenen Dirnitz und Kemenate die Vorburg abschließt, gelangt man in den inneren Burghof. Dort erhebt sich wieder, von Grund auf neu errichtet, der Hauptturm oder Bergfried, ein weithin leuchtendes, vergoldetes Kreuz tragend; dort am unteren Ende des Hofes hat sich der alte Turm mit den fast 3 m starken Mauern durch alle Stürme der Zeiten hindurch erhalten. Was aber steht hier für ein Prachtbau des romanischen Stils, mit herrlichen, säulengetragenen Bogenhallen geschmückt, mit Kapitälen, deren Mannigfaltigkeit und Schönheit man nicht müde wird zu bewundern? Das ist das Landgrafenhaus (Palas), wie es zur Zeit Hermanns I. gestanden. Wie schon im Anschauen des äußeren Palas die Zeit der Landgrafen lebendig vor uns aufsteigt, so lebt auch drinnen in Sälen und Hallen, in Gängen und Gemächern in treuer Wiedergabe die Vergangenheit mit allen Erinnerungen an die, welche einst dort geatmet. Von den Wänden des Landgrafenzimmers herab schaut uns aus sieben Bildern, von der Meisterhand eines Moritz v. Schwind gemalt, das Wirken der Landgrafen entgegen, wie es die Geschichte berichtet oder die poesiereiche Sage verklärt. Die sieben Bilder stellen dar:

1. Wie Ludwig der Springer als Jäger den Berg betritt und ausruft: „Wart', Berg, du sollst mir eine Burg werden!“
2. Wie Ludwig der Eiserne bei dem Schmied von Ruhla nächtiget, der ihn hart schmiedet.
3. Wie Ludwig der Eiserne seinem Gaste, dem Kaiser Barbarossa, über Nacht eine Mauer um die Neuenburg zaubert.
4. Wie Ludwig der Milde mit seinem Blick den entsprungenen Löwen im Burghofe bändigt.
5. Wie Ludwig der Heilige einem herumziehenden Krämer den ihm von fränkischen Rittern geraubten Esel wieder verschafft.
6. Wie Albrecht der Unartige von den Buhlerkünsten der schönen Kunigunde von Eisenberg umstrickt wird.
7. Wie Friedrich mit der gebissenen Wange auf der Flucht nach Reinhardsbrunn sein Kind von einer Amme säugen läßt.

Im Sängersaal versetzt uns Schwinds großes Freskogemälde mitten in die Aufregung des Sängerkriegs hinein, während wir in der anstoßenden Elisabethengalerie, wo Elisabeth bei der Nachricht von dem Tode ihres Gemahls ohnmächtig niedersank, das Leben der milden Landgräfin und ihre frommen Werke vor Augen sehen. Die sieben Medaillonbilder verherrlichen in feinsinniger und einfacher Form, wie Elisabeth die Hungrigen speist, die Durstigen tränkt, eine ermüdete Bettlerin herbergt, die Nackten kleidet, die Gefangenen tröstet, die Kranken pflegt und die Toten begräbt. Hier treten wir in die zu ernster Andacht stimmende Burgkapelle, in der die Schwerter von Gustav Adolf und Herzog Bernhard aufbewahrt werden. Im obersten Geschoß des Landgrafenhauses aber nimmt uns der glänzende Festsaal auf, dessen Ausschmückung ganz im Sinne der mittelalterlichen Kunst die Macht und den Sieg des Christentums verherrlicht; es war ja auch die glänzendste Zeit des christlichen Rittertums, die einst den Saal entstehen und drei der Landgrafen das Kreuz nehmen und dem gelobten Lande zueilen ließ. Wie in den Ornamenten des Landgrafenhauses vorzugsweise die religiöse Anschauung des 12. und 13. Jahrhunderts ausgesprochen ist, so vergegenwärtigen die Skulpturen der Kemenate (Wohnung der Landgräfinnen) die höhere, sittliche Seite des Burglebens, welche in der Verehrung der Frauen und in der Treue der Mannen zu ihrem Fürsten, wie

Nach einer photograph. Aufnahme von Sophus Williams, Berlin.

Die Lutherstube (Wartburg).

in dessen Treue zu den Vasallen, die schönsten Blüten getrieben hat. — Während unser Geist noch erfüllt ist von den Bildern aus der Zeit des Rittertums, schreitet unser Fuß hinüber in das untere Geschoß der Dirnitz, in den Waffen- und Rüstsaal. Wir glauben uns auf einmal in den Schranken eines Turniers zu befinden: von allen Seiten starren uns geharnischte Ritter zu Roß und zu Fuß, Lanzen, Speere und gewaltige Schwerter, Panzerhemden und Helme entgegen. Die meisten Rüstungen stammen indessen aus dem Anfange des 16. Jahrhunderts, aus jener Zeit, deren geistiges Ringen uns lebhaft vor Augen tritt in den Räumen des Ritterhauses, die der Erinnerung an Luther und den großen Glaubenskampf geweiht sind. Mit tiefer Ergriffenheit treten wir in das kleine, in rührender Einfachheit erhaltene Stübchen, wo der große Mann gerungen und gebetet und die Schätze des göttlichen Wortes in kräftiger Muttersprache ans Licht gefördert hat. Alles, was wir hier sehen, mahnt uns an ihn und an sein großes Werk. Dem Andenken an diese Zeit dienen auch die reicher ausgestatteten Reformationszimmer, das Pirkheimerstübchen und vor allem die kräftigen Sprüche an der Wand des Ganges.

Wem so auf der Wartburg die Erinnerung an die gewaltigsten Ereignisse unserer deutschen Vergangenheit wachgerufen, wessen Augen durch die herrlichen Kunstschöpfungen entzückt worden, und wer zugleich hier oben den schönsten Naturgenuß in sich aufgenommen, der weiß, warum die Wartburg mit geheimnisvollem Zauber die deutschen Herzen zu sich zieht. Mit dem Gefühle dankbarer Erhebung verläßt er die geweihte Stätte, und ihm ist, als sei ein Teil der alten Kraft und des idealen Sinnes, den die Wartburg predigt, auf ihn übergegangen.

C. Kühn, Eisenach.

Eisenach.

Eisenach! Du liebe Stadt, du Edelstein in der Krone Thüringens! Wer dich auch nur flüchtig besucht und deine reizvollen Berge und Thäler gesehen hat, der gedenkt deiner in dankbarer Erinnerung; wer aber das Glück gehabt, deine Zauber wochen- und monatelang zu genießen, der trägt dich warm in seinem Herzen, und sein Auge strahlt beim Klange deines Namens. Hat er doch in deinem Waldfrieden auch seinen Seelenfrieden wiedergefunden, den ihm die laute Welt oder ein herbes Geschick erbarmungslos nahm; hat er doch in dem Jungborn der Natur die müden Nerven und die erschlafften Muskeln gebadet und belebt zu neuem Schaffen und Streben.

Von der gewaltigen Zugkraft, die der Name Eisenach auf den Naturfreund ausübt, macht man sich nur schwer eine richtige Vorstellung. Im Frühjahr, wenn der Wald sich neu belebt, und im Sommer, wo man seinen Schatten sucht, bringt jeder Eisenbahnzug Hunderte von Besuchern. Es ist wohl nicht fehlgegriffen, wenn man die Anzahl der Sommergäste auf 6000 und die der Passanten auf 100000 schätzt.

Es sei nun in diesen Zeilen unsere Aufgabe, dem Besucher Eisenachs ein knappes und doch getreues Bild von der Stadt zu geben.

Über den Ursprung und die Zeit der Entstehung der Stadt Eisenach sind sichere Angaben nicht vorhanden. Wahrscheinlich aber ist es, daß Ysenac oder Isenach, wie es in alten Urkunden heißt, schon vor Heinrich I. bestanden hat, doch nicht an der Stelle, wo wir es heute sehen, sondern weiter östlich am Fuße des Petersberges. Die Erbauung der jetzigen Stadt Eisenach fällt in das Ende des 11. Jahrhunderts und zwar in die Regierungszeit Ludwigs des Springers, desselben Grafen von Thüringen, der auch die Wartburg im Jahre 1067 erbauen ließ. Der Name „Eisenach" aber dürfte mit Sicherheit auf die Beschäftigung seiner Ureinwohner zurückzuführen sein, von denen nachgewiesen ist, daß sie sich mit „Eisenmachen", wozu ihnen der Bergbau in Ruhla und Umgegend das Material lieferte, beschäftigten.

Begleite mich, lieber Leser, nun auf einem Rundgang durch die Stadt. Die kurze Bahnhofsstraße kann sich nicht messen mit so vielen ihrer Art, denn sie hat kein einziges Prachtgebäude aufzuweisen. Fast die ganze Südseite der Straße wird eingenommen von der mit Weinlaub umrankten Umfassungsmauer der vordem Eichel-Streiberschen Farb- und Bleiweißfabrik.

Jetzt stehst du vor dem altersgrauen Nikolaithor. Du schaust in ihm ein Stück mittelalterlicher Vergangenheit, das die freigebige Hand des kunstsinnigen Landesherrn im Jahre 1888 restaurieren ließ und so vor dem drohenden Untergang bewahrte. Mit gutem Auge gewahrst du über dem Durchgang noch das verwitterte Steinbild Graf Ludwigs des Bärtigen und das Thüringer Löwenwappen.

Nach einer photograph. Aufnahme von Sophus Williams, Berlin.

Die St. Nikolaikirche und das Nikolaithor.

Hast du das Thor durchschritten, so achte auf das Kirchlein zu deiner Rechten. Es ist die St. Nikolaikirche mit dem schönen 45 m hohen Turm. Diese dreischiffige Basilika gehört zweifellos zu den ältesten kirchlichen Bauwerken in Thüringen. Auch diese Kirche ist, dem Verfall nahe, im Jahre 1887 nach dem Plan des Prof. Stier in Hannover in dem ursprünglichen, rein romanischen Baustil wieder hergestellt worden.

Nun aber wende deine Blicke westwärts, dem freien und schönen Karlsplatz zu. Dort grüßt dich Thüringens größter Sohn, du erblickst das Standbild Dr. Martin Luthers. Frei, wie sein großer Gedanke, steht er da, der Gottesmann, trotzig und fest hält seine rechte Hand die im linken Arm ruhende Bibel, und das gläubig aufblickende Auge sagt dir noch einmal, was einst der beredte Mund sprach: Ich kann nicht anders! Gott helfe mir!

Unsere Umschau fortsetzend, durchschreiten wir die Karlsstraße, einst „Jüdengasse“, die Hauptstraße der Stadt. Sie läßt an großen und modern ausgestatteten Läden nichts zu wünschen übrig, nur fehlt ihr die Breite der Großstadtstraße. Nach wenig Schritten zweigt nach N. und S. die Querstraße ab. Sie führt rechts ab nach dem Gewerbehaus mit ständiger Ausstellung und nach dem Theater, links ab nach dem Frauenberg, dem Marienthal und der Wartburg. Nach einigen Minuten mündet die Karlsstraße aus auf den Hauptmarkt.

Zur Linken des Ausgangs steht das altertümliche Rathaus (1641) mit der besuchten Bier- und Weinstube „Zum Ratskeller“ in seinem Erdgeschoß, wo man dir das altertümliche Bild der Stadt aus dem Jahre 1663 zeigt. An dem Hause neben dem Rathaus sagt dir eine Gedenktafel, daß hier die Geburtsstätte des durch seine Odysseelandschaften berühmt gewordenen Malers Fr. Preller war.

Fast die ganze Nordseite des stattlichen Marktplatzes nimmt das Herzogliche Schloß ein, das 1742 von Herzog Ernst August von Weimar erbaut worden ist. In ihm fand Helene von Orleans mit ihren beiden Söhnen, dem Grafen von Paris und dem Herzog von Chartres, nach den Revolutionsstürmen gastliche Aufnahme. Sie hat es der Stadt gedankt durch ihre außerordentliche Wohlthätigkeit.

Dem Schloß gegenüber steht die ansehnliche, aber turmlose St. Georgenkirche, die Landgraf Ludwig III. oder der Fromme im Jahre 1188 erbauen ließ. Vor ihr befindet sich ein stattlicher Springbrunnen mit einem geräumigen Bassin, in dessen Mitte sich auf hohem Steinsockel das vergoldete Standbild des Schutzpatrons der Stadt, des Ritters St. Georg, im Kampf mit dem Lindwurm erhebt.

Vor dem Westportal der Kirche fesselt das Standbild Joh. Seb. Bachs, des größten deutschen Orgelmeisters, deinen Blick. Wie das Lutherdenkmal, so ist auch dieses von Prof. Donndorf in Stuttgart so feinsinnig gedacht, daß der Beschauer gern längere Zeit davor verweilt. Bach steht in der Tracht seiner Zeit und mit dem Griffel in der Rechten da im Augenblicke musikalischen Schaffens; der aus geschliffenem Syenit bestehende Sockel trägt das Reliefbild der Orgel spielenden heiligen Cäcilie.

Hinter der Kirche, auf der sogen. Esplanade, steht das Kriegerdenkmal von 1870/71, das die Namen der für das Vaterland gefallenen Helden des weimarischen Bataillons nennt. Die Esplanade wird im Westen von der Bürgerschule, im Osten von dem Residenzhaus, vordem Landgrafenhaus, wo die Herren von der Burg Abstieg hielten, begrenzt. Im Hintergrunde dieses Platzes bemerkst du die Schloßbrauerei; nahe bei ihr stand die einst von Luther besuchte Lateinschule.

Von hier aus führen dich nur wenig Schritte nach dem Lutherplatze mit dem altertümlichen Lutherhause, von dem die Sage samt dem derzeitigen Wirte ganz ernstlich behauptet, daß Luther hier während seiner Schülerzeit gewohnt habe. Gläubig oder ungläubig, wird es dich nicht gereuen, die sinnig geschmückten Restaurationsräume besucht und dich an einem Lutherschoppen erfrischt zu haben.

Setzest du von hier aus deine Wanderung fort durch die Fleischgasse, jetzt Lutherstraße, so stehst du nach wenig Minuten am Frauenplan vor dem Geburtshause Joh. Seb. Bachs. Die Inschrift der Gedenktafel lautet: Joh. S. Bach wurde am 26. Mai 1685 in diesem Hause geboren. Gestiftet 1868.

Wendest du dich aber vom Bachdenkmal aus westwärts, so führt dich die kleine Predigergasse nach dem Predigerplatz, auf dem du die Reste des ehemaligen Dominikanerklosters findest, welches von Heinrich Raspe 1235 aus Reue über seine an Elisabeth verübte Härte erbaut wurde. Im Jahre 1544 wurde die Lateinschule dahin verlegt, die als humanistisches Gymnasium noch bis auf diesen Tag hier ihre Stätte hat.

In diesen Räumen befindet sich zur Zeit auch die Karl Alexander-Bibliothek mit wertvollen, alten Schriftwerken und das noch in der Entstehung begriffene Museum für Thüringer Altertümer.

Das Lutherdenkmal in Eisenach.

Von diesem Platze aus führt linker Hand der Aufstieg nach der Wartburg und nach dem Röseschen Hölzchen. Am Wege dahin liegt der alte Friedhof mit der von Herzog Georg II. Ende des 17. Jahrhunderts erbauten Kreuzkirche, die in Form eines Kreuzes angelegt ist.

Unmittelbar neben dem Haupteingang der Kreuzkirche steht das Denkmal des Thüringer Orgel- und Liederkomponisten Friedrich Kühmstedt (gestorben 1858), das ihm seine Schüler und Freunde setzen ließen.

Lenkst du deinen Fuß aber vom Predigerplatz rechtsab und nordwärts, so stehst du vor dem sogenannten „Schwarzen Brunnen", an der Stätte, die am Abend des 1. September 1810 durch die Explosion zweier französischer Pulverwagen in einen Trümmer- und Schutthaufen verwandelt wurde. Zum Gedächtnis dieses für Eisenach so furchtbaren Ereignisses werden noch bis auf diesen Tag am Abend des 1. September unter dem Geläute der Glocken einige geistliche Lieder an der Unglücksstätte gesungen.

Von hier aus führt eine Straße nordwärts zum neuen Friedhof an dem Wartenberg, wo du Fritz Reuters Grabdenkmal findest. Eine andere Straße führt nach Westen zu der sehr ansehnlichen Katharinen-Vorstadt an der Frankfurter Straße.

Dieser ganz bedeutende Stadtteil Eisenachs war vordem das winzige Dörfchen „Fürth", später der „Ehrensteig" genannt.

Marktplatz zu Eisenach mit Residenzschloß, Rathaus und St. Georgsbrunnen.

Auf dem Wege dahin siehst du die kleine Kirche St. Annen mit dem angrenzenden, von der heiligen Elisabeth 1226 gestifteten Hospital St. Anna, das noch jetzt alleinstehenden Männern und Frauen, seinem wohlthätigen Zwecke gemäß, ein gastliches Heim bietet.

Am Ende der Katharinen-Vorstadt, da wo jetzt der Gasthof „Zum goldenen Stern“ steht, stand ehemals das von Hermann I. 1215 gestiftete Nonnenkloster St. Katharinen. Es war die Begräbnisstätte des Gründers und seiner Gemahlin, sowie vieler anderer Glieder der fürstlichen Familie. Nach Aufhebung des Klosters, das nach der Reformation als Zeughaus, als Kornboden und als Theater gedient hat, begrub man die Landgrafen in Reinhardsbrunn bei Gotha.

Nach einer photograph. Aufnahme von Sophus Williams, Berlin.

Fritz Reuters Villa mit Blick auf die Wartburg.

Gefällt es dir, vom Bachdenkmal an der Bürgerschule vorüber den Pfarrberg hinaufzusteigen, so triffst du auf die neuprojektierte Domstraße, wo noch vor zwanzig Jahren der alte Stadtgraben und die Reste der Ringmauer Eisenachs zu sehen waren. Von hier aus dürfte es sich lohnen, die unmittelbar angrenzende Köllnersche Kuranstalt für Nervenleidende mit ihren schönen Parkanlagen und ihrem reizvollen Ausblick nach der Wartburg und den gegenüberliegenden Bergen und Thälern zu besuchen.

Am Ende der Domstraße, die in die Marienstraße mündet, bist du in nächster Nähe des großherzoglichen Kartausgartens, wo einst ein Kartäuserkloster stand. Es steht Einheimischen wie Fremden zu jeder Tageszeit offen und ist dem Eisenacher ein liebes und stilles Plätzchen, wo er sich, umgeben von wohlgepflegten Blumenbeeten und seltenen Pflanzen und im Schatten mächtiger Baumriesen, gern ausruht.

Von hier aus hat man auch den schönsten Anblick der stolzen Wartburg, die kaum $^1/_2$ Stunde entfernt über dem Hellthal auf hoher Warte prangt. Beim Ausgang betrittst du das schöne Marienthal; doch ehe du darin fürbaß schreitest, besuche erst jenes einfache Haus, Villa Reuter, wo der allbeliebte plattdeutsche Dichter den Rest seines vielbewegten und an Leiden und Freuden so reichen Lebens verbracht hat.

Seit 1895 ist die Reuter=Villa in den Besitz der Stadt übergegangen und einem Reuter=Wagner=Museum dienstbar gemacht worden, dank der reichen Spende des kunstliebenden Kommerzienrats Ludwig Leichner in Berlin und dank den ausdauernden Bemühungen seines Direktors, des Herrn Hofrat Kürschner in Eisenach.

Schwerlich wird ein Reuter= oder Wagner=Verehrer diese Stätte besuchen, ohne mit dem Gefühl reinster und reichster Befriedigung von ihr zu scheiden, birgt sie doch seltene und unbezahlbare Schätze von Männern, die allen Gebildeten der Gegenwart hohe geistige Genüsse bereitet haben. Sie sei auch an dieser Stelle jedem Besucher Eisenachs aufs wärmste empfohlen.

Mit dem Reuter=Haus hast du aber auch die Villen=Vorstadt Eisenachs betreten, die sich nicht nur am Fuße der Wartburg, sondern auch im Marienthal, im Johannisthal und am nördlichen Abhange des Breitengescheids ausbreitet. Zahlreich, stilvoll und kostbar sind diese Bauwerke und eine Zierde Eisenachs. Bei dieser Gelegenheit gedenken wir auch der schloßartigen Villa des Herrn von Eichel=Streiber, die auf dem Goldberge hoch über der Stadt thront, umgeben von einem großen Park, dessen Besuch früher dem Publikum erlaubt war, jetzt aber leider versagt ist.

Alle die öffentlichen Gebäude, die staatlichen und städtischen Schulen der Stadt hier zu vermerken, müssen wir uns versagen, dagegen ist es uns eine angenehme Pflicht, einiger Häuser und Anstalten zu gedenken, die der Stadt als ein Geschenk von ihrem nimmermüden Wohlthäter und Ehrenbürger, dem Herrn Julius von Eichel=Streiber übergeben worden sind. Es sind dies: die Karolinenschule (eine höhere Töchterschule), das Lehrerinnenseminar und das Theater, alle drei auf dem Theaterplatz im nördlichen Teile der Stadt gelegen, aber vom Mittelpunkt der Stadt (Karlsstraße) in wenig Minuten zu erreichen.

Daß eine Stadt wie Eisenach mit 35000 Einwohnern und einem so starken Fremdenverkehr der Gasthäuser aller Grade und Gattungen genug hat, ist selbstverständlich. Unter den vielen nennen wir nur die altbewährten Häuser „Zum Rautenkranz", „Zum Großherzog von Sachsen", „Zum Thüringer Hof" und „Zum goldnen Löwen" am Eingang in das Marienthal. Vielbesucht sind auch die „Elisabethenruhe" im Marienthal und die „Phantasie" in der Nähe des Annathals, sowie das „Gröblersche Bier= und Frühstückslokal" (gegenwärtiger Besitzer Zimmermann) am Karlsplatz. Auch der neuerbaute und geschmackvoll eingerichtete „Kaiserhof" am Eingang der Bahnhofstraße dürfte eine Zukunft haben.

Das Aufblühen der Stadt Eisenach und die rasche Zunahme seiner Bevölkerung (sie ist seit 30 Jahren von 20000 auf 35000 gestiegen), haben in erster Linie ihre Ursache in dem starken Fremdenverkehr und in der Ansiedelung reicher Familien und zahlreicher Pensionäre, die in der lieben Stadt mit ihrer herrlichen Umgebung den Rest ihrer Tage im Stillleben genießen wollen.

Daneben aber sind eine Anzahl Industrie- und Fabrikanlagen zu verzeichnen, die den Zuzug vieler Arbeiter veranlaßt haben. Zu diesen Unternehmungen dürften namentlich zu rechnen sein: die Kammgarnspinnerei mit ca. 1000 Arbeitern, die seit drei Jahren bestehende Fahrzeugfabrik mit über 1200 Arbeitern, die Herdfabrik der Gebrüder Demmer, die Farbenfabrik, die Schuhleistenfabrik und die Möbelfabrik. Bemerkenswert sind noch die „Vereinigte Eisenacher Bierbrauerei" am Petersberg und die „Aktienbrauerei" (vulgo Felsenkeller), von denen jede jährlich circa 50000 hl Bier herstellt.

Wünschen wir dem lieben Eisenach auch für die Zukunft ein „crescat et floreat" zum Segen seiner Bewohner und zur herzlichen Freude der vielen tausend Gäste, die dort alljährlich Erholung und Genesung suchen und finden.

Gernandt, Gotha.

In Eisenachs Umgegend.

„Eisenachs Umgegend" — sagt der vielgereiste Dr. Karl Müller-Halle — „enthält den Thüringerwald gleichsam in nuce. — Alles, was den Thüringerwald auszeichnet, alles Liebliche und Pittoreske, seine ganze Lyrik und Epik ist hier in ein so wunderbares Ganzes zusammengeflossen, daß es in dieser Eigenschaft auch wieder ganz fremdartig gegen den übrigen Thüringerwald und mir immer köstlicher erscheint, je öfter ich es besuche und genieße, je weiter ich mich darin verliere." Die ganze Gegend im Süden der Stadt ist ein großer Naturpark, in welchem sich auf gut geführten Wegen dem Wanderer stets neue liebliche Naturbilder erschließen. Von Jahr zu Jahr wächst daher die Zahl derer, die zur schönen Jahreszeit, abseits von dem lauten Getriebe der Welt, in den freudig grünen Thälern und auf den luftigen sonnigen Höhen umherschweifen. In seiner ganzen Pracht zeigt sich das herrliche Waldgebirge im Mai und Juni, wenn die Schattierung der Wälder durch die Gruppierung der verschiedenen Holzarten noch auffallend ist, das lichte Grün der Buchen mit dem helleren der Birken und Lärchen, den dunkelbelaubten Eichen und schwarzgrünen Nadelhölzern wechselt. Und wie erfreut wieder im Herbste dieser gemischte, bunt gefärbte Wald durch sein malerisches Farbenspiel!

Ein günstig gelegener Ausgangspunkt für eine Wanderung in das Waldgebirge ist der großherzogliche Kartausgarten im Süden der Stadt am Eingange des Marienthals und Johannisthals. Von der Lindengruppe auf der Terrasse hat man die schönste Ansicht der Wartburg, die von hier aus, im Hintergrunde des steil aufsteigenden Heiligenthals, größer und schöner erscheint als von anderen Seiten. Eins der lieblichsten Landschaftsbilder in ganz Deutschland breitet sich vor dem Beschauer aus; mit der breiten Fahrstraße gleichlaufend führt ihn ein Promenadenweg vom Prinzenteiche aus, großenteils im Schatten künstlicher Baumpflanzungen an offenen Grasflächen vorüber durch das 2 km lange Marienthal. Ein murmelnder Bach durchschlängelt den grünen Wiesengrund. Im unteren Teile des Thales sind die Abhänge mit Villen und Gastwirtschaften besetzt; stolze Landhäuser blicken von der Villenkolonie „Marienhöhe" oberhalb des Prinzenteichs hernieder in den freundlichen Thalgrund. Inmitten des von romantischen Felspartien umrahmten Thals türmt sich aus den sanften Abhängen der grünen Thalwand links eine hohe Felsenmasse auf, das Breitengescheid, eine der größten Felsengruppen der Gegend. Prächtig ist der Anblick dieser starren, grauen Felsen, wenn dieselben aus den zart rot schimmernden Flächen der blühenden Heide hervortreten. Das kolossale, in den Felsen eingehauene M, das von den gegenüberliegenden Höhen aus großer Entfernung gesehen wird, erinnert an die Großherzogin Maria Paulowna. Ihr zu Ehren erhielt das Thal, einst das Frauenthal genannt, seinen jetzigen Namen, als die hohe Frau im Jahre 1805 zum erstenmal in dieser Gegend weilte. Rechts erhebt sich über dem Thale die „Eisenacher Burg" und die „Viehburg", wieder links hinter dem Gasthause „Phantasie" die Paulinenhöhe, endlich links, den Abschluß des Thales bildend, über zwei kleinen Teichen der „Königstein", der zu Ehren des Oberforstrats König, des Schöpfers der meisten Waldwege der Umgebung, also genannt ist.

Nach einer photograph. Aufnahme von Sophus Williams, Berlin.

Das Annathal.

Wie zwei Wurzeläste des malerischen Thales erscheinen die beiden Felsenklüfte am südlichen Ende desselben in den quervorliegenden Gebirgsrücken eingezwängt. Links vom Thalwege öffnet sich die Landgrafenschlucht, von welcher man die an eigentümlichen Schönheiten reiche „Weinstraße", den 472 m hohen „Drachenstein", einen der besten Aussichtspunkte der Gegend, und die „Hohe Sonne" erreichen kann. Der Anfang ist Engpaß zwischen Felsen; bald aber wird das Thal weiter; prachtvoller, kräftiger Buchenwald füllt die Seiten, sowie die Tiefe aus, und ansehnliche Felsen schimmern hoch oben durch die Baumwipfel. Die andere Felsenkluft ist das die südliche Verlängerung des Marienthals bildende, ewigkühle Annathal, welches mit seiner im Zickzack zwischen prallen Felswänden sich hinwindenden Drachenschlucht ein Glanzpunkt wildromantischer Schönheit in den Thüringer Gebirgen ist. Als diese Thalschlucht zugänglich gemacht wurde, hat man den Thalbach, der sein Wasser in einem dunklen Teiche sammelt, in ein schmales Bett eingezwängt. Beide

Nach einer photograph. Aufnahme von Sophus Williams, Berlin.

Das Marienthal.

Klüfte sind ausgezeichnet durch ihren Reichtum an Moosen, Flechten und Farnkräutern. Am Eingange der Drachenschlucht ist in eine Felswand ein mächtiges A eingehauen. Im Jahre 1833 besuchte die Kronprinzessin der Niederlande, Anna, Schwester der genannten Großherzogin Marie Paulowna, an einem heißen Sommertage diesen kühlen Ort. Zum ehrenden Andenken dieses Besuchs erhielt das Thal den Namen Annathal. Nach etwa $^3/_4$ Stunden genußreicher Wanderung ersteigt man auf einem Stufenwege in wenigen Minuten den Kamm des Gebirges, den Rennstieg, und gelangt zu der vielbesuchten „Hohen Sonne". Das Türmchen des neuen Gasthofsgebäudes ziert, wie einst das von Herzog Ernst August hier errichtete, bald jedoch wieder verfallene Jagdschlößchen, eine flammende Sonne. Im Mittelalter hieß die Stelle, sei es wegen eines hier aufgerichteten Holzkreuzes, sei es wegen der Straßenkreuzung von Rennstieg und Weinstraße — das

„Hohe Kreuz“. Vom Garten sowohl, als auch vom neuen Gasthofsgebäude aus sind durch Ausholzung überraschende Durchblicke auf die tiefer liegende Wartburg geschaffen worden. Wie ein Juwel, das mit seinem zauberischen Glanze jeden Besucher fesselt, erhebt sich in ihrer ruhigen Majestät die herrliche Burg, die Krone der Thüringer Lande. Sonst gewährt die „Hohe Sonne“ keinerlei Aussicht, weshalb ein Besuch des nahegelegenen, 460 m hohen Hirschsteins zu empfehlen ist. Eine reizende Aussicht genießt man von dem Platze aus unter der freistehenden Eiche. Im tiefen Thalgrunde liegt, umschlossen von großartiger Waldung, still und friedlich Wilhelmsthal, dessen weiße einzelnstehende Gebäude sich wirkungsvoll von den einsamen, satten Waldwiesen abheben. Man überschaut die Berge zwischen Ruhla und Altenstein. Auf dem Thüringerwalde ist der Ottowald durch die hochgelegene gleichnamige Waldwiese sofort kenntlich, ferner der sich anschließende Kissel. Dann schweift der Blick bis zu den fernen Höhen in Hessen und zu der Rhön. Rechts über Wilhelmsthal erhebt sich der unbewaldete Milmesberg, in dessen Feldflur ein einzelner Baum, die „Salzunger Botenfrau“, das Wahrzeichen der Gegend, auffällt. Am Horizont im Westen sind Dreienberg und Landecker, dann die Kegelberge der Rhön: Soisberg, Öchsen, Dietrichsberg und Baier, im Südwesten u. a. die Geba sichtbar.

Nach einer photograph. Aufnahme von Sophus Williams, Berlin.

Durchblick auf die Wartburg von der Hohen Sonne.

Geht man vom Hirschstein in der Richtung nach Wilhelmsthal weiter, so führt bald ein Stufenweg an einer hohen, moosbewachsenen Felsenwand hinab in das Waldesdunkel eines engen Thales. Wir stehen vor der 12 m hohen und 20 m breiten Hochwaldsgrotte, einem Glanzpunkte des Gebirges. Nicht die Größe der Felsenmasse ist es, die hier imponiert, sondern das Zusammenwirken von Fels und

Wald. Mächtige Buchen streben aus der Tiefe zum Licht und bauen mit ihren schlanken, glattrindigen Säulenstämmen herrliche Hochwaldshallen auf. Bergab durch Wiesen und niedriges Gehölz erreicht man Wilhelmsthal und zwar zunächst den gut bewirtschafteten Gasthof. Durch die Bäume schimmert ein schöner Wasserspiegel und hinter einer Halbinsel die größere Fläche des künstlichen Sees, welcher durch die rasch fließende Ellna, ein Nebenflüßchen der Werra, gebildet wird. Überschreitet man die Brücke oberhalb der Einmündung des Baches in den Wasserspiegel, so gelangt man in die eigentlichen Anlagen. Die einfachen Wohngebäude für den hier zuweilen sich aufhaltenden Großherzoglichen Hof liegen einzeln, aber symmetrisch zwischen Wiesen und Baumgruppen. Gut gepflegte Promenadenwege ziehen sich am See und zwischen den Baumgruppen hin und erstrecken sich weit in die umliegenden Wälder. Die Lage Wilhelmsthals ist landschaftlich eine sehr glückliche. Prachtvolle Fichten und andere Nadelhölzer bilden lichte Haine mit grünem Rasenboden oder stehen einzeln als mächtige Pyramiden mit ihren bis zum Boden reichenden Ästen.

Vor dem Jahre 1711 hieß die Gegend Wintershausen, und es stand nur ein Hof hier. Herzog Johann Wilhelm von Eisenach unternahm um diese Zeit die Erbauung des eigentlichen Lustschlosses und verschönerte die Gegend durch den 7 ha großen künstlichen See und viele Anlagen. Zur Erinnerung hieran vertauschte der Ort den alten Namen mit Wilhelmsthal. Durch den Großherzog Carl August aber ist Wilhelmsthal erst zu einem harmonischen Ganzen umgeschaffen worden; er wandelte den im altfranzösischen Geschmacke gehaltenen Lustgarten in einen anmutigen Naturpark um. Gern zogen sich Carl August und Goethe in späteren Jahren hierher zurück. Man hält ja vielfach das Wilhelmsthaler Schloß, die nahegelegenen Taubeneller Mühlen, den See und seine Umgebung für den landschaftlichen Hintergrund der „Wahlverwandtschaften“. Eine entzückende Aussicht auf den mit Schwänen besetzten See und die stillen Wiesengründe hat man von dem „Schwalbenneste“, einem Felsvorsprung oberhalb der im Ellnathale hinführenden Straße. Idyllisch schön in herrlichen Baumgruppen liegt etwas abwärts im Thale das einsame Attchenbach, ein alleinstehendes Häuschen, das zur Einkehr einladet.

„Mische, liebliche Natur,
Hier in Wehmut sanfte Lust,
Sei dir treuer Liebesspur,
Wenn du hier verweilst, bewußt“ —

so lautet die Inschrift, welche den Wanderer am Wege begrüßt und daran erinnert, daß diese Bäume einst auch Goethes Haupt Schatten boten.

Nach diesem Streifzuge durch die Umgebung der Stadt werden wir Johann Limburg, einem Bädeker aus dem Jahre 1709, beipflichten, daß Eisenach „in einer über die Maßen pläsierlichen Situation“ liegt. Es ist wahr — Eisenachs Umgebung gehört zu den „spazierlichsten Gegenden“ Deutschlands.

Paulus, Eisenach.

Ruhla.

I. Wie's in der Ruhl aussieht.

Wenn du auf dem Bahnhof Ruhla den Eisenbahnwagen verläßt, so stehst du nach wenigen Schritten vor einem gewaltigen Industriepalast, der Metallwarenfabrik der Firma Gebrüder Thiel, an die sich eine ganze Kolonie kleiner Arbeiterhäuser reiht. Ein parkähnlicher Garten und die „Villa Thiel" machen den Schluß dieses Vorhofs von Ruhla, der dir merkwürdig genug sein und bleiben wird.

Da wo das Pflaster, einst der Schrecken aller Wanderer, anfängt, da beginnt die eigentliche Stadt. Biegst du rechts über die kleine Brücke, so führt dich ein sauberer Promenadenweg, „Auf der Wiese", fast in die Mitte der Stadt. Rechtsab von diesem Weg zweigt ein Aufstieg nach den Gastwirtschaften „Zum Landgrafen" und „Bellevue" am Abhange des „Bermer" (d. i. Bärenberg), der nach Westen hin die Ruhl einschließt. An der Hauptstraße, die an diesem Teile sehr schmal ist, stehen eine Reihe kleiner und mittelgroßer Häuser und Fabriken, meist am Abhang des Berges, zuweilen auch in den Berg eingekeilt, um Raum für die Fahrstraße zu lassen. Zu deiner Rechten begegnet dir auf diesem Teile der Straße ein ansehnliches Gebäude, dessen Erbauer (Kommerzienrat Theobald Dreyß) glaubte, daß wohl hier der „Schmied von Ruhla", den die Sage so schön verherrlicht hat, gewohnt haben müsse. Zwei gute Reliefbilder (der Schmied und der Edelacker) von Künstlerhand (Professor Weiß in Nürnberg), die an diese Sage erinnern, schmücken die Stirnseite der „Landgrafenschmiede". Von nun an erweitert sich das Thal ein wenig, und die Stadt teilt sich hier in zwei Straßen, in die „Pferdegasse" rechts und die „Köhlergasse" links vom Erbstrom. In der Mitte des Ortes findest du die Schulgebäude und die zwei stattlichen Kirchen. Die ältere, gothaische, eingeweiht im Jahre 1686, liegt malerisch am Abhange des Breitenberges, die weimarische, „St. Concordia", am Abhange des Engestiegs. Letztere ist so eigentümlich gebaut, daß die beiden Flügel einen rechten Winkel bilden, dessen Schenkel da zusammenstoßen, wo Kanzel und Altar stehen. Beide Kirchen sind umgeben von wohlgepflegten Friedhöfen mit kostbaren Gedenksteinen und äußerst sauberen Wegen. Der Ruhlaer giebt auch an dieser Stelle ehrendes Zeugnis von seinem Sinn für Schönheit. Es sei schon hier erwähnt, daß der kleine Bach, „Erbstrom" genannt, in Ruhla die Grenze bildet zwischen den Staaten Gotha und Weimar. So verträglich nun auch die staatlich geschiedene Bürgerschaft Ruhlas zur Zeit ist (doch war's nicht immer so), so beklagenswert ist doch die Zweiherrschaft für die Gesamtentwickelung des Ortes gewesen. Leider reichte Bismarcks Arm, der Deutschland einig machte, nicht über den Erbstrom hinüber. Von der Mitte des Ortes führen rechtsab zwei Seitenthäler: die Bärmbach (v. Bärmich) und die Dornsengasse, die ebenfalls auf äußerst knapp bemessenem Raume bebaut sind. Durch die Bärmbach führt der Weg zum stattlichen Kurhaus, mit dem gar lieblich gelegenen Kurplatz, zu dem alten Forsthaus und der Badeanstalt. Von hier aus erreichst du in wenigen Minuten das vielbesuchte „Bellevue“, das einst unter dem Scepter der rührigen und weitbekannten Frau Michel die „feinsten Kunitzer der Welt“ für die Kurgäste und die zahlreichen Wanderer spendete. Hier gebietet uns die Pietät, den Besucher auf die schöne Villa neben „Bellevue“ aufmerksam zu machen, die sich der bekannte und seinerzeit vielgenannte Weltreisende und Länderforscher Alexander Ziegler, ein echtes und rechtes Ruhlaer Kind, dessen wir an anderer Stelle noch gedenken werden, erbauen ließ und die er viele Jahre lang bewohnte.

Bald wird der Thalgrund wieder schmäler, und die für eine kleine Weile auseinanderstrebende Ruhl muß wieder eins werden in dem „Demmerschen (d. i. Tennebergschen) Boden“, einer Straße, die sich noch ein halbes Stündchen fortsetzt, bis

Nach einer photograph. Aufnahme von Sophus Williams, Berlin.

Ruhla.

sie ihr Ende am Nesselrain findet. Gefällt es dir nicht, das harte Pflaster zu treten, so biege in die „Dornsengasse“ ein und wandere wieder den Bach entlang und am Fuße des Dornsenberges auf sauberem Kieswege bis hinauf, wo die Straße nach Altenstein abzweigt.

Was dem Fremden bei dieser Besichtigung der Stadt auffällt, das sind die so ganz unmodernen, zuweilen seltsamen Namen der Straßen: das Gerissen, das Kartelstöpfen, der Gickstein, auf der Wiese, die Bärmich, die Dornsengasse, die Köhlergasse, der Demmersche Boden, der Singerain, der Katzenrain, die Krümm, die Pferdegasse (neueste Lesart: Alexanderstraße), die krumme Wiese u. a. m.

An Gastwirtschaften ist Ruhla nicht arm, von vielen nennen wir nur: die Weintraube, der Schwan, das Kurhaus, die Rose, die Harmonie, der Sächs. Hof.

Begegnest du, lieber Wanderer, auf dem Wege durch die Straßen der Ruhl auch keinem einzigen Denkmal, keinem Palast, der dich an die Großstadt erinnern dürfte, so findest du als denkender Beobachter dafür Ersatz in dem schon erwähnten Schönheitssinn des Ruhlaers, mit dem er sein Heim, groß oder klein, arm oder reich, farbig kleidet, seine blanken Fenster mit Blumen schmückt, seine Straßen säubert und sein oft winzig kleines Gärtchen vor dem Hause pflegt. Im Innern der Häuser aber findest du eine Sauberkeit, die dich an Holland erinnern könnte, und die dich sicher schon in der Kleidung der Frauen, die dir begegnet sind, angenehm berührt hat. Mehr aber noch als all dieses erfreuen dich die von froher Lebenslust und Intelligenz leuchtenden Gesichter, die dich auf der Straße grüßen, oder die dich, den „Frömmen“, an den Thüren und aus den Fenstern besehen. Die freundlichen Gesichter vergißt du nicht wieder und um so weniger, als sie dir an vielen Orten nicht so zahlreich wieder erscheinen dürften. Frage alle, die das Glück hatten, längere Zeit in Ruhla als Sommerfrischler zu weilen, ob hier zuviel gesagt ward. Dem Schreiber dieser Zeilen, der einst 10 Jahre lang in Ruhla seines Amtes als Lehrer waltete, werden die lieben Menschen, sei es in der Arbeitsjacke oder in Hemdsärmeln, sei es in der Zipfelmütze oder im bloßen Kopf, in lieber Erinnerung bleiben bis an sein Ende.

Wärst du aber, lieber Leser, vielleicht seit zehn und mehr Jahren nicht hier gewesen und stände Ruhla noch als das „Stolpernest“ von damals in deiner Erinnerung, das du auf dem Wege vom Inselsberg nach Eisenach schmerzhaften Fußes und fluchend durchwandern mußtest, so laß dir tröstend sagen: „Das Alte ist vergangen, siehe, es ist alles neu geworden!“ Mit dem wirtschaftlichen Aufschwung, den Ruhla dank seiner Eisenbahn und seiner aufstrebenden Metallwarenindustrie zu verzeichnen hat, geht der kommunale Hand in Hand. Die einsichtigen Gemeindeverwaltungen und an deren Spitze die beiden Herren Bürgermeister, die den Zeitbedürfnissen gerecht zu werden sich bemühen, haben für die Neupflasterung der Stadt, Trottoirlegung, Tiefkanalisation, elektrische Straßenbeleuchtung ca. $^1/_2$ Million Mark aufgewendet. Manch andere Stadt mit größerer Einwohnerzahl dürfte Ruhla um derartige zeitgemäße Einrichtungen beneiden.

II. Ruhlaer Waldidyll.

„Wer hat dich, du schöner Wald, aufgebaut so hoch da droben. Wohl, den Meister will ich loben, solang noch mein' Stimm' erschallt!“ Wer dieses Dichterwort noch nicht verstanden hätte, der komme nach Ruhla, dort lernt er's!

„Die Natur hat die Umgebung von Ruhla so reizend ausgestattet, daß man dieselbe in der That für einen großen Park ansehen kann, in welchem man nichts vermißt, was zur Zierde einer Landschaft gehört. Reisende gestehen jedesmal, der Anblick von Ruhlas Umgebung sei so reizend, daß man dieselbe nach den schönsten Landschaftsbildern der Schweiz und Italiens immer noch mit Vergnügen sehen könne.“ *)

---

*) Ziegler: „Ruhla und seine Umgebung“, Dresden, Höckner.

Geh', wohin du willst, mit wenig Schritten bist du im Wald. Freilich nach Osten und Westen hin mußt du schon 10 Minuten lang steigen, dann aber schreitest du, dank der fürsorglichen und entgegenkommenden Ruhlaer Forstverwaltung, namentlich weimarischerseits, auf wohlgepflegten Wegen im kühlen Waldesschatten, bald im labenden Grün der Buchen, bald im Dunkel würzigduftenden Fichtenwaldes, jetzt durch Thalgründe mit rauschender Rinne, dann über blumige Bergwiesen.

Laß dich, lieber Wanderer, von einem Waldschwärmer ein wenig hineinführen in den Zauberkreis des Ruhlaer Waldidylls.

Von dem schon genannten Kurhaus steigst du empor zu dem einladenden Plätzchen „Bellevue". Raste hier ein halbes Stündchen im Schatten der Linden. Ein herrlicher Ausblick über zwei Drittel des Städtchens erfreut Auge und Herz. Dir gegenüber erhebt sich der mächtige, den ganzen Osten des Thales schützende Breitenberg. Sein westlicher Abhang ist mit Niederholz bestanden, auf dem Gipfel aber erhebt sich eine Gruppe von Eichenbäumen hoch über ihre Umgebung, es ist der „Hammelbusch" oder der „Chinesenzopf", wie ihn der Volksmund bezeichnend genannt hat. Wer einmal von Bellevue aus über Ruhla geschaut hat, vergißt das liebliche Plätzchen wohl nicht wieder. Gleich schön und angenehm ist der Aufenthalt und der Ausblick auf dem neuerdings in nächster Nähe von Bellevue erbauten „Landgrafen".

Weiterhin führt dich von hier aus der Weg in den „Bermer" (Bärenberg). Unmittelbar über Bellevue besuchst du den Sarkophag, eine von der Natur geschaffene, geräumige Porphyrnische, in der sich in Bronce die vier Reliefbildnisse berühmter oder verdienter Ruhlaer befinden: Ludwig Storch, der Dichter des „Vörwärts-Häns", geb. 1803, Joh. Andr. Stumpff, der Londoner Harfenfabrikant, geb. 1769, der Weltreisende und Erbauer des Alexander-Turmes, Alexander Ziegler, geb. 1822, und der Komponist Friedrich Lux, geb. 1820. Außerdem erinnert noch eine Gedenktafel an Hartmann Schenk, den Pfarrer und Dichter geistlicher Lieder.

Überschreitest du nun den früheren Turnplatz, so führt dich ein breiter Promenadenweg nach „Klemms Hütte", von wo du in ein malerisches Schweizerthal hinab zu blicken glaubst.

Nach wenig Schritten trittst du ein in das Buchengrün der „Ochsenkammer". Hier fallen dir die massenhaften, kesselartigen Einsenkungen des Bodens auf, die wahrscheinlich aus einer sehr frühen Zeit stammen, wo man in der einfachsten Weise Bergbau (sog. Tagbau) trieb. Nun überschreitest du einen lieblichen Wiesengrund, „Lappengrund" geheißen, den eine Waldrinne („die Dräänk") und ein kleiner Teich beleben. Nach einer halben Stunde hast du die Höhe des Ringberges erstiegen und stehst vor dem Aussichtsturm. Alexander Ziegler, Ruhlas Sohn und Wohlthäter, hat ihn im Jahre 1868 hier erbauen lassen und hat sein Bestehen durch einen Fonds für alle Zeiten sicher gestellt. Raste ein wenig auf der nahen Eichenbank, alsdann steige auf ca. 100 Stufen zur Höhe empor. „Herrlich, herrlich!" rufst du aus. Du fühlst dich versetzt in eine Alpenlandschaft: Zu Füßen Ruhla, so liebreizend mit seinen schmucken Häusern und Häuschen, seinen seltsam an Bergabhängen gelegenen Kirchen und Friedhöfen, seiner langen, langen und engen Straße und seinen terrassenförmig emporsteigenden Gärtchen. Jetzt schweift dein Blick in die Weite. „Man steht hier an einer Stelle, über welche die verschwenderische Natur all ihre Seligkeit ausgegossen. Man schaut in eins der reizendsten Bilder des ganzen Gebirges und die süße Poesie der Natur, die nicht nur über dem schönen Ruhla-, Hörsel- und Werrathal, sondern auch über der am Horizont aufsteigenden Gebirgskette des Inselsberges und der Rhön wie im bunten Kaleidoskop ausgebreitet liegt, gießt ihre Wonne in unser Herz. Hier ist ein Knotenpunkt des Naturzaubers. Ein großartiges Panorama breitet sich vor unsern erstaunten Blicken aus, ein unbeschreiblich schöner Kranz von Wäldern, Fluren und Bergen in den schönsten Formen umgiebt uns und entrollt uns ein herrliches, reiches Naturbild mit all den Schönheiten, mit welcher die gütige Schöpferhand unser liebes Thüringerland so reich geschmückt hat."*)

Dank dem edlen Manne, der hier seinen lieben Ruhlaern und den vielen tausend Naturfreunden, die aus nah und fern alljährlich den Carl Alexander-Turm besuchen, diesen Waldeszauber erschloß! Sein Name soll der Nachwelt unvergessen bleiben!

Vom Turm gehst du wieder 20 Minuten zurück bis zu dem Sattel des Gebirges, wo die Fahrstraße nach der „Hohen Sonne" abführt. Hier biegst du rechts ab in den saubern Promenadenweg nach dem vielbesuchten „Wachstein". Der Ausblick nach Norden, Westen und Osten ist zwar kein anderer als der vom Turm, nur öffnet sich zu deinen Füßen das friedliche und liebliche Hainbach- oder Mosbachthal und der Haingrund mit seiner mächtigen Felswand, dem Hangstein. Hast du einmal hier geweilt an einem Sonntagmorgen im Frühling, wenn der Glocken frommer Klang aus den nahen Dörfern zu dir herübertönt, wenn Finkenschlag und Drosselsang dein Herz emportrugen, wenn des Waldes Rauschen um dich, des Himmels blaue Domdecke über dir den heiligen Frieden in deine Seele gossen, den du draußen im Weltgewühl vergeblich gesucht hast: dann verstehst du der Worte Bedeutung:

„O Thäler weit, o Höhen, o schöner, grüner Wald,
Du meiner Lust und Wehen andächt'ger Aufenthalt!"

Beim Abschied aber merkst du dir das Wort, das vor langen Jahren ein Freund dieses herrlichen Punktes an jene Buche anheften ließ:

„Wie herrlich ist die Erde!
An jedem Morgen spricht
Der Herr ein neues Werde!
Und es wird wieder Licht!"

Liegt der Tag vor dir, dann besuche vom Wachstein aus das eine Stunde entfernte „Wilhelmsthal" mit seinem prunklosen, alten Schloß, das Herzog Wilhelm 1711 erbauen ließ, seinem herrlichen Naturpark und seinem See. Suchst du den Frieden, in diesem Waldidyll wohnt er!

Ist dir dieser Umweg nicht gestattet, so gehe vom Wachstein auf der Höhe des Rennstiegs über die sog. Wildpretswiese und über den „Jubelhain" zurück und

*) Ziegler: „Ruhla und seine Umgebung."

biege am Wegweiser links ab in die neue Fahrstraße nach Ruhla. Sie führt dich durch ein sehr enges, anmutiges Thal. An der frisch sprudelnden Quelle nimm den gar lieblichen Blick auf die gothaische Kirche mit. Am Zieglerschen Garten, der vor Jahren dem Publikum zu jeder Zeit offen stand und das Waldidyll Ruhlas um ein trautes Plätzchen vermehrte, trittst du wieder in Ruhla ein.

Ein anderer Spaziergang durch Ruhlas Naturpark führt dich von dem ebengenannten Zieglerschen Garten empor zur Marienbuche, über den „Engestieg" nach dem „Auerhahn" und „Glöckner". Gelüstet es dich, diesen Weg fortzusetzen, so bist du in dreiviertel Stunden an der Lutherbuche und in fünfviertel Stunden in Altenstein, dieser Perle des Thüringerwaldes.

Beliebt es dir aber, den Rückweg zu wählen, so bleibe auf der Fahrstraße. Sie führt dich kurz vor Ruhla in einen romantischen Thalgrund, „die alte Ruhl" genannt, wo nach der Sage Ruhla vorzeiten gestanden haben soll. Mächtige Granitblöcke bedecken hier den Boden ringsum. Zur Rechten begegnet dir unmittelbar am Wege ein starker Quell, dessen Name im Volksmund nicht wohl wiederzugeben ist. Er entspringt dem Granitgestein des Mühlrains und soll dem Volksglauben nach einen vorzüglichen Einfluß auf die Verdauungswerkzeuge und einen gesunden Stoffwechsel haben.

Vordem ließ sich Se. Königl. Hoheit der Großherzog von Weimar jahrelang allwöchentlich eine Anzahl Flaschen dieses Gesundbrunnens zu seinem Gebrauche nach Weimar kommen.

Gleich dankbar, wenn auch weniger bequem, sind die zahlreichen Spaziergänge ostwärts am Breitenberg.

Der Weg führt dich in 10 Minuten von der „Köhlergaß" über den gothaischen Friedhof nach „Emilienruhe". Hier raste und labe dich an dem Ausblick westwärts über Ruhla und in die romantischen und engen Seitenthäler: die Bärmich und die Dornsengaß.

Dort liegt das liebreizende „Bellevue" und der stattliche „Landgraf" am Abhange des „Bermer", dort grüßt dich der Carl Alexander-Turm auf dem hohen Ringberg.

Von „Emilienruhe" nordwärts führt dich ein sehr bequemer, immer schattiger Weg am Waldessaum über „Texas" (die steinreichen Fruchtgefilde Ruhlas) in einer halben Stunde nach „Heilgenstein" und „Thal", diesem unvergleichlich schönen und von Sommerfrischlern vielbesuchten Badeort.

Steigst du gern, so besuche jetzt die schon genannte, in 20 Minuten erreichbare Ruine „Scharfenburg" mit dem „Löttöpfen", wo von „dem losen Knaben" die Herzen der Rühler „Jongen und Meajen" vordem zusammengelötet worden sind. Ludwig Storch singt von dem „Löttöpfen":

Ofs Löttöpfen! Ofs Löttöpfen!
'Siis Sonntig und Sonnenschiin!
De Meajen seein bi Blummen gepotzt
Der Waald iis frösch un grün!

Ofn Löttöpfen, ofn Löttöpfen
Dao würd me mit Füür übberschött,
Dao werrn den Jongen un Meajen
Ühr Herzchen zesummen gelött.

Im Löttöpfen, im Löttöpfen
Seein ümmer Kollen un Füür.
Me brucht nuir a poirmao zu blaosen drin
Un nuir a beschen zu schüür.

Mit den Löttöpfen, mit den Löttöpfen
Dao warsch wohl ümmer so.
Ich hun dort lichterloh gebraant
Un woir doch net von Stroh.

Daos Löttöpfen, daos Löttöpfen,
Daos uirall grao Gemüür,
Daos bliit me us der Jugendziit
Milaat doch lieb un thüür.

Wendest du dich aber von „Emilienruhe" rechts, dann führt dich ein ebenso angenehmer Weg am Waldessaum entlang und über Wiesen hin zum „Reuter" und über den „Aschhof" nach dem „Königshäuschen", einem Waldhaus mit Wiese, Quell und Teich, so friedlich und süßtraulich, daß es dich dort lange hält. Auch ein Ausblick auf das Dorf Farnroda, die Ruine Scharfenburg und den Hörselberg ergötzt deinen Sinn. Drei Minuten von hier entfernt liegt „Storchs Aussicht" mit dem Blick auf den Inselsberg. Steigst du von Emilienruhe weiter empor, so führt dich der Weg rechts ab nach dem „Chinesenzopf" mit einem großartigen Ausblick nach Norden und Westen.

Linksab gelangst du zum „Gömichenstein", einem gewaltigen Glimmerschieferkoloß, und zum „Marienfels", dessen schöner Blick nach der Wartburg leider jetzt verwachsen ist. Zwanzig Minuten weiter führt dich ein reizender Promenadenweg zum „Liebchens Brunnen", einer bekannten Quelle, zu der vor sechzig und mehr Jahren eine zeitlang Hunderte von Augenleidenden von nah und fern wallfahrteten, um die Heilkraft des Quells zu erproben.

So wandert dein Fuß wochenlang durch Ruhlas Waldidyll. Immer neue Reize erschließen sich deinen Augen, immer lieber wird deinem Herzen das schöne, deutsche Stückchen Erde, die Ruhl; also daß du es wieder und wieder besuchen wirst.

Wenn du es aber verlassen mußt, das Ruhlaer Waldidyll, dann möge Eichendorffs Wort in dir zur Wahrheit werden:

„Bald werd' ich dich verlassen,
Fremd in die Fremde geh'n;
Auf buntbewegten Gassen
Des Lebens Schauspiel seh'n.
Doch mitten in dem Leben
Wird deines Ernsts Gewalt
Mich Einsamen erheben!
So wird mein Herz nicht alt!"

III. Alte und neue Nachrichten über Ruhla.

Ruhla, im Volksmunde nur „die Ruhl“ genannt, ist ein alter Ort. Der Name Ruhla, derzeit wohl einzig im deutschen Lande, soll von dem rollenden Wasser, die Rulle geheißen, abstammen. Nach einer Urkunde aus dem Jahre 1753 „Kirchen- und Schulenstaat im Herzogtum Gotha von Brückner“ ist Ruhla schon im 11. Jahrhundert entstanden, und zwar sollen vertriebene Eisenacher Waffenschmiede sich in dem Rullethal angesiedelt haben, doch nicht an der Stelle, wo jetzt der Ort steht, sondern weiter südlich in dem lieblichen Wiesengrund, der heute unter dem Namen „die alte Ruhl“ bekannt ist.

Eine andere Lesart, die der geschichtlichen Wahrheit näher kommen dürfte und sich auch mit den Ergebnissen der sprachwissenschaftlichen Forschungen*) deckt, ist folgende:

In grauer Vorzeit kamen Bergleute slavischer (böhmischer) Abkunft vom nahen Fichtelgebirge her, wo der Bergbau zuerst von ihnen betrieben wurde, in das Ruhlathal, um hier mittels Tagbau ihrer Nahrung nachzugehen. Noch heute sind die Spuren dieses Bergbaubetriebes am Mühlrain, Nesselrain, Wasserberg, auf der alten Ruhl, am Engestieg, im Bermer ꝛc. sichtbar an den vielen Halden und Pingen (Gesteinshaufen und Gruben), die dem Besucher auffallen. Der Name Ruhla aber soll von dem slavischen Worte role (polnisch: rola, russisch: rolja) d. i. das Feld, abstammen.

Regel sagt dazu: „Das Volk der ganzen Umgegend wie des Ortes selbst gebraucht diesen Namen nur als ein appellat. femininum, „die Ruhl“, und das stimmt vortrefflich zu seiner Herkunft von böhmisch: role. „Die Ruhl“ ist eigentlich „das Feld“, und wie hätten die sorbischen Ansiedler ihre Niederlassung in der schmalen Gebirgstiefe des langgestreckten Thales, das erste hier zwischen wildem Wald und schroffabstürzenden Berghöhen für den nährenden Anbau gewonnene Stück Land besser und natürlicher benennen können, als den Fruchtacker, das Saatfeld, „die Ruhl“. Auch auf dem slavischen Boden findet sich dieser Ortsname Rohla (Rolaw) in dem bei Karlsbad gelegenen Dorfe Neo-Rohla, jetzt Neu-Rohlau, wo sich auch ebenso wie in unserer Thüringer Ruhl der Dorfname auf den vorüberfließenden Bach übertragen hat.“

Erwägt man dazu, daß sich in der Ruhlaer Mundart eine Reihe slavischer Wörter vorfinden,**) so dürfte die Annahme von einer slavischen Ureinwanderung zweifellos sein.

Regel bemerkt dazu: „Diese Wörter sind zum Teil so eigentümlich und weisen so deutlich auf lange Einbürgerung in Ruhla hin, daß man sie als einen unwiderleglichen Beweis für ein hier altbestehendes slavisches Volkselement ansehen darf.“

---

*) „Die Ruhlaer Mundart“ v. K. Regel, Weimar, Böhlau.

**) Z. B. bäwen gerösteter Brotschnitt, kötzen Tragkorb, krinbös sehr bös, nuirzer böser Geist (Teufel), bäwes Stennert oder Steinkugel, auch in übertragener Bedeutung: Streich, Glück, gute Heirat, häppschak roher Mensch, klamassen unnötige Worte, bäschken schlechtes Weib, beste ketschen schwere Not, böjen Gott, bruinschnetzen Preißelbeeren, uss d'r wüsen über die Maßen.

Mit dieser Annahme steht die erste von den aus Eisenach eingewanderten Waffenschmieden und Eisenarbeitern nicht im Widerspruch. Es ist sogar wahrscheinlich, daß diese Einwanderung geschah; denn das Eisenerz, die Ausbeute des Tagbaus jener slavischen Bergleute, ist wahrscheinlich anfangs nach Eisenach in die dortigen Hütten und Hämmer geliefert worden. Durch jene Einwanderer wäre dieser Transport nicht mehr nötig gewesen, und das Eisen hätte an Ort und Stelle seine Verwendung gefunden.

Da aber die Ruhlaer Mundart nach Regels sprachwissenschaftlichen Ergebnissen echt germanischen Ursprungs ist, insbesondere der hennebergischen Mundart entstammt, die viel Berührungspunkte mit der bayrischen, schwäbischen und der schweizerischen Mundart aufweist, so ist mit Gewißheit zu sagen, daß noch eine spätere Einwanderung germanischer Elemente von Süden geschah. Auffallend dabei ist die Thatsache, daß die Niederlassung dieser letzten Einwanderer nur in den drei Orten Ruhla, Brotterode und Steinbach geschehen ist.

Ziegler bemerkt hierzu beweiskräftig: „Die Bewohner von Ruhla, Steinbach und Brotterode zeigen in Bezug auf Volkseigentümlichkeit untereinander so unverkennbare Verwandtschaft und einen von den umliegenden nächsten Ortschaften so scharf abgesonderten Typus, daß man an ihrer Zusammengehörigkeit zu einem im grauen Altertume in diese Berge eingewanderten Stamme nicht zweifeln kann; denn wären sie Ureinwohner, so würden ihre Eigentümlichkeiten über mehrere Orte verbreitet sein und mit denen der übrigen Waldbewohner übereinstimmen.

Diese Zusammengehörigkeit läßt sich aus dem Körperbau, aus den Trachten, Sitten und Gebräuchen, aus den Festen, Spielen und Tänzen, aus den Liebhabereien und insbesondere aus dem Idiom entnehmen.“ *)

Alle Nachrichten über Ruhla aus dem 12. und 13. Jahrhundert sind ebenso dürftig als unzuverlässig, so daß es nicht lohnt, ihrer zu erwähnen.

Nur der schönen Sage von dem in der Ruhl hartgeschmiedeten Landgrafen sei hier gedacht, da sie uns um so glaubwürdiger erscheint, als ihr geschichtlicher Hintergrund nicht zu bezweifeln sein dürfte. Sie knüpft sich an die Person Landgraf Ludwig II., genannt der Eiserne, der von 1140—1172 in Thüringen regierte, und der sich als sehr junger Herr und Lebemann wenig um Land und Leute bekümmert haben soll.

Die schöne Sage lautet also:

„Landgraf Ludwig von Thüringen und Hessen war anfänglich ein gar milder und weicher Herr, gütig und demütig gegen jedermann. Da huben seine Junker und Edelinge an, stolz zu werden, und verschmähten ihn und seine Gebote. Es trug sich nun einmal zu, daß der Landgraf jagen ritt in dem Walde und ein Wild antraf; dem folgte er so lange nach, bis er sich verirrte. Als die Nacht herbeikam, gewahrte er ein Feuer durch die Bäume, er richtete sich danach und kam in die Ruhl zu einem Hammer- oder Waldschmiede. Der Fürst war mit schlichten Kleidern angethan und hatte sein Jagdhorn umgehängt. Der Schmied fragte ihn, wer er

---

*) Ziegler: „Ruhla und seine Umgebung.“

wäre? „Des Landgrafen Jäger." Da sprach der Schmied: „Pfui des Landgrafen! Herbergen will ich dich; in der Schmiede findest du Heu, da magst du dich mit deinem Pferde behelfen. Aber um deines Herrn willen will ich dich nicht beherbergen." Der Landgraf ging beiseite und konnte nicht schlafen. Die ganze Nacht aber arbeitete der Schmied, und wenn er mit dem großen Hammer das Eisen zusammenschlug, sprach er bei jedem Schlage: „Landgraf, werde hart! Landgraf, werde hart wie dieses Eisen!" schalt ihn und sprach weiter: „Du böser, unseliger Herr! Was taugst du den armen Leuten zu leben? Siehst du nicht, wie deine Räte das Volk plagen?" So erzählte er die liebe, lange Nacht, wie die armen Unterthanen Gewalt litten; und klagten sie, so sei niemand, der helfen wollte, denn der Herr nehme es nicht an. Die Ritterschaft spotte seiner hinterrücks und halte ihn gar unwert. „Unser Fürst und seine Jäger treiben die Wölfe ins Garn, und die Amtleute die roten Füchse in ihre Beutel." Mit solchen und andern Worten redete der Schmied die ganze Nacht; wenn die Hammerschläge fielen, schalt er den Herrn und hieß ihn hart werden wie das Eisen. Das trieb er bis zum Morgen. Der Landgraf erschrak gar sehr, als er aus dieser harten Stimme des Schmiedes des Volkes Meinung über sich vernahm, und er faßte den Entschluß, dem Unfuge, den seine Edlen verübten, ein Ende mit Schrecken zu machen. Ganz hartgeschmiedet verließ er, nachdem er kein Auge zugethan, die Ruhlaer Waldschmiede. Sein milder Sinn war in einen eisernen umgewandelt. Er nahm die Zügel der Regierung in eigene Hand und strafte die Übelthäter."

Die Sage ist von dem weimarischen Dichter Alexander Rost nicht ohne Glück und Geschick dramatisch bearbeitet worden und als „Der Schmied von Ruhla" zum öfteren nicht nur auf der Weimarischen Bühne, sondern auch im Jahre 1869 in Ruhla selbst als Volksstück unter Leitung Alexander Zieglers, der außerordentliches Interesse für alles Volkstümliche, das seine geliebte Ruhl betraf, zeigte, mit wirkungsvoller Ausstattung in Tracht und Scenerie aufgeführt worden.

Erst aus dem 17. Jahrhundert erfahren wir die zweifellose und leidige Thatsache, daß Ruhla nach dem Tode Herzog Johanns von Weimar geteilt worden ist unter seine beiden Söhne Ernst und Albert. Die „Rolle" aber bildete die Grenzscheide, also daß sie von nun an der „Erbstrom" geheißen ward.

So gehört denn bis auf diesen Tag der Teil des Ortes rechts vom Erbstrom zum Herzogtum Gotha, links zum Großherzogtum Weimar-Eisenach. Verschiedene Versuche, beide Teile wieder unter eine Herrschaft zu bringen, haben bisher zu keinem Ziele geführt, so wenig auch diese Zwieherrschaft sich mit dem Geiste der Zeit, der Einheit auf seine Flagge geschrieben hat, verträgt.

Ruhla hat allzeit unter dieser Doppelherrschaft gelitten, und nur die gesetzliche Einrichtung von Handels- und Gewerbefreiheit, die Ruhla seit Jahrhunderten besitzt, hat die Hemmnisse für die Entwickelung des Ortes etwas gemildert. Hoffen wir, daß „einst wird kommen der Tag", wo der Fluch dieser unseligen Teilung nicht mehr auf Ruhla lasten wird. Alle einsichtigen Bürger Ruhlas sind einig in diesem Wunsche, nur die Regierungen allein haben noch keinen geeigneten Weg zu seiner Erfüllung gefunden.

Um die Mitte des 16. Jahrhunderts hören wir von dem Aufblühen der Messerfabrikation in Ruhla, die sich bis in die Mitte des 18. Jahrhunderts verfolgen läßt. Um diese Zeit aber zog eine größere Anzahl Arbeiter dieses Industriezweiges nach Neustadt-Eberswalde in der Provinz Brandenburg, wo noch heute Nachkommen von ihnen leben.

Im Jahre 1661 wurde die Concordienkirche auf Eisenacher Anteil eingeweiht. Bis dahin benutzten die „Eisenachischen" die gothaische Kirche mit. Da aber zum öftern Streitigkeiten vorkamen, die am Tage der Friedensfeier zu Thätlichkeiten ausarteten, so thaten sich 164 Mann Eisenacher Bürger zusammen und ließen sich eine eigene Kirche erbauen. Doch geschah die Einweihung wegen befürchteter Störungen unter militärischer Bedeckung von 50 Mann.

Im Jahre 1682 wurde der Grundstein gelegt zu der neuerbauten Kirche gothaischen Anteils.

Was nun die Anfänge und die Entwickelung der weltbekannten Pfeifenindustrie Ruhlas betrifft, so sind darüber folgende Nachrichten bekannt.

Den ersten Anlaß dazu gab Simon Schenk, der im Jahre 1739 aus Zillbach im Eisenacher Oberlande den Beschlag der Pfeifenköpfe in Ruhla einführte. Wenige Jahre später begann auch die Herstellung der echten Meerschaumköpfe.

Die Erfindung des unechten Meerschaums, der aus den Abfällen des echten hergestellt wird, fällt etwa in das Jahr 1750 und wird Johann Christian Dreyß zugeschrieben.

Um das Jahr 1809 gründete der Oberforstrat König*) eine Forstschule in Ruhla, die 1830 nach Eisenach verlegt wurde, wo sie sich jetzt noch eines großen Ansehens erfreut.

Am 30. Juli 1862 wurde Ruhla von einer großen Überschwemmung infolge eines Wolkenbruchs heimgesucht.

In den 60er Jahren erfreute sich Ruhla als Badeort und Sommerfrische eines guten Besuchs, namentlich von Berlin aus. Wegen Wohnungsmangels hat der Besuch nach dem französischen Kriege fast aufgehört. Dafür ist seitdem das eine halbe Stunde entfernte, höchst anmutig gelegene Dörfchen Thal in Aufnahme gekommen, so daß es Friedrichroda zur Zeit eine starke Konkurrenz machen dürfte.

Zu Anfang der 70er Jahre haben sich neben der Pfeifen- und Bernsteinindustrie, die durch Berlin, Wien und Prag namentlich in feinen Meerschaum- und Bernsteinartikeln einer gefährlichen Konkurrenz ausgesetzt war, zwei Unternehmungen zu einer ungeahnten Höhe aufgeschwungen; es sind das die Metallwaren- und Uhrenfabriken der Gebr. Thiel und Gebr. Bardenheuer, von denen an anderer Stelle noch weiteres mitgeteilt werden soll.

Eine neue Zeit für Ruhlas Entwickelung ist angebrochen mit der Eröffnung einer Eisenbahn, die bei Station Wutha Anschluß hat an die Thüringer Eisenbahn. Nach mühsamen Vorarbeiten und unerfreulichen Beratungen und Kämpfen ist es

*) Derselbe, der sich später um die Kultur des Eisenacher Forstes und die Erschließung seiner Naturschönheiten großes Verdienst erworben hat.

den Bemühungen bewährter Ruhlaer Bürger doch gelungen, den Plan einer Verbindungsbahn ins Werk zu setzen. Im Jahre 1884 wurde die Ruhlaer Eisenbahn eingeweiht.

Seitdem ist die Bevölkerung der Stadt in starker Zunahme begriffen, so daß sie zur Zeit ca. 6000 erreicht hat.

Im Jahre 1895 haben die beiden Landesväter: Se. Königl. Hoh. der Großherzog Carl Alexander von Sachsen-Weimar und Se. Königl. Hoheit der Herzog Alfred von Sachsen-Coburg-Gotha Ruhla die Rechte einer Stadt verliehen. Vielleicht, daß nun für die Stadt eine bessere Zeit anhebt und das alte Wort recht bald an Ruhla in Erfüllung geht: Was Gott und Natur zusammengefügt, das soll der Mensch nicht scheiden! Hoffen wir!

Wir schließen die Nachrichten über Ruhla mit dem aufrichtigen Wunsche, daß sich des heimatlichen Dichters Segensspruch an seiner lieben Vaterstadt erfüllen möge:

„So mögest du an Kraft und Schöne
Stets reicher blühn, du treuer Ort,
Und deine Töchter, deine Söhne
Bewahren sich den alten Hort
Der Sitteneinfalt, Tugend, Treue!
Doch mit der Frucht der alten Zeit
Vermähle lieblich sich die neue
Zu menschlicher Glückseligkeit!“

Ludwig Storch.

IV. Was die Ruhlaer treiben und können.

Die Natur weist dem Menschen allerorten die Wege für seine Thätigkeit. So sind auch die Ruhlaer, ein Völkchen „ohne Ar und Halm“, in ihrem engen Gebirgsthal auf die Industrie angewiesen.

Sie haben ihre Aufgabe seit Jahrhunderten verstanden und würdig gelöst bis auf unsere Tage, was wir hier zu beweisen gedenken.

Die ersten Nachrichten von den Ruhlaer Waffenschmieden und der Eisenhüttenindustrie reichen hinein in den Sagenkreis des 11. und 12. Jahrhunderts. Ein Ruhlaer Waffenschmied war es, der Ludwig II. zum „Eisernen Landgrafen“ hartschmiedete.

Es steht wohl außer Zweifel, daß die umliegenden Berge eine für damals reichliche Ausbeute an Eisenerz geboten haben. Die massenhaft bei den späteren Mahlmühlen und Schleifwerken gefundenen Eisenschlacken dürften darauf hinweisen, daß an Stelle dieser Mühlen einst Eisenhütten gestanden haben.

Mit dem Aufhören des Faustrechtes und dem Ende des Raubritterhandwerkes wendeten sich die Waffenschmiede der Messerfabrikation zu.

Genaue Nachrichten über diesen Industriezweig sind schon aus dem Jahre 1519 vorhanden, und 1656 erlangen die Ruhlaer Messerschmiede das Innungsrecht. Zu Anfang des 18. Jahrhunderts werden jährlich für 120000 Thaler Messer und Hiebwaffen aus Ruhla ausgeführt, dagegen 1747 nur noch für 40000 Thaler.

Während zweier Jahrhunderte hat die Messerfabrikation Ruhlas Bevölkerung ausreichenden Lebensunterhalt gewährt. In den Jahren 1747—1750 wanderten an 500 Messerschmiede aus Ruhla aus nach Neustadt-Eberswalde, wo Friedrich der Große eine Messer- und Stahlwarenfabrik gegründet hatte. Da der preußische König infolgedessen die Einfuhr der Ruhlaer Fabrikate in seinem Lande verbot, so war der Rückgang dieser Industrie und ihr nahes Ende gewiß.

Aber der Ruhlaer ist erfinderisch. Zur Zeit des Siebenjährigen Krieges erfand Christoph Wagner die messingenen krummen Kämme. Diese und andere Artikel, wie Schnallen, Feilen, Bohrer, Schusterwerkzeuge und besonders Pfeifenbeschläge, boten bald neue und lohnende Arbeit. Um dieselbe Zeit führten findige Köpfe die im Eisenacher Oberlande aus Masernholz ins Grobe geschnitzten Pfeifenköpfe in Ruhla ein, bearbeiteten sie künstlerisch fein und beschlugen sie mit Kupfer und Messing.

Wieder andere, wie Hartmann, verschrieben rohe Meerschaumköpfe und ließen sie in bessere Formen bringen. Der Krieg (1756—63) begünstigte den Verbrauch dieser Artikel, so daß große Mengen derselben nach Leipzig und Frankfurt a. O. zur Messe gingen.

In diese günstige Zeit fällt auch die Gründung eines der größten Pfeifengeschäfte Ruhlas, der Firma Gebrüder Ziegler. Noch heute beschäftigen die gegenwärtigen Leiter, direkte Nachkommen des Gründers, die Herren Kommerzienrat P. Ziegler und Arthur Ziegler einige Hundert Arbeiter in und außer der Fabrik in Meerschaum- und Holzpfeifen, namentlich Bruyerepfeifen.

Zu hoher Blüte gelangte Ruhlas Pfeifenindustrie erst seit 1750 durch die Erfindung des unechten Meerschaums durch Johann Christian Dreyß. Hier sei bemerkt, daß die Primaqualität des unechten Meerschaums aus den Abfällen des echten hergestellt wird; aus den weiteren Abfällen der ersten Qualität gewinnt man die zweite und dritte Sorte der sogenannten Masse. Obwohl die Nachfrage nach echten Meerschaumpfeifenköpfen in keinem Vergleich steht zu der vor 40 und mehr Jahren, so ist doch die Verarbeitung des echten Meerschaums zu künstlerisch ausgeführten Schmucksachen in Ruhla immer noch beträchtlich.

Aus einer Aufstellung aus dem Jahre 1797 ist zu entnehmen, daß damals in Ruhla beschäftigt wurden: 500 Messerschmiede, 25 Feilenhauer, 14 Schlosser, 25 Messing-Kammmacher, 6 Elfenbein-Kammmacher, 282 Pfeifenarbeiter, 255 Pfeifenkopf-Beschläger, Versilberer und Deckelstecher, 12 Rohrdrechsler und 9 Frachtfuhrleute.

Ein volles Jahrhundert hat die Pfeifenindustrie der Ruhlaer Bevölkerung gute Einnahmen gebracht und einigen Unternehmern zu Wohlstand und Reichtum verholfen.

Leider geht dieser Industriezweig seit 30 Jahren zurück. Die Ursache dieser Erscheinung dürfte vornehmlich in der starken Konkurrenz zu finden sein, die Wien und Paris besonders in den echten Meerschaum- und Bernsteinfabrikaten machen.

Noch gelingt es der tapferen und erfinderischen Thätigkeit der Ruhlaer Fabrikanten und Arbeiter, für die Fabrikate des unechten Meerschaums, wie für Holz- und Hornpfeifen guten Absatz nach allen Teilen der Erde zu finden und der Konkurrenz von Wien, Prag, Paris und Holland zu begegnen. Die gefällige Form und die schöne Ausstattung der Ruhlaer Pfeifen, namentlich auch der unechten Meerschaumköpfe, die sowohl rein weiß, wie auch calciniert (in Öl und Wachs bunt gesotten) von dem Laien kaum von den echten zu unterscheiden sind, üben noch immer ihren Reiz auf den Liebhaber und Kenner aus.

Doch ist und bleibt das Pfeifengeschäft gegen früher nur wenig lohnend, und es bedarf der angestrengtesten Thätigkeit und der Einstellung mechanischer Hilfskräfte, um durch Herstellung großer Massen die Pfeifenindustrie über Wasser zu halten. Noch vor 5 Jahren beschäftigte dieser Industriezweig in und außer den Fabriken die stattliche Zahl von 762 Arbeitern.

Mit der Herstellung der Pfeifen gehen Hand in Hand die Beschlägerei, die Schlauch-, Etuis- und Kartonnagegeschäfte, die noch vor einigen Jahren an 300 Arbeiter beschäftigten.

Nächstdem verdienen noch einige andere Fabriken der Erwähnung, die sich mit Herstellung von Glühlampenfassungen für elektrische Beleuchtung, Geldbörsenbügeln, Geldtaschenverschlüssen, Musterklammern, Aufhängeösen, Briefsiegelkrampen, Pfeffermühlengehäusen, Beschlägen für Tintenfässer, Pfeffer- und Salzstreuer, Kindertrompeten u. a. kleinen Artikeln beschäftigen. Auch einer Fournierschneiderei und einer Knopffabrik sei hier gedacht.

Wir gedenken noch der Thatsache, daß aus Ruhla die Anregung zur Gründung einer ganzen Reihe von Fabriken in der Nähe Ruhlas mit gleichen oder ähnlichen Artikeln hervorgegangen ist.

Wir nennen als solche die Portemonnaiebügel-Fabriken in Marienthal, Salzungen, Liebenstein, Barchfeld und Steinbach, in denen zur Zeit wohl 1500 Arbeiter ihr Brot finden. Gewiß ein Segen für die mit irdischen Gütern wenig gesegnete Bevölkerung der genannten Ortschaften des Thüringer Landes.

Mit Freude gedenken wir an dieser Stelle noch des Verhältnisses der Arbeitgeber zu den Arbeitern, insbesondere in der Pfeifenindustrie und in den kleineren Fabriken, wo meist nur eingeborene Ruhlaer arbeiten. Unser Gewährsmann, Herr Bürgermeister Lederer (W. A.), schreibt dazu: „Das Verhältnis zwischen Arbeitgeber und Arbeitnehmer kann im großen ganzen als ein gutes, in verschiedenen Fabriken als ein sehr gutes bezeichnet werden. Die Erklärung ist darin zu suchen, daß der größte Teil der Arbeiter von Jugend auf mit den späteren Arbeitgebern bekannt ist, daß schon von dieser Zeit an ein gegenseitiges freundliches Verhältnis sich entwickeln kann, und daß infolge dieser gegenseitigen Kenntnis eine beide Teile befriedigende Verständigung leichter ermöglicht ist. Außerdem ist die Thatsache zu verzeichnen, daß von vielen Seiten auch in lobend anzuerkennender Weise für das Wohl der Arbeiter gesorgt wird."

Zum Schlusse dieser Mitteilungen ist es uns eine angenehme Pflicht, zweier Weltfirmen Ruhlas zu gedenken. Es sind dies die Firmen: Thiel & Bardenheuer und Gebrüder Thiel.

Die ältere der beiden Firmen: Thiel & Bardenheuer wurde von Christian Bardenheuer gegründet, der Ende der 30er Jahre als Schlossergeselle auf seiner

Wanderschaft aus Bonn a. Rh. nach Ruhla kam, um hier die Pfeifenbeschlägerei kennen zu lernen.

Der junge Fremdling, reich an Intelligenz und reicher noch an Unternehmungsgeist, heiratete nach Jahren die Witwe seines Prinzipals und führte das Geschäft selbständig weiter.

Er erkannte aber bald, daß es wenig lohnte, in dem breitgetretenen Geleise der Beschlägerei weiter zu arbeiten. Er ging zur Geld- und Cigarrentaschenfabrikation über und beschäftigte bald mit selbsterfundenen und selbstgebauten Maschinen gegen 100 Arbeiter. Mit diesem Unternehmen wurde Christian Bardenheuer der Begründer der ersten Fabrik in Ruhla.

Da die Bügelfabrikation infolge geschäftlicher Auseinandersetzungen an das in Liebenstein gegründete Zweiggeschäft der Firma Ziegler & Kaiser abgetreten wurde, so begann Bardenheuer sofort mit der Herstellung neuer Artikel: Kinder- und Bieruhren und Lampenbrenner. Bei all diesen Unternehmungen des mutigen Technikers fehlte aber die kaufmännische Kraft mit dem weiten Blick für den Weltmarkt. Sie sollte sich finden.

Im großen Jahre 1870 trat Christian Thiel (derselbe, der auch die Firma Gebrüder Thiel gründete, von der später die Rede sein wird) als Teilhaber in das Geschäft ein. Unter der umsichtigen kaufmännischen Leitung Thiels entwickelte sich das Geschäft in erfreulicher Weise.

Leider sollten beide Begründer die Früchte ihrer Aussaat nicht ernten. Bardenheuer starb im Jahre 1874, Thiel wenige Jahre darauf, beide in der Vollkraft des Mannesalters.

Was beide Männer für die industrielle Entwickelung Ruhlas bedeuten, das zeigt die Gegenwart. Ihre Gründungen geben heute an 1600 Arbeitern lohnende Beschäftigung. Was wäre Ruhla ohne seine Metallwarenindustrie!

Wenn wir heute und an dieser Stelle beider Männer ehrend gedenken: des erfinderischen und thatenmutigen, für allen Fortschritt begeisterten, vorurteilslosen und schlichten Schlossers aus Bonn, den Ruhla mit Stolz zu seinen besten Bürgern zählen darf, und des ebenso bescheidenen wie kaufmännisch feingebildeten Christian Thiel, so fühlen wir uns darin eins mit allen wissenden und denkenden Ruhlaern und tragen nur eine längst und allgemein empfundene Ehrenschuld damit ab. Ihr Gedächtnis bleibe bei den Ruhlaern in Ehren heute und immer!

Zur Zeit ist die Fabrik im Besitz der beiden Söhne des Gründers, der Herren Kommerzienräte Reinhard und Otto Bardenheuer, der erste als Techniker, der andere als Kaufmann. Sie führen das Geschäft, das jetzt mehr als 400 Arbeiter beschäftigt, im Geiste der Gründer weiter. Der Spezialartikel der Firma ist der Lampenbrenner. Sieben Millionen Brenner in ca. 100 verschiedenen Sorten und Größen gehen alljährlich in alle Länder Europas, vornehmlich aber nach Rußland in die Gegenden, wo erst heute der düstere Kienspan der bequemeren Petroleumlampe den Platz räumt.

Zur Herstellung dieser Brenner und anderer kleiner Artikel verbraucht die Fabrik jährlich 300000 kg Messingblech und Draht. Zweihundert Maschinen der verschiedensten Art, fast alle aber in der Fabrik verbessert oder erfunden und selbst gebaut, dienen dem Betriebe, in dem täglich 25000 Brenner fertiggestellt werden können. Welche Leistung, wenn man erwägt, daß zu jedem Brenner 80 einzelne Bearbeitungen nötig sind.

Die „Ruhlaer Brenner", wie sie im Handel heißen, werden anderen Fabrikaten gleicher Art wegen ihrer soliden und geschmackvollen Ausführung vorgezogen und gern gekauft.

Wünschen wir der Firma „Thiel & Bardenheuer" ein ferneres Gedeihen!

Die zweite, zwar um einige Jahre jüngere, aber weit größere Metallwarenfabrik Ruhlas ist die Firma der „Gebrüder Thiel". Dieses Weltgeschäft, das gegenwärtig 1200 Menschen einschließlich der Heimarbeit gutlohnende Arbeit giebt, verdankt seinen ersten bescheidenen Anfang den beiden Brüdern Georg und Christian Thiel, die im Jahre 1862 gemeinsam eine Werkstätte für Pfeifenbeschläge einrichteten. Nach einigen Jahren wurde diesem Artikel ein zweiter, nämlich Schutzgehäuse für Taschenuhren angefügt.

Im Jahre 1867 führte Christian Thiel das Geschäft unter der alten Firma allein weiter, gab aber die Beschlägerei ganz auf und wandte sich nur der Herstellung der Schutzgehäuse zu, welcher Artikel damals ganz neu war.

„Als Betriebskraft für die Drehbänke mußten die gesunden Beine der wenigen Arbeiter, zuweilen auch die des Prinzipals selbst und seiner jüngeren Brüder (es sind die gegenwärtigen Besitzer und Leiter des Geschäftes, die Herren Kommerzienräte Reinhold und Ernst Thiel) herhalten."

Nun galt es, dem neuen Artikel Absatz zu verschaffen und ihn im Publikum allgemein einzuführen. Es gelang dem unermüdlichen Fleiß des kaufmännisch gebildeten Mannes, seine Ware an den Mann zu bringen, so daß der Artikel von Uhrmachern und Händlern gern gekauft wurde. Heute ist dieser Artikel in ganz Europa Gebrauchsartikel geworden, der in Messing, Zink- und Stahlblech, Celluloid u. a. Material hergestellt wird.

Die erste Erweiterung des Betriebes erfuhr die Firma im Jahre 1867 durch die Herstellung der sog. Bieruhren. „Dieser damals ganz neue, mehr als Spielerei für Zecher angesehene Artikel war berufen, die Grundlage für die heutige Größe der Firma zu bilden. Aus der Bieruhr entstand bald die Kinderuhr, von der heute Hunderttausende von Gros nach allen Ländern der Erde gehen, um dort Millionen von Kinderherzen durch ihre leider etwas kurze Glanzperiode zu erfreuen. Selbst das ärmste Hindukind nimmt an dieser Freude teil, denn die Ührchen werden in jeder Preislage von 1/2 Mark bis 70 Mark pr. Gros geliefert. Die teuern Sorten sind meist mit einem Mechanismus versehen und gehen, wenn auch nach diesen Uhren die Zeit etwas allzurasch dahin fliegt. Das Kind freut sich aber doch darüber."

Da das Geschäft bald so gut ging, „daß auch die gesundesten Knochen nicht mehr als Betriebskraft ausreichen wollten", so wurde nach Verlegung des Betriebes in das gegenwärtige Gebäude an die Einrichtung eines Messingwalzwerkes mit Wasser- und Dampfkraft gedacht.

Diese Erweiterung des Geschäftes verursachte der jungen und damals noch wenig kapitalkräftigen Firma Opfer und schwere Sorgen und zwar umsomehr, als ihr in Paris und Lüdenscheid i. W. eine gefahrdrohende Konkurrenz in den genannten Artikeln erstand.

Trotz alledem gelang es der zähen und zielbewußten Ausdauer Christian Thiels und der thatkräftigen Unterstützung seiner beiden Brüder, die nunmehr als Teilhaber in dem Geschäfte thätig waren, diese Kraftprobe zu bestehen.

Ein schweres Geschick traf jetzt die Firma durch den Verlust ihres Gründers, des Herrn Christian Thiel, der im Jahre 1879, kaum 46 Jahre alt, starb. Es sollte ihm nicht vergönnt sein, den großen Aufschwung des Geschäftes in den 80er Jahren zu sehen.

Das Geschäft gewann von Jahr zu Jahr an äußerem Umfang und an Bedeutung für seine Besitzer wie für Ruhla selbst.

Es gelang den jungen und schaffensfreudigen Leitern mit Hilfe neuer, zuweilen sehr teurer, aber vorzüglicher Maschinen und „dank der Anstelligkeit und angeborenen Geschicklichkeit der Ruhlaer Arbeiter“ zur Herstellung von Taschenuhren zu schreiten.

Nach wenig Jahren schon waren die „Thielschen Watches“ in der ganzen Welt bekannt und begehrt. Sie sind bis heute nicht nur die billigsten Uhren der Welt (das Stück kostet im Einzelkauf 3 Mark), sie werden auch wegen ihrer Zuverlässigkeit und geschmackvollen Ausführung überall den billigen französischen und Schweizer Uhren vorgezogen.

So hat denn auch hier die deutsche Industrie dem Ausland in ehrlicher Konkurrenz den Rang abgelaufen, und der Name Ruhla behält seinen alten, guten Klang in aller Welt auch auf diesem neuen Gebiete der Industrie.

Das Geschäft hat einen solchen Aufschwung genommen, daß die Firma Thiel, noch ehe diese Zeilen die Öffentlichkeit sehen werden, die Erweiterung der Arbeitsräume und die Aufstellung eines größeren Walzwerkes fertig gestellt haben wird, so daß die Betriebskraft der Thielschen Weltfirma, die im Jahre 1862 mit ein paar gesunden Menschenbeinen begann, im Herbst dieses Jahres mit 400 Pferdekraft arbeiten wird. Das vermag rastloser Fleiß, Geschick und zielbewußte, zähe Ausdauer des deutschen Bürgers und Arbeiters.

In mehr als 60 Werkstätten arbeiten heute gegen 1000 Menschen. Die Bevölkerung Ruhlas deckt schon lange den Bedarf an Arbeitskräften nicht mehr, so daß die umliegenden Dörfer Thal, Mosbach, Farnroda, Etterwinden besonders den Bedarf an jugendlichen und weiblichen Kräften stellen müssen. Sogar aus dem Eisenacher Oberlande haben im Laufe des Winters viele Leute Verdienst in der Fabrik gesucht und gefunden.

Um dem Laien einigermaßen eine Vorstellung von dem Umfange des Geschäftes zu geben, können wir noch ergänzend folgendes berichten. In dem eigenen Walzwerk werden jährlich an 500000 kg Bleche und Drähte aller Art gewalzt, nach Fertigstellung des neuen Werkes das doppelte. Fabriziert werden 400000 Stück richtig gehende Uhren der verschiedensten Art und Millionen von Kinderuhren und versilberten oder vergoldeten Ketten, die bei den Frauen farbiger Rassen als besonders wirkungsvoller Halsschmuck beliebt sind. Dazu werden verbraucht 2000 Ctr.

Formsand, 5000 Ctr. Coaks, 35000 Ctr. Kohlen, für 10.000 Mark Säuren und Chemikalien und für 14000 Mark chemisch reines Gold und Silber. Die Betriebskraft wurde bisher durch ein Wasserrad von 24 und durch eine Dampfmaschine von 130 Pferdekraft geliefert. Die Verteilung der Kraft erfolgt durch elektrische Übertragung mittels einer Primärmaschine und 7 Motoren. Staunen und Bewunderung erfüllt den Besucher der Fabrik bei dem Anblick der 70 automatischen Maschinen und der Kettenmaschinen, die in der Taschenuhrenbranche zur Verwendung kommen. Sämtliche Maschinen sind von Herrn Reinhold Thiel selbst erfunden und in der Fabrik gebaut worden; allein 40 Schlosser arbeiten jahraus, jahrein an der Herstellung neuer Einrichtungen und der Ersatzstücke abgenutzter Werkzeuge und Maschinen. Mehrere Hundert Pressen schweren Kalibers, teils automatisch, teils für Handbetrieb, sind nötig, um die einzelnen Bestandteile der verschiedenen Artikel herzustellen. Alles Schaffen beruht auf dem Grundsatz der Arbeitsteilung, denn nur dadurch ist die massenhafte Produktion, verbunden mit sauberer Arbeit, möglich und lohnend.

Die zur Verpackung der Artikel nötigen Kartonnagen, Kisten und Kasten stellt die Fabrik selbst her, wozu allein mehr als 1000 Ctr. Pappe nötig sind.

Wegen Mangels an Arbeitskräften in Ruhla richtet jetzt die Fabrik ein Zweiggeschäft in dem nahen Dorfe Seebach ein.

An Arbeitslöhnen zahlte die Firma im vergangenen Jahre die Summe von 700000 Mark, der Gesamtumsatz aber dürfte zur Zeit die respektable Summe von 4 Millionen Mark übersteigen.

Wo solche Zahlen reden, da ist es wohl gerechtfertigt zu behaupten, daß Ruhla auf seine Weltfirma Gebrüder Thiel stolz sein darf. Das aus einem im Jahre 1862 so winzigen Anfang hervorgegangene Werk ist im Laufe eines Menschenalters zu einem Unternehmen ersten Ranges nicht nur in Thüringen, sondern im weiten deutschen Vaterlande geworden.

„Überall, nicht nur in Ruhla (so schreibt man uns aus Ruhla), machen sich die Hunderttausende, die alljährlich in Gestalt von Arbeitslöhnen dahin abfließen, bemerklich. Das Äußere der beteiligten Ortschaften, die Lebenshaltung und die Wohnungen der Arbeiter legen vielfach Zeugnis davon ab, daß der Verdienst ein guter ist."

Angesichts solcher erfreulicher Thatsachen und der hohen Blüte der Metallwarenindustrie darf Ruhla mit guter Hoffnung seiner Zukunft entgegensehen. So möge denn das freundliche Städtchen wachsen und blühen zum Segen seiner Bewohner und zur Freude aller, die dieses schöne Stückchen Thüringer Erde lieb haben. Dazu helfe Gott!

Gernandt, Gotha.

Boas uns d' Rühler Lüat erzählen.

Wenn zwei oder drei Vokale zusammenstehen, müssen dieselben als **ein** Vokal ausgesprochen, bezüglich zu einem solchen zusammengezogen werden, welcher mit dem erststehenden Vokal an- und mit dem letztstehenden ausklingt; „**ch**" klingt nach „**oai**" stets wie „**j**" z. B. gemacht = gemoaijt. — Da der Ruhlaer Dialekt bekanntlich von keinem Fremden erlernbar ist, so hat sich Herr Kaufmann Theobald Hoppert, ein geborner Ruhlaer, in anerkennenswerter Weise der Mühe unterzogen, nachstehende Arbeit zu verfassen.

Vürigen Summer, s'woair[1]) kurz vür der Rühlern Kirmes, war'sch[2]) ae moa soa ae goair ze schönner Noachmittoagk.

Ich konn's net mean derhein uisgehall[3]) unn moaicht[4]) mich d'r „Ziesen[5]) Hollen" aenuff,[6]) giengk earscht ae weangkchen[7]) ün Bearmer[8]) unn schleankert noachhär so langsam off Bällwü.[9]) D'r all Gickendaniel[10]) uß d'r Gröamm[11]) soaß oaben unn hatt eann Schulkumeroaden bei sich, där se-it drißig Jarr'n us d'r Ruhl fort woair. Boas[12]) hatt däar vüar ae Fröah[13]), doaß hae ae moa widder in d'r Ruhl woair. Ich soatzt mich uann dan Tüasch[14]) dernabet[15]) unn hüart dan zweanen[16]) zu, bi se sich soa doas unn genns[17]) erzahlten. D'r Fröamm[18]) (hä stammt von d'n Bären[19]) oaff d'r Köhlergaß) meint, hä wear von Isenach übber de „Hoche Sonn"[20]) gegangen unn wear au oaff d'n Wachstein unn oaff d'n Aläxandertuarm gewast. Bi hä oaff d'n Tuarm gestannen hätt unn hätt unse schö Ruhl so ongen[21]) inn Thoal sea le-i, hätt hä sich goair nett konnt gehall, hä hätt vür luatter Fröah[22]) geschreit bi ae klei Ke-ind. Ich glei's'en[23]) woa, sea ias jua au goair ze schöan unse Ruhl.

Boas huann sich daan Noachmittoagk die zwean Schnörmesser[24]) net Alles erzahlt, bi se als Schuljongen schon in de Dreank[25]) gegangen warrn unn bi se als Lehrjongen au schoan miet Wellpert[26]) gemuist[27]) hatten. Uebber ei De-ingk[28]) huan ich muatt lach: Se warrn neamlich ae moa inn Re-imber[29]) inn d'r Dreank gewaaßt unn hatten groade de Liemroaden[30]) un's Flöaß-chen[31]) gestaalt. Oaff ei moa fängt oaben inn Wall d'r Förschter uan miet schällen, unn die zwean rissen uis, boas heste, boas giste.[32])

Ae poair Toa druaf hatten'se erfarr'n, bär d'r Foerschter gewaaft woair.

Ae Noabber[33]) von dan zweanen woair groad inn d'r Neah inn Wall gewaast, där hatt's d' Förschter noachgemoaicht, unn bi die zwean uisgereffen warrn,

---

[1]) es war. [2]) war es. [3]) aushalten. [4]) machte. [5]) Hohlweg neben Zeisens Haus. [6]) hinauf. [7]) ein wenig. [8]) Bärenberg. [9]) Hôtel Bellevue. [10]) Daniel Vorname, Gicken Zuname (Spitzname für Schenk). [11]) Krümme (Straße in Ruhla). [12]) Was. [13]) Freude. [14]) Tisch. [15]) daneben. [16]) zweien. [17]) das und jenes. [18]) der Fremde. [19]) Spitzname für einen Teil der Familie Denßing. [20]) Hohe Sonne (Gasthaus zwischen Eisenach und Ruhla). [21]) unten. [22]) vor lauter Freude. [23]) ich glaube es ihm wohl. [24]) Freunde (alten lieben Kerle). [25]) Wald- oder Wiesenrinne, an der Vögel trinken. [26]) Wildpret. [27]) gestohlen. [28]) Ding, Sache. [29]) Ringberg. [30]) mit Vogelleim bestrichene Birkenruten. [31]) kleines fließendes Wasser = [25]). [32]) was hast du, was giebst du. [33]) Nachbar.

hatt hä sich bei's Flöaßchen geläat unn hatt au noach vier Kahlröderchen[34]) gefangen unn au de Liemscheiden[35]) miet hein genommen.

Bi die zwean so schwatzten, floagk groade ae Schwarm Tuaben uaf.

D'r Fröam froat[36]) Danielen: „Hä, ias änn doas irngst[37]) au ae Drehbaank,[38] där doa flüat?

Hä hatt also die Geschicht miet Mäadersch Luien[39]) sinn Drehbaank noch neat vergässen. Die Geschicht woair neamlich so:

Mädersch Lui hatt sinn Drehbaank vür ae poair wonnerschöa[40]) Muirenköpf[41]) verhannelt. Hä hatt de Tuaben au iangesperrt, bis se Eier hatten, unn doaicht, nun kest de se[42]) heruis[43]) geloaß. Bi hä d's Tubbhuis uafmoaicht, floagken de Tüaberchen hoach inn de Höh, moaichten ean großen Reangel unn giangen übber d'n Bearmer aewaegk.[44]) Lui moaicht ae lang Gesicht unn meint: „Dort flüat mie Dreahbaank!"

Nach einer Photographie gezeichnet von Lehrer Fiedler-Gotha.

Christoph, der Ruhlaer Hirt, aus den 70er Jahren.

Früher woair de Liebhoaberei unn[45]) Tuaben unn[46]) Vöalen in der Ruhl vill größer bi allewie. Besonnersch[47]) unn d'n Fe-inken hatten de allen Rühlern üarn Narren gefräßen. Allewie gieht ju woa au noach muncher Muan[48]) schöa Gäald uis vüar'n Wiengesaangk[49]), ean Doppelschloagk[50]), ae Kotschengewirr[51]) odder eann Dußpfüffer[52]). Me kuan's en ju au net verdeank, unn mich dücht, Julius Sturm wear irngst au in unsen Rühler Wall gewoast, bi hä si schöa Fe-inkenlied gemoaicht heat.

---

[34]) Rotkehlchen. [35]) Lederscheide, in der die mit Vogelleim bestrichenen Ruten aufbewahrt werden. [36]) fragte. [37]) vielleicht. [38]) Werkbank, welche zum Abdrehen von Holz, Horn, Metall 2c. gebraucht wird. [39]) Louis Mäder. [40]) wunderschön. [41]) hellfarbige Tauben mit schwarzen Köpfen. [42] kannst du sie. [43]) heraus. [44]) hinweg. [45]) an. [46]) und. [47]) besonders. [48]) mancher Mann. [49]) [50]) [51]) ganz besondere Finkenschläge, deren der Liebhaber etwa 23 unterscheidet. [52]) ein Vogel, der mit in den Wald genommen wird und dort so pfeift, daß andere Vögel dadurch angelockt und gefangen werden.

„Nichts fröhlicher als Finkenschlag
Im grünen Buchenwald
Der schmetternd hell am Frühlingstag
Von hundert Zweigen schallt.
Und wer die schöne Welt durchzieht,
Mit Sorgen nicht bepackt,
Dem schlägt ein flottes Finkenlied
Zum Marsch den rechten Takt."

Vür Jarrn woair in d'r Ruhl d'r all „Spallkopp,[52a]) där giang mit d'n Bäatelsoak vür d'n Thüren eröam[53]) unn batt[53a]) derbei si Voaterunser. Bi hä au ae moa groad metten inn Baaten woair, schluagk groad de Fe=ink, där in en Buier[54]) unn en Feanster hiangk. „Schock schwärrnot", rief Spallkopp, „boas macht oaber där för en Wirbel!" unn batt sin Voaterunser wüttersch.[54a])

Nach einer photograph. Aufnahme von C. F. Schoenborn=Ruhla.

Alt-Ruhlaer Mädchen.

Ae annerer Vöalnarr heat goair ae schöa Kuah füar eann Fe=inken hingegahn.

Küh se=in allewie inn d'r Ruhl nett meahn vill ze vertuschen, unn de Häard wüard jedes Joaihr klenner. De schöa Ziet ies lang vürbe=i, bua unse aller Chrischtoff de Häard noach durch unse Ruhl in d'n Waald treab. Chrischtoff woair ae goair groavetetscher Muan, unn bann hä grüßt, (unn hä grüßt alle Lüat) moaicht hä Diener, bi se unnsen Großherzog si Kummerherrn[55]) au nett schönner gemach können. Es hatten 'en oaber au alle Lüat gern, unn jedes klei Ke=ind kuam bei'en geloufen unn woll'en ae Heangchen[56]) gaa unn me=i großen Jongen liefen, bann'me Ferien groad hatten, au iebezahn[57]) miet oaff de Wei.

De Boadgeast[58]) kaanten Chrischtoffen au all, unn goair vill hunn si Beald[59]) mietgenommen inn üar Heimet.

Doa stuan'e oaff d'n Beald in 'en wissen Kittel, gaalen Gamoaschen, breiten schwarzen Fe=ilzhuat unn sie lang Tüathorn[60]) in d'r Haand, groat soa, bi hä ümmer gepotzt woair, bann's schö Waater woair.

Von Waater verstuan hä au aebbes,[61]) unn bann hä gefroat wuir:[61a])

„Chrischtoff boas gitt's 'en für Waater"? moaicht hä ae kluag Gesicht unn meint: „Ich glei es healt sich; es kuan **oabber au noach** ebbes gegaa."

[52a]) Kopp, Abkürzung von Jakob. [53]) herum. [53a]) betete. [54]) Vogelkäfig. [54a]) weiter. [55]) Kammerherrn. [56]) Händchen. [57]) manches Mal. [58]) Badegäste. [59]) Bild. [60]) Schalmei. [61]) etwas. [61a]) wurde.

De richen Lüat, die früher all Küh hielen, hunn de Ekonomie oabgeschafft se konnen daan Staal-Parfühm net meahn gut vertroa.

De Rühlern huan oaber au zer Garten- unn Fäaldearbet[62]) kei Ziet meahn.

De Lüat verdienen miet annerer Earbet meahn Gäald, unn doas ies gut, se verbruchen's au widder, deann de Rühlern se-in, groad bie früher au, allewie noach so ae lustig Völkchen, bi aehr Vöal inn Wall.

Bär de Rühler'n ae moa räacht fidäl wie seah, där muß zer Rühlern Kirmes komm. So schlömm bi früher, bu de Kirmes länger bi oaicht Toa duiert, eß neat meahn, oaber es ies groad noach schlömm genuangk, unn Ludwig Storch heat Räacht, bann hä meint:

„De Rühler Kirmes, bi se woair,
So uaf unn oab vüar honnert Jarrn,
Die moaicht zu Kengen de allen Lüat,
Die Jongen oabber zu großen Narren."

Zer Kirmes kuamen ümmer vill Frömme[63]) in unse Ruhl, öam ae moa miet d'n schönn Rühlern Mäachen ze taanzen. Die warr'n aemoa berühmt wiet unn breit.

So schö Mäachen goabs net allen Engen.[64]) Bi schön stun'en net die rot-türkschen Heidlappen,[65]) mit d'n langen Zipfel unn le-inken Uihr[66]) unn de rotge-blümmten Kandelröck,[67]) de bointsiedenen Schürzen, der grüan Loatz, de gaalen Brusttücher unn wissen Ströümpf mit bloawen Zweackeln. Doaderzu öhr schöa schlaank Gestaalt unn die fröschen Gesichter unn schwarz Haoir. Fransen in Gesicht, bi's allewie Moden ias, hatten se noach nett.

Alle Joaihr Pfengsten kuamen Studenten uß gaanz Dütschlaand in de Ruhl. Die moaichten goair ze gearn ae Teanzchen mit d'n Ruhler Mäachen unn treaben gern ae wengkchen öhren Jux miet'en.

Ludwig Storchen hunn de Mäachen inn sinner Ruhl au besser gefallen, bie ann annern Engen; hä hät aemoa gesuigen:

„Au gitt's kei Rühler Mäachen meahn,
So knapp unn prächtig Denger;
Voas machen se neat bei'n Taanz für Spröng,
Voas thunn'se net für Senger!
Unn bi sich au ae Bürsch'chen stäallt,
Hä feangt so keine in d'r Wäalt!"

Uebber all doas bien ich eigentlich gaanz von Gickendanielen unn sinn Freund oabgekommen. Bie ich uß daan Zweanen ürrn Gespreach eruishüart, woair Geanner[68]) wägen en Mäachen uß d'r Ruhl fort gemoaicht. Se woair sie Bruit ge-waast unn hatt Pfengsten ae Moa ae wengkchen ze vill mit'en Studenten charmeziert. Doa hatt hä sich in sinner Wuat uafgepackt unn woair d'r Wäalt enien[69]) gemoaicht.

Hoppert, Ruhla.

[62] Feldarbeit. [63]) Fremde. [64]) Orten. [65]) Kopftücher. [66]) Ohr. [67]) bunte Tuchröcke mit gemusterten Kanten. [68]) Jener. [69]) hinein.

Der Wunderdoktor von Thal.*)

Zu Ende des vorigen und zu Anfang dieses Jahrhunderts lebte in dem zum Herzogtum Sachsen-Koburg-Gotha gehörigen Dörfchen Thal, dessen Name jetzt in der Reihe der thüringischen Badeorte einen guten Klang hat, ein gar seltsamer Mann, ein lebendiges Buch mit sieben Siegeln. Es war der weit und breit als Wunderdoktor und Hellseher bekannte Einwohner Johannes Hornschuh, in der Gegend aber nur unter dem Namen „Vörwerts-Häns“ bekannt. Der bekannte Thüringer Dichter und Novellist Ludwig Storch hat diesem Wundermanne in seinen „Ausgewählten Romanen und Novellen“ unter dem Titel „Vörwerts Häns“ ein bleibendes Denkmal gesetzt. Ich will in den folgenden Zeilen versuchen, an der Hand der genannten Schrift eine kurze Schilderung jenes seltsamen Mannes zu geben.

Der Wundermann hieß, wie schon gesagt, Johannes Hornschuh. Er stammte aus dem „Vorwerk“, einem früheren freiherrlichen Meiereigehöfte am unteren Ende des Ortes Thal. Sein Vater war freiherrlicher Meier, und man nannte den Knaben dem Ortsbrauche nach „Vorwerks-Hänschen“, weil letzteres Wort aber lang und unbequem war, mundgerecht und kurz „Vörwerts-Häns“. Diesen Namen, den er als Knabe empfing, hat er, wie es mit solchen Namen oft geht, auch als Mann behalten, und unter dem Namen „Vörwerts-Häns“ lebt der Wundermann auch im Munde der Bewohner von Thal und Umgegend noch fort bis auf den heutigen Tag. Ich erinnere mich noch, daß ich als Kind das Haus gesehen habe, in welchem „Vörwerts-Häns“ gewohnt hat. Es steht im oberen Teile des Dorfes in einem kleinen Gärtlein. Hören wir, was sich das Volk noch heute über Vörwerts-Häns erzählt, und was auch Storch in dem angeführten Werke wiedergiebt. — Häns war seinem Berufe nach Fenstermacher. Von früh auf hatte er mit harter Not zu kämpfen, und da es hinten und vorn nicht langen wollte, so mußte er von Kindheit an brav arbeiten, lernte aber dabei weder lesen noch schreiben, erübrigte sich später kaum für den Sonntag ein paar Pfennige zu einer Kanne Bier und streifte deshalb in den Stunden der Erholung auf den Bergen und in den Thälern umher. Halbe Sonntage kroch er oft auf der alten Burg Scharfenberg herum und war überall in der Gegend, nur da nicht, wo andere Menschen verkehrten. Seine einzige menschliche Gesellschaft waren die Hirten, bei denen er sehr gern verweilte und mit denen er sich stundenlang unterhielt. Von diesen Hirten lernte er gar mancherlei, das meiste von dem damaligen Ruhlaer Hirten Hans Heß. Auch verkehrte er mit dem damals berühmten Seebacher Doktor, dem Medicus Johannes Dicel, der ihm aus dem reichen Schatze seines Wissens gar mancherlei mitteilte. — Inzwischen starben Hänsens Eltern; er verstand seine Profession tüchtig und nahm sich eine Frau. Anfangs ging's ihm gut; er hatte viel Arbeit, war unermüdlich und besuchte nur Sonntag nachmittags den Hirten und den Seebacher Doktor. Aber der spärliche

---

*) Aus dem „Wartburg-Herold“, Verlag von Arthur Laue in Eisenach.

Erwerb reichte bald für das Bedürfnis der Familie nicht mehr aus. Häns verdoppelte vergeblich seinen Fleiß, gönnte sich kaum ein paar Stunden Schlaf, verfertigte nach Kräften und Vermögen auch alle Schreinerarbeiten, die man bei ihm bestellte, und that alles, was einem rechtschaffenen Manne ziemt, um die Seinigen nicht Not leiden zu lassen. Aber in seiner Arbeit war kein Segen, desto mehr in seiner Ehe; denn in sechsjähriger Ehe waren ihm acht Kinder geboren, und Schmalhans war Küchenmeister in der kleinen Hütte. Da kamen einst zwei geheimnisvolle Fremde nach Thal, welche sich als Schatzgräber ausgaben und in dem benachbarten Kloster Weißenborn ihre Kunst versuchen wollten. Mit denen wurde Häns, bei dem stets der Hang zum Wunderbaren und Geisterhaften stark ausgeprägt gewesen war, bekannt. Er wurde mit noch einigen anderen von den goldlüsternen Fremdlingen ins Geheimnis eingeweiht, und bald begannen zu nächtlicher Stunde in dem alten, verfallenen Klosterhofe die Arbeiten der Schatzgräber. Eine Reihe von Nächten wurde angestrengt gearbeitet; die kommende Nacht sollte den ersehnten Gewinn bringen. Da kam die Hirtenfrau von Thal in der mondhellen Nacht zum Klosterbrunnen, um dem spät von einer Fußwanderung heimgekehrten Manne einen frischen Trunk zu holen. Sie sah die Schatzgräber bei ihrem Werke und erkannte Häns und die anderen Männer von Thal. Rasch ging sie nach Hause, holte ihren Mann herbei, und dieser hatte, wohl eine reiche Belohnung erhoffend, nichts Eiligeres zu thun, als seine nächtlichen Beobachtungen am anderen Morgen beim Gericht in Eisenach zur Anzeige zu bringen. (Das Kloster Weißenborn lag auf weimarischem Boden, da, wo heute an der Ruhlaer Eisenbahn der Gasthof Heiligenstein so traulich mit der Kirche des Dörfleins Weißenborn vereint dasteht.) Von einem Amtsdiener und sechs Landsoldaten, welche bald herbeikamen, wurden die fremden Schatzgräber — es waren zwei Mönche — nach Eisenach geführt, aber schon nach acht Tagen wieder auf freien Fuß gesetzt. Sie kamen wieder zu Vörwerts-Häns und streiften mit diesem viel in den benachbarten Wäldern am Wittgenstein, Scharfenberg und Marktberg umher.

Von jenen Fremdlingen soll Häns ein Buch, den „Höllenzwang“, erhalten haben. Daraus erlernte er der Sage nach den Blut- und Feuersegen und die Kunst, Geister zu citieren. Von jener Zeit ab ging es Häns besser, er trank täglich sein Bier, arbeitete nicht mehr so viel, kleidete sich und seine Frau und Kinder besser, fing nach und nach an zu kurieren und zu wahrsagen, und da der Zulauf stark wurde, hing er bald das Handwerk an den Nagel. Viele erzählten auch, Häns habe mit Hilfe jener Mönche einen Wassergeist gefangen, dessen Herrschaft ihm bestimmt gewesen sei; diesen Geist habe er in dem stets verschlossenen Kämmerlein an der Stube, das er niemand zu betreten gestattete, in einer zugepfropften Flasche oder einem Kruge gehabt und habe diesem Geiste öfters ein Wasseropfer gebracht. Häns ging oft mit einem neuen irdenen Topf, stillschweigend und niemand auf eine Frage oder Anrede antwortend, an den klaren Bach vor seiner Hütte, schöpfte den Topf voll Wasser und ging in sein Kämmerlein. Oft that er das sogar, wenn Leute zugegen waren, deren Anfragen er nicht gleich beantworten konnte. Hatte er frisches Wasser hineingetragen, dann konnte er jedesmal Rat und Auskunft geben. Er entdeckte den Leuten Diebstähle und andere verborgene Dinge, führte wunderbare Kuren aus bei Kranken, die vergeblich Hilfe bei studierten Medizinern gesucht und wurde schließlich so bekannt, daß kaum ein Tag verging, an dem nicht früh 10—20 Menschen von nah und fern, darunter solche, die den vornehmsten Ständen angehörten, die Hütte des Wundermanns aufsuchten, um sich Rat und Hilfe zu holen. Wer aber meint, daß Häns durch Ausübung seiner Kunst Schätze angesammelt habe, der irrt. Der Wunderdoktor war kein Beutelschneider. Armen Leuten nahm er nicht das geringste ab; ja, er unterstützte wohl noch die Bedürftigsten unter ihnen. Von den Reichen nahm er, was sie ihm gaben, doch hat er nie jemand etwas abgefordert. War einem Kranken nicht mehr zu helfen, was er sogleich wußte, so machte er den Angehörigen desselben, welche Hilfe suchend zu ihm kamen, kein Hehl daraus und nahm den Leuten nicht erst das Geld ab. Wenn man ihm trotzdem in solchem Falle etwas geben wollte, so sprach er: „Geht hin und labt den Kranken dafür; denn in ein paar Tagen wird ihm die große Glocke geläutet werden.“ Häns war überhaupt ein rechtschaffener Mann, der seinem Herrgott alle Sonntage im Gotteshause diente. In den Gerichten sagte er gar vielmal, wenn ihn die Richter wegen seiner Kuren und dem Angeben verborgener Dinge derb vornahmen, er thue alles das in Gottes Namen und bloß um des Guten willen; auch habe alle seine Sache Segen und guten Fortgang, weil er stets das Böse bekämpfe und es aus seiner Dunkelheit, wo es walte und niste, an das helle Tageslicht hervorziehe. Er war zu Hause meist grämlich und mürrisch, und ein überlästiger Frager konnte von Vörwerts-Häns auch oft ein gut Bündel ausgesuchtester Grobheiten bekommen. Nach vollbrachtem Tagewerke war Vörwerts-Häns auch den Freuden der Geselligkeit nicht abhold. Er wanderte in der Regel von Thal nach dem benachbarten Kloster-Gasthause Heiligenstein, um dort sich am edlen Gerstensafte zu laben. Gern sang er dann, wenn er fröhliche Gesellschaft fand, lustige, ja derbe Lieder und war oftmals der letzte, welcher die Gaststube verließ.

Wie schon gesagt, geriet Häns wegen seiner Kuren oft mit dem Richter in Konflikt, und der gestrenge Richter zu Thal, Herr Thielemann, nahm ihn manchmal hart ins Gebet. Späterhin, als er einige hochgestellte Personen durch seine Heilkunst gesund gemacht hatte, gewährte ihm der Herzog von Gotha Kurierfreiheit. Alt und lebensmüde starb der berühmte Wunderdoktor zu Anfang dieses Jahrhunderts. Seiner Aussage nach hätte es nur seines Willens bedurft, um noch zehn Jahre zu leben; aber er war des Lebens überdrüssig. Viel Vermögen hinterließ er nicht. Noch heute lebt zu Thal eine zahlreiche Nachkommenschaft Vörwerts-Hänsens.

Die Bücher, aus denen Häns schöpfte, sollen folgende gewesen sein: Alte nekromantische Schriften, wie sie in jener Zeit häufig verbreitet waren, ferner das große Kräuterbuch von Tabernamontanus, die Werke von Theophrastus Paracelsus de Hohenheim, Jacob Böhm, genannt Philosophus Teutonicus, Apollonius von Tyano, Dioskorides u. a.

Nun zum Schluß noch einige von Vörwerts-Hänsens wunderbaren Kuren, wie sich solche die Bevölkerung von Thal noch heute erzählt. Ein Holzhacker von Kittelsthal hatte sich mit der Axt gar arg in den Fuß gehauen; der Mann mußte nach Hause getragen werden. Bei der Rasenmühle unterhalb Thal begegnet Häns den Leuten. Kaum hat er vernommen, was geschehen ist, als er mit der flachen Hand mehrmals über den verwundeten Fuß hinstreicht, und sogleich tritt der Mann auf Hänsens Geheiß auf die Füße und geht ohne alle Beschwerden nach Hause. Nach wenigen Tagen war die Wunde völlig geheilt, und der Verband konnte abgenommen werden.

Einmal kam der Ruhlaer Straßenfuhrmann Deußing von einer Fahrt nach Lübeck zurück. Auf der Reise war ihm sein schönster Gaul lahm geworden. Es war gegen Abend, als er vor dem Kloster-Gasthaus Heiligenstein anhielt, um mit seinem Knechte eine Kanne Bier zu trinken. Herr Schenk, der Wirt, brachte dies den Fuhrleuten unter die Linde herab, wo sie sich niedergesetzt hatten. Indem sie noch über das Pferd sprachen, kam Häns gerade über die Wiese her, um auf dem Heiligenstein ebenfalls eine Kanne zu trinken. Der Wirt rief ihm zu: „Nun, Häns, da giebt's auch wieder was zu verdienen! Herr Deußing hat ein lahmes Pferd!" „Daß ich nicht wüßte", brummte Häns mürrisch, ging zum kranken Gaule, ohne daß er ihm gezeigt worden war, hob ihm sogleich den lahmen Fuß in die Höhe, schlug dreimal mit der flachen Hand darauf, ließ ihn wieder fahren und rief mit hoch erhobenem Arme: „Hüh!" Sogleich ging der Gaul, der über vier Wochen lahm gewesen war, gleich den anderen Pferden stolzen und festen Trittes dahin. Nun wandte sich Häns zum Wirte: „Seht ihr denn unter Herrn Deußings Pferden ein lahmes?"

Damit wollen wir den seltsamen Mann verlassen, dessen Haus vor nunmehr einem Jahrhundert einen Ruf besaß, wie die geheimnisvolle Höhle des Trophonius, und dem sich viele nahten, um des Orakels rätselhaften Spruch zu vernehmen.

Henschel, Ruhla.

Schloß Altenstein und die Altensteiner Volksfeste.

Altenstein, der durch die wunderbare harmonische Verschmelzung von Natur und Kunst einzig dastehende, vielbesuchte Sommersitz der Herzöge von Sachsen-Meiningen, liegt auf einer Plattform jäh ins Thal abfallender, zerklüfteter Dolomitfelsen am Saum und Südwestabhang des Thüringer Waldes.

Hier, wo der gesamte Park mit prächtigem Schloß, wohlgepflegtem Rasenteppich, schattigen Baumgruppen und farbigen Blumenbeeten durch Springbrunnen, Bäche und Wasserfälle belebt und durch die schönsten Promenaden zugänglich gemacht ist, wo sich an den nahen Höhen dem Auge reizende Fernsichten öffnen, wo großartige Felsengebilde mit einsamen Schluchten und tiefen Abgründen, herrliche Waldungen mit grünen Wiesen, Bilder der Gegenwart mit Denkmalen einer vergangenen Zeit wechseln, hier stimmt alles zur Freude, zum reinsten Genuß.

Auf Schloß Altenstein weilt alljährlich der Fürst des Landes einige Monate, in stiller Einsamkeit dem edlen Weidwerk obliegend; nach dieser Perle Thüringens ergießt sich auch der Strom der Fremden, sobald im wunderschönen Monat Mai die Knospen springen und der Wald sein neues Kleid anlegt.

Von Glücksbrunn aus die Straße aufsteigend, gelangt man an den Eingang der 1798 gelegentlich des Straßenbaues entdeckten, 200 m langen, berühmten Altensteiner Höhle, in welcher Überreste vorsintflutlichen Lebens (Knochen des Höhlenbärs) vorgefunden wurden. Nach einer weiteren Wanderung von etwa 20 Minuten ist der Altenstein erklommen.

Schloß Altenstein.

Das 1888/89 in englischer Renaissance umgebaute, von taufrischem Rasenteppich mit mächtiger Fontaine und malerischen Blumenanlagen, Laubengängen, Felsengruppen, uralten Bäumen und epheuumrankten Resten der alten Burg umrahmte, an künstlerischen Einzelheiten im Innern und Äußern überaus reiche Schloß ist eine Sehenswürdigkeit ersten Ranges.

Weitere Beachtung verdienen die angrenzende Terrasse mit entzückendem Panorama, die auf einem Felskegel erbaute, mit mittelalterlichen Geräten, Waffen, Rüstungen und Fenstermalereien ausgestattete gotische Ritterkapelle, das romantische Luisenthal mit Sennhütte, Wasserfall und Teich, die über eine enge Schlucht gespannte schwankende Teufelsbrücke, wie das auf der höchsten Stelle des Parkes errichtete orientalische Fohlenhaus mit ausgedehnter Fernsicht und besonders schönem Blick ins Werrathal und auf die Rhön, ferner der Bonifatiusfelsen, der Blumenkorb und die majestätische, an phantastischen Formen sich überbietende, zerklüftete, weithin sichtbare Felswand des Hohlesteins und Morgenthors.

Historisches Interesse bietet der Bonifatiusfelsen. Auf seiner Höhe erbaute der fromme Missionar 724 eine Kapelle; in unmittelbarer Nähe des Kirchleins erstand Altensteins Nebenburg, die Neuenburg. Erinnert somit der Felsen an den Mann, der die Thüringer dem Christentum zuführte, der aber auch die schon bestehende freie deutsche Kirche unter Roms Herrschaft brachte und hierdurch das deutsche Volksleben in Fesseln schlug, die erst nach Hunderten von Jahren der kühne Volksmann Martin Luther, dessen Name ebenfalls unlöslich mit dem Altenstein verknüpft ist, brechen sollte, so ist er gleichzeitig durch die an seiner schroffen Stirnseite angebrachte Inschrift: „Gott, Vaterland, Freiheit, Friede, 1814—15 und 1870—71." zu einem Denkmal der Befreiung und Einigung Deutschlands geworden.

Blumenkorb und Hohlestein sind durch Stufen, welche in den Fels gehauen sind, bis zur Spitze zugänglich gemacht. Ersterer bildet mit der am Fuße des Felsens über einer Steinbank angebrachten Büste der Herzogin Charlotte Amalie von Sachsen-Meiningen († 1801) ein sinniges Denkmal dieser Fürstin, letzterer trägt auf seinem Scheitel das bunte Chinesische Häuschen.

Ein Hauptglanzpunkt des ganzen Parkes aber ist das Morgenthor. Der Blick vom Altan aus in die Tiefe und die Aussicht gen Ost, Süd und West auf das Terrassenland, den Thüringer Wald, ins Werrathal und auf die Vorderrhön ist unbeschreiblich schön.

Zu Füßen breitet sich das gewerbthätige Schweina mit Glücksbrunn aus, weiterhin sieht man das durch Fröbels Wirksamkeit bekannt gewordene Marienthal, den Badeort Liebenstein mit seiner auf waldigem Kegel des Schloßberges fußenden Burgruine, den Aschenberg und den turmgekrönten Frankenstein, den freundlichen Moorgrund und das grüne Werrathal mit seiner in vielen Windungen malerisch silberglänzenden Werra, seinen Teichen, Gehöften, Ortschaften und Fabrikschloten, den schönen Steinbachergrund, das liebliche Thüringerthal und die kräuterreiche Hohe Klinge. Die Berge des Trusenthals und die Schmalkalder Höhen, der breitrückige Dolmar und die langgestreckte Geba, die sagenhafte Kilianskuppe und der wildreiche Bleß mit Jagdschloß des Herzogs, die Hunnkuppe und der Schneckenberg, der Baier und der Dietrich, der vielbesuchte Öchsen und der regelmäßig geformte Krainberg mit den Überresten der ehemaligen Krainburg, auf welcher die unglückliche Margarete, Gemahlin Albrechts des Unartigen, nach ihrer Flucht von der Wartburg die erste Unterkunft fand, geben den Rahmen her zu der herrlichen Landschaft.

Die Burg — anfangs „der Stein", später zum Unterschiede von der jüngeren, urkundlich 1150 zuerst vorkommenden benachbarten Neuenburg „Altenstein" und unter den Wettinern einigemal „Markgrafenstein" genannt, bis schließlich der frühere Name „Altenstein" allgemein gebräuchlich wurde — ist in grauer, sagenhafter Vorzeit — vielleicht im 7. Jahrhundert zum Schutze gegen die mit der Frankenherrschaft unzufriedenen, aufständischen Thüringer und die von Ost und Südost einfallenden räuberischen Slaven — von einem den fränkischen Gaugrafen entstammenden, ritterlichen Geschlecht, den reichbegüterten Herren von Frankenstein, erbaut worden. Während die Stammlinie des Geschlechts auf dem Frankenstein bei Salzungen wohnte, saß auf Burg Stein eine Nebenlinie, die sich „vom Stein“ nannte. Dieser Nebenzweig des gräflichen Hauses starb aber bald aus, und Burg Stein fiel an die Hauptlinie zurück, von welcher sie jedoch bald in den Besitz der mit den Frankensteinern verschwägerten Herren von Salza überging. Letztere verkauften 1346 die Burg samt den umliegenden Ortschaften an Friedrich den Ernsthaften, Landgrafen von Thüringen. So kam Altenstein an das Haus Wettin.

Einige Jahrzehnte lang führten nun Altensteins Burgmänner ein wahres Räuberleben. Sie beteiligten sich an der Fehde des Landgrafen mit Henneberg, machten Streifzüge tief ins feindliche Gebiet, rückten 1379 vor Meiningen, trieben das Vieh weg, schleppten 60 Bürger fort und gaben sie erst gegen ein Lösegeld von 2000 Gulden frei. Lange sollten indes diese Schnapphähne ihr Wesen nicht treiben; bereits Landgraf Balthasar (1381—1406) steuerte dem Unfug.

Bei der Teilung im Jahre 1485 fiel die Burg der ernestinischen Linie des Hauses Sachsen zu, und damit beginnt wieder eine bessere Zeit.

1492 übertrugen Friedrich der Weise und Johann der Beständige ihrem getreuen Thürhüter Hans Hund von Wenkheim Schloß und Amt Altenstein als erbliches Manneslehen. Bis 1722 saßen die Hunde, deren Name vielfach von der Sage umwoben ist, auf Altenstein.

Hans Hund stand bei Friedrich dem Weisen in hohem Ansehen, begleitete diesen nach dem heiligen Grabe, erwarb auch zu seinem Besitztum noch die Neuenburg. Am bekanntesten aber ist Burkhard Hund II. geworden. Er war es, der in Gemeinschaft mit dem Burghauptmann der Wartburg, Hans von Berlepsch, den von Worms zurückreisenden, geächteten Luther am 4. Mai 1521 eine halbe Stunde hinter Altenstein aufhob, nach der Wartburg geleitete und damit der evangelischen Sache einen ungemein wichtigen Dienst erwies; er war es auch, der während des Bauernkrieges durch sein besonnenes Auftreten das Schicksal der Zerstörung, welches damals so vielen Burgen, u. a. auch der Neuenburg, bereitet wurde, vom Altenstein abwandte.

Hatten die Hunde seither in gutem Einvernehmen mit ihren Gerichtsunterthanen gelebt, so änderte sich dieses Verhältnis mit Burkhards Tode vollständig. Die alte Burg war baufällig geworden; sie mußte durch einen Neubau ersetzt werden. Wegen der beim Burgbau zu leistenden Fronen kam es nun zu heftigen Streitigkeiten zwischen der adeligen Familie und den vier gerichtsunterthänigen Gemeinden Schweina, Steinbach, Gumpelstadt und Waldfisch. Dem offenkundigen Recht der Gemeinden setzten die Ritter rohe Gewalt entgegen. Da gingen die Gemeinden auf dem Wege der Klage gegen ihre Bedrücker vor. Sowohl das Hofgericht zu Jena, als auch das Reichskammergericht entschieden zu Gunsten der Gemeinden. Trotzdem verharrten die Ritter in ihrem Trotze. Erst nachdem über acht Glieder der Familie Hund die Reichsacht verhängt worden war, kam am 27. November 1625 ein Vergleich zustande, der dem langwierigen, beiderseits mit zäher Ausdauer geführten Prozesse ein Ende bereitete, ohne daß es jedoch gelang, die Zwistigkeiten ganz zu beseitigen.

Der letzte Hund auf Altenstein war Ehrhard Friedrich. Durch Abstellung der berüchtigten Hexenprozesse und durch gemeinnützige Stiftungen, wie die Gründung des Schweinaer Waisenhauses und reiche Zuwendungen an die dortige Kirche, sicherte er seinem Namen ein ehrendes Andenken.

Am 10. Juni 1722 erlosch das Geschlecht, und Altenstein fiel als eröffnetes Manneslehen an das Haus Meiningen zurück.

Volksfest zu Schloß Altenstein vom 13. August 1846.

Jetzt fanden auch Altensteins Naturschönheiten mehr Beachtung. Herzog Anton Ulrich erkannte den Platz als eine Perle im Lande seiner Väter; froh sollte er indes seines Besitzes nie werden. Der zwischen ihm und den älteren Brüdern der Erbschaft wegen entbrannte häßliche Streit verleidete ihm schon den Aufenthalt auf der Burg. Dazu kamen noch andere Widerwärtigkeiten. Der Jägerbursche Hans Fuchs aus Steinbach, welcher einen Prozeß gegen seinen Bruder verloren hatte, zündete aus Rache nicht nur das elterliche Haus an, was die Veranlassung zu dem großen Steinbacher Brand wurde, sondern legte in derselben Nacht auch Feuer an die Wohnung seines Richters, des Amtmanns von Altenstein. So ging am 27. April 1733 Schloß Altenstein samt Archiv und Nebengebäuden in Flammen auf.

Nun ließ Anton Ulrich 1736 durch den italienischen Baumeister Rossini auf der alten Stelle ein neues Schloß errichten. Im folgenden Jahre kam der Fürst zur Besichtigung des fertigen Baues. Aber der Mißgriff des Baumeisters, der das Schloß — dem alten Plan entgegen — mit der Hauptfront der Bergplatte zu gestellt hatte, ergrimmte den Herzog derart, daß er den Ort, der ihm abermals eine herbe Enttäuschung gebracht, nie wieder betrat.

Nach Anton Ulrich wandten drei Fürsten dem Ort ihre Fürsorge zu. Herzog Georg I. (1782—1803) gewann den Altenstein lieb, erbaute die Ritterkapelle, das Fohlenhaus, die Sennhütte und das Chinesische Häuschen, legte die Teufelsbrücke und den Wasserfall an und machte Hohlestein und Morgenthor zugänglich. Er legte den Grund zu Altensteins lieblicher Schönheit. Herzog Bernhard Erich Freund (1821—1866, gest. 1882) schmückte die Stätte, an welcher der Glaubensheld Martin Luther am 4. Mai 1521 aufgehoben wurde, durch ein 10 m hohes Denkmal in Spitzsäulenform und führte das Werk des Vaters fort, das der gegenwärtig regierende, kunstsinnige Herzog Georg II. von Sachsen-Meiningen durch Erweiterung und Verschönerung der Anlagen und vollständigen Aus- und Umbau des vorhandenen Schlosses der Vollendung entgegenführte.

Georg Hzg. v. S. Meiningen

Seitdem Fürsten dem Altenstein ihre Gunst schenkten, verbreitete sich der Ruf seiner Naturschönheiten schnell in den deutschen Gauen. Herzog Georg I. weilte oft und gern auf dem Altenstein. Im traulichen Umgang mit seinem fürstlichen Nachbar, dem geistreichen Karl August von Weimar, verlebte er hier schöne Stunden. Unter Herzog Bernhard wurde Liebenstein-Altenstein bald der bevorzugte Sammelort fürstlicher Gäste.

Aber nicht nur für hohe Gäste lebte Herzog Bernhard auf seinem Altenstein, sondern auch für sein ihm in Liebe ergebenes Volk. Zwischen ihm und seinen Unterthanen, dem Landesvater und den Landeskindern, bestand ein wahrhaft patriarchalisches Verhältnis. Der Zutritt zum Altenstein war unbeschränkt; jedermann empfing hier fürstlichen Rat; reiche Gaben flossen von hier in die Hütten der Armen. Auf seinem Altenstein züchtete der Fürst, selbst ein tüchtiger Pferdekenner, zum Besten der Landwirtschaft edle Pferde, hier bereitete er seinen Gästen und Landeskindern aber auch Vergnügungen durch die sogenannten Altensteiner Volksfeste.

Der 6. September war der Geburtstag der Frau Herzogin Marie. An diesem Tage führten die Vorsteher der drei Ortschaften Schweina, Liebenstein und Steinbach unter Vorantritt der Musik ihre in Nationaltracht gekleidete erwachsene Dorfjugend paarweise geordnet vor das Schloß. Nachdem gratuliert und das Hoch ausgebracht worden war, begann vor dem Schlosse der Tanz. Lustig drehten sich erlauchte Fürstenkinder im Kreise mit Bauernburschen und Dorfmädchen. Dann erfolgte der Abmarsch nach dem Breitenrasen, wo das Pferderennen, an dem die Bauern der ganzen Umgegend teilnehmen durften, stattfand.

Die bekannteste Persönlichkeit bei diesem Rennen war der „Alte Rainschneider", ein wohlhabender Bauer aus Gumpelstadt. In mancher Hinsicht ein Original, der es mit dem Ausspruche hielt: „Ein richtiger Bauer läßt Pelzmütze und Pelzhandschuhe nicht eher zu Hause, als bis die Kirschen rote Backen haben," war er im übrigen ein tüchtiger Landwirt. Sein Rat wurde oft in Anspruch genommen, und der Herzog schätzte ihn sehr.

Die Sieger im Wettrennen erhielten Preise in Gestalt von Sattel- und Zaumzeug, gestickten Pferdedecken u. s. w.

Bis in die vierziger Jahre des 19. Jahrhunderts bildeten die Rennen einen Teil der Volksfeste. Als aber 1848 das Altensteiner Gestüt Gegenstand heftiger Angriffe im Landtag wurde, mag Herzog Bernhard das Interesse für die Pferdezucht verloren haben; er hob das Gestüt auf, und seitdem kamen auch die Rennen in Wegfall.

Bei Bratwurst und Bier, Musik und Spiel vergnügte man sich auf Kosten des freigebigen Fürsten, bis die Sonne sank; Illumination und Feuerwerk beschlossen die Reihe der festlichen Veranstaltungen auf Altenstein. In den drei Ortschaften aber wurde getanzt bis tief in die Nacht.

Neben diesem jahrzehntelang regelmäßig alljährlich am 9. September wiederkehrenden Fest fanden zuweilen noch Volkslustbarkeiten größeren Umfangs auf dem Altenstein statt.

Königin Adelheid von England und Herzogin Ida von Sachsen-Weimar, die wegen ihrer Leutseligkeit und Herzensgüte allgemein hochverehrten fürstlichen Töchter des Landes, weilten oft Monde lang im Kreise der herzoglichen Familie. Diesen seinen edelgesinnten Schwestern zu Ehren lud Bernhard öfters die treuen Unterthanen zu Lust und Vergnügen nach dem Altenstein.

So auch am 13. August des Jahres 1846.

Es galt, den Geburtstag der zu Besuch anwesenden verwitweten Königin Adelheid, geborenen Prinzessin von Sachsen-Meiningen, würdig zu begehen.

Eine von herrlichem Buchenwald umgebene, $^1/_4$ Stunde hinter Altenstein gelegene Waldwiese in der Eckerzell wurde zum Festplatz ausersehen. In wenigen Tagen erhoben sich hier außer den vielen Bratwurst-, Bier-, Lotteriebuden u. s. w. drei Tribünen, eine Bühne für theatralische Vorstellungen und mehrere mit Preisen ausgestattete geglättete Kletterstangen. Tribünen und Bühne waren mit Tannenzweigen bekleidet und mit Blumenguirlanden geziert. Von der mittleren, für die hohen Herrschaften bestimmten Tribüne leuchtete dem Beschauer ein glänzendes A entgegen. Auch hatte man einen Raum fürs Sackhüpfen abgesteckt und 7 Tanzplätze hergerichtet.

Die Einladungen waren schon vorher ergangen. Die Jugend der Gemeinden Liebenstein, Schweina, Steinbach, Witzelrode, Neuendorf, Gumpelstadt, Waldfisch, Möhra, Allendorf und Immelborn war durch Cirkular aufgefordert worden, mit Musik und Fahnen im festlichen Gewande zu erscheinen; die zur Parade bestimmten Reiter und Rosse waren ausgewählt und zugeritten; für Speisen und Getränke war gesorgt, das Festprogramm bereits festgesetzt und veröffentlicht.

Der ersehnte Tag nahte. Nachdem vorher ein wohlthätiger Regen die ausgetrocknete Flur erquickt und die belästigenden Staubwolken gelöscht hatte, stieg am Morgen des 13. August die Sonne, einen guten Tag versprechend, freundlich und klar am Himmelsgewölbe empor. Von Nord und Süd, aus Ost und West wogten jetzt die Menschenmassen zu Fuß, Roß und Wagen in heiterer Stimmung dem Festplatze zu. Gegen Mittag zogen die vom Fürsten geladenen jugendlichen Gäste — insgesamt 800 Paare — mit Fahnen und klingendem Spiele, von Festordnern geleitet, über Altenstein. Im Durchgang des Rundbaues empfingen sie Karten, welche zur kostenlosen Entgegennahme der ihnen vom Fürsten verwilligten Speisen und Getränke berechtigten, dann ging's weiter nach dem von Zuschauern bereits dichtgefüllten Festplatz.

Gegen 3 Uhr erschienen die hohen Herrschaften, Königin Adelheid mit Gefolge, Herzogin Ida von Sachsen-Weimar, die herzogliche Familie nebst Hofkavalieren und Hoffräulein, und nahmen auf der Tribüne Platz. Die Militärkapelle spielte das: „Gott segne den König“, die einzelnen Züge jeder Gemeinde zogen mit Musik vorüber, begrüßten durch Senken und Schwenken der Fahnen die fürstlichen Herrschaften und brachten der Königin unter sinnigen Gaben ihre Glückwünsche dar.

Nun begann die allgemeine Volkslustbarkeit. Hunderte von Zuschauern umstanden die Tanzplätze, andere fanden Gefallen am Sackhüpfen, Vogelwerfen, dem Lotteriespiel, wieder andere ergötzten sich an den Späßen des possenreißenden Hanswurstes, am Affentanz oder staunten das als Weltwunder gezeigte Stachelschwein an, noch andere eilten den Tribünen und Kletterstangen zu, bewunderten die Geschicklichkeit des indischen Jongleurs im Auffangen vergoldeter Kugeln oder belagerten die Würfel-, Bier- und Bratwurstbuden.

Wenn Sackhüpfer zu Fall kamen und sich unbeholfen am Boden wälzten, wenn Jungen sich um ein Stück Vogel, auf dem ein Preis stand, balgten, wenn kühne Kletterer sich vergeblich abmühten, vorwärts zu kommen, wenn als Hauptgewinn in der Lotterie eine Nadelbüchse gezogen wurde, dann erschütterten wahre Lachsalven die Luft.

Plötzlich strömte alles den Tribünen zu. Was gab es denn dort zu sehen? Nun, soeben bestiegen die Kinder des Landes — aus jeder Gemeinde drei ausgewählte Paare — die fürstliche Tribüne und forderten die fürstlichen Kinder, die Hofkavaliere und Hofdamen zum Tanz auf. Die Mütter aber standen stolz dabei und priesen sich glücklich ob der großen Ehre, die ihren Kindern widerfuhr.

Jetzt wurde durch drei Kanonenschüsse das Zeichen zum Beginn des Theaterspiels gegeben. Das Volk nahm vor und zu Seiten der offenen Bühne Aufstellung, die Schlauen und Behenden aber suchten sich einen guten Platz in luftiger Höhe auf den Buchen. In Scene ging — Wilhelm Tell von Schiller.

Mit gespanntester Aufmerksamkeit folgten alle dem Spiel. Der Apfel fiel, Held Tell war frei, das Spiel zu Ende. Da gab es wieder etwas Neues.

In der Mitte des Festplatzes sah man Burschen mit verbundenen Augen, ungeschickte, tastende Bewegungen beschreibend, mit dem Dreschflegel in der Hand nach einem aufgestellten Topfe schlagen. Durch Zurufe und mehrfache Wendungen absichtlich irregeführt, teilten diese Topfschläger natürlich unnütze Hiebe aus, wurden verlacht und zogen sich beschämt zurück.

Mit diesem früher bei thüringischen Kirchweihen allgemein beliebten Topfschlagen schloß die Reihe der Veranstaltungen auf dem Festplatz.

Als die Festteilnehmer den Rückzug antraten, dunkelte es bereits. Da wurde den über den illuminierten Altenstein Heimziehenden noch eine besondere Überraschung bereitet. Von 1300 Flammen erleuchtet, erstrahlte weithin sichtbar ein mächtiges, 18 m hohes, mit einer Krone geschmücktes A im hellsten Glanze, die heimkehrenden Festgäste noch einmal daran erinnernd, daß Englands Königin heute Geburtstag feiere.

8000 Personen mögen an jenem denkwürdigen 13. August 1846 bei Schloß Altenstein versammelt gewesen sein. Trotz dieser gewaltigen, auf und ab wogenden Volksmenge verlief die Feier aufs schönste. Kein Mißton trübte den reinen Genuß; Freude glänzte aus aller Augen. Die zahlreich anwesenden Ausländer stellten Vergleiche an und gaben ihrer wahren Herzensmeinung beredten Ausdruck; alle Festteilnehmer aber waren voll des Rühmens über den volksfreundlichen, freudestiftenden Fürsten.

„Was vergangen,
Kehrt nicht wieder,
Aber ging es leuchtend nieder,
Leuchtet's lange noch zurück." (K. Förster.)

Ein halbes Jahrhundert ist seitdem verrauscht. Bernhard und Marie, Ida und Adelheid, sie weilen nicht mehr unter uns, und von den damaligen Festgästen sind bereits viele zur ewigen Heimat abgerufen worden, die noch lebenden aber erinnern sich gern des edlen Herzogs Bernhard, seiner hochherzigen Schwestern und der Altensteiner Feste.

E. Schwarz, Allendorf.

Durchs Trusenthal über Brotterode nach dem Inselsberg.

Eins der reizvollsten Thäler Thüringens ist das im Kreise Schmalkalden gelegene Trusenthal. Um ihm einen Besuch abzustatten, benutzen wir von Schmalkalden aus die hochinteressante Gebirgsbahn Schmalkalden-Brotterode bis zur Haltestelle Herges-Vogtei und sind nun in dem lieblichsten und besuchtesten Teil des Trusenthals. Ehe wir die landschaftlichen Reize genießen, wollen wir zuvor dem Orte Herges-Vogtei selbst einige Aufmerksamkeit schenken. Herges und Auwallenburg bilden einen Ort, der aber aus zwei verschiedenen Gemeinden besteht, die durch die Truse geschieden sind. Am rechten Ufer liegt Herges, am linken Auwallenburg. Herges-Vogtei verdankt seine Entstehung dem Bergbau und den damit verbundenen Eisen-, Hütten- und Hammerwerken, die in früheren Zeiten sich eines lebhaften Betriebes erfreuten. Das Terrain dieser ausgedehnten industriellen Anlagen befand sich auf dem Grundstück einer Mahl- und Schneidemühle, die infolge ihrer Baufälligkeit abgerissen und durch einen Neubau ersetzt wurde. Der dem Ortsnamen Herges beigefügte Zusatz „Vogtei“ findet seine Erklärung darin, daß sich in der Nähe der Mühle die Wohnung des Hüttenvogts befand, der die Lieferung der Kohlen zu kontrollieren und den ganzen Betrieb zu beaufsichtigen hatte. Spuren dieses Betriebes sind so gut wie nicht mehr vorhanden. Dagegen hat sich in neuerer Zeit eine lebhafte Industrie entwickelt, die sich in Gewinnung und Verarbeitung der mannigfachsten Bergprodukte bethätigt. Schwerspatgruben befinden sich an der Mommel, am Eichberg und Michelsberg. Alabaster und Gips wird am Heues in der Richtung nach Liebenstein gewonnen, und Eisenstein- und Flußspatgruben treffen wir ebenfalls an der Mommel bei Liebenstein an.

Als wertvolle Produkte sind auch noch Melaphyr und Granit zu erwähnen, die größtenteils in den Felswänden des Trusenthals gewonnen werden. Am bedeutendsten ist die Gewinnung und Verarbeitung von Schwerspat. Was nicht direkt in rohen Stücken versandt wird, das wird in den vielen Schwerspatmühlen in und um Herges zu feinstem Mehl verarbeitet. Nachdem die rohen Stücke unter dem Stampfwerk zerkleinert sind, werden sie unter Rädern aufs feinste zermahlen. Der jährliche Versand beträgt annähernd 100000 Centner.

Wie leicht erklärlich, ist ein großer Teil der arbeitsfähigen männlichen Bevölkerung im Bergbau beschäftigt.

Außer anderen industriellen Anlagen verdient noch besonders die mechanische Schlauchfabrik genannt zu werden, die vielfach größere Lieferungen für die Armee auszuführen hat. Manchem früheren Besucher des Trusenthals dürfte auch noch die originelle Figur des ehemaligen Gänsehirten aus Herges-Vogtei in Erinnerung sein, wie er sich in seiner malerischen Uniform den Ausflüglern präsentierte und sie mit seinen Späßen belustigte. Wir beginnen nun unsere Fußwanderung. Gleich oberhalb Herges treten uns links mächtige Granitfelsen entgegen. Wir befinden uns in dem reizvollsten und besuchtesten Teil des Trusenthals, der auf verhältnismäßig kurzer Strecke die hervorragendsten Schönheiten des ganzen Thales entfaltet. Immer näher treten die wild übereinander getürmten Felsmassen an die Straße heran. In ihrer Mannigfaltigkeit und ihren wechselreichen Formen gehören sie zu den schönsten Steingebilden des Thüringer Waldes. Manche zeigen eine solche Regelmäßigkeit, als wären sie künstlich aufgemauert; manche stehen senkrecht und sind zum Teil säulenförmig abgeteilt; andere hängen über und treten dem Wanderer beängstigend nahe. Mächtige Felsblöcke haben sich losgerissen und sind in die Tiefe bis in das Bett des Baches gerollt. Trotz dieser wilden Natur wuchert auf den Absätzen und Felsenvorsprüngen und zwischen den Klüften die schönste Waldvegetation. Mit Entzücken atmet man hier die reine und unverfälschte Wald- und Bergluft. Unser Auge wird auf jedem Schritt durch neue Reize gefesselt, unser Ohr aber vernimmt schon von fern das Getöse des Wasserfalls, das von dem Brausen der wildschäumenden Truse deutlich zu unterscheiden ist. Endlich haben wir den Glanzpunkt des Thales, den Trusen-Wasserfall, erreicht. Dreifach gebrochen, donnern die entfesselten Wassermengen in gewaltigen, blendend-weißen Strahlen aus einer Höhe von 50 m den hochragenden Porphyrfelsen hernieder. Schäumend und zischend erfüllen sie die Atmosphäre mit Milliarden kleiner Wassertröpfchen und begießen den Beschauer mit feinem Regen. Unten im Sammelbecken beruhigen sich die aufgeregten Wasser und ziehen dann ihres Weges weiter, als wüßten sie nichts mehr von den gewaltigen Sprüngen, die sie eben in tollem Übermut gewagt haben. Wer Lust hat, mag die 208 Stufen hinaufsteigen und sich das Schauspiel von dem Platze aus betrachten, der über dem Wasserfalle gelegen und mit einem Schutzgitter versehen ist. Wenn auch die Natur hilfreiche Hand geleistet hat, so ist doch der Wasserfall das Kunstwerk eines Naturfreundes. Baumeister Reuße war es, der im Jahre 1865 eine halbe Stunde unterhalb Brotterode einen Kunstgraben anlegen und das Wasser der Truse durch denselben bis zu dem Felsen leiten ließ. Ehre diesem verdienstvollen Förderer Thüringer Naturschönheiten!

Die Großartigkeit dieser Kaskade hat so nachhaltig auf uns gewirkt, daß uns die thalaufwärts folgenden Partieen kaum noch zu fesseln vermögen. Die Felswände treten nunmehr zurück, und ein anmutiges, von Buchenwald umrahmtes Wiesenthal nimmt uns auf. Zwei Punkte sind es noch, die unsere Aufmerksamkeit auf sich ziehen, die Burgruine Wallenburg und der vielbesuchte Mommelstein. Auf einem bequemen Promenadenwege erreicht man in etwa 40 Minuten die Wallenburg. In ihrer Blütezeit mag sie für die Umwohnenden mit Recht eine „Wallburg“ gewesen sein; denn eine große Ringmauer — ein alter Steinwall umgürtet noch heute den Gipfel des kegelförmigen Berges — gewährte den benachbarten Bauern Schutz gegen feindliche Angriffe. Die Entstehung der alten Bergfeste fällt in das Jahr 1247, wo sie von dem Grafen Ludwig VI. von Frankenstein erbaut wurde. Ihre Besitzer wechselten sehr oft. Von den Herren von Frankenstein ging die Burg an den Abt von Fulda über. Später war sie zeitweise im Besitz der Henneberger und des Erzbistums Würzburg. Im Jahre 1589 kam mit dem Aussterben des Hennebergischen Grafengeschlechts die Burg an Hessen, und Philipp der Großmütige verlieh sie dem Sohne seines an seiner Seite gefallenen Vasallen Fuchs von Arnschwang. Die Füchse auf Wallenburg blieben nun Herren der Burg bis zu deren Zerstörung. Sie zeichneten sich nicht allein durch Rührigkeit, Treue und Tapferkeit, sondern auch durch vortreffliche Leistungen auf wissenschaftlichem und künstlerischem Gebiete aus. Aus der bewegten Geschichte der Burg mag noch erwähnt sein, daß im April 1516 Götz von Berlichingen auf mehrere Tage in Wallenburg Einkehr hielt, nachdem er dem Grafen Philipp II. von Waldeck „eins ausgewischt hatte.“ Über den Verfall der Burg ist nichts Bestimmtes bekannt. Nach einer Chronik des Müllers Chr. Schmidt in Schmalkalden soll sie 1640 von holländischen Kriegsvölkern zerstört worden sein. Der noch vorhandene Spitzturm bietet von seiner steinumkränzten Plattform eine herrliche Aussicht ins Werrathal und auf die dahinter liegenden Rhönberge. Eine fast noch großartigere Rundsicht bietet der etwas nördlicher gelegene Mommelstein, der das Ziel vieler Ausflügler aus Schmalkalden, Brotterode und den umliegenden Orten ist. Nach diesem Abstecher setzen wir unsere Wanderung durch das waldumsäumte Wiesenthal fort und gelangen bald, immer höher steigend, nach Brotterode.

Wasserfall im Trusenthal.

Dieser durch die erschütternde Brandkatastrophe vom 10. Juli 1895 in aller Welt bekannt gewordene preußische Marktflecken verdient alle Beachtung, und da wir vor Besteigung des Inselsberges erst noch der Ruhe bedürfen, so widmen wir diesem denkwürdigen Orte auf einige Zeit unsere Aufmerksamkeit. Brotterode erfreut sich einer durch einen Kranz von Bergen geschützten Lage. Eingebettet in das von O. nach W. ziehende Thal des Inselswassers, 564—604 m über dem Meeresspiegel, wird es im N. vom hohen Beerberg, im S. vom Seimberg, im W. vom Gehege, im O. von der hohen Scharte und im NO. vom Inselsberg vor kalten Zugwinden geschützt. Wie von übermäßiger Kälte bleibt Brotterode aber auch durch seine Höhenlage und seinen Waldreichtum von allzu großer Wärme verschont. Die geschützte Höhenlage, verbunden mit gleichmäßigem Klima, geringen Temperaturschwankungen,

Blick nach dem Mommelstein im Trusenthal.

gutem Trinkwasser und vielen, allen Ansprüchen genügenden Wohnungen machen Brotterode zu einem klimatischen Kurorte, dem im Interesse seiner vor Jahren so schwer geprüften Bewohnerschaft ein lebhafter Fremdenverkehr wohl zu gönnen ist. Wie an vielen anderen Orten ist auch die Entstehung Brotterodes in sagenhaftes Dunkel gehüllt, das nur durch spärliche historische Nachrichten etwas geklärt erscheint. Eine Überlieferung berichtet, daß Graf Ludwig der Bärtige, der Stammherr des Thüringer Landgrafenhauses, der Gründer von Brotterode gewesen sein soll. Doch ist auch die Annahme nicht unwahrscheinlich, daß der Ort so alt ist, wie der Bergbau im Thüringer Wald und seine Gründung in eine frühere Zeit fällt. Auf dem Burgberge, am westlichen Ende des Fleckens, hat jedenfalls die Brunoburg, eine alte Steinfeste, gestanden. Einer aus der Reihe ihrer Besitzer, Namens Bruno, soll zur Ausbeutung des Erzreichtums in der Umgebung von Brotterode eine Anzahl Bergleute aus dem Harz berufen und dadurch einen lohnenden Bergbau begründet haben. Als die Berge nicht mehr genügende Ausbeute an Eisenstein boten, ist das Bergwerkswesen in Brotterode allmählich verfallen. Aus den Bergleuten wurden Messer-, Ringen- und Schnallenschmiede. Im Jahre 1521 soll Kaiser Karl V. mit seiner erkrankten Gemahlin längeren Aufenthalt in Brotterode genommen haben. Aus Dankbarkeit für die gute Pflege, die die Frauen des Ortes der hohen Dame angedeihen ließen, schenkte der Kaiser dem Orte große Waldungen, das Fischereirecht und eine Fahne. Sie heißt im Volksmund die „Kaiser Korle Quinte Funn“ und ist nach dem Brande durch eine neue ersetzt worden. Sie ist aus schwarzem

Nach einer photograph. Aufnahme von C. Rembe, Eisenach.

Die Brandstätte von Brotterode 1895.

Tuch gefertigt, und unter einer Krone ist mit gelbem Garn die Inschrift „Vivat Carolus V.“ eingestickt. Der echte Brotteroder hält noch große Stücke auf die Fahne. Als man ihnen einmal dieses Kleinod entreißen wollte, sollen sich Weiber zur Wehr gesetzt haben. Am Kirmesmontag wurde morgens 6 Uhr unter Glockengeläute die Fahne Karls V. unter Vorantritt einer Musikkapelle aus der Pfarrei abgeholt, zur Kirche gebracht und hoch oben am Turme aufgesteckt. Damit war die Kirmes eröffnet, welche 7 Tage währte. „Weiß nicht, ob's anders worden in dieser neuen Zeit.“ Brotterode hat viel unter den Folgen des Dreißigjährigen und Siebenjährigen Krieges zu leiden gehabt, und als der Druck des korsischen Welteroberers auch auf diesem Bergvolke lastete, da machte sich der trotzige Sinn und die patriotische Haltung der Brotteroder bald geltend. Nach der Schlacht bei Jena zogen die heldenmütigen Brotteroder im Verein mit einer Anzahl Gleichgesinnter aus den benachbarten Orten nach Schmalkalden, griffen die französische Garnison an und führten 18 Kanonen frohlockend über die Berge heimwärts. Die französische Revanche blieb freilich nicht aus. Obgleich gewaltige Kriegsstürme und mannigfache Schicksale den Ort oft schwer heimsuchten, so hat doch kein Ereignis so erschütternd gewirkt, als die große Brandkatastrophe vom 10. Juli 1895, wodurch 282 Wohngebäude mit ungefähr 350 Nebengebäuden, das ganze Centrum des Ortes mit den besten Häusern, in Asche gelegt wurden. Die von allen Seiten reichlich gewährte Hilfe ermöglichte es, den Ort nach einem neuen Bebauungsplane schöner wieder aufzubauen, und heute macht „Neu-Brotterode" mit seinen geraden Straßen, freien

Nach einer photograph. Aufnahme von Oehring, Schmalkalden.

Brotterode, neuerbaut nach dem großen Brande.

und mit Anpflanzungen geschmückten Plätzen und stattlichen Häusern einen äußerst vorteilhaften Eindruck. — Jedoch der Bergriese dort hinten mahnt uns zum Aufbruch, und mit dem Wunsche, daß eine glückliche Zukunft dem wie ein Phönix aus der Asche erstandenen Marktflecken beschieden sein möge, wenden wir uns nunmehr dem Endziel unserer Wanderung, dem Inselsberg, zu.

Auf wohlgepflegtem Promenadenwege beginnen wir hinter Brotterode unseren Aufstieg, und nach einer guten Stunde sind wir auf dem Gipfel des großen Inselsberges angelangt. Wer sich jedoch die Mühe des Aufstieges möglichst erleichtern will, der wandere auf der Chaussee nach dem kleinen Inselsberg und setze dann nach einer Ruhepause auf Chaussee oder Fußweg seine Wanderung nach dem großen Inselsberge fort. Für die Anstrengungen der Besteigung wird der Wanderer jederzeit reichlich belohnt. Ein herrliches Panorama, köstliche Wald- und Bergluft, ein unvergleichlich schöner Sonnenaufgang und Sonnenuntergang und das wechselvolle und farbenreiche Spiel der Landschaft in den verschiedenen Jahreszeiten — das ist es, was diese gefeierte Höhe so besuchenswert macht. Der Inselsberg nimmt mit seiner Höhe von 916 m zwar erst die 13. Stelle in der Reihe der Thüringer Berge ein, ist jedoch der höchste, auch im Winter bewohnte Punkt des Thüringer Waldes. Seine beraste Kuppe krönen zwei Gasthöfe, ein preußischer und ein gothaischer, und zwei Aussichtstürme. Auf dem Wege vom preußischen Gasthaus nach den Aussichtstürmen kommt man an dem Denkmal des verdienstvollen Pädagogen Prof. Dr. Stoy vorüber, der alljährlich mit seinen Zöglingen zum Inselsberg wallfahrtete. Ein einfacher, 60 Centner schwerer Porphyrblock trägt auf einer eingelassenen Marmortafel die Inschrift: „J. V. Stoy. Seine Jenaer Schulgemeinde auf der Reise 1885." Zu Zeiten des alten Wirtes Langlotz prangte in dem Garten hinter dem preußischen Gasthofe eine Fülle der seltensten Alpenpflanzen, und wenn sich am Sommermorgen der Wanderer zum Weitergehen anschickte, überreichte ihm Vater Langlotz nicht selten ein duftiges Alpensträußchen. Über den Scheitel des Berges läuft der Rennstieg, der zugleich die Grenze zwischen der preußischen Provinz Hessen-Nassau und dem Herzogtum Gotha bildet. Der verdienstvolle und vielgepriesene Herzog Ernst der Fromme ließ zuerst im Jahre 1649 ein Häuslein auf dem Berge errichten, ein turmartiges achteckiges steinernes Gebäude als Unterkunftshaus für sich und seine Jagdgesellschaft. Dieser steinerne Salon, in dem auch einst Goethe auf Tannenreisern eine Juninacht verbrachte, hat längst dem jetzigen Domänengasthaus weichen müssen, das 1895 ums doppelte vergrößert wurde. Die herrliche Aussicht zu schildern, würde unserer Feder nur in unvollkommener Weise gelingen. Das muß man selbst sehen und genießen. Jedermann wünscht sich freilich hellen Sonnenschein, wenn er den Rigi des Thüringer Waldes besteigen will. Allein auch bei Wind und Wetter kann man die Großartigkeit der Naturerscheinungen bewundern, die sich dort nach und nach vor den staunenden Augen des Zuschauers aufrollen. Eben hat der Sturm noch die schweren Regentropfen und Eiskörner gegen die Fenster geschleudert, so daß man meinen möchte, das Ende der Welt stehe bevor — da zerreißen die fliegenden Wolken, und in herrlichster Beleuchtung tauchen hinter dunkeln Wäldern grüne Wiesen und schmucke Dörfer auf. Ein Regenbogen schillert in seltener Pracht, und nur entferntes Sausen im dunklen Walde läßt noch ahnen, daß soeben ein heftiges Unwetter gewütet hat. Unsere Zeit gestattet uns jedoch kein längeres Verweilen auf dieser gastlichen Höhe, und über Brotterode treten wir wieder unsere Heimkehr an. Ehe wir aber dem vielbesuchten Bergriesen den Rücken kehren, werfen wir noch einen Scheideblick auf die schöne Landschaft, und weithin in die Lüfte klingt unser Gruß:

„Thüringen, mit deinen Wäldern,
Deinen Bergen, deinen Höh'n,
Und mit deinen Wogenfeldern,
Herrlich Land, wie bist du schön!
Sei gegrüßt mit Herz und Hand,
Thüringen mein Vaterland!"

J. Schröder, Schmalkalden.

Ein Tabarzer Vogelschießen vor 60 Jahren.

Recht auf der Grenze zwischen Frühling und Sommer, zur Zeit, wo die Natur über das erste Keimen und Treiben hinaus ist, aber noch alles in jugendlicher Blütenfülle der fernen Ernte entgegenreift — da feiert das Walddorf der oberen Laucha sein lustiges Schützenfest. Draußen im Land wogt das Korn schon in graugrünen Wellen, und die Obstbäume haben ihre letzten Blüten abgeschüttelt. Aber hier, dicht am Gebirgsfuß, leuchten die Auwiesen, die sich die Laucha abwärts hindehnen, noch im saftigsten Maigrün, gesprenkelt mit gelben Dotterblumen und sanftlila Wiesenschaumkraut. Rosig überschüttet prangen die breitästigen Apfelbäume der geräumigen Grasgärten; die zarten Blätter der Ruchbirke warten, auf biegsamen Zweigen schwankend, um als Maienstrauß für jede Bauernstube zum Festschmuck gebrochen zu werden. Die Wartberge stehen schon seit ein paar Wochen im prächtigsten jungen Buchengrün; oben auf der Schönen Leite und vor allem auf dem Vater Inselsberg zeigt sich aber erst seit einigen Tagen ein lichtgrüner Schimmer, die sparrigen Umrisse der Buchen in weiche Schleier hüllend.

Auch in die dunkelgebälkten Dorfhäuser soll Frühlingsfestfreude einziehen! Blankgescheuert, mit weißem Sand bestreut, glänzen die Dielen; Hof und Gasse sind frisch gefegt. Die besten Staatskleider liegen bereit, denn es gilt ja nicht nur einem Fest der engeren Gemeinde: von weit her, von Saale und Werra kommen wanderfrohe Gesellen, um die altbewährte Thüringer Gastlichkeit zu bestätigen, sich an Buchenduft, Finkenschlag und nicht zum wenigsten an der frischen Schönheit der Tabarzer Jugend zu erfrischen und bei gutem Bier in froher Gesellschaft womöglich einen Meisterschuß zu thun.

Wie den Mönchsorden nachgesagt wird, daß sie ihre Niederlassungen mit Vorliebe in anmutsreichen Gegenden gründeten, so stehen auch die meisten Thüringer „Schützenhöfe" an denkbar günstigster Stelle. Gewöhnlich liegen sie am Waldesrand, hoch über dem Dorf oder Städtchen. Das ursprüngliche Tabarzer Schießhaus lag am Fuß des Datenbergs; es war ein kleines, enges Gebäude, mit anschließender Kegelbahn, das allmählich der anwachsenden Schützengesellschaft nicht mehr genügte. Alljährlich wurde aus Brettern ein Tanzsaal gebaut und nach Schluß des „solennen Vogelschießens" wieder auf Abbruch verkauft.

Im letzten Drittel des 18. Jahrhunderts herrschte als oberster der vielvermögenden Forstbeamten zwischen der Ruhl und der Apfelstädt „Seine Gnaden" Herr Oberforstmeister v. Uetterodt im Klein-Tabarzer Jagdhaus. Als trefflicher Weidmann und leutseliger Vorgesetzter allgemein beliebt, ließ er sich besonders die Hebung der edlen Schützenkunst angelegen sein und gründete an Stelle der alten Schützengesellschaft im Jahre 1784 die „Klein-Tabarzer Schützen-Compagnie", die sich bald kräftig entwickelte, während der schweren Zeit der Napoleonischen Kriege zwar zurückging, aber in den langen darauffolgenden Friedensjahren — so recht die Zeit der Schützen- und Sängerfeste! — zu einem Mittelpunkt Thüringer Festesfreude sich gestaltete. Aus Berichten des 18. Jahrhunderts ersehen wir aber, daß auch auf der Tennebergswiese alljährlich Vogelschießen abgehalten wurde, und fürwahr, einen prächtigeren Platz hierzu konnte man nicht finden! Seit 1787 stand auf diesem weiten, eirunden Wiesenplan ein „wohleingerichtetes, zweistöckiges Pürschhaus“. Weithin mögen die Jauchzer der übermütigen Schützenlieder gedrungen sein. Auf Ochsenwagen beförderte man Geschirr, Speisen und Faß auf Faß des edlen Gerstensaftes hinauf. War der letzte Stern abgeschossen, das letzte Faß umgestürzt, dann lag die Wiese wieder menschenverlassen und still im dunkeln Umkreis des Buchenwaldes. Im September aber, wenn das würzige Berggras, durchwachsen mit Johannisblumen, Bärwurz und andern Kräutern, in sommerlicher Fülle schwankt, wirft das Echo vom Simmetsberg noch einmal lustige Klänge des gegenüberliegenden Tennebergs zurück. Hier, auf der Forstmeisterswiese, ist der Schluß der Heuernte. Von Cabarz, Tabarz und Nonnenberg ziehen die Mäher und Mäherinnen singend durch den Lauchagrund herauf. Ist das Heu gedörrt, dann beginnt gegen Abend das fröhliche Fest. Der geweckteste und witzigste Bursche besteigt einen Ebereschenbaum und „thut dort eine Predigt“. Eine aufmerksamere Zuhörerschaft — der Herr Forstmeister ist mitten darunter in leichter Jagdjoppe und weißen Pumphosen — hat selten ein Redner gehabt; jedes bekommt einen derben Spaß zu hören, sogar der Herr Forstmeister wird nicht verschont. Dann beginnt der Tanz, der nur dann unterbrochen wird, wenn man das „Büffett“, ein Riesenfaß Bier, Brot und ein Faß Käse, plündert. Erst spät nachts, vielleicht auch erst beim Morgengrauen kehrt die lustige Gesellschaft ins Lauchathal zurück.

Wann das letzte Schützenfest auf der Tennebergswiese gefeiert wurde, weiß keiner mehr zu sagen. Im Jahre 1807 ist am Nordfuß des Zimmerberges ein Platz geebnet, und das einstöckige Haus mit der nach Süden vorspringenden Schützenhalle errichtet worden. Daran schloß sich die am Zimmerberg sanft ansteigende Bergwiese, die das Zielerhäuschen, das Gestell zur Vogelstange und den Kugelfang trug.

Trat man auf den nördlich der Schießhütte geebneten freien Kiesplatz, so dehnte sich vor unseren Füßen der untere Lauchagrund aus: Groß- und Klein-Tabarz mit dem altehrwürdigen Jagdhaus, westlich davon das stattliche Kirchdorf Cabarz und der Nonnenberg mit dem sich anschmiegenden Örtchen gleichen Namens. Im Westen wölbt sich der blumenreiche Wartberg, und ihm schließt sich der Beerberg mit der schroff abstürzenden, gewaltigen Porphyrwand des Meisensteins an. Ostwärts ist die Aussicht beschränkt; die Burgholzwiesen und die Neurodung der Aue reichen bis zu den dunkeln Fichten des Tabarzer Berges. —

Als Vorspiel zum eigentlichen Schützenfest fand am Sonntag Rogate das „Anschießen“ statt. Das Ausputzen des Festplatzes nahm man aber, ebenso wie das Schmücken und das eifrige Schaffen und Reinemachen der Häuser erst in der letzten Woche vor Pfingsten vor. Rings um das Schießhaus wachsen über Nacht Buden empor, und wie das ganze Fest im Bann der grünen Farbe steht, so sind auch die kahlen Bretterwände unter frischem Tannreisig verborgen. Junge Fichten schmücken die Thür, Fichtenzweige bekleiden die Pfosten der Schützenhalle, umhüllen den Schießstand. Dazwischen flattern grün-weiße und schwarz-rot-goldene Fahnen und Fähnchen: Tabarz ist bereit, die Gäste zu empfangen. Und um nicht Spaßverderberin zu sein, lacht die Sonne vom wolkenlosen Frühlingshimmel. Mit dem Frühesten ziehen am Pfingstheiligabend die Verkäufer mit ihren leckeren Waren in die Buden ein; Tische und Bänke laden zum gemütlichen Verweilen. Da glänzen Weinflaschen zu allen Preisen, süße Liköre für die Mädchen und kräftige Schnäpse gegen den Katzenjammer. Daneben schenken Wirte aus Gotha und Waltershausen Bier, können aber gegen das weitbekannte, eigene Dorfgebräu kaum aufkommen. Desto begehrter werden die bunten, süßen Dinge im nebenstehenden Konditorzelt sein, und die leckeren Düfte der „Garküche" locken hungrige Gäste in Menge an. — Schon vor Tagesanbruch, wenn kaum das Rotkehlchen die zarten Triller in den dichten Büschen des Zimmerberges hören läßt, wird es lebendig auf den offenen Straßen und den dämmrigen Waldwegen. Es sind frische Wandergesellen, die dem Inselsberg zueilen, um oben, nach uralter Sitte, den Sonnenaufgang zu begrüßen. Aber auch über dem Dorf schwirrt schon die Festerwartung. In Küche und Stall wird geschafft, denn bis zum Kirchgang muß das Essen vorgerichtet sein, und heute braucht man doppelte Zeit zum Anlegen des Feststaates. Da treten sie heraus beim friedlichen Ruf der Cabarzer Kirchenglocken, die schlanken Jungfern des Lauchagrundes in ihrer berühmten Schurztracht! Dunkelgrün wie der Heimatwald fällt der faltige Rock, unten mit zwei hellblauen Streifen geziert, herab; darüber fällt die weiße Schürze. Das mehr Eigenartige als Schöne dieser Tracht besteht aber im „Schürzen" des Rockes durch ein breites, um die Hüften gewickeltes, schwarzes Band. Zwischen diesem und dem etwas ausgeschnittenen, mit silbernen Tressen benähten Schnürmieder drängt sich der oberste Teil des Rockes in einem Wulst hervor. Die mit kunstvollem Hohlsaum verzierten weiten Hemdärmel sind auf besondere Weise bis zu den Ellbogen aufgekrempelt. Den Hals schmückt der „Mahlschatz": goldene oder silberne Kette mit Schaumünzen. Das schöne, blonde Haar ist teilweis unter dem Kopfputz verborgen; ein rotes Band umwindet den Kopf wie eine Krone, zu beiden Seiten treten zierliche Rosetten hervor, und über den Rücken fallen lange Bänder.

Jetzt umhüllt die ganze Gestalt der schwere, schwarze Tuchmantel. Gassenbreit ziehen die hübschen Mädchen übers Feld nach Cabarz zur festlich mit Maien, Laubgewinden und Blumenkronen geschmückten Pfingstkirche. Behäbige Frauen, bedächtige Männer und flinke Burschen schließen sich unterwegs an. —

Nachmittags und am Pfingstmontag ist „Probeschießen" der Tabarzer Schützen und der eingetroffenen Gäste nach dem Stern. Thalaufwärts und -abwärts geht's zwar schon lebhaft genug zu; den Höhepunkt erreicht das Fest aber erst am dritten Feiertag, der den auswärtigen Schützenbrüdern und vor allem dem Festaufzug gewidmet ist.

Von Waltershausen her, über Klein-Tabarz rollen die Geschirre mit den Gothaer Gästen und mit denen aus dem Land. Die Geleitstraße bringt aus dem Osten die Friedrichrodaer, Ohrdrufer und Tambacher Freunde. Der mit eingerammten Tischen und Bänken besetzte Wiesenplatz vor dem Klein-Tabarzer Jagdhaus wird nicht leer von Zechlustigen, und auch die Bier- und Weinbuden oben vor dem Schießhaus finden reichlichen Zuspruch.

Immer dichter wird das Gewühl auf der Straße nach Klein-Tabarz zu, denn keines will den Festzug versäumen. Punkt 1 Uhr ordnen sich die Schützen vor dem Jagdhaus, jeder angethan mit der herkömmlichen Schützentracht: grauer Anzug mit grünem Kragen und Aufschlägen, grauer Hut mit grünem Ausputz. Wirkungsvoll in ihren roten Jacken ziehen voraus die Zieler mit dem Vogel, dann folgt die Musik (meistens kurfürstlich hessische Leute von jenseits der Berge), darauf die Schützen mit der prachtvoll gestickten, grün-weiß seidenen Fahne, einem Geschenk von Herrn v. Uetterodt. Ihnen als Führer zieht voran der vorjährige Schützenkönig. Im hellen Sonnenschein blitzt ihm an Hals und Brust das Schützenkleinod. Schon die Stiftungsakten der Gesellschaft enthalten die Bestimmung: „Wer König wird, lässet ein silbern Schildgen machen, giebt ein Eymer Bier zum Besten und dem Tampour und Zieler ein Trinkeld.“ Das erste breite Halsschild trägt die Aufschrift: „Von Sr. Hochwohlgeboren Gnaden dem Herrn Oberforstmeister von Uetterodt bey Ihrer 50jährigen Jubelfeier verehret der Schützen-Compagnie zu Klein-Tabarz“, daran schließt sich ein kunstvoll verziertes, großes Schild mit der Widmung: „Das von Sr. Hochwohlgeboren Herrn Oberforstmeister v. Uetterodt zu Klein-Tabarz errichtete Vogelschießen hat sämmtlicher Schützen-Gesellschaft dieses Schildgen anfertigen lassen 1784.“ Noch 35 Glieder schließen sich an, verschieden geformt und verziert, aber jedes mit dem Namen seines Stifters versehen. Es ist eine schwere Last, die der König zu tragen hat! Als Schluß und Beigeleit des Zuges schließen sich die Gäste an und die ganze lärmende Dorfjugend.

Während die Menge sich in den Buden gütlich thut, ist die eigentliche Schützengesellschaft in die Halle eingezogen. Man bewundert die geschmackvolle Auswahl der Schützengaben, die in silbernen Löffeln, zinnernen Tellern, einer runden, „antiquen“ Terrine, Milchkanne, einem großen Leuchter, zwei Salzfäßchen von blauem Glas, einer kupfernen Kasserolle und ähnlichem, auch baren Geldgewinsten bestehen.

Alsbald beginnt das Knallen der Büchsen; den ersten Schuß thut der Forstmeister im Namen des Herzogs. Von jedem Treffer senden die Böller die Kunde fern hinaus ins Land, bis Gotha und weiter. Als Ziel dient ein lebensgroßer, braun angestrichener Hirsch auf Rädern, dann kleine, mit Reisig umgebene Rennscheiben (ein „Rennen“ besteht aus fünfzig Schüssen), eine Dame, die man langsam in die Höhe steigen läßt und die ins Herz getroffen werden soll u. s. w., vor allen Dingen aber der Vogel.

Während in der Halle sich die Schützenbrüder um Kleinod und Schützenruhm bemühen, unterhält sich draußen, auf dem Festplatz, jung und alt aufs beste. Die Schönen des Thales haben reichlich Gefährtinnen und Nebenbuhlerinnen gefunden aus den benachbarten Orten und von weiterher. Eben langen längst erwünschte Gäste an: zwei mit jungen Birken reich geputzte Leiterwagen bringen die Ruhlaer Jugend.

Schon von weitem leuchten die scharlachroten Kopftücher („Heitlappen“), deren gefranste Zipfel kleidsam über die Schläfe der schönen Ruhlerinnen fallen. Lustige Begrüßungen von allen Seiten! Die kecken Burschen eilen mit gefülltem Seidel herbei, um den schönen Mädchen zuzutrinken, die Bänke in den Zuckerbuden werden mit Beschlag belegt, und alte Freundschaft frischt man auf. Jetzt erschallt vom oberen Thal her fröhlicher Sang: „Der Mai ist gekommen . . .“ In schmucker Pekesche, das schwarz-rot-goldene Band über der Brust, den duftigen Buchenzweig an der Mütze, — so zieht ein ganzer Schwarm Studenten ein, mit Jubel bewillkommnet. Im Nu ist der süße Vorrat der Buden aufgekauft und den Mädchen in die Schürzen geschüttet, und nun geht's in frohem Durcheinander in den Wald und auf die Wiesen. Die Schönen erweisen ihre Dankbarkeit für die Bewirtung durch Darreichen selbstgebundener Sträußchen; zweistimmig oder im Quartett erschallen Volks- und Studentenlieder, dann lockt die Tanzmusik in den Saal, wo die Musensöhne mit den Bauernburschen um die Wette den Mädchen den Hof machen. Erst lange nach Mitternacht lagern Schweigen und Dunkelheit über dem Schießhaus, aber von der Dorfstraße her tönt noch abgebrochen: „Mein Lebenslauf ist Lieb' und Lust . . .“ So feiert der Lauchagrund vier Tage lang sein Frühlingsfest. Allmählich verlaufen sich die ersten Gäste, neue ziehen durch, und während der ganzen Pfingstwoche schwärmt der Wald von frühlingsfrohen Menschen.

Am Trinitatissonntag endlich, da ohnehin schon alt und jung zum Kräutersuchen auszieht, bewegt sich noch einmal der Schützenzug thalaufwärts. Heute gilt es, die Würde des Schützenkönigs zu erwerben, die dem übertragen wird, der den „Korpus“ des Vogels abschießt. Der glückliche Sieger, mit dem Kleinod geschmückt, führt abends den Zug an, der bei Musikklängen um die Vogelstange, durch den Saal und um das ganze Schießhaus die Runde macht. Dann endet das frohe Fest mit Tanz und Sang. —

Heute erhebt sich an der Stelle des einfach anheimelnden Schützenhofes ein elegantes Logierhaus; befrackte Kellner warten den zuströmenden Fremden auf, und nur die waldumschlossene Schützenwiese streckt sich noch wie früher waldaufwärts — freilich ohne Schießstand und Vogelstange.

Wenn aber die alten Tabarzer von ihrem Vogelschießen berichten, dann leuchten die trüben Augen noch einmal auf, und die „gute alte Zeit“ wird gerühmt im Gegensatz zu unseren Tagen: „Heute sieht man weder Schurztracht noch Bängerheit; die Mädchen kommen in Glacéhandschuhen auf den Tanzboden, und richtige Studenten giebt's auch nicht mehr . . .!“

L. Gerbing, Schnepfenthal.

Wie sich unsere Bäuerinnen vor hundert Jahren kleideten.

Vielleicht kennzeichnet nichts so sehr den unaufhaltsamen Sieg der neuen Zeit über die alte, als das Verlöschen unserer Volkstrachten. Gehört nicht der faltige, weitabstehende Wollrock, die kurze Tuchjacke, das Kopftuch zur Bäuerin? Und doch sind jetzt sogar in den Walddörfern die Alten zu zählen, die Sonntags mit der

Bändermütze und im weiten Tuchmantel zur Kirche wandern, während früher sogar den Mantelkindern das steife Mützchen aufgezwängt wurde und jedes Mädchen mit Kopftuch oder Haube — freilich oft genug darunter die ungekämmten Haare! — zur Schule geschickt wurde.

Um die alte Tracht noch in ihrer Blüte beobachten zu können, müssen wir uns volle hundert Jahre zurückversetzen. Wenigstens hat die städtische Mode in Nordthüringen und auf dem flachen Lande schon „seit Menschengedenken" ihren Einzug gehalten. Suchen wir zuerst das ganz Thüringen Gemeinsame in der altväterischen Kleidung heraus, um hierauf die besonderen Eigentümlichkeiten jeder Gegend zu besprechen.

Derbe, selbstgesponnene Leinwand liefert das kurze, ärmellose Hemd und das bauschärmelige Mieder. Weit und bequem, zum raschen Ausschreiten geeignet, fallen die Röcke darüber. Zuerst das aus vielen Zwickeln zusammengesetzte, leinene „Girnhemd", dann, dem Stand der Trägerin und dem profanen oder festlichen Zweck entsprechend, eine geringere oder größere Anzahl vielfaltiger wollener oder auch baumwollener, fußfreier Röcke. Der oberste ist mit breitem, leuchtend rotem Stoß innen verziert und außen mit mehrfachem Sammetband besetzt. Schweres, dunkles Tuch bildet den Stoff der Festtagsröcke. Besonders schön sind die schwarzen, feintuchigen Gewänder um Möhra und in den weimarischen Ortschaften an der unteren Werra. Die „Hessenweiber" erkennt man schon von weitem an den lichtgrünen Streifen ihres faltenreichen Rockes.

Auch die knappanliegenden, sammetverbrämten Tuchjacken sind durch ganz Thüringen verbreitet; großenteils aus dunklem Stoff, vorn ausgeschnitten und mit weißem oder buntem Busentuch gefüllt.

Das Reich des Kopftuchs (Heitlappen) erstreckt sich vom Frankenwald bis zur Westgrenze; freilich hat fast jedes Dorf seine besondere Eigentümlichkeit in der Art des Schlingens, in Farbe, Stoff und Ausschmuck. Als zweite, vielleicht urthüringische, jedenfalls uralte Kopftracht ist die Brautkrone zu betrachten.

Wir wollen nun die charakteristischsten Gestalten unserer Urgroßmütter in Stadt und Land an uns vorüberziehen lassen und zu diesem Zweck zuerst einen Hochzeitszug, etwa in Finsterbergen, ansehen.

Voran schreitet das junge Paar. Auf dem Kopfe der Braut glitzert das Bänger- oder Schnürheit (die Brautkrone), das Zeichen der „Ehrenbraut". Aus tausend künstlichen Blümchen, Flittern, Glasperlen, vergoldeten Gewürznelken ist dies kleine Kunstwerk zusammengesetzt. Den Abschluß bilden grüne Seidenschleifchen und diese sind verbunden mit einer mehrfachen Falbel von leuchtend rotem Seidenband, welche die eigentliche Brautkrone trägt und sich leicht über die Stirn der Braut legt. Den Hals schmückt eine breite Spitzenkrause, durchsteckt mit Rosenknospen; anmutig hebt sich dies ab von der dunkelen, vorn ausgeschnittenen Tuchjacke. Der Ausschnitt ist mit einem feinen, leinenen Halstuch gefüllt, auf dem der wertvolle Mahlschatz, die goldene oder silberne Kette mit alten Schaumünzen, funkelt. Der feine, dunkle Tuchrock ist fast ganz verborgen unter der schwerseidenen Schürze von violetter, brauner oder schwarzer Farbe, besetzt mit Sammetband oder breiter Falbel und geknüpft mit wertvollem Seidenband. Ausgeschnittene Schuhe und weiße Strümpfe vollenden das stimmungsvolle Bild.

Der Bräutigam trägt Kniehosen, lange Strümpfe, den langschößigen Rock, den feierlichen Dreimaster, in der Hand einen Rosmarinzweig.

Fischbacherin und Tabarzerin mit Stirnkappe.

Nun schließt sich die Schar der Gäste an, geführt von den Brauteltern. Die Bauern weichen wenig von einander ab; alle tragen sie den würdevollen Kirchenanzug wie der Bräutigam. Mannigfach fällt uns dagegen der Kopfputz der Frauen auf. Die meisten tragen die allgemein verbreitete Kirchenmütze, aber das beste Stück aus der Lade. Schwere, schwarze, gezackte Bänder fallen in Schleifen und einzeln über den Rücken. Vorn senkt sich die Haube in spitzer Schnebbe auf die Stirn, hinten schimmert zwischen den Bändern das kunstvoll gearbeitete Mützenstück von Perlen, Seide und Flittern durch. Die Brautmutter und die Pate haben als besonderen Staat wohl noch die Stirnkappe vorgebunden, eine Art äußerst kleidsamen Schleier aus Spitzenstoff und Sammetband. Auch einige reiche Muhmen aus dem „Land“ bemerken wir im Zug. Prächtig haben sie sich mit der „Weimarischen Mütze“ geschmückt. Die Grundlage bildet eine ähnliche Form, wie die gewöhnliche Kirchenmütze, nur mit noch breiteren und längeren Bändern, die oft einen Abschluß von goldenen Fransen erhalten; aber darüber gehört eine breite Binde, zusammengesetzt aus Straußenfedern, Federblumen, schwarzseidenen und goldenen Spitzen. Würdig und ernst muten uns die Mäntel an. Sie sind sämtlich von schwerem, dunklem Tuch, aus einem Stück gearbeitet, oben mit kurzem, steifem, dreieckigem, auf Pappe oder Holz gezogenem Kragen.

Weimarische Mütze.

Lustig springt die Dorfjugend nebenher, die Jungen in kurzen Jacken und Kniehöschen, auf dem Kopfe die Pelzmütze, die Mädchen ähnlich wie die Mütter gekleidet, mit Kopftuch oder Mütze und Rosmarinschmuck.

Um den Geschmack in Kleidung und Schmuck südlich vom Rennsteig kennen zu lernen, wählen wir ein Kirchenbild aus dem Hennebergischen.

Frau mit Kopftuch aus der Gegend von Friedrichroda.

Ein Sonntagmorgen im ersten Frühling! Vom Werrathal her weht die warm-feuchte Luft und bewegt das junge Grün um die Kirche. Das Flöten der Ziemer und Pfeifen der Spechtmeisen klingt harmonisch zusammen mit den feier-

Cabarzer Trachten aus dem 18. Jahrhundert mit „Kirmesheit“ und „Brautheit“.

lichen Glockentönen. Heute ist die Einsegnung der Konfirmanden, und schon versammelt sich die Gemeinde mit den auswärtigen Paten. Vor dem Altar stehen die jungen Christen; die Mädchen im schwarzen, spitzen Mützchen, darüber die weißduftige „Oberziehhube“, deren Spitzen über die Stirn fallen. Kleidsam und kostbar ist der Bänderschmuck; schwere weißseidene, geblümte Schlupfen und Enden fallen bis unter das Knie herab. Der Anzug ist dunkel gehalten, darüber liegt der schwarze Tuchmantel. Die am „Nachtmahl" teilnehmenden Frauen tragen ähnliche Kleidung, nur sind die Bänder der Ziehhube nicht weiß, sondern schwarz.

Auf den hinteren Bänken sitzen Frauen im gewöhnlichen Sonntagsstaat, im grünbesetzten Wollrock, der schwarzsamtenen Jacke mit Silberstickerei, schwarzem Sammetmützchen mit Silberborte und Kopftuch.

Einige fremde Gäste bringen in das etwas einförmige, schwarz-weiße Bild der heimischen Kirchenbesucherinnen buntes Leben. Dort sitzt eine stattliche Bäuerin aus dem Werrathal mit der spitzen Haube, dem „Sperrheit". Das goldgestickte Mützenstück und der vordere, goldene Rand der Mütze funkeln weithin. Doppeltes, grünseidenes Band auf dem Tuchrock kennzeichnet die Hennebergerin. Festlich wirken auch das großgeblümte, bunte Halstuch und die buntseidene Schürze.

Drüben fällt uns eine besonders reichgekleidete Frau auf; wir erfahren, daß sie aus Suhl stammt. Der blauschwarze Tuchmantel ist mit goldener Borte geziert, ebenso das Mützchen, das ganz aus Goldbrokat, durchstickt mit bunten Seidenblumen, besteht. Ein gewaltiger Schleifenbusch aus Krepp mit eingewebten Blumen verhüllt den Nacken.

Später lernen wir beim Heimweg noch eine alte Bürgersfrau aus Schmalkalden kennen. Sie trägt die eigenartige „Tukkartsmütze", eine Art Schute aus schwarzem Atlas mit Stirnschnebbe und hinten mit vielen, aufrechtstehenden, kurzen Schleifen. Die Frau erzählt uns von ihrer Urahne aus Brotterode: „So seltsamen Tracht sieht man heutzutage nimmer. Selbst in Sommerszeiten trug sie eine Pelzhaube, davor noch einen dichten, weißen Schleier. Uns würde das kurze, enge Brustwämschen gar unbequem erscheinen, und gar der lange Sürkisrock, der einen am Gehen hinderte, darunter die ellenlangen, dicken, weißen Wollstrümpfe, die sie „Hosen" nannten. Gelt, da schaut eine Brotteröder Braut zu unserer Zeit hübscher aus mit dem schönen, schwarzen Tuchrock, dem roten Sürkismieder und der bunten Krone!"

Endlich wollen wir noch Umschau halten auf einer Kirmse in einem der reichen mittelthüringischen Dörfer.

Weimarische Mützen in größter Auswahl! Jede einzelne verrät den soliden Wohlstand des behäbigen Bauernhofes, dem sie angehört. An Länge, Gewicht und wertvollem Besatz der fast bis zum Rocksaum fallenden Bänder wetteifern sie miteinander, ebenso in der kostbaren Ausstattung der Binde mit Federn, Stoff- oder Spitzenblumen und Spitzen. Eine reiche Herbsleberin erregt Aufsehen durch ihre prachtvolle „Hohe Mütze", die mit dreifacher Gold- und Seidenspitze ausgestattet ist. Die dunkelseidenen Röcke rauschen, und die bunten Bänder an der schwerseidenen, umfangreichen Schürze flattern im Tanz. Das Schönste aber bleibt der alte Schmuck. Mehrfache Ketten übereinander, durch Spangen verbunden, halten die prächtigen Schaumünzen: Mariengroschen, alte Dukaten und andere Raritäten, die nicht nur das Entzücken des Münzsammlers, sondern auch jedes Kunstfreundes erregen würden.

Wo sind sie hin, die Staatskleider und Hauben, die unverwüstlichen Werktagsgewänder der Urgroßmütter? Zum Teil als Spielzeug der Kinder verstreut, einige verstaubt und modernd in den Laden der Rumpelkammer, manches Stück auch gerettet von verständnisvollen Sammlern und von Museen. Möchte sich eine erschöpfende Übersicht der ganzen Altthüringer farbenfreudigen und unendlich vielgestaltigen Tracht zusammenfinden im natürlichsten Sammelpunkt der Reste heimatlicher Vergangenheit — in Thüringens alter Hauptstadt Erfurt!

L. Gerbing, Schnepfenthal.

Friedrichroda.

Auf der nordwestlichen Seite des Thüringer Waldes, in einem prächtigen Thalkessel, 450 m über dem Meeresspiegel, liegt die Wald- und Bergstadt Friedrichroda. Nach der letzten Volkszählung beläuft sich die Zahl der Wohnhäuser auf 670, die der Personen zur Zeit auf 5000. Hohe, dicht von Laub- und Nadelwäldern bedeckte Berge ziehen sich wie ein grüner Kranz im Kreise herum, so daß Friedrichroda den ankommenden Fremden als ein liebliches Gemälde erscheint.

Im Süden erhebt sich der langgestreckte Körnberg, diesem schließt sich der kegelförmig gebildete Gottlob mit seinen unter dem Namen „Katzensteine“ bekannten vorspringenden Felsen an, auf denen ein kleiner Tempel erbaut ist, der eine prächtige Aussicht auf die von Bergen umgebene Villenkolonie gewährt. Dem Gottlob gegenüber liegt die dunkelbewaldete Schauenburg, auf der Ludwig der Bärtige im Jahre 1044 eine Burg erbaute, die weithin sichtbar war, und von welcher der Berg seinen Namen erhalten hat. Die westliche Bergwand wird aus dem Wolfstieg mit der Gänsekuppe, aus dem ausschließlich mit Buchen bewachsenen Abtsberg und dem Schorn gebildet. Im Norden erheben sich der mit Villen besetzte Klosterberg, der Reinhardsberg und Kieferkopf. Im Osten endlich schließen der Hochrück, Dachsberg und Dörrberg den die Stadt schützenden Bergeskranz. Von weiteren Aussichtspunkten in nächster Umgebung Friedrichrodas sind noch zu erwähnen: Finstere Tanne, Übelberg, Spießberg, Tanzbuche, die Krone der Gebirgswiesen, und vor allem der Regenberg. Nach dem letzteren führt ein erst neuerdings angelegter, bequemer Promenadenweg. In 45 Minuten hat man vom sogenannten „Grund“ aus den Gipfel des Berges erreicht, eine eiserne Treppe ermöglicht die Besteigung eines mächtigen Felsens, von dem man eine fast ebenso lohnende Aussicht über die Bergkette des Thüringer Waldes genießt, wie von dem einige Stunden entfernten Inselsberg.

Durch meist mit Tannen und Fichten bewachsene Berge laufen meilenweit sauber gepflegte Wege, die zu herrlichen Aussichtspunkten und träumerischen Ruheplätzen führen. Friedrichroda und seine waldige Umgebung bilden einen herrlichen Erdenwinkel, nach dem alljährlich immer neue Scharen Bewunderer aus allen

Nach einer Photographie im Verlage von W. Zinke, Friedrichroda.

Friedrichroda.

Ländern und Erdteilen herbeiströmen, um Herz und Gemüt in dem Frieden der herrlichen Wälder zu erquicken. So betrug im Jahre 1899 die Zahl der Kurgäste (ohne Passanten) 11752 und die der Wintergäste 135. —

Bis zum Anfange des 11. Jahrhunderts schwebt der geheimnisvolle Wolkenschleier geschichtlichen Dunkels über unserem Thale. Dem Landgrafen Ludwig mit dem Barte waren seitens der deutschen Kaiser Konrad II. (1024—1039) und Heinrich III. (1039—1056) ausgedehnte Walddistrikte überlassen worden, in denen nach und nach Weiler und Dörfer, unter anderen auch Friedrichroda, entstanden. Einer von den Reisigen Ludwigs, der sich mit dem Roden des Waldes an dieser Stelle am meisten beschäftigte, soll „Friedrich" geheißen, und der Ort daher seinen Namen erhalten haben.

Friedrichroda war ehemals ein kleiner, zumeist mit den Leibeigenen des Landgrafen bevölkerter Flecken. Da wurde im Jahre 1089 das Benediktinerkloster Reinhardsbrunn erbaut, und sämtliche Einwohner des früheren Dorfes Reinhardsbrunn siedelten nach Friedrichroda über. — Um das Jahr 1114 kam Friedrichroda mit der Schauenburg an das Kloster Reinhardsbrunn, unter dessen Oberhoheit der Ort rasch emporblühte. Im Jahre 1209 beabsichtigte der damalige Abt des Klosters, Namens Wichard, Friedrichroda einen Markt zu verleihen. Allein die übrigen Städte des Landes, namentlich das nahe gelegene Waltershausen, das sich durch diese Vergünstigung schon damals in seinen Interessen beeinträchtigt glaubte, wandten sich beschwerdeführend an den Landgrafen Hermann I. Letzterer wurde durch das eigenmächtige Verfahren des Abtes so aufgebracht, daß er das Dorf Friedrichroda zerstört haben würde, wenn nicht noch rechtzeitig der Abt sein Vorhaben aufgegeben hätte.

So blieb Friedrichroda ein Dorf bis zum Jahre 1595, in diesem Jahre verlieh ihm Herzog Friedrich Wilhelm von Sachsen-Weimar das Marktrecht und im Jahre 1597 auch das Stadtrecht.

Die Bewohner ernährten sich damals vorzugsweise von Weberei und Bleicherei. Der Dreißigjährige Krieg mit seinem Elend ging auch an Friedrichroda nicht spurlos vorüber. Im Jahre 1636 sank die Hälfte dieses Städtchens in Schutt und Asche, darunter das Rathaus mit dem ganzen Stadtarchive, während mehrere Ortschaften in der Umgegend vollständig von der Kriegsfurie hinweggefegt wurden. So lag zwischen Rödichen und Ernstroda ein kleiner Ort, Namens Espenfeld, in der Nähe des Dörrbergs der Ort Bossenrode und in der Nähe der heutigen Dammmühle der Ort „Steinforst", an den jetzt noch die Steinforsthohle erinnert. Am Ende des 18. und am Anfang des 19. Jahrhunderts hatte Friedrichroda eine gut entwickelte Industrie und einen ausgedehnten Handel; die Garnbleicherei stand in Blüte. Das klare Gebirgswasser, welches das Thal durchfloß, die sonnigen Rasenflächen, die die Häuser umgaben, die reine Waldluft waren überaus glückliche Umstände, die Bleicherei gerade hier aufleben zu lassen. Damals hatte freilich die Leinwand einen ganz anderen Wert und wurde in viel größerer Menge verarbeitet, als dies jetzt der Fall ist; die Baumwolle hatte ihre Herrschaft noch nicht angetreten. Als dazu Napoleon I. im Jahre 1806 die Kontinentalsperre einführte und allen Handel mit englischen Waren streng untersagte, verschwand die Baumwolle von dem deutschen Markte, und die Leinwandindustrie erhob sich auf eine Höhe, die sie vorher nie gekannt und nachher auch nie wieder erreicht hat. Das war die Blütezeit des hiesigen Bleichgewerbes. Wohl zwei Dritteile der damaligen Einwohner lagen ihm ob, und manche betrieben es in großer Ausdehnung. Im Winter wurde die nötige Asche erhandelt, jenes unerläßliche und unentbehrliche Bleichmittel; ferner wurde das Rohgarn aufgekauft, wobei dasselbe aus entlegenen Orten bezogen wurde, so z. B. aus Greußen, Halberstadt, Quedlinburg, Hildesheim u. s. w. Darum hatte auch Friedrichroda in jener Zeit viele gut bemittelte, sogar reiche Leute. Mit dem Sturze des Franzosenkaisers wurde auch die Kontinentalsperre wieder aufgehoben und der Handel mit englischen Waren freigegeben. Die englischen Webstühle lieferten große Mengen von Baumwollenzeug auf den deutschen Markt, das wegen seiner Billigkeit dem hiesigen Bleich- und Garngeschäft einen gewaltigen Stoß gab und diese Industrie mit der Zeit ganz und gar lahm legte.

Wir nannten Friedrichroda oben eine „Bergstadt“. Diese Bezeichnung gebührt ihm nicht allein wegen seiner landschaftlichen Lage, da es rings von Bergen umkränzt ist, sondern auch wegen seines Bergbaues, der früher neben der Bleicherei für die Stadt eine gewisse Bedeutung hatte. Es gab hier zwei Eisensteingruben; gegen 100 Bergleute fanden darin Arbeit. Beide Bergwerke waren damals sehr ergiebig; bedeutende Mengen von Eisenstein wurden zu Tage gefördert. Die Steine wurden dann nach dem Hütten- und Eisenwerk Luisenthal bei Ohrdruf gefahren, wo unter Anwendung von Holzkohlen das Roheisen gewonnen wurde. Durch verschiedene ungünstige Umstände veranlaßt, verkaufte die Herzogliche Kammer im Jahre 1855 das Schmelzwerk Luisenthal, und der Bergbau wurde nun mehrere Jahre nur noch von Privatunternehmern betrieben. Ganz hat er aber nicht geruht; in den sechziger Jahren wurden mehrere Braunsteingruben am Gottlob zeitweilig sehr schwungvoll betrieben; auf schwefelsauren Kalk wird gegenwärtig noch in zwei Bergwerken gebaut. Eines dieser Bergwerke liegt im sogenannten „Oberbüchig“, in dem schmalen Zechsteingürtel, der den Thüringer Wald umgiebt. Große Gipsvorräte, die vor dem Eingang aufgeschichtet sind, machen den Spaziergänger, der auf und zwischen den Bergen sich „warm gelaufen“ hat, darauf aufmerksam, daß er zur „Abkühlung“ seinen Weg noch *unter* den Bergen fortsetzen kann. Dieses Bergwerk ist allgemein bekannt unter dem Namen „Marienhöhle“. Ein ca. 120 m langer Stollen führt zu einer großen Halle, die, wenn der Raum besonders erleuchtet ist, den Eindruck hervorruft, als befände man sich in einem unterirdischen Feenschlosse. In der Mitte der Höhle befindet sich ein Bassin, in dem eine Fontaine spielt. Früher wurde in dieser Grube auf Marienglas gebaut, jetzt wird unter Schonung des letzteren nur noch Gips gewonnen.

Unter den vielen Wandlungen, denen Friedrichroda seit seinem Bestehen unterworfen war, ist wohl die wichtigste die, daß es ein Kurort geworden ist, und zwar einer der *frequentesten* und *belebtesten* in ganz Thüringen. Wo einst Äcker und Wiesen lagen, da reihen sich jetzt Häuser an Häuser, wo früher tiefe Gräben und Hohlwege hinführten, da findet man jetzt gut gepflegte Straßen. Durch eine zweckmäßig angelegte Kanalisation, für welche die Stadt in verständnisvoller Würdigung ihres Wertes keine Opfer gescheut hat, werden die Abwässer entfernt, Grund und Boden von Fäulnisstoffen freigehalten. Die frequentesten Straßen haben Asphalttrottoir erhalten. Drei Wasserleitungen führen aus weit oberhalb der Stadt entspringenden Quellen vorzügliches Wasser zu. Die Luft, welche über die meilenweit ausgedehnten Fichten-, Kiefern- und Tannenwaldungen hinstreicht, ist staubfrei und ozonreich; die bis zum Gebirgskamme bewaldeten Höhenzüge halten rauhe Luftströmungen ab, wirken aber auch kühlend auf die warmen Süd- und Südwestwinde ein und verleihen dadurch dem Klima einen anregenden und erfrischenden Charakter. Zahlreiche Fußpfade, an denen allerorten Bänke aufgestellt sind, führen durch Fichtenwaldungen auf freie aussichtsreiche Berghöhen. Neben einer protestantischen Kirche befindet sich hier auch eine katholische Kapelle, die im Jahre 1901 einer stattlichen, bereits in Angriff genommenen Kirche Platz machen wird. Von den beiden Bahnhöfen Friedrichroda und Reinhardsbrunn aus vermitteln zahlreiche Züge den Verkehr. Regelmäßige Omnibusfahrten erleichtern vom 15. Mai bis Ende September den Besuch des Inselsberges. Die Saison währt von Anfang Mai bis Ende September und erreicht ihren Höhepunkt im Juli und August; während der Dauer derselben finden täglich Konzerte, wöchentlich je einmal Kammermusik und Réunion, außerdem Kinderfeste, Illuminationen und gemeinsame Waldpartien statt; auch das Kurtheater erfreut sich besonderen Beifalls. Zur Gondelfahrt bietet sich Gelegenheit auf dem großen Teich unterhalb des Hotels Reinhardsbrunn. In dem großen, geräumigen Kurhause stehen den Kurgästen Lese-, Musik-, Spiel- und Billardzimmer zur Verfügung; für Erwachsene ist ein Lawn-Tennisplatz, für Kinder ein großer Spielplatz mit Geräten eingerichtet. Für alle diese Einrichtungen sorgt ein Badekomitee unter der Oberleitung des Herzoglichen Landratsamtes Waltershausen.

So eint sich hier alles, Friedrichroda zu einem bevorzugten Luftkurort zu machen.

Als erster hiesiger Kurgast gilt Friedrich Perthes, der unerschrockene Patriot unter der Gewaltherrschaft Napoleons, der im Frühjahre 1836 zum erstenmal hier sich einmietete. Friedrichroda kann stolz darauf sein, diesen edlen Mann als den Begründer seines Rufes als Kurort nennen zu dürfen.

Seit 1837 kam Perthes jeden Sommer nach Friedrichroda, sehr häufig empfing er hier gar manchen lieben Freund als Gast; und die Zahl seiner Freunde war groß. Namentlich erfreute sich Perthes auch der besonderen Huld des Herzoglichen Hauses, und öfters weilte er am Herzoglichen Hofe in Reinhardsbrunn. Wald und Leute wurden ihm immer lieber, die Bewohner hatten ihn gern, wußten sie doch, daß er Herz und Sinn für ihre Freuden und Leiden besaß. Ihm wurde daher im Jahre 1841 das Ehrenbürgerrecht der Stadt verliehen. Friedrich Perthes war geboren am 21. April 1772 zu Rudolstadt und starb am 18. Mai 1843 zu Gotha. Das Andenken des ersten Kurgastes, Friedrich Perthes, wird hier stets frisch und lebendig erhalten bleiben, sowohl durch den Denkstein, der oben an der Perthespromenade seinen Namen trägt, als auch durch seine wohlthätige Stiftung. Am

22. Juli 1887 wurde zur bleibenden Erinnerung an den denkwürdigen Tag seiner ersten Ankunft hier über der Eingangsthür seines früheren Wohnhauses eine Gedenktafel mit folgender Inschrift eingelassen:

„Friedrich Perthes aus Gotha zog am 22. Juli 1837 als erster Kurgast in dieses Haus."

Nachdem so Perthes den Anfang gemacht und seinen persönlichen Einfluß allenthalben zur Geltung zu bringen gewußt hatte, mehrten sich die Gäste von Jahr zu Jahr. Die erste Kurliste wurde im Jahre 1852 gedruckt und wies 362 Gäste auf. Im Jahre 1860 konnten deren bereits 1064, 1870 über 3000 und seit 1890 stets über 8000 verzeichnet werden. 1899 betrug, wie oben erwähnt, ihre Zahl 11752.

Nach einer photogr. Aufnahme von Sophus Williams, Berlin.

Schloß Reinhardsbrunn.

Nächst Perthes gebührt das größte Verdienst um die Hebung Friedrichrodas als Kurort und Sommerfrische dem am 12. März 1889 verstorbenen Medizinalrat Dr. Ferdinand Keil. Auf dem Wilhelmsplatze ist diesem um Friedrichroda hochverdienten Manne ein Denkmal errichtet worden. An demselben ist folgende Inschrift zu lesen: „Zur Erinnerung an Medizinalrat Dr. Ferdinand Keil in dankbarer Anerkennung seines verdienstvollen Wirkens für Friedrichroda und dessen Fremdenverkehr. 1845—1889."

Doch wer könnte Friedrichroda nennen, ohne nicht gleichzeitig der Perle Thüringens zu gedenken, des kaum 5 Minuten von Friedrichroda entfernten herrlichen Lustschlosses Reinhardsbrunn.

Auf reinlichen Kieswegen, umgeben von blumigen Rasenflächen, reizenden Gruppen von stattlichen Bäumen und seltenen Ziersträuchern, zwischen fischreichen

Teichen sehen wir in den Sommermonaten Tausende von fröhlichen Menschen lustwandeln, um den herrlichen Fürstensitz zu bewundern. Es findet sich auch selten ein Stückchen Erde mit so viel Schönheit auf engem Raume, wie es sich uns in Reinhardsbrunn darbietet. Das Schloß selbst besteht aus fünf zusammenhängenden, im Jahre 1835 von Herzog Ernst I. zum Teil auf dem Grunde der alten Abtei errichteten Gebäuden. Das Innere des Schlosses ist, wenn auch einfach gehalten, doch recht komfortabel eingerichtet. Eine interessante Erinnerung aus dem Leben des Herzogs Ernst II. bildet in dem sogenannten Blumenzimmer ein aus den Trümmern des dänischen Kriegsschiffes Christian VIII. kunstvoll gearbeiteter, runder Tisch. In den Spitzbogen des Speisesaales bemerkt man die Porträts der sämtlichen thüringischen Grafen, Landgrafen und Herzöge von Sachsen, von Ludwig dem Bärtigen an bis zu Herzog Bernhard von Weimar. Sehenswert und für den Fachkenner höchst interessant ist die Hirschgalerie, ein langer Korridor mit einer reichen Sammlung der stattlichsten und seltensten Geweihe und Gehörne, darunter auch vieler merkwürdiger Abnormitäten. Von der Hirschgalerie führt ein langer Korridor nach der Schloßkapelle. In romanischem Stile erbaut, wurde dies herrliche Gotteshaus am 16. August 1874 eingeweiht. In der Vorhalle zur neuen Kirche sind die steinernen, noch aus der Klosterzeit geretteten, wenn auch teilweise verwitterten Grabdenkmäler der Thüringer Landgrafen in die Seitenwände eingefügt. Unter dem Standbilde „Friedrichs mit der gebissenen Wange“ befindet sich ein kleines Glasgehäuse, in welchem seine Gebeine aufbewahrt werden. An dem Sarkophage liest man folgende Inschrift:

„Gebeine Friedrichs mit der gebissenen Wange, Landgrafen von Thüringen, begraben im Katharinenkloster zu Eisenach im Jahr 1324, dann von Herzog Johann Friedrich dem Mittleren in das fürstliche Erbbegräbnis auf dem Schlosse Grimmenstein zu Gotha gebracht, nach der Zerstörung desselben im Jahre 1613 in der Kirche zu Reinhardsbrunn beigesetzt, daselbst im Jahre 1702 wieder aufgefunden und von Herzog Ernst II. in der neuen Schloßkapelle daselbst wieder beigesetzt im Jahre 1874.“

Über dem Eingange zur alten Kapelle hängt ein ziemlich großes massives Kruzifix, welches aus der der Sage nach auf dem Johannisberge bei Altenbergen im Jahre 724 von Bonifatius erbauten ersten christlichen Kirche stammt, an deren Stelle jetzt der sogenannte Kandelaber steht. Vor dem Eingange, über der Thür, ist eine Tafel angebracht, welche in goldenen Lettern eine lateinische Inschrift enthält. Die Übersetzung lautet:

„Wanderer, stehe still, ich will dir in kurzem berichten: Es war hier einst ein Kloster, berühmt und herrlich durch die Grabstätten seines Gründers Ludwig, des Saliers, und dessen Nachkommen, der Landgrafen des alten Thüringen, auch anderer erlauchten Toten, erbaut im Jahre 1089. Dasselbe wurde, nachdem das Licht des Evangeliums aufgegangen war, von den Mönchen des heiligen Benedikt aus Furcht vor den allenthalben aufrührerischen Bauern verlassen und verfiel allmählich der Unbill der Zeiten. Aus Bedauern über solchen Verlust ließen Johann, Herzog von Sachsen u. s. w., und nach dessen Ableben seine Witwe

Dorothea Maria, eine Prinzessin von Anhalt, zur Ehre Gottes und zum Andenken an so vielberühmte Grüfte dieses ansehnliche Gotteshaus an Stelle der Trümmer erbauen im Jahre 1611. Ziehe nun weiter, Wanderer, und wünsche dem Erneuerer und seinen Nachkommen Segen und Heil!" —

Die Form der Kirche selbst ist ein längliches Viereck, der Fußboden ist aus feinstem Mosaik hergestellt, das Glasdach enthält weiße Sterne in blauen Feldern. Über dem Portal sind die vergoldeten Standbilder der Apostel Petrus und Paulus und der Mutter Gottes mit dem Jesuskinde angebracht. Auf dem in der Apsis errichteten Altar aus grünem Marmor stehen zwei silberne Leuchter und ein silbernes Kruzifix, beides Geschenke der Frauen Gothas zur silbernen Hochzeit des verstorbenen Herzogs Ernst II. und seiner Gemahlin Alexandrine. Alljährlich im Monat August während der Anwesenheit der Hohen Herrschaften wird jeden Sonntag Gottesdienst abgehalten.

Hat man das Innere des Schlosses verlassen, so erblickt man links vom sogenannten Schallthore, in Stein gehauen, einen aus einem kleinen Fensterchen hervorlugenden Mönchskopf. Man behauptet, er stelle den Mönch vor, der die heranstürmenden Bauern (1525) zuerst bemerkt habe. Im Parke selbst fällt noch eine Gruppe uralter Linden auf, die noch von den Benediktinern gepflanzt sein sollen, sowie der berühmte Mönchstisch, eine große, runde, zum Teil verwitterte Steinplatte, an welcher einst die Mönche gar manche angenehme Stunde verlebt haben. Das dem heiligen Benedikt geweihte Kloster Reinhardsbrunn hat 435 Jahre bestanden. Mit seiner Zerstörung im Bauernkriege war auch seine Herrlichkeit für immer dahin. Die Güter wurden eingezogen, und Reinhardsbrunn wurde fürstliches Amt. Im Jahre 1640 erhielt es Herzog Ernst der Fromme, und somit kam es an das gothaische Fürstenhaus. Herzog Ernst I. von Coburg erbaute auf derselben Stelle, wo einst die alte Abtei gestanden hatte, das jetzige Lustschloß und umgab es mit einem herrlichen Parke. Sowohl Herzog Ernst II., als auch der jüngst verstorbene Herzog Alfred haben durch kostspielige Bauten dem herrlichen Lustschlosse ihre Sorgfalt angedeihen lassen.

Willweber, Friedrichroda.

Waldwirtschaft und Forstkultur im Thüringerwald.

Die Forstwissenschaft könnte man das selbstloseste Arbeitsfeld nennen; kein Vertreter der „grünen Farbe" besäet, bepflanzt, pflegt sein weites Gebiet (soweit es sich um den Hochwald handelt) für seine Zeitgenossen, alle schaffen für ein Jahrhundert, das sie nicht mehr sehen, dessen Früchte sie nicht mehr ernten werden. Wir verbauen in unseren Häusern Balken, wärmen unsere Zimmer mit Holz, das noch die Zeiten der Freiheitskriege gesehen hat, als noch kein Bahnzug vom Lande herüber pfiff oder die Berglehnen hinaufkeuchte.

Der weite Zeitraum, der zwischen Keimen und Ernten in unseren Wäldern liegt, bewirkt auch, daß uns die Veränderungen im Bestande der Forste kaum zum Bewußtsein kommen, daß wir uns schwer vorstellen können, wie das ganze Gebirge vor Jahrhunderten ein durchaus anderes Ansehen hatte; mit einem Wort: daß die Berge nicht beforstet waren, d. h. nach erprobten forstwissenschaftlichen Grundsätzen behandelt wurden, sondern daß Naturwald sich frei entwickeln mußte, allerdings oft mißhandelt und durch Raubbau und Unverstand im Gedeihen gehemmt.

Den Gegensatz von Wald und Forst, dem ungeregelten Aufwachsen der Bäume und der neuzeitlichen, wissenschaftlichen Bewirtschaftung darzulegen, ist der Zweck der nachfolgenden Zeilen.

Wie sich ziemlich sicher nachweisen läßt, bedeckten einst undurchdringliche Eichen- und Buchenwälder das Vorland unserer Berge im Norden wie im Süden; auch die Kalk- und Buntsandsteinhöhen der Vorberge waren von den majestätischen Baumriesen überschattet. Ja, sogar in den weitausgedehnten Sümpfen im Centralmassiv des Gebirges wurzelte der heilige Baum des Donar. Mit ihm stritten um die Herrschaft, um Licht, Luft und Boden die Rotbuche (besonders östlich von Oberhof), die Weiß- oder Hainbuche, die Ilme (Ulme), Sahle (Sahlweide), Öhre (Bergahorn), der Leinbaum (Spitzahorn), Birke und Eberesche, vor allem aber das dichte Netzwerk der Sträucher und des Gedörnigs. Besonders die Haselstaude überwucherte weite Strecken bis hinauf zu dem geheimnisvollen Ursprung der wilden Gebirgswasser. Wer kennte nicht die vielen Haselbrunnen und Haselbäche?

Ob sich zwischen diesen mannigfaltigen sommergrünen Bäumen und Sträuchern die ernste Edeltanne besonders bemerkbar machte, bleibt ungewiß, wenn Tanne und Fichte auch sicher urwüchsig sind im Thüringerwald. Noch unentschieden ist dies von der Kiefer; vielleicht leuchtete schon damals ihr harziger, rötlich schimmernder Stamm durch das in allen Abstufungen prangende Grün. Jedenfalls aber galt die Kiefer bis zum Ende des 17. Jahrhunderts als selten und kam nur in wenigen reinen Beständen vor.

Auf welche Weise sich nun die allmähliche Verschiebung zu Gunsten des Schwarzholzes — wie der dunkle Nadelwald im Gegensatz zum lichten Laubgehölz, dem Weißholz, hieß — vollzog, wird uns wohl für immer verborgen bleiben.

Ob es klimatische Veränderungen oder Einwirkungen von Menschenhand vor und zur Zeit des Mittelalters waren, welche die stolzen Eichenriesen vom First der Loiba vertrieben nach den wirtlicheren Hängen des Werrathales und des Grabfeldes, aber auch in die nördlichen Vorberge —?

Die ältesten Forst- und Waldordnungen, die wir über unsere Forste besitzen, stammen aus dem Anfang des 16. Jahrhunderts. Sie zeigen uns ein weniger wildes, aber noch immer ein recht buntes Bild. Aus der „ungeheueren Einöde“ der Urzeit ist inzwischen ein streckenweise sehr gelichteter Wald geworden, der zwar an den unzugänglichsten Stellen, z. B. um Greiz, Gräfenthal, Schleusingen, dem oberen Schwarzathal, auch in manchen Moorbrüchen um Oberhof, seinen Urwaldcharakter bewahrt hatte, im übrigen aber allerwärts widerhallte von den Axtschlägen der Holzknechte, der Hillebille der Köhler, dem Stampfen der Poch- und Hammerwerke und der vielen Schneidemühlen.

Auf dem Nordabhange des Thüringerwaldes, von der Apfelstädt nach Osten zu, sind die Berge und Hänge bedeckt mit düsteren Tannen, einzelnen Fichten und dichtem Unterholz von allen möglichen Straucharten. Hier liegt das Amt Schwarzwald, das seinen Namen den dunkeln Nadelwaldungen verdankt.

Mochte aber der Boden hauptsächlich Nadelholz, gemischten Bestand oder reines Weißholz tragen — eines war diesen forstlichen Flächen gemeinsam: der plan- und regellose Betrieb. In schier unglaublicher Weise mußte schon seit Jahrhunderten in dem für unerschöpflich geltenden Waldbestand gewüstet worden sein. Das Holz an sich galt lange, lange Zeit als fast wertlos; nur soweit der Wald als Schutz und Wohnsitz des Wildes, als Schauplatz der Jagd, dieses Hauptvergnügens aller Fürsten und Adeligen, in Betracht kam, ward ihm Beachtung und Interesse zugewandt. Ausgedehnte Privilegien auf ganze oder teilweise freie Beholzung, auf fast unbeschränkte Viehtrift besaßen alle Waldortschaften und der Adel. Zahlreiche Gewerke: Bergwerke, Glashütten, Kupfer- und Eisenhämmer in weit größerer Anzahl als heute zogen ihre Hauptnahrung, die Holzkohlen, in riesigen Massen aus der „grünen Sparkasse Thüringens“.

Wenn diesen gewaltigen Ausgaben nur annähernd reichliche Einnahmen gegenüber gestanden hätten! Ein Blick in die damalige Forstwirtschaft wird uns aber ein trauriges Mißverhältnis in Abnahme und Zuwachs des Holzes erkennen lassen.

Soweit von „Bewirtschaftung“ überhaupt die Rede sein kann, bestand dieselbe in Einteilung eines bestimmten Reviers (oder Amtes) in eine Anzahl „Gehäue“ oder „Johne“; daher die Heuberge, Johnwiesen, Johnacker, Buchenjohn u. s. w. In diesen Gehäuen sollte in regelmäßiger Reihenfolge das Holz entweder ackerweise verkauft, oder es sollten die einzelnen starken Bäume herausgenommen und als Bloch-, Diel-, Leiterbäume u. s. w. losgeschlagen werden. War ein Gehäu abgetrieben, so wurde es 5—6 Jahre gegen das Rindvieh und die Pferde, 4 Jahre gegen die Schafherden „gehegt“, d. h. abgeschlossen. Einzelne starke Ober-, Schau- oder Scharbäume, „zu tragenden Tannenzapfen geeignet“, ließ man stehen, um die Aussaat zu begünstigen, ebenso Buchen und Eichen. Die übrige Verjüngung wurde der Mutter Natur anheimgegeben, die durch üppigen Stockausschlag auch sehr bald die kahle Fläche mit neuem Grün überdeckte. In diesem Mittel- oder Plänterwald, in den Waldbeschreibungen durchgängig „Schlagholz“ genannt, geschah der Abtrieb alle 15—20 Jahre. Hochwald kam allerdings auch, hauptsächlich in den oberen Bergen, zur Entwickelung. Einzelne Bäume taxierte oder maß man nach „Spannen“ oder Rinken, dem gebräuchlichen Holzmaßstab der Forstbeamten. Nach dem Fällen legte man die Scheite in „Malter“ oder „Klafter“ zusammen. Alles angewiesene Holz sollte amtlich mit dem „Waldhammer“ angeschlagen d. h. bezeichnet und gestempelt werden.

Wurde ein John aufgethan, dann hielten der Amtschreiber und der Forstknecht wöchentlich zwei John-(Holzschreibe-)tage, da wurde der Kauf des Bau-, Nutz- und Klafterholzes geregelt. Die „Afterschläge“ (Abfälle, Reisig u. s. w.) bestimmte man entweder zu Kohlholz, oder sie wurden von den „geschworenen Holzhauern“ gelegt und geschichtet. Dabei schärfen die Holzordnungen ein, rechtschaffene Bünde zu machen und diese schockweise auf Haufen zu legen. Da das Reisholz sehr wenig galt und meistens, dem jungen Aufwuchs zum Schaden, auf den Schlägen liegen blieb und verfaulte, schlug man schließlich auf jede Klafter Holz eine bestimmte Anzahl Reisigwellen und nötigte die Holzkäufer, beides zusammen zu übernehmen.

Wie noch heute, berechnete man die Holzpreise verschieden hoch, je nach den Oberbergen oder, wie man es damals ausdrückte, ob „die Berge dem Lande weit oder nahe gelegen“ waren. Auch sind die Preise in den Revieren recht verschieden. Im Wintersteiner und Ruhlaer Forst, die nur Acker- und Schlagholz trugen, verkaufte man „nach Befindung des Augenmaßes“. Im Kl.-Schmalkaldener Forst war das Holz „guten Kaufs“, da es aus den hessischen und hennebergischen Hüttenwerken und Hämmern stets große Nachfrage nach Kohlen gab. Deshalb galt die Klafter Buchenholz 12 Gr., die Klafter Tannenholz $10^1/_2$ Gr. Noch höhere Preise ergaben die Verkäufe im „Burgholz“ (Waltershäuser Forst) wegen der günstigen Abfuhr und der Waltershäuser Brauereien. Die Klafter Buchen- oder Eichenholz galt hier im 16. Jahrhundert 14 Gr., im 17. Jahrhundert 18 Gr.; weiches Holz kostete hier um 1580 12 Gr., hundert Jahre später 16 Gr.

Weit primitiver war die Berechnung freilich noch um 1527 im Amt Reinhardsbrunn, also kurze Zeit nach der Säkularisation des Klosters. Meist wurde das Holz „stammweis“ angeschlagen. Ein „Hauptstamm“ zu Schindeln, Faßholz, Brettklötzen kostete 5 Gr., für schwächere, unseren Begriffen nach aber gewiß noch imposante Bäume („Bauholz, Balkenholz, Schwellenholz“) zahlte man 4 Gr., die allerstärksten Hauptstämme aber, die zum Bearbeiten zu plump erschienen, bestimmte man zu Scheit- oder Küchenholz; doch kosteten sie auch genug, nämlich das Stück „zum wenigsten“ 7 Gr.! „Und so Jemand eine Klafter Buchenholzes hauen thut, soll er davor 8 Gr. zu Waldzins reichen.“ Arme Leute erhielten in diesem Amt (wie in vielen anderen Gegenden, z. B. um Sonneberg) das Bauholz umsonst; reiche mußten den halben Wert bezahlen. Allerdings ist bei diesen Preisen überall das 2—3 fache dem heutigen Geldwert nach anzuschlagen.

Im Jahre 1557 vermaß man die Berge des Amtes Tenneberg; d. h. gemäß den damaligen unvollkommenen Instrumenten und den vielfachen natürlichen Hindernissen nach gewiß sehr ungenau. Das Gesamtergebnis waren 15690 Acker, 69 Ruten Waldfläche. Dieser Holzbestand sollte in 25 Jahrgehäue geteilt und danach der Verkaufsplan des Holzes festgesetzt werden. Jedes einzelne Jahr wurden für das Amt drei Schläge oder Gehäue bestimmt: ein Schlag für Tenneberg, Tabarz und Winterstein; einer für die Ruhl und der dritte für Klein-Schmalkalden.

Zunächst war aber mancher Acker abzuziehen, der zu Beschied- oder Gerechtigkeitsholz fortging. Die Waldbeschreibungen führen als „Gnadenholz“ u. a. an: 12 Acker denen von Adel (den Reckerorts in Mechterstädt, denen von Teutleben in Laucha und denen v. Gleichen in Fröttstädt). Dann sind in den letzten 3 Jahren (vor 1557) 873 Kl. Holz auf Schloß Grimmenstein gegeben worden; desgleichen aus den Reinhardsbrunner Gehölzen zwei Jahre nacheinander dem dortigen Gießwerk 2881 Malter Holz. Auch das Kohl- und Küchenholz ist vorher zu berechnen, vom jährlich zur Verfügung stehenden Vorrat abzuziehen und an einen besonderen Forstort zu weisen.

Daß diese Anweisungen und Pläne freilich ausgeführt wurden, ist sehr unwahrscheinlich, da die politischen Wirren gerade in diesen unruhigen Zeiten nicht selten alle Befehle über den Haufen warfen, die Oberbeamten oft wechselten und es obendrein unsicher war, wem eigentlich der Oberbefehl zustehe. Dem Namen nach war über die Forst- und Jagdsachen gesetzt der „Oberaufseher der Gehölze", z. B. um die Mitte des 16. Jahrhunderts Asmus v. Gleichen auf Tenneberg. Dabei glaubten aber Schösser, Amtschreiber und Jägermeister, daß ihr Wort gleichen Wert hätte, und die Unterbeamten hielten es für vorteilhaft, keinem zu gehorchen, sondern nach eigenem Gefallen zu wirtschaften. Und welch' ein freies Waldleben führten durchgängig diese „Forstbedienten!" Da gab es keine Bureauschreibereien, keine Kulturarbeiten zu beaufsichtigen; das Kerbholz vertrat unsere weitläufigen Rechnungen. Noch viel mehr als heute sollte der Förster weidgerechter Jäger sein. Gab es doch noch ganz anderes Wild zu bestätigen, als in unseren zahmen Zeiten! Und die fürstlichen „Lustjagden", die ein kleines Heer von Treibern, Jagdburschen und anderen Forstleuten und eine richtige Wagenburg in Anspruch nahmen, brachten weit härtere Strapazen mit sich als unsere Treibjagden.

Die damalige Besoldungsweise war der alten Naturalwirtschaft noch ganz angemessen. Bares Geld bekamen die Beamten wenig zu sehen. Beschiedholz, Wiesenwachs, Forstacker, Korn und Hafer bildeten die Hauptbezahlung.

Z. B. betrug das Einkommen des Oberförsters in Klein-Tabarz, des Oberforstbeamten im Amt Tenneberg, im Jahre 1641:

80 fl. an Gelde.
1 Malter Korn.
4 Malter Hafer.
18 Kl. Scheitholz, halb Tannen-, halb Buchenholz.
18 Schock Reisig.
Eine Wiese zwischen Rabelsberg und Reichentrost.
Die äußerste Wiese am Rabelsberg.
Die Stockwiese am Datenberg.
Ein Acker Wiese hinter dem Forsthaus.
Ein Garten beim Forsthaus.
10 Acker Rottland vor dem Burgholz.

Entsprechend weniger erhielten die übrigen tennebergischen Forstleute: „der Knecht zu Winterstein, der Forstknecht zu Waltershausen, der in der Kleinen Schmalkalden, der Läufer in der Ruhla, der Förster zu Wahlwinkel".

Die ganz allmähliche Entwickelung der alten Schlagwirtschaft zum neuzeitlichen Forstbetrieb zu verfolgen, kann hier nicht unternommen werden; nur in ganz großen Zügen versuche ich die hauptsächlichsten Veränderungen anzudeuten.

Zwei Thüringer waren es, die um die Mitte des 16. Jahrhunderts die künstliche Holzsaat „erfanden", der Pfarrer Martinus Heß in Langenhain und Wahlwinkel und der Kreuzburger Bürger Volkmar Rohrbach. Doch wurde ihrer Erfindung keineswegs bereitwillige Aufnahme zu teil, als man sie dem Landesherrn (Joh. Wilhelm) vorlegte.

Nach den Forstberichten des 18. Jahrhunderts war die Bestandesdauer des Plänterwaldes auf 30 Jahre etwa erhöht.

Eine wirklich planmäßige Einrichtung der Forstbezirke auf etwa ein Jahrhundert im voraus, wie es die moderne Forstkultur kennt, konnte sich erst seit dem Anfang des 19. Jahrhunderts entwickeln, zugleich mit dem beispiellosen Aufschwung der Naturwissenschaften. Und zum Glück für unsere Heimat fanden sich auch praktische, weitblickende Männer, wie König und Grebe, die den Gedanken in die That umsetzten.

Ungemein hatte sich die Zusammensetzung des Waldes vom 17. zum 18. Jahrhundert und damit das ganze Aussehen des Gebirges gewandelt. Seitdem man die Vorteile des Nadelholzes, vor allen Dingen der Fichte: ihren raschen Wuchs, ihr frisches Gedeihen auch auf felsigem Boden, ihre Nutzbarkeit nach allen Richtungen hin erkannt hatte, begünstigte man diesen Baum immer mehr, nicht nur vor dem Weißholz, sondern auch vor der anspruchsvolleren und weit langsamer wachsenden Weißtanne.

Immer weiter nach Westen rückte das Schwarzholz vor, zunächst zwar mit viel eingesprengten Buchen, Ahorn und Haseln vermischt. Als aber die künstliche Aussaat, die wohlbedachte, sorgfältig vorbereitete Anzucht durch Menschenhand in Anwendung kam, gewann die ernste „Rottanne" immer mehr das Übergewicht. Ihren noch heute nicht vollendeten Siegeszug können wir alljährlich beobachten. Wie manche, vor kurzer Zeit noch im frischesten Buchengrün prangende Berglehne oben am Rennsteig ist jetzt mit jungen Fichten besetzt. Der größte Teil der nördlichen Vorberge trägt ernsten Nadelwald. Überschreiten wir aber den Rücken des Gebirges nach der fränkischen Seite zu, oder wandern wir vom Inselsberg nach Westen, so umgiebt uns auf weite Strecken der lichte Buchenwald mit seiner bunten Blumenfülle.

Ebenso einschneidend sind die Veränderungen in Bezug auf Nieder- und Hochwald. Ersterer ist aus dem eigentlichen Gebirge fast verschwunden; nur einige Privatforste auf der Nordseite (um Winterstein und Fischbach), dann Gehölze in den Vorbergen (Herzberg) und ein Teil des Rudolstädter Forstes haben den Plänterbetrieb beibehalten. Doch verschwinden diese, besonders im Herbst in allen Farben schillernden Waldungen im Vergleich zu dem gleichförmigen grünen Mantel, der das Gebirge in seiner Hauptmasse umhüllt; sei es als majestätischer Hochwald von hundertjährigen Baumriesen, als jugendlich schlankes Stangenholz oder als zart grün angehauchte, junge Kulturen.

Hoch oben aber, längs des geheimnisvollen Rennsteigs, wo der Wintersturm die flechtenbehangenen Wetterfichten so lange zaust, bis sie den Wipfel der Windseite abwenden und sich am Waldrand bis auf den moorig-schwarzen Boden hinab dicht mit undurchdringlichem Gezweig schützen — dort leuchten noch heute zur Herbstzeit wie vor tausend Jahren die roten Doldentrauben der Eberesche. Und noch immer streicht wie in alter Zeit der Auerhahn durch den wogenden Nebel des einsamen Bergpfades. Das sind in nüchtern-praktischer Zeit die letzten lebendigen Erinnerungen an den verschwundenen Urwald im Gebiet des Götterbergs: des weithinschauenden Donnershauk und des sagenumwobenen Sperrhügels.

L. Gerbing, Schnepfenthal.

Der Auerhahn.

Es war das erste Jahr, das ich in einem Thüringer Walddorfe verlebte. Fremd war mir so manches, denn meine Jugend verbrachte ich in der Ackerbaugegend und kam nur selten in den 1 bis 2 Stunden entfernten Wald. Um so begreiflicher ist es, daß mich das Leben im Walde anzog. Davon möge etwas hier mitgeteilt werden.

An einem Frühlingsabend saß ich mit mehreren Herren im Wirtshause. Es war noch nicht spät, aber der Förster machte Miene zum Nachhausegehen. Auf die Mahnung der übrigen, noch zu verweilen, entgegnete er, er müsse schon um zwei Uhr aufstehen, den Auerhahn zu verhören, die Balzzeit habe begonnen. „Auerhahnbalze? Was ist das?“ fragte ich. „Es ist etwas sehr Interessantes,“ entgegnete der freundliche Mann, „wenn Sie mich begleiten wollen, so werden Sie es leichter verstehen, als wenn ich es Ihnen erkläre.“ Selbstverständlich nahm ich das Anerbieten an.

Gegen zwei Uhr morgens weckte mich ein leises Klopfen an der Hauswand aus dem Schlummer. Ich fuhr in die Kleider, erfaßte meinen Spazierstock, und in etwa drei Minuten stand ich auf der Straße, den Förster grüßend. Es war sehr kühl, und mein Führer meinte, ob ich nicht ein Halstuch mitnehmen wollte. Ich lehnte ab, um nicht Aufenthalt zu verursachen. Fort ging es, dem Walde zu. Der Förster schritt mit einem Handlaternchen voraus, denn es war noch stockfinster. Bald erreichten wir den Wald. Eins wunderte mich: Wo hatte der Grünrock sein Schießgewehr? Bedeutete Auerhahnbalze nicht soviel, als das Auerwild erlegen? Meine irrige Meinung wurde von dem Förster berichtigt: Der Auerhahn gehört zu den Waldhühnern. Er hat ein glänzend schwarzes Federkleid, befiederte Beine (Ständer) und um das Auge einen rotwarzigen Ring. Seine Nahrung besteht in Baumknospen, Waldbeeren, Würmern, Insektenlarven u. a. Die Henne ist kleiner. Sie brütet auf der Erde. Die Auerhahnbalze ist die Zeit, wo der Auerhahn die Hennen ruft, die Zeit der Begattung. Die Balzzeit fällt in die Monate März und April. In den frühen Morgenstunden erhebt der Auerhahn von dem Baum aus, worauf er nächtigte, ein eigentümliches Getön und Gepolter, wodurch die Hühner herbeigelockt werden. Zu dieser Zeit ist er am leichtesten zu erlegen, denn er ist ein sehr scheuer Vogel. In der Balztour sind einige Sekunden, in denen der Hahn, sozusagen, weder sieht noch hört. Zu Anfang der Balzzeit sind dies etwa zwei, einen Tag später vier bis sechs Sekunden. Auch wechselt er anfangs seinen Sitz. Darum ist es nötig, daß man ihn aufsucht und alle Morgen nachspürt, ob er seinen Platz behauptet. Hat man davon Gewißheit erlangt, und ist er so eifrig im Balzen, daß man sich bis unter seinen Sitz anpirschen kann, so ist die geeignete Zeit zum Abschusse da. Sobald der Tag graut, hört er auf zu locken, und der Beobachter muß sich jetzt zurückgezogen haben, wenn er nicht riskieren will, den Vogel zu verscheuchen. Oft verjagt ihn das geringste Geräusch.

Balzender Auerhahn.

Wir waren unterdessen tiefer in den Wald gekommen und setzten unseren Gang längs eines Waldbächleins fort. Die Laterne wurde ausgelöscht, denn der Förster meinte, schon aus der Ferne könnte der Lichtschein den Auerhahn verscheuchen. Ich mußte meinen Rock bis oben hinauf zuknöpfen, damit nicht der Schimmer des weißen Hemdes den Vogel stutzig mache. Das war's also, weshalb ich ein Halstuch anlegen sollte! Sprechen durften wir auch nicht mehr, höchstens flüstern. Trotz der Dunkelheit galt es, vorsichtig und doch fest auftreten, damit nicht durch Stolpern oder durch Knacken eines brechenden Ästchens Lärm entstehe. Reges Leben herrscht schon im Walde. Hier meckert eine Schnepfe (Scolopax), dort tiriliert eine Baumlerche, da — der Förster kehrt sich um und winkt mir Stillstand. Ich vernehme ein undeutliches Klappern, als ob zwei Rührlöffel- oder Quirlstiele aneinandergeschlagen würden. „Das ist das Schnappen des Auerhahns," flüsterte mir der Förster zu. Jetzt folgte ein Getön, ähnlich dem, das entsteht, wenn man mit einem dünnen Röhrchen Luft in Wasser bläst. Diesem gurgelnden Geräusch folgte ein drittes, das Schleifen, wie es der Förster nannte. Es klang so, als wenn der Scherenschleifer ein Messer auf den sich drehenden Schleifstein hält. Das Schleifen ist der Zeitraum, in welchem den Hahn nichts stört, während desselben können wir laut sprechen, uns fortbewegen, ja nicht einmal ein Schuß würde ihn verscheuchen. Aber mit dem Schluß des Schleifens — keinen Schritt weiter — sonst ist alles vorbei. „Sehen Sie auf mich, was ich thue!“ befahl der Forstmann. Der Auerhahn schnappte, kollerte, schleifte — wir sprangen an: drei Schritte! Eine Pause, das Locken in gewöhnlicher Reihenfolge: wir ermöglichten beinahe fünf Schritte. So waren wir nach und nach dem Auerwilde näher gekommen, sehen konnte ich es aber nicht. Endlich hörte das Balzen ganz auf. Der Himmel rötete sich im Osten, und das Geschäft des Verhörens war für heute vorüber. — Noch zweimal begleitete ich den Förster. Am dritten Tage teilte er mir mit: „Morgen kommt der Prinz A., den Auerhahn zu erlegen, wenn Sie Zeuge des Vorgangs sein wollen, so stellen Sie sich ein.“ Ich lehnte ab. Im wesentlichen kannte ich ja den Verlauf der Auerhahnjagd. Als aber der Prinz mit dem Förster, der die Jagdbeute trug, zurückkehrte, konnte ich nicht unterlassen, nach der Försterwohnung zu eilen, um mir den Waldpascha zu besehen. Da lag das schöne, mit glänzend schwarzem Gefieder geschmückte Tier, an Gestalt und Größe dem Truthahn ähnlich; nur der Fleischlappen über der Nase, die roten, traubigen Auswüchse am Halse und der kahle Kopf des Puters fehlten. „Was machen Sie mit dem schönen Vogel?“ fragte ich den Förster. „Zunächst werde ich ihn abbalgen und ausstopfen, und weil der Prinz darauf verzichtet, ihn mitzunehmen, wollen wir nach einigen Tagen der Vorbereitung einen Braten aus dem Fleische machen. Ich werde Sie als Gast einladen.“ Es vergingen mehrere Tage; ich hatte beinahe den Auerhahn vergessen, da kam die Einladung. Die Frau Försterin verstand vortrefflich zu kochen; ich muß aber gestehen, daß ich an dem Auerhahnbraten nichts Besonderes fand. Einen Gänsebraten ziehe ich vor.

C. Wiefel, Leutenberg.

Aus vergangenen Tagen eines Thüringer Bades.

„Das Alte stürzt, es ändert sich die Zeit,
und neues Leben blüht aus den Ruinen.“

Am Ausgange des anmutigen Ohrathales liegt, an den Fuß des schroff aus der Ebene emporsteigenden Kienberges gelehnt, Bad Luisenthal. Einen Weltruf wie seine stolzen Nachbarn Eisenach, Friedrichroda, Oberhof, Ilmenau besitzt der kleine Ort zwar nicht; der Strom des Fremdenverkehrs, der sich allsommerlich in Thüringens Wälder und Wiesengründe ergießt, flutet in ihm nur in bescheidenem Maße; aber eben dieser Umstand gereicht ihm zu besonderem Vorteile. Hier kannst du noch allein sein mit der Natur. Ob du in den Thälern an silberklaren, über glatte Kiesel hurtig abwärtseilenden Bächlein dahinwanderst oder durch duftende Tannen emporsteigst auf die Höhen mit ihren herrlichen Ausblicken, immer umfängt dich weihevolle Stille und Waldeinsamkeit. Noch hat die ganze Gegend sich den

Hauch köstlicher Natürlichkeit bewahrt. Den Mittelpunkt des Ortes bildet ein geräumiger, jüngst geschmackvoll umgebauter Gasthof. Die prächtigen Säle, geschmückt mit Wald- und Jagdbildern und mancherlei Jagdtrophäen, bieten eine schöne Aussicht auf hochragende Berge und grünen Wald und lassen dich fast vergessen, daß du in geschlossenen Räumen verweilst. Die behäbigen Wirtsleute aber, weit und breit im Umkreise wegen ihres biederen und liebenswürdigen Wesens rühmlich bekannt, tragen nicht wenig dazu bei, dir den Aufenthalt genußreich zu gestalten. An den waldigen Bergeshang gelehnt, stehen in traulicher Nachbarschaft mit bescheidenen Bauernhäusern mehrere schmucke Villen und spiegeln sich in dem klaren Wasser der vorbeifließenden Ohra. In ihren Räumen finden die sich alljährlich einstellenden Badegäste eine geradezu ideale Unterkunft.

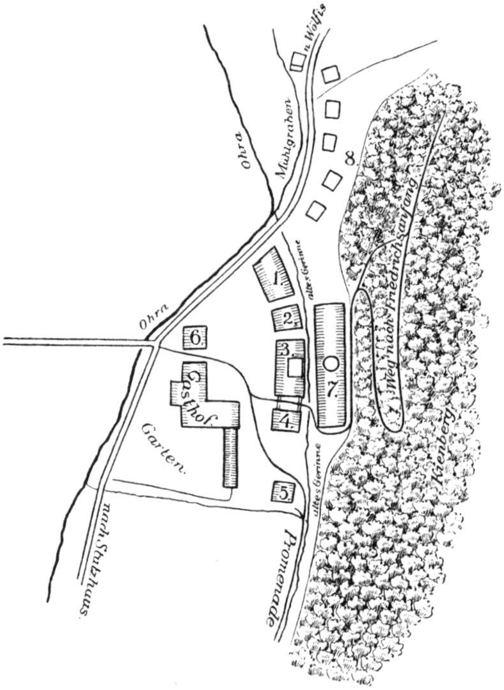

1. Hammerwerk. 2. Schmiede. 3. Schmelzwert. 4. Wohnung des Inspektors. 5. Jetzt Badehaus. 6. Wohnung des Kommissionsrates. 7. Kohlenremise. 8. Villen.

Inmitten des freundlichen Landschaftsbildes nehmen sich mehrere altersgraue Gebäude gar sonderbar düster aus. Es ist, als seien sie nicht einverstanden mit der modernen Zeit, als blickten sie scheel auf die fröhlichen Menschenkinder, die hier nur Erholung und Vergnügen suchen. Freilich, sie haben einst andere Tage gesehen. Das Glöcklein in dem alten, gelbgekrönten Dachreiter droben am Waldessaume, dessen Klang noch heute den Thalbewohnern die Stunde kündet, rief einst kräftige, rußige Männer zu ernster und harter Arbeit. Da hallte das Pochen riesiger Hämmer von den Bergen wieder, und aus mächtigen Öfen schlugen glühende Lohen zum Himmel empor.

Lange Zeit hindurch war nämlich Luisenthal eines der bedeutendsten Eisenwerke des Thüringer Waldes. Schon gegen Ende des Mittelalters befand sich am Fuße des Kienberges ein Blauofen und ein Hammerwerk, der Schwarzwälder Hammer genannt. Im Jahre 1753 wurde er von der fürstlichen Kammer zu Gotha angekauft und bedeutend erweitert. Am 1. Oktober desselben Jahres taufte Herzog Friedrich III. das neue Werk zu Ehren seiner Gemahlin Luise Dorothee, der geistreichen Freundin Friedrichs des Großen und Voltaires, „Luisenthal". Die gothaischen Fürsten widmeten ihm in der Folgezeit ihre ganz besondere Gunst und Fürsorge. Im Jahre 1756 erhielt das Werk ein Monopol für den alleinigen Vertrieb von Eisen im gothaischen Lande; 1768 wurde dasselbe erneuert.

Die Eisenerze wurden aus den Bergwerken vom Gottlob im Friedrichrodaer Forst, von Klein-Schmalkalden und Camsdorf-Saalfeld bezogen und auf schlechten Wegen oft unter unsäglichen Mühen herbeigeschafft. In einem Hochofen mit Cylindergebläse wurden sie im Verein mit Holzkohlen geschmolzen, geglüht und gereinigt, so daß das wertvolle Metall als feuriger Strom unten abgelassen werden konnte. Unter drei mächtigen Hämmern, die durch gewaltige Wasserräder in Bewegung gesetzt wurden, und von denen der mittlere ein Zainhammer war, wurde das gewonnene Roheisen weiter verarbeitet. Man goß aber auch Öfen, Glocken und Kriegsartikel. Zur Heizung bediente man sich der Holzkohlen, die hoch oben im Gebirge von rußigen

Nach einer photograph. Aufnahme von R. Frank, Ohrdruf.

Luisenthal.

Köhlern in qualmenden Meilern gebrannt wurden. Von den Bewohnern der umliegenden Orte wurden sie mühselig herbeigeschafft, im sogenannten Meßhause gemessen und in dem langen Gebäude oben am Waldrande aufgespeichert. Den Raum zwischen Schmelz- und Hammerwerk nahm eine Schmiede und Schleiferei ein, die noch heute besteht und von jeher durch Angehörige der Familie Fetzer betrieben wurde. Der Umfang des Werkes war ein für die damalige Zeit bedeutender, wurden doch auch der Dörrberger und der Georgenthaler Hammer mit ihm vereinigt. Die Oberleitung lag einem Hüttenkommissionsrat ob, der in dem jetzigen Kurhause wohnte. Ihm zur Seite stand der Hütteninspektor. Seine Wohnung befand sich neben dem Schmelzwerke und heißt noch heute im Munde des Volkes „das Kontrollörshus“.

Aber nicht allzulange sollte das Werk sich seiner Blüte erfreuen! Das Jahrhundert der Steinkohlen und des Verkehrs brachte ihm den Untergang. Der

Betrieb erforderte schon seit Anbeginn ungeheuere Summen. Besonders die Herbeischaffung geeigneter Erze aus den ziemlich weit entfernten Bergwerken, sowie auch der Holzkohlen auf den schlechten Straßen des Gebirges, wohl auch die Verwaltung waren außerordentlich kostspielig. Darum hatte Luisenthal von allem Anfang an Mühe, gegen besser situierte Werke, besonders Westfalens und des Rheinlandes, das Feld zu behaupten. Das wurde aber unmöglich, als die wunderbare Heizkraft der Steinkohlen entdeckt war, die Verkehrsverhältnisse sich besserten und die Zollschranken innerhalb Deutschlands fielen. Unaufhaltsam drang das billige fremde Eisen in Thüringen ein; das Holz des Thüringer Waldes aber wurde nicht mehr zu Kohlen verbrannt, sondern wanderte als wertvolles Bauholz hinab in die Ebene. Für unser Luisenthaler Eisenwerk hatte somit das letzte Stündlein geschlagen. Nachdem es eine ganze Zeit lang sich nur noch kümmerlich erhalten hatte, wurde der Betrieb etwa um die Mitte des verflossenen Jahrhunderts gänzlich eingestellt. Im Jahre 1855 ging es durch Verkauf in Privathände über.

Seitdem sind die Gebäude des einst so blühenden Werkes rasch verfallen. Das Hammerwerk ist gänzlich von der Erde verschwunden. Auch der Schmelzofen liegt in Trümmern; Gras und Holundergesträuch wurzeln auf seinem zusammengesunkenen Gemäuer. Doch sein unterster Teil, sowie die Schmelzhütte und die Schlafstube der Schmelzer sind noch erhalten. Zwar dienen sie jetzt anderen Zwecken, aber die geschwärzten Balken und Dachsparren weisen noch auf die frühere Bestimmung hin. An der Rückseite des Gebäudes hängt einsam in dem alten Gerinne ein gewaltiges Wasserrad. Aber es steht schon lange still; müßig rauscht das Wasser über ihm hinweg und trauert, daß es seine Kraft nicht mehr in lustigem Ringen mit ihm messen darf. Dahinter erhebt sich die langgestreckte, mit dem Türmchen gekrönte ehemalige Kohlenremise. In ihr wurde mehrere Jahre lang eine Brauerei betrieben; aber auch diese konnte sich nicht auf die Dauer behaupten. Nun ist das Gebäude dem Einfall nahe; schon sind die altersgrauen Holzplanken, die die Wände bedecken, halb verfault, und das durchlöcherte Ziegeldach gestattet Wetter und Wind ungehinderten Zutritt. Nicht lange wird es währen, bis das Geschick des Hammerwerkes sich an ihm vollzieht und von neuem das ewige Gesetz von der Vergänglichkeit alles Irdischen bestätigt.

Aber das Wasser, das ehedem die Werke trieb, hat dafür gesorgt, daß das Andenken an die entschwundene Herrlichkeit bei den Bewohnern der Umgegend nicht ganz erlischt. In den Flußbetten der Ohra und Apfelstädt und deren Nachbarschaft findet man hie und da runde, glatte Steine in den Farben der Treue und der Hoffnung. Es sind die vom Wasser fortgeführten und abgeschliffenen Schlacken aus dem Schmelzofen. Das Volk kennt sie unter dem Namen „Glücksteine". Wer einen solchen hinter sich geworfen hat und wiederfindet, darf der Gunst des Glückes gewiß sein und auf die Erfüllung des Wunsches rechnen, den er bei dem Wurfe gehegt hat.

Neben den Überresten des alten Eisenwerkes besitzt Luisenthal noch ein anderes Denkmal vergangener Zeiten, das nicht minder von Interesse ist. Dicht hinter dem Orte führt ein herrlicher Waldweg am Bergabhange hin nach Friedrichsanfang.

An einigen Stellen zeigt er grabenartige Vertiefungen. Das sind die letzten dürftigen Spuren eines der wunderbarsten Bauwerke Thüringens, des alten Flößgrabens, der nahe bei dem heutigen Luisenthal in die Ohra mündete.

Bis in das vergangene Jahrhundert hinein waren die Wege unseres Gebirges in überaus trauriger Verfassung und bei ungünstiger Witterung, namentlich im Frühjahre, kaum zu befahren. Um nun trotzdem das wertvolle Holz des Waldes möglichst bequem in die Ebene, besonders nach Gotha, zu befördern, flößte man es zur Zeit der Schneeschmelze auf den stark angeschwollenen Gebirgsbächen zu Thale. Da aber die Schwarzburger Regierung bezüglich des Flößens auf der Gera Schwierigkeiten bereitete, kam der Berghauptmann Christoph von Uetterodt auf den Gedanken, einen Flößgraben anzulegen, der das Flußgebiet der Gera mit dem der Ohra verbinden und nur gothaisches Land berühren sollte. Im Jahre 1691 wurde das Werk begonnen. Hoch oben im Gebirge, unweit Oberhof, liegt in dem einsamen Kehlthale ein tiefer, krystallklarer Teich; hier nahm der Flößgraben seinen Anfang. Sorgfältig alle Unebenheiten vermeidend, führte er in zahlreichen Windungen am Eckardtskopfe hin. Ein mächtiger Fels trat ihm hindernd in den Weg und mußte mit Feuers Hilfe durchbohrt werden. Noch heute heißt er der „Ausgebrannte Stein" und bildet mit der reizenden Aussicht, die er bietet, einen der anziehendsten Punkte des Gerathales. In großem Bogen zog sich nun der Flößgraben um den Tragberg herum, kreuzte das finstere Thal der Sieglitz unterhalb des gleichnamigen Teiches und gelangte über Sieglitzkopf und Hohe Warte in die beiden lieblichen Gründe, in denen die Lütsche quillt. Durch das Wasser zweier Flößteiche verstärkt, erreichte er den felsigen Borzel, dessen hartes Porphyrgestein heute der Umgegend vorzügliche Mühlsteine liefert. Nach Durchquerung des Ensebachgrundes schlängelte er sich oberhalb Frankenhain und Friedrichsanfang am Diebstieg und Eisenstieg, an der Rumpel und am Kienberge hin, um sich schließlich bei Luisenthal mit der Ohra zu vereinigen. Der ganze Graben besaß die ansehnliche Länge von 23 km; dagegen war seine Breite nur sehr gering. Die Uferwände waren mit Bohlen befestigt, um dem Ansturm der Wasser- und Holzmassen Trotz bieten zu können. Im Jahre 1702 begann man mit Flößen. Zur Zeit der Schneeschmelze entfaltete sich reges Leben. Zahlreiche Leute waren beschäftigt, das Holz von den Bergen herbeizuholen und auf die „Flößteiche" zu schaffen. Die Schleusen derselben wurden geöffnet; wild schäumend stürzte sich das Wasser in den Graben, die Holzblöcke auf seinem Rücken mit sich nehmend. Am ganzen Wasserlauf entlang waren die Einwohner der benachbarten Orte aufgestellt, um mit langen Stangen das Hängenbleiben des Holzes zu verhindern. So gelangte dieses in die Ohra, die es dann weiter über Ohrdruf hinaus bis in den „Kollerstädter Grund" beförderte. Hier waren die kräftigsten und geschicktesten Flößknechte beschäftigt, die ankommenden Scheite mittels langer, vorn hakig umgebogener Spieße wieder aufzufischen und mit gewaltigem Ruck an das Ufer zu werfen. Nun war es ein leichtes, das Holz nach dem nahen Gotha zu schaffen, wo es auf dem Holzhofe aufgespeichert wurde.

Bei dem sonderbaren, viel gewundenen Laufe und der geringen Breite und Tiefe des Flößgrabens ist es leicht begreiflich, daß das Flößen auf ihm mit vielen

Schwierigkeiten verknüpft war. Es erforderte ein riesiges Aufgebot von Arbeitskräften; dazu mehrten sich von Jahr zu Jahr die schadhaften Stellen, die einer kostspieligen Ausbesserung bedurften. So nimmt es nicht wunder, daß der mit vielem Aufwande mühselig hergestellte Graben verhältnismäßig nur sehr kurze Zeit, von 1702 bis 1719, in Betrieb blieb.

Zweihundert Jahre sind seitdem vergangen. Der alte Flößgraben ist längst vertrocknet und verfallen; aber seine Spuren sind doch nicht gänzlich von der Erde vertilgt. Anmutige Wege und wohlgepflegte Straßen bezeichnen den ehemaligen Wasserlauf; die silberhellen Flößteiche bilden noch heute freundliche Lichtpunkte inmitten der düsteren Waldlandschaften, und in dem 40 m langen Tunnel des „Ausgebrannten Steines“ endlich haben die Vorfahren ein die Zeiten überdauerndes Denkmal ihres Unternehmungsgeistes und Schaffensdranges hinterlassen.

Wo sonst rauhe Holzknechte mit harter Arbeit ihr kärgliches Brot verdienten, wandern jetzt fröhliche Sommergäste. Von nah und fern eilen sie herbei, um in dem stillen Frieden und der würzigen Luft des Waldes, am Busen einer mit Schönheit reich gesegneten Natur Leib und Seele zu erquicken. Den armen Waldleuten aber eröffnen sie mit ihrem Besuche ergiebige Quellen des Erwerbes und ermöglichen ihnen, ihr Dasein freundlicher zu gestalten als einst den Vätern beschieden war.

Hertel, Gotha.

Von Erfurt bis Suhl im Jahre 1522.

Auf der breiten Landstraße, die von Erfurt aus über Wundersleben, Weißensee, Kindelbrück nach dem Sachsenburger Engpaß und weiterhin nach dem norddeutschen Tiefland läuft, bewegt sich an einem Spätsommertage des Jahres 1522 ein stattlicher Warenzug. Nicht weniger als 27 zweiräderige Karren zählen wir, die von 54 kräftigen Gäulen gezogen und von rüstigen Knechten geleitet werden. Die Güter wurden in Hamburg für Rechnung einiger Nürnberger Handelsherren verfrachtet; als Fuhrleute sind meistens Henneberger Landeskinder, die unternehmendsten Blaukittel weit und breit, gedingt worden, und als Hauptmann ist Herr Kaspar Ulrich, selbst ein Nürnberger Fuhrherr, über uns gesetzt.

Menschen und Pferde sind müde von der weiten, heute zurückgelegten Strecke längs der sumpfigen Geraaue; doch müssen alle Kräfte angespannt werden, um noch bei Tageslicht die Erfurter Stadtmauer zu erreichen. Schon steht die Sonne tief am Himmel; sie glänzt auf dem Dache von Unserer lieben Frauen und von St. Sever, die sich scharf vom südwestlichen Himmel abheben. Ringsum dehnen sich reifende Getreidefelder aus, dazwischen sind weite Strecken mit den grünen Blattrosetten des

Waids bedeckt. Die Ausläufer der Fahnerschen Höhe, die bis nahe an die Stadtmauer nach der Gera zu abfallen, und die Abhänge des Petersberges umgrünen üppige Weinberge. Jetzt hebt sich das mehrtürmige Johannisthor deutlich vom Mauerring. Von Nordwesten her mündet die Nordhäuser Straße ein in unseren Weg; sie führt manchen Kaufmannszug — einzelne Karren und ganze Gesellschaften — dem gleichen Ziele zu: der vieltürmigen, weitberühmten Thüringer Handelsstadt Erfurt. Dicht vor dem Thor wird das Gedränge noch merkbarer; ein Trupp Gewappneter, die den Erzbischof von Magdeburg über den Thüringer Wald geleiten wollen, hat uns überholt. Voraus reitet der sächsische Obergeleitsmann mit dem weißen Stabe im Namen seines Herrn, des Kurfürsten. Sie dürfen zuerst das Thor passieren. Dann muß der Hauptmann unseres Zuges die „Politen" vom letzten Geleitsort vorweisen, und endlich rollen die schwerfälligen Karren durch das mächtige Thorgebäude.

Aber noch ist den müden Reisenden keine Ruhe gegönnt. Zwar ziehen die Pferde, die wohl wissen, daß ihrer ein warmer Stall wartet, nach Kräften vorwärts, fast zu rasch für unser Verlangen, die Auslagen der Kaufmannsgaden: Tuch und Leinen, Schuhwerk und „essende Ware", vor allem aber die tausenderlei Arten fremdländischer Kostbarkeiten der Krämerbrücke in Augenschein zu nehmen; wir aber müssen uns schleunigst nach dem Überschreiten dieses einzigartigen Bazars rechts wenden, der Michaelisstraße zu. Hier stehen die weiten Hallen des städtischen Kaufhauses, der Wage, wo unsere Nürnberger eine geräumige Kammer in fester Pacht zum Niederlegen der Waren haben. Diesmal soll nur ein Teil des Guts zum Verkauf abgelagert werden: der würdige Wagemeister empfängt uns am Thore und weist seine Knechte an, die betreffenden Karren abzuladen. Je nach seiner Art kommt das Gut auf eine besondere Wage: unser wertvolles Mansfelder Kupfer auf die Sinderwage, ebenso die weiche Braunschweiger Wolle. Zwei unserer Karren enthalten „Krämerware", die seewärts nach Hamburg eingeführt und von dort von uns verfrachtet wurde: Zinn, Salpeter, Weinstein; dann Südfrüchte, wie Rosinen, Feigen, Datteln, Mandeln und ähnliche teuere „Pfennigware". Auf alles das wird das „Ungeld", die Verkaufssteuer, gelegt zum Besten des Stadtsäckels. Die Ladung der übrigen Karren brauchen wir nur anzusagen und danach zu verzollen, weil wir häufige Gäste in Erfurt und dem Wagemeister als gewissenhafte Handelsleute, die kein „verschwiegen Gut" führen, bekannt sind.

Endlich ist uns der Weg zur Herberge vergönnt; wir kehren im Gasthaus zum Propheten ein. Die Knechte führen die müden Gäule in die Ställe, die trotz ihrer Geräumigkeit schon halb gefüllt sind. Mit uns zugleich ist nämlich noch ein langer Zug Salzkarren aus dem weltberühmten Frankenhäuser Salzwerk eingetroffen. Trefflich schmeckt uns die kräftige Abendkost: derbes Erfurter Brot, Speck und wohlschmeckender „Bolz", ein Gemüsebrei. Dazu bringt der Wirt eine Setzkandel nach der anderen voll dunkler Erfurter „Schlunze". Wir lassen uns das prächtige Braunbier munden, während die Stube sich immer mehr füllt. Wohl jeder blaukittelige Fuhrmann hat ein Abenteuer zum besten zu geben. Weitgereiste Gesellen, die bis zur Nordsee die Straße bauten, sind darunter; sie erzählen von der Pracht der Hansastädte, den Irrfahrten im nebeligen Wendenland. Andere können nicht genug berichten von den Wundern des Südens; sie haben sogar den Brennerpaß überschritten, kennen die Herrlichkeiten Venedigs und Mailands.

Wir Nürnberger trafen Geschäftsfreunde aus Frankfurt und Antorf (Antwerpen); sie kamen die Hohe Straße von Eisenach her und wollen zur Messe nach Leipzig.

Da morgen Markttag ist, tauchen auch schon einzelne Waldleute auf, die ihre Waren: Kohlen, Holzgerät aller Art, Kienruß, auch Flachs und dergl. hereinbrachten. Von ihnen erfahren wir, daß sich unsere Absicht, über Arnstadt, Gehren, weiter über Unser Frauen auf dem Walde und Heubach nach Coburg zu fahren, nicht wird ausführen lassen. „Denn", so sagten die aus Gräfinau, „die Frauenstraße ist verhauen. Zwischen Ilmenau und dem Rennsteig liegt mehr als ein Schlagbaum mit Landwehr und Gräben. Wächter stehen dort Tag und Nacht und lassen niemand durch, wegen der Kriegsläufte. Die Waldstraße über den Oberen Hof soll noch offen sein; so berichtete uns ein Ohrdrufer Bürger. Doch müßt ihr zeitig aufbrechen, um Crawinkel vor Abend zu erreichen; es schwärmen verdächtige Gesellen vom Wald landeinwärts!"

So legen wir uns bald zur Ruhe, denn nun heißt's bei Tagesanbruch die leeren Karren füllen und weiterziehen.

Beim ersten Frühlicht bezahlen wir die Zeche; dann eilen die Knechte, die Kübel mit Waidballen, Erfurts vornehmster Handelsware, auf die Karren zu laden. Der reiche Kaufherr Michael Flaschenschmied hat sie uns geliefert.

Geleitsgeld im sächsischen Geleitshof, die Steuer für Instandhaltung der Straße, gleichzeitig Schutzgeld, haben wir als Nürnberger nur zur Hälfte zu bezahlen. Gewissenhaft schreibt der Oberbeamte unsere Namen und Ware in sein schweres, in solidem Lederband haftendes Geleitsregister: Ditzel Sommer aus Breitenbach: 700 Lammfelle; Albrecht Sommer aus Breitenbach: 17 Tonnen Honig; Hans Metz aus Schleusingen: 12 Centner Salpeter, 2 Centner Stahl; Jacoff Zink aus Mehlis: 4 Karren Korn; Hans Döring aus Suhla: 2 Karren Glas; Heinz Exerer aus Nürnberg: 45 Centner Wolle; Peter Schlegel aus Heinrichs: 72 Centner Blei; Balthasar Kohlführer aus Schleusingen: 3 Karren Heringe. Dazu die 2 Karren mit Waidkübeln, geführt von Wolf Geyer aus Gießhübel. Der Waidzoll ist schon vorher entrichtet, fertig geschirrt stehen Pferde und Karren; so setzt sich der stattliche Zug wieder in Bewegung. Rasch geht's über den freien Platz vor den Graden am Fuße der Domhöhe, wo der Mittwochmarkt schon in vollem Gange ist. Das Brühler Thor dürfen wir passieren nach Vorweisung der Geleitszettel. Draußen, auf der hohen Landstraße fehlt es nicht an bunter Abwechslung. Schwere Flamsbacher Lastwagen, von 4 und mehr Pferden gezogen, bewegen sich gemächlich der Stadt zu; leichtere Karren der Wäldler eilen an uns vorüber; kleine Händler bringen ihre selbstgearbeitete Ware, geschnitzte Löffel, Mulden und dergl., auf Schiebekarren oder Reffen zum Markt. Steil steigt die Hohle an zur Seite des Berges, der das Kloster St. Cyriaci trägt. Dann geht's leichter bergab bis Schmira, wo wir die hohe Landstraße verlassen und südlich abbiegen, den Waldbergen zu.

Wieder führt unser Weg durch eine tiefe Hohle bis gegen Ingersleben, wo der Frankenweg, der von Herbsleben kommt und weiter gen Arnstadt läuft, unsere Straße kreuzt. Zwischen Rebenhügeln windet sich unser Zug durch — der Rote Berg bei Ingersleben trägt den besten Wein weit und breit — und Weingärten senken sich auch von den Hängen des Höhenzuges, dem unsere Straße sich zuwendet.

Zunächst heißt es aber, die Apfelstädt durchschreiten!

Nach dem austrocknenden Wetter der letzten Sommerwochen ist dies nicht allzu schwierig. Schwerfällig holpern unsere Karren über die unregelmäßigen, massigen Geröllbänke, die das in Frühlingszeiten gar wilde Flüßchen vom Thüringer Walde herführte. Das Dörfchen Apfelstädt umgehen wir, auch das stattliche Wandersleben bleibt westlich liegen. Unser nächstes Ziel sind die beiden stolzen Burgen: zunächst das Haus Gleichen, dann die erfurtische Feste Mühlberg. Im Kretschmar unter der Gleichenschen Burg wird gerastet; manches Stübchen Thüringer Weins bringt die Wirtin in die kühle Schenkstube. Weiterhin wendet sich der Weg in tief ausgefahrenen Gleisen um den Berg. Unfahrbar sumpfig soll die Straße hier sein, wenn die Frühjahrsregen den ohnehin moorigen Boden in weite Schlammlachen verwandelten. Heute schreiten die Gäule tapfer aus; das reiche Dorf Mühlberg ist bald durchfahren. Trotzig schaut der feste Bergfried der Mühlburg zu uns hernieder, und ebenso stolz gesichert hebt sich weiter im Osten der Kegel heraus, der die Feste Wassenburg trägt. Bald begegnen wir an der belebten Kupferstraße, die von Ohrdruf nach Arnstadt, von Hammerwerk zu Hammerwerk läuft, der alten Kapelle zum heiligen Kreuz. Verlassen steht das Kirchlein, denn wenige sind in der Gegend, die den Heiligen und dem Papste noch anhangen.

Bald ist die Horst überschritten, und dann geht's nochmals steil bergan durch herbstlich bunten Laubwald — wohl eine Stunde. Da stehen wir auf windumrauschter Höhe an der weitbekannten Schenke des Tambuchshof. Wir rasten hier — nicht nur um den müden Gliedern Ruhe zu gönnen, sondern auch um einen Blick zu werfen auf die glücklich überwundene Wanderstrecke und das nahe Ziel vor uns. Weit im Nordosten dehnt sich der Eichwald der Wawet, die uns Erfurt mit seinen Türmen und Zinnen verdeckt. In aller Nähe winken die drei Burgen herüber, und ringsum liegt im Abendschein das gesegnete Land des Erfurter und Arnstädter Gebietes. Und vor uns welch ein echt Thüringer Bild! Dorf an Dorf hebt sich aus schützendem Buschwerk. Drüben im Westen das ehrwürdige Ohrdruf, die hohe Abtei des Klosters Georgenthal. Als Abschluß aber die herrliche Linie der Loiba, schon im Abendschatten. Dorthin leitet unser Weg für morgen.

Auf steinig-rauhem Wege rasseln die Karren nun steil abwärts, der Crawinkler Herberge zu. Gastlich nimmt uns beim Läuten der Abendglocken das Dorfthor auf, und bald sitzen wir Fuhrleute auf den Bänken der geräumigen Gaststube beim guten Ohrdrufer Bier, während draußen ein spätes Gewitter vorüberzieht. Ganz verschieden von den städtischen Zechgästen in Erfurt sind die Gestalten, die hier teils auf den Bänken liegen, teils an den festen Eichentischen sitzend, sich's erst bei Mehlklößen und Kraut wohl sein lassen und dann nach den Karten greifen oder den Schwänken eines fremden Gesellen zuhören. Es sind die wanderlustigen „fahrenden

Leute" der „Waldsaumstraße", die von Ilmenau herüber bis ins Eisenachische immer längs des Waldes läuft. Der stämmige Mann im weißen Leinenkittel ist ein Olitätenhändler aus dem Schwarzathal. Seine Kiepe enthält manches kräftige Tränklein, Theriak und Wundbalsam, daneben wirksame Salben und Kräuter wider das Behextwerden. Zwei böhmische Glaswarenhändler sitzen abgesondert in einer der tiefen Fensternischen; sie führen wunderschöne Trinkgläser und Glastruhen, sowie Schmuckkästchen mit eingeschliffenen Figuren. Die anderen Gäste sind Wäldler; und „Waldwerk": Holzwaren, auch bunte Töpferwaren aus Waltershausen, und kunstvoll gewebtes Leinengebild tragen sie auf ihren Reffen oder in Tragkörben oder fahren es auf Schubkarren durch ganz Thüringen und weiterhin. Auch zwei Bäuerinnen sind dabei, Frauen von Gosseler Fuhrleuten. Sie handeln mit allerhand Südfrüchten, die ihre Männer auf eigene Rechnung aus der Ferne mitbrachten, wie Citronen, „Äpfel von China" (Apfelsinen), Rosinen in „Zöpfen", Johannisbrot.

Auf der Gasse wird es noch einmal lebendig. Ein langer Zug Fuhrmannskarren, die durch das Gewitter unterwegs aufgehalten wurden, langt an. Es sind lauter Henneberger Weinfuhrleute aus Benshausen, Viernau, Schwarza u. s. w., die Frankenwein führen. Da giebt's ein fröhliches Begrüßen unter uns Landsleuten. Bis spät abends sitzen wir zusammen und lassen uns erzählen aus der Heimat, die wir in Frühlingszeiten verlassen haben.

Früh schon ruft uns der Wirt heraus, denn nur bis Mittag steht uns die enge Crawinkler Hohle, in der es kein Ausweichen giebt, offen. Wer später vom Lande her nach Crawinkel kommt, muß bis zum nächsten Tage liegen bleiben, denn von mittag ab fahren die Fuhrleute vom Oberen Hof dem Hohlweg entgegen.

Schon abends vorher haben wir uns Vorspannpferde gesichert, von denen hier stets viele zu haben sind, je eines oder zwei vor jeden Karren, je nach dem Gewicht der Fracht, und wir merken bald, wie nötig nachhelfende Kräfte sind.

Anfangs steigt die Straße in weitem Bogen allmählich an; viele tiefe Geleise, teilweise mit Steinen ausgefüllt, verraten, daß wohl schon durch viele Jahrhunderte Menschen hier über die Berge zogen. Jetzt aber wendet sich der Weg östlich; uns umfängt Dämmerung trotz des hellen Sonnenscheins draußen im Land. Zwischen himmelhohen Felswänden ist diese „Kniebreche" eingeschnitten, ausgewaschen von den schmelzenden Schneefluten im Frühling, den Gewittergüssen im Sommer. Üppige Farnwedel hängen über die Moospolster aus den Felsenritzen; wo ein Vorsprung ragt, erhebt sich die Königin der Waldblumen, der kraftvoll-schlanke Fingerhut mit den purpurroten Blüten.

Keuchend legen sich die Pferde in die Stränge; trotz der kalt-feuchten, kellerartigen Luft dampfen sie vor Anstrengung. Wir helfen mit aller Kraft in den Speichen nach; weithin schallt das Knallen der Peitschen, die anspornenden Rufe der Fuhrleute. Endlich weitet sich die Schlucht, und wir können uns ein wenig Rast gönnen.

Wieder teilt sich die Straße in wohl fünf Hohlen, wie Wegbeschaffenheit und Menge der Fuhrwerke es im Laufe der Zeit mit sich brachte. Wohl eine Stunde keuchen wir so bergan. Mehr als einmal stürzt ein Pferd samt dem Karren in

Nach einer Originalzeichnung von E. Fiedler-Gotha.

Ein Warenzug (1522).

den tiefen Radspuren, dann gilt es vielfachen Vorspann nehmen, um das Geschirr wieder flott zu bringen.

Endlich ist der „Hof", ein waldeinsames Wildhüterhaus, erreicht, wo wir wenigstens eine Kanne Dünnbier zu unserem Frühstücksbrot bekommen und die Pferde füttern können. Auf dieser „Wegscheide" laufen vier Waldstraßen zusammen: die vom Oberen Hof, die Schwarzwälder Straße, der Diebsteig von Frankenhain und unser Crawinkler Steiger. Kein Wunder, daß die Krippen vor der Hausthür von früh bis spät besetzt sind!

Neue Schwierigkeiten erwarten die Gespannschaft beim Weiterfahren, denn nun beginnt das sumpfige Gelände der Hochmoore. Zwar sollen die schlechtesten Stellen alljährlich mit Brettern und Knüppeln „gebrückt" werden, aber damit wird gemeiniglich gewartet, bis ein großes Lustjagen in Aussicht ist. Oftmals sinken die Räder bis an die Achsen in den Sumpf, legen sich auf die Seite, und weder Fluchen noch Peitschenhiebe bringen das Gefährt vorwärts. Wie froh sind wir, da nun der stattliche Geleitshof des Oberen Hof, umgeben von den einstöckigen, grauen Schindelhäuschen des Dörfchens, auftaucht. Hier geht's lebhaft zu! Schon stehen die Kärrner aus Suhl, auch solche, die den Beiweg über den Kalten Markt herauf kamen, bereit zum Abfahren. In der Hausthür heißt uns der Geleitsmann und Herbergsvater Fritz Putz willkommen, und wir erlegen nach der Geleitstafel, die im weiten Hausern ausgehängt ist, unseren Zoll.

Und nicht genug können wir uns wundern, wie niedrig der Mann das Geleitsgeld berechnet; nicht nur dürfen wir in altem, statt, wie sonst üblich, in neuem Gelde bezahlen, sondern er läßt uns auch von jedem Karren zwei Pfennige ab. Da werden wir gewiß künftighin stets diese Straße wandern und nicht wieder über Frauenwald oder Gehren den Weg nehmen.

Die Mühsal des steilen Anklimmens ist für diesen Tag überwunden, doch wir wissen, daß uns der Abstieg nach Suhl neue Gefahren bringt. Darum bitten wir den Weghalter, der neben dem Geleitshof wohnt und dem die Ausbesserung der Straße übertragen ist, um Klappersteckeln, die wir bergab zwischen die Speichen stecken wollen, das zu rasche Umdrehen der Räder zu hemmen. Doch dafür ist der Mann nicht zu haben. „Ist nicht meine Schuldigkeit", sagt er barsch, „sehet, wie ihr euch selbst helfen möget." So bleibt uns nichts anderes übrig, als daß einige von uns in der Nähe des Harzwäldchens abseits der Straße in den Wald steigen, junge Tannen abschneiden und sie als Schlaufreiser hinten an die Geschirre binden. Wir beschweren sie beim Abstieg mit großen Steinen oder Holzblochen und sind dann wenigstens einigermaßen gesichert. Mit frischem Mute geht es über das Rasenplätzlein zum Rennsteig. Hier betreten wir wieder alt-hennebergischen Boden; jeder Markbaum, jeder Stein der Suhler Loibe ist uns bekannt. Da weitet sich der Buschwald zu einem freien Platze, der „Crawinkler Ausspann". Es gilt, die Vorspannleute abzulohnen, die stracks wieder heimreiten. Ein Platz zum Rasten ist's! Wer die steile Leubenstraße von Suhl herauf überwunden hat, dankt seinem Schöpfer; aber auch uns geziemt wohl ein Gebet vor den zwei eichenen „Heiligen Stöcken", ehe wir den halsbrechenden Abstieg wagen. Zitternd und angstvoll stemmen sich die Gäule gegen die schweren Karren; sie kennen die schon oft gefahrene Straße und wissen, daß ein Fehltritt in eines der zahlreichen tiefen Löcher ein Umfallen oder Überschlagen der Karren und für sie schwere Wunden oder wenigstens Peitschenhiebe bedeutet.

Aber diesmal haben wir Glück, und die Schleifreiser thun ihre Schuldigkeit; zwar unter reichlichem Stolpern, manchem „Hief!", Zurückzerren und Indiezügelfallen langen wir beim Abendschein im Thale an. Heimatlich rauscht uns die Lauter den Willkommgruß zu. Vom Domberg, dem Bock und dem Dellberg ziehen die Bergleute in Scharen heim; mancher gehört zur Freundschaft und wird freudig begrüßt. Aus mehr als einem Hochofen sprühen die Funken zum Abendhimmel. Ringsum noch eifriges Hämmern, Schmieden und Feilen; denn kaum zu bewältigen sind die Bestellungen auf Hakenbüchsen, Musketen, Harnische und Beinschienen, die aus aller Welt einlaufen.

Gastlich steigt der Rauch aus mancher Esse, da wir zum Thor des Fleckens einziehen — müde und hungrig, aber froh, Heimatboden unter den Füßen zu haben.

Morgen soll's dann, geliebt's Gott, über Schleusingen gehen, dem Main zu. Nur kurzen Abschied gilt's; denn in wenig Wochen, wenn wir die Kaufmannswaren ohne erlittenen Schaden nach der freien Stadt Nürnberg abgeliefert haben, hoffen wir heimzukehren für den Winter bis zu neuer Ausfahrt in der Frühlingszeit!

L. Gerbing, Schnepfenthal.

Eine Wanderung von Steinbach-Hallenberg nach Oberhof.

Steinbach-Hallenberg, Station der Bahn Zella-Schmalkalden, liegt in einem schönen Wiesengrunde innerhalb eines weiten Thales, das von dunklen Fichtenwäldern einerseits und von wogenden Kornfeldern andererseits umgeben ist und von der Ruine Hallenburg stolz überragt wird. Auf einer hervorspringenden steilen Porphyrklippe im Jahre 909 erbaut, bietet die früher trotzig feste, jetzt aber zerfallene Ritterburg Haltinberc einen reizenden Blick auf die unter ihr liegenden Stätten Thüringer Gewerbfleißes, auf das anmutige Thal der Hasel, aus welchem die Bauerndörfer Herges-Hallenberg und Viernau hervorlugen.

Beim Gange durch den 4000 Einwohner umfassenden Flecken fallen die infolge eines Brandunglückes neuerbauten großen Häuser auf, welche sich zu beiden Seiten einer breiten, mit Bäumen bepflanzten Straße eine halbe Stunde weit in ein enges Thal hineinziehen. Oberhalb der alten, ehrwürdigen Kirche mit neuer Orgel und sehenswerter, von einem Nürnberger Meister 1658 erbauten steinernen Kanzel zweigt rechts zwischen dem Kirchberg und Arnsberg eine steile Straße ab, welche durchs Erbsthal nach Bermbach (495 m) führt, während sich im Oberdorfe links eine

Nebenstraße zwischen dem Arzberg (Erzberg) und Köpfchen nach Rotterode (590 m) emporwindet, um in der Nähe der sagenreichen Mosburg oder an dem wüsten Schlosse vorüber durch den wiesen- und waldreichen Ebertsgrund mit seinem „versunkenen Dorfe“ in zwei Stunden Asbach und Schmalkalden zu erreichen. Der geneigte Leser folge mir nun im Geiste auf einer Wanderung, die ich vor kurzem von Steinbach-Hallenberg nach Oberhof unternommen habe.

Kaum hatte ich Steinbach-Hallenberg verlassen, rechts begleitet vom Arnsberg, links vom Lautenberg, so traten mir schon die ersten Häuser von Unterschönau (478 m) aus düsterem Waldthale entgegen. Das schluchtenartig verengte

Nach einer photograph. Aufnahme von L. Oehring, Schmalkalden.

Steinbach-Hallenberg.

Thal gestattet dem Dorfe nur eine Ausdehnung in der Längsrichtung; deshalb erreicht es, obwohl es nur 600 Einwohner zählt, eine Länge von einer halben Stunde.

Mein Weg führte mich an verschiedenen kleinen Schmieden vorbei, in welchen ich mit eigenen Augen der mühsamen Anfertigung der verschiedensten Sorten Nägel zuschauen konnte. Lustig hämmert's und lustig singt's zuweilen dabei, dieses rußige Völklein. Man muß sich wundern, daß die emsigen Arbeiter trotz ihrer anstrengenden Arbeit und ihres knappen Lohnes noch so guter Dinge sind.

Von der einförmigen Hauptstraße führen einige kleine Seitenthälchen den Wanderer in Unterschönaus interessante Umgebung. Beim Eingange in das Dorf zweigt links zwischen dem sanft ansteigenden Hohenberg und dem steilen Lautenberg ein schöner Wiesengrund ab, der wegen der durch die Separation verursachten hohen Kosten das Schmerzenskind des Ortes ist. Zwischen dem von der Hallenburg gezierten Arnsberg und dem kleinen Hermannsberg schlängelt sich im engen Thale des Dörmich der Dörrenbach herab. Von hier führt ein bequemer und sanftansteigender Weg nach der Ruine Hallenburg.

Hinter Unterschönau erweitert sich das Thal der Hasel wieder und wird zu einem idyllischen, waldumrahmten Wiesengrunde. Hart an der Gemarkung des Dorfes öffnet sich nach links zwischen Lautenberg und Hellenberg abermals ein lieblicher Wiesengrund, das Helmich, welches von einem Bächlein, dem Hellenbach, munter durchflossen wird.

Rüstig wanderte ich die Birkenallee im Hauptthale weiter. Da bot sich mir ein einzig schönes Bild! Vor mir lag das in ein finster bewaldetes Gebirgsthal eingeengte preußische Dorf Oberschönau (Schönnawe) (1400 Einwohner, 512 m ü. M.). Aus dem düsteren Hintergrunde schaut von stolzer Höhe die großartige Felsenpartie der „Hohen Möst“ — im Volksmunde „Möster Stein“ genannt -- herab und erweckt den Wunsch, dieses alpine Schaustück in der Nähe zu betrachten. Vorher aber wollen wir dem Orte selbst unsere Aufmerksamkeit schenken.

Im Gegensatze zu Unterschönau gewährt das hier etwas erweiterte Thal mit seinen mehrfachen Verzweigungen der fortwährend wachsenden Bevölkerung genügenden Raum zur Ansiedelung; außerdem ist das Dorf seiner geschützten Lage wegen viel gesunder als der vorhin durchwanderte Ort. Die schmucken, zum Teil villenartigen Häuser machen auf den Wanderer einen recht guten, anheimelnden Eindruck, der durch die rundum emporragenden, bewaldeten Berge noch erhöht wird. Diese Berge und die dazwischen eingebetteten Thäler mit ihren schattigen und abwechselungsreichen Spaziergängen und Bergtouren würden Oberschönau zu einem Eldorado für Sommerfrischler machen, wenn im Dorfe auch die hierzu erforderlichen Wohnungen bereit stünden.

Am Kriegerdenkmale zweigt zwischen dem langgestreckten Hellenberg und dem steilen Petersberg das Zimmerbachthal ab, welches am zerklüfteten Zimmerbachskopf endet und von hier zwei Nebenthälchen bis zum Rennstieg hinauf abspaltet, von denen das eine die Kunststraße birgt, welche unsern Ort mit Tambach verbindet und den Rennstieg am Wachserasen überschreitet.

Oberhalb der altertümlichen, 1700 erbauten Kirche zwängt sich wieder nach links zwischen Petersberg und Möst das Kühnbachsthal in den Hauptgebirgskamm hinein. Wandert man in demselben am forellenreichen Bache hinan, so erreicht man den Fuß des Donnershauk (903 m), auf welchem Ingraban den Sorbenfürsten Ratiz tötete und seine Sippe vernichtete. Hier teilt sich das Thal; links gelangt der Wanderer über den Schorn nach Schwarzwald, während rechts ein sehr enges, romantisches Seitenthälchen nach der „Hohen Möst“ hinanführt.

Um ein wenig zu rasten, suchte ich das schmucke Wirtshaus „Zum Thüringer Wald“ auf. Der freundliche Wirt empfing mich in liebenswürdigster Weise und gab mir das Beste seines reichen Vorrates an Speise und Trank. Ein redseliger Oberschönauer ließ sich an meinem Tische nieder, und bald erfuhr ich alles über die örtlichen Verhältnisse Wissenswerte.

Oberschönau ist ebenso wie die kurz zuvor durchwanderten Orte Steinbach-Hallenberg und Unterschönau ein Industrieort. Die Einwohner sind meist Kleineisenarbeiter und verfertigen entweder in größeren Fabriken oder in eigenen Hauswerkstätten die sogenannten Schmalkalder Artikel, wie Brennscheren, Schuhmacherwerkzeuge, Pfeffermühlen, Korkzieher, Nußknacker, Drahtzangen, Uhrmachersägebogen, Gewehr- und Fahrradteile, und betreiben (das ist in den beiden Schönau hauptsächlich der Fall) die Fabrikation geschmiedeter Nägel. Sämtliche Waren werden entweder an die in den benachbarten Städten Zella St. Bl., Mehlis, Suhl und Schmalkalden wohnenden Großhändler geliefert oder auch direkt versandt. Infolge des flotten Geschäftsganges haben die Handwerker vollauf zu thun und deshalb auch zuweilen, wenn die Preise durch die Händler nicht allzusehr gedrückt werden, guten Verdienst.

Die Leute, ein frischer, fröhlicher Menschenschlag, sind freundlich, zuvorkommend, arbeitsam, erfinderisch, manchmal aber auch etwas heißblütig und jähzornig. Eine besondere Vorliebe zeigen sie für Musik. So trifft man neben gutgeschulten Gesangvereinen auch tüchtige, strebsame Musikkapellen. (Der Kapelle von Oberschönau hat Schulrat Falkenhainer in seiner „Hessischen Jugendlust" ein ehrendes Denkmal gesetzt.) In unserm Grunde fällt fremden Besuchern die eigenartige Tracht des weiblichen Geschlechts auf Sommer und Winter tragen die Erwachsenen ein turbanähnliches, um den Kopf geschlungenes, schwarzes oder braunes Tuch, „Heitlappen" genannt, das den emsigen, arbeitsfreudigen Frauen, denen die beschwerliche Bewirtschaftung der steilen, an Sommerkorn, Gerste, Hafer und Kartoffeln wenig ergiebigen Felder allein obliegt, neben den blauen, grünen und schwarzen, faltenreichen Tuchröcken ein schmuckes Aussehen verleiht.

Ein anmutiges Bild, eine Thüringerin in ihrem malerischen Sonntagsstaate, dem auch das „Hockmäntelchen" selbst an den heißesten Sommertagen nicht fehlen darf!

Doch jetzt galt es, weiter zu wandern. Nach halbstündigem, steilem Anstiege an den zwölf Aposteln vorüber, auf meist schattigem Wege, erreichte ich die „Hohe Möst". Diese zwölf Apostel sind der Sage nach zwölf zu Stein gewordene Riesen. Die ursprüngliche Bezeichnung „Riesen" hat man später in „Apostel" umgewandelt. Es ist nicht zu viel gesagt, wenn man das plötzlich senkrecht abfallende, gewaltige Felsendach der Möst einen Glanzpunkt dieses schönheitsreichen Waldlandes, eine Warte der deutschen Vorzeit nennt; denn hier haben sich die trotzigen Waldbauern, ein Ingo und Ingraban, in heißen Kämpfen getummelt.

Und nun die Aussicht selbst! Da, jenseits von Oberschönau, trotzig nahe der sargförmige Große Hermannsberg (870 m) mit seinen kühnaufgetürmten Porphyrblöcken, dort der zerklüftete Steinhauk und der spitzkegelförmige Ruppberg (866 m), der mit einer Schutzhütte versehen ist und eine herrliche Aussicht bietet! In der Richtung nach Oberhof zu tritt der gletscherartig zerrissene Gebrannte Stein (898 m) und der schön bewaldete Schützenberg breitmassig hervor. Tief zu den Füßen öffnet sich ein mit echten Thüringer Waldreizen ausgestattetes, wildromantisches Felsenthal, der Kanzlersgrund, durch welchen sich die von Oberschönau kommende Kunststraße bequem und sanft ansteigend nach Oberhof emporwindet, rechts und links von dunklen, waldüberwucherten Felsblöcken eingeengt, wie sie schöner kaum das Trusenthal aufzuweisen hat. Da sehe ich tief unter mir den mächtigen Felsblock des Finkensteins, weiter den steilabfallenden Hohenstein (860 m), den romantischen Falkenstein, dem wieder der kegelförmige Dürre Kopf gegenüberliegt. Kleine liebliche Wiesenthälchen, wie Finsterbach, Kohlenbach und Falkengraben, breiten sich bald enger oder weiter zwischen den erwähnten Bergriesen aus und bieten den Bewohnern des Waldes, den stolzen Hirschen und anmutigen Rehen, die man hier oft in ganzen Rudeln zusammen sieht, durch ihre nahrhaften, wohlschmeckenden Bergkräuter hinreichende Nahrung. Außerdem bemerke ich in einer engen, dunklen Thalschlucht einen dampfenden Meiler. Die einfach eingerichtete Köhlerhütte bietet dem müden Wanderer für kurze Zeit Obdach und Erholung, und die von dem rußigen Köhler selbst bereiteten Röstbrote, „Bebes" genannt, schmecken vorzüglich.

Und nun erst die Ferne! Dort leuchtet das freundliche Werrathal mit seinen weiten grünen Auen und blitzenden kleinen Seen hervor. Dort steigt der dachfirstartige Dolmar (746 m) massig empor und läßt das Schutzhaus Charlottenhaus auf seinem Gipfel deutlich erkennen. Dahinter rollt nun die Rhön ihr kuppenreiches Panorama auf von den spitzen Gleichbergen bei Römhild bis zur Geba, dem Bleß, der Staffelskuppe, dem Baier und Ochsen! In weiter Ferne steigen die Basaltkuppen der hohen Rhön empor, wie Kreuzberg, Wasserkuppe, Milseburg.

In nebelgrauer Ferne zeigen sich am Horizonte die hessischen „Bergriesen": der Meißner und die Wilhelmshöhe bei Cassel, ebenso der Ahlheimer bei Rotenburg und das Knüllköpfchen bei Homberg. Unter den Thüringer Waldriesen schaut der Inselsberg vom Kamm des Gebirges herüber. Nicht zu vergessen ist der Blick nach der Coburger Gegend, aus welcher bei hellem Wetter die Feste Coburg und Kloster Banz hervorleuchten. Lange haftete mein Blick auf den prächtigen Bergen und den wunderschönen Thälern, die zu den kräftigsten Pulsadern unseres schönen Thüringerwaldes gehören, bis mich die sinkende Sonne an meine Weiterreise mahnte.

Da ich nun bereits die Höhe des Gebirgskammes erreicht hatte, ging die Wanderung leicht und schnell von statten. Bei einem einsam gelegenen Birschhause durfte ich noch einmal erfreuliche Ausschau halten, um dann den Rennstieg zu erreichen. Auf einer kleinen Waldwiese, dem „runden Busch", traf ich eine weidende Kuhherde, deren harmonisch tönendes Geläut mich anlockte. Der Hirt, ein kräftiger, biederer Mann mit freundlichem Gesicht, war froh, in dieser Einsamkeit einen Menschen zu treffen, und bald saßen wir beide am Wiesenrande nieder. Auf meine Bitte erzählte er mir einige Sagen aus den heimatlichen Bergen, von dem noch fuderweise in den verborgenen Kellern des Großen Hermannsberges lagernden Wein, von dem einst eine Oberschönauer Wirtsmagd in der Mitternachtsstunde der Neujahrsnacht auf Verlangen des Wirtes eine Flasche geholt und den verdutzten Gästen vorgesetzt, ferner von dem Schloß und Schatz auf dem Großen Hermannsberg. Ein Ritter, Namens Hermann, habe nämlich vor Beginn eines Krieges einen großen Schatz vergraben, der nur alle sieben Jahre in der Johannisnacht gehoben werden könne. Leute, die dieses gefährliche Wagnis jedoch unternommen, seien des schrecklichen Spukes und Spektakels wegen mit knapper Not dem sicheren Tode entronnen. „Kennen Sie auch die schöne Geschichte von den Musikanten auf dem Hermannsberg?" fragte der Hirt und erzählte folgendes: Als gelegentlich einer Kirmes in Oberschönau eine Musikgesellschaft, die keinen Verdienst mehr finden konnte, von den übrigen hohnlachend verspottet wurde, stieg dieselbe wehmütigen und trostlosen Herzens zum Hermannsberge hinauf Die Musikanten spielten dort ein ergreifendes Lied, worauf sie nach einem erquickenden Schlafe Gold in den Taschen fanden. Dadurch angelockt, kamen auch andere Spielleute in gleicher Absicht herbei, die jedoch, mit einem kräftigen Steinhagel empfangen, eiligst

Nach einer photographischen Aufnahme von M. Schüler, Zella St. Bl.

Oberhof.

das Weite suchen mußten. Weiter erzählte der Hirt mir von dem Hermannsberger Kegelspiel. Ein junger Bursche, der den Sonnenaufgang beobachten wollte, kam gerade zur Geisterstunde auf die Kuppe; daselbst vernahm er Gepolter von Kegelspiel, welches kleine Jungen betrieben. Auf Bitten derselben stellte er ihnen die Kegel auf und erhielt als Lohn für seine Bereitwilligkeit das ganze Kegelspiel, das sich zu Hause in pures Gold verwandelte und den armen Oberschönauer plötzlich reich und glücklich machte. Gern hätte ich noch länger den anmutigen, lieblichen Erzählungen gelauscht, denen der Hirt diejenigen von dem Jungfernborn am Ruppberg, von der weißen Frau in Steinbach-Hallenberg, von dem wütenden Heere in Unterschönau, von der Mosburg und von dem

Otternkönig bei Bermbach noch hinzugefügt hätte, wäre die Zeit nicht schon so weit vorgerückt gewesen. Unter den herzlichsten Dankesworten verabschiedete ich mich und wanderte auf dem Rennstieg weiter.

Am sogenannten „Hoheitszeichen“ oder „Adler“ erreichte ich die Straße Oberschönau-Kanzlersgrund-Oberhof wieder. Einem älteren Manne, anscheinend ein Holzhauer aus Oberhof, der von seinem Tagewerke heimkehrte, schloß ich mich an. Der redselige Alte erzählte mit großem Stolze von dem weitberühmten Luftkurorte Oberhof, der jetzt Tausenden von Fremden Gesundung spende, während früher hier oben in dem weltvergessenen Dorfe nur arme Holzhauer in dürftigen, einstöckigen, schindelgedeckten Häuschen ihr Leben fristeten und im Winter oft wochenlang durch den tiefen Schnee von allem Verkehr abgeschnitten waren. Nachdem jedoch durch den Ritschenhausen-Erfurter Bahnbau und durch den längeren Aufenthalt der kaiserlichen Prinzen im Jahre 1892 Oberhof weltbekannt geworden, sei eine plötzliche Umwandlung mit dem Orte vorgegangen, und neben den früheren einfachen Häuschen seien prächtig eingerichtete Villen entstanden, welche den zahlreichen Gästen Ruhe und Erholung böten. Beim Abschied gab mir der freundliche Alte in seiner Mundart das Sprüchlein mit auf den Weg:

„Oeberhof, es gat doch nies
Über dich, klä Paradies!“

Ein Rundgang durch die herrliche Umgebung Oberhofs überzeugte mich von der Wahrheit dieses Wortes und der Erzählung des alten Mannes. Im Nachgenuß der empfangenen großartigen Natureindrücke erreichte ich nach halbstündiger Wanderung den Bahnhof Oberhof, der versteckt am Ausgange des 3 km langen Brandleitetunnels liegt, und fuhr dann in meine Heimat zurück.

C. Usbeck, Oberschönau.

Der Rennsteig.

Wenn auch der Nimbus, der noch vor einem Menschenalter den Rennsteig des Thüringer Waldes umwob, zum Teil entschwunden ist, seitdem die poesiefeindliche Wissenschaft sich vermessen hat, den Schleier zu lüften, und seitdem es gelungen ist, außer ihm noch mehr denn 150 Rennsteige oder Rennwege in allen Teilen des deutschen Sprachgebietes aufzudecken,*) so bleibt er doch für Thüringen immer noch eine kulturgeschichtlich-geographische Merkwürdigkeit ersten Ranges.

*) Hertel, L., Die Rennsteige und Rennwege des deutschen Sprachgebiets, Hildburghausen 1899.

Eine ansehnliche Reihe von Geschichtsforschern, Geographen und Germanisten, auch von Dichtern und Fabulisten hat seit zwei Jahrhunderten dem wundersamen Bergzinnenpfad seine Aufmerksamkeit gewidmet; er steht im Mittelpunkt einer von Jahr zu Jahr wachsenden Litteratur, eine Fülle von bisher unbekannten Urkunden mit Nennung seines Namens ist aus dem Staub der Archive hervorgezogen worden, ein eigener „Rennsteig-Verein" mit einem besonderen Vereinsorgan hat sich behufs vollständigerer Erschließung des Weges gebildet — und dennoch ist es bisher nicht gelungen, auch nur eine Frage von den vielen, die er uns stellt, zu allseitiger Befriedigung zu lösen. Diese Fragen, die sich jedem Rennsteigwanderer von selbst aufdrängen, betreffen einmal den Verlauf und die Ausdehnung des Weges, sodann sein Alter und seine Bestimmung.

Der Rennsteig im Winter.

Litteratur. Der erste Gelehrte, der dem Rennsteig ein wissenschaftliches Interesse entgegenbrachte, war der ernestinische Hofhistoriograph Christian Juncker*), der am Anfang des vorigen Jahrhunderts ein fünfbändiges Geschichtswerk schrieb: „Ehre der gefürsteten Grafschaft Henneberg", deren Original jetzt im Haus- und Staatsarchiv zu Gotha (H. 3, XXIII 2) liegt, während sich Abschriften auf den Gymnasialbibliotheken zu Hildburghausen und Meiningen, sowie auf der Kgl. Staatsbibliothek zu Dresden befinden.

Das reichhaltige, kritisch angelegte Werk fand leider keinen Verleger und blieb der großen Menge unbekannt. Was aber die Geschichtswerke und Konversationslexika des 18. Jahrhunderts über den Rennsteig zu sagen wissen, geht ausnahmslos

*) Juncker, geboren zu Dresden 1668, wurde vorgebildet auf der dortigen Kreuzschule und dem Zwickauer Ratsgymnasium, besuchte die Universität Leipzig, ward 1696 Konrektor am Gymnasium zu Schleusingen, 1708 Rektor und Bibliothekar zu Eisenach, 1713 Direktor des Gymnasiums zu Altenburg und starb hier schon im folgenden Jahre. Vgl. Allgem. Deutsche Biographie XIV, 690—691.

auf die Aufzeichnungen des Schleusinger Konrektors zurück. Das ganze 6. Kapitel des 2. Buches behandelt nämlich den Rennsteig. Dieses Kapitel, von dem schon früher Auszüge bekannt geworden waren, hat in dankenswerter Weise zum ersten Male vollständig veröffentlicht Archivrat Dr. Mitzschke im 10. Heft der „Schriften des Vereins für meiningische Geschichte und Landeskunde". Meiningen 1891. — Juncker fand auf diesem Forschungsgebiete während des 18. Jahrhunderts keinen Nachfolger.

Das Verdienst, den Gegenstand in der gedruckten Litteratur zuerst im Zusammenhang kritisch behandelt zu haben, gebührt dem Hofrat Alexander Ziegler aus Ruhla. Er, der große Reisende, der Erbauer des Carl Alexander-Turmes, der Förderer und Wohlthäter seiner Vaterstadt († 1887), schrieb 1862 sein Buch: „Der Rennsteig des Thüringer Waldes. Eine Bergwanderung mit einer historisch-topographischen Abhandlung über das Alter und die Bestimmung des Weges." Dresden 1862. Wie der Titel besagt, dient das Buch touristischen und historischen Zwecken gleicherweise. Leidet es auch an manchem überflüssigen Ballaste, so hebt es doch richtig die für den thüringischen Rennsteig in Betracht kommenden Urkunden hervor und berichtigt eingehend landläufige Irrtümer. — Ihm folgt fünf Jahre später Hofrat G. Brückner aus Meiningen († 1881) mit dem noch heute beachtenswerten Aufsatz: „Der Rennstieg in seiner historischen Bedeutung, oder: War das obere Werra- und Mainland jemals thüringisch?" (Neue Beiträge des Hennebergischen Altertumsforschenden Vereins. 3. Heft 1867.) Auf seinen Schultern steht A. Röse „Der Rennsteig als Markzeichen des Thüringer Waldes" (Ausland Nr. 36 und 37, Sept. 1868) und „Zur Kenntnis des Rennsteigs im Thüringer Wald" (Petermanns Mitteilungen, Nov. 1868). — Streng wissenschaftlich geht vor Professor Dr. Fr. Regel (jetzt in Würzburg) in seinem am 11. Okt. 1885 zu Weimar gehaltenen Vortrag: „Zur Rennsteigfrage", abgedruckt in der Zeitung „Deutschland", Nr. 294, vom 26. Oktober 1885. — Nicht die Frucht gelehrter Quellenstudien, aber anregend und von warmer Empfindung durchhaucht ist die Schilderung von Hofrat A. Trinius in Waltershausen: „Der Rennstieg. Eine Wanderung von der Werra bis zur Saale." Minden 1890. 2. Auflage 1900. — Ein unermüdlicher und gewissenhafter Pfadsucher war dann Ad. Roßner († 1893), der im 2. Teile seines flott geschriebenen Büchleins: „Der Rennsteig des Thüringer Waldes jetzt und früher", Naumburg 1892, auch geschichtliche und etymologische Fragen aufgeworfen und zu beantworten gesucht hat. Gerade dieser Teil trägt allerdings einen etwas dilettantischen Anstrich.

Eine Zusammenfassung des bisher gefundenen Materials, durch eigene Forschungen ergänzt, bietet das Werk von J. Bühring (Arnstadt) und L. Hertel: „Der Rennsteig des Thüringer Waldes, Führer zur Bergwanderung nebst geschichtlichen Untersuchungen." Mit einer Wegekarte, einem Höhenplan und einer Sprachkarte. Jena (Fischer) 1896. Dazu ein Ergänzungsheft, die Rennsteigwanderung von Hörschel nach Blankenstein enthaltend, Jena 1898. — Endlich bringt das 1897 begründete, in Hildburghausen bei Gadow & Sohn erscheinende Organ des Rennsteigvereins: Das Mareile, Aufsätze der verschiedensten Art über Rennsteigfragen.

Der erste, der dem **Touristen** eine sorgfältige Beschreibung der Bergfahrt an die Hand gegeben hat, war der gothaische Oberst **Justus von Plänckner***) in seiner 1830 erschienenen „Ansicht des nordwestlichen Theiles des Thüringer Waldes." Seit dieser Zeit hat man unter dem Rennsteig stets die Firstlinie des Thüringer Waldes und Frankenwaldes verstanden, beginnend bei Blankenstein in Reuß j. L., wo sich die muntere Selbitz mit der ernsteren, dunkelflutenden Saale vereinigt, und endigend beim Dorfe Hörschel (unweit Eisenach) an der Einmündung der Hörsel in die Werra. Plänckner selbst faßte allerdings als „Rennsteig" im eigentlichen Sinne nur die Strecke Förthaer Stein (an der alten Heerstraße Vacha—Eisenach) bis Rodacherbrunn (an der alten Straße Kronach—Lobenstein), während er die beiden Endstücke Förthaer Stein—Hörschel und Rodacherbrunn—Blankenstein als „Fortsetzungen" bezeichnet. Indes hat sich die Auffassung, der Rennsteig sei gleichbedeutend mit der Kammlinie des Waldes, allgemein eingebürgert. Nur vereinzelt, aber freilich von berufener Seite, ist Widerspruch laut geworden. So begrenzt Dr. A. M. Schulze (Direktor der Bürgerschulen zu Gotha) in seiner „Heimatskunde für die Bewohner des Herzogtums Gotha" (1845) den Rennsteig auf die Linie Förthaer Stein bis Mordfleck (ö. der Schmücke), entschieden zu eng: eine große Reihe urkundlicher Zeugnisse aus früheren Jahrhunderten beweist die Erstreckung über den Großen Dreiherrenstein (an der Schleusequelle) hinaus bis in die Gegend von Neustadt a. R. und weiter. Noch mehr verkürzt den Rennsteiglauf **Regel** in seinem oben erwähnten Vortrag. Seine Untersuchungen führen ihn zu der Annahme, daß ursprünglich nur eine kleinere Wegstrecke auf der Gebirgshöhe, etwa von der Ruhlaer Gegend bis in die Nähe von Tambach, später bis zum Mordfleck den Namen Rennsteig trug und daß sich diese Bezeichnung nicht vor der Mitte des 17. Jahrhunderts für den zusammenhängenden Kammweg nachweisen lasse. — **G. Brückner**, der im Rennsteig eine uralte Völkerscheide zwischen Thüringen und Franken sieht, begrenzt ihn auf die Linie Großer Weißenberg—Lobensteiner Kulm, und läßt ihn im Nordwesten auf dem „Rennweg" bei Liebenstein über die Hohe Klinge und an der Henneberger Landwehr entlang zur Werra, im Südosten zwischen fränkischer und thüringischer Moschwitz zur Selbitz-Saale auslaufen. — Unbeirrt durch die Grübeleien der Forscher hält jedoch die Überlieferung der Anwohner an der Linie Hörschel—Blankenstein fest; sie ist in alle amtlichen Vermessungsblätter, in Forstkarten und Reisebücher eingetragen, sie ist die Straße, die nach Plänckner die Reiseschriftsteller Herzog, Völker, Storch, Fils, Bechstein, Ziegler, Trinius, Roßner und ungezählte andere rüstige Renner gezogen sind. Auch die von Mitzschke dem großen Publikum wieder

*) Justus v. Plänckner ist geb. 1791 zu Penig, östlich von Altenburg, als Sohn eines Pfarrers. Im Juli 1804 trat er als Kadett in das damals in Altenburg garnisonierende gothaische Inf.-Regt. Erbprinz ein und wurde schon im Frühjahr 1805 zum Leutnant befördert. In den Napoleonischen Kriegen that er sich in rühmlichster Weise hervor. 1842 wurde er Oberst und Regimentskommandeur in Gotha. Neben seinem militärischen Amte wurden dem bewährten Manne auch andere Aufgaben anvertraut, so besonders 1830—1832 die Oberleitung des Straßenbaues von Gotha über Oberhof nach Zella und Suhl. 1848 straf ihn beim Ausrücken seiner Truppen nach Schleswig-Holstein ein Schlaganfall; er starb am 12. März 1858.

zugänglich gemachte Junckersche Beschreibung, welche nach mehreren Richtungen hin der landläufigen Ansicht widersprach, vermochte hierin keine Änderung hervorzubringen.

Der hennebergische Historiograph gründete seine Darstellung auf Originalberichte und Vermessungsrisse des Forstmeisters David Schmidt von Georgenthal und des Oberförsters Martin Nees von Unterneubrunn, welche im Auftrage Herzog Ernsts des Frommen von Sachsen-Gotha in den Jahren 1661 bis 1666 den Rennsteigverlauf feststellten. Ihre Beschreibung enthält sämtliche Forstorte, welche vom Rennsteig berührt werden, nach den Verwaltungsbezirken geordnet. Ein Bruchstück der Originalvermessung befindet sich in den Sammelakten des Herzogl. Staatsministeriums Dep. IV, Kap. I, Tit. I, Nr. 35 (Amt Georgenthal), sub 15. Es ist aus diesen Akten ersichtlich, daß Herzog Ernst, der als schwedischer Kommandeur anno 1634 den Wert der Rennsteigpässe selbst empfunden hatte, unmittelbar nach dem Friedensschluß mit der Absicht umging, den Rennsteig zu militärischen Zwecken, nämlich zur Verteidigung seines Landes gegen feindliche, von Süden drohende Angriffe nutzbar zu machen. War doch dieser weitschauende, thatkräftige Fürst um jene Zeit auch in anderer Weise mit Wehrhaftmachung seines Landes beschäftigt. — In seiner Beschreibung verlegt Juncker im Anschluß an die Originalmeßmappen den westlichen Endpunkt des Rennsteigs nach dem Lutzenloh, einem Forstort östlich von Marksuhl, und führt ihn von da über den „Wilhelmsberg“ durchs Flachsland zur Waldfischer Landstraße (Weinstraße) und sodann ostwärts hinauf bis zum Ottowald, um ihn beim Ruhlaer Häuschen, nördlich vom Kissel, in den eigentlichen Rennsteig einmünden zu lassen. Auch im Osten deckt sich die Junckersche Beschreibung nicht mit der landläufigen Annahme. Jene läßt nämlich den Rennsteig „über das Wasser, die Rodach genannt, passieren“; ferner werden in seinem Zuge noch namhaft gemacht „das schwarze Bächlein, so die ganze thüringische Moschwitz hinabfließt, scheidet zur Rechten markgräflich*), zur Linken reußisch“; auf der Grenze zwischen beiden Herrschaften wird dann der Rennsteig fortgeführt bis Blankenstein an der Saale und darüber hinaus: „Der Reinsteig“ — dieser Form bedient sich Juncker eigensinnig — „aber geht mit der Saale weiter und immer in dem Markgräfischen nach dem Saalhammer, so ein schöner Eisenhammer (das Dorf Bottich aber bleibt zur linken Hand im Reußischen liegen), bis zum Flecken Sparnberg, so halb markgräfisch und halb reußisch, wie ihn der Saalstrom theilet.“ Eine Fortsetzung über Berg und Hof nach dem Fichtelgebirge und Böhmer Wald bis Eger wird zwar vorausgesetzt, ist aber von dem bereitenden Oberförster nicht abgegangen und vermessen worden.

Der „Junckersche Rennsteig“ (auch der „Vordere Rennsteig“ genannt und mit VR bezeichnet) zieht sich im Nordwesten des Thüringer Waldes auf der Höhe eines südlichen Seitenastes hin und würde, vom Lutzenloh aus nach der Werra verlängert, bei Sallmannshausen, enden. Er hat sich, wie oben angedeutet, trotz der hohen Autorität, auf die er sich stützen kann, keine Anerkennung zu erringen vermocht —

---

*) Markgrafschaft Bayreuth, jetzt Kgr. Bayern.

eine kurze Beschreibung findet sich bei Bühring-Hertel S. 66—71. Der leichtbeschwingte Wandersmann zieht die Hauptlinie vor, die nicht nur bequemer und verkehrsreicher ist, sondern auch eine größere Fülle von Glanzpunkten bietet; der Historiker vergegenwärtigt sich, daß es dem vorsorglichen Herzog Ernst und seinen Beamten nicht sowohl darauf ankam, aus geschichtlichem Interesse die ehemalige Richtung des Rennsteigs aufzuspüren, als vielmehr einen Gebirgspfad zu ermitteln, auf welchem kleinere Truppenabteilungen rasch und „verdeckt" von einem Punkt zum andern gelangen, also „rennen", könnten. Ihr Interesse war vorwiegend militärischer Art.

Für die Feststellung des wahren Verlaufes geben in erster Linie die urkundlichen Zeugnisse aus früheren Jahrhunderten den Ausschlag. Während man ehedem kritiklos alle möglichen Rennsteigerwähnungen auf unseren thüringischen Rennsteig bezog und auf diesem schwanken Grund haltlose Vermutungen aufbaute — vgl. Juncker S. 9 — hat Ziegler mit Nachdruck geltend gemacht, daß die älteste Urkunde, in der der Rennsteig des Thüringer Waldes erwähnt wird, der berühmte Frankensteinische Verkaufsbrief ist (Original im Weim. Staatsarchiv A. Gen. Num. 4; aus F. 1021), laut welchem die Herren von Frankenstein an Graf Berthold von Henneberg am Laurentiustage (10. August) 1330 ihre sämtlichen Besitzungen, die sie vom Stift Hersfeld zu Lehen trugen, käuflich überlassen.

Die betr. Stelle lautet nach der neuesten Vergleichung: . . . . . item silvam dictam Wintirkaste, sicut dividit vicus dictus Rinnestig . . . . . item die wiltbane, qui primo incipiunt in Kůbach trans sylvam byler usque in Wolfisberg, de Wolfisberg inter specke et| lyna deorsum usque in Steinbuhil, ubi kline est sita, item de Steinbuhil usque in Furthe, in strata de Furthe sursum usque ad montem, qui dicitur zu dem Kyselinge et ulterius sursum de Rynnestig usque ad montem qui dicitur Emmseberg et ulterius usque ad montem qui dicitur Jahisberg, deinde sursum usque ad illum locum ubi oritur aqua que dicitur Smalkalde et deorsum usque ad silvam que dicitur Wiginwald et vicum qui dicitur Rynnestig usque ad verticem montis dicti Nezzelberg. — In der deutschen vidimierten Übersetzung des Verkaufsbriefes vom Jahre 1352 lauten die Stellen: . . . . jtem den walt der genant ist der Winterkast als der Rynnestig daʒ teilt . . . . . dy wiltbane die sich des ersten czu Cubach anhebin uber den walt Siler (!) wan czu dem Welfesberg, von dem Welfesberg czwischen Sperke (!) et Lyna niderwart wan czu dem Steinbuel, da kline gelegen ist, jtem von dem Steinbuel wan kein Furte, yn die strafze von Furte uffwart wan czu dem berge der genant ist czu dem Kyselinge vnd forbafz uffwarte von dem Rynnestig wan czu dem berge der genant ist der Ensberg . . . . . wan czu dem walde der genant ist Winginwald und der stigk der genant ist der Rynnestig wan an das obirste des bergis der genant ist der Nesselberg . . . . Schriften des Ver. f. sachsen-mein. Gesch. 35. Heft (1899) und Henneb. Urk. V 120.

Aus dem 15. Jahrhundert sind bisher nur einige wenige Dokumente ans Licht gezogen worden, in denen des Rennsteigs Erwähnung geschieht; das lehrreichste darunter, vom Jahre 1445, rührt von Abt Berthold von Veßra her, der dem Ausspruch des Centgerichts zu Benshausen gemäß bestätigt, daz die wiltpan, die wiltiagt und das geleit des waldes genant der Melser und Zeller walt, hie disseit hinuff bifz uff die Lewben an den Rynnestigk von alter here der hern von Hennenberg gewest si und noch si und gedenk ir keyner daz noch ye keyn ander herre hie dieſseit des Rynnsteigs geiagt habe denn die herren von Hennenberg (Henneb. Urkb. VII, 168). Hier erscheint also der Rennsteig unzweifelhaft als Hoheits- und Jagdgrenze. — 1465 am 7. Dez. überläßt Hans von Giech, Amtmann zu Arnstadt, dem Heinz Helmbold zu Jesuborn erblich einen Harzwald: . . . . . sulch harczwalt sich dann anhebit an dem forstewege uf bifz hin an den Rinnesteg von grabin wege dem Rinnestege nach bifz uf den bruch weg, dem bruch weg nach bifz hin uf die Schartin und die Scharte abe . . . . (Arnst. Urkb. Nr. 655).

Eine reiche Fülle von Rennsteigerwähnungen liefern die thüringischen Archive aus dem 16. Jahrhundert. Bei der unvollkommenen Art der Grenzbezeichnung erhoben sich bald hier, bald da Irrungen zwischen den benachbarten Staaten, einmal wegen gestörten Geleites, ein andermal wegen streitiger Bergwerksrechte, hauptsächlich aber anläßlich der fürstlichen Jagdgerechtigkeiten. — Wir heben aus der großen Zahl meist erst kürzlich entdeckter Aktenstücke nur das folgende als charakteristisch hervor:

1578 den 24. Nov. erstattet der Schösser Pierer zu Georgenthal Bericht über ein Bergwerk neben dem Rennsteige auf dem Kaltenmarkt, das mit Henneberg streitig ist: „Uber das auch hat der Forstmeister Philip Scherer alhier ungefehrlich für 10 oder 11 Iharen das Puschholz vom Kerngrund an bis an den Fahrweg, so nach Schmalkalden gehet, welchen wir und menniglich, so die wahrheit bekennen wollen, für den rechten rennsteig je und allewege gehalten haben und noch halten thun, ohne einige verhinderung abhawen vnd dasselbig vf die drei Hemmer zu Melis, Blasii und Schwarzenzella verkolen lassen — das also das Ambt Schwarzwald diesen Ort und Bergwerck vber Menschengedencken in geruhigem Possess gehabt . . ." — Dieser Bericht wird unterstützt durch die beigefügten Mehliser Zeugenaussagen vom 10. Nov. 1578, wonach „der Fahrweg, so neben der Vogelshütte hergehet, der rechte Rennsteig sei", und ein Gutachten vom 13. Nov. desselben Jahres, welches besagt: „Aus dieser 7 Zeugen Aussagen vnd ander Bericht klerlich erscheinet vnd darzuthun, daß diese Zeche am kalten Marckt dießeit dem Rennsteige, welcher die Grentz scheidet, vff schwartzwäldischem Boden gelegen." — Zur Schlichtung der entstandenen Wirren wird dann den gothaischen Beamten am 29. Juli 1579 der Befehl erteilt, die „streitige Grentz an der Hohen Leiten vberm Rennsteige zu reumen vnd ir marckzeichen in etzliche Bäume zu hauen". (Goth. Haus- u. Staatsarchiv A. A. II. Nr. 1.)

Fassen wir das bisherige Ergebnis der urkundlichen Forschung zusammen, so beschränkt sich die Anwendung des Namens Rennsteig vor Ernsts des Frommen Vermessung in der That auf die Strecke zwischen dem Gr. Weißenberg bei Ruhla und der östlichen Nachbarschaft des Gr. Dreiherrensteins bei Ilmenau. Die allmähliche Ausdehnung des Namens auf die gesamte Kammlinie fußt im letzten Grunde auf eben jener Vermessung in den Jahren 1661—1666. Eine urkundliche Berechtigung kann sie vorläufig nicht beanspruchen.

Bedeutung des Namens und Bestimmung des Weges: Wiewohl in den eben angeführten Urkunden und in einer großen Anzahl anderer der Rennsteig offenbar als Grenzweg erscheint, ist doch diese seine Bedeutung nicht in seinem Namen ausgedrückt. Der Name Rennsteig ist, wie vom Vf. in der Ztschr. f. thür. Gesch. XVI, Jena 1893, nachgewiesen wird, nicht von „Rain" sondern von „rennen" abzuleiten und bezeichnet somit ursprünglich einen Pfad, auf dem man ungehindert und rasch sich bewegen kann, wohl vorzugsweise zu Pferde. Diese Deutung ist gegenwärtig ziemlich allgemein anerkannt. Indessen spalten sich die Anhänger dieser Ansicht bei der besonderen Erklärung des Thüringer Rennsteiges wieder in mehrere Gruppen. Nach den einen war unser Rennsteig ein Reitweg für den Grenzumritt — altem Herkommen zufolge mußte jeder Landesherr bei Antritt seiner Regierung die Grenzen seines Gebietes umreiten —, nach andern ein Reitweg zu Jagdzwecken oder auch ein Triftweg für die Roßhirten, die in mittelalterlichen Zeiten gerade auf den Hochwiesen des Thüringer Waldes die Fohlen und Stuten zur Weide führten; endlich ist — mit guten Gründen — die Ansicht verfochten worden, ein großer Teil der Rennsteige und Rennwege — darunter auch jene urkundlich erwiesene Strecke unseres Thüringer Rennsteiges — hätten in einem gewissen Gegensatz zu den großen Heer- oder Fahrstraßen gestanden und Verbindungswege dargestellt zwischen militärisch wichtigen Punkten, so beschaffen, daß kleinere leichte Abteilungen, mochten sie beritten oder zu Fuße sein, auf ihnen befördert werden konnten. Daß dieselben Wege später nicht bloß für militärische Trupps, sondern auch für bürgerliche Eilboten oder für Personen, die aus anderen Gründen zum „Rennen" genötigt waren, Diebe, Landflüchtige u. dgl., willkommen waren, liegt auf der Hand.

Beschaffenheit des Weges: Der heutige Lauf des Rennsteigs ist, soweit sich dies zurückverfolgen läßt, fahrbar gewesen von der Hohen Sonne bis zum Großen Finsterberg mit Ausschluß der Strecke zwischen dem Gerberstein und dem östlichen Zipfel des Großen Jagdbergs, und weiter östlich von Allzunah über das Marienhäuslein nach dem Gr. Dreiherrenstein und sodann über Neustadt a. R. bis Kahlert und zur Schwalbenhauptswiese, hierauf von Limbach über Neuhaus, Igelshieb, Forstort Laubeshütte, Spechtsbrunn und Waldhaus bis zum Bahnübergang bei Steinbach a. W. und östlich davon bis zur Ziegelhütte, endlich vom Lobensteiner Kulm über Schlegel bis Blankenstein. Im übrigen war er anscheinend nur eine Art Birschweg oder „reitbarer Gebirgspfad".*)

Mit Ausnahme weniger offener Stellen führt er durch Wald. Er bildet heutzutage eine Landesgrenze vom Gerberstein bis zum Gr. Weißenberg (Gotha-Meiningen), vom Weißenberg bis zum Jagdberg (Gotha: Hessen-Preußen), eine ehemalige Amts- und heutige Forstgrenze vom Spießberg bis zum Dreiherrenstein am Hangweg, wiederum Landesgrenze vom genannten Stein bis zum Hessenstein bei Oberhof (Gotha: Hessen-Preußen), Landesgrenze von der Suhler Leube bis

---

*) Vgl. L. Gerbing, Die Straßenzüge in Westthüringen, Mitt. der Geogr. Gesellsch. zu Jena, XVII. 1898.

zum Mordfleck (Gotha: Henneberg-Preußen), sodann vom Marienhäuschen bis zum Kleinen Dreiherrenstein (Weimar: Henneberg-Preußen), vom Kleinen bis zum Großen Dreiherrenstein an der Schleusequelle (Schwarzburg: Henneberg-Preußen), vom Gr. Dreiherrenstein bis zum Dreiherrenstein am Saar (Meiningen-Hildburghausen: Schwarzburg), von da bis zum Hohen Lach bei Igelshieb (Meiningen: Schwarzburg), endlich vom Dreiherrenstein am Kieslich bis St. 657 und von Brennersgrün bis zur Hohen Tanne (Bayern: Meiningen).

In seiner Eigenschaft als Grenzweg ist er durchgehends mit Landesgrenzsteinen besetzt, die von den beteiligten Regierungen, bez. Landratsämtern stets vollzählig und in gutem Zustand erhalten werden. Der älteste dieser steinernen, zum Teil kunstvoll mit Wappen geschmückten Schützer der heiligen Landesmark stammt aus dem Jahre 1515 (Nr. 656 am Kieslich bei Lehesten). Die Vorgänger der Grenzsteine waren „Malbäume“.

Die Breite des Weges ist verschieden; auf den Strecken, wo er in seiner Waldursprünglichkeit erhalten zu sein scheint, beträgt sie kaum zwei Meter.

Der Weg ist neuerdings zu Nutz und Frommen der Rennsteigfahrer durch weiße „R“ gekennzeichnet worden.

Eine Wanderung über den Rennsteig des Thüringer Waldes birgt ganz eigenartige Reize. Nicht ganz mühelos, an einigen Stellen wohl auch einförmig, gewährt sie doch dem Naturfreund — freilich nicht dem Salonfex — eine Fülle der reinsten Genüsse. Das ununterbrochene Wandern in leichter, frischer, vom Balsamduft der Tannen durchwehten Höhenluft befreit Leib und Seele von ihren Gebresten. Hier oben findet der Sohn des elektrischen Zeitalters erwünschte Gelegenheit auszuspannen und sich auf sich selbst zu besinnen, weit ab vom Getriebe der Städte, vom Staube der Straßen, vom Rollen der Räder, vom Lärm der Fabriken, vom Pfiff der Lokomotive. — Hierzu gesellt sich ein anderer Vorzug, der Reichtum an herrlichen Aussichtspunkten, die teils am Wege selbst gelegen, teils wenige Schritte oder Minuten von ihm entfernt, ohne erhebliche Steigungen erreichbar sind.*)

Wer außerdem an wissenschaftlichen Untersuchungen Freude hat, der empfängt auf dem Rennsteig eine Fülle von Anregungen, sei es, daß er sich eine Vorstellung über den geologischen Aufbau des gesamten Gebirges bildet, sei es, daß er nachsinnt über das Alter und den Zweck der Anlage, die Art der Entstehung und die Kreuzungen des Pfades durch weltgeschichtliche Persönlichkeiten, durch siegreiche und durch flüchtige Heerscharen.

In jeder Jahreszeit entfaltet der Höhenpfad besondere Schönheiten. Sein liebenswürdigstes Gesicht zeigt er wohl im Juni und Juli, wenn die Felder grünen und die Hochwiesen im herrlichsten Blütenschmuck prangen, in dem die hellleuchtende Arnika den hervorragendsten Platz einnimmt. Doch auch zur Winterszeit, wenn die hohen Grenzsteine unterm Schnee vergraben sind und armstarker Rauhfrost glitzernd die Äste versilbert, gewährt die „Hohe Straße“ die entzückendsten Landschaftsbilder.

---

*) Vgl. hierzu besonders Bühring, „Der Rennsteig als Reiseziel“. Arnstadt (Jost) 1898.

Ein rüstiger Fußgänger wird die gesamte Wanderung, eine Strecke von 168 km, in fünf Tagen zurücklegen. Es empfiehlt sich, im Osten zu beginnen, weil dann die etwas eintönigen Strecken dem ersten, die Glanzpartieen (Oberhof, Inselsberg, Hohe Sonne) dem zweiten Teil zufallen.

Daß eine solche einzig in Deutschland dastehende Bergstraße auch poetische Herolde gefunden hat, ist leicht begreiflich.

Schon der berühmte Staatsminister Ernsts des Frommen, Veit Ludwig von Seckendorf († 1696), besang in stolzen Alexandrinern „die wohl berühmte Bahn, die man vom Rennen nennt, doch schwerlich rennen kann". Unter den Neueren gehören Scheffel, Baumbach und Trinius zu ihren begeisterten Lobrednern. Männiglich bekannt ist auch, daß der Schauplatz von G. Freytags „Ahnen" I teilweise hier oben zu suchen ist. Im Ingo bildet der Rennsteig den von ständigen Wächtern der Thüringe behüteten Verhau, der die Wälder der Thüringe von denen der Katten schied. — Im Ingraban reitet Bischof Winfried Bonifatius aus dem Idisthal (Itzthal) empor zum Bergwald der Thüringe, um dann in die Thäler niederzusteigen, wo er das Kreuz verkündigen will.

Die wunderbare Poesie, die den Rennsteig von jeher umschwebt, ist der Grund, daß er dem Thüringer ans Herz gewachsen ist, und gern folgt er dem Weckruf Trinii, der da singt:

Will nun fröhlich dich erwandern,
Die du grün voran mir fließt,
Die du trennst Sprach' und Gejaide,
Märumwobne Völkerscheide,
Stiller Rennstieg, sei gegrüßt!

L. Hertel, Hildburghausen.

Rennstiegbilder.

Neuhaus und Umgebung.

Am altehrwürdigen Rennstieg liegt, umrahmt von prächtigem Hochwald, das Dorf Neuhaus. Bis zum Fuße der mächtig sich emportürmenden Berge hat uns die Eisenbahn gebracht; nun entsteigen wir dem Wagen und wandern zur aussichtsreichen Höhe der jüngsten Sommerfrische des Schwarzburger Landes hinauf. Eine lange Häuserzeile wird sichtbar; denn auch die Orte Schmalenbuche und Igelshieb hängen mit Neuhaus zusammen. Die schmucken Häuser und Häuschen sind durchweg mit Schiefer gedeckt und beschlagen und machen mit den kleinen Gärten davor und den Blumentöpfen im Fenster einen angenehmen Eindruck. Die bedeutende Höhenlage (812 m) läßt nur den Anbau von Kartoffeln und etwas Sommergetreide zu, und alt und jung ist deshalb auf gewerbliche Thätigkeit angewiesen. Gewaltige Fabrikschornsteine belehren uns, daß hier die Industrie und zwar die Porzellanindustrie in Blüte steht, die neuerbaute Gasanstalt dagegen weist innigen Zusammenhang mit der Glaswarenfabrikation auf, die seit Jahrhunderten eine Heimstätte auf dem Walde gefunden hat. Fast in jedem Hause rauschen die Gasflammen, und geschickte Hände fertigen unter Zuhilfenahme einer nimmer müden Phantasie alle die verschiedenen Sachen und Sächelchen aus krystallenem Material, von der zarten Rosenknospe bis zum kunstvollen Menschenauge, von der einfachen Perle bis zum komplizierten Präcisionsinstrumente des Pharmazeuten und Chirurgen.

Neuhaus ist 1673 gegründet. In diesem Jahre erbaute Graf Albert Anton von Schwarzburg auf weltferner Höhe am Rennstieg ein schlichtes Jagdhaus, das er oft und gern besuchte, wenn er im Frühjahre zur Auerhahnbalz hinauf zu Berge zog, oder wenn er zur Herbstzeit dem edlen Weidwerke in den ausgedehnten Revieren oblag. Sechzig Jahre früher war bereits das Dörfchen Schmalenbuche gegründet worden, in dem sich Glasmeister aus Böhmen und Schwaben ansiedelten, und das fürstliche Besitztum wurde bald unter dem Namen „Das neue Haus" bekannt, zumal daneben eine Kapelle entstand, deren Mitbenutzung den Ansiedlern in hochherziger Weise von dem Landesherrn gestattet wurde. Fleißig wurde der Wald gerodet, und bald schauten Hütten von Köhlern, Holzhauern und Schachtelmachern nieder ins grüne Wiesenthal.

Heute zählt der Ort 2000 Einwohner. Es sind freundliche, geweckte und lebenslustige Leute mit ausgesprochener Vorliebe für Vokal- und Instrumentalmusik. Singvögel im Bauer, Kartoffeln im Keller, ein Lied in der Kehle und Kleingeld in der Tasche — wohin mit der Freud? Viele junge Leute ziehen als Glasbläser hinaus in die weite Welt und kehren, von Sehnsucht getrieben, nach Jahren heim in ihre waldigen Berge. In St. Petersburg, London, Wien, Budapest, überhaupt in fast allen europäischen Hauptstädten sind Neuhäuser zu finden, die als geschickte Arbeiter geschätzt werden. Dieser Aufenthalt in der Fremde erweitert den Gesichtskreis und gewährt materielle Vorteile für den Einzelnen; die Kehrseite für die Gesamtheit ist aber die, daß draußen Fernstehende mit der Glasbranche vertraut werden, daß die Konkurrenz wächst und dadurch das heimische Absatzgebiet ungünstig beeinflußt wird. —

Wenn nach langer Winterzeit der Frühling einzieht und die Matten und Berghänge mit jungem Grün und zarten Blüten schmückt, wenn der Kuckuck ruft, und die Heidelerche ihre rührend süßen Weisen ertönen läßt, dann ist es „auf dem Walde" unbeschreiblich schön. Zwischen den hochragenden Stämmen der ernsten Fichten und Tannen leuchtet das schimmernde Laub der Buchen, die geschwätzigen Waldbächlein rieseln munter zu Thale und spielen mit Kieseln und Forellen, die Wipfel rauschen so heimlich-traut, rings Vogelgezwitscher und Herdenglockenklang — wahrlich, wem da nicht das Herz aufgeht, „der muß fürwahr beißend Weh im Busen tragen oder ein hölzerner Bursche sein!" Ein Frühlingsmorgen und ein Sonntag dazu — welche Seligkeit erschließt eine Wanderung durch die weiten Hallen, die nicht von Menschenhänden gebaut! Dann ist wohl das stattliche

Gotteshaus, das sich in der Mitte des Dorfes erhebt, nur schwach besucht, die Mehrzahl der Bewohner zieht hinaus zum frischen, grünen Wald. Am Bärenbachsbrunnen, einem Idyll in trauter Einsamkeit, lagert eine fröhliche Sängerschar, und von geschulten, metallreichen Stimmen klingt Lied auf Lied in die schweigende Bergwelt hinein. Drüben am Schellertskopf, da, wo der rührige Thüringerwaldverein Tische und Bänke zu Nutz und Frommen aller Naturfreunde errichtet hat, und wo die mannigfachen Bergformen sich gleich riesigen Coulissen zu einer imposanten Naturbühne zusammenschieben, rasten die ersten Sommerfrischler und lassen die trunkenen Blicke schweifen zu den stolzen Zinnen des Wurzelberges, des Lindigs und Langenberges. Freundlich grüßen der Fröbelturm vom Kirchberg, dem Andenken des großen Kinderfreundes geweiht, und das Schutzhaus von der Meuselbacher Kuppe herüber, in blauer Ferne wird der Schneekopfturm sichtbar, der Kickelhahn liegt umflutet von sprühendem Sonnengolde vor uns, während der eigentümlich geformte Singerberg und die Reinsberge das entzückende Panorama im Norden abschließen.

Am Himmelfahrtstage wandert das bergfrische, liederfrohe Völklein zum Lindig empor, auf dessen Haupte eine schlichte Waldherberge sich erhebt. Dort rasten im Frühjahr die Jägersleute, die beim grauenden Morgen ausziehen, den Auerhahn zu „verhören“, sonst aber liegt das Haus still und einsam da. Heute hat ein Waldhüter aus Katzhütte als spekulativer Wirt dort ein Verkaufszelt eingerichtet. Er weiß, daß den Wäldlern die Leber auf der Sommerseite liegt und sieht sich in seinen Erwartungen nicht getäuscht. Aus all den lauschigen Waldnestern, aus Neuhaus und Schmalenbuche, aus Scheibe und Katzhütte, aus Limbach und Alsbach ist Besuch gekommen: schlanke Burschen, den Hut mit grünem Laub geschmückt, und blitzblanke Mädchen mit blauen Augen und blonden Zöpfen. Auch einige Musikvereine haben sich eingefunden; bald ertönen heitere Tanzmelodien, und über die grüne Rasenfläche fliegt manch stattliches Paar. Tiefblauer Himmel lacht über den fröhlichen Menschenkindern, und Scherzworte fliegen herüber und hinüber. Wer wollte ihnen die Heiterkeit verargen? Sitzen sie doch an sechs Tagen der Woche in enger Stube daheim und mühen sich redlich ab, und wenn ja einmal die Freude überschäumt, dann sorgt schon der liebe Gott dafür, daß auch auf dem Thüringerwald „die Bäume nicht in den Himmel wachsen“. Sobald die Sonne höher steigt, verlieren sich die Teilnehmer der Partie im Schatten des Waldes und steuern ihrem Heimatsdorfe zu. „Schirm dich Gott, du schöner Wald!“ tönt's zum Abschied von der Bergeshalde, und Einsamkeit umfängt bald den vorher so belebten Platz. Beim „Otto“ in Scheibe sitzen die letzten trunkfesten Mannen und stärken sich zum Heimwege. Der „Fried“ nimmt das Es-Piccolo unter den Arm und wandert mit seinem Freunde, dem Besitzer längster Fortschrittsbeine, den Heuweg hinauf, indes der „Meisenschuster“ die unglaublichsten Jagd- und Räubergeschichten mit dem ernsthaftesten Gesichte von der Welt vorträgt.

Vom Lindig führt ein zweiter Weg hinab ins Frauenbachsthal und weiter den schäumenden Frauenbach entlang zum schöngelegenen Altfrauteiche. Staunend stehen wir bald darauf an den Riesentannen des Wurzelberges, die im ganzen deutschen

Vaterlande nicht ihresgleichen haben. Vor allen nimmt die Königstanne unser Interesse in Anspruch. Eine Tafel zeigt folgende Inschrift:

Durchmesser in Höhe von 0,6 m:	2,45 m
in Brusthöhe:	2,05 „
Gesamthöhe:	44,3 „
Schaftinhalt:	62,33 cbm
Alter: ca. 450 Jahre.	

Wenn sie reden könnte, würde sie erzählen von Blitz und Wetterstürmen und nicht zum wenigsten vom wilden Getier des Thüringerwaldes in früherer Zeit. Soll doch der letzte Bär 1745 am Wurzelberg geschossen worden sein, und zeigt man doch noch jetzt die Wolfsgruben im Wulstgrund, in denen man ehedem die grimmen Räuber der Herden fing.

Auf gut gepflegten Waldwegen wandern wir zu dem freundlichen Orte Scheibe, der durch seine lebhafte Porzellanindustrie, seine Brauerei und seine Fischzuchtanstalt weithin bekannt ist, und strecken bald nachher die müden Glieder auf einer moosigen Bank an der Schwarzaquelle, die am Fuße des Rollkopfs in einer Höhe von 717 m zu Tage tritt und einen köstlichen Labetrunk gewährt. Bergan steigend gelangen wir zum Schutzhause Weidmannsheil, wo sich eine liebliche Fernsicht auf Berg und Thal und das in grüne Matten eingebettete Dörflein Scheibe bietet, dessen hochgelegene Kirche im Strahle der Abendsonne wundersam erglänzt.

Im Sommer stellen sich in Neuhaus viele „Luftschnapper“ ein, welche die reine, ozonreiche Luft, die herrlichen Spaziergänge, das vorzügliche Trinkwasser der Bergquellen — neuerdings hat sich der Ort auch zu einer Hochdruckwasserleitung aufgeschwungen und — last not least — die gute Verpflegung in den komfortabel eingerichteten Gasthäusern nicht genug zu rühmen wissen. Dann sieht „Geheime Räte das allerfernste Thal“, und Scharen fröhlicher Sommergäste tummeln sich im grünen Forste oder spannen die Hängematte unfern der altersgrauen Steine auf, welche die Grenzscheide zwischen Thüringen und Franken bezeichnen. Als ältesten Veteranen ermittelten wir einen stummen Rennstiegwächter vom Jahre 1528 (1598?), und wenn heute Wanderfreunde zahlreicher denn je die einsame Bergstraße ziehen, so leuchten überall weiße R, die das leichte Auffinden des Weges ermöglichen. Auch auf den übrigen Pfaden im grünen Tann sind „Beruhigungsklexe mit Schwung und Gefühl“ in diskreter Weise angebracht, und es kann erfreulicherweise konstatiert werden, daß die Umgebung von Neuhaus steigender Beliebtheit sich erfreut und die Wandervögel gern wiederkehren.

„Im Sommer ist es ja sehr schön auf Ihrer Bergeshöhe, man wird von der Hitze nicht belästigt, da stets ein frischer Lufthauch uns umfächelt, aber im Winter muß es hier oben doch schrecklich sein?“

„Sie irren, meine Gnädige, auch der Winter, der die Riesen des Waldes mit Hermelin bekleidet und Bäche und Teiche in harte Fesseln schlägt, ist schön im Gebirge.“ Zwar schüttelt Frau Holle zuweilen die Betten so gründlich, daß große Schneewehen entstehen und manche Häuschen bis zu den Fenstern im Schnee vergraben sind; allein für den Wäldler ist ein Winter ohne ordentlichen Schneefall und prächtige Schlittenbahn von November bis März nun einmal undenkbar. An den meisten Sonntagen hält eine stattliche Schlittenreihe vor der „Post". Damen und Herren mit frostgeröteten Gesichtern entsteigen dem Gefährt, schälen sich aus Pelzen und Mänteln und tauen im festlich geschmückten Speisesaale den inneren Menschen wieder auf. Bei Grog und Glühwein, bei Musik und traulicher Zwiesprache rückt man eng zusammen und bedauert, daß allzufrüh die Scheidestunde schlägt. Und wenn da und dort ein Schlitten stecken bleibt oder seinen Inhalt in den weichen Schnee bettet, so thut dies der fröhlichen Stimmung keinen Abbruch: man rangiert nach der Entgleisung aufs neue, und in sausender Fahrt geht es der Heimat zu. — Lustig fliegen die Schlitten der Schuljugend von der „Johannswiese" zu Thal; so mancher Anfänger probiert auf der „Käsehitsche" oder der Kartoffelpresse, welch letztere er heimlich der Küche entnommen, und dazu sind viele barhäuptig, ja wohl barfüßig. „Mer honn de Masern", antwortet einer der Tapferen auf die Frage, ob er heute nicht zur Schule müsse! — — —

Seit einigen Jahren ist auch das Schneeschuhlaufen im Schwange. Fremde Skiläufer waren durch den Ort gekommen. Einige findige Köpfe haben die langen Holzschienen genau betrachtet, und schon am nächsten Tage sind aus großen Faßdauben — das Material haben riesige Pottaschefässer geliefert, die „unten an der Hütte" lagerten — regelrechte Schneeschuhe hergestellt, mit denen nun — ein alter Rechenstiel dient als Bremse — halsbrecherische Erstlingsversuche die steilen Hänge hinab angestellt werden. Eine Schneeschuhfahrt, die uns das Eindringen in den verschneiten Hochwald gestattet, durch den jetzt das Schweigen des Todes geht, gewährt einen eigentümlichen Reiz. Bäume und Sträucher stehen wie überzuckert und neigen ihre Äste tief zur Erde, denn „Reifkälte spinnt um die Tannen". Rings ist alles mit Millionen glitzernder Krystalle besetzt, der gluckernde Waldbach ist erstarrt, und alles Leben ist erstorben. Doch nur scheinbar. Durch die eingesunkenen Holzstöße huscht der kleine Zaunkönig und singt der Kälte zum Trotz sein schönstes Lied, rastlos pickt an der Rinde der Nadelbäume das Goldhähnchen, und hoch im Tannenwipfel brütet schon im Januar der rotbrüstige Kreuzschnabel, der Liebling und Gefährte der Glasbläser und Holzhauer. Hungernde Hirsche und Rehe nahen vorsichtig dem von Jägerhand eingerichteten, mit einem Rindendache überdeckten Futterplatze — leise ziehen wir uns zurück, um die armen Tiere nicht zu stören.

Mit welcher Pietät die Bewohner des Waldes Erinnerungsstätten von längst vergangenen Zeiten pflegen, davon zum Schlusse einige Beispiele. Zwischen Neuhaus und Limbach liegt links der Straße auf grüner Bergwiese Glücksthal. Früher befand sich hier eine Glashütte, in der fleißige Arbeiter früh und spät die Hände regten. Nun ist die „Hütte" verschwunden, die Wohnhäuser sind abgebrochen und anderswo wieder aufgebaut, aber der schlichte Friedhof ist geblieben. Hart am Waldrande grüßt der eingefriedigte, von stattlichen Tannen beschattete Platz, wo die ehemaligen Bewohner ihre letzte Ruhe gefunden. Mehr denn dreißig Jahre sind verrauscht im Strome der Zeit, seit der letzte Ansiedler fortgezogen, und doch sind die Gräber mit Blumen bepflanzt und wohl erhalten — „die Liebe höret nimmer auf". — Und noch eine Grabstätte weiß ich, auch nahe dem Rennstieg, da, wo das scheue Reh aus dem Dickicht tritt und der Lärm der Welt verklingt. Es ist der Ruheplatz eines französischen Soldaten aus dem Feldzuge von 1813. Breitästige Fichten wurzeln auf dem felsigen Grunde, ein Bächlein eilt murmelnd vorüber, und Waldanemonen und Farnkräuter fassen den Ort ein, wo er begraben liegt,

„Ein Ungezählter, Vergess'ner,
Wie brav er gekämpft auch hat!“

Niemand vermag zu sagen, woher er kam, und wohin sein Herz ihn zog. Unbekannt ist sein Name, unbekannt auch der Truppenteil, dem sein Träger angehörte. Ob es ein Versprengter gewesen, ein Verwundeter etwa, der nach langem, langem Marsche sich in diese Waldeinsamkeit geschleppt und dort erschöpft niedergesunken — darüber lassen sich nur Vermutungen anstellen. Neuhäuser Holzhauer, so viel weiß man, fanden den Entseelten und gruben ihn da ein, wo er gelegen. Ein halbverwitterter, mit Moos umkleideter Gedenkstein trägt folgende Inschrift:

(HIER)
RUHET
EIN FRAN
ZŒSISCHER
GRÆNADÉR
D. 19. Octbr.
1813.

Vöglein singt sein Lied im Gezweig zu Ehren des armen Soldaten im stillen Walde. Die Wipfel rauschen, und feiner Sprühregen rieselt nieder, den der Himmel ausgießt

„Aufs Haupt des Toten als Tau,
Daß er unbeweint nicht liege
Auf ferner, fremder Au'.“

L. Pfeifer, Rudolstadt.

Elgersburg.

Das als Badeort weithin bekannte, etwa 1000 Einwohner zählende gothaische Dorf Elgersburg liegt im äußersten südöstlichen Zipfel des Herzogtums, nahe an der Grenze der weimarischen Parzelle Ilmenau, am Nordabhange des südöstlichen Teiles des Thüringerwaldes, der sich hier im Großen Beerberg (983 m) und Schneekopf (976 m) zu seinen höchsten Gipfeln erhebt, an der Eisenbahnlinie, die bei Plaue von der Erfurt-Ritschenhäuser Bahn abzweigt und sich dann über Ilmenau, Amt Gehren und Großbreitenbach bis ins Schwarzathal fortsetzt.

Wenn wir in Plaue, dessen malerische Ruine Ehrenburg wir im Vorbeifahren mit Interesse bemerkt haben, umgestiegen sind, so führt uns das langsamer voranstrebende Dampfroß in allmählicher Steigung an dem westlichen Hange des Thales der Zahmen Gera entlang, welches letztere bei Angelroda auf einer hohen und langen, kühn aufgeführten eisernen Brücke überschritten wird. Zur Linken liegt hier das schwarzburg-rudolstädtische Dorf Angelroda im Grunde, so tief, daß selbst seine Kirchturmspitze noch weit unter uns bleibt, während sich uns zur Rechten zum erstenmal der Blick auf die noch in blauen Duft gehüllten Wälder eröffnet, denen wir zustreben, und über denen sich, das Bild symmetrisch krönend, der Schneekopfturm gegen den hellen Hintergrund des Himmels abzeichnet.

Die Bahn umschreibt jetzt in großem Bogen den Weißen Berg, — so genannt, weil sich an seiner östlichen Seite, wo er ins Thal der Gera steil abfällt, weißes, tief zerklüftetes Gestein den Blicken darbietet, die sogenannten Kammerlöcher. Es sind dies lange und schmale, 10—20 m tiefe, schluchtartige Einschnitte in die Bergmasse, in denen herumzustreichen und allerlei Träumen nachzuhängen einen eigenen Reiz gewährt. Vom obersten Rande der Kammerlöcher aus aber hat man eine herrliche Aussicht, — besonders nach links hin, wo sich die Häuser und Villen Elgersburgs aus dem Grün des Waldes lieblich herausheben und der Schneekopfturm abermals als allbeherrschendes Wahrzeichen der Landschaft sichtbar wird. Die Kammerlöcher bilden deshalb auch für die Sommerfrischler Elgersburgs einen gern besuchten Ausflugsort.

Von unserem Abteil aus freilich können wir diese sagengeschmückte Örtlichkeit nicht wahrnehmen. Dafür aber bietet sich unserem Auge drüben am Bergzuge das weimarische Dorf Martinroda, überragt vom Veronikaberg, dem Sonderling unter den Bergen der Umgegend. Zum größten Teil mit Laubwald bewachsen, zwischen welchen vielfach oft recht schöne Exemplare des mystischen Eibenbaumes (Taxus baccata) verstreut sind, gewährt er, von weitem gesehen, besonders im Frühjahr, wenn sich das frische Grün seiner Buchen gegen den dunklen Ernst der umliegenden Nadelwälder jugendfrisch abhebt, aber auch im Herbste, wenn er sich gleichsam entzündet und die harmonische Farbenpracht seines Flammengewandes weithin leuchten läßt, einen überaus anziehenden Anblick. Und wer die Mühe des steilen Aufstiegs nicht scheut, der findet sich — besonders im Frühjahr — durch eine Flora belohnt, die jedem Naturfreund die angenehmsten Überraschungen zu bieten vermag.

Mittlerweile hat der Zug den Weißen Berg umkreist, noch eine kurze Kurve nach links, und das Ziel unserer Fahrt kommt zum Vorschein: Elgersburg, angelehnt an den Hang des Gebirgsstockes, überragt von seinem Schlosse, der „Burg“, um dessen Felsenkegel sich seine Häuser und Villen in einem losen Kranze gruppiert haben. Wo jetzt der Bahnhof steht, war früher ein großer Teich, und es muß ein eigener Genuß gewesen sein, die magische Spiegelung des Schlosses mit seiner nächsten Umgebung im Wasser wahrzunehmen, — ein Genuß, den keiner mehr zu würdigen wußte als Goethe, der bei seinen Besuchen in Elgersburg nie versäumte, sich am Wiederschein des Schlosses im Teiche zu erfreuen.

Die Entstehungsgeschichte des Schlosses Elgersburg, das natürlich früher war als das Dorf, ist in undurchdringliches Dunkel gehüllt. Man vermutet, daß ein

Ritter Elger von Witzleben der Erbauer der Burg gewesen sei, die von ihm auch ihren Namen bekommen habe. Urkundlich kommt der Name Elgersburg zuerst im Jahre 1135 vor, doch ist die Erbauung der Burg jedenfalls beträchtlich weiter zurück zu datieren. Aus der Geschichte der Burg ist leider gar nichts Interessantes zu berichten; denn daß dieselbe ihre Besitzer ziemlich häufig wechselte und ein stetes Pfand- und Versatzobjekt zwischen den adeligen Sippen derer von Witzleben, von Kefernburg, von Henneberg und von Gleichen bildete, nötigt höchstens demjenigen ein Interesse ab, der der irrtümlichen Meinung huldigt, das Pfänden und Versetzen sei ein Charakteristikum unserer modernen Hyperkultur, die „gute alte Zeit“ habe von dieser Nachtseite des menschlichen Daseins noch nichts

Nach einer photograph. Aufnahme von Sophus Williams, Berlin.

Elgersburg.

gewußt. Im Jahre 1802 ging die ganze Herrschaft durch Kauf an die Herzoglich Gothaische Domäne über, welche das Gut nach und nach parzellierte und das Schloß, das schon seit 1838 der ein Jahr vorher gegründeten Wasserheilanstalt zur Mitbenutzung überlassen worden war, im Jahre 1875 an einen Herrn von Carlowitz verkaufte, während es 1887 von den Besitzern der alten Wasserheilanstalt käuflich erworben wurde. So bildet es denn jetzt einen Teil dieser Anstalt und enthält außer Wirtschaftsräumen Wohnungen für die Kurgäste. Es zeichnet sich aus durch eine entzückende Aussicht, bietet aber sonst kaum etwas Sehenswertes, — ausgenommen etwa das Burgverließ, einen kellerartigen Raum im Sockel des runden Eckturmes, zu dem nur ein Zugang durch die Decke führt, durch die eine Leiter hinabgelassen werden müßte. Wenn der dienstbeflissene Führer, um dir einen recht deutlichen Einblick in diesen Schreckensraum zu gewähren, einen Papierspan entzündet und durch die Öffnung langsam hinabflattern läßt, bei dessen flackerndem Scheine dir die aufgeregte Phantasie nicht nur kahle Mauern zeigt, sondern auch bleichende Totengebeine vorgaukelt, so umwittert es dich wie Grabesluft des Mittelalters, und du bist froh, ein Kind des zwanzigsten Jahrhunderts und vielleicht obendrein noch ein Kurgast der Dr. Barwinskischen Heilanstalt zu sein, dem keine andere Freiheitsberaubung droht, als sie die milde ärztliche Behandlung mit sich bringt, und kein anderer Folterknecht, als der Badewärter.

Die eben genannte alte Wasserheilanstalt (neuerdings sind auch noch zwei andere eröffnet worden) ist im Jahre 1837 durch Jakob Gräser, einen Elgersburger Einwohner und gelernten Metzger, einen Mann von betriebsamem und erfinderischem Geiste, gegründet worden, und zwar nach dem Vorbilde der Prießnitzschen Anstalt in Gräfenberg, deren Ruhm eben damals im Zenith stand, und hat sich während der jetzt mehr als sechzig Jahre ihres Bestehens zu einem ansehnlichen Häuser- und Gartenkomplex entwickelt. Das Heilverfahren, wie es jetzt in der Anstalt geübt wird, ist bei aller Verwandtschaft mit der Kaltwasserbehandlung der Kneipp-Ärzte doch insofern von dieser verschieden, als es nicht „in einseitiger schablonenhafter Form, sondern wie es nach den neuesten Erfahrungen wissenschaftlich gebildeter und klinisch geschulter Wasserärzte als zweckmäßig und in Wahrheit als heilsam sich erwiesen hat,“ ausgeübt wird.

Die Bewohner Elgersburgs haben sich natürlich nach Beschäftigung und Lebensführung, ja selbst in ihrem Charakter nach Möglichkeit dem Badeleben angepaßt. Die Kurhäuser, Hotels und Cafés bedürfen eines ziemlich starken Dienstpersonals, und es ist selbstverständlich, daß sich dieses zunächst aus den Reihen der Ortsansässigen rekrutiert, und daß erst bei weiterem Bedarf nach auswärts gegriffen wird. Einen Hauptverdienst bringt auch das Vermieten eines Teiles der eigenen Wohnung ein, — wenn auch in neuerer Zeit, besonders infolge der Eröffnung großer Logierhäuser und größerer Pensionen, dieser Verdienst etwas zurückgegangen ist. Daß Elgersburg eine stattliche Kuhherde besitzt, deren Anblick und Geläute, wenn sie morgens ausgetrieben wird oder abends brüllend heimkehrt, „die gewohnten Ställe füllend“, auf die zur Kur hier weilenden Kinder der Großstadt einen unversieglichen Reiz ausübt, ist ebenso einleuchtend, wie daß letzteren die gewürzige Milch und Butter, die diese Kuhherde liefert, überaus trefflich mundet, nnd daß die glücklichen Besitzer der edlen Hörnerträger aus diesem Verhältnis nach Möglichkeit Nutzen ziehen.

Außer den drei Kuranstalten geben noch drei Porzellan- und drei Thermometerfabriken den Einwohnern Gelegenheit, die zur Bestreitung ihres Lebensunterhaltes notwendigen Mittel zu erwerben. Unter den Porzellanfabriken ist die Arnoldische die älteste und bedeutendste. Sie wurde im Jahre 1808 gegründet und beschäftigt sich namentlich mit Herstellung von Apothekergefäßen (Koch- und Abdampfschalen) und von geripptem blauen Zwiebelmustergeschirr von großer Haltbarkeit. Einer besonders kunstvoll gebrannten Masse von neuer Komposition, die einen bedeutenden Hitzegrad aushält, gaben die Unternehmer zu Ehren des Herzogs

Emil Leopold August von Gotha den Namen „Emilian“. Die anderen beiden Porzellanfabriken bringen besonders kleine Luxusgegenstände, Figürchen u. dergl., in den Handel.

Endlich giebt auch der Wald einer ganzen Anzahl von Ortseinwohnern Beschäftigung und Brot. Holzfällen und Holzfahren, Harzscharren, Pechsieden, Kienrußbereiten und Einsammeln von Beeren, Pilzen u. dergl. m. sind Thätigkeiten, die hier ebenso gut ihren Mann ernähren müssen, wie auf dem ganzen Thüringerwalde, ja man kann wohl sagen, jedem bewaldeten Gebirge überhaupt. Der Bergbau wird jetzt nur noch auf Thon- und Sandsteinarten, besonders aber auf Braunstein unterhalten. Überall in der Umgegend stößt man auf die niedrigen Stolleneingänge zu den Bergwerken, durch die das gebrochene Gestein auf den bekannten niedrigen, in Gleisen fahrenden Karren ans Tageslicht befördert wird, um in der Regel in den sogenannten „Pochwerken“, die der schäumende Gebirgsbach treibt, zerschlagen, ausgelesen und durchgesiebt zu werden, bevor es verschickt wird. Der Braunstein wird teils in Glas- und Eisenhütten, teils auch zur Chlorfabrikation benutzt.

Wenden wir uns nunmehr der Betrachtung jener Vorzüge zu, mit denen die aus unerschöpflicher Fülle spendende Natur diesen Erdenwinkel so reich gesegnet hat. Alle die Reize, die unsern schönen Thüringerwald überhaupt zieren, die sanften Höhen, die dunklen Wälder, die reizvollen Fernsichten, die plätschernden Bäche, die tiefen Gründe, die trotzigen Felsen, die grünen Matten, — wir finden sie in der nächsten Umgebung Elgersburgs wieder. Da ist keiner, der fehlte, nur daß ihr gegenseitiges Verhältnis und ihre besondere Erscheinung dem Wanderer, der den übrigen Teil des Gebirges durchstreift hat, noch eine Fülle ungeahnter Überraschungen zu bieten vermag. Es ist gleichsam dasselbe Thema, das die Thüringerwaldnatur, die große Meisterin, auch hier spielt, nur weiß sie es abermals neu und ursprünglich zu variieren. Und wieviel Milde, Trost und Erquickung atmet dieses süße Thema! Welcher paradiesische Friede lagert auf diesen vom Walde umsäumten Wiesen, in diesen verlorenen Waldesgründen, deren tiefe Stille kein Laut menschlicher Bedürftigkeit stört, die höchstens das Hämmern des Spechtes, das Fallen eines Tannenzapfens, das jähe Aufbrechen eines Wildes unterbricht!

Freilich: ihre frischesten, intimsten Reize enthüllt diese Natur nur dem, der die Wege und Pfade der Touristen und Waldspaziergänger verläßt und unerschrocken den Spuren der Räder folgt, die das geschlagene und zu „Metern“ aufgeschichtete Holz zu Thal befördert haben. Oft sind diese als „Holzwege“ in übertragenem Sinn so verschrieenen Pfade trügerisch, machen Wendungen, auf die man nicht gefaßt war, münden auf schattenlose Blößen, wo die übrig gebliebenen Baumstümpfe und die Menge der umherliegenden Späne noch einen Begriff davon geben, wie die Axt und Säge des Holzhauers hier gehaust haben, oder hören auch wohl ohne jeden Versuch der Rechtfertigung, aus purem Eigensinn, plötzlich ganz auf. Oft aber führen dich auch diese „Holzwege“ zu dem lieblichsten Waldidyll, in den romantischsten Grund, in die märchenhafteste Waldeinsamkeit, die du dir nur denken kannst, und du wirst es auch in Zukunft nicht lassen können, immer wieder solche Pfade einzuschlagen, und wenn zehnmal der Chorus der Freunde dich anschreit, du befändest dich „auf dem Holzwege“. Beinahe aber noch reizvoller und an Bequemlichkeit mit den Promenadenwegen in der nächsten Umgebung des Ortes wetteifernd sind die „Pirschwege“. Das sind schmale, nur für die Breite einer Person berechnete, für die Pirschgänge der Förster und Waldhüter berechnete Pfade, die sich nicht selten stundenlang horizontal in halber Höhe der Berge hinziehen, sich deren tiefsten Einschnitten wie weitesten Ausbuchtungen eng anschmiegen und dich daher bald in die verborgenste Bergfalte vergraben, bald wieder wie auf einen Söller oder Altan herausführen, von wo aus dein Auge wie trunken hinschweift über die Wipfel der Fichten, über den Thaleinschnitt zu deinen Füßen und die imposanten Massen der gegenüberliegenden Bergkegel, ja vielleicht noch weiter, über hochgelegene Bergwiesen und Gehöfte oder Dörfer in ihrer Mitte, oder auch wohl weit hinaus bis in die Ebene, von wo aus der bekannte Weiße Berg, die Ehrenburg bei Plaue oder gar das zweigetürmte Gothaer Schloß herübergrüßen.

Aber auch, wer sich nur an die gebahnten Wege hält und der meist zuverlässigen Führung der Wegweiser vertraut, wird Schönes genug, ja in so reicher Fülle entdecken, daß er es so bald nicht ausgekostet haben wird. Der beliebteste und in der That auch schönste aller Promenadenwege Elgersburgs ist der Schelihaweg, so genannt nach dem Kammerrat von Scheliha aus Gotha, den die Regierung einst als „Badekommissar“ nach Elgersburg gesetzt hatte. Dieser Schelihaweg zieht sich, eben nach der Art der Pirschwege, völlig horizontal in halber Höhe des Rumpelsbergs entlang, dessen Fuß schon die letzten Häuser des Ortes besteigen; er beginnt im sogenannten Steigerthal, gewährt reizvolle Blicke auf den Ort und seine Umgebung, bietet Ruhebedürftigen in kurzen Entfernungen willkommene Sitzgelegenheiten und mündet schließlich, der Rundung des Berges folgend, in das Körnbachthal.

Dieses Körnbachthal ist die Perle der näheren Umgebung Elgersburgs. Zwar ist es nur von geringer Ausdehnung — in 15—20 Minuten kann man es von oben nach unten bequem durchmessen —, aber auf diesem engen Raume drängen sich Vorzüge zusammen, die sich sonst nur auf weiterem Gebiete zerstreut finden; und eben hierin liegt der Grund, weshalb wir dem Körnbachthal den Preis vor allen anderen Naturschönheiten der Umgebung Elgersburgs zuerkennen müssen. Gleich sein unterer Eingang bietet das entzückendste Bildchen und verfehlt niemals, die dilettierenden Maler und Malerinnen unter den Sommergästen des Badeortes zu locken, sich daran zu versuchen. Im Vordergrunde eine frischgrüne Matte, erheben sich rechts und links verwitterte Felsen, von so genau bemessener Höhe, daß sie weder kleinlich noch erdrückend wirken; Fichten und Buschwerk aller Art bekränzt das tote Gestein mit lebendigem Grün und setzt sich nach dem Hintergrunde zu fort, so eine sich rasch verlierende Perspektive mehr ahnen lassend als enthüllend. Den Thaleinschnitt selber aber scheint ein altes Gebäude mit sehr niedrigen Umfassungswänden und sehr hohem altmodischen Schindeldach versperren zu wollen, das, da Wind und Wetter ihre Spuren reichlich daran zurückgelassen haben, in schönster Weise mit dem verwitterten Felsgestein zusammenstimmt. Es ist eine sogenannte Massenmühle. Im ersten Jahrzehnt des verflossenen Jahrhunderts erbaut, war sie ehemals dazu bestimmt, die „Masse" für die Arnoldische Porzellanfabrik zu bereiten. Jetzt wird diese „Masse" auf anderem Wege hergestellt, und so ist diese Mühle, die einst eine vielbesuchte Raststätte aller Naturfreunde war, leider dem Verfall anheimgegeben. Zu Goethes Zeiten wurden darin auch einfache Erfrischungen feilgeboten, ja man hatte sogar ein Fremdenbuch aufgelegt, das jetzt noch vorhanden ist, und in welchem sich auch die Handschrift des Dichterfürsten befindet, der diese Gegend so sehr liebte und sich bei seinem letzten Besuche in der Mühle, am 28. August 1831 (seinem Geburtstage), mit seinen Begleitern einzeichnete. Links neben dem Blatte aber, das die Handschrift Goethes trägt, findet sich

Nach einer photograph. Aufnahme von W. Zincke, Friedrichroda.

Das Körnbachthal.

auf einem eingeklebten Blatte von anderer, sorgfältiger Hand geschrieben ein kleines Gedicht mit der Überschrift „Von Goethe", das den Goetheforschern viel Kopfzerbrechen verursacht hat, weil nur die letzte der beiden Strophen aus des Dichters Werken bekannt war (sie bildet die Schlußstrophe des im „Westöstlichen Divan" enthaltenen Gedichtes „Selige Sehnsucht"), während die erste sich außer in diesem Fremdenbuche nur noch als Citat in zwei Werken findet, deren Verfasser versäumt haben, ihre Quelle anzugeben. Das Gedicht lautet:

„Lange hab' ich mich gesträubt,
Endlich gab ich nach!
Wenn der alte Mensch zerstäubt,
Wird der neue wach!

Und so lang du das nicht hast,
Dieses „Stirb" und „Werde",
Bist du nur ein trüber Gast
Auf der dunklen Erde."

Man begreift, daß diese Verse als sehr „ungoethisch“ bestritten werden konnten, denn sie zeigen uns das „Weltkind“ Goethe in einer durchaus weltabgewandten Stimmung. Und doch, wenn man bedenkt, daß es nahe vor seinem Tode war, und daß er am Tage vorher, dem 27. August, als er sein „Wanderers Nachtlied“ auf dem Kickelhahn bei Ilmenau wieder las, unter quellenden Thränen hinzufügte „Ja, warte nur, balde ruhest du auch“, so gewinnt die Wahrscheinlichkeit viel für sich, daß auch die erstere der beiden Strophen (die ja überdies mit der zweiten wie aus einem Guß erscheint) „echt“ ist.*) Daß Elgersburg stolz ist auf seine Goethe-erinnerungen, versteht sich von selbst, wird aber noch besonders durch die eiserne Tafel an dem rechten der beiden das Thal flankierenden Felsen bewiesen, die in großen Goldbuchstaben den Namen GOETHE trägt und dem Felsen den Namen „Goethestein“ eingetragen hat.

Betreten wir das Thal selber — es ist hier unten noch mehr Schlucht als Thal, denn es läßt kaum genügend Raum für Bach und Weg —, so springt uns zur Linken lustig schäumend der Körnbach entgegen, während sich zur Rechten dem Goethefelsen andere steilragende Felswände anschließen. Hier oben soll sich einst der junge Carl August, Goethes gekrönter Freund, beim Jagen verirrt haben und — ein zweiter Kaiser Max auf der Martinswand — erst durch einen beerensuchenden Knaben aus dem damals noch unwegsamen Labyrinth zu den Behausungen der Menschen zurückgeführt worden sein. Diesem sagenhaften Abenteuer soll der Auguststein seinen Namen verdanken. Dagegen erinnert der Reuterfelsen an den liebenswürdigen norddeutschen Dialektdichter, der Ende der sechziger Jahre in Elgersburg weilte, um, wie er sagte, „den ollen Kadaver en beten uttauspäulen“, und der uns in seiner „Stromtid“, in der Episode von Onkel Bräsig, den die Immen verfolgen, eine so köstliche Schilderung der Wasser-heilkunst gegeben hat.

Weiter oben verbreitert sich das Thal, eine Wiese von üppigstem Grün dehnt sich vor unsern Blicken aus und ladet uns ein, an ihrem Rande entlang bis zum obern Ende des Thals emporzusteigen, wo der sich hier wieder schließende Wald den äußersten Rahmen des lieblichen Wiesengrundes bildet. Hier schon wird uns ein Vorgeschmack des Genusses tiefster Weltabgeschiedenheit, den uns das Gebirge weiter drinnen zu bieten vermag, denn nur selten versteigt sich ein bequemer Kur-gast bis hier herauf. Und so vermögen wir denn ungestört das anmutige Bild, das sich uns bietet, auf uns wirken zu lassen und mit den Geistern Zwiesprache zu halten, die hier Busch und Baum zu beseelen scheinen. Und wenn sich auch Pan und Dryade unserm Blick entziehen, so tritt doch zuweilen ein Hirsch, ein Reh aus dem Schoße des Tannendunkels heraus auf die Wiese, um an dem gewürzigen Grase seinen Hunger, an dem frischen Wasser seinen Durst zu stillen, und es ist uns, wenn wir das scheue, schöne Tier in seinen lässig-wachsamen Bewegungen beobachten, als sei der Geist des Waldes selber sichtbar geworden.

*) Vergl. hierzu Rudolf Hildebrands feinsinnige Erwägungen in dem Aufsatze „Ein nicht anerkannter Vers von Goethe“ („Tagebuchblätter eines Sonntagsphilosophen“, Leipzig, Grunow).

Mit dem Körnbachthal kann das schon erwähnte Steigerthal nicht wetteifern, das sich zwischen Rumpelsberg und Heidelberg hinzieht und uns schließlich zur Marienquelle emporleitet, die als die erste Station auf dem Wege zur Schmücke zu betrachten ist. Wer durch die zahlreichen reizvollen Fernblicke, die uns eine Gebirgswanderung im Thüringerwalde bietet, noch nicht verwöhnt ist, der gerät unfehlbar in einen gelinden Rausch des Entzückens, wenn er zum erstenmale das Bild wahrnimmt, das sich ihm von der Marienquelle aus aufthut. In leichter Steigung senkt sich die Wiese, auf der wir uns befinden, zu Thal, an ihrem untern Rande umsäumt vom Walde; aber über dessen Wipfel hinweg schweift der Blick hinunter ins Thal der Ilm und haftet mit unaussprechlichem Vergnügen an den in

Nach einer photogr. Aufnahme von Sophus Williams, Berlin.

Das Goethehäuschen auf dem Kickelhahn.

die freie Fläche gestellten Häusern und Häuschen der Orte Manebach und Kammerberg, während sich dahinter, ein Riese unter den Bergen, der gewaltige Gebirgsstock des Kickelhahns erhebt, bis zum Gipfel hinauf dicht bewaldet, so daß nur die Krone seines 24 m hohen Turmes sichtbar wird. Es steht uns nicht zu, den Kickelhahn mit zur Umgebung von Elgersburg zu rechnen; die Ilmenauer würden uns das schön eintränken, denn der Berg gehört „politisch" zu ihnen, zu Weimar, ist übrigens auch von Ilmenau aus müheloser zu besteigen als von Elgersburg aus. Aber im Geiste versetzen wir uns gern dort hin, denn auch dort ist heiliges Land für den Freund der Litteratur und Poesie. Dort oben befindet sich das weltberühmte Goethehäuschen, — freilich nicht mehr das echte, das uns allen wegen des mit Bleistift von Goethes Hand an seine Bretterwand geschriebenen „Nachtliedes" so ehrwürdig und lieb war, denn das ist im Jahre 1870 durch Leichtsinn ein Opfer des Feuers geworden —, aber doch eine getreue Nachbildung desselben. Dort befindet sich der Große Hermannstein, ein Porphyrfels, zu dessen Höhle, wie Trinius sagt, „der große Heide Goethe hinabstieg, um dort zu zeichnen, zu dichten oder Zeilen stammelnder Liebe an Frau von Stein zu kritzeln.“ Dort auch finden wir die einfache Gastwirtschaft zum Gabelbach, das „Rathaus“ jener „feuchtfröhlichen Gemeinde“, deren erster Gemeindepoet Joseph Viktor v. Scheffel, deren Ehrenschulze kein Geringerer als der eiserne Kanzler gewesen, deren Hofhistoriograph der Thüringer Wandersmann August Trinius ist. Rudolf Baumbach, der jetzige Gemeindepoet, kaufte sich nach Gemeinderecht einst von der Verpflichtung, zur „Kirmse“ zu kommen, mit einem Gedicht im frischen Spielmannstone los, von dem besonders die folgenden zwei Strophen für den Stimmungs- und Gedankenkreis dieser naturfreudigen, humorvollen, poesiebedürftigen und vaterlandsbegeisterten Thüringer Landeskinder, die sich die „Gemeinde Gabelbach“ nennen, charakteristisch sind:

„Sitzt nieder, ihr Mannen, bereit ist die Bank,
Geschwenkt sind die Kannen und lauter der Trank,
Es keucht mit den Schüsseln ein blondgezöpftes Kind, —
Herr Schultheiß, nun zählet, ob alle kommen sind.

Was schaut ihr im Kreise so ernsthaft euch um?
Ach, mancher blieb fern, für alle Zeiten stumm.
Es weht um die Halle ein sanfter Geisterhauch.
Horch! „Warte nur, balde ruhest du auch.“ —

Ist die Marienquelle die erste Station auf dem Wege zur Schmücke, so ist der Mönchshof die zweite. Die Wohnung eines Waldwarts, zog sie doch wegen ihrer Lage mitten im Waldesgrün Besucher auf Besucher an und legte es so dem Bewohner nahe, sich mit Vorräten an Speise und Trank zu versehen und auf dem Rasenhalbrund einfache Tische und Bänke aufzuschlagen, wo sich anspruchslose Touristen auf dem Wege zur Schmücke verschnaufen können. Doch bildet der Mönchshof auch für Ortsansässige und Kurgäste der umliegenden Ortschaften einen bevorzugten Ausflugspunkt für Halbtagstouren. Zur Abendzeit bietet sich dann den Besuchern noch ein besonderes Schauspiel. Wenn der Waldwart eine eigentümliche Melodie in merkwürdig langgezogenen Tönen pfeift und dann ein paar Hände voll Kastanien prasselnd an die Bretterwand eines nach dem Walde zu gerichteten Schuppens wirft, so horchen im Walde die Hirsche auf, die den Lockruf kennen, und die mutigen wagen sich heran bis in die unmittelbare Nähe der Menschenwohnung, um sich an dem Lieblingsfutter ein Gütchen zu thun. Dann ruft der Waldwart seine Gäste herbei und weist sie mit Gebärden an, sich möglichst leise in den Schuppen zu begeben. Hier sind kleine Öffnungen in der Bretterwand, durch die sich die stolzen Tiere aus nächster Nähe betrachten lassen. Diese aber äsen ruhig weiter und ahnen nicht, daß aus jedem Astloch des Schuppens ein Auge auf sie gerichtet ist, das mit stillem Vergnügen ihren vornehm-lässigen Bewegungen folgt. — Seinen Namen hat der Mönchshof höchstwahrscheinlich von seiner Zugehörigkeit, oder doch von der Zugehörigkeit des ihn umgebenden „Mönchswaldes“ zum Kloster

Georgenthal. Darauf deuten wenigstens eine Anzahl Steine hin, die man wegen der eingehauenen menschlichen Figuren und wegen der Aufschrift „S. Georgi", die einige tragen, als Grenzsteine des zum Kloster gehörigen Waldes, der sich also bis hierher erstreckt haben muß, betrachtet.

Die Schmücke, eine der höchstgelegenen menschlichen Wohnungen im Thüringerwalde (911 m), ist ein stattliches Gast- und Logierhaus, dessen größte Merkwürdigkeit früher sein Wirt, der „alte Joel" war, ein Original, das in Bild und Schrift zu verewigen die „Gartenlaube" kein Bedenken getragen hat. Jetzt weist die Schmücke statt der ehemaligen patriarchalischen Gemütlichkeit offenbar einen Zug ins Großstädtisch-Hotelmäßige auf. Aber das hindert nicht, daß man auch jetzt noch höchst poetisch dort schwärmen und, falls man das Glück haben sollte, in dem stets überfüllten Hause ein Nachtquartier zu erwischen, einen Morgen so taufrisch und waldesduftig wie nur irgendwo erleben kann. Aussicht bietet die Schmücke freilich nicht. Wer diese sucht, den verweist sie an ihren größeren Nachbar, den Schneekopf (976 m), der etwa 20 Minuten von ihr entfernt ist und einen 20 m hohen steinernen Turm trägt, von dem sich uns ein Panorama ohnegleichen über die umliegenden Thäler und Höhen bis weit nach Süden und Norden in die Lande hinein eröffnet. Im Osten grüßt da der Kickelhahn mit dem Turm herüber und lenkt das weiterschweifende Auge über den Singerberg bei Stadtilm bis zu den Saalbergen, von denen wir bei günstiger Beleuchtung die Leuchtenburg und den Fuchsturm bei Jena zu schauen vermögen. Weiter nach Norden zu erblicken wir in nächster Nähe Angelroda mit dem eisernen Viadukt, ferner Plaue mit der Ehrenburg, die drei Gleichen bei Arnstadt, den Ettersberg bei Weimar, selbst den Kyffhäuser mit seinem Riesendenkmal. An Gotha gemahnen uns der Seeberg, sowie der Arnolditurm im Berggarten, während im äußersten Norden das Panorama durch die Kette des Harzes mit dem Brocken abgeschlossen wird. Nicht allzufern, weiter nach Westen hin, präsentiert sich wunderschön auf grünem Hochplateau das Dorf

Nach einer photogr. Aufnahme von Sophus Williams, Berlin.

Der Aussichtsturm auf dem Schneekopf (Schmücke).

Oberhof, der Inselsberg scheint sich unmittelbar anzuschließen, und über Dolmar, Geba und Gleichberge hinweg schwingt sich der Blick bis zu den Höhen der fernen Rhön. Im Süden haben wir nah den großen Beerberg, den höchsten Berg des Thüringerwaldes, der jedoch keine Aussicht bietet, sowie den großen Finsterberg, weiter zurück die Feste Coburg, ja selbst die Mainlinie kann der Blick überschreiten und auf Staffelberg und Vierzehnheiligen haften bleiben oder sich mit den blassen Linien des Fränkischen Juras am Horizonte verlieren.

Laßt uns mit diesem letzten vollen Eindruck Abschied nehmen von jener preiswürdigen Gegend des Thüringer Landes, die sich „Elgersburg und Umgebung" nennt und die zwar nur ein einzelnes Kleinod in dem Diadem von landschaftlichen Reizen ist, das die Stirn Thüringens, der „wunderschönen Fraue", schmückt, aber sicher keines der geringsten. War es doch gerade diese Gegend, die dem Meister Josephus von Radolfszell, dem Vielgereisten, das begeisterte Bekenntnis abnötigte, das wir ihm so gern nachsprechen:

„Wer jemals diesen Jungbrunn fand,
Der schöpft aus keinem andern:
Thüringer Wald, Thüringer Land,
Nur hier noch mag ich wandern!"

Ernst Linde, Gotha.

Die Mutterglashütte des Thüringer Waldes.

In der Südostgruppe des Thüringer Waldes, auf dem sterilen Boden des Grauwackeschiefers, in drei enge Thäler eingezwängt, liegt das große Dorf Lauscha. Aber seine menschlichen Wohnstätten begnügen sich nicht, in den engen Thälern Unterkunft zu finden, malerisch lehnen sie sich in überwiegender Mehrzahl an die steilen Wände der sie einschließenden Berge an. Da blicken die Kuppen des Pappenheimers und des großen Tierberges, der Pump, der Kroatenwacht und des Steinigerhügels und endlich des Hähnleinsberges hoch herab auf die schmucken Häuser, deren Dächer durchweg und deren Wände größtenteils mit Schiefer beschlagen sind. Der strenge Winter gebietet solche Vorsicht. Ein emsiges Völklein von ca. 5000 Seelen, eigen in seinen Sitten, seiner Beschäftigung, seiner Mundart und seinem Charakter, haust darinnen, und sobald der Abend sich niedersenkt in die Thäler, blitzen die Lichter aus allen den blanken Fensterscheiben auf, den Fleiß verratend, mit dem hier bis in die Nacht hinein geschafft wird, und eine Illumination darstellend, wie sie so leicht nirgends wieder geboten werden kann. Mitten im Dorfe, in dem Winkel, auf welchem sich der Lauschabach mit der faulen Lauscha vereinigt, liegt die erste Ansiedelung des Ortes: seine Glashütte. Du siehst es der rauchgeschwärzten Bretterbude nicht an, daß sie eine ebenso interessante Vergangenheit als große Bedeutung hat. Man setzt ihren Ursprung in das Jahr 1597, und mit Recht. Aber sie war nicht die allererste Ansiedelung in der Gegend, vielmehr hat in ihrer Nähe, im Marktiegel, am Fuße des Pappenheimer Berges und auf gräflich Pappenheimschem Gebiete die erste Niederlassung nachweislich gestanden. Ihre Gründer waren Hans Greiner aus Schwaben und Christoph Müller aus Böhmen. Aber wie kamen diese beiden Hüttenmeister aus so verschiedenen Ländern hier zur Gründung eines solchen Unternehmens zusammen? Eine üble Folge der großen Geistesbewegung unseres Vaterlandes, ja der ganzen christlichen Welt, der Reformation, war die aufrührerische Bewegung der Wiedertäufer. Sie fand ihren schlimmsten Ausbruch im Bauernkrieg und in den Vorgängen zu Münster unter Johann von Leyden und seinen Propheten. Aber auch in dem von den Schweizer Reformatoren gewonnenen Württemberg trieb sie ihr tolles Wesen. In den „Löwensteiner Bergen“ hatte der Hüttenmeister Blasius Greiner von Walkersbach eine Schar solcher Gläubigen um sich gesammelt, die sich durch Gewaltthaten bemerklich machte. Deshalb waren von den Herzögen von Württemberg 1558 und 1571 scharfe Verordnungen gegen die Sekte der Wiedertäufer erlassen worden, durch welche die Eiferer häufig zur Auswanderung veranlaßt wurden. Im Jahre 1580 kamen nun böhmische Glaubensgenossen und schilderten den schwäbischen Brüdern das Böhmerland als das Land des Glückes und der Glaubensfreiheit. Viele folgten den verlockenden Schilderungen und vertauschten die schwäbische Heimat mit Böhmen. In beiden Gegenden war von Venedig aus die Glasfabrikation eingeführt worden, und häufig kommt unter den schwäbischen Hüttenmeistern der Name Greiner, unter den böhmischen der Name Müller vor. Es darf deshalb als zweifellos angenommen werden, daß unter den schwäbischen Auswanderern auch unser Hans Greiner war, der unter den böhmischen Glaubens- und Kunstgenossen den Christoph Müller fand. Vielleicht haben sie als Glasmacher Jahre hindurch miteinander in einer der zahlreichen Glashütten des Lausitzer Gebirges und höchstwahrscheinlich am Fuße „der Lausche“, eines 791 m hohen Phonolithkegels gearbeitet, bis sie den Entschluß faßten, gleich anderen Werkgenossen weiter zu ziehen und sich durch Anlegung einer eigenen Glashütte eine unabhängige Existenz zu schaffen. Sie kamen mit ihren Familien und einem Schürer, Namens Bock, in den Thüringer Wald. In dessen stillen, waldreichen und menschenarmen Thälern fanden sie, was sie suchten: Reiche Waldungen, Quarz, Wasser und Ruhe vor fanatischen Glaubensgenossen oder Andersgläubigen. Am Fuße des Pappenheimer Berges, im Marktiegel, legten sie die erste Ansiedelung an. Der Herr des Gebietes, Graf Pappenheim, mußte ihnen dazu wohl die Erlaubnis erteilt haben. Sie scheinen mit Glück gewirtschaftet und sparsame Haushaltung geführt zu haben, denn als eine Viehseuche den Rindviehbestand des Grafen sehr geschädigt hatte, da bot er ihnen den Waldbestand des Pappenheimer Berges für ein Joch Ochsen an. Aber diese waren ihnen in der schweren Zeit wertvoller als der Wald, und sie schlugen den Tausch ab. Dazu soll noch ein Zwist mit dem Grafen wegen eines von den Glasmeistern erlegten Bären gekommen sein, so daß sie das Gebiet verlassen und anderswo Unterkunft suchen mußten. Sie brauchten nicht weit zu gehen, denn sie hatten sich in der Nähe der Coburger Grenze niedergelassen. Kaum

10 Minuten weiter abwärts im Thale suchten sie den Platz zwischen den beiden Bächen als passende Stätte aus und unterbreiteten ein Gesuch um Erlaubnis zur Anlegung einer Glashütte dem damaligen Herzog Casimir von Coburg. Dieser, besser beraten als der jagd- und kriegseifrige Pappenheim, erkannte den großen Vorteil der neuen Industrie für sein Land und gestattete die Niederlassung mit Freuden. Ja, er erteilte den Glasmeistern noch ganz bedeutende und heute noch bestehende Gerechtsame durch eine vom 10. Januar 1597 datierte Konzessionsurkunde, die auch im Original noch vorhanden ist. Sie erhielten einen großen Platz zur Glashütte und zu zwei Wohnhäusern, 72 Acker Land zu weiterer Benutzung zu Wiese, Acker oder Baugrund und für den Hüttenknecht Bock eine Hofstätte nebst einem Acker Rodland und fünf Acker Wiesrod. Noch heute heißt die Bergwand dieses Besitztumes der Bocksrangen. Die Glasmeister durften aber auch ein Fischwasser benutzen, eine Schneidemühle anlegen, Vieh halten und im Walde hüten und hatten Steuerfreiheit für den Tischtrunk. Zum Betriebe der Hütte erhielten sie das benötigte Holz, und zwar die Klafter (ca. drei Raummeter) für 4 Groschen „Waldmieth", den Fuß Holz zu Schneideblöchern hatten sie mit 3 Hellern, jedes zwölfschuhige Bloch mit 18 Pfennigen zu bezahlen.

Das waren außerordentlich wertvolle Zugeständnisse, für welche sie als Gegenleistung nur 12 Gulden an Geld, ein Schock reiner ziemlicher Trinkgläser an die Hofhaltung nach Coburg alljährlich abzuliefern und übrigens alles vom Hofe gewünschte Glasgerät um einen Pfennig billiger als sonst anzurechnen hatten. — Der neuen Gründung gaben sie den Namen Lauscha. Unter solch günstigen Verhältnissen und bei dem Geschick der Gründer entwickelte sich gar bald eine lebhafte Thätigkeit. Neue Gehilfen wurden aus den alten Heimatsgebieten herbeigerufen, und die gefertigten Gläser wurden von Händlern in die Welt hinausgetragen. Aber nicht nur in der Anfertigung gläserner Geschirre und Gefäße, auch im Bemalen der Gläser waren die Gründer Meister. Sie versahen die Becher, Gläser, Krüge, Flaschen u. dgl. mit frommen Sprüchen und hübschen Bildern und erhöhten dadurch das Verlangen nach dem Besitz derselben. Sie dichteten wohl auch manches Verslein selbst und paßten es den Bedürfnissen und Wünschen der Kundschaft an. Auf einem der ältesten aus Lauscha stammenden Gläser findet sich das Bild eines Ackersmannes mit folgendem Sprüchlein:

Des Morgens wenn der Tag anbricht
Ich mein Gebet zu Gott verricht —
Dann spann' ich meine Ochsen an
Und fahr als wie ein Ackersmann.

Die Hauptabnehmer der Fläschchen und ähnlichen Gläser waren die Balsamträger — Olitätenhändler — des Thüringer Waldes. Massenhaft trugen sie ihre Liköre, Elixire, Balsame, Pulver, Schnupftabake und Lebensöle in die Welt hinaus, und bald konnte die Glashütte in Lauscha allein die Bedürfnisse gar nicht mehr befriedigen.

Die ältesten Söhne Müllers, Hans und Stephan, legten deshalb 1607 unter gleich günstigen Bedingungen, kaum eine Stunde weit entfernt, eine zweite Glashütte auf schwarzburgischem Gebiete an, der sie den Namen Schmalenbuch beilegten, und die ebenfalls noch heute besteht. Später entstanden noch von Lauscha aus die Glashütten in Piesau, Ernstthal, Alsbach, Marienthal, in jüngster Zeit in Steinach, welche sämtlich in gutem Betriebe sind. Fehrenbach soll eine etwas ältere Gründung der böhmischen Glasmacher sein, hat sich aber nicht zu der Bedeutung Lauschas bezüglich der Ausbreitung der Glasindustrie aufgeschwungen. Zwei weitere Gründungen Lauschaer Ortskinder, Henriettenthal und Glücksthal, sind allerdings auch wieder eingegangen.

Dafür hat aber Lauscha selbst jetzt neben der Mutterglashütte noch zwei große Fabrikationsanlagen und ist noch heute die Versorgerin der Umgegend mit Glasröhren aller Art zur Herstellung künstlicher Figuren, Blumen, Augen und des leuchtenden Schmuckes unseres Christbaumes. Ludwig Greiner, Pößneck.

Lauscha und seine Glasindustrie.

Wenn das Weihnachtsfest herannaht, und jedermann darauf sinnt, womit er an diesem Feste seine Lieben beschenken will, da ist es auch eine Hauptsorge der Eltern, den Weihnachtsbaum möglichst glanzvoll herzurichten; denn trotz aller andern Geschenke macht auf das Gemüt der Kleinen nichts einen so tiefen Eindruck, als der Tannenbaum in seinem Lichterglanz. Wir Deutsche, insbesondere wir Thüringer, haben uns an diese Sitte so sehr gewöhnt, daß wir uns ein Weihnachtsfest ohne Christbaum gar nicht mehr denken können. Wo nur immer Deutsche wohnen, sei es im fernsten Winkel der Erde, da strahlt auch am Weihnachtsfeste der Christbaum.

Den Lichterglanz noch mehr zu heben — daß „kein Baum im Walde glitzert so" — verwenden wir zur Ausschmückung des Baumes die verschiedenartigsten Artikel von Glas, die uns als Eiszapfen, als Kugeln, als Früchte und Figuren in allen erdenklichen Formen und Farben von geschickten Glaskünstlern für billiges Geld zur Verfügung gestellt werden. Das Glas, das wir von der Fensterscheibe und der Flasche und dem Trinkbecher her als spröde und zerbrechlich kennen, ist hier zu den feinsten Sachen und Sächelchen geformt, und man wundert sich schier, wie das möglich ist.

Nun, lieber Leser, willst du über diese Glasindustrie etwas mehr erfahren, so begleite mich auf einem Gange durch Lauscha, ein Dorf hoch oben im Thüringerwald, im Volksmund schlechthin „die Lausche" genannt. Hier in Lauscha wurde der Christbaumschmuck von Glas zuerst angefertigt, und wenn dasselbe jetzt auch in den umliegenden Orten, als Ernstthal, Igelshieb mit Neuhaus, Steinheid u. a. geschieht, so ist Lauscha noch immer der Hauptort seiner Herstellung.

Am bequemsten erreichen wir den Ort, wenn wir mit der Eisenbahn über Sonneberg reisen, denn Lauscha ist Endstation der Bahnlinie Coburg-Sonneberg-Lauscha. Von Sonneberg ab führt uns die Bahn längs dem anmutigen Steinachthal ins Gebirge hinein. Immer enger rücken die Berge zusammen; höher und höher klimmt die Bahn empor, insbesondere im letzten Teile vor Lauscha selbst. Den Lauschabach, einen Zufluß der Steinach, entlang streckt sich der Ort Lauscha in einer Länge von 3 km dahin, da das enge Thal keine Ausdehnung in die Breite gestattet, und gabelt sich in der oberen Hälfte in zwei Teile, weil hier zwei Thäler zusammenfließen. Die Nordenden des Ortes sind nur 1 km vom Rennsteig entfernt und liegen 720 m über dem Meeresspiegel, also in einer Höhenlage, wo der Ackerbau nicht mehr lohnt. Deshalb sieht man auch nur wenig Feld an den Abhängen, und dieses wenige ist meist mit Kartoffeln, nur zur Abwechselung mit etwas Sommerfrucht bestanden. Ohnedies sind die Abhänge so steil, daß der Pflug wenig gebraucht werden kann. Die Mittel zur Unterhaltung der zahlreichen Bevölkerung von nahezu 5000 Seelen liefert eben die Glasindustrie.

Lauscha.

In der Mitte des Dorfes, da, wo die beiden Thäler zusammentreffen, steht heute noch die nunmehr 300 Jahre alte Glashütte, welcher der Ort seine Entstehung verdankt. Der Eintritt wird uns bereitwillig gestattet, und so treten wir ein und schauen der Arbeit zu.

Vor uns erblicken wir den Schmelzofen, einem großen Backofen ähnlich, aus Sandstein und feuerfestem Thon aufgebaut. Seine Wände zeigen Öffnungen, die mit angelehnten Platten notdürftig verschlossen sind; zwischen den Spalten schlägt die Flamme heraus. Wir lassen uns erzählen, daß das Glas in der Hauptsache aus Quarzsand (Kieselerde) hergestellt wird. Damit die Masse schmilzt und das Glas weicher wird, setzt man irgend ein Salz zu. Das beste ist Pottasche, oder auch Soda oder reines Natron. Um aber eine bestimmte Farbe zu erzielen, muß der Glasmacher noch einen bestimmten Stoff beimengen, jedoch nicht so, daß er zu blauem Glas einen blauen Farbstoff, zu grünem Glas einen grünen Farbstoff nähme. Diese Farbstoffe, der Glühhitze ausgesetzt, geben nicht dieselbe Farbe wieder. Um z. B. grünes Glas zu erhalten, muß Kupferoxyd (Kupferasche) beigemengt werden, zu blauem Glase nimmt man Kobalt, zu gelbem aber Birkenholzkohle, zu rubinrotem dagegen echtes Gold, zu einer Abart davon Eisenoxyd, zu krystallhellem Kalk oder Gips, zu milchweißem Knochenmehl, zu milchweißem Emailleglas gar

Arsenik. Alles muß im richtigen Verhältnis gemengt werden; ein Fehlgriff könnte leicht ein unbrauchbares Gemenge geben.

Die Schmelzung des Glases erfordert einen hohen Hitzgrad. Je höher dieser ist, desto rascher schmilzt und desto besser wird das Glas. Der größte Hitzgrad ist nun gegenwärtig durch die Stein- und Braunkohle zu erreichen. Um diese aber hierzu verwenden zu können, muß der Ofen eine besondere Einrichtung haben, und so sind hier einige neue Glashütten entstanden mit Kohlenfeuerung. Die Dorfhütte aber hat noch Holzfeuerung, da ihr nach altem Rechte eine bestimmte Menge Holz zu billigem Preise geliefert werden muß. — Damit nun auch aus dem Fichtenholz ein möglichst hoher Hitzgrad erzielt wird, so wird dasselbe vorher auf einer Vorrichtung nochmals besonders getrocknet, wie es ja auch in der „Glocke von Schiller" heißt: „Nehmet Holz vom Fichtenstamme, doch recht trocken laßt es sein."

Mutterglashütte.

Wenn der Glasmacher meint, daß nunmehr die Glasmasse lauter genug sei, so hebt er an einer der Seitenöffnungen den Verschluß weg und entnimmt eine Probe, und wir haben jetzt auch Gelegenheit, einen Blick in das Innere des Ofens zu werfen. Wir sehen da hinter jeder Öffnung einen Schmelztiegel oder Schmelztopf stehen, wohl $1/_2$ m im Geviert und ebenso tief, vom Feuer umspielt. Der Glastopf ist aus feuerfestem Thon hergestellt, mit ziemlich starken Wänden, da die schwere Glasmasse einen großen Druck ausübt. — Der prüfende Blick des Glasmachers erkennt, daß die Masse genügend geschmolzen ist und die Verarbeitung beginnen kann. Gebrauchsgegenstände will er nicht machen, höchstens einen Krug oder eine Flasche zum eigenen Gebrauch. Alle Erzeugnisse dienen der Spielwarenindustrie. — Seine Werkzeuge sind höchst einfach. Die Hauptwerkzeuge sind ein etwa $1^1/_2$ m langer, runder, hohler Eisenstab, Pfeife genannt, und ein gleichlanger, massiver. — Diesen Stab taucht er in die Glasmasse ein, von welcher ein kleiner Teil daran hängen bleibt. Durch mehrmaliges Eintauchen hat sich schließlich ein mehrere Pfund haltender Klumpen angehängt, gerade so viel, als der Glasarbeiter zu seinem Vorhaben für nötig hält. Dieser Klumpen wird mehrmals abgekühlt und wieder durchgeglüht, auch inzwischen auf einer Eisenplatte durch Umwälzen zusammengedrückt; denn es dürfen keine Luftbläschen dazwischen bleiben; alles soll lauter und rein sein. Gröbere Unreinigkeiten werden mit einer Zange entfernt, und wir bemerken dabei, daß sich die warme Glasmasse behandeln läßt wie warmes Pech oder Siegellack. Da wir gar so aufmerksam zuschauen, ist ein andrer Arbeiter bereit, uns zu zeigen, wie es möglich ist, einen Märbel (eine massive Kugel) herzustellen, der eine Figur oder auch Blumen in sich schließt. Ihm ist das ein leichtes. Den einzuschließenden Gegenstand (aus unverbrennbarem Stoffe) drückt er in die nötige Glasmasse ein und umwickelt ihn zu einem Ballen, etwa wie man einen Stein in einen Schneeballen einpacken könnte. Nur die Abrundung macht etwas Schwierigkeit. Hierzu bedient er sich einer Art Schere, an deren einem Ende eine Halbkugelform angebracht ist. Indem nun der sitzende Arbeiter auf seinen Oberschenkeln die Eisenstange hin- und herwälzt und dabei an die wieder flüssig gemachte Glasmasse die Schere anhält, wird dadurch die Glaskugel abgedreht.

Inzwischen hat nun unser erster Arbeiter seinen Glasklumpen fertiggestellt, daß er verarbeitet werden kann. Sein Gehilfe setzt oder hängt am untern Ende ebenfalls einen Eisenstab an und läuft nun, die Glasmasse auseinander und hinter sich herziehend, 10, 20, ja 30 m weit fort, zuweilen gar um einen Pfahl herum und wieder ein gutes Stück zurück. Hat dabei der Arbeiter durch seine Eisenpfeife mit dem Munde fortwährend Luft nachgeblasen, so ist eine lange Glasröhre entstanden; bläst er dagegen nicht, so erhält er einen massiven Glasstengel. Hat das Produkt Biegungen erhalten, so kommt das nicht in Betracht, weil es ja weiter verarbeitet wird. Kommt es aber darauf an, schnurgerade und gleichmäßig starke Röhren zu erhalten, wie sie zum Thermometer, Barometer, Wasserstandsrohr an der Dampfmaschine u. dgl. gebraucht werden, so werden behutsam nur kurze Stücke gezogen. Ist die Röhre erkaltet, was sehr rasch geschieht, so wird sie in Stücke zerbrochen (1—1$^1/_2$ m lang) und nach Gewicht an die Fabrikanten der Spielwaren verkauft.

Wir folgen einem solchen, der eben mit einem Bund Röhren vorübergeht, in seine Wohnung und sehen hier im kleinen, was uns die Hütte im großen zeigte. Der Schmelzapparat wird durch eine kleine, offene Lampe dargestellt, die früher mit Lein- und Rüböl, mit Talg, später mit Paraffin gespeist wurde. Besser ist die jetzige Einrichtung mit Leuchtgas. Um eine größere Hitze zu erzielen, wird, wie beim Lötrohr, eine Stichflamme erzeugt, wozu unter dem Arbeitstisch ein kleiner Schmiedeblasebalg angebracht ist, welcher mit dem Fuße gezogen wird. Die Glasröhre wird der Stichflamme nahe und nach und nach ganz in dieselbe gebracht. Wollte man sie unvermittelt hineinhalten, so würde sie zerspringen und unbrauchbar werden. Bald ist sie an der betreffenden Stelle so weich geworden, daß sie gebogen, ausgedehnt, zusammengeschoben oder durch Hineinblasen ausgeweitet werden kann. Alle aus Hohlglas verfertigten Gegenstände werden durch Hineinblasen hergestellt, wie das spielende Kind mit einem Röhrchen die Seifenblasen erzeugt. Deshalb werden alle diese Glaswarenfabrikanten als Glasbläser, die in der Hütte dagegen als Glasmacher bezeichnet. — Um aber bequem aufblasen zu können, muß das Rohr vorher etwas zugerichtet werden. Am oberen Ende, wo es in den Mund genommen wird, wird es bedeutend verengt, am untern Ende aber ganz zu- und abgeschmolzen. Dies geschieht dadurch, daß man es zusammenbraten läßt und durch Wegziehen überflüssiger Teile abrundet. Diese Vorarbeit erfordert schon eine bedeutende Geschicklichkeit; der Glasbläser betrachtet das geschickte „den Spieß wegziehen" als Grundbedingung aller späteren Arbeit. Manche Dinge, z. B. Nüsse,

Menschenköpfe, werden in Formen geblasen, jedoch nur solche, die keine bedeutenden Erhöhungen und Vertiefungen haben; andernfalls würden sie sich nicht gut aus der Form loslösen. Auch erfordert das Nehmen und Weglegen der Form etwas Zeit; deshalb werden die meisten Sachen, zumal die schwierigen, ganz frei auf- und ausgeblasen. Beobachten wir z. B. die Herstellung eines Hirsches, so werden, nachdem der Körper durch Biegen die richtige Form erhalten hat, die Beine, die Ohren, das Geweih herausgezogen. Wo es nicht zulangt, wird ein neuer Stengel angesetzt.

Eine große Mannigfaltigkeit wird erzielt durch Farbenspiel. Schon in der Glashütte hat das Glas verschiedene Farben erhalten, welche nun noch durch Bemalen und Lackieren auf alle mögliche Weise ergänzt werden. Manche Gegenstände sollen matt, andere hellglänzend, manche überzuckert, andere glatt, die verschiedenen Früchte ihrer Naturfarbe entsprechend recht duftig erscheinen. Christbaumschmuck soll den Lichterglanz zurückstrahlen und wird deshalb meist von innen verspiegelt. Dieses geschah früher und geschieht teilweise jetzt noch durch Bleifolie, zu welchem Zwecke das eine Ende des Gegenstandes in flüssiges Blei eingetaucht und letzteres durch vorsichtiges Saugen mit dem Munde am andern Ende eingezogen wurde. Heute erreicht man denselben Zweck rascher auf kaltem Wege durch Einschütten von aufgelöstem Silber, dem noch einige, den Niederschlag bewirkende Stoffe (Salmiak, Natron) beigefügt werden.

Alle diese Spielwaren werden in den Wohnungen angefertigt, und so bildet fast jedes Haus eine kleine Fabrik für sich. Gar vielmal müssen die Gegenstände durch die Hände wandern, bis sie zum Versand fertiggestellt sind, und es hat jeder im Hause dabei eine bestimmte Arbeit zu verrichten, zu der er gerade am besten geeignet ist. Auch die Kinder müssen den Eltern hilfreich zur Seite stehen, zumal in der Zeit, da die meisten Bestellungen einlaufen. Da bewegen sich die kleinen Händchen flink beim Eintauchen und Überstreuen, beim Abschneiden und wieder Anreihen und Anleimen und Zusammensetzen, und sie arbeiten sich müde an den Sachen, die in der Ferne den Christbaum schmücken werden. Aber die Kleinen schaffen unverdrossen weiter; sehen sie doch die ob der vielen Arbeit so fröhlichen Mienen der Eltern, welche ihnen hin und wieder andeuten, daß das Christkind auch bei ihnen einkehren wird.

Außer Christbaumschmuck werden nun auch noch andere verwandte Artikel in Lauscha angefertigt, so z. B. Perlen und Glasschmelz zum Besatz der Damenkleider, Augen für Puppen, für ausgestopfte Tiere und für Menschen, Glasblumen, Cigarrenspitzen u. s. w., u. s. w. Unter den Glasperlen nehmen besonders die Fisch- oder Wachsperlen eine hervorragende Stelle ein. Das Innere derselben ist mit „Silber" belegt, welches von Fischschuppen abgelöst ist. — Die „Menschenaugen" können ja das verlorene Auge nicht ersetzen, aber sie geben dem entstellten Antlitz das normale Aussehen wieder, zumal sie dem gesunden Auge so täuschend nachgeahmt werden, daß kaum ein Unterschied zu merken ist. Ferner läßt sich das Glas zu haarfeinen Fäden ausziehen, welche dann wieder mannigfache Verwendung finden. Soll solches Glashaar hergestellt werden, so bedient sich der „Glasspinner" hierzu eines leichten Rades von 1—1½ m Durchmesser. Auf dem Rande desselben heftet er den Glasfaden an, und indem nun das Rad sich umdreht, zieht es einen Glasfaden ab, der desto feiner wird, je rascher sich das Rad dreht. In kurzer Zeit hat sich der Rand des Rades mit einer dicken Lage Glasfäden bedeckt, welche leicht abgehoben werden können. Sie gleichen gehecheltem Flachs. Ja, ein solcher feiner Faden kann trotzdem noch aus einer doppelten Lage von Glas bestehen. Das wird dadurch erreicht, daß der Glasspinner vorher zwei Glasstengel der Länge nach aneinander schmolz und dann abspann. Hatte das Glas verschiedenen Härtegrad, so zieht es sich bei der Abkühlung auch ungleichmäßig zusammen. Deshalb krümmt sich der Faden, und so entsteht elastische Glaswolle oder eine Glaslocke. — Das Glashaar wird verwendet zu Flügeln für Engel, Vögel, Schmetterlinge u. s. w. Es wird auch verflochten zu Broschen, Cravatten und Geweben. Zu letzteren hat sich der Fabrikant einen Webstuhl im kleinen eingerichtet. Doch wird dann als „Zettel" gewöhnlicher Garnfaden und nur als Einschlag Glashaar genommen. Auf diese Weise lassen sich größere Gewebe herstellen; ja, ein Gesangverein hat sich sogar eine Fahne aus solchem Glasgewebe anfertigen lassen, die stets die Bewunderung der Fremden erregt.

Erwähnt sei auch, daß Lauscha zwei Porzellanmalereien besitzt, in denen auf Porzellanplatten wahre Kunstwerke — meist Porträts — hingezaubert werden. Ihre Erzeugnisse sind ebenfalls weltbekannt.

Alle diese Beschäftigungen erfordern wenig körperliche Anstrengung, und da fast alles in der eigenen Behausung gefertigt werden muß, so sucht der echte Lauschaer mit richtigem Gefühl den aus der sitzenden Lebensweise sich ergebenden Übelständen vorzubeugen. An schönen Sommerabenden und jeden Sonntag bei halbwegs günstiger Witterung läßt es ihm daheim keine Ruhe. Hinaus muß er ins Freie, herumstreifen in Berg und Wald, die Brust auszudehnen und mit den Vögeln um die Wette zu singen. Des Abends aber findet man sich im traulichen Kreise zusammen, um die Tagesneuigkeiten zu besprechen oder in irgend einem Vereine höheren Zielen zuzustreben. Der Fremde fühlt sich angenehm berührt von der hier herrschenden Geselligkeit und Gemütlichkeit, und den Einheimischen, der in der Fremde weilen muß, zieht es immer wieder zurück zu den heimatlichen Bergen. Wenige halten es längere Zeit oder gar für immer in der Ferne aus.

Und nun, lieber Leser, solltest du einmal nach Lauscha kommen, dann versäume nicht, in den Abendstunden von einem geeigneten Punkte aus den Ort zu überblicken. Die Häuser, staffelförmig an den Bergen stehend, in allen Teilen von Familien besetzt, so daß nun alle Fenster erleuchtet sind; sie bieten dir eine Illumination, die dich gewiß überrascht, und du wirst gern zurückdenken an das liebliche, freundliche Dorf da oben im Walde.

Bräutigam, Lauscha.

Lauscha.

Lauscha ist das Eldorado
Deutscher Namens-Einigkeit:
Greiner Vetter, Greiner Schwager,
Greiner Mauschel, Greiner Bär,
Greiner Adam, Greiner Bastel,
Sixer und der Greiner mehr —
Hört man sonst nicht weit und breit.
Eins nur find' ich wunderlich:
Lausche hat kee Sperken nich!*)

Doch nicht nur für Greinersleute
Ward einst Lauscha aufgebaut:
Müller Patle, Müller Kleiner,
Müller Zieg' und Müller Schmied,
Müller Schulz und Müller Kuller
Und so weiter geht das Lied,
Daß mir vor dem Ende graut.
Eins nur find' ich wunderlich:
Lausche hat kee Sperken nich!

Auch um Lauscha's Wanderziele
Ist's fürwahr nicht schlecht bestellt:
Pappenheimer Berg — zum Stollen,
Kieferle — bis nach Steinheid,
Lauschenstein und Pump und Tierberg,
Köpplein — und wer weiß wie weit —
Ringsum Gottes schöne Welt!
Eins nur fand ich wunderlich:
Lausche hat kee Sperken nich!

Wohnt ein fleiß'ges, schlaues Völkchen,
Mit Erfindungsgeist bedacht,
Dort in Lauschas luft'gen Mauern, —
Das dich uzt im Übermut,
Dann mit musikal'schem Finger
Streichelt, bis du wieder gut:
Schmoll nicht, groll nicht über Nacht! —
Eins nur bleibt mir wunderlich:
Lausche hat kee Sperken nich!

Töppe, Ebeleben.

Geschichte der Sonneberger Industrie.

Auf der Höhe des östlich von der Stadt Sonneberg gelegenen Stadtberges befindet sich ein uralter, schon seit langer Zeit außer Betrieb gesetzter Wetzsteinbruch, an dem der Sonneberger Spielwarenfabrikant oder Kaufmann meist achtlos vorübergeht, nicht ahnend, daß dieser nun mit Tannen romantisch bewachsene Bruch die Wiege der Industrie des gesamten Meininger Oberlandes bildet. Als nämlich die alten Nürnberger, die schon weit früher als zur Zeit der Hansa handeltreibend das Land durchzogen, nach Niedersachsen reisten, berührten sie auf ihrem Wege auch das „Stetelyn zu Rötin beim hus von Sonnenb'g". Dieses Städtchen Rotyn ist das alte Sonneberg, das damals, im 13. und 14. Jahrhundert, an einer anderen Stelle als jetzt, und zwar in der Ebene vor dem Thale des Rotynbaches lag. Die alte Handelsstraße führte von Fürth am Berg, wo die einzige Furt über die Steinach ging, nach dem Städtchen Rotyn, nach dem uralten Bergdorfe Neufang, auf der Höhe des Bergrückens weiter nach Steinheid und Altenstein bis nach Niedersachsen. Rotyn war der letzte Ort am Fuße des Thüringerwaldes, den die Nürnberger vor ihrem Aufstieg nach Neufang berührten. Darum verweilten sie hier etwas

*) Lauscha hat keine Sperlinge.

länger, um die nötigen Vorbereitungen für ihre Bergfahrt zu treffen. Galt es doch, das Fuhrwerk auszubessern, den Pferdebeschlag zu befestigen u. dgl. mehr. Bei diesem längeren Aufenthalte sollen die Nürnberger der Sage nach den Wetzsteinbruch auf dem Stadtberge entdeckt, die Bewohner Rotyns zur Wetzsteinindustrie angehalten und dann den Vertrieb der Steine übernommen haben. Der Sicherheit wegen verließen aber die Bewohner des alten Rotyn zur Zeit der Hussitenkriege die Ebene und siedelten sich im Rotynthale an, wo ihnen die alte Burg Sonneberg, auf dem heutigen Schloßberg gelegen, Schutz gegen äußere Feinde gewähren konnte. Dieser Wohnungswechsel bedeutet die Gründung des eigentlichen „Sonneberg".

Nach manchen Forschern soll dieselbe jedoch schon lange vor den Hussitenkriegen vor sich gegangen sein, soll sogar neben dem Städtchen Sonneberg das Stetelyn zu Rotyn fortbestanden haben. Doch mag dem sein, wie ihm wolle, uns interessiert, daß auch mit den Bewohnern des Röthenthales die Nürnberger in Handelsbeziehungen blieben. Die Fabrikation der Wetzsteine, die sich sehr bald eines Weltrufes erfreuten, hob sich mehr und mehr, und die biederen Waldbewohner gelangten in immer engeren Verkehr mit den Bürgern der alten Reichsstadt. Infolge des Holzreichtums des Thüringerwaldes kamen die „Steinmacher" bald auch auf ein zweites Arbeitsfeld, die Holzwarenindustrie. Es ist nicht unmöglich, daß den Anlaß hierzu ebenfalls die Nürnberger gegeben haben, umsomehr, als wir wissen, daß bereits um die zweite Hälfte des 13. Jahrhunderts in Nürnberg ein Gewerk der Holzschnitzer blühte. Die Früchte der neuen Industrie, die, wie die Sage berichtet, anfänglich nur in Stiefelknechten, Tellern, Schüsseln, Löffeln u. s. w. bestanden, wurden selbstverständlich auch von den Nürnberger Kaufleuten in den Handel gebracht. Nur äußerst selten versuchten die „Schnitzer" selbst, auf dem Weg des Hausierens ihre Erzeugnisse umzusetzen. So hätten wir in Sonneberg die Wiege der Industrie des Meininger Oberlandes, die jedoch nach der Meinung anderer möglicherweise auch in dem Bergdorfe Judenbach zu suchen ist. Als nämlich später die große Handelsstraße nach Leipzig den bequemeren Aufstieg nach dem Walde über Oberlind, Malmerz, Steinbach, Judenbach, Gräfenthal nahm, kamen die Nürnberger auch nach Judenbach und sollen dort den Grund zur Holzwarenindustrie gelegt haben. Von dort soll dieser Industriezweig erst nach Sonneberg gekommen sein. Der Umstand aber, daß Sonneberg weit früher als Judenbach in Geschäftsverbindung mit Nürnberg stand, spricht wohl dafür, daß der Ursprung der fraglichen Industrie in die genannte Stadt zu verlegen ist.

Während der Zeit der Reformation entwickelte sich im oberen Thale der Röthen auch die Schiefertafel- und Griffelindustrie, hervorgerufen durch die verbesserten Schulverhältnisse.

„Als nämlich die Reformation in Thüringen Fuß gefaßt hatte und sogenannte deutsche Schulen in jedem Städtchen eingerichtet worden waren, entstand Nachfrage nach dem billigsten Schreibmaterial. Diesem Bedürfnis konnte in ganz Europa kein Ort besser entsprechen, als das Meininger Oberland, zunächst das Städtlein Sonneberg, dessen dünnspaltiger Schiefer im Röthenthale und Schieferstein am Stadtberg vorerst ein genügendes Schreibmaterial lieferte. Die damaligen Schiefertafeln

Nach einer photograph. Aufnahme von J. R. Horn, Sonneberg.

Sonneberg.

bestanden bloß aus länglich viereckigen, behauenen Schieferstücken und waren nicht umrahmt. So trat denn zuerst von Sonneberg aus das „steinerne Papier“ als ein wahrer Volksbeglücker seinen Weg in alle deutschen Schulen, nach und nach in alle Weltteile an. Kein praktisches Volkslehrmittel in der Welt, welches durch seinen geringen Kaufpreis so volkstümlich geworden ist, hat so ruhig, sicher und dauernd Epoche gemacht, wie die Schiefertafel und der Griffel. Kein zweites Hilfsmittel hat der Lehre Luthers fortwährend solchen Vorschub geleistet wie der Griffel und die Schiefertafel. So belohnte dies Zwillingspaar seinen Urheber, die Reformation. Die Wetzsteinfabrikation bestand natürlich fort. Aus der Holzwarenindustrie, die bisher nur Hausgebrauchsgegenstände erzeugte, gingen um diese Zeit die Holzspielwaren hervor, die gleichfalls als „Nürnberger Waren“ auf den Markt kamen. Durch die Abzweigung der erwähnten neuen Handelsstraße hatte Sonneberg im unmittelbaren Verkehr mit den Reisenden und Fuhrleuten verloren, gewann nun aber im mittelbaren durch seine Spielwaren, die, obgleich sie nur roh aus dem Holze geschnitzt und äußerst einfacher Natur waren, überall gern gekauft wurden. Zunächst bestanden sie wohl nur in „Klappern“, „Schnurren“ und „Pfeufen“.

Mit der Ausdehnung des Absatzgebiets steigerten sich jedoch bald auch die Ansprüche, welche an die Holzwaren in Bezug auf Aussehen und gefällige Form gestellt wurden. Deshalb begann man ungefähr zwei Jahrzehnte vor dem Ausbruch des Dreißigjährigen Krieges, die Schachteln und Koffer, Salzmetzen, Mehlkübel und Nähpultchen mit Leimfarben bunt zu bemalen. Es entstand ein neuer Industriezweig, die Wismutmalerei, die Sonneberg ebenfalls Nürnberg verdankt. Rasch wurde die Wismutmalerei zum bedeutendsten Gewerbe in Sonneberg. Neben den „Weißmachern“, welche die Waren roh aus dem Holz schnitzten, bildete sich eine Gewerkschaft der „Maler“. Dieselben bemalten die Erzeugnisse der Weißmacher mit allerlei Zierat, Figuren und Blumen und setzten wohl auch einen Bibelvers oder einen selbstgedichteten kräftigen Reim darunter. Letzterer war aber meist so derber Art, daß oftmals Klagen darüber von auswärts einliefen, „sintemal züchtige Frauen oder Jungfrauen dergleichen Sachen gar nicht ansehen, geschweige gar kaufen möchten.“ Welch naiver Art überhaupt die Malerei von damals gewesen ist, kann man daraus ersehen, daß man die Holzpferde, deren Rumpf eine vollkommene Walze und deren Beine gerade, rund geschnitzte Hölzer waren, einfach vom Kopf bis zum Schwanze rot und blau ringelte. Diese eigenartigen Geschöpfe gefielen der Landbevölkerung, und noch heute lebt in Gräfenthal ein Holzpferdefabrikant, der auf speziellen Wunsch den Bauern diese sonderbaren Tiere herstellt. Hauptsächlich aber blühte die Blumenmalerei. Auf buntfarbigen Grund setzte man grellbunte Tupfen in Gruppen, verband sie durch wellenförmige Linien und besetzte sie mit grünen ovalen Tupfen, welche die Blätter darstellen sollten. Auch Früchte, besonders Weintrauben, malte man auf diese Weise.

Dieser Periode der Entwickelung der Sonneberger Industrie folgte nun, hervorgerufen durch den Dreißigjährigen Krieg, eine Zeit des Rückschlags. Nürnbergs ausgedehnter Handel war lahm gelegt worden, und als endlich der ersehnte Friede in die erschöpften Länder einzog, ließen die „Kipper und Wipper“ mit ihrer Münzverschlechterung den Handel noch lange nicht wieder zu Kräften kommen. „Es ist aber kein Übel so groß, daß nichts Gutes daraus entspringe.“ Als im 17. Jahrhundert die Nürnberger der Geldverhältnisse halber mit so ordinären Waren, wie sie damals in Sonneberg angefertigt wurden, keinen Großhandel mehr treiben konnten, sahen sich die Meininger Oberländer genötigt, sich dem Verschleiß ihrer Waren selbst zu unterziehen. Durch ihren Verkehr mit den Nürnbergern hatten sie im Laufe der Zeit sich mannigfache geschäftsmännische Kenntnisse angeeignet, auch waren sie durch die „deutsche Schule“, welche im Jahre 1585 in Sonneberg errichtet worden war, im Lesen, Rechnen und Schreiben ziemlich bewandert, so daß sie neben den Nürnbergern mit ihren Wetzsteinen und Holzwaren die Messen und Märkte besuchen konnten. Trotz der Geldnot fanden sie zufriedenstellenden Absatz. So wurden diese von der Not zum Reisen gezwungenen Wismutmaler und Steinmacher die Pfadfinder des Sonneberger Handels. Hauptsächlich waren es die Messen zu Frankfurt a. M., die von ihnen besucht wurden. Dort waren sie auch bald wie die Nürnberger fast von aller Zoll- und Geleitsabgabe befreit und hatten nur einige geringe selbstgefertigte Fabrikate dafür abzugeben. Obwohl sich nun die Sonneberger Kaufleute, die sich allmählich aus den Wismutmalern herauskrystallisierten, mehr und mehr von den Nürnbergern zu emanzipieren suchten, brachten sie ihre Spielwaren, „buntfarbig bemalt und g'spaßig anzuschauen“, überall als „Nürnberger“ auf den Markt; denn Sonneberg kannte niemand, und Nürnberg hatte einmal den guten Klang. Dabei genossen die Sonneberger da, wo sie als Nürnberger angesehen wurden, weit größere Achtung und ließen sich diese auch gern zollen.

Aus dem Meßhandel entwickelte sich allmählich der Kommissionshandel, und zwar wird ein Holländer, ein gewisser Herr von Hütt, genannt, welcher dazu am Anfang des 18. Jahrhunderts die Veranlassung gegeben haben soll. Viele Sonneberger Kaufleute legten im Auslande ihre Etablissements an und eröffneten eine Reihe günstiger Absatzwege. Was damals alles verfertigt und wohin es versendet wurde, giebt ein Bericht vom Jahre 1735 an: „Nebst dem Ruß, womit ein großes Commercium getrieben, finden hier Spiegeln, Schiefertafeln und Schieferbüchlein, welch letztere durch die ganze Welt, besonders nach West- und Ostindien gehen, Kisten, Schachteln, Spiegelrahmen, von denen ganze Kisten nach Nürnberg geliefert werden, Brieftaschen, Kammfutterale, messingene Nägel, Handknöpfchen, Bleistifte, Wandleuchter, Tabuletten, Wasserspritzen, Würzladen, Schränkchen, Salz- und Mehlfässer, Tabakspfeifenfutterale, Bierstutzen, Schüsseln, Teller, Eß- und Kochlöffel, Schreibzeuge, Zuckerbüchsen und allerhand Kinderwaren, als Nähpultchen, Coffrigen, Degen, Pistolen, Flinten, Pfeufen, Geigen, Kegelspiele, Nußbeißer, Klapper, Guckguck, Schnurren, Pfennigpfeufen u. dgl. mehr ihren Vertrieb, zu dem Ende sind gewisse Magazine und Packhäuser angelegt, worin alle diese Waren, jedes nach seiner Art rangiert wird, welches wegen der mancherlei buntfarbigen Vermischung eine charmante Veränderung macht und artig in die Augen fällt; mit allen diesen Waren wird von hier aus nach Holland und England, nach Dänemark, Schweden, Norwegen, Moskau, Astrachan und Archangel, nach Österreich, Ungarn und Siebenbürgen, nach Nürnberg, Prag und München, nach Frankfurt a. M., Straßburg,

Leipzig, Magdeburg, Braunschweig, Hamburg, Lübeck, Breslau und Königsberg ein unaussprechlicher Handel getrieben und daraus sowohl zu der Handelsleute selbst eigner, als zu der gesamten Bürgerschaft und benachbarter Dorfschaften Aufnahme und Wohlsein ein schönes Geld gelöst und ins Land hereingebracht." Ein Sonneberger, Namens Joh. Nic. Döbrich, hatte sogar Schiffe zur See gehen, wovon eins den Namen Sonneberg führte. Nicht geringen Anteil an dieser Blüteperiode der Sonneberger Industrie hatte der spanische Erbfolgekrieg. Nürnberg, das bis dahin fast im Alleinbesitz des Flintensteinhandels war und die Steine aus Frankreich bezog, konnte von dort her eben des Krieges wegen keine mehr erhalten. Es suchte Bezugsquellen in Deutschland. Sonneberg konnte die Steine liefern und nahm auf diese Weise teil an dem einträglichen Handel, der sich auf nahezu sämtliche Heere Europas erstreckte. „Der unvergeßliche Herzog Georg I., der dem Meininger Oberland mit besonderer fürstlicher Huld und Gnad zugethan war und im Vorgefühl von dessen noch zu erringender industrieller Bedeutung die bestehenden kommerziellen Verhältnisse zu regeln suchte, erteilte unter dem 24. Februar 1789 der Sonneberger Kaufmannschaft ein Statut, das sogenannte Privilegium, worin die Trennung von Handel und Gewerbe ausgesprochen, die gehörige Erlernung der Kaufmannschaft und ein ordentlicher Geschäftsbetrieb den Beteiligten zur Pflicht gemacht, sowie alles empfohlen wurde, was zur Heranbildung eines ehrenhaften, intelligenten und in jeder Beziehung tüchtigen Handelsstandes zur damaligen Zeit nur irgend beizutragen imstande war."

Die erste Blütezeit Sonnebergs endet mit dem Beginn der französischen Revolution und der darauffolgenden langjährigen Kriege Napoleons. Der Rückgang war zu gewaltig, als daß die Sonneberger nicht auf Mittel gesonnen hätten, auf irgendwelche Weise einen Ausgleich zu schaffen. So erfanden die Wismutmaler die Kunst des „Bossierens". Um jene Körperteile, welche aus Holz besonders schwierig oder umständlich zu schnitzen waren, leichter, minder kostspielig und doch eleganter herstellen zu können, hatte man aus Schwarzmehl und Leimwasser eine Teigmasse gebildet, aus der man beschriebene Teile auf die gewünschte Art formen konnte. Die Beschäftigung der Bossierer setzte eine gewisse Fertigkeit voraus, da sämtliche Figuren, Stück für Stück, aus freier Hand hergestellt werden mußten. „Bossieren = bosseln" heißt auch soviel wie „fingern", „mit der Hand formen". So viele Vorteile aber die bossierten Fabrikate hatten, so viele Nachteile hatten sie auch. Bei der geringsten Feuchtigkeit, der sie ausgesetzt waren, verschimmelten sie und mußten sie sogar übers Meer, so kamen sie äußerst selten ohne einen dicken grünen Überzug beim Besteller an. Außerdem waren die Teigwaren ein gesuchter Leckerbissen der Mäuse. Diese benutzten die Pakete mit Vorliebe als Wohn-, Schlaf- und Speisezimmer zugleich, und nur zu oft kam es vor, daß ein auswärtiger Kunde statt der bestellten „Reiterlein" lebende Mäuse mit zahlreichen Jungen erhielt. Diese Übelstände zwangen die Sonneberger, ein Mittel zu erfinden, das frei von solchen Mängeln sei. Der Kaufmann Friedrich Müller war es, der im ersten Jahrzehnt des vorigen Jahrhunderts seiner Vaterstadt die Papiermasse gab. Diese, ein Gemisch aus Papier, Leimwasser, der Masse (geschlemmter weißer, thonhaltiger Sandstein) und Schwarzmehl, besaß die gewünschten Vorzüge. Nun wurde die ganze Spielwarenindustrie eine andere. Man modellierte den herzustellenden Artikel in Thon, verfertigte mit Hilfe des Modells Schwefelformen, welche die Figur in vertiefter Arbeit enthielten und drückte einfach die Papiermasse hinein. Eine neue Kategorie von Arbeitern entstand, die „Drücker“. Nun nahm man vom Modell ein Dutzend Formen, gab diese einem Dutzend Drückern und erhielt in kurzer Zeit Tausende von Figuren geliefert. Jetzt erst war es möglich geworden, Massenartikel für ein billiges Geld herzustellen und ihnen ein gleichmäßiges Aussehen zu geben, wie es der Weltmarkt verlangt.

Während dieser Entwicklungszeit der Sonneberger Industrie war Napoleons Sturz und die Aufhebung der verderblichen Kontinentalsperre erfolgt. Ein Aufblühen des Handels wurde aber durch die hohen Zölle noch verhindert. Wurden doch selbst die einzelnen Bundesstaaten im eigenen Vaterlande durch Schlagbäume voneinander getrennt. In Österreich und Rußland, jenen weiten Ländern mit ihrer zahlreichen Bevölkerung, wurde mit Ausnahme von Schiefertafeln, Griffeln und Wetzsteinen die Einfuhr sämtlicher Sonneberger Fabrikate gänzlich verboten; Spanien, Portugal und die italienischen Staaten folgten diesem Beispiele nach, und Frankreich belastete die meisten Waren mit so hohen Eingangszöllen, daß deren Verbrauch sich notwendigerweise vermindern mußte. Deshalb bahnte man Ende der zwanziger Jahre den Absatz über das Meer an, der denn auch in dem Maße gelang, daß schon 1826 die Ausfuhr auf 18000 Centner stieg.

Vorteilhaft wirkte auch der 1833 ins Leben gerufene deutsche Zollverein auf den Sonneberger Handel. Jedoch bei all diesen nun günstigen äußeren Umständen konnte sich der Handel in der gewonnenen Ausdehnung nicht halten oder gar steigern, wenn sich nicht auch die Gewerbthätigkeit beständig fortschreitend entwickelte. Es wichen deshalb manche geringe, keines großartigen Betriebs fähige Industriezweige anderen, besser lohnenden. Die Anfertiger der Schieferbüchlein, der Spiegelrahmen, Hemdknöpfchen, Bleistifte u. s. w. gaben ihre bisherige Beschäftigung auf und wandten sich der Spielwarenfabrikation zu. Die alten, unzierlich geformten Spielwaren wieder wurden durch schönere, den gesteigerten Ansprüchen des kaufenden Publikums entsprechende ersetzt. Eine besondere Art der Fabrikation, die Puppen- oder Dockenfabrikation, entwickelte sich. Köpfe, Arme und Beine wurden meistenteils aus Papiermasse hergestellt, während die Bälge, die aus Leder oder Shirting bestanden, mit Heu oder Sägespänen ausgestopft wurden. Heutzutage verwendet man jedoch nur zu den ganz gewöhnlichen Sorten gedrückte Köpfe. Nach dem Vorgang des Sonneberger Fabrikanten Heinrich Stier verfertigt man seit der Mitte des vorigen Jahrhunderts die Wachspuppenköpfe. Bei dieser den Chinesen nachgeahmten Methode braucht man gerade wie beim Drücken ein Modell, wonach man Gipsformen herstellt, in die das flüssige Wachs gegossen wird. Nach ungefähr zwei bis drei Minuten gießt man die Formen wieder aus, öffnet sie und erhält den hohlen Wachspuppenkopf, den man mit Glasaugen versieht, der Dauerhaftigkeit wegen inwendig mit einer gipsartigen Masse auslegt, dann malt und zuletzt frisiert. Noch neueren Ursprungs sind die Puppen mit Porzellanköpfen, die ebenfalls mit Glasaugen versehen und frisiert werden müssen. Auch vollständig aus Pappe gestanzte Puppen und Gelenkpuppen (mit beweglichen Gliedern) werden jetzt vielfach fabriziert.

Seit dem letzten, glorreichen Kriege hat Deutschland in seinem Handel und in seiner Industrie einen derartigen Aufschwung genommen, daß es jeder Konkurrenz des Auslandes erfolgreich gegenübertreten kann. So hat sich auch die Spielwarenindustrie in einer Weise gehoben, daß sie wohl einzig in der Welt dastehen dürfte. Neben der Fabrikation gekleideter Puppen, die zu beschreiben, Eulen nach Athen tragen hieße, da sie von den einfachsten bis zu den feinsten überall bekannt sind, verfertigt Sonneberg Spielwaren, die in ihrer Zusammensetzung und Ausführung nicht weit von den Erzeugnissen der Kunst entfernt sind. Die sinnreichsten mechanischen, die prachtvollsten Musikdrehfiguren, die naturgetreu, oft in Lebensgröße hergestellten und meist mit natürlichem Kleide versehenen Tiere, sie alle gehen nach allen Richtungen der Windrose als „Sonneberger Spielwaren" über den ganzen Erdball und gereichen ihrer Heimat zur Ehre. Der Achtung, die dereinst der Nürnberger in Deutschland genoß, erfreut sich heute der Sonneberger selbst im Auslande. Nicht vergessen sollte er aber, daß er die Grundlage seiner Existenz und seines Ruhmes dem verödet auf dem Stadtberg liegenden alten Wetzsteinbruche verdankt.

H. Pistor, Sonneberg.

Die Griffelindustrie des Meininger Oberlandes.

Schon das Kind in der Wiege begrüßt in der Klapper ein Erzeugnis Thüringer Gewerbfleißes. Der glänzende Glasschmuck des Christbaums, den es jubelnd umspringt, ist ebenso ein Erzeugnis des Thüringer Waldes, wie das Wiegenpferd des Knaben und die Puppe des Mädchens, die neben andern Sonneberger Spielsachen den Weihnachtstisch schmücken. Mit einigem Stolz empfängt der sechsjährige Erdenbürger von einer guten Tante oder Pate die Schiefertafel und das Kästchen mit Griffeln und trägt dann beides an jenem großen Tage mit etwas gemischten Gefühlen zur Schule. Schiefertafel und Schiefergriffel, auch sie sind Erzeugnisse des Thüringer Waldes. Besonders im östlichen Teile dieses Gebirges, im Herzogtum Meiningen, tritt sowohl Tafel- als Griffelschiefer zu Tage. Der Griffelschiefer ist insofern vom Tafelschiefer verschieden, als er nach zwei Richtungen hin sich spalten läßt, was beim Tafel- und Dachschiefer, welchen besonders die weltbekannten Brüche bei Lehesten liefern, nicht möglich ist. Griffelschiefer wird besonders bei Hasenthal, Haselbach, Spechtsbrunn und Steinach gefunden. Die Griffelindustrie ist eine verhältnismäßig noch sehr junge. Bis zur Mitte dieses Jahrhunderts beuteten nur Einzelne in den angegebenen vier Dörfern den Schiefer aus, schabten die Griffel noch mit der Hand rund und gaben sie an den Kaufmann oder auch den Lehrer des Ortes ab. Dieser verschickte sie dann an die Ortschaften des Flachlandes. Später, als die Nachfrage eine größere wurde, thaten sich die Bewohner der genannten Dörfer zu Genossenschaften zusammen, nahmen von dem Meininger Staat ein großes, Griffelstein bergendes Areal in Pacht und betrieben dessen Ausbeutung auf eigene Rechnung und Gefahr. Als die goldene Zeit preisen die Griffelmacher die von 1872 bis in die achtziger Jahre. Ein einziger Unternehmer hatte eine Zeit lang die gesamte Griffelindustrie in der Hand und bestimmte, da ja der Bezirk der erwähnten vier Dörfer die meisten und besten Griffel der Welt lieferte, den Griffelpreis. 50 Mark und noch mehr verdiente da bei fleißiger Arbeit wöchentlich eine Griffelmacherfamilie. Manche haben die Zeit benutzt und sind zu einigem Wohlstand gelangt, manche haben es auch nicht gethan. Sie sind arm geblieben und sehnen sich nun gleich jenem Bergmann nach der Wunderblume und den verschwundenen Schätzen. Die hohen Griffelpreise veranlaßten, auch an anderen Orten des Meininger Oberlandes und im Schwarzburgischen nach Griffelschiefer zu graben, und zum Teil geschah das mit Erfolg. Es entstand Konkurrenz, mit ihr Zwistigkeiten zwischen Griffelmachern und Unternehmer, schließlich durch Überproduktion ein rasches Sinken der Griffelpreise, was den Meininger Fiskus veranlaßte, die Industrie selbst in die Hand zu nehmen und die Griffelbrüche zu Hasenthal, Haselbach, Spechtsbrunn und Steinach zu verstaatlichen. — Besuchen wir nun, um zu sehen, wie eigentlich unser Schieferstift entsteht, einen solchen Griffelbruch. Jeder ist mit einem kleinen Koloniedorf von Bretterhütten umgeben, den Arbeitsstätten der Griffelmacher. Mit kräftigem „Glückauf!“ fährt früh eine Abteilung in den Bruch ein, um den nötigen Griffelstein zu brechen. Die Arbeit ist keine leichte, und Unglücksfälle sind dabei nicht selten. Der gewonnene Stein wird in gleiche Haufen geteilt und verlost. Jeder Griffelmacher bringt sein „Los“ in das „Steinloch“, eine kellerartige, mit einer Thür versehene Vertiefung bei seiner Hütte. Darin muß der Stein feucht gehalten werden; denn nur feuchter Griffelschiefer spaltet, einmal trocken geworden, ist er wertlos. In seiner Hütte zersägt dann der Griffelmacher den Stein in kleine, der Griffellänge entsprechende Stücke. Die Arbeit geschieht mit der Handsäge und ist nicht nur anstrengend, sondern auch wegen des eingeatmeten Schieferstaubes gesundheitsschädlich. Die erhaltenen Stücke werden dann nochmals zersägt oder auch mit einem scharfen Hammer in Platten und diese wieder in lauter viereckige Säulchen gespalten. Der hierbei Zusehende weiß nicht, was er mehr bewundern soll, die Fertigkeit und den sicheren Blick des Arbeiters oder das Material, das sich leichter spalten läßt, als Holz. In einer Ecke der Griffelhütte steht die „Maschine“, welche das „Durchmachen“ der Griffel besorgt, ein einfaches Holzgestell. Zwischen zwei aufrechtstehenden Holzsäulen ist ein Querbalken befestigt, welcher ein kegelförmiges Eisen trägt, das mit einer geschärften, der Griffelstärke entsprechenden Öffnung versehen ist. Ein anderer Querbalken ist unten mit einem Fußtritt, oben mit einem federnden, an der Decke der Hütte befestigten Fichtenstämmchen verbunden und läßt sich zwischen den beiden Säulen auf und ab bewegen. Der rohe Stift wird auf die Mündung des Eisens aufgesetzt, ein Druck mit dem Fuße, der Querbalken senkt sich nieder, drückt den Stift durch die Öffnung, und er fällt gerundet und geglättet unten heraus. Je nach Beschaffenheit der Mündung können schwache und starke, vier-

und dreieckige Griffel gefertigt werden. Das „Durchmachen“ war früher die Aufgabe der Frauen und Kinder, jetzt ist die Kinderarbeit auf den Brüchen verboten. Der Verdienst der Griffelmacher ist dem anderer Arbeiter gegenüber ein geringer. Die Schuld liegt aber nicht an dem Staate als Arbeitgeber, sondern an der Konkurrenz der entstandenen Privatbrüche, mit welcher auch er zu rechnen hat. Große Ansprüche an das Leben stellt der Griffelmacher nicht. Fast jeder besitzt ein Häuschen und ein Stück Feld, welches ihm sein Hauptnahrungsmittel, die Kartoffel, liefert. Der Griffelmacher genießt sie selbstzubereitet als Mittagsmahl allein in seiner Griffelhütte und als Abendbrot zuhause mit seiner Familie. Am Sonntag erscheint sie in Form von rohen Klößen auf dem Tisch. Verschiedene Pilze, vor allem aber der sogenannte Stockschwamm, welchen die Frauen ausgezeichnet zuzubereiten verstehen, sind ein Leibgericht der Griffelmacher. Um es sich zu sichern — denn auch andere Leute finden die Stockschwämme sehr schmackhaft — gräbt mancher die großen Buchenstöcke, an welchen sie wachsen, mit vieler Mühe aus und schafft sie in seinen Garten oder Keller. Werden sie zuweilen begossen, so geben sie willig an jedem Sonnabend ihren Ertrag. Der geringe Verdienst der Griffelmacher wird durch die Arbeit ihrer Frauen und Kinder etwas erhöht, welche sich mit dem „Veredeln“ der Griffel beschäftigen. Die rohen Griffel werden aus dem staatlichen Lager an die Händler abgegeben, welche sie zur Veredlung an einzelne Familien verteilen. Frauen und Kinder umwickeln die Griffel mit Gold-, Silber- oder Buntpapier und spitzen sie mit einem beilartigen Instrument. Neuerdings werden die Spitzen größtenteils angeschliffen. Kisten und Kästchen jeder Größe, vom geringen Holzkasten bis zum feinsten Etui mit englischer Aufschrift, in denen die Griffel versandt werden, werden ebenfalls in den Griffelorten selbst gefertigt und sind Gegenstände eines besonderen Erwerbszweiges. Bei ihrer Herstellung sowohl, als auch beim Verpacken der Griffel sind Frauen und Kinder mitbeschäftigt. Die Händler des Griffelbezirkes versenden ihre Ware nach allen Teilen der kultivierten Welt. Die meisten, aber auch geringsten Griffel, z. B. die sogenannten Stümpfe, kaum fingerlange, aber doch mit Kattunpapier umwickelte Abfallgriffel, gehen nach England oder direkt in dessen Kolonieen. Mit dem Stifte, den der Griffelmacherknabe „gewickelt“, während der Schneesturm an den schieferbeschlagenen Wänden seines Vaterhäuschens klapperte, malt der ebenso arme Hinduknabe unter der heißen Sonne Indiens seine ersten Schriftzeichen. — Was das Erntefest für den Landmann, nämlich ein Dank- und Freudenfest, das ist das sogenannte Bergfest, welches alljährlich zu Fastnacht gefeiert wird, für den Griffelmacher. Wahrscheinlich ist es aus alter Zeit übernommen, in der die Väter in denselben Bergen nach Eisenstein gruben, in denen es heute die Söhne nach Griffelstein thun. Besonders feierlich gestaltete sich das Bergfest in Hasenthal und Spechtsbrunn, wo es allerdings wegen des schlechten Geschäftsganges in den letzten Jahren gar nicht gefeiert wurde. In langem Zuge begaben sich die Griffelmacher Hasenthals mit ihren Familien nach dem Kirchdorfe Spechtsbrunn, woselbst ein besonderer Dankgottesdienst abgehalten wurde. Der Nachmittag gehörte den Kindern, welche mit Brezeln und Bier traktiert wurden und sich bei Spiel und Tanz belustigten. Abends fand der Griffelmacherball statt, bei welchem man Gelegenheit hatte, die Frauen und Mädchen in ihrer schmucken, einer vergangenen Zeit angehörigen Tracht zu bewundern. Sie ist in Franken noch zu finden, auf dem Walde haben aber wohl nur die beiden Dörfer Hasenthal und Spechtsbrunn an ihr festgehalten. Sie besteht in kurzem, schwarzem Tuchrock, der in vielen Falten herabfällt, roter, grüner oder bunter Schürze, knappem Mieder, welches oben das weiße Hemd sehen läßt, und buntem Busentuch. Niedrige Schuhe und weiße Strümpfe, blanker Gürtel und Halskette vervollständigen den Anzug. Arme und Hals werden bloß getragen und nur im Winter durch eine schwarze Jacke geschützt, die eigentlich zu dem farbenreichen Anzug nicht recht passen will. Der Meinung mag wohl auch unser kunstsinniger Herzog Georg II. gewesen sein, als er vor einigen Jahren mit seiner Gemahlin seine getreuen Griffelmacher zu Hasenthal und Spechtsbrunn besuchte. Beide waren entzückt von dem schmucken Aussehen der Mädchen, und der Herzog ermahnte sie, doch ja an ihrer schönen, gediegenen Tracht festzuhalten und sie nicht mit den modernen leichten Fähnchen zu vertauschen. Um die schwarze Jacke, welche auch keineswegs sehr warm hält, überflüssig zu machen, sandte zum Weihnachtsfest die Freifrau von Heldburg sämtlichen Schulmädchen von Hasenthal und Spechtsbrunn gestrickte wollene Leibchen, wie solche in manchen Alpengegenden getragen werden. Die grüne Farbe derselben und der rote Saum paßten ausgezeichnet zu buntem Busentuch und roter Schürze. Sie wurden mit großer Freude empfangen und getragen. Daß auch sonst der Landesvater den Bewohnern des Griffelbezirkes großes Wohlwollen gezeigt und z. B. die Kirche zu Steinach fast ganz auf eigene Kosten wieder hat aufbauen lassen, soll nicht unerwähnt bleiben. Hoffentlich werden auch bald die Preise der Griffel höhere und lassen die Griffelmacher wieder ihr Bergfest in alter Weise und Fröhlichkeit feiern!

Nach einer photogr. Aufnahme von Lehrer Langguth, Graefenthal.

Hasenthaler Schulmädchen.

Tuisko Krauße, Camburg.

Der Spinngang.

(Eine Thüringer Volkssitte.)

Wieder hatte sich ein kurzer Wintertag seinem Ende zugeneigt, und die dunkle Nacht senkte ihre düsteren Schatten hernieder über das einsame Walddörfchen am „alten Landgrafenstieg". Die niedrigen, schindelgedeckten Häuser waren fast ganz versteckt hinter hohen Windwehen. Etwas abseits von der arg verschneiten Dorfstraße stand ein kleines Haus. Man konnte durch die matten Fensterscheiben hinein in die niedrige Stube sehen, welche durch ein „Öllämpchen" nur notdürftig erleuchtet wurde. Drinnen saßen Vater und Mutter in eifrigem Gespräche begriffen, während zwei kleinere Kinder am Boden spielten und ein erwachsenes Mädchen Tisch und Stühle zurecht rückte, als erwarte sie Besuch.

Nach einer kurzen Pause wandte sich die Frau dem Manne zu und sprach: „Geh' naus, Valtin, in die Küche und leg' noch einen tüchtigen Stock in den Ofen, damit es in der Stube hübsch warm bleibt. Unsere Emma ist heute mit dem Spinngang an der Reihe, und die Mädchen werden nicht lange auf sich warten lassen." „Gleich, Regine", sagte der Angeredete, ein wetterharter Holzhauer, der am geräumigen Kachelofen saß und behaglich sein Pfeifchen schmauchte. Das Wort Spinngang hatte ihn ganz heiter gestimmt, bezeichnete es doch die einzige Freude, die den Dorfbewohnern in den einförmigen Wintermonaten ein wenig Abwechselung brachte. Er stand auf, ging hinaus und versorgte seinen „lieben Alten". Während dieser Zeit stellten sich auch die erwarteten Spinnerinnen mit ihren schön verzierten Spinnrädern ein. Ein freundliches Willkommen tönte ihnen entgegen, sie setzten sich um den reinlichen Tisch und zogen emsig den Faden. Die beiden „Alten" aber suchten sich ein warmes Plätzchen in der Nähe des Ofens, und es herrschte vorerst Schweigen. Dies schien aber den jugendfrischen Mädchen wenig zu behagen, sie wandten sich darum an die Hausfrau mit den Worten: „Bas' Regina, erzählt uns was, das Spinnen fleckt besser dabei."

Die Alte kam gern der Aufforderung nach, rückte ihr Kopftuch etwas höher und begann den lauschenden Mädchen gar wundersame Märchen und Sagen des Waldes zu erzählen. Das Schnurren der Spinnräder begleitete die Worte der Sprecherin und klang wie fernes Waldesrauschen und leises Quellengemurmel zu ihren Erzählungen vom „wilden Jäger", der im Sturmgebraus die Wälder durchzieht, und von der „Frau Holle", die den faulen Dirnen mit gräßlichem Fluche leere Spulen durchs Fenster wirft. Da fällt der Blick der einen Jungfrau auf das Fenster. Ein Schrei entfährt ihren Lippen, und mit ängstlicher Stimme ruft sie: „O, Gott! Dort guckt die Frau Holle zum Fenster herein." Erschrocken sehen auch die andern hin, und richtig, auch sie bemerken das vielgefürchtete runzelige Gesicht des uralten „Waldweible". Keine von den jungen Spinnerinnen ist eines Wortes mächtig, selbst die Alten sehen verdutzt drein.

Da erschallt draußen ein fröhliches Gelächter, und mit großem Geräusche treten eine Anzahl Burschen in das behaglich erwärmte Wohnzimmer, das vermeintliche Gesicht der Frau Holle als Larve voraustragend. Sie hören nicht auf die

Nach einer Originalzeichnung von E. Fiedler.

Spinnstube.

Strafpredigt der Erzählerin, sondern setzen sich zu den emsig spinnenden Dorfschönen. Neues, fröhliches Leben beginnt, Scherzreden werden gewechselt, manch drolliger Schwank erzählt und manches neckische Spiel getrieben. Das war ein Jubel, wenn den Fingern der flinken Spinnerinnen der Faden entschlüpfte und sie dafür mit Küssen ihre Ungeschicklichkeit büßen mußten.

So war die Lust aufs höchste gestiegen, und nun erklang im engen Stübchen innig, erst leise und dann immer stärker das schöne Lied:

„Ach, wie wär's möglich dann,
Daß ich dich lassen kann."

Doch horch! Von der Straße her erschallte der Wächterruf:

„Hört, ihr Herren, und laßt euch sagen,
Die Glocke hat zehne geschlagen."

Das war das Zeichen zum Aufbruch. Die Burschen wünschten eine „gute Nacht" und drängten hinaus. Auch die Mädchen wollten sich entfernen, jedoch die erfahrene Regine riet ihnen, noch ein Weilchen zu warten, bis die losen Gesellen außer Sicht seien.

Endlich aber verließen die „Spinngäste" die Spinnstube, und die biederen Hausbewohner gaben ihnen das Geleit bis zur Hausthür. Wohlgemut wollen jene eben die Stufen des Thürtritts herniedersteigen. Da regt sich's an den Ecken des Hauses, unhörbar schlüpfen Gestalten hervor, und auf die ahnungslosen Spinnerinnen fallen Schneeballen ohne Zahl. Allein auch sie sind kurz entschlossen. Mit einem „Frisch gewagt ist halb gewonnen" stürmen sie davon und entziehen sich so den Wurfgeschossen. Bald ist das frohe Leben auf der Dorfstraße erstorben, und Schneestürme haben gar schnell die Fußspuren der übermütigen Dorfjugend verweht.

So und ähnlich verläuft der Spinngang auch heute noch, nur tritt hie und da eine kleine Bewirtung der Spinngäste hinzu. An Kaffee und Kuchen erquickt sich dann das junge Volk, oder wohl auch an den Vorräten der Räucherkammer. Manchmal legen die anwesenden Burschen zusammen und spenden eine „Kanne Bier". Zu Lichtmeß wurde früher der sog. „Lichthund" angebunden. Da dampfte der Punsch aus weitbauchigen Gläsern, da erklangen die Akkorde der Zither, und die Paare drehten sich im Tanz. Großvater und Großmutter wurden dann wohl auch von der Jugendlust angeheimelt, alte Erinnerungen wurden wach, und sie versuchten wohl noch einmal die steifen Glieder im Walzertakt.

Wenn nun auch jetzt noch in den Walddörfern nach Vätersitte der Rocken geschürzt und das Spinnrad gedreht wird, so geschieht dieses doch viel seltener als früher. Die Großindustrie ist auch in diesem Falle mächtiger als der Handbetrieb und stellt Linnen billiger und feiner her, als es mit Spinnrad und Handweberei möglich ist. Aus diesem und manchem andern Grunde ist wohl anzunehmen, daß einst auch diese Sitte aus den Thüringer Bergen verschwindet, wie sie jetzt schon in den Thüringer Vorlanden fast ausgestorben ist. Kommende Geschlechter werden alsdann das Spinnrad nur noch in Museen als einen früheren wichtigen Kulturfaktor bewundern können. Der Thüringer Gemütlichkeit halber sei aber der Spinn- oder Lichtstube noch ein langes Leben gewünscht.

H. Heinz, Arnstadt.

Das Schwarzathal.

Eine Wanderung durch dieses Thal beginnt man am besten von dem freundlichen Badestädtchen Blankenburg aus. In der Stille eines klaren Morgens beginnst du deinen Weg. Noch einen Gruß hinauf zum Greifenstein, von dem Günther, Graf zu Schwarzburg, auf den Kaiserthron des römisch-deutschen Reichs gerufen wurde, und bald stehst du am düstern Eingangsthor des Schwarzathals. Zu beiden Seiten steigen majestätisch steile Berge auf, reich bewachsen mit Nadel- und Laubholz. Ein bläulicher Schimmer liegt im Thale, aus dem der „schwarze Fluß“ mit Brausen

Nach einer photogr. Aufnahme von Sophus Williams, Berlin.

Der Eberstein.

austritt. Das Rauschen des Flusses und das Spiel der Steinforellen, der Aufblick nach den schwarzen Bergen und den hohen Felsenzinnen suchen dich zwar mit Allgewalt im Thale zu halten, aber ein sanftansteigender Fußpfad lockt gleich hinter Weidmannsheil hinauf in die nördliche Thalwand, die ein jugendlicher Laubholzschlag bekleidet. Du folgst und steigst empor zum eisenumwehrten Altane des Griesbachfelsens. Du bist wie gebannt von dem Bilde, das sich deinen Blicken bietet. Dein Auge taucht hinunter in die schwindelnde Tiefe, du hältst dich fest an dem Geländer, prüfst unwillkürlich das Felswerk, das dich trägt, auf seine Sicherheit. Nun überblickst du die lange Reihe der Berge, die den Fluß begleiten und seinen seltsam gewundenen Lauf bestimmen. Von Süden sendet die Hünenkuppe einen langen felsbesetzten Grat herüber. Der burgähnliche Bau auf ihm, der Eberstein, und die Landstraße unten im Thale erinnern allein an das Walten der Menschenhand in dieser Einsamkeit. Die Hünen haben zwar die Felsennester längst verlassen, aber unten, längs des „schwarzen Wassers", siehst du im Geiste kernige Gestalten aus einer grauen Vergangenheit vorüberschreiten, Freytags Ingo und Ingraban. In dem stillen Waldthale zwischen der Hünenkuppe und dem östlicher gelegenen Hainberge rinnt im felsigen Bette die Werra herunter, hundert Wasserfälle bildend, aufgelöst in Schaum und Gischt, mit ihrem Brausen den Raum des Walddomes unter den breitästigen Tannen und Buchen erfüllend.

Jetzt weiter nach jener Stelle der Thalwand, wo gewaltige Felsblöcke in gleichmäßig weitgerückten Stufen zu einer massigen Stiege aufgebaut sind. „Teufelstreppe!" wie sonst hätte denn das Volk dies Werk benennen können? Vom Fürstenstande bietet sich ein Rückblick in das Thal, weit an den Berghängen hin bis zum Ausgange desselben. Auf wenig betretenem Steige geht's nun steil hinab zur Landstraße. Jetzt schau hinauf zu den von der Natur erbauten mächtigen Mauern und zahllos aufstrebenden Zinnen und Türmen des „Kirchfelsens". Du wanderst weiter, nicht auf staubiger Landstraße, sondern über jene steinerne Brücke hinüber auf die rechte Seite des Flusses. Ernster Wald umfängt dich. Dann und wann bietet sich dir ein Durchblick nach dem gegenüberliegenden Felszinken. Neben dir rauschen die grünlich schimmernden Fluten der Schwarza, oft in ein nur wenige Meter breites Bett eingeengt.

Vom jenseitigen Abhange schallt das Geräusch geschäftiger Menschen herüber. Fleißige Hände spalten aus Felsstücken Dachschiefer, Steinpfeiler und Steinplatten. Die nackten Schieferhalden bekleidet Mutter Natur in Mitleid bald wieder mit frischem Grün. — Nach einer scharfen Biegung des Thales liegt das „Schweizerhaus" vor dir. Im Schatten der dicht an dasselbe herantretenden Tannen hältst du erwünschte Rast.

Nun auf nach Schwarzburg! Willst du dir eine rechte Überraschung bereiten, so mußt du vom Schweizerhaus aus an der Thalwand empor unter hochwipfeligen Tannen hin zum Trippstein steigen. Lange schreitest du durch Waldesdunkel. Ein einsam Edelwild kreuzt deine Bahn. Vor dir wird's licht. Du stehst vor einem schmucklosen Häuschen.

„Öffnet sich die Borkenpforte
Dir nach heißer Wandrung Müh'n,
Hast du Farben, hast du Worte
Für dies Bild im Waldesgrün?

Eine Thräne seh ich glänzen
Dir im Auge hell und rein:
Also an des Lebens Grenzen
Mag der Blick ins Jenseits sein."

Albert Weiß.

In weitem, schönem Bogen zieht sich das Thal dahin. Hinein ragt, vom Tännigshaupt auslaufend, ein schmaler Grat. Seinen Fuß umschmeicheln die klaren Fluten des Flusses. Auf dem äußersten Vorsprung erhebt sich das Stammschloß des Schwarzburgischen Fürstengeschlechts. Ernst, doch nicht trutzig, gütig, doch nicht freundlich, selbstbewußt, doch nicht stolz schaut die Schwarzburg auf die im Thale regellos hingestreuten Hütten des Dorfes. Hofleuten gleich stehen reiche Landhäuser und vornehme Gasthöfe am Bergesabhang und in ehrfurchtsvoller Ferne schützende Bergeswälle mit starken Tannen und Fichten, altersgrauen Buchen und wetterharten

Eichen. Tiefer Friede, selige Ruhe! Du reißt dich los, steigst hinab, bedächtig und besorgt, daß nicht ein Mißklang da unten in dem Weltgetriebe die Harmonie deiner Seele störe.

Der Charakter des oberen Schwarzathales weicht wesentlich von dem des unteren ab. Zeichnet der untere Teil sich aus durch düsteren Ernst, so ist im oberen zuweilen auch Anmut und Heiterkeit zu finden. Die meist sanfter ansteigenden Bergwände treten hier mehr zurück und sind seltener von stark hervortretenden Felsen durchsetzt. Sattgrüne Wiesen vermögen sich im Thale auszubreiten. Auch das Flußbett weitet sich hie und da und umschließt da und dort kleine Inseln.

Nach einer photogr. Aufnahme von Sophus Williams, Berlin.

Schloß Schwarzburg.

Bei niedrigem Wasserstande besiedeln diese sich rasch mit Gauklerblume, Riesenampfer und Springkraut. Industriereiche, starkbevölkerte Ortschaften und einsame, idyllisch gelegene Sägemühlen wechseln miteinander ab.

Schon in früher Zeit wohnten unternehmende Menschen in diesem Thale. Es findet sich kein Ort, wo nicht ehemals die Gluten eines Hochofens, eines Hammerwerks oder einer Drahthütte zum Himmel gelodert hätten. Der große Holzreichtum des Waldgebirges gestattete jahrhundertelang einen ungemessenen Verbrauch des Materials zum Zwecke der Gewinnung und Bearbeitung des Eisens, aber endlich stiegen die Preise des Holzes doch derart, daß man gegenüber dem anderwärts bereits mittels Steinkohle hergestellten Eisen nicht konkurrenzfähig bleiben konnte. Die Eisenwerke schwanden; nur einzelne darauf bezügliche Namen, wie Blechhammer, Obstfelderschmiede u. s. w., erhielten sich.

Noch ein anderer Erwerbszweig hat vor 3—400 Jahren hier geblüht. In den von der Schwarza angeschwemmten Kiesmassen, die oft bedeutend höher liegen als die Thalsohle, befinden sich goldführende Schichten. Waren die Mengen des vorgefundenen Goldes auch nur gering, die Hoffnung auf einen außerordentlichen Glücksfall bewog doch viele, sich mit der Gewinnung des Goldes zu befassen. Es entstanden die Goldwäschereien. Der goldführende Kies wurde in lange Rinnen gebracht und durch hineingeleitetes Wasser unter Umrühren von den erdigen Bestandteilen befreit. Durch Hin- und Herschwenken des gesäuberten Materials in Mulden brachte man die schweren Goldblättchen auf den Boden des Gefäßes, wo man sie leicht auffand. Flurnamen mit Seife und Tiegel deuten noch jetzt die Stätten

Nach einer photogr. Aufnahme von Sophus Williams, Berlin.

Blick nach dem Griesbachfelsen.

dieser ehemaligen Beschäftigung an, die u. a. in der Gegend zwischen Sitzendorf und Blechhammer noch auffällige Spuren hinterlassen hat. Heute ist das Waschen des Goldes nicht mehr lohnend, und nur der Liebhaber wendet Zeit und Mühe daran, um in den Besitz einiger Flimmerchen Schwarzagoldes zu gelangen.

Aus Schwarzagold wurden bisher immer die Ringe geschmiedet, deren man im Fürstenhause zu Rudolstadt als Sinnbilder ehelicher Treue bedurfte.

An die Stelle der genannten Erwerbszweige ist jetzt im Schwarzathal Porzellan- und Holzindustrie getreten. Für erstere ist der wichtigste Platz das im freundlichen Thalkessel oberhalb Schwarzburg gelegene Sitzendorf, für letztere sind die beiden Orte Glasbach und Mellenbach Hauptpunkte.

Einen weiteren Aufschwung dieser Industriezweige wird die neue Bahnlinie Oberrottenbach-Katzhütte bringen. Verfolgen wir den Verlauf dieses interessanten

Schienenstranges! Hoch über Schwarzburg windet sich derselbe in großartigen Felsdurchhauen aus dem Rinnegebiet in das Schwarzathal, überraschende Ausblicke nach Schwarzburg und weiterhin auf das reinliche und freundliche Sitzendorf bietend, eine Schwarzwaldbahn im kleinen. Dreizehnmal auf der verhältnismäßig kurzen Strecke bis Katzhütte mußte der Fluß überbrückt werden. Kurz oberhalb Blechhammer, da, wo die Schwarza die bei Neuhaus a. R. entspringende Lichte aufnimmt, blinken die kahlen Halden der Schieferbrüche von Unterweißbach herüber.

Hier endet die liebliche Thalmulde, die zwischen Schwarzburg und Sitzendorf begann. Das Thal engt sich wieder, Felsen ragen aus dem Flußbette empor, nicht

Nach einer photogr. Aufnahme von Sophus Williams, Berlin.

Schwarzburg.

selten zu Kesseln und Töpfen ausgehöhlt. Landstraße, Eisenbahn und Schwarzafluß laufen nun wohl zwei Kilometer parallel nebeneinander her, links und rechts von düsteren Bergwänden eingeengt. Vor Obstfelderschmiede, einem hinter Obstbäumen versteckten Örtchen, weitet das Thal sich wieder zur anmutigen Mulde, aber bei Glasbach tritt der Steinberg, wohl einer der steilwandigsten unter den Häuptern der Schwarzastrecke, starr und kühn herein in dieselbe. Von seinem granitenen Felsenaltane, dessen Besuch überaus lohnend ist, bietet sich eine herrliche Aussicht hinab auf das von grünen Matten umgebene Glasbach, hinauf nach dem langgestreckten Mellenbach, hinüber nach dem Kirchberg bei Oberweißbach, nach der schöngeformten Meuselbacher Kuppe und dem Wurzelberge mit seinen Riesentannen. Wo sich jetzt der freundliche Bau der Kirche von Mellenbach erhebt, hat einst ein Franziskanerkloster gestanden, und am wunderthätigen Katharinenbrunnen hat mancher gläubige Wallfahrer heilkräftiges Wasser als kostbare Reliquie geschöpft. Wenig höher als die Kirche befindet sich die „Kehre“, deren Hang ein Meer von Grünsteinblöcken bedeckt, die in wilder Unordnung durcheinander gestürzt, malerisch mit Moos und Farnen bekleidet und von kräftigem Nadelholze bewachsen sind.

Auf jenem riesigen Felsblocke, der fast die Wipfel der Bäume überragt, läßt sich gut Umschau halten. Das einzeilige, brückenreiche Blumenau, dessen Häuser mühsam an den Fuß des Berges angebaut sind, winkt freundlich herauf.

Am „Zirkel“, einem vereinzelt stehenden Gasthause, wo die von Gehren kommende Landstraße ins Schwarzathal einmündet, macht die Schwarza eine scharfe Biegung, und bald darauf nimmt sie einen ihrer schönsten Zuflüsse, den Junkerbach, auf. In der bis Schwarzmühl sich erstreckenden ausgedehnten Aue liegen nur einsame Sägemühlen. Harmonischer Herdenglockenklang tönt von dem an hoher Bergwand liegenden Schlag, purpurner Fingerhut und die Beeren des Traubenholunders leuchten herein ins Thal. Es herrscht Sonntagsstille.

Drüben an jenen mit frischem Grün bekleideten Bergabhang, dessen Hintergrund von dunklem Tannenwalde gebildet wird, lehnt sich das Dörfchen Schwarzmühl an. Ein erquickendes Bild!

Bald ist Katzhütte erreicht, der größte Ort des Schwarzathals, ehemals einer der armseligsten des ganzen Thüringer Waldes, wo der bleiche Hunger durch die zerbrochenen Fenster blickte, wo die nackte Armut mit stumpfem Auge durch die Straßen schritt und der harmlose Holzhauer dem struppigen Wegelagerer glich — heute ein freundlicher Flecken, voll geschäftiger und fröhlicher Menschen. Wodurch der Umschwung? Die hohen Gebäude am Ufer der Schwarza mit den weißen Figuren im Fenster geben uns Antwort. Neben der Porzellanfabrik ist von Bedeutung, auch von historischem Interesse, die Eisengießerei, die einzige, die im Schwarzathale noch im Betrieb ist.

Die gewaltigen Rücken südlich und östlich vom Orte gehören dem Massiv des Wurzelberges an, dessen Thorwächter, der steile Kegel des Kieslersteins, trotzig ins Thal herabschaut.

Auch in dem in einzelnen Häusergruppen sich an der Schwarza hinlagernden „Ölze“ sind die früheren Eisenhämmer und Schmelzöfen eingegangen, und jetzt wird Hohlglas-, Bleiweiß-, Farben- und Porzellanfabrikation hier betrieben. Die wenigen Äcker mußten terrassenförmig angelegt werden. Von hier ab wird das Thal etwas einförmig, aber bei Goldisthal ist die linke Bergseite wieder mit prächtigen Buchen geschmückt.

Bei dem einsam gelegenen Gasthause Langebach zweigt die Poststraße nach Eisfeld ab.

Endlich Scheibe und unsere Schwarzaquelle! Ein liebenswürdiges, geistesgewandtes, welt- und menschenkundiges Völkchen wohnt hier oben und freut sich seines bescheidenen Wohlstandes bei Sang und Instrumentenschall, bei Tanz und Spiel.

R. Kiesewetter, Glasbach.

Die Tuchmacherei in Pößneck.

Wir wollen heute eine der großen Tuchfabriken in Pößneck besichtigen. Nach jenem mächtigen Backsteinbau von fünf Stockwerk Höhe, der großen Ausdehnung nach Länge und Breite und mit den auffallend vielen Fenstern lenken wir die Schritte. Er hat Front nach zwei Straßen; jenseits der einen Straße erhebt sich ein zweites, gleichgroßes Gebäude. Schau aufwärts! Über der Höhe des dritten Stockwerkes gewahrst du eine eiserne, elegante Brücke, welche von einem Gebäude zum andern führt und dir schon äußerlich die Zusammengehörigkeit derselben verrät. Was bedeutet aber das Brausen und Tosen, das aus dem Riesenhause hervordringt?

Du wirst das gleich erfahren, wenn der freundliche Besitzer uns durch die Säle und Räume seines Etablissements führt. Da siehst du zunächst die Heizungsanlage, das sogenannte Kesselhaus. Eine ganze Reihe mächtiger Kessel sind hier eingemauert, und mehrere Arbeiter findest du ordnend und kontrollierend beschäftigt. Es ist eine ziemliche Wärme, die in dem Raume herrscht, aber welche Glut ist erst unter den Kesseln, in denen große Wassermengen in Dampf verwandelt werden! Wo aber ist das Feuerungsmaterial? Ich sehe nicht, daß Kohlen nachgelegt werden. Dort aber siehst du über dem Feuerloch eiserne Kasten und Rinnen. Sie füllen sich selbst immer aufs neue mit Kohlen. Ein Räderwerk daran bewegt sich ruhig vor- und rückwärts, und wenn du genau in die Feuerung schaust, so merkst du, wie eine sinnige Vorrichtung in kurzen Zwischenräumen ganz von selbst zerkleinerte Kohlen über die Glut streut, sie fort und fort zu neuem Auflodern reizend. Es ist eine selbstthätige, mechanische Feuerung, die den großen Vorzug hat, das Feuer gleichmäßig zu erhalten und Material und Arbeitskräfte zu sparen. Ob dies eine wesentliche Ersparnis ist, magst du daraus berechnen, daß immerhin täglich durchschnittlich 400 Centner Kohlen verbraucht werden. Die mächtigen Rohre aus den Kesseln führen den auf den Druck von 12 Atmosphären gespannten Wasserdampf nach dem Maschinenhause. In ihm betreten wir den am schönsten ausgestatteten Raum der Arbeitsstätten. Bunte Steinplatten bedecken den Fußboden, farbig getüncht sind die Wände, und blitzblank stehen und liegen die großen Maschinen da, die den ungeheuer verzweigten mechanischen Getrieben des Hauses die bewegende Kraft zuführen. Große Schwungräder übertragen die Wirkung der Dampfkraft durch breite Treibriemen auf die Arbeitsmaschinen in allen Stockwerken des Hauses. Wie ruhig ist es in dem Maschinenhause, obschon 6—700 Pferdekräfte hier arbeiten. Der Maschinenwärter zeigt und erklärt uns die Kontroll- und Sicherheitseinrichtungen und giebt uns zu verstehen, daß wir seine regelnde und führende Hand in allen Winkeln des Gebäudes bis unter das Dach hinauf spüren werden. — Auch für die Beleuchtung der Fabrikräume sorgt er, denn eine Dynamomaschine dient zur Erzeugung der elektrischen Kraft für die Bogen- und Glühlampen in den Höfen und Sälen des Etablissements.

Haben wir jetzt die Anlagen besucht, in welchen die mechanische Kraft für den Betrieb der ganzen Fabrik erzeugt wird, so folge nun dahin, wo diese Kräfte wirken. Du sollst so geführt werden, daß du alle Manipulationen verfolgen kannst, die zur Herstellung des Tuches nötig sind, von der ersten Bearbeitung der Wolle an bis zum fertigen Stücke.

Tritt also zunächst in die Wollwäsche mit ein. Ein langer, schmaler Raum nimmt uns auf. Eine sonderbare Vorrichtung zieht sich wie ein riesiger Kasten durch die ganze Länge desselben. Bei näherem Zusehen zählst du sechs eiserne Wasserbassins, die miteinander verbunden sind, in und über denen verschiedene Einrichtungen, durch einen sinnigen Mechanismus getrieben, in Thätigkeit sind. Es ist eine große Woll- wasch- mit daranstoßender Trockenmaschine, die den etwas schaurigen Namen Leviathan führt. Kein Arbeiter ist daran beschäftigt, und doch wäscht, drückt, dreht und schiebt es in den Behältern und Pressen gar emsig. Erst am Ende des Saales steht ein Mann, der aus mächtigen Ballen Wolle auf einen beweglichen Tisch legt, der durch mechanische Bewegungen die Wolle portionsweise in ein warmes Wasserbad führt.

„Diese Wolle", belehrt uns der Fabrikherr, „ist aus Südafrika und wird Kap-Wolle genannt. Wir beziehen aber auch Wolle aus Australien und Süd-Amerika. Unsere einheimische Schafzucht ist nicht mehr imstande, Deutschlands Bedarf an Wolle sowohl der Menge als der Feinheit nach zu decken." Ja, giebt es denn überhaupt verschiedene Wolle und braucht man so viel? „Das Wollhaar ist nach Feinheit, Länge und Haltbarkeit so verschieden, daß der Kenner Hunderte von Wollsorten unterscheidet und im Interesse einer zweckmäßigen Herstellung der verschiedenen Gewebe unterscheiden muß. Die Wolle der Schafe unseres Vaterlandes, Schlesien ausgenommen, ist fast ausnahmslos grobe Wolle, die nur zu gewöhnlicheren Stoffen verwendet werden kann. Australische, amerikanische und afrikanische Züchter haben es sich sehr angelegen sein lassen, die feinsten Wollsorten zu erzielen, und diese werden in der feinen Tuchmacherei fast ausschließlich verarbeitet. In unserer Fabrik brauchen wir ca. 200 Centner wöchentlich, in den Fabriken Pößnecks zusammen etwa 60000 Centner im Jahre."

Jetzt siehst du mit etwas aufmerksameren Augen in die Vorrichtung zur Reinigung der Wolle hinein, wo täglich fast 40 Centner gründlich gereinigt werden müssen. Zuerst schwimmt die Wolle auf dem Wasser, da ihr Fettgehalt sie darüber erhält. Aber da greift auch schon eine Welle mit metallenen Zinken in die Wolle hinein, taucht sie im Wasser unter und treibt sie vorwärts. Sie gelangt auf einen Transporteur, einen Lattentisch, auf dem gekrümmte Häkchen so befestigt sind, daß sie bei jeder Bewegung die Wolle mit vorwärts treiben. Die nasse Wolle gelangt dann zwischen zwei Walzen, zwischen welchen sie unter hohem Druck ausgepreßt und auf eine weitere Vorrichtung gebracht wird, die sie einem neuen Wasserbade zuführt. Dieser Vorgang wiederholt sich sechsmal. Ganz augenfällig kannst du beobachten, wie die Wolle nach jeder dieser Waschungen reiner leuchtet, bis zuletzt das Wasser hell erscheint und die Reinigung so vollkommen erreicht ist, wie sie früher Menschenkraft und -Fleiß nicht erreichen konnten. Vom Leviathan wird die gut ausgewaschene Wolle der anstoßenden Trockenmaschine selbstthätig zugeführt, in welcher sie durch warme Luft völlig getrocknet wird. Weiß und weich wie Schnee fällt sie schließlich aus dieser Maschine ohne Zuthun der Menschenhände heraus. O wie viele von diesen hätten wohl thätig sein müssen, um in wochenlanger Arbeit zu bewältigen, was die Maschine unter Leitung eines einzigen Menschen in einem Tage leistet!

Da liegen nun die Haufen völlig entfetteter und gereinigter Wolle. So mager aber kann sie der Spinner zur weiteren Verarbeitung nicht gebrauchen. Darum siehst du, wie Arbeiterinnen wohlabgewogene Partien mit einer vorgeschriebenen Menge fettiger Flüssigkeit übergießen. Die angefettete Wolle wird in eine rotierende Trommel gebracht, in welcher sie von hervorstehenden Zähnen zerzaust und bis ins letzte Fäserchen gleichmäßig mit Fett wieder durchtränkt wird. Diese maschinelle Einrichtung heißt der Wolf. — Ganz dasselbe verrichteten die Alten mit der Hand und nannten es „Wolle reißen“. Dann wurde sie gekrempelt. Auch dies führen heute sinnreich eingerichtete Maschinen aus, die Krempelmaschinen. Diese bestehen aus einer ganzen Reihe von Walzen, die mit feinen Stahlstiftchen, Kratzen, versehen sind, zwischen denen die Wolle in die feinsten Fäserchen allallmählich auseinander gezogen wird. Eine Walze nimmt immer die Wolle von der anderen ab und gestaltet sie so nach und nach zu einem feinen Vließ. Gehe nur an der Krempelmaschine entlang, du siehst den Vorgang vor deinen Augen sich vollziehen und am Ende das Vließ in etwa 20 cm breite Streifen teilen, die wie ein zusammenhängendes Band über ein mannshohes Gestell auf eine andere Krempel laufen, welche das Vließ in derselben Weise weiter bearbeitet und die Wollfasern in eine immer gleichmäßigere Lage bringt. Am Ende einer solchen Krempelreihe, die man ein Assortiment Krempeln nennt, steht allemal der sogenannte Florteiler. Durch diesen wird der erzeugte Wollflor in gleichmäßige, schmale Bänder von ca. 1 cm Breite geteilt, welche nun durch ein Walzenpaar laufen, das mit einem genarbten Leder — den sogenannten Nitschelhosen — überzogen ist und das Nitschelzeug heißt. Hier werden die Wollbänder zu einem lockeren Faden genitschelt. Sie heißen jetzt das Vorgarn und entsprechen den Faden, wie sie einst die Wollspinnerin mit den Fingern aus den Locken spann. Wurden diese Faden ehemals durch das leichte Schwungrad des Morgensterns festgedreht, so besorgt diese Thätigkeit jetzt der Selfaktor. Das ist eine Spinnmaschine, welche 400 bis 500 Fäden auf einmal und völlig selbstthätig zusammendreht. Nur jugendliche Arbeiter bedienen sie. Die Maschine dehnt die Fäden des Vorgarnes zunächst bis zu einer vorausbestimmten Feinheit, dreht sie dann fest und wickelt sie endlich auf Spulen auf. Der Spinner hat nichts weiter zu thun, als einen zerrissenen Faden wieder anzuknüpfen und mit seiner Maschine die 3—4 Schritte vor- oder rückwärts zu laufen, die das Bereich ihrer Ausdehnung bilden.

Das nunmehr fertige Garn kommt auf den Scherrahmen, der ganz dieselbe Einrichtung behalten hat, wie er sie früher besaß. Er bildet ein etwa $1^1/_2$ m hohes, aus Latten zusammengesetztes, drehbares Gestell. An diesem sind Frauen damit beschäftigt, so viele Fäden aufzuwickeln, als zur Breite und Länge des zu fertigenden Stoffes nötig sind. Dieses Aufwickeln geschieht vermittelst alter, einfacher Vorrichtungen, die ein Verwirren der Fäden unmöglich machen.

Die vom Scherrahmen abgenommene Kette kommt jetzt in die Leim-, Trocken- und Bäummaschine. Hier wird das Wollgarn zunächst in eine dünne Leimflüssigkeit getaucht, um es für die weitere Bearbeitung widerstandsfähiger zu machen. Das geleimte Garn wird in Trommeln sofort wieder getrocknet und durch die Maschine selbst auf den Kettenbaum abgewickelt.

Der Kettenbaum wird in den mechanischen Webstuhl gebracht, und die Kette wird auf ähnliche Weise aufgezogen wie an den Handwebstühlen der früheren Zeit. Jede weitere Thätigkeit aber verrichten diese Webstühle von selbst. Da sausen die Schützen mit Vehemenz durch die Kette; es wechseln bei der Herstellung karrierter Stoffe mehrere Schützen regelmäßig miteinander ab; die Schäfte heben und senken sich von selbst; der Kettenbaum wickelt sich von selbst ab und der fertige Stoff auf den Weberbaum auf. Der Arbeiter hat nur acht, ob ein Kettenfaden zerreißt. Sobald dies geschieht, hält ein kleiner Druck die Thätigkeit des Mechanismus an, der Arbeiter knüpft den abgerissenen Faden fest, stellt den Treibriemen durch eine leichte Verschiebung eines Hebels wieder ein, und sofort arbeitet die Maschine weiter. Versäumt er das rechtzeitige Anknüpfen des Fadens, so webt er einen Fehler in den Stoff. Zerreißt aber ein Schußfaden, so hält die Maschine von selbst an, der Arbeiter hat die Ursache des Stillstehens zu suchen und zu beseitigen. In zwei, drei und vier Reihen sind diese mechanischen Webstühle in den Sälen aufgestellt, und von großer Mannigfaltigkeit ist ihr Bau. Das Hin- und Hertreiben der vielen Schützen, das Sausen der Riemen, das Klappern der beweglichen Eisenteile verursacht einen betäubenden Lärm, an den sich das Ohr erst gewöhnen muß. Die mechanischen Webstühle sind eine der großartigsten Leistungen der Technik und so mannigfacher Art, daß sie die einfachsten Gewebe, aber auch die kostbaren Wolldecken mit den schönsten und vielfarbigsten Mustern herstellen. Die Einrichtung der Webstühle zum Einweben von Blumen und Mustern aller Art hat ein Franzose, Namens Jaquard, ersonnen, sie heißen deshalb auch Jaquardstühle.

Hat der Webstuhl seine Arbeit vollendet, so liefert der Arbeiter das Stück an den Webmeister, der es prüft und dem Walker überweist. Dieser hat durch die Walke dafür zu sorgen, daß die Wollhaare eine Verfilzung eingehen und also der Stoff sich verdichtet. Aber auch die beim Wolfen und Leimen zugesetzten Stoffe, das Öl und der Schmutz, die sonst noch an die Ware gekommen sind, müssen daraus wieder entfernt werden. Seinen Zweck erreicht der Walker dadurch, daß er die Ware in einer Brühe von Seife und Wasser, oder auch von Walkerde und Wasser durch eine Art Stampfen (die Hammerwalke genannt) gehörig durcharbeiten läßt. In neuerer Zeit hat man jedoch auch dazu besondere Maschinen erdacht, in denen der Walkprozeß durch den schnellen Umlauf von Walzen und unter starkem Druck besser, gründlicher und schneller vor sich geht. Diese Einrichtung nennt man Cylinderwalke. Der Walker hat es in der Hand, die Ware ansehnlich und gut zu gestalten oder ihr auch Ansehen und Güte zu nehmen.

Ist die Ware gut gewalkt, so sieht sie der Meister noch einmal genau an. Er ruft dich vielleicht herbei und fragt dich, ob du etwas Ungehöriges an dem

Stücke wahrnimmst. Du kannst nichts sehen, denn die kleinen, schwarzen Pünktchen oder Linien, die etwa hie und da sichtbar werden, sind gewiß so unwesentlich, daß sie nicht als etwas Mangelhaftes angesehen werden können. Aber auch sie läßt der Fabrikant nicht in dem Stoff; sie müssen entfernt werden. Was sind sie und wie sind sie hineingekommen? Es sind Pflanzenrestchen von Kletten und anderen Gewächsen, an denen sich das Schaf gerieben hatte, und so fein, daß sie in der Wollwäsche, beim Krempeln und Walken doch noch mit durchgeschlüpft sind. Sie werden in besonderen Öfen durch einen Verbrennungsprozeß mittelst verdünnter Schwefelsäure und Wärme verkohlt. Das Verfahren zerstört nur diese Pflanzen-

Aus dem Etablissement von Bernhard Siegel & Schultze, Weberei in Pößneck.

Weberei.

reste und greift die tierischen Stoffe, also Wolle, nicht an. Es wird Karbonisieren genannt.

Jetzt wird die Ware in die Färberei gebracht, und auch wir treten in dieselbe mit ein. Gewaltige Bottiche stehen hoch oben an den Wänden auf festen Gestellen umher. Sie sind mit Wasser gefüllt und repräsentieren eine ungeheure Last. In einer Anzahl Kessel kochen die verschiedensten Farben. Die Stücke werden von den Färbern darein gebracht und durch mechanische Einrichtungen fleißig hin und her bewegt. Hat nach dem Urteile des Färbermeisters die Farbe lange genug auf den Stoff eingewirkt, so wird er herausgenommen und in reichlichen Mengen frischen Wassers gründlich ausgespült, bis er nichts mehr von seiner Färbung fahren läßt. Ist die Färbung genau nach Muster ausgefallen, dann lobt das Werk den Meister; jede Abweichung aber kann das Stück für den bestimmten Zweck unbrauchbar machen. Der Färber hat sein Geschäft darum mit besonderer Sorgfalt zu verrichten. Dabei ist der Aufenthalt in dem naturgemäß feuchten und dunstigen Raum nicht gerade der angenehmste, wenn auch durch die bestmöglichen Einrichtungen heute kein ungesunder mehr.

Wir treten nun aus den Färbereiräumen aus und steigen auf bequemen Treppen bis unter das Dach des Hauses. Dahin wird mittelst der Fahrstühle auch die Ware gebracht. Da oben herrscht im abgeschlossenen Raume große Wärme, und Mädchen sitzen hier, um die Ware, die durch das Walken und Färben sehr eingegangen

Aus dem Etablissement von Bernhard Siegel & Schultze, Weberei in Pößneck.

Färberei.

ist, auf die Trockenrahmen zu spannen. Was früher die Umgebung der Stadt so malerisch schmückte, die buntgefärbten Flanelle und Stoffe, das verschwindet jetzt auf dem Rahmen in der Trockenmaschine. Dieselbe ist durch Heißluft auf einen hohen Grad (40° C.) erhitzt und hat nach kurzer Zeit den Trocknungsprozeß vollendet. Der Rahmenmeister sorgt für exakte Ausführung der Arbeiten.

Damit kann die Herstellung des Flanells als vollendet angesehen werden. Sollte aber die Ware ein mehr wolliges Aussehen und einen weicheren Griff erhalten, so wurde sie früher mittelst Rauhkarden durch die Hand gerauht. Heute kommt sie in die Rauhmaschine. Deren wesentlicher Teil sind Walzen, welche mit den bekannten Rauhkarden besetzt sind, die bei ihrem Lauf über die Ware die festaufliegenden Wollfasern wieder auflockern und heben. — Soll die Ware zu

Tuch verarbeitet werden, und ist darauf schon von Anbeginn der Fabrikation Rücksicht genommen worden, so muß sie von den durch die Rauhmaschine aufgelockerten und hervorstehenden Haarspitzen befreit werden. Sie wird zu diesem Zwecke auf die Schermaschine gebracht. Diese enthält den sogenannten Schercylinder, d. i. eine Walze mit feingeschliffenen Messern, die in Form geschwungener Streifen auf dem Cylinder liegen und beim raschen Umdrehen die Härchen über einen feststehenden Stahlrand abschneiden. Ja, die feinsten Tuche werden in rechtwinkelig kreuzender Richtung noch einmal geschoren. — Nach dem Scheren wird die Ware gepreßt und dekatiert, d. h. durch heiße Dämpfe behandelt, daß sie nicht mehr

Aus dem Etablissement von Bernhard Siegel & Schultze, Weberei in Pößneck.

Rauherei.

eingeht und einen Glanz erhält. Um die Ware noch ansehnlicher und den Glanz dauernder zu machen, werden noch quadratische Tafeln von starkem Glattpapier zwischen das gleichmäßig zusammengefaltete Tuch gelegt, so daß eine quadratische Säule entsteht, die 24 Stunden lang einem großen hydraulischen Druck ausgesetzt wird.

Jetzt geht das fertige Stück an die Meßmaschine, wird genau abgemessen und dabei zugleich auf ein Brettchen oder eine Pappe aufgewickelt. Es wird mit der Meterzahl, dem Fabrikzeichen, der Dessinnummer und dgl. versehen, und nun kann es endlich auf das Lager oder zum Kaufmann wandern.

Bist du müde geworden von der Wanderung durch alle die Räume und notwendigen Veranstaltungen bis zur Fertigstellung des Stück Tuches, das dir nun immer noch der Schneider zurecht machen muß, ehe du dich damit schmücken kannst —?

Ja, fast einen halben Tag mußt du gehen und sehen, wenn du alle Einrichtungen auch nur flüchtig kennen lernen willst.

Der Fabrikant ist aber noch lange nicht fertig mit dem Stücke. Nun heißt es, die Ware auch verkaufen! Dort sitzen eine Anzahl Kaufleute in dem Geschäftszimmer, die eifrig mit der Buchung der Materialien, der Arbeiterverhältnisse, der fertigen Waren und besonders mit dem Versand beschäftigt sind. Der vaterländische Schnittwarenhändler wird mit seinem Bedarfe an echten, reinen Wollstoffen versehen, der größte Teil aber geht in das Ausland nach Norden und Süden, Osten und Westen. Dort werden indische Schriftzeichen und Reklamebilder dem Warenstücke aufgeklebt und beigelegt, hier japanische, dort griechische, armenische, türkische, hier wieder italienische und afrikanische. Schweden und Dänemark, ja England und Amerika werden fortwährend beschickt mit hier gefertigten Stoffen. Der überseeische Absatz ist der bedeutendste Faktor zur Vergrößerung der Fabrikanlagen geworden. Da wäre es nun freilich nichts mehr mit dem Reff voll Ware, das der Fabrikant ehemals über die Berge trug. Und die Arbeiter heutzutage? Sie verdienen bei leichterer Arbeit als früher und weniger Sorge wöchentlich bis 20 Mk. und mehr; es können Frauen, ja Söhne und Töchter mit an die Arbeit gehen. In Kranken- und Hilfskassen hat man ihnen einen sicheren Rückhalt geschaffen; ihre Wohnungen sind wirklich wohnlich und stehen ganz der Familie zur Verfügung. Kein Webstuhl mit all seinem Zubehör nimmt den besten Raum darin weg, und wenn die Dampfpfeife die Feierabendstunde verkündigt, so ist der Arbeiter frei, durch keine Geschäftssorge mehr gebunden und kann sich im Schoße der Familie, im Kreise der Freunde freuen und erquicken. — Der Fabrikherr ist verpflichtet, das möglichste aufzubieten für die Sicherheit der Arbeiter und die Beschaffung gesunder, heller, luftiger Arbeitsräume. Da merkst du nichts von dumpfer Stubenluft. Durch Stiftungen, Vermächtnisse und außergewöhnliche Gaben wird dem treuen Arbeiter eine ehrenvolle Anerkennung für langjährige Dienste gewährleistet. Der Sonn- und Feiertag gehört ihm uneingeschränkt zu seiner Erholung, und er benutzt ihn gern mit Weib und Kind zu Ausflügen in die schöne Natur.

L. Greiner, Pößneck.

Eine Thüringer Industriewerkstätte im Dienste der Volksernährung.

Am Südende der meiningischen Industriestadt Pößneck, unmittelbar vor dem Eingang in das liebliche Hainthal, erhebt sich zu beiden Seiten der Raniser Straße ein bedeutender Gebäudekomplex: Die Bergersche Chokoladen- und Kakao-Fabrik. Wer etwa von der Höhe der vielbesuchten Altenburg aus das ganze

Pößneck.

Etablissement überschaut und sich dabei dessen Entwicklungsgeschichte vergegenwärtigt, der wird aufs neue den alten volkswirtschaftlichen Grundsatz bestätigt finden: Was groß werden will, muß klein anfangen.

Im Jahre 1876 gründete Herr Kommerzienrat Robert Berger das Geschäft, in dem er mit nur 10 Arbeitern die Fabrikation billiger Zuckerwaren, wie Malzzucker, Steinchen u. s. w., betrieb. Ohne diesen Geschäftszweig zu vernachlässigen, wandte er sich doch mit der Zeit der Fabrikation weiterer Artikel, wie Kakao, Chokolade u. s. w., zu und legte damit den Grund zu dem heutigen Umfange des vielverzweigten Geschäftes. Diese rapide Vergrößerung des Etablissements, dem heute in seinen mustergültigen Einrichtungen und auch in seinem Umfange kaum eine zweite Fabrik in Deutschland gleichkommt, ist hauptsächlich zurückzuführen auf stets gleichmäßig gute Qualität der Ware, die geliefert wird, ferner auf schöne, akkurate Packung und Ausstattung der Fabrikate, schnelle Beschaffung neuer maschineller Einrichtungen, welche den Betrieb vereinfachen und die Ware verbessern, auf gute Bedienung der Kundschaft, solide Grundsätze und eifrige Thätigkeit. Ein Gang durch die Fabrik zeige uns deren Betrieb und Produkte.

Das Areal, auf dem sich die ausgedehnten Anlagen erheben, umfaßt circa 23000 qm; die Gebäude haben circa 18000 qm Arbeitsfläche, und es werden über 600 Arbeiter und Beamte beschäftigt.

Wir treten zunächst in das Kesselhaus, in dem durch 3 Kessel von 420 qm Heizfläche der zum Betriebe der Kraftmaschinen und zur Speisung der vielen Kochkessel nötige Dampf erzeugt wird. Es fällt uns auf, daß absolute Reinlichkeit in dem Kesselraume herrscht, und daß man von dem Heizungsmaterial, der Kohle, gar nichts wahrnimmt. Auf unsere Frage zeigt uns unser Führer eine sinnreiche mechanische Einrichtung, durch welche die Kohle aus dem neben dem Kesselhause befindlichen Kohlenvorratsraume emporgehoben, mittels Rinnen über die Feuerlöcher der Kessel geführt und von da automatisch in geringen, genau bemessenen Portionen in die Feuerung eingestreut wird.

Wir kommen sodann in den Maschinenraum, in welchem eine dreifach wirkende Expansions-Dampfmaschine von über 600 Pferdekräften ihre Umdrehungen macht. Es ist eine Lust, diesem Koloß zuzusehen, wie er gleichsam spielend die mächtigen Wellen bewegt, woran die Hunderte von großen und kleinen Spezialmaschinen angeschlossen sind. In dem mit schwarzen und weißen Mettlacher Platten ausgelegten Maschinenraume herrscht die peinlichste Sauberkeit. Alle Teile der Maschine glänzen und funkeln wie Silber. Eine an der Wand befestigte große Marmortafel mit mannigfaltigen Schalteinrichtungen, mit Volt- und Ampère-Metern, wie die Elektricität sie benötigt, zeigt uns die Größe der elektrischen Licht- und Krafteinrichtung der Fabrik. Außer der eben erwähnten großen Dampfmaschine sind noch zwei kleinere Maschinen als Reserve vorhanden, so daß im ganzen circa 1000 Pferdekräfte an Kraft zur Verfügung stehen.

Wir benutzen nun einen der vier großen Fahrstühle, welche den Last- und Personenverkehr zwischen den einzelnen Stockwerken vermitteln, und fahren in die sechste Etage des großen Neubaues, um von da aus die eigentliche Fabrikation zu verfolgen. Hier haben wir einen imposanten Vorratsraum vor Augen, der uns ohne weiteres zeigt, mit welchen Quantitäten an Roh-Material in einer Fabrik gerechnet werden muß, die, wie die Bergersche, täglich circa 300 Ctr. Waren aller Art zum Versand bringt. Da liegen Tausende von Centnern Rohkakao der verschiedensten Marken, wie Caracas, Arriba, Porto Cabello, Java, Bahia, St. Thomé, Kamerun, Namen, die uns nach Südamerika, Afrika und in unsere deutschen Kolonien versetzen. Wir sehen ferner mehr als 1000 Centner Rohzucker in Säcken. Dieser wird in eigener Raffinerie-Einrichtung zweckentsprechend raffiniert. Er fällt — von oben ausgehend — in die in den verschiedenen Stockwerken befindlichen Maschinen, die Maischen, Trommeln und Zuckermühlen, von wo er dann, zum Gebrauch fertig, den unten befindlichen Fabrikationsräumen automatisch zugeführt wird. Eben kommt eine Doppelladung Mandeln an, welche neben Hunderten von Säcken Mandeln und Haselnußkernen aufgestapelt wird.

Außer diesem Vorratsraum besitzt die Fabrik noch ein Lager unter Zollverschluß, welches in einem auf dem Fabrikhofe errichteten Vorrats-Gebäude untergebracht ist. Hier lagern ebenfalls größere Quantitäten Rohkakao, die erst verzollt werden, sobald sie dieses Lager verlassen. Es ruht nämlich auf jedem Doppelcentner Kakao ein Eingangszoll von 35 Mark.

Wir steigen nun eine Treppe tiefer und befinden uns plötzlich in einem Raume, dessen Inhalt das Auge der Kinder freudig aufleuchten läßt, aber auch uns viel des Interessanten zeigt. Es werden nämlich hier die mannigfaltigen, für den Weihnachtsbaum bestimmten Sachen und Sächelchen aus Zucker, Chokolade und Marzipan hergestellt. An langen Tischen sitzen die Conditoren in ihren weißen Jacken und malen, spritzen und dekorieren die vielen schönen Figuren, welche den Baum zu zieren bestimmt sind. Andere formen wieder aus Marzipan die schönsten Früchte und Gemüse, welche, nachdem sie die entsprechende Färbung erhalten haben, kaum von den natürlichen Erzeugnissen zu unterscheiden sind. Eine andere Abteilung ist beschäftigt, die feinen Dessert-Bonbons aus Chokolade, Fondant, Marzipan, Fruchtmark u. s. w. herzustellen, welche eine Spezialität der Firma bilden und auch auf dem Tische der höchsten Herrschaften nicht fehlen. In einem anderen großen Saale sehen wir an hundert Conditoren und Lehrlinge, welche mit dem Eingießen der Füllungen für die vielen Sorten Pralinés, für die Crême-Chokoladen und Fondants beschäftigt sind, oder die mannigfaltig geformten Artikelchen herstellen, welche das Kinderherz erfreuen. Eine ganze Anzahl von Schaumschlagmaschinen ist in unausgesetzter Bewegung, um den feinen Zuckerschaum zu liefern, der immerwährend von den Gießgehülfen gebraucht wird. Es herrscht ein äußerst regsames Leben in diesen großen Räumen.

Besonders interessant ist es für uns, daß wir der Fertigstellung eines hervorragenden Schaustückes zusehen können, welches zufällig in Arbeit ist. Dasselbe ist für die Kinder einer Fürstlichkeit zur Schmückung des Weihnachtstisches bestimmt und zeigt außer einem den Wagen ziehenden, naturgetreu aus Zucker geformten Esel mit Zaumzeug, einen Weihnachtsmann als Kutscher, welcher sein Gefährt mit allerlei Naschwerk und schönen Figuren gefüllt hat. Der Wagen ist aus Pfefferkuchen zierlich hergestellt, und das Ganze, besonders jede große Figur, ist ein Kunstwerk im wahren Sinne. Der betreffende Arbeiter ist Künstler in seinem Fache.

Schwer trennen wir uns von dem Gesehenen und betreten einen großen Saal, in dem viele Hände beschäftigt sind, flüssigen Zucker zu sogenannten englischen Bonbons zu verarbeiten. Hier herrscht rege Massen-Fabrikation, und angesichts der Menge Menschen, welche an den zahlreichen Maschinen und Kühltischen thätig sind, überrascht es uns nicht, zu hören, daß diese Bonbons nach manchen Städten waggonweise verschickt werden. Drops mit dem verschiedensten Fruchtgeschmack, Pfeffermünz-Pastillen, Honig- und Malz-Bonbons, Kräuterzucker und Rocks mit allerlei Mustern finden wir hier in großen Mengen aufgetürmt, und wir können der Versuchung nicht widerstehen, eine Kostprobe anzustellen. Sehr interessiert uns, wie ein Konditor aus verschiedenfarbigen weichen Zuckerklumpen ein Muster zusammenlegt. Nachdem die Masse zu einer dünnen Stange ausgezogen und diese in Stücke zerschnitten ist, zeigen die Schnittflächen das Bild einer Blume („Blumen-Rocks"). Die feinen Frucht-Essenzen stellt sich die Firma selbst her und bezieht zu diesem Zwecke waggonweise Citronen und Apfelsinen, ferner große Quantitäten Walderdbeeren, Himbeeren u. s. w.

Wir durchschreiten nun einen Saal, in dem einige Dutzend kupferne Kessel in fortwährend rotierender Bewegung sich befinden. Darin werden die sogenannten Dragees, also auch Zuckerwaren mit Füllung, hergestellt.

Haben wir nun den ausgedehnten Betrieb zur Erzeugung der Näschereien verfolgt, so kommen wir jetzt erst zu dem Hauptbetriebe des großen Etablissements, der Chokoladen- und Kakao-Fabrikation, in welcher von der Fabrik ganz Hervorragendes geleistet wird. Dadurch steht dieselbe recht eigentlich im Dienst der Volksernährung. Denn die „Götterspeise" genießen heute infolge ihres großen Nährwertes, ihrer Billigkeit und allgemeinen Verbreitung Arme und Reiche, Gesunde und Kranke. Namentlich für letztere ist sie häufig ein wertvolles Mittel, durch welches der sieche Körper ausreichend genährt werden kann, und mancher Kranke verdankt ihr allein die Erhaltung seiner Kräfte. Doch hören wir etwas Näheres über die Herstellung dieses unschätzbaren Nährmittels in der Bergerschen Fabrik.

Ist das Roh-Produkt, nämlich die Kakaobohnen, welche wir im Vorratsraume kennen lernten, gelesen und gereinigt, so kommt es in die großen Röst-Apparate und darnach in die Brech- und Zerkleinerungsmaschinen, in denen die Kerne zerbrochen und die Schalen von dem eigentlichen Kakaofleische getrennt werden. Hier sehen wir eine große Anzahl von Maschinen und Apparaten aller Art, sämtlich neuester Konstruktion, alle bestimmt, das Produkt zu einem vollkommenen zu gestalten. Wir bemerken u. a. Apparate, welche automatisch den Keim, der jeder Bohne anhaftet und der von härterer, also schwerer löslicher Substanz ist als die Bohne selbst, sorgfältig herauslesen.

Die ausgelesenen, gerösteten und zerbrochenen Bohnen fallen nun durch Trichter auf die in der nächsten Etage befindlichen Kakaomühlen, die sogenannten Drillingsmühlen, wo sie mittels der dreifachen Granitmahlscheiben zu flüssigem Brei, zu Kakaomasse, zermahlen werden.

Der Saal, in dem diese Mühlen reihenweise nebeneinander stehen und in dem auch die übrigen Chokoladen- und Kakao-Bearbeitungsmaschinen sich befinden, ist der imposanteste des ganzen Etablissements. Von den Drillingsmühlen, den Melangeuren, in denen die Chokolade gemischt wird, den mächtigen Walzwerken mit drei Walzenpaaren, den kleineren Walzwerken, den großen Kakaopressen, den mächtigen Mischmaschinen sind ganze Batterien vorhanden, um die großen Quantitäten feiner Chokolade herzustellen, welche täglich gebraucht werden. (Die Produktion von Chokolade soll sich täglich auf circa 100 Ctr. belaufen.)

Die fertigen Chokoladenmassen werden auf Schienengeleisen nach den Räumen transportiert, in denen die Chokolade in die Form gebracht wird, in welcher sie im Handel erscheint. Hier empfängt uns der ohrenbetäubende Lärm der vielen, vielen Klappertische, welche in fortwährender schüttelnder Bewegung sind, um die Luftbläschen aus der weichen Chokolade zu entfernen. Wir sehen viele Hände beschäftigt, um die Chokoladenstücke den Teilmaschinen zu entnehmen und in die Blech- und Zinnformen zu füllen. Seitwärts stehen eine Anzahl Pressen, mittels deren die beliebten Chokoladen-Plätzchen hergestellt werden; an anderer Stelle wird ganz weiche, fast flüssige Speise-Chokolade in die mannigfaltigen Croquett-, Pastillen- und Katzenzungen-Formen eingegossen. Eine Anzahl Arbeiterinnen ist beschäftigt, Figuren aller Art, gefüllt, massiv und hohl, mittels geeigneter Zinnformen herzustellen. Wir können hier das ganze Tierreich nebeneinander sehen und zwar in jeder Größe und Ausführung. Alle fertigen Produkte werden durch Fahrstühle in die Kühlkeller hinabgelassen, damit sie kühlen und die nötige Härte erlangen, die man „den guten Bruch" nennt.

Wir können es uns nicht versagen, auch diesen Teil des Etablissements mit seinen imposanten Kellerhallen noch in Augenschein zu nehmen. Die Abkühlung der Luft erfolgt durch Eismaschinen. In den kühlen Räumen dieser Etage bekommt auch der sogenannte entölte Kakao die Form, in der er in den Handel kommt. Ist der Kakaomasse durch Pressen ein bestimmtes Quantum Öl oder Kakaobutter entzogen, so werden die trockenen Preßkuchen wieder zerbrochen, gemahlen und dann auf feinen Seidensieben gesiebt. Die Sorgfalt, mit der die einzelnen Manipulationen vorgenommen werden, giebt neben der geschickten Auswahl der verwendeten Kakaosorten dem fertigen Kakao seine Qualität.

Nun müssen wir noch einen Blick in die Packsäle thun. Wir treten zunächst in einen langen Saal, in dem wohl über 100 Mädchen in weißen Schürzen und Häubchen beschäftigt sind, die aus dem Kühlkeller angekommenen Chokoladentafeln einzupacken. Wir bewundern die Schnelligkeit, mit der das Einpacken vor sich geht; denn jede Tafel muß erst mit Staniol umhüllt und dann genau der Zeichnung der Etikette entsprechend akkurat eingeschlagen und versiegelt werden. Hier sehen wir auch, wie die verschiedenen Kakaosorten der Firma, die Marken „Germania", „Consum" und „Monopol", sowie auch der neuerdings in Aufnahme gekommene Hafer-Kakao abgewogen und in passende Kartons zu $^1/_4$, $^1/_2$ und 1 Pfd. gepackt werden.

Alle Fabrikate, welche wir bei unserem Gange durch die Fabrik gesehen haben, kehren hier und in dem Saale, den wir nunmehr betreten, wieder. Hier wird nämlich die Verpackung der Desserts, der feinen Speise-Chokoladen, der Figuren, Marzipane u. s. w. vorgenommen. Die schönsten Bonbonnièren aus Seide und Plüsch harren der Füllung, und der Inhalt der bereits gefüllten ist so sinnig und geschmackvoll zusammengestellt, daß uns beim Beschauen ein Ah! nach dem andern entschlüpft. Hier können wir nicht widerstehen und folgen der Aufforderung unseres Führers zum Kosten. Dann aber treiben wir zum Aufbruch, denn Schöneres, als wir hier gesehen, kann es nun doch nicht mehr geben. Wir sind indessen noch nicht zu Ende und werfen auf unserem Rückwege noch einen Blick in die große Bäckerei, in welcher die großen Honigkuchen fabriziert werden, sowie in den der Citronat-Fabrikation dienenden Raum. Auch die letztere Fabrikation ist nicht unbedeutend, denn es werden jährlich mehrere tausend Centner Citronat und Orangeat verarbeitet.

Am Schlusse unserer äußerst lehr- und genußreichen Wanderung sei nur noch auf einzelne Nebenwerkstätten hingewiesen, welche mit dem großen Etablissement verbunden sind, nämlich auf eine Tischlerei, Schlosserei und Buchbinderwerkstatt. Letztere muß wenigstens einen Teil der notwendigen Kartonnagen verfertigen. Daneben wollen wir aber auch die Wohlfahrtseinrichtungen nicht unbeachtet lassen, die im Interesse der Arbeiter geschaffen worden sind. Zu ihnen gehören die Aufenthaltsräume für die auswärtigen Arbeiter und die Garderoberäume, ferner eine Kantine, welche das Erforderliche für die leibliche Verpflegung darbietet. Wer von der Arbeiterschaft unverschuldetes schweres Leid zu tragen hat, dem sicherte der Gründer der Firma schon seit Jahren eine Hilfe in dem Zinsabwurf einer Stiftung. Außerdem erhalten Arbeiter und Arbeiterinnen nach mehrjähriger Thätigkeit in der Fabrik Auszeichnungen in Form von Prämien, deren Höhe 50 und 100 Mark beträgt. Sie dienen gewiß dazu, dem Etablissement einen treuen, mit demselben eng verwachsenen, soliden Arbeiterstand zu schaffen, der dem gedeihlichen Wachstum und Ansehen des Hauses Robert Berger in gleichem Maße dient, wie die Inhaber der Firma selbst. Denn die starken Säulen, von denen jede Werkstätte getragen werden muß, wenn sie emporblühen und auch dem Vaterlande zu Ruhm und Ehre gereichen soll, sind und bleiben für alle Zeit Treue und Fleiß.

Montanus, Pößneck.

Lobenstein.

Wem wäre nicht das Verslein bekannt, das von Greiz-Schleiz-Lobenstein sagt — aber mit welch anderen Empfindungen würde es gesprochen werden, wenn alle, die es anwenden, die drei genannten Städte mit eigenen Augen gesehen hätten! Laß dich im Geiste nach der kleinsten dieser Städte, nach Lobenstein, führen. Schon der Name sagt, daß es da an Bergen nicht fehlen wird. Und wahrlich, ob man nun von Triptis mit der Bahn über Ziegenrück oder von Hof durchs wildromantische Höllenthal fährt, — oder ob man von Schleiz oder Hirschberg nach Lobenstein wandert, überall bieten sich wilde Felspartieen, liebliche Blicke ins Saalthal und herrliche Waldbilder in reicher Abwechselung dem Auge dar. Schon von weitem erblickt man das Wahrzeichen des Städtleins, den alten Wartturm auf dem steilen Bergkegel, der sich in einem Thalkessel erhebt. Es ist ein Überrest einer alten Burg, des „lobinsteyn", die ums Jahr 1600 noch bewohnt war. Diese alte Burg, die wohl zur Zeit der Sorbenkämpfe mag erbaut worden sein, ist im Dreißigjährigen Krieg zerstört worden. In ihrer Nähe siedelten sich Bürger an, und nun liegt das Städtlein ringsum an dem Berge, weshalb man auch immer nur einen Teil von

Lobenstein.

ihm überschauen kann. Obwohl es schon im 14. Jahrhundert Stadtrechte besaß, betrug seine Einwohnerzahl 1509 doch erst 509 Seelen. Durch seine Lage an der alten Handelsstraße Leipzig—Bamberg entwickelte es sich dann mehr und mehr, so daß die Häuser innerhalb der Stadtmauern dicht gedrängt aneinander standen, zum Teil sogar die Mauer überragten. Vor diesen teilweise noch sichtbaren Stadtmauern hat manchmal Kriegsvolk gelegen. Auch in neuerer Zeit hat Lobenstein unter Kriegsdrangsalen zu leiden gehabt, ist doch z. B. auch Napoleon 1806 mit seinem Heer durch das Städtlein gezogen und hat dann im nahen Ebersdorf sein Hauptquartier aufgeschlagen. Vom Jahre 1647 bis 1824 war Lobenstein Residenzstadt. Den Haupterwerb bildete in früherer Zeit neben dem Bergbau die Tuchmacherei; so wurden z. B. schon im Jahre 1783 2240 Stück Tuch meistenteils außer Landes vertrieben. Wohl der früheren ungünstigen An- und Abfuhr wegen unterlag diese

Industrie den Großbetrieben, und jetzt findet besonders die weibliche Bevölkerung Verdienst in den bedeutenden Cigarrenfabriken.

Schon in alten Zeiten wußte man Lobensteins gesunde Lage zu schätzen; denn als 1610 die Pest in Gera wütete, verlegte der damalige Landesherr die Residenz bis zum Erlöschen der Pest nach Lobenstein. Immer mehr Kranke und Erholungsbedürftige von nah und fern suchen jetzt hier Heilung oder Stärkung, indem sie entweder Stahl- oder Moorbäder nehmen, oder die herrliche Waldluft atmen, die bei Lobensteins Höhenlage (über 500 m) schon manch müde Großstädterbrust erquickt hat.

Am besten überblickt man die Stadt von dem alten Turme aus. Steigt man den Schloßberg hinan und erklettert auf angebrachten Leitern den 30 m hohen Turm, dessen Mauern über 3 m dick sind, so sieht man tief unten das schmucke Städtchen mit seinem freundlichen Marktplatz, den ein Kaiserdenkmal schmückt; dasselbe steht dem mit dem Stadtwappen (einem Brackenkopf) geschmückten Rathause gegenüber, von dessen Balkon die Stadtkapelle zu gewissen Tagesstunden fröhliche und ernste Weisen spielt. Blickt man nun über das Rathaus hinweg, so sieht man den vom Lemnitzbach durchflossenen Stadtteich mit seinen Gondeln und seiner auf Brücken erreichbaren Insel. Daran stößt der „Kurgarten“ mit prachtvollen Alleen, schattigen Spaziergängen und lauschigen Plätzen. Von gegenüberliegenden Höhen grüßen Aussichtshäuschen, Almhütten u. s. w., zu denen wohlgepflegte Spazierwege führen, rings umschließen Berghöhen wie ein Wall das Städtlein, und über ihnen lagert jener zarte blaue Dunstschleier, der den Frankenbergen besonders eigen ist, auf denen meilenweit frischgrüne Nadelwälder sich hinstrecken, die ihre klaren Waldwasser teils zur Saale, teils zum Main hinabsenden.

Otto Behr, Lobenstein.

Am Heinrichstein.

Am linken Ufer der Saale, nahe bei dem friedlichen Ebersdorf, liegt der Heinrichstein. Jäh fallen die Felsen dort zum Fluß hinab. Ein schützendes Rindenhäuschen giebt einen schattigen Rastplatz, und ein Geländer um den Felsvorsprung ermöglicht den Ausblick ins Thal, auf die sich dahinschlängelnde Saale und auf das gegenüberliegende waldige Ufer.

Ganz eigentümlich wird einem zu Mute, wenn man im Winter dort weilt. Ernst und feierlich still stehen da die alten Tannen umher, denn der Winter hat ja den königlichen Hermelin um ihre Schultern gelegt, der sie in den Zauberschlaf bannt, — und drüben steht der Wald stumm im gleichen Schmuck. Selbst die rauschenden Wasser der Saale vernimmt man nicht, — glitzerndes Eis hält sie gebannt. Und steht man nun in solch feierlicher Stille vorn auf der Bastei, da überkommt einen ein eigentümlich Schauern, es ist, als begehe man ein Unrecht, die schlafende Natur mit neugierigen Blicken zu betrachten. — Aber warte nur, balde stürmen die warmen Winde von Berg zu Thal und reißen den Tannen den Zaubermantel in Fetzen von den Schultern, und nun recken und strecken sie mit freudigem Stöhnen die Arme empor und rauschen ein gewaltig Lied dem Lenz zum Gruß, — und mit Krachen befreit sich das bedrängte Wasser, und jauchzend und brausend rollen die Fluten dahin, übermütigen Fußes die angrenzenden Wiesen betretend. Dann singen die Rotkehlchen im Gesträuch ein melancholisch Lied, sehnsuchtsvoller Drosselruf erschallt, und frischgrünes, duftiges Laub bricht hervor. Selbst die alten Tannen schmücken sich mit Maiengrün, und bald taumeln Bergfalter wonnetrunken durch die Lüfte. Das ist die Zeit, wo einen ein unbegreiflich Sehnen und Drängen erfaßt, die holde Frühlingszeit!

Der Heinrichstein.

Und kommt dann der warme Sommer ins Land, so bieten die schattigen Wege am Heinrichstein erquickende Kühle, und das Auge labt sich an dem satten Grün, das in vielen Schattierungen sich darbietet. Das Herz wird so ruhig, so friedlich gestimmt, und träumend folgt der Blick dem Lauf der Saale da unten. Schweift er dann langsam zurück, so weilt er wohl sinnend auf einer angebrachten Tafel, auf der zu lesen steht:

Wohl ist der Blick hinaus ins Leben
Nicht stets so heiter und so mild,
Als hier, von Höhen rings umgeben,
Entgegen lacht der Landschaft Bild.

Doch steht nur deine Glaubensleiter
So hoch und fest wie dieser Stein,
So wird dein Blick auch froh und heiter
Selbst in des Lebens Dunkel sein.

Aber am schönsten ist der Heinrichstein doch im Herbst, wenn die Luft so rein und klar ist, wenn dir ist, als ob du mit ihr Mut und Entschlossenheit in deine Seele saugtest. Fest tritt da dein Fuß das raschelnde Laub versprengter Buchen, und nun schreite bis zum Geländer und sieh der Saale nach, dorthin, wo die Saalberge in bläulichem Dufte schimmern, und lasse langsam den Blick wieder herschweifen über den bunten Wald, aus dem das Forsthaus Silberknie und die Dächer eines verlassenen Hammerwerkes dich grüßen. Vielleicht schaust du auch äsende Hirsche des weiten Tiergartens im Thal oder an Berghängen. Aber sieh, aufwärts an der Saale streckt sich Neuhammer hin, und darüber liegen, wie Schneeflocken an den Berg verweht, die weißblinkenden Häuslein von Saaldorf, die das idyllisch gelegene Jagdschlößchen Weidmannsheil umgeben, — und mit breitem Rahmen umschließt der Wald das liebliche Bild.

Doch nun nimm Abschied, und schaue noch einmal hinab zu den Wassern der Saale, die heut so still ihre Bahn ziehen. Hier und dort glänzen weiße Schaumstellen, — wahrlich, es sieht aus wie Nixenarme; sie rudern und winken! Und nun heben sich wallende Nebelschleier, als wollten die luftigen Gestalten über den Wassern schweben in Spiel und Tanz. Ach, manchem haben sie es angethan mit ihrem Singen und mit ihrem Winken, die Wasserfrauen der Saale! Und wer ihrem Sang gelauscht und ihren Reigen geschaut, der trägt ein immer wachsendes, verzehrendes Sehnen in sich, das nur gestillt wird, wenn er wiederkehrt und an der Saale vergißt das Jagen und Treiben der hastenden Welt da draußen.

Otto Behr, Lobenstein.

Die Vogtlandstadt Greiz.

I. Durch das Elsterthal.

In der südöstlichen Ecke des schönen Thüringer Landes breiten sich nach allen Seiten sanftgeschwungene, wellige Höhenzüge aus, vielfach durchzogen von tiefeingeschnittenen Thälern mit brausenden und schäumenden Bächen und Flüssen. Das größte dieser Gewässer ist die weiße Elster. Dort, wo dieser Fluß, durch immer von neuem herantretende, bergähnlich ansteigende Hügel und schroffe Felsen von seinem angenommenen Laufe oftmals zurückgedrängt, sich mühsam sein steiniges Bett nach Norden zu erzwungen hat, ist das Vogtland.

Vielleicht erweckt dieser Name bei diesem oder jenem die Vorstellung von einer rauhen, unfruchtbaren, an Naturschönheiten armen Gegend, die ihm einen Besuch wenig lohnend erscheinen läßt. Es sollte mich nicht wundern; stand doch das Vogtland vor nicht langer Zeit in diesem nicht besonders guten Rufe. Doch gemach! Schon manch einer hat nach kurzem Aufenthalt in dieser Gegend nicht nur seine falsche Ansicht berichtigt, sondern ist auch später gern wieder dahin zurückgekehrt.

Im Elsterthale, dicht an der Grenze des Königreichs Sachsen, liegt die Haupt- und Residenzstadt des Fürstentums Reuß ä. L., Greiz i. V. Ihr soll heute unser Besuch gelten.

Von Gera, der gewerbreichen Residenz der jüngeren Linie Reuß, führt uns die Eisenbahn immer an der Elster aufwärts in einer Stunde an unser Ziel. Je mehr wir uns diesem nähern, desto mehr verengert sich das Thal. Das weimarische Städtchen Berga liegt hinter uns. Nur an wenigen Stellen bietet der schmale Grund noch Raum für einige Wiesen und Felder oder eine in idyllischer Einsamkeit klappernde Mühle. Dicht an steile Berglehnen und Felsen, die meist mit

Nach einer photogr. Aufnahme von H. Fritz, Greiz.

Blick vom Hirschstein auf Greiz.

dunklem Nadelwald bekleidet sind, schmiegt sich der schmale Schienenstrang, um bald die ihm auch diesen bescheidenen Weg versperrenden Thalwandungen zu durchbrechen oder den vielgewundenen Fluß zu überschreiten. Hat doch diese Bahnlinie auf einer Strecke von kaum 20 km Länge gegen 20 Brücken und nicht weniger als 7 Tunnel aufzuweisen. Wenn schon die Anlage eines schmalen Bahnkörpers in diesem engen Thale so außerordentliche Schwierigkeiten bot, so ist es begreiflich, warum man in früherer Zeit von einer Thalverbindung der beiden Nachbarresidenzen Gera und Greiz durch eine Straße absehen mußte, und letztere auf Umwegen über die Höhen führte.

„Neumühle" ertönt der Ruf des Schaffners. Wir sind auf der ersten Station des Fürstentums Reuß ä. L. Dicht bewaldete Hügelkuppen umkränzen ein stilles

Wiesenthal. Durch harzduftende Haine führen angenehm schattige Wege hinan zu prachtvollen Aussichtspunkten auf vorspringenden Felsen. Hier hat der Verschönerungsverein Neumühle seit langem eine ersprießliche Thätigkeit zu Nutz und Frommen des Naturfreundes entfaltet. Doch der kurze Aufenthalt gestattet nur einen flüchtigen Blick auf das liebliche Bild.

Weiter rollt der Zug durch den eingeengten Thalgrund. Da taucht das erste Gebäude der Stadt Greiz auf. Sein Name Kupferhammer deutet seine frühere Bestimmung an, jetzt aber hat der für Greiz von so großer Bedeutung gewordene Dampfwebstuhl auch diese einsame Stätte erobert.

Wieder treten die Berge dicht an die Elster heran. Am rechten Ufer erhebt sich, vom Elsterspiegel fast 200 m steil aufsteigend, der höchste Berg in der näheren Umgebung von Greiz, der Brand. Etwa in halber Höhe ragt aus düsterem Waldesgrün leuchtend ein mächtiges weißes Kreuz empor. Fürst Heinrich XX. setzte es als ein Zeichen treuer Verehrung seiner geliebten heimgegangenen ersten Gemahlin Sophie. Weithin schaut es in die Lande, und prachtvoll, ja man kann wohl behaupten einzig schön, ist der Blick von der felsigen Höhe des Hirschsteins, dessen zerklüfteten Vorsprung das sinnige Denkmal ziert. Hoch oben über dem Gewühl des Lebens, umweht von reiner Waldesluft, schweift das entzückte Auge bis zu den fernen Gipfeln des Erzgebirges. „Unabsehbar ergießt sich vor meinen Blicken die Ferne, und ein blaues Gebirg endet im Dufte die Welt. Tief an des Berges Fuß, der jählings unter mir abstürzt, wallet des grünlichten Stroms fließender Spiegel vorbei." Prächtig säumt ihn ein langgestreckter Hügelkamm. Rücken und Hänge deckt dichter Wald, dessen dunkles Nadelholz von dem dazwischen hervordrängenden, lieblichzarten Birken- und Buchengrün sich wirksam abhebt. Ausgedehnte, von schmalen Thälern durchbrochene Höhenzüge, welche mit bunten Fluren und dunkel ragenden Hainen wechselvoll bekleidet und an den Thalwänden vielfach mit Villen und burgähnlichen Gebäuden geschmückt sind, umrahmen nach allen Seiten die weite Thalmulde. Ein durch bunte Farbenmischung noch lebhafteres, anmutigeres Bild bietet diese dem Auge. Hinter dem üppig grünen Wiesengrunde am rechten Elsterufer grüßen uns die herrlichen Alleen, Baumgruppen und Sträucher des fürstlichen Parkes. Zwischen ihnen erglänzt die blinkende Fläche des vielbuchtigen, inselreichen Parksees, belebt von stolzen Schwänen und Hunderten von wilden Enten. Als schönster Schmuck des Bildes aber erhebt sich mitten aus der Thalsohle der kegelförmige, grünumwobene Schloßberg, dessen altersgraue, gewaltige Burg, überragt von dem im Schloßhofe auf einem Fels frei stehenden Turme, auf die am Fuße des Berges sich ausbreitende Stadt ehrwürdig herabschaut. Fürwahr, nur sehr selten wird ein mit so reizvoller Mannigfaltigkeit ausgestattetes und doch wiederum so abgeschlossenes, liebliches Landschaftsbild zu finden sein, wie es vom Hirschstein aus Auge und Herz erfreut.

Tief unten am Fuße der Höhe, die den wenig klangreichen Namen Sauberg führt, rasselt der Zug. Daneben braust und schäumt die Elster über das Wehr. Vor Jahrhunderten, als noch Landwirtschaft und Viehzucht einen Haupterwerb der

Greizer Einwohner bildeten, mögen hier die nützlichen Borstentiere den Boden aufgewühlt haben, während weiter oben, an dem noch heute „Viehhut“ genannten östlichen Abhange des Brand kräftige Rinderherden grasten. Jetzt schauen dort inmitten von Obst- und Zierbäumen schöne Landhäuser und schloßähnliche Villen hervor, umrauscht von Fichten- und Buchenwald, in dem das scheue Reh und der stolze Hirsch leichtfüßig dahineilen. Größere Mengen edlen Wildes aber birgt der gegenüber am linken Elsterufer sich erstreckende, ausgedehnte Wildgarten des Gommlaer Waldes. Zu Hunderten kann man in den September- und Oktobertagen die stattlichen Hirsche beobachten, wenn sie auf die Wiesenflächen vor den Wald treten. Weithin durchs Thal schallt dann der dumpfe Schrei der Hochgeweihten, und mancher harte Kampf wird zwischen ihnen ausgefochten.

Im Bogen zieht sich jetzt der Bahnkörper am Rande der Thalebene nach dem Parke hin. Da fesselt am waldigen Gelände ein neues, burgähnliches Gebäude mit vorspringender Kapelle und ragendem Turme unsern Blick. Der dunkle Hintergrund des Rothberges läßt es scharf hervortreten. Sonnenlicht und Waldesluft haben von allen Seiten freien Zugang. Hier schufen in edler Menschenliebe der leider zu früh abgeschiedene Fabrikant Ernst Arnold und seine Gemahlin für unbescholtene arme, alte Greizer Einwohner ein Heim. Von grünumwundener, steiler Bergwand grüßt freundlich ein roter, viereckiger Turm herab. Seine frühere Bestimmung war freilich nicht so harmlos als sein Aussehen; barg er doch vor etwa 40 Jahren das Pulver für das damalige reußische Militär. Wegen dieses gefährlichen Inhaltes wies ihm Fürst Heinrich XX. die luftige Höhe an. Jetzt schaut er, ein Schmuck des Berges, friedlich herab ins Thal und auf die in friedevoller Ruhe daliegende Stätte der Toten am gegenseitigen Bergeshange.

Hinter den Büschen und Bäumen des Parkes eilt der Zug weiter. Selten gestattet das dichte Gezweig einen verstohlenen Blick auf die schimmernde Seefläche. An der linksseitigen Hügelböschung taucht der alte Gottesacker auf. Tausende fanden hier seit mehr als $1^1/_2$ Jahrhunderten Ruhe von den Mühen des Lebens. Tausende und aber Tausende führte die Eisenbahn schon vorüber und in den rastlosen Kampf des Lebens hinein. Ein Pfiff erweckt uns aus unseren Betrachtungen. Zu beiden Seiten von Häusern umsäumt, erscheint die finstere Öffnung des Schloßbergtunnels. Freundlich wiegen über ihm Birke und Ahorn ihre Kronen und lassen daneben ein großes, graues Gebäude durchblicken. Wie eine lateinische Inschrift auf verwitterter Steintafel kündet, ließ es der immer auf Verschönerung bedachte Graf Heinrich XI. im Jahre 1752 als Rennbahn errichten und gleichzeitig den steilen Felsenberg durch anmutige Wege nach allen Seiten zugänglich machen. Doch verstummt ist jetzt das Stampfen und Wiehern der Rosse und das laute, fröhliche Treiben in der Rennbahn. Als ein Zeichen der Vergänglichkeit steht sie verödet da. Um aber den Wechsel der Zeiten noch eindringlicher zu zeigen, schnaubt das Dampfroß tief unter den Mauern der alten Burgfeste durch den Berg. Nur mit Zagen und notgedrungen ging man im November des Jahres 1872 daran, den harten, graublauen Fels zu durchbohren. Meinte man doch, die Sprengarbeiten würden die Gebäude gefährden; aber glücklicherweise war diese Befürchtung, wie es auch das Gutachten des zugezogenen Geologen aussprach, grundlos. — Kaum hat der Zug den südlichen Ausgang des etwa 300 m langen Tunnels verlassen, so rollt er auch schon wieder donnernd über die Elsterbrücke, um nach wenig Augenblicken in den Bahnhof einzulaufen.

II. Greiz.

Wir sind in der Residenzstadt des Fürstentums angelangt. Auf dem langen überdachten Bahnsteige herrscht reger Verkehr. Bahnhof und Stationsgebäude wollen uns im Gegensatz hierzu fast unzulänglich erscheinen. Als man zu Anfang der siebziger Jahre die Verbindung der aufstrebenden Stadt mit Gera und Plauen durch den Bau der Elsterthalbahn ins Werk setzte, konnte man nicht ahnen, daß die Entwickelung von Greiz und damit die Anforderungen an die Bahn schon bald eine solch gewaltige Ausdehnung erlangen würden. Dazu verschlangen die Tunnel- und Brückenbauten so bedeutende Summen, daß die damalige Aktiengesellschaft sich bei den Bahnhofsanlagen auf das Notwendigste beschränken mußte, und man war glücklich, als die Bahn im Jahre 1875 nach Überwindung so vieler Schwierigkeiten dem Verkehr übergeben werden konnte. Zwar hatte Greiz nach Osten hin schon seit 1865 durch die ebenfalls von einer Aktiengesellschaft gebaute Bahnlinie Greiz-Brunn eine Verbindung mit der sächsisch-bayrischen Eisenbahn. Doch endigte diese in Greiz, und die Bahnhofsanlage hielt sich in noch bescheideneren Grenzen. Beide Bahnlinien wurden erst recht lebensfähig, nachdem sie der sächsische Staat übernommen und die beiden in verschiedenen Thälern liegenden Bahnhöfe durch Tunnel- und Brückenbau verbunden hatte. Freilich wuchsen damit von Jahr zu Jahr die Anforderungen an den Hauptbahnhof, so daß sich fortgesetzt die Erweiterung desselben nötig machte. Da jedoch gegenwärtig besonders der Güterverkehr kaum mehr zu bewältigen ist, die beschränkten Raumverhältnisse aber eine weitere Ausdehnung nicht mehr zulassen, steht die von der sächsischen Regierung bereits beschlossene Anlage eines gesonderten Güterbahnhofes im Weichbilde der Stadt bald zu erwarten.

Wie bei dem Bahnhofe ist auch der erste Eindruck, den wir von der Stadt erhalten, der des gedeihlichen Wachstums und Aufblühens. Der lebhafte Verkehr setzt sich weiterhin fort und tritt uns namentlich in dem geschäftigen Treiben beim nahen Reichspostgebäude und in der Karolinenstraße entgegen. Diese größte und schönste Straße der Stadt macht mit ihren zwar einfachen, aber geschmackvollen, behäbigen Häusern, ihren breiten, granitbelegten und mit Linden gesäumten Bürgersteigen und der gleichmäßig durch Schlackensteine hergestellten Pflasterung einen vornehmen Eindruck, der des Abends, wenn Gasglühlicht und die großen elektrischen Bogenlampen fast Tageshelle verbreiten, noch erhöht wird. Ein kurzer Blick auf die Karolinenstraße und die gesamte regelmäßig angelegte Neustadt, welche die weite Thalsohle am linken Elsterufer fast ausfüllt, läßt mit Recht vermuten, daß dieser Stadtteil in der Hauptsache seine Entstehung der zweiten Hälfte des 19. Jahrhunderts verdankt.

Noch vor wenig Jahrzehnten breiteten sich hier liebliche Wiesenflächen aus, und der Landmann zog durch die Felder der sogenannten Aue seine Furchen. Zu Anfang des Jahrhunderts aber standen nur wenige kleine Häuser am linken, Anger genannten Elsterufer. In früheren Jahrhunderten diente dieser Platz auch als Richtstätte. Der Galgen und Begräbnisplatz der Gerichteten befand sich dagegen auf einer weithin sichtbaren, freien Anhöhe, dem damaligen Galgenberge. Noch ist ein kleines Rundteil an der Stelle vorhanden, wo vor drei bis vier Jahrzehnten noch die gemauerte, sogenannte Galgenstünze sichtbar war. — Der Anger war mit der Stadt durch eine hölzerne Fußgängerbrücke, den Angersteg, verbunden. Die

Nach einer photogr. Aufnahme von H. Fritz, Greiz.

Das untere Schloß in Greiz.

neben dem Stege befindliche Furt und später eine weiter unterhalb errichtete hölzerne Brücke vermittelten den Fahrverkehr, der freilich nicht von großer Bedeutung gewesen sein kann, denn der Weg durch die Aue nach dem am Ende derselben liegenden Kammergut Tryfle war kaum fahrbar.*) 1859 wurde der alte Steg endlich durch die breite eiserne Brücke ersetzt.

Vor dieser eröffnet sich beim Austritt aus der Karolinenstraße ein prächtiges, malerisches Bild. Im Bogen rauscht die Elster an der Altstadt vorüber. Hübsche Anlagen schmücken das linke Ufer. Zwischen lieblichen Blumenbeeten, blühenden Sträuchern und hellgrünen Kronen von Linden und Kastanien erheben sich stattliche

*) Als derselbe 1819 in einen besseren Zustand versetzt worden war, mußte für schwere Wagen je ein Groschen Wegegeld entrichtet werden.

Denkmäler: das Kriegerdenkmal mit der stolzen, aus Sandstein gebildeten Germania (eine Schöpfung des aus Greiz stammenden Bildhauers Röder), das eherne Standbild Kaiser Wilhelms I. und die auf hohem Marmorsockel stehende Büste des eisernen Kanzlers. Am jenseitigen Ufer steigt die Altstadt sanft an den Berglehnen hinan, erklimmt aber zum Teil auch schon die Höhen derselben. Im Vordergrunde thront auf einer felsigen Erhöhung das Residenzschloß Sr. Hochfürstl. Durchl. Herrn Heinrich XXII.; es zeigt uns seine blinkenden Fensterreihen, den Wintergarten und Kuppelturm, überragt von dem 62 m hohen, schlanken, mit goldglänzendem Knopf und Kreuz geschmückten Kirchturm. Das imposante Gymnasial- und Knabenschulgebäude schließt sich würdig an. Waldüberkleidete, sowie mit Gärten und Villen geschmückte Höhen umwallen nach allen Seiten den Thalgrund, aus dem wiederum als prächtigster Mittelpunkt der burggekrönte, grüne Felskegel emporragt.

Fürst Heinrich XXII. von Reuß ä. L.

Wir mögen Greiz betreten, von welcher Seite es auch sei, aus einem der in die Thalebene einmündenden Thäler oder von einer der Thalwände, immer und immer ist es die alte Bergfeste, die unser Auge zuerst fesselt, uns unwillkürlich das Herz ergreift und gedankenvoll stimmt. Mit welch ehrfurchtsvoller Scheu schauten wir schon als Kinder zu ihr empor. Wie betrachteten wir verwundert die altersgrauen Mauern, die verschnörkelten Giebel an der Ostseite und die alten Kanonen vor dem Thore, die drohend den Eintritt zu verwehren schienen. Wie erzählten wir heimlich flüsternd von dem grauen Mönche und anderen geisterhaften Wesen, die in dem geheimnisvollen Bau umgehen sollten. Und auch der Mann kann sich diesem Zauber nicht entziehen. Ist die alte Burg doch das einzige und deshalb um so wirkungsvollere Denkmal früherer Zeit, das uns aus der vollständig modern gewordenen Stadt sinnend zurückblicken läßt in die graue Vergangenheit.

„Von dort aus zogen einst die Helden,
Von denen die Geschichten melden.
Die Herrscher ruhn in Gräberhallen,
Die Helden sind im Kampf gefallen.“

In hellem Ruhmesglanze erstrahlt vor allem die Heldengestalt des kaiserlichen Feldmarschalls Heinrich VI., Herrn von Obergreiz, der nach siegreicher Schlacht bei Zenta gegen die Türken am 11. September 1697, mit tödlichen Wunden bedeckt, vom Schlachtfelde getragen wurde und fern von der Heimat, in Szegedin, am 11. Oktober sein Leben aushauchte.

Eine noch größere Bedeutung für den Greizer aber erlangt die Burg dadurch, daß ihre Geschichte mit der Entwickelung der Stadt eng verknüpft ist. Denn Schloß Obergreiz war ehemals der Stammsitz jenes starken vogtländischen Dynastengeschlechts, aus dem das noch jetzt regierende Fürstenhaus hervorgegangen ist. Zwar ist das Schloß nicht mehr Residenz, aber der größte Teil der gut erhaltenen Räume beherbergt noch heute die Fürstl. Landes- und Kammerbehörden.

Die Zeit der Gründung der Burg ist, da keinerlei Urkunden vorhanden sind, in Dunkel gehüllt. Der Sage nach soll sie von sorbischen Rittern im 6. Jahrhundert erbaut worden sein. Jedenfalls aber wurde sie, wie die meisten Burgen an der Elster, als Schutzwall gegen die unterdrückten und oft wieder aufständischen Sorben im 10. Jahrhundert errichtet. Ihr Name castrum Groiz, wie er urkundlich zuerst auftritt, und der auch auf die im Schutzbereiche der Burg entstehende Stadt überging, ist unzweifelhaft slavischen Ursprungs, ebenso wie sich die zahlreichen Orte in der Umgebung von Greiz mit den slavischen Endungen itz und au (Pohlitz, Irchwitz, Dölau u. dgl.) als sorbische Siedelungen erweisen.*)

In nicht allzu ferne Zeit nach Erbauung der Burg fallen jedenfalls auch die ersten Anfänge der Stadt, die sich dicht an den Fuß des Berges schmiegenden Hütten der Burgbemannung, die bald einen Zuwachs durch Anlage einer weiteren kleinen Kolonie in der Einsenkung zwischen Reißberg und Pohlitzberg, der jetzigen Lehmgrube, erhalten haben mag. Gewiß ist, daß bereits zu Anfang des 13. Jahrhunderts eine kleine Gemeinde vorhanden war. Während nämlich vorher die Burggemeinde der Kirche zu Weida und später der zu Elsterberg zugewiesen war, gründeten die Vögte zu Weida 1225 bei dem castrum Groiz eine der Jungfrau Maria geweihte Kirche. „Die Herren von Lobdaburg (in Elsterberg) verlangten, daß diese ihrer Kirche als Filial untergeordnet würde, und es kam darüber zu einem langwierigen Streit. Dieser wurde endlich, infolge der Vermittelung des Bischofs Engelhard von Naumburg, am 25. April 1225 durch einen Vertrag zwischen den Brüdern von Weida, Heinrich dem Mittleren und Heinrich dem Jüngeren, und den Herren von Lobdaburg, Hartmann und Hermann, dahin geschlichtet, daß die Vögte auf das Patronatrecht in Elsterberg verzichteten, die Lobdaburger aber die Selbständigkeit der Kirche zu Greiz anerkannten." (Collmann, Das Vogtland im Mittelalter.)

Verhältnismäßig lange dauerte es, bis Greiz zur Stadt erhoben wurde. Noch 1269 wird es villa = Dorf genannt. Die Bezeichnung Stadt tritt im Jahre 1359 zum erstenmal auf. Es scheint demnach, als habe Greiz nicht, wie die

---

*) Wahrscheinlich stammt Groiz von gor = Berg ab, wozu der frei aus dem Thal aufsteigende Berg wohl den Anlaß gegeben hat.

meisten älteren vogtländischen Städte, im 13., sondern erst im 14. Jahrhundert Stadtrecht erhalten. Sehr langsam ging auch das Wachstum der Stadt vor sich. Lag diese doch in dem engen Thale, abseits von der Heerstraße, die, ohne Greiz zu berühren, von Gera nach Plauen führte. Die früher ohnehin kaum fahrbaren Wege zogen sich von Greiz aus über die Höhen hin und waren darum dem Verkehr wenig förderlich. Erst 1848 wurde durch eine Thalstraße nach Süden zu eine bequemere Verbindung mit Elsterberg herbeigeführt. Da auch die Elster zu klein ist, um eine Verkehrsader bilden zu können, so ist es erklärlich, daß die Stadt

Nach einer photogr. Aufnahme von H. Fritz, Greiz.

Schloß Obergreiz.

vor 100 Jahren, obgleich sie als Residenz der Fürsorge und Förderung der Landesherrschaft sich erfreuen durfte, doch nur etwa 6000 Einwohner zählte. — Jahrhundertelang wurde die von starken, schützenden Mauern umgebene Stadt nur von dem Kern der heutigen Altstadt gebildet, also von Markt und Marktstraße mit deren nächster Umgebung. Die Mauer samt dem Hauptstadtthore schloß vermutlich dicht an die Schanze am südlichen Ende des Schloßberges an. Die Brückenstraße lag schon außerhalb der Stadt, wird sie doch noch heute Vorstadt genannt; ja sogar die Bezeichnung Thor-Clauß für den am Ende der Schloßbergstraße wohnenden Fleischermeister Clauß ist noch gebräuchlich. An Stelle der Marienstraße breitete sich ein großer Teich vom Park bis an das auf dem jetzigen Marienplatz stehende Schloßbrauhaus aus. Dieser Teich wurde im Jahre 1686 trocken gelegt. Noch

1665 veranstaltete der damalige Herr von Obergreiz zu Ehren des bei ihm zu Besuche weilenden Kurfürsten Johann Georg III. von Sachsen auf dem Teiche ein großes Eulenschießen. Die auf der getrockneten Fläche erbaute Marienstraße hieß bis zu Ende der sechziger Jahre Teichgasse. Dieser Name wurde dann auf das kleine Gäßchen, das sich hinter der Marienstraße dicht am Schloßberg hinzieht, übertragen. Der graublaue Thonschlamm, der den Grund der Straße und der Häuser bildet, zeigt sich bei jeder Aufgrabung; ebenso wurden schon öfters Reste starken Holzgeflechtes, die vom Ufer des Teiches herrühren, zu Tage gefördert. Außerhalb der eigentlichen Stadt lag auch die Hohegasse, worauf die fast allgemein gebräuchliche Bezeichnung „hinter der Mauer" hinweist. Den Abschluß der Stadt nach Südosten bildete das Reichenbacher Thor und der an die Kirche anstoßende Gottesacker. Bereits 1821 wurde die jetzige Schulstraße über den Gottesacker geführt. 1873 verschwand auch der letzte Teil desselben durch Erbauung der großen Knabenschule.

Nahm die Entwickelung der Stadt Greiz demnach nur einen allmählichen Verlauf, so wurde sie doch auch wiederum nur selten durch Kriegsverheerungen unterbrochen. Hier gereichte der Stadt gerade ihre abgesonderte Lage zum Vorteil. Anderenteils aber sorgten die Landesherren durch Bündnisse, Schutzbriefe und Zahlung von Kontributionen mit dafür, daß die Drangsale des Krieges dem stillen Thale fern blieben. — Schlimmer waren schon die Verheerungen, welche die beiden, meist recht harmlos aussehenden fließenden Gewässer der Stadt durch Überschwemmungen anrichteten, die Elster und ihr kleiner rechter Zufluß, der Aubach, der den inneren Teil der Altstadt fast rechtwinkelig durchfließt und hier sonderbarerweise Gräßlitz genannt wird. Nicht selten kam es vor, daß die Elster die Neustadt und die angrenzenden Teile der Altstadt in einen See verwandelte. Öfters führte sie in früherer Zeit das auf dem Anger aufgestapelte Flößholz mit fort, so im Jahre 1723 gleich 400 Klaftern auf einmal. — Seltener, aber um so verheerender traten Überflutungen der Altstadt durch die Gräßlitz auf. Noch erzählen alte Leute von einer solchen am 1. Juni 1839, die über 1 m hoch in die anliegenden Häuser eindrang. Und doch war diese gering zu nennen gegen die in frischester Erinnerung stehende Flut vom 3. und 4. Juni 1889, also fast genau 50 Jahre später. Niemand glaubte, als sich die Nachricht von einem in der Nähe niedergegangenen Wolkenbruch verbreitete, daß das Wasser über die Ufer des neu angelegten, tiefen Bettes treten werde. Ruhig kehrte auch ich nach einem Blick in den Bach wieder in die Wohnung zurück, um meinen Eltern, wie ich meinte, aus übergroßer Vorsicht, beim Wegräumen der niedrig stehenden Gegenstände zu helfen. Aber schon zehn Minuten später drang das Wasser in das Erdgeschoß ein. Kaum war es möglich, die Betten und nötigsten Kleider nach oben zu bringen, denn nach wenig Augenblicken standen wir bis fast an die Kniee im Wasser. Es wurde höchste Zeit, ins Obergeschoß zu flüchten, da das Wasser in kaum einer Viertelstunde über 2 m hoch im Zimmer stand. Leider fanden auch zwei Menschen den Tod in den Fluten. Mit dem Bergen von Waren im Keller beschäftigt, wurde ihnen von dem plötzlich mit aller Wucht eindringenden Wasser der Rückweg abgeschnitten. Bei dem schnellen

Anwachsen des wütenden Elementes war es nicht möglich, ihnen durch die engen vergitterten Fenster Hilfe zu bringen. Fast als ein Wunder kann es bezeichnet werden, daß trotz der Wiederkehr der Überschwemmung am nächsten Abend durch einen zweiten Wolkenbruch den reißenden Fluten kein Haus zum Opfer fiel, obgleich einige schon am ersten Tage dem Einsturz drohten. War der Schaden auch ein sehr beträchtlicher, so wurde er doch durch die Opferwilligkeit der nicht betroffenen Einwohner bald wieder überwunden. Ebenso konnten auch die früheren Überschwemmungen die Entwickelung der Stadt nicht beeinflussen. — Furchtbarer und völlige Vernichtung drohend, trat dagegen die andere Naturgewalt, das Feuer, auf. Bereits 1610 legte ein schrecklicher Brand den größten Teil der Stadt in Asche. Am 6. April 1802 aber wurde innerhalb eines Tages fast die ganze Stadt ein Raub des entfesselten, gefräßigen Elementes. Vom Stadtbrauhause, wo es ausgebrochen war, verbreitete es sich, durch vorhergegangene Dürre und lebhaften Wind begünstigt, mit unglaublicher Schnelligkeit. In wenigen Stunden war die ganze Altstadt ein einziges Flammenmeer. Bald schon verstummten die Sturmglocken, denn auch der prächtige, gut gebaute Kirchturm ward ergriffen und brach zusammen. Sämtliche öffentliche Gebäude, das untere Schloß, die Kirche, Pfarr- und Schulhaus, das Rathaus, sowie 270 Bürgerhäuser, im ganzen 430 Gebäude, sanken in Trümmer. Nur das obere Schloß schaute aus sicherer Höhe herab auf die Greuel der Verwüstung. Wunderbarerweise blieb auch der feuergefährlichste Teil der Stadt, die Lehmgrube mit ihren engen, winkeligen Gassen von den Flammen verschont, wie der Volksglaube behauptet, infolge des Feuersegens einer Zigeunerin. Alles andere aber, was an die Eigenart der früheren Stadt erinnerte und was zwei Jahrhunderte neu geschaffen hatten, war vernichtet. Erheblich verschlimmert wurde die Heimsuchung für die unglücklichen Bewohner noch dadurch, daß die Schwarzburgische Bank, bei der ein großer Teil versichert hatte, zahlungsunfähig wurde. Dazu kamen die Kriegsunruhen, die der korsische Eroberer über Deutschland brachte, und insbesondere der unermeßliche Schaden, den die Kontinentalsperre dem Handel und Gewerbe zufügte. Und trotz alledem ging man mit ungebrochener Thatkraft daran, aus dem Schutt wieder eine neue Stadt erstehen zu lassen. Bereits am 14. Juli 1805 konnte das für jene Verhältnisse sehr stattliche, geräumige Gotteshaus eingeweiht werden. Der Ausbau desselben und die Errichtung des schönen Turmes nahmen freilich noch 22 Jahre in Anspruch. Weitere 15 Jahre aber verflossen, bis endlich die Stadt sich wieder eines Rathauses erfreuen durfte. Dasselbe zeichnet sich vor den Nachbargebäuden durch seinen hübschen Baustil vorteilhaft aus. Gegen die Mitte des Jahrhunderts waren auch die letzten Wunden geheilt. Aber die Spuren derselben konnte selbst der außerordentliche Aufschwung der Stadt in der zweiten Hälfte des Jahrhunderts nicht verwischen. Der unzureichende Marktplatz, eine Erweiterung der schmalen Marktstraße, und die engen, unregelmäßigen Straßen und Gassen der Altstadt mit den unansehnlichen Häusern legen noch heute ein um so augenscheinlicheres Zeugnis von der Not jener schlimmen Zeit ab, als sie zu den gediegenen stattlichen Wohnhäusern und Prachtbauten in den neueren Stadtteilen und an den Berglehnen einen auffallenden Gegensatz bilden. Ebenso, wie die in den letzten Jahren entstandenen Privatgebäude, bekunden auch die schönen öffentlichen Gebäude, besonders die vier mächtigen neuen Schulhäuser, der neue Rathausanbau, das Sparkassengebäude u. a., sowie die bedeutenden Gas-, Elektricitäts- und Wasserwerke den wieder eingetretenen Wohlstand der Stadt. Während schon lange vor Gründung der gegenwärtigen Wasserwerke eine Röhrenleitung von dem Dörfchen St. Adelheid der Stadt vorzügliches Trinkwasser zuführte, war es mit der Beleuchtung der Stadt bis vor etwa 40 Jahren noch übel bestellt. Vor 100 Jahren war von einer solchen überhaupt keine Rede. Mochte der friedliche Bürger selbst zusehen, wie er sich in finsterer Nacht nach Hause tastete. Den Anfang einer Straßenbeleuchtung brachte das Jahr 1819 durch freiwillige Beschaffung von 19 Laternen seitens der Landesherrschaft und mehrerer wohlhabender Bürger, bis dann die Erbauung der Gasanstalt im Jahre 1858 und des Elektricitätswerkes gegen Ende des Jahrhunderts die Forderung nach „mehr Licht“ voll befriedigte. — Als mittelbare Zeugen des Wohlstandes der Stadt Greiz dürften wohl auch das vom Reißberge herabschauende, schloßähnliche Landkrankenhaus und das neue Fürstliche Lehrerseminar am Irchwitzberge anzusehen sein.

Was aber war die Ursache dieses überraschend schnellen Emporblühens der verarmten Stadt? Hierüber belehrt uns ein kurzer Blick von einer der umliegenden Höhen oder von der Schanze des Schloßberges hinab in die Thalebene. Die gewaltigen Fabrikschornsteine, die dort zu Dutzenden teilweise bis zur Höhe des schlanken Kirchturmes aufsteigen, ja denselben noch überragen, können unserem Auge nicht entgehen. Sie künden uns, daß Greiz nicht mehr wie vor 50 Jahren das weltabgeschiedene, friedlich stille Residenzstädtchen, sondern eine mit dem Weltgetriebe in Verbindung getretene und von ihm durchflutete Fabrikstadt geworden ist. Die mächtigen Fabriken haben nicht nur einen großen Teil der weiten Thalmulde nach Süden zu eingenommen, sondern sie beherrschen auch die Seitenthäler, das enge, sich nach Westen erstreckende Quirlthal und vor allem das breitere, östliche Aubachthal. Beschäftigen doch die Greizer Fabrikanten gegen 10000 Arbeiter, die bis auf einen kleinen Teil in dem Hauptgewerbe, der Weberei, thätig sind. Auf mehr als 11000 mechanischen Webstühlen werden jene Kammgarn- und Damenkleiderstoffe hergestellt, welche als Greizer, bez. Gera-Greizer Stoffe in allen Weltteilen Anerkennung gefunden haben.

Es ist wohl anzunehmen, daß die Anfänge eines selbständigen Webereigewerbes mit der Verleihung des Stadtrechtes an Greiz zusammenfallen. „Schon im Jahre 1623 bildete sich hier eine Weber-Innung und wuchs fort und fort, so daß sie zu Ende des 18. Jahrhunderts bereits über 400 Meister mit mehr als 1000 Webstühlen zählte.“ Bis gegen die Mitte des 18. Jahrhunderts wurden meist baumwollene Waren, besonders dünne, Schleier genannte Stoffe gewebt, die zum großen Teil über Wien und Triest nach dem Orient gingen. Doch dürfte die Weberei im 16. und 17. Jahrhundert kaum von großer Bedeutung gewesen sein, da die Bevölkerungszunahme nur sehr mäßig war. Einen mächtigen Aufschwung brachte die Einführung der aus den Niederlanden stammenden Kammgarnweberei, welche die Leinen- und Baumwollenweberei fast ganz verdrängte. Leider erlitt das fröhlich aufblühende

Gewerbe am Anfang des 19. Jahrhunderts durch den schrecklichen Brand, noch mehr aber durch die erwähnten Napoleonischen Kriege und ihre Folgezustände einen so gewaltigen Stoß, daß es nur der Anspannung aller Kräfte und der unermüdlichen zähen Ausdauer der Greizer zu danken ist, wenn das so schwer getroffene und darniederliegende Gewerbe nicht vollständig vernichtet wurde. Freilich recht lebensfähig wurde es erst wieder nach Errichtung des Zollvereins im Jahre 1833. Von Jahr zu Jahr wuchs und entfaltete es sich mehr und mehr, bis endlich die Aufstellung der mechanischen Webstühle, welche die Handstühle vollständig verdrängten, die heutige ungeahnte Blüte herbeiführte. — Eine vergleichende Übersicht über die Zunahme der Einwohner im verflossenen Jahrhundert redet noch klarer von dem schnellen Anwachsen des Greizer Gewerbes. Während die Stadt im ersten Drittel des Jahrhunderts bei einer Einwohnerzahl von etwa 6000 stehen blieb, stieg letztere im zweiten Drittel auf 10000 und erreichte gegen Ende des letzten Drittels, obgleich der beschränkte Raum die Ausdehnung der Stadt sehr erschwerte, fast das vierfache der erstgenannten Zahl. Noch bedeutender war der Zuwachs in den umliegenden Dörfern, deren Einwohnerzahl sich im angegebenen Zeitraume beinahe um das drei- bis sechsfache vermehrte; in Irchwitz stieg sie sogar um das 14fache.

Bei einem so plötzlichen, man kann wohl sagen sprunghaften Wachstum und der jähen Umgestaltung der Erwerbsverhältnisse, welche die Umwandlung des Hausgewerbes in den Fabrikbetrieb mit sich brachte, konnte es nicht ausbleiben, daß auch manche soziale Schäden und Notstände eintraten. Da eröffnete sich denn ein weites Feld für die werkthätige Nächstenliebe, und, das muß hier rühmend anerkannt werden, dies Feld ist nicht unbebaut geblieben. Manch edles Samenkorn wurde ausgestreut wuchs auf zu kräftiger Pflanze und trug herrliche Frucht. Bereits bei der Fahrt durch das liebliche Elsterthal trat uns im Weichbilde der Stadt ein erhabenes Werk christlicher Nächstenliebe entgegen: das Ernst und Lina Arnold-Stift. Zwar hat Greiz nicht noch ein zweites gleich mächtiges Denkmal edlen Sinnes aufzuweisen, aber das Bestreben der Bewohner, dem Elend und der Not auf leiblichem wie geistigem Gebiete zu steuern, hat sich seit Jahrhunderten bis in die jüngste Vergangenheit immer und immer wieder gezeigt. Wurde doch schon im Jahre 1740 durch den damaligen Archidiakonus, späteren Stadtpfarrer und Sup. Oßwald das Waisenhaus in der Marienstraße gegründet, das bis heute in Segen wirkt. „Zeitweilig hat das Waisenhaus auch hilfsbedürftigen Witwen der Stadt in einem angebauten Flügel Aufnahme gewährt und Salzburger Emigranten beherbergt, von denen einer, Namens Georg Wunder, 1761 im 136. Lebensjahre daselbst verstarb; auch fand hier die 1840 in erweiterter Gestalt neu eröffnete Armen-(und Waisen-)schule, in der gleichzeitig bis 300 Kinder armer Eltern unentgeltlichen Unterricht empfingen, die erforderlichen Schul- und Lehrerwohnräume. Das Waisenhaus ist auch die erste Heimstätte der 1841 begründeten Kinderbeschäftigungsanstalt und der 1882 eröffneten Krippe.“ Desgleichen künden Namen wie Streng, Grünrath, Wettengel u. a., deren Gedächtnis durch die nach ihnen benannten Straßen erhalten ist, edle Stifter und Wohlthäter der Stadt. Und welchem Greizer wäre nicht das Liebeswirken der edlen, frommen Fürstin Karoline bekannt, deren Name in ihrer Stiftung, dem Rettungshause Karolinenfeld, fortlebt. In Fürstenschloß und Bürgerhaus, in Palast und Hütte fand bis heute die Bitte um Linderung der Not willige Herzen. Eine segensreiche Thätigkeit entfaltete seit 1849 der Verein für innere Mission, als dessen Wirkungs- und Arbeitsstätten hier nur genannt sein mögen: die Kinderbewahr- und Beschäftigungsanstalt, das oben erwähnte Rettungshaus Karolinenfeld, die Herberge zur Heimat mit dem Vereinshause für innere Mission, die Volksbibliothek, die Krippe, der Knabenhort, das Lina Arnold-Kinderheim. Die schönen und zweckmäßig eingerichteten Häuser, in welchen die drei zuletzt genannten Anstalten ein eigenes Heim gefunden haben, sind gleichfalls hochherzige Schenkungen des bereits genannten Herrn Ernst bez. der Frau Lina Arnold. Von anderen Wohlthätigkeitsanstalten hat sich ganz besonders der 1867 gegründete Verein für freiwillige Armenpflege in segensvollem Wirken bethätigt, und auch der in neuester Zeit entstandene Verein für Volkswohl hat in Gemeinschaft mit dem neu erbauten prächtigen Volksheim schon eine für ein gesundes Volksleben ersprießliche Arbeit zu verzeichnen. Diese kurze, keineswegs erschöpfende Übersicht dürfte zur Genüge zeigen, daß der Sinn der Greizer nicht nur auf Erwerb gerichtet ist, sondern daß auch die helfende Nächstenliebe eine bleibende Stätte gefunden hat.

Wer wollte es da dem Greizer verdenken, wenn sein Herz an seiner Vaterstadt hängt, um so mehr, als sich diese, wie nur wenige Fabrikstädte, einer so reizvollen Umgebung rühmen kann. Drückt auch der Nebel den Rauch der Fabriken ins Thal, so genügen wenige Minuten, um die freien Berge oder die erhabenen Hallen des Hochwaldes zu erreichen und die Lunge wieder in frischer, erquickender Luft rein zu baden. Hat doch der Verschönerungsverein zu Greiz selbst die bisher noch kahlen Höhen mit Büschen und Bäumen geschmückt und dadurch ebenfalls in uneigennütziger Weise für das Wohl und die Gesundheit seiner Mitbürger gewirkt. Der liebliche Stadtpark, die schönen Anlagen des Hainberges, der ehemals als Galgenberg ein Ort des Schreckens war, die wohlgepflegten Wege nach verschiedenen Aussichtspunkten, die sich bis auf die steilen, zerklüfteten Felswände des Göltzschthales erstrecken, sind Zeugen dieses Wirkens. Ja, es kann gar nicht anders sein, ein Greizer muß mit Stolz auf seine Vaterstadt blicken — und wenn er sie, nicht um eitlen Ruhmes willen, sondern aus tiefinnerstem Herzen die Perle des Vogtlandes nennt, so steht er mit dieser Ansicht nicht allein. Nicht nur Hunderte, nein Tausende haben es wiederholt in Wort und Schrift ausgesprochen: Greiz mit seiner herrlichen Umgebung ist eine Perle, ja, sie ist die Perle des Vogtlandes!

H. Roßner, Greiz.

Der fürstliche Park zu Greiz.

Wenn Uhland im „Lied eines Armen" singt:

Der Reichen Gärten seh' ich blüh'n,
Ich seh die goldne Saat;
Mein ist der unfruchtbare Weg,
Den Sorg' und Mühe trat —

so haben die Armen in Greiz und alle diejenigen Bewohner der Stadt, die eines eigenen Gartens entbehren, zu solcher Klage keinen Grund. Wenn der Frühling mit zartem Grün und Blütenschmuck einzieht ins liebliche Elsterthal, im Park begegnet man ihm am herrlichsten mit seinen duftenden Gaben, mit seinen Vogelliedern und dem reinen Blau, das aus dem Parksee wiederscheint. Wenn der Sommer mit drückender Glut die Straßen der Stadt erfüllt, wenn hier Staub und üble Gerüche den Passanten belästigen, dort im Park gewähren die altehrwürdigen Linden Schatten, dort weht erquickende Luft. Wenn im Herbst und Winter rußiger Qualm über der Stadt lagert, das Atmen erschwerend, im Park ist's doch besser. Darum ist der Park zu jeder Jahreszeit von Personen aller Stände besucht. Wie vielen Alten und Kranken, die durch leibliche Schwachheit verhindert sind, auf den Bergen unserer Umgebung Erholung zu suchen, vergönnt es der Park, die letzten Blicke in die unablässig schaffende Natur zu thun! Hunderte von Fremden kommen in den Blütenmonaten des Jahres, vor allem zum Pfingstfest, nach Greiz, bewundern unsern Park und kehren, seines Lobes voll, zurück in ihre Heimat, die wohl nur in den seltensten Fällen ein ähnliches Kleinod aufzuweisen hat. Was den Park zu Greiz unter so vielen anderen zum schönsten Mitteldeutschlands macht, ist seine Lage und Umgebung. Im Nordwesten der Stadt, leicht erreichbar, aber doch außerhalb des geräuschvollen Treibens ihrer Straßen, am rechten Ufer der Elster, füllt der Park fast das ganze Thal aus, und dem Schmuck der Umgebung ist es zuzuschreiben, daß er noch weit umfangreicher, als er in Wirklichkeit ist, gedacht werden kann. Werke der Allmacht und der Menschenhand liegen dicht bei einander. Als würdiger Zeuge der Vergangenheit ragt dort aus dem Grün das obere Schloß empor, und der Wiederschein seines hochstrebenden Turmes und düsteren Gemäuers ruht auf dem klaren Spiegel des Parksees. Krankenhaus und Arnoldstift, mit blitzenden Zinnen ins Thal herabgrüßend, sind Stätten werkthätiger Nächstenliebe, und die herrlich gelegenen Villen am Leonhardtsberg, sowie die Landhäuser am Fuße des Hirschsteines geben Kunde von dem Geschmack und dem Wohlstand ihrer Besitzer. Von dem stillen Friedhof, dessen glänzende Grabsteine den kummervollen Spaziergänger in Hoffnung getrost machen, schweift der Blick hinüber zu den dunkelbewaldeten Höhen des Rothberges, des Brandes und des Klingensteines. Alle drei bergen unter ihrem grünen Kleide zerklüftete Felsen. Auf einem derselben, dem Hirschstein, steht bedeutungsvoll das weiße Sophienkreuz, scharf von dem Hintergrunde des dunkelgrünen Nadelwaldes sich abhebend, während, fast im Gegensatz zu diesem Zeichen der Liebe, von dem Rothberg der rötliche Pulverturm herabschaut. Der Klingenstein mit seinem ausgedehnten Waldrevier auf den Höhen und frischen Wiesen am Fuße ist für die Greizer und ihre Gäste allerdings eine verschlossene Welt. Ein Gehege umzirkt sie. Dort jenseits der Elster ist der fürstliche Wildpark, bevölkert mit mehr als 400 Stück Rotwild. Wenn sich im Herbst der Park seiner sommerlichen Pracht entkleidet, wenn in der Abenddämmerung weiße Nebel aus dem Wiesengrund aufquellen, dann vernimmt der Naturfreund mit Wohlgefallen das vielstimmige Getön der brunftenden Hirsche. Ganze Rudel dieser edelgebildeten Waldbewohner, nur durch die Elster von uns geschieden, äsen da drüben.

In den Park eintretend, sei es von der Brückenstraße oder von der Parkgasse aus, wandeln wir im Schatten hundertjähriger Linden. Ihr Geäst vereinigt sich hoch oben wie zur Wölbung eines Domes.

„Nur verstohlen durchdringt der Zweige laubichtes Gitter
Sparsames Licht, und es blickt lachend das Blaue herein.“

Vogelgezwitscher unaufhörlich und allerorten. Im Verfolg einer dieser Alleen, die Elster entlang, kommt man zum fürstlichen Sommerpalais. In seiner Einfachheit vornehm, ohne Seitenflügel und störende Anbaue würde man es auch ohne die fürstlichen Initialen am Balkongitter und dem reußischen Wappen am Mittelgiebel als Sommersitz der Fürsten erkennen. In den Zeiten seiner Erbauung und später, als noch nicht das Geräusch des Verkehrs und der Gewerbthätigkeit eines nahen Stadtteiles herüberdrang, mag das Gebäude mehr dem Zwecke entsprochen haben, welchen die französische Inschrift bekundet: Maison de belle retraite. Die Umgebung des Sommerpalais ist ausgezeichnet durch jeglichen gärtnerischen Schmuck und in dieser Hinsicht die schönste Stelle des Parkes. Wohlgepflegte Rasenflächen und köstliche Teppichbeete erfreuen das Auge, ausländische Pflanzen, während der rauhen Jahreszeit in Gewächshäusern geborgen, versetzen uns in die gesegneten Länder des ewigen Sommers. Wie ein grüner Hag umgeben sie in den Sommermonaten die Vorderseite des Palais. Inmitten unseres einheimischen Blumenflors finden wir dort Magnolienbäume, riesengroße Farnkräuter, Palmen, Aloen und Limonenbäume mit zwar nur kümmerlichen, aber immerhin reifenden Früchten. Wenige Schritte bringen uns von diesem Ort des Anmutigen, des fröhlich aufblühenden Lebens an einen ihm völlig entgegengesetzten. Jene düsteren schweigenden Wälder des Nordlandes und der Vorzeit sind es, von denen uns hinter dem Palais ein eindrucksvolles Abbild geboten wird. Es ist die Koniferenabteilung des Parkes. „Unser Nadelwald mit dem einsam aussterbenden Taxus, zeigt er nicht ein greisenhaftes Aussehen, ist er nicht ein Bild des Todes?“ Die hochstrebenden Thuja-Pyramiden wecken Friedhofsstimmung in uns. Die dunkeln Taxusgebüsche sind überragt von einheimischen und ausländischen Nadelhölzern in augenfälligster Verschiedenheit. Hier finden wir häufig vertreten die Hemlocktanne (Tsuga canadensis), deren Rinde den Canadabalsam liefert, die verschiedensten Abies-, Pinus- und Picea-Arten, die Sumpfcypresse (Taxodium distichum) und den japanischen Gingkobaum (Gingko biloba). Alle anderen Pflanzengattungen sind im Park in ähnlicher Mannigfaltigkeit vertreten. In den Frühlingstagen des Jahres giebt es dann ein Blühen in überwältigender Fülle. Heraustretend aus dem Schatten der Alleen und Baumgruppen, aus dem Gebüsch, welches den Pfad engte, überblicken wir mit Lust der Wiese weithin gebreiteten Teppich.

„Kräftig auf blühender Au erglänzen die wechselnden Farben,
Aber der reizende Streit löset in Anmut sich auf."

„Jeder Busch, jede Hecke bietet eigenartige Blütengaben unter berauschendem Duft. Der Goldregen leuchtet, die Syringen duften, die zarten Blütenblätter der Traubenkirsche und des Weißdorns flattern wie Schmetterlinge durch die Luft, wenn

Nach einer photogr. Aufnahme von H. Fritz, Greiz.

Der Parksee in Greiz.

der linde Frühlingswind sie auseinander weht." Und ist der süße Duft verhaucht, so setzt sich das Blühen in zwar bescheidener, aber den Parkbesucher noch immer erquickender Weise so lange fort, bis der kalte Odem des Nachtfrostes die letzten Kinder des Frühlings ertötet. —

Der fürstliche Sommersitz erscheint uns mit Recht als Mittelpunkt des inneren Parkes, um den sich so viele Schönheiten gruppieren, der Parksee hingegen ist das Hauptstück des äußeren und Mittelpunkt des durch die obenerwähnte Umgebung geschaffenen großartigen Naturparkes. Die Ufer des Gewässers sind auf das angenehmste gebuchtet, so daß es, vom Hirschstein aus gesehen, die Form eines Eichenblattes hat. An den vorspringenden Stellen des Ufers stehen Ruhebänke, überschattet von Bäumen und hangendem Gebüsch. Von jeder derselben gewährt der Parksee ein anderes, eigenartiges Bild. Doch ist die glitzernde Fläche von keinem Ort des Gestades ganz zu umfassen, denn fünf Inselchen, mit Bäumen und Gebüsch bestanden, verschaffen einer sonst eintönigen Wasserfläche die lieblichste Unterbrechung. Eine der Inseln mit ihrem täuschend einem Wohnhause nachgeahmten Schuppen ist im Winter die Zufluchtsstätte der Schwäne. Im Frühjahr regt sich ein bunt Gewimmel auf der blauen Flut. Majestätisch ziehen die Schwäne ihre Furchen durch dieselbe, Wildenten fliegen auf, fallen ein, wandern durch die Anlagen und nisten wohlbeschützt auf den Inseln. Welch erfreulicher Anblick ist es, die junge Entenbrut so eilfertig dahinschwimmen und nach Mücken haschen zu sehen!

Ein fernes Brausen tönt aus dem Thale herauf. Näher und näher kommt es. Ein Pfiff! und — hinter Gezweig und Laubwerk fast verborgen, aber so nahe, schnaubt und pustet die Lokomotive, rasseln und rollen die Räder. Das Rufen der Amsel verstummt. Menschenwerk drängt sich störend in den Naturfrieden. Unsere Gedanken folgen dem vorüberhastenden Ungetüm in die Ferne. Und wer mit ihm dem heimischen Herde entfloh, wem im Hochgebirge, an der wogenden See das Herz aufging zum Lobe des Höchsten, der kehrt doch und trotz alledem mit größerer Wertschätzung zurück in das waldgrüne Thüringland, zu dem schlichten Reiz seines trauten Thales, zu dem unvergleichlich schönen Parke.

Winkler, Greiz.

Die Pflanzen- und Tierwelt der Kalkinseln von Ida-Waldhaus bei Greiz in ihren biologischen Wechselbeziehungen.

Tief im Wald versteckt, isoliert in den Formationen der älteren Grauwacke, finden sich bei Ida-Waldhaus drei Inseln der Muschelkalkformation, mächtige Kalkschollen, die durch Einsturz aus grauer Vorzeit erhalten blieben, während die oberflächlichen Verbindungen mit den sonstigen Überresten des Tertiärmeeres im Lauf der Jahrtausende dem Zahn der Zeit gewichen und verschwunden sind. Deutet zwar das heutige Vorkommen des Muschelkalkes, der in nächster Entfernung sich erst im Herzogtum Sachsen-Altenburg und weiter in Thüringen wiederfindet, darauf hin, daß das Thüringer Muschelkalkmeer der Vorzeit direkt einen Arm bis Greiz sandte, so stimmen doch die Kalke der drei Greizer Muschelkalkvorkommnisse viel mehr mit den Würzburger Vorkommnissen überein, so daß es nach Dr. E. Zimmermann wahrscheinlicher ist, daß jenes Meer mit Umgehung der in jener Zeit bestehenden Vogtländischen Alpen über Würzburg einen Arm bis Greiz entsandte, dessen Bewohner bei Waldhaus uns in verschiedenen Versteinerungen wie denen der Lilienſterne (Encrinus liliiformis), Muscheln (Lima striata, L. lineata, Gervillea socialis, Ostrea complicata, O. sessilis), Muschelwürmer (Terebratula vulgaris, Spirifer fragilis), Tintenfische (Ceratites semispinosus), Fische (Placodus Andrioni) erhalten blieben.

Die üppige Flora und Fauna dieser ringsum durch einförmigen Nadelwald und Waldwiesen isolierten Kalkinseln hat offenbar seit grauer Vorzeit wenig Veränderungen erfahren, und es hat für den Biologen einen ganz besonderen Reiz, sich in die gegenseitigen Anpassungen ihrer Glieder etwas eingehender zu vertiefen. Die Pflanzenwelt hat nachweislich zum Teil noch die letzte Eiszeit überdauert (Trientalis, Calla palustris u. s. w. in nächster Nähe der Kalkinseln und der Hauptbestand der Kalkpflanzen selbst), andere Glieder derselben aber sind durch Wind und Tiere erst später angesiedelt worden. Unter letzteren wiederum dürften viele, wie die in reicher Artenzahl vertretenen Schnecken, vielleicht auch einige selteneren Insekten, wie Lampra conspers, Cicindela silvicola seit langer Zeit an dem gleichen Wohnort verblieben sein.

Als typische Kalkpflanzen führen wir auf: das weiße und rote Waldvöglein (Cephalanthera pallens, C. rubra), Nestwurz (Neottia nidus avis), Waldanemone (Anemone silvestris — jetzt ausgestorben), die in weiter Umgebung sonst in der Flora fehlen; ferner Sumpfwurz (Epipactis rubiginosa), Leberblümchen (Hepatica triloba), Lungenkraut (Pulmonaria officinalis), Kellerhals (Daphne Mezereum), Frühlingsplatterbse (Orobus vernus), Huflattich (Tussilago Farfara), Sanikel (Sanicula europaea), Traganth (Astragalus glycyphyllus), Dürrwurz (Inula Conyza), Christophskraut (Actaea spicata), Epheu (Hedera Helix), Becherkraut (Poterium minor), Waldmeister (Asperula odorata), Honiggras (Melica uniflora), Möhre (Daucus Carota), Waldvergißmeinnicht (Myosotis sylvatica v. alpestris), wolliger Hahnenfuß (Ranunculus lanuginosus), Birnkrautarten (Pirola secunda, P. uniflora, P. rotundifolia), gehörnter Löwenzahn (Taraxacum corniculatum), Waldschwingel (Festuca silvatica), Riedgräser (Carex silvatica, C. digitata), Ackerschachtelhalm Equisetum arvense), Natternzunge (Ophioglossum vulgare), Mondraute (Botrychium lunaria — in der Nähe auch B. rutaefolium) — letztere, die sich auch auf Thüringer Kalkbergen häufig finden, kommen auch außerhalb des Kalkgebietes vor. Viele der anderwärts häufigen Kalkpflanzen wie Asarum europaeum, Clematis u. s. w. fehlen völlig. Von sonstigen Waldpflanzen der Kalkinseln seien als bemerkenswert, teils wegen ihres sonst seltenen Vorkommens, teils wegen ihrer Verbreitung an unserem Standort noch hervorgehoben: die Einbeere (Paris quadrifolia), wohlriechender Odermennig (Agrimonia odorata), Wasserdosten (Eupatorium cannabinum), Waldveilchen (Viola silvatica), Brennesseln, Erdbeeren (Fragaria vesca — die sonst auf Kalk verbreitete F. moschata nur spärlich), gemeine Schlüsselblume (Primula elatior — P. officinalis, welche die kalkhaltigen Diabasinseln zwischen Schleiz und Weida und die Thäler bis Weida völlig beherrscht, fehlt), Bergehrenpreis (Veronica montana, in einem kleinen Teich auch V. scutellata, Poa nemoralis und P. pratensis u. s. w.); Farne fehlen an den Kalkinseln. Von Moosen sind häufiger Hypnum tamariscinum, H. molluscum, H. squarrosum, Fissidens-Arten u. s. w., von Flechten Synechoblastus-, Nostoc-, Peltigera-Arten. Von Bäumen sind besonders Rotbuchen, von

Sträuchern Weiden, Haseln, Hornstrauch, Faulbaum vertreten, die sonst auf kalkhaltigen Diabasinseln um Greiz häufige Grauerle (Alnus incana) fehlt.

Achten wir zunächst auf die Verbreitungsmittel der aufgeführten Pflanzen, so fällt es auf, daß viele Arten darunter sind, deren Früchte der Verbreitung durch Tiere angepaßt sind. So sind offenbar durch Vögel angesiedelt worden die beerentragenden Arten: Tollkirsche durch Drosseln (welche die Beeren von Atropa Belladonna gierig verzehren und die Kerne dann wieder ausspeien), Kellerhals (durch Drosseln, Rotkehlchen, Hänflinge, Bachstelzen u. s. w.), Einbeere, Christophskraut, Schlehe, Epheu, Schlangenwurz (Calla palustris — in der Nähe der Kalkinseln), Hirschholunder (Sambucus racemosa), Hornstrauch, Faulbaum, Erdbeeren u. s. w. Die niederen Beerenfrüchte werden aber auch durch Mäuse, der Hirschholunder durch das Wild verbreitet. Von mäuseartigen Tieren findet sich an den Kalkinseln häufiger die kleine Haselmaus (Myoxus avellanarius), und ich fand, daß diese nächtlichen Tierchen, die ich von dort wiederholt in Gefangenschaft hielt, nicht nur Baumknospen, Haselnüsse, Eicheln, Bucheckern und Vogelbeeren, sondern auch Holunderbeeren, Erdbeeren, Heidelbeeren (wie auch Johannisbeeren, Kirschen, Äpfel) gern fressen und deren Samen gelegentlich verschleppen. Nektarreiche Blüten wie die der Platterbsen zerbeißen sie gern und können auch hier gelegentlich der Pflanzenwelt schädlich werden, wie durch das Abbeißen der Baumknospen. Der Verbreitung durch Pelztiere (Wild, Mäuse) sind angepaßt die Klettfrüchte des Odermennigs, des Sanikels, Waldmeisters, Waldschwingels. Eine größere Anzahl von Pflanzensamen werden auch gelegentlich oder ausschließlich durch die an der Kalkgrube häufigen Ameisen verbreitet. Zu letzteren gehört z. B. nach meinen Untersuchungen das Lungenkraut, ferner das Waldveilchen, die Cypressenwolfsmilch und aller Wahrscheinlichkeit nach die Brennessel. Die gleichfalls ameisenliebenden (myrmecophilen) Arten des Schöllkrautes und der Haselwurz fehlen, wie schon bemerkt, auf den Kalkinseln. Hier sei gleich noch eines anderen Dienstes gedacht, welchen die Ameisen an der Kalkgrube den Pflanzen erweisen. Zwei der letzteren, Sambucus racemosa und Vicia sepium gehören zu den Arten, welche durch an den Blättern befindliche Nektardrüsen eine stete Schutzgarde von Ameisen zum Schutz gegen Insektenfraß an sich fesseln, und man findet in der That fast nie einen Stock ohne Ameisen. — Der Verbreitung durch den Wind sind nur wenige Arten unseres Standortes angepaßt (Wasserdosten und einige andere Korbblütler).

So finden sich auch nur wenige Windblütler, d. h. Arten, deren Blüten der Verbreitung des Blütenstaubs durch den Wind angepaßt sind, auf den gegen Wind geschützten Kalkinseln (z. B. Poterium minor). Dagegen steht den Blumen dieser Inseln eine unerwartet reiche Insektenzahl zum Transport des Pollens zur Verfügung, und unter ihnen spielen die Hauptrolle die Hummeln, welche auch die Heidelbeeren des benachbarten Nadelwaldes reichlich besuchen; in zweiter Linie kommen dann Bienen und andere Hautflügler und die leichtbeschwingten Falter, zuletzt die Fliegen und vereinzelte Käferarten. Durch Hummeln allein wird die Frühlingsplatterbse bestäubt. In die Blüten der Tollkirsche gehen Hummeln (Bombus terrestris, B. lapidarius), Blattschneiderbienen, die Honigbiene und andere Bienenarten (Anthrena, Anthophora, Cilissa, Halictus) zu Gast, bei den Orchideen (Cephalanthera, Epipactis, Orchis maculata) Hummeln, Bienen und Wespen und bei der Nestwurz Fliegen (Helomyza). Hummeln besuchen ferner die Blumen beim Lungenkraut, Kellerhals, Waldveilchen, Odermennig, Wasserdosten, Waldehrenpreis, Leberblümchen, Wollhahnenfuß u. s. w., beim Lungenkraut zugleich mit Bürstenbienen, Schnauzenbienen, Mauerbienen u. s. w. (Anthophora pilipes, Dasypoda hirtipes, Apis, Osmia), Wollschwebfliegen (Bombylius) und Faltern, beim Kellerhals mit Faltern, Bienen und Fliegen, beim Huflattich, neben Faltern, Bienen, Zweiflüglern. Die Blattschneiderbiene (Megachile centuncularis), welche besonders aus Rosenblättern ihr fingerförmiges Nest baut, ist neben Furchenbienen u. a. der Hauptbestäuber der Dürrwurz (Inula Conyza), befruchtet aber auch die Tollkirsche und das Waldvergißmeinnicht; die in den Hummelnestern schmarotzenden Schmarotzerhummeln (Psathyrus) besuchen den Wasserdosten (neben Faltern, Hummeln und anderen Bienenarten und Schwebfliegen), den Bergehrenpreis (neben Schwebfliegen, Hummeln, Schnauzenbienen, Honigbienen, Schmalbienen, Maskenbienen, Hornbienen, Scherenbienen). Fliegen der verschiedensten Abteilungen, teils pollensammelnd, teils Honig saugend, übertragen Blütenstaub bei der Einbeere, dem Sanikel (hier mit Faltenwespen und Käferchen der Gattung Meligethes), Vergißmeinnicht, Ehrenpreis u. s. w., Käfer bei dem Christophskraut, Vergißmeinnicht, Leberblümchen (mit Faltern, Honigbienen, Mauerbienen), wolligem Hahnenfuß (mit Hummeln, Bienen, Schmalbienen, Mauerbienen, Erdbienen). Von wenig Fliegenblumen abgesehen, stellt also die Waldhausgenossenschaft vorwiegend Hummel- und Hummel-Bienenblumen dar, und es ist nicht zu verwundern, daß in dem Wettbewerb der zumeist im Waldboden oder im Holz, auch gelegentlich in leeren Schneckenhäusern nistenden (Osmia), geflügelten Liebesboten manche anderwärts verbreitete Blumenform im Lauf der Zeit unmöglich wurde und auch jetzt nicht dauernd angesiedelt werden könnte, während andere Arten (Primula elatior u. s. w.) nur deshalb so üppig gedeihen, weil ihnen die anderwärts gefährlichen Konkurrenten in der Nähe fehlen (z. B. Primula officinalis). Einen wichtigen Beistand leisten den bisher genannten Insekten bei der Befruchtung unserer Blumengenossenschaft noch die leichtbeschwingten häufigen Tagfalter. Im ersten Frühjahr bei den vor den Blättern erscheinenden Blumen der Leberblümchen, des Lungenkrautes, Kellerhalses, Huflattichs, der Platterbse, wie später bei Veilchen, Wasserdosten u. s. w. ist einer der erfolgreichsten, eifrigsten Überträger des Blütenstaubes der Citronenfalter (Colias rhamni), auch der kleine Fuchs (Vanessa urticae) und später Pfauenauge, Admiral sind dabei thätig. Die Brennessel als Futterpflanze für die Raupen der letzteren und der Faulbaum als Futterpflanze der Citronenfalterraupen sind also die notwendigen Glieder unserer Pflanzengenossenschaft, ohne die diese für die Blumen der Genossenschaft so unentbehrlichen Liebesboten in der Nähe fehlen würden. Brennessel und Faulbaum leisten mithin indirekt jenen schönen Frühlingsblumen den wichtigsten Dienst. Auch das Wiesenschaumkraut der benachbarten Wiesen als Futterpflanze des Aurorafalters, der Ampfer (Raupennahrung von Feuerfaltern), die Schlehe (Raupenfutter der Thecla Pruni und des Segelfalters), wilde Möhre und Bibernell (Futterpflanzen des Schwalbenschwanzes) u. s. w. sind, als zur Entwicklung der Bestäubung vermittelnden Tagfalter der drei Kalkinseln nötige Futterpflanzen, als unentbehrliche Glieder der Pflanzengenossenschaft, als eines zu Schutz und Trutz vereinten Ganzen zu betrachten.

Leben und Lebenlassen ist auch hier das Prinzip, und Tierwelt und Pflanzenwelt haben sich miteinander derart abgefunden, daß kein Glied zu verhungern und zu verkümmern braucht, jedes findet sein Auskommen, ohne seine Nebenwesen allzusehr zu schädigen. Das zeigen so recht die Beziehungen der Pflanzenwelt zu der Schneckenfauna der Kalkinseln. Zuvor aber müssen wir einige Beziehungen der Pilze zur übrigen Pflanzenwelt des Waldhauskalkes erörtern.

Mannigfache Beziehungen bestehen zwischen der überaus reichen Pilzwelt zu den Blütenpflanzen. Einmal sind erwiesenermaßen die Buchen, die Heidelbeeren, Preißelbeeren, Heide, aber auch zahlreiche andere Pflanzen bei der Verarbeitung des Humus auf Pilzhilfe angewiesen, indem sie behufs ihrer Ernährung eine innige Wurzelverbindung mit den Mycelien der höheren Pilze eingehen (Mykorrhiza), wie umgekehrt letztere in der Verbindung mit den Wurzeln jahrelang perennieren, um dann in ungünstiger Zeit erst wieder Fruchtkörper zu bilden. Ich nenne hier nur die selten, aber immer wieder bei Waldhaus fruktifizierenden Satanspilze (Boletus Satanas), die seltenen Schlauchpilze Sepultaria arenosa, Sarcoscypha coronaria u. s. w. Auch die Nestwurz (Neottia nidus avis), wie der Fichtenspargel (Monotropa hypopitys, auch in der Buchenform hypophegea) sind nur anfangs Schmarotzer, später vom Humus durch Vermittelung der Pilze lebende („pilzfressende") Moderpflanzen. Besonders aber interessieren uns hier die an den Muschelkalkinseln lebenden Pilzparasiten der Blütenpflanzen. Unter ihnen verdienen besonders Beachtung die wirtswechselnden Rostpilze, wie der Erbsen- und Schneckenkleerost (Uromyses Pisi und U. striatus), die beide ihre ersten Generationen (Spermogonien und Aecidien) auf der Cypressenwolfsmilch ausbilden, während der eine dann auf Wicken, der andere auf dem Schneckenklee (Medicago lupulina) seine weitere Entwicklung (Uredo und Teleutosporen) durchmacht; ferner der Riedgrasrost (Puccinia Caricis), der die Brennesseln und Riedgräser zu seiner Entwicklung braucht, der Straußgrasrost (Puccinia Poarum), der erst dickfleischige ausgedehnte Pilzpolster auf den Blättern des Huflattichs bildet, um dann seine Dauersporen auf den Poaarten zu bilden, ein Blasenrost der Kiefern (Coleosporium Tussilaginis), der gleichfalls die Blätter des Huflattichs — aber in seinen letzten Generationen befällt, während er erst den Kiefernblasenrost bildet — Wolfsmilch und Wicken und Schneckenklee, Huflattich mit Kiefern und Straußgräsern (Poa nemoralis, Poa pratensis), Brennessel und Riedgräser stehen durch ihre Verbindung in einem gegenseitigen Abhängigkeitsverhältnis. Und nun kommen wir zu der Schneckenfauna. Ungewöhnlich artenreich haben sie sich auf den Kalkinseln erhalten. Eine flüchtige Schneckenjagd, die ich mit Herrn O. Wohlberdt, einem namhaften Konchyliologen, machte, ergab in kurzer Zeit die folgende Ausbeute: Clausilia ventricosa 56 Exemplare, Cl. plicata 1 Expl., Helix umbrosa 21 Expl., H. incarnata 17 Expl., H. nemoralis 1 Expl., Hyalina nitens 4 Expl., Vitrina elongata 4 Expl., V. pellucida 5 Expl., Arion empiricorum

2 Expl., Limax agrestis 2 Expl. Spätere Exkursionen wie die früheren Durchforschungen der Gegend durch Dr. E. Köhler*) ergaben noch Limax tenellus, Hyalina cellaria, H. nitidula, H. pura, H. crystallina, Helix pulchella, H. obvoluta, H. lapicida, H. hortensis, Pupa muscorum, Clausilia laminata, Cl. plicatula, Buliminus montanus. Im ganzen dürften wohl gegen 30 Schneckenarten auf die Pflanzenwelt der Inseln angewiesen sein. Denkt man nun daran, wie schon einzelne Schneckenarten in den letzten Jahren ganze Kartoffelfelder kahl gefressen haben, und wie die Schnecken in dieser Zeit unsere Gartenpflanzen heimgesucht haben (so daß ohne besondere Maßregeln des Menschen viele Gartenpflanzen überhaupt nicht durchzubringen waren), so muß man sich wundern, daß diese reiche Schneckengesellschaft in der Zusammensetzung der Flora unseres Muschelkalkes, so lange ich sie kontrolliert habe — es sind das 25 Jahre — nicht die kleinste Änderung bewirkt, keine einzige Pflanze ausgerottet hat. Verständlich wird dies durch die hübschen Untersuchungen des Prof. Dr. E. Stahl in Jena, welcher experimentell erwiesen hat, daß die ganze einheimische höhere Pflanzenwelt derart gegen Schneckenfraß geschützt ist, daß die Schnecken an den lebenden Blütenpflanzen zwar im Notfall ihren Lebensunterhalt finden, derselben aber heutzutage nennenswerten Schaden nicht mehr zufügen können; daß sich zwischen den einheimischen Schnecken- und Pflanzenarten eine Art Gleichgewichtszustand herausgebildet hat, von dem aber eben unsere Kulturpflanzen ausgeschlossen sind. Viele Schnecken leben hauptsächlich von niederen Kryptogamen, von Algen und Pilzen, und ich habe früher nachgewiesen, daß da, wo einheimische Pflanzen in größerem Maßstabe von Schnecken gefressen wurden (Pestwurz durch die Bernsteinschnecke, Hopfen durch Strauch-, Hain- und Gartenschnecke u. s. w.), wo also scheinbar eine Ausnahme des Stahlschen Gleichgewichtsgesetzes vorlag, in Wirklichkeit nicht die Pflanzen selbst, sondern ihre Krankheitserreger, die Schmarotzerpilze die Angriffspunkte für die Schnecken darstellten. So ist es auch im vorliegenden Fall. Ich habe zwar an vielen Pflanzen des Greizer Muschelkalkes Schneckenfraß beobachtet, wobei die Fraßfiguren der Schneckenarten mehrere charakteristische Unterschiede zeigen, so an den Blättern der Tollkirsche (die auch durch einen Erdfloh, Haltica pubescens durchlöchert werden), des Hirschholunders, des Waldziestes (Stachys silvatica), im Herbst an den Blättern der Schlüsselblume (von einem Schlauchpilz befallen!); der Hauptfraß erstreckte sich aber auf die Rostpilzpolster der Blätter und ihrer Umgebung, z. B. bei Brennesseln, Wolfsmilch, Gräsern und Riedgräsern und vor allem beim Huflattich (Coleosporium Tussilaginis, Spermogonien und Aecidium-Polstern der Puccinia Poarum). Diese Pilze sind es also vorwiegend, welche die Schnecken vom Fraß gesunder Pflanzen abhalten; die Schnecken ihrerseits tragen zwar immer wieder zur Verbreitung der Pilzsporen bei, schützen aber die Blütenpflanzen, indem sie die Ausbreitung der Schmarotzerpilze an der einzelnen Pflanze in den nötigen Schranken halten — eine Allgemein-Infektion derselben hindern. Die Schmarotzerpilze bilden einen ebenso notwendigen Bestandteil der in Rede stehenden

*) Vogtl. Gasteropoden und Conchiferen. Isis. Heft 1, 1873.

Lebensgemeinschaft, wie die Schnecken. Und so zeigt denn schon in den wenigen hier geschilderten und näher studierten Beziehungen — und wie viele andere sind noch nicht näher erforscht! — die isolierte Tier- und Pflanzengesellschaft unseres Muschelkalks aufs neue:

„Der ewigen Weberin Meisterstück,
Wo ein Tritt tausend Fäden regt,
Die Schifflein herüber, hinüber schießen,
Die Fäden ungesehen fließen,
Ein Schlag tausend Verbindungen schlägt."

Wir möchten von diesem kleinen Naturgemälde nicht scheiden, ohne wenigstens mit einigen Pinselstrichen noch die Lebensgemeinschaften der Wasserlöcher des Kalkgebietes angedeutet zu haben. Eines derselben, der Sage nach ohne Grund und mit großen Fischen, die sich aber nur zeitweilig sehen lassen sollen, das „schwarze Loch", dürfte ein hohes Alter besitzen. Neben zahlreichen Algen (Conjugaten, Bacillariaceen u. s. w., Ceratium hirundinella), welche die Nahrung des tierischen Planktons bilden, ist es namentlich reich an letzterem. Zahlreich finden sich die, auch sonst in der Gegend häufigen Wasserflöhe (namentlich Daphnia longispina, Lynceus transversus), Hüpferlinge (Diaptomus coerulens), Rädertierchen (Anuraea aculeata). Der Weiher wäre daher wohl geeignet, die sagenhaften Fische zu ernähren (auch Insektenlarven, Milben u. s. w., Infusorien finden sich zahlreich in dem Wasser), vorläufig können wir aber nur konstatieren, daß jene Krebschen und Rädertierchen die Nahrung einer hübschen, seltenen Blütenpflanze bilden, welche nur in diesem Loch bisher gefunden wurde, sonst weit und breit zu fehlen scheint, des kleinen Wasserschlauchs (Utricularia minor — U. vulgaris ist in der Gegend verbreitet). Die großen mit Mund und Schlund versehenen, als Magen funktionierenden Blasen dieser nur selten blühenden Pflanze sind meist dicht gefüllt mit jenen Tierchen, die in ihre Falle gegangen sind. Wassermoose, Wasserstern (Callitriche) und Laichkraut bilden die Gesellschaft des Wasserschlauches an höheren Pflanzen. Die übrigen Wasserlöcher bieten nichts Auffälligeres an Plankton und größeren Organismen, nur eines derselben (auf Buntsandstein) enthält eine jüngst von mir angesiedelte Blütenpflanze, den Froschbiß (Hydrocharis morsus ranae), in üppigster Ausbreitung.

F. Ludwig, Greiz.

Erinnerungen an den Zug französischer Truppen durch das Vogtland im Jahre 1806.*)

Die Flur meines Heimatsortes, des reußischen Dorfes Arnsgrün, wird von einer Straße durchschnitten, welche Dobia mit Bernsgrün verbindet. Heutigen Tages wird dieselbe nur selten benutzt. Trotzdem ist sie an den meisten Stellen verhältnismäßig breit und läßt vielfach ihren festen Untergrund erkennen. Unwill-

*) Nach einer Chronik von J. G. Zimmermann aus Wolfshain.

kürlich fragt daher der einsame Wanderer, warum man solche Sorgfalt auf die Anlage dieser unbedeutenden Straße verwendet hat, und er erfährt von den Bewohnern der anliegenden Dörfer, daß er einen Teil der alten Handelsstraße von Plauen nach Gera gegangen ist. Jetzt haben diese Städte durch neue, schönere Straßen und vor allem durch die Eisenbahn bessere und bequemere Verbindung erhalten. Die alte Straße vermittelt daher nur noch den Verkehr zwischen den anliegenden Dörfern und hat ihre frühere Bedeutung ganz verloren. Die von ihr berührten Orte, deren Bewohner sich größtenteils mit Ackerbau beschäftigen, sind früher rasch emporgeblüht. Seit dem bedeutenden Aufschwung der Industrie der benachbarten Städte, wie Greiz und Plauen, ist jedoch die Bevölkerungszahl im allgemeinen zurückgegangen, da viele Einwohner des besseren Verdienstes wegen in die Städte oder deren Nachbarorte ziehen. Obwohl die Straßen viel zur Hebung des Wohlstandes beitrugen, so brachten sie doch dem Lande auch viel Unheil, denn im Kriege boten sie dem Feinde Gelegenheit, leicht in das Land einzudringen. Daher kommt es auch, daß das an Straßen reiche Vogtland in den meisten Kriegen schwer zu leiden hatte. Großes Elend brachten ihm der Hussiten- und der Dreißigjährige Krieg. Viele Jahre sind jedoch seit diesen Zeiten dahingegangen, und manche Erinnerungen an dieselben sind geschwunden. Dagegen erzählt man noch öfters von den Drangsalen, welche das Unglücksjahr 1806 unserer Gegend brachte.

Anfang Oktober des genannten Jahres rückte das französische Heer in drei Kolonnen von Franken aus über Coburg, Lobenstein und Hof in Thüringen ein. Der Kaiser Napoleon I. kam selbst nach Ebersdorf und Schleiz. In kleinen Gefechten bei Saalburg und der letztgenannten Stadt wurden die preußischen Truppen, welche dem Feinde entgegenzogen, von den französischen besiegt. Während Napoleon am 10. Oktober im Schlosse zu Schleiz übernachtete, verursachten seine Soldaten in mehreren Dörfern der Umgebung, z. B. in Oettersdorf, Feuersbrünste. Der Fürst Heinrich XLII. zeigte dem Kaiser die brennenden Ortschaften und bat um Schonung. Dieser erwiderte jedoch kalt: „Das ist der Krieg!“ Am folgenden Tage rückte Napoleon mit seinen Truppen weiter nach Gera.

Die östliche Kolonne, das Korps des Generals Soult, etwa 42000 Mann, drang von Hof aus in das Vogtland ein und lagerte sich bei dem sächsischen Dorfe Meßbach, welches in der Nähe der Stadt Plauen liegt. Um den bei Schleiz gelagerten Scharen ein Zeichen ihrer Ankunft zu geben, wurden die Dörfer Großzöbera und Thiergarten niedergebrannt. In diesem wurden 9, in jenem sogar 28 Häuser ein Raub der Flammen. Von ihrem Lager aus plünderten die Feinde die umliegenden näheren und ferneren Ortschaften. Am 9. Oktober kamen viele Reiter nach Pausa, einem kleinen sächsischen Städtchen, welches nahe an der reußischen Grenze liegt. Diese stellten „Feldposten“ aus, welche die Leute durch Plündern sehr belästigten. Zwei derselben drangen in dem nahen reußischen Dorfe Wolfshain in ein Haus ein, dessen Besitzer sich soeben anschickte, seine Festkleidung anzulegen, um bei dem Kinde eines Freundes die Patenstelle zu übernehmen. Sie „setzten ihm den Degen auf das Herz“, rissen ihm das wertvolle Halstuch vom Leibe, beraubten ihn seiner Barschaft und entfernten sich darauf wieder. Am folgenden

Tage wurde auch das Nachbardorf Bernsgrün von feindlichen Reitern heimgesucht. Drei Gerichtsgeschworene — Kripsganz, Stälz und Kölbel — wurden mit einer Leine an Pferden befestigt und von den unbarmherzigen Soldaten nachts in das feindliche Lager bei Meßbach geschleppt. Hier wurden sie erbärmlich geschlagen, weil zwei von ihnen nach den Reitern geworfen hatten. Man wollte sie erschießen, entließ sie jedoch wieder.

Noch größere Bedrängnis brachte der folgende Tag, der 11. Oktober, einer der traurigsten Tage, den unsere reußischen Dörfer erlebt haben. Die ganze Heeresabteilung, welche bei Plauen lag, rückte nämlich auf der obenerwähnten damaligen Handelsstraße nach Gera zu. Der erste Ort unseres Landes, durch welchen die Franzosen zogen, war das schon genannte Dorf Bernsgrün. Dieses ist von den umliegenden Dörfern noch jetzt das größte und besitzt eine Haltestelle der Eisenbahnlinie Mehltheuer-Weida. Rücksichtslos war das Verhalten der Feinde. In Stuben und Wirtschaftsgebäuden, auf Straßen und Höfen zündeten sie Feuer an, um die geraubten Hühner, Gänse und andere Tiere zu kochen oder zu braten. Auf Böden und Scheunen liefen sie mit brennenden Schleißen leichtsinnig umher. Gottes Güte aber hat das Dorf vor größerem Brandschaden gnädig bewahrt. Viele Bewohner fürchteten für ihr Leben und suchten in den nahen Wäldern Zuflucht und Schutz; denn die Feinde drohten, alles erschießen und erstechen zu wollen. Nichts blieb verschont. Vieh und Wagen wurden weggenommen. Selbst vor Mord und Sittlichkeitsverbrechen schreckten die Soldaten nicht zurück. In dem Gasthause, dessen Besitzer ein „Handelsmann" war, verzehrten sie sämtliche Vorräte an Speisen und Getränken, nahmen die Schnittwaren mit, zertrümmerten Möbel und Geräte und vernichteten die Materialwaren. Drei Bewohner sollten angeblich einen französischen Jäger erschlagen haben. Sie wurden deshalb mit einer Leine an die Pferde gebunden und etliche Stunden weit mit fortgeschleppt. Als sich jedoch der vermißte Soldat wiederfand, wurden sie entlassen. — In der Familie des Hufschmiedes Teller war am 9. Oktober ein fünfjähriges Kind gestorben. Etliche Franzosen kamen auch in dieses Haus und suchten nach Geld. Sie glaubten, unter dem Lager des Kindes etwas zu finden, und warfen die kleine Leiche rücksichtslos umher. Ja sie zogen das Seitengewehr und drohten, dieselbe in Stücke zu zerhauen. Am 13. Oktober wurde das Kind in aller Stille beerdigt; der Vater selbst trug es auf den Friedhof, da sich die Bewohner noch immer nicht getrauten, in das Dorf zurückzukehren.

Besondere Teilnahme erweckt das Schicksal des damaligen Richters Johann Erdmann Müller. Diesen nahmen die Feinde als „Boten" mit nach Dobia. Er verabschiedete sich von den Seinen, welche ihn dem Schutze Gottes befahlen. Der Straße folgend, kam das Heer an dem Dörfchen Schönbrunn vorbei, dessen Windmühle weithin sichtbar ist. Von hier aus hat man einen schönen Ausblick auf die nähere und weitere Umgebung; selbst die Höhen des Erzgebirges sind sichtbar. Zum letztenmal sah Müller von hier aus seine geliebte Heimat. Bald tritt die Straße in die Arnsgrüner Flur ein, und man erblickt zwei stattliche Bauerngüter, welche den Namen „Neue Häuser" führen und etwa eine Viertelstunde von dem Dorfe entfernt sind. Ihre Bewohner waren geflohen; einige Franzosen hatten dort übernachtet und eines der Güter in Brand gesteckt. Alles Vieh fand seinen Tod in den Flammen. Die Straße biegt nun in den nahen Wald ein. Mit wehmütigen Gefühlen setzte Müller seinen Weg fort, und er atmete erleichtert auf, als das Ziel erreicht war. Sogleich trat er seinen Rückweg an. Um sicherer zu sein, benutzte er nicht die Straße, sondern den wenig bekannten Fußweg über Büna und Arnsgrün. Unterwegs wurde er jedoch von einem Franzosen angefallen, welcher ihn plündern wollte. Es gelang ihm aber, dem Räuber die Flinte zu entreißen. Er schoß dieselbe los, warf sie weg und entfloh. Nach raschem, angstvollem Laufen kam er in Arnsgrün an. Im Wirtshause daselbst rastete er, erzählte sein Erlebnis und wollte seinen Hunger stillen. Kaum hatte er sich von seinem Schreck erholt, als zwei Franzosen eintraten und Geld von ihm verlangten. Da er ihrem Wunsche nicht Folge leistete, schoß einer nach ihm. Als der Pulverdampf verraucht war, sah man Müller entseelt am Boden liegen.

Auch in anderen Dörfern des Vogtlandes haben die Franzosen den Bewohnern übel mitgespielt. So haben sie z. B. auch den Richter in Hohndorf in seiner eigenen Stube erschossen.

Jammer- und trauervoll waren die Tage des Oktobers 1806 für die stillen vogtländischen Dörfer. Gott gebe, daß dieselben nie wieder von „des rauhen Krieges Horden" durchtobt werden!

H. Gemeinhardt, Greiz.

Zeulenrodas Gewerbfleiß.

Die beiden Haupterwerbszweige Zeulenrodas, von denen fast die ganze Stadt ihren Unterhalt gewann, waren bis vor ungefähr vierzig Jahren die Weberei und noch mehr die Strumpfwirkerei.

In den blutigen Verfolgungen, die Philipp II. von Spanien (1555 bis 1598) über die Protestanten der Niederlande verhängte, flohen viele Tausende nach Frankreich, England und Deutschland. Einige dieser Flüchtlinge kamen auch in unsere Gegend. Unter ihnen war es Johann Nikolaus de Smit aus Dortrecht, der sich mit mehreren Leidensgefährten in Gera niederließ und dort der Begründer der Zeugweberei wurde. Von Gera aus verbreitete sich das neue Gewerbe über das ganze Vogtland und wurde bald auch in Zeulenroda lebhaft betrieben, so daß schon im Jahre 1650 die Innung der Zeugmacher hier erstand.

Die Strumpfwirkerei wurde erst später nach unserer Stadt verpflanzt durch französische Emigranten, die durch die im Jahre 1685 erfolgte Aufhebung des Ediktes von Nantes durch Ludwig XIV. gezwungen waren, ihr Vaterland zu verlassen. Manche Geschlechtsnamen in unserer Stadt erinnern jetzt noch an den französischen Ursprung (Goutrié, Lallemand), und für viele Teile an den Strumpfstühlen, sowie für die meisten Verrichtungen beim Wirken sind die französischen Bezeichnungen noch heute gebräuchlich.

Auch dieser Erwerbszweig gelangte bald zu größerem Umfange, und im Jahre 1744 entstand die Innung der Strumpfwirker. Vorzüglich gefördert wurde diese Industrie durch die Familie Ganzesaug, deren Glieder bis zu ihrem Aussterben im Anfang dieses Jahrhunderts die Hauptträger des Strumpfhandels waren. Ihre Stelle ersetzten die Handelshäuser Krocker & Sohn, später auch H. Schopper, und die Strumpfwirkerei trat mehr und mehr in den Vordergrund. Die Absatzgebiete erweiterten sich zusehends und erstreckten sich zum beträchtlichen Teil auch auf überseeische Länder. Die Zeulenrodaer Strumpfwaren genossen wegen ihrer vorzüglichen Qualität einen wohlverdienten Ruf auf dem Weltmarkt.

Viele Ware ging von hier nach England, um von da mit entsprechender Preiserhöhung als prima englisches Fabrikat wieder in Deutschland verkauft zu werden.

Zeulenroda.

So kam es z. B. vor, daß einem hiesigen Fabrikanten von Kunden in Dresden solche Strümpfe als Muster, die durch deutsche Wirker nie zu erreichen wären, vorgelegt wurden. Der Fabrikant erkannte sofort sein eigenes Fabrikat und konnte es mit Leichtigkeit an den eingewirkten Zeichen als solches nachweisen. Derartige Fälle trugen sich wiederholt zu.

Ebenso wurden Strümpfe nach Frankreich ausgeführt, um in Deutschland in gleicher Weise abgesetzt zu werden. Einst bezog die Fürstin Gasparine, Gemahlin Heinrichs XIX., Strümpfe aus Paris. Es stellte sich aber heraus, daß diese vorzügliche „französische“ Ware im Heimatlande (bei Krocker & Sohn hier) gefertigt war.

In jener Zeit standen in Zeulenroda 1200 bis 1300 Strumpfstühle, und die Zahl der hier in Arbeit stehenden fremden Gesellen belief sich auf 700 bis 800, die sich nach verschiedenen Landsmannschaften (Ascher, Erlanger, Schwabacher, Berliner, sogar Schweden) zusammenhielten, auch Sonntags gewöhnlich gemeinschaftlich ausgingen.

Der gute Geschäftsgang verbreitete Wohlstand, und der sogenannte Jahrstag am Mittwoch und Donnerstag nach Pfingsten war ein allgemeines Volksfest, bei dem es hoch herging.

Die Strumpfwirkerei wurde bis in die neuere Zeit auf Handstühlen betrieben, die auch hier durch geschickte Schlosser, Stuhlsetzer und Nadelmacher in vorzüglicher Güte hergestellt wurden. Nicht wenige dieser Stühle sind auch nach auswärts weithin versandt worden. Ihr Preis war für die damalige Zeit ziemlich hoch; je nach der Stärke der darauf zu verfertigenden Waren stellte er sich auf 300 bis 450 Mark. Von den Handelshäusern wurden solche den Wirkern auch mietweise überlassen; doch ging das Streben des jungen Meisters dahin, sich einen oder mehrere Stühle eigentümlich zu erwerben. War es ihm durch unermüdlichen Fleiß vom früheſten Morgen bis in den späteſten Abend gelungen, mehrere Stühle sein eigen zu nennen, so hatte er sich damit ein kleines Vermögen errungen, was um so höher anzuschlagen war, als der Verdienst gegen die Lohnsätze von heute ziemlich niedrig bemessen war. Weib und Kinder mußten von früh bis spät mit schaffen, mußten doppeln, zwirnen, spulen, nähen u. dgl., um dem Vater beizustehen. Fast Haus für Haus ertönte das eigentümliche Schnurren der Handstühle, auf denen ein fleißiger Wirker wöchentlich, je nachdem die Qualität war, 18 bis 30 Paar Strümpfe fertigen konnte, wodurch er 8 bis 12 Mark verdiente.

Durch Benutzung der Dampfkraft wurde jedoch in der neuesten Zeit die Betriebsweise ganz umgestaltet, so daß gegenwärtig die Handwirkerei im Hause nur noch vereinzelt zu finden ist. An ihre Stelle ist der Großbetrieb in den Fabriken getreten. Da sind Stühle aufgestellt, auf denen ein Arbeiter wöchentlich 50 bis 60 Dutzend Paar Strümpfe liefern kann. —

Außer den Strumpfstühlen sind in Fabriken auch Strickmaschinen und Stühle zur Herstellung von Trikotstoffen im Gange. Die bedeutendste der Fabriken ist die der Firma H. Schopper, die etwa 1000 Arbeiter beschäftigt. Im ganzen sind gegenwärtig über 1500 Arbeiter in der Strumpffabrikation thätig; außerdem finden noch gegen 300 Frauen im Hause mit Strumpfnähen auf Nähmaschinen Verdienst.

Als neuer Zweig der Strumpfwirkerei hat sich in den letzten drei Jahrzehnten die Gummiwirkerei zu ansehnlichem Umfange entwickelt — die Firma Jul. Römpler hat allein gegen 200 Arbeiter —, und es erfreuen sich ihre Erzeugnisse: Strümpfe, Leibbinden, Bandagen und sonstige, chirurgischen Zwecken dienende Artikel weithin, fast in ganz Europa, des besten Rufes.

Was ist wohl aus den vielen Handstühlen geworden? — Auf etlichen werden von geschickten Arbeitern Trikots mit allerlei Figuren und bunten Mustern gewirkt, die von Cirkuskünstlern, Clowns u. s. w. aus allen Gegenden Deutschlands, auch vom Auslande, gern gekauft werden. Andere Stühle sind für die Gummiwirkerei umgebaut, die meisten aber vollkommen wertlos geworden; und mancher ältere Meister, der sich seine Stühle sauer verdiente, hat durch den Aufschwung der mechanischen Wirkerei einen empfindlichen Verlust erlitten. Wie die Innungen in früheren Zeiten einander eifersüchtig überwachten und ein Eingreifen in die ihnen zustehenden Rechte abwehrten, davon giebt folgendes Vorkommnis ein interessantes Beispiel.

In der Weberei wurden anfänglich in der Hauptsache nur wollene Zeuge gefertigt. Als aber von Plauen aus Ende des 16. und Anfang des 17. Jahrhunderts die Baumwollenweberei in Gang kam, die namentlich baumwollene Tücher und Schleier herstellte, fand diese sogenannte Schleier- oder Musselinweberei auch hier Eingang und gewährte guten Verdienst. Da nun gegen Ende des 18. Jahrhunderts die Strumpfwirkerei an schlechtem Geschäftsgang litt, fingen auch Strumpfwirker an, ihren Familiengliedern solche Webstühle anzuschaffen und sie darauf weben zu lassen. Das aber wollten die Zeugmacher nicht leiden. Zwischen beiden Innungen entstanden deshalb ernste Streitigkeiten, ja es kam sogar im Jahre 1797 zu dem sogenannten „Schleierkrieg“. Als die Zeugmachergesellen einst nach dem benachbarten Weißendorf gezogen waren, scharten sich die Strumpfwirkergesellen zusammen, um sie nicht wieder in die Stadt hereinzulassen. Es kam vor der Stadt zu einer ernstlichen Fehde, bei der mancher Kämpfer sich einen blutigen Kopf oder einen anderen Denkzettel holte. Auch durch das Einschreiten der Bürgermannschaften, die selbst der einen oder anderen Partei angehörten, wurde den Feindseligkeiten noch kein Ende bereitet. Ein Regierungskommissar führte die Zeugmacher wieder in die Stadt, in der es auch weiterhin zwischen den beiden Innungen zu allerlei Unfug kam, bis ein Kurfürstlich Sächsisches Kavalleriekommando herbeigebracht und hier einquartiert wurde. Die kampflustigen Innungen haben noch lange nachher die Nachwehen dieses „Krieges“ empfunden, bis die dadurch entstandenen Kosten nach und nach bezahlt waren. Den Frauen und Töchtern der Strumpfwirker blieb es gestattet, Musseline zu weben, doch hörte in der ersten Hälfte dieses Jahrhunderts diese Weberei hier ganz auf.

Die Hauptträger der Webindustrie waren im vorigen Jahrhundert ein Zweig der schon erwähnten Familie Ganzesaug, in diesem die Familie Macht. Durch Aufstellung von Dampfwebstühlen seit Ende der 60er Jahre hat der Webereibetrieb ebenso wie die Strumpfwirkerei eine vollständige Umgestaltung erfahren. Zur Zeit sind in den hiesigen Fabriken nahezu 400 mechanische Webstühle in Betrieb. Die Zahl der Handweber ist gegenwärtig verschwindend klein.

Auch nach Einführung der Gewerbefreiheit blieben die beiden Innungen fortbestehen. Doch hat die Meisterschaft keinen Zuwachs erfahren. Während in den 40er Jahren dieses Jahrhunderts die Zahl der Meister in der Weberinnung reichlich 200, die der Strumpfwirkerinnung weit über 500 betrug, ist gegenwärtig die der letzteren auf etwa 140 und die der ersteren auf 12 herabgesunken.

Durch die Ende der 50er Jahre erfolgte Auffindung reicher Petroleumquellen in Nordamerika und Baku am Kaspischen Meere und durch die Entdeckung der außerordentlichen Brauchbarkeit dieses Mineralöls zu Leuchtzwecken wurde eine gänzliche Umgestaltung des Beleuchtungswesens hervorgerufen und gab Anlaß zur Einführung eines neuen Erwerbszweiges, der Lampenfabrikation. Aus kleinen Anfängen heraus entwickelte sich diese hier rasch zu großer Blüte und gab vielen dauernd Verdienst. Zu der anfangs ausschließlichen Herstellung von Lampen kam bald Messing- und Eisengießerei und weiterhin die Anfertigung der mannigfaltigsten Hilfsmaschinen für Blech- und Metallbearbeitung, die einen weitgehenden Ruf genießen, und gegenwärtig beschäftigt die Firma Karl Kneusel in ihren ausgedehnten Fabriken mehr als 300 Arbeiter.

Sehr beträchtlich ist ferner auch die Seifenfabrikation, seit langen Jahren hauptsächlich betrieben von der Firma C. H. Roth, die ihre anerkannt guten Fabrikate weithin versendet.

Nicht unerwähnt darf schließlich bleiben, daß auch die Tischlerei Zeulenrodas weit über den durchschnittlichen Leistungen steht. Die geschmackvollen, gediegenen Arbeiten geschickter Meister waren schon früher auch außerhalb bekannt, und bald kamen auch von auswärts Bestellungen. Dadurch wurden Meister und Gehilfen zu ernstem Streben und weiterer Vervollkommnung angespornt.

Die Zeulenrodaer Möbel erfreuen sich jetzt eines vorzüglichen Rufes und können jeden Vergleich mit den Arbeiten der größten Städte aushalten. Ganze Ausstattungen jeden Stiles in saubersten Ausführung gehen oft bis in die fernsten Orte unseres deutschen Vaterlandes, sogar ins Ausland, geben von der Kunstfertigkeit unserer Möbeltischlerei beredtes Zeugnis und veranlassen neue Bestellungen. Die verschiedenen großen Werkstellen, eine der ältesten ist die von Edwin Metz, in denen zur Zeit mehr als 200 Personen arbeiten, sind fortwährend vollauf beschäftigt, und etliche von ihnen arbeiten mit Benutzung der Dampfkraft.

So bietet Zeulenroda jetzt das Bild einer gewerbfleißigen Stadt. In früheren Zeiten trug es ein anderes Gepräge; da wurde ausschließlich Landwirtschaft betrieben. Unsere Flur ist die größte im Fürstentum — sie umfaßt 1358 ha — und die meisten Einwohner, deren Zahl noch zu Anfang des 18. Jahrhunderts auf nur 2000 sich belief, nährten sich ehedem vom Ertrage ihres Grundbesitzes. Durch Vermehrung der Bevölkerung (gegenwärtig zählt Zeulenroda 10000 Einwohner) wurde die Flur in immer kleinere Teile zerlegt (zur Zeit giebt es über 1300 Grundbesitzer), so daß die Landwirtschaft im Laufe der Zeit nur noch Nebenbeschäftigung wurde. Aber der Umstand, daß fast jeder Hausvater etwas Grundbesitz hatte, bot in Zeiten schlechten Geschäftsganges auch sein Gutes, da der Landbau immer etwas zum Unterhalt der Familie beisteuerte.

Möge denn Zeulenrodas Industrie sich wie bisher auch weiter kräftig entwickeln und Gottes Segen ruhen auf unserer ganzen Gemeinde!

Schatz, Zeulenroda.

Alt-Gera und seine Heimsuchungen.

Wenn man auf einer der Landstraßen dem Innern der Stadt Gera zustrebt, gewinnt man von derselben bald den Eindruck einer schnell emporgewachsenen und mit der Neuzeit rüstig fortgeschrittenen Industriestadt. Zuerst erfreuen uns prächtige Villen, die in ihrer stilvollen Ausführung und mit den sie umgebenden parkähnlichen Gärten Zeugnis ablegen von dem Kunstsinn und Reichtum ihrer Besitzer. Dann folgen große Fabrikanlagen und moderne Wohnhäuser an neuangelegten breiten Straßen. Zuletzt geht man zwischen geschlossenen Häuserreihen, die mit reicher Gliederung ihrer Fronten und beachtenswerten Monumentalbauten einen wohlgefälligen, großstädtischen Eindruck machen. Da aber, wo der Straßenverkehr am regsten wird, ist man an der Grenze des ältesten Stadtteiles angekommen.

Nicht hinter verwitterten Ringmauern und düsteren Thorbauten, auch nicht hinter schattigen Promenaden und Parkanlagen liegt er versteckt, nein, ganz unvermittelt betritt man seine engen und krummen Gassen. Und wer vielleicht gekommen ist, in der Altstadt viele hervorragende Baudenkmäler aus alter Zeit zu finden, der wird sehr enttäuscht wieder von dannen ziehen. Da sucht man vergeblich nach der eigenartigen Schönheit altertümlicher Architektur. Weder Erker, Türmchen und Mansarden, noch Schnitzwerk und Malereien fesseln den Blick. Das einzige, was in dieser Beziehung auffällt, sind einige reichgeschmückte Hausportale an ehemaligen Patricierhäusern, meist mit Steinfiguren gekrönt, die den Handels- und Warenverkehr versinnbildlichen.

Woher kommt nun diese geschmacklose Einfachheit, die der Altertumsfreund hier bedauert? Sie erinnert uns an die Zeit schwerer Not, in der diese schmucklosen Bauten aufgeführt wurden. Solche brachte vor allem der große Brand 1780, dem die ganze Stadt bis auf wenige Häuser zum Opfer fiel. Das war aber nur ein Glied in der Kette von Heimsuchungen, die die Entwickelung der Stadt zu schönerer Blüte verhinderten. 1686 wurden schon einmal zwei Dritteile der Stadt durch Feuer verheert, nachdem kaum die Wunden, die der Dreißigjährige Krieg der Stadt geschlagen hatte, geheilt waren. Im Jahre 1639 entstand ein großer Brand, von schwedischen Soldaten verursacht, denen der Verkauf von auswärts erbeutetem Vieh wegen der drohenden Pestgefahr verboten worden war. 1450 wurde Gera als ein Opfer des thüringischen Bruderkrieges in einen rauchenden Trümmerhaufen verwandelt. Dazu kamen noch die Verheerungen, die die Pest in den Jahren 1545, 1626, 1633 und 1636—1637 unter den Bewohnern anrichtete, die Drangsale des Siebenjährigen Krieges, der der Stadt Gera weit über drei Millionen Mark Kosten verursachte, und die schweren Bedrückungen des Handels und der Industrie, welche die Kriege zu Anfang des 19. Jahrhunderts im Gefolge hatten. Nach so trüben Zeiten galt es, immer nur für das Notwendigste zu sorgen. Ein gewisses beklemmendes und lähmendes Gefühl pflanzte sich von Geschlecht zu Geschlecht fort und ließ den Kunstsinn nicht zu seinem Rechte kommen.

Auf einem Rundgang durch die Stadt sollen die wenigen Zeugen aus alter Zeit aufgesucht werden, welche den mannigfachen Gefahren Trotz geboten haben.

Beginnen wir mit dem Marktplatz im Herzen der alten Stadt. In der Mitte desselben steht der von dem Steinmetzen Junghans zu Rochlitz 1685 gefertigte Brunnen, Simson darstellend, wie er dem jungen Löwen den Rachen aufreißt, aus dem an Festtagen der Wasserstrahl gerade in die Höhe spritzt. An der Südseite des fast quadratischen Platzes steht das altehrwürdige Rathaus, in einigen Teilen wohl der älteste Zeuge aus vergangener Zeit. Der Sage nach begann sein Bau auf Veranlassung des Vogtes Heinrich I. im Jahre 1254, zu welcher Zeit zugleich die Stadt zum Schutze gegen das überhandnehmende Raubrittertum mit festeren Ringmauern und Thoren umgeben wurde. Am 15. Oktober

1450, an welchem Tage die rohen Kriegsscharen des böhmischen Heerführers Podiebrad die Stadt in Trümmer legten, soll auch das Rathaus fast vollständig ein Raub der Flammen geworden sein. Von 1573—1576 wurde es von Grund auf erneuert und erhielt in seinen Hauptteilen die jetzige Gestalt, die man auch nach den Beschädigungen durch die großen Stadtbrände festzuhalten suchte. Das Wachstum der Stadt im letzten Jahrhundert erforderte die Vergrößerung des ursprünglichen Baues nach dem Kornmarkte zu und die Erwerbung einiger Nachbar-

Nach einer photogr. Aufnahme von H. Festge, Gera.

Rathaus mit Simsonbrunnen.

häuser zu gleichem Zwecke. Die Hauptfront am Markte ist von höherer Bedeutung. Sie wird geziert von einem stattlichen, etwas vorspringenden, achteckigen Turme, der in seinem rechteckigen Unterbau das alte Hauptportal enthält. Seine reichen Verzierungen stammen aus verschiedenen Zeiten; am ältesten sind wohl die drei Männerfiguren im mittleren Teil des Portalaufsatzes und das Oberlichtgitter aus Eisenblech (aus dem 16. Jahrhundert). Zwischen den beiden Portalen links vom Turme befindet sich noch der alte Pranger, ein an der Wand befestigtes Halseisen über einer steinernen Bank. Zwischen dem Durchgang, der früheren Fleisch- und Brotbank, und dem Turm führt ein kleiner rundbogiger Eingang zu den Räumen des Ratskellers, der „ältesten deutschen Schankstätte“, welche zum erstenmal im Geraischen Stadtrecht vom Jahre 1487 erwähnt wird. Im großen Rathaussaale befinden sich die Bildnisse Heinrichs XXX. und seiner Eltern.

Die Nordwestecke des Marktes ziert ein Erker aus dem Jahre 1606 mit reichem Reliefschmuck, Apostel, die vier Jahreszeiten und Wappen von Hohenlohe, Reuß, Schwarzburg und Solms darstellend. Dieser heraldische Schmuck, sowie die mit einem reußischen Wappen verzierte Erkerfahne berechtigen zu der Annahme, daß das Eckhaus dereinst als reußisches Herrenhaus errichtet worden ist.

Nach einer photogr. Aufnahme von H. Festge, Gera.

St. Salvatorkirche.

Wir gehen nun die ehemals vornehmste Gasse, die Große Kirchgasse, hinauf nach dem Nikolaiberg. Hier wird unser Schritt gehemmt durch den erhabenen Eindruck, den die auf der Plattform des Berges stehende St. Salvatorkirche im Verein mit den zu ihr aufführenden Freitreppen auszuüben vermag. Noch bis zur Mitte des vergangenen Jahrzehnts hemmte hier „der Straßen quetschende Enge“ den Verkehr, und das Gotteshaus war hinter hohen, nichtssagenden Gebäuden versteckt. Die Fürsorge der städtischen Behörden hat letztere beseitigt, eine breite, allmählich aufsteigende Straße und einen würdigen Aufgang zur Kirche geschaffen und dadurch ihre ganze Erscheinung zu einer wirkungsvollen gemacht. Sie wurde 1717 bis 1720 an Stelle der 1686 bis auf die unteren Teile ausgebrannten kleinen Kirche des heiligen Nikolaus erbaut, der mächtige Turm wurde aber erst 1779 vollendet. Als ein Wahrzeichen überragt er die ganze Stadt, und sein volles, harmonisch reines Geläute tönt weit über das Elsterthal hinweg nach den benachbarten Höhen. Wenige nur mögen an dem Turme vorübergehen, die nicht still bewundernd ihr Auge auf ihm ruhen lassen; aber noch nie sind zu gleicher Zeit wieder so viel Blicke auf ihn gerichtet gewesen, wie an seinem Unglückstage, dem 18. September 1780. Der furchtbarste Stadtbrand wütete seit einigen Stunden. Die Bewohner waren „hoffnungslos der Götterstärke gewichen" und betrachteten nun zu Tausenden von den benachbarten Höhen aus „mit jenem trockenen, starren Blicke der Verzweiflung" den leuchtend „aus dem qualmenden Brodem, aus dem glühenden Rotgrau der Rauchmassen" hervorragenden Turm, „wie der Gläubige sein Gnadenbild" — mit einer gewissen Vorliebe hing die Bevölkerung an dieser Zierde der Stadt. Da gellte gegen sechs Uhr ein Schrei des Entsetzens von tausend Lippen: der Turm hatte Feuer gefangen. Mit großer Geschwindigkeit breitete es sich aus. Nach kurzer Zeit stürzte er in sich zusammen und setzte dabei die Kirche in Brand. Der Wiederaufbau der letzteren wurde bald in Angriff genommen, und am ersten Weihnachtstage 1782 wurde zum erstenmal wieder Gottesdienst darin abgehalten und zwar mit Absingung des Tedeums unter Trompeten- und Paukenschall. In einer Felsengruft unter dem Gotteshause ruhen die Gebeine des Grafen Heinrich XXX., des letzten aus dem Hause Gera, der von 1748—1802 als echter Landesvater regierte und sich besonders seiner lieben Stadt Gera in schweren Zeiten annahm. Mit welchem Eifer leitete er die Rettungsarbeiten bei dem großen Brande! Wie bereitwillig öffnete er das Küchengartengebäude, das Tinzer Schloß und selbst das Schloß Osterstein den zahlreichen Obdachlosen! Wie gern übernahm er im Verein mit seiner hohen Gemahlin die Verteilung der Liebesgaben, die sich durch seine bei vielen deutschen Höfen eingelegten Fürbitten immer zahlreicher gestalteten. Und als es ans Wiederaufbauen der Stadt ging, entfaltete er eine höchst segensreiche Thätigkeit. Durch unverzinsliche Darlehen, durch unentgeltliche oder billigste Abgabe von Baumaterial, durch Ankauf zahlreicher Brandstellen zur Regelung der Straßenfronten, durch Heranziehung der Landbevölkerung bei den Räumungsarbeiten u. v. a. suchte er das Los der Abgebrannten zu erleichtern. Durch eine neue Bauordnung schrieb er eine feuerfestere Bauart der Häuser und die Anlage von geraden Gassen und Straßen vor. Freilich wurde diese nur in den neueren Stadtteilen durchgeführt. In der inneren Stadt benutzte man fast durchweg die stehengebliebenen Mauerreste, schon deshalb, weil man durch eine Verlegung der Baustellen die meist tiefen Keller (Höhler) unter den Häusern nicht verlieren wollte, die man zur Bierbrauerei, einer Haupterwerbsquelle der Bürgerschaft, notwendig brauchte. An dem bei der Gedächtnisfeier jenes edlen Fürsten aufgestellten Bildnisse war folgende Inschrift zu lesen:

„Leb' wohl, mein Volk, nach schwülen Tagen,
Wo wir so manche Last getragen,
Ging ich in meines Gottes Ruh'!
Bis in des Todes dunkle Hallen
War es mein Wunsch, dir zu gefallen,
Und meiner Sorgen Ziel bliebst du!"

Mit ihrer Ostwand steht die St. Salvatorkirche auf der Linie der alten Stadtmauer, ebenso wie das nördlich davon gelegene, freistehende, als Schulgebäude dienende Schreibersche Haus, auch Stadtgericht genannt. Dasselbe war das einzige Haus innerhalb der Ringmauer, das 1780 unversehrt blieb. Um diese Zeit war der Wollhändler Schreiber Besitzer des Hauses, ein freundlicher und gefälliger Herr, der der Sage nach auch einmal eine Zigeunerfamilie beherbergt haben soll, die vorher in der ganzen Stadt abgewiesen worden war. Beim Abschiede habe ihm das Familienoberhaupt das nahe Unglück prophezeit und ihm ein Päckchen zur Aufbewahrung übergeben, welches das Haus schützen solle in großer Gefahr. Seitdem hat das Haus eine gewisse Berühmtheit. Mit seinen altersgrauen, außergewöhnlich dicken Mauern und dem steilen Dache macht der hohe Bau einen ernsten, fast geheimnisvollen Eindruck. Das Portal ist der einzige äußere Schmuck. Auch das Innere war einfach gehalten; nur im zweiten Obergeschoß, das neben einigen Zimmern den Saal enthielt, findet man jetzt noch reiche Stuckaturen an den Decken, Wandpilaster und verzierte Kamine, welche auf die Bauzeit um 1680 zurückzuführen sind.

Am Nordfuße des Nikolaiberges, wo die Gasse „Hinter der Mauer“ mit dem Steinweg zusammentrifft, befand sich das Leumnitzer Thor, dicht vor dem von den Sorben gegründeten Dorfe Zschochern.

Wir setzen unsere Wanderung von dem Nikalaiberge aus südwärts durch die Weidaische Gasse fort. Parallel zu dieser laufen östlich davon, hinter Häusern und Höfen versteckt, einige Reste der ehemaligen Stadtmauer hin. Am Ende der Gasse befand sich das Weidaische Thor und über demselben, draußen in einem der wenigen Vorstadthäuser, der Brandherd, von dem am 18. September 1780 das Feuer ausging, welches in wenig Stunden ganz Gera in Asche legte. „Schon seit längerer Zeit hatte auf der Einwohnerschaft bedrückend und beängstigend die Ahnung von einer der Stadt wieder einmal bevorstehenden Heimsuchung gelastet.“ Verschiedene Vorkommnisse, wie in Häusern vorgefundene Zündstoffe, kleine Brände und das Eintreffen der Spritzen von Eisenberg und Ronneburg, wo sich das Gerücht verbreitet hatte, daß Gera in Flammen stehe, hatte man als Vorboten und warnende Andeutungen des drohenden Unheils angesehen.

In den Sommermonaten des Jahres 1780 herrschte große Trockenheit, die bis in den September hinein dauerte. Auch der 18. September war ein klarer und heißer Tag. Gegen $^1/_2 3$ Uhr nachmittags verkündete die Sturmglocke auf dem Rathausturme den Ausbruch des Feuers. Obgleich die Bürger schnell zur Rettung herbeieilten, konnten sie das Feuer doch nicht aufhalten. Vom Südwestwind getrieben und von dem Holzwerke der Häuser genährt, pflanzte es sich „mit Windeseile“ fort und vernichtete in wenig Stunden von 919 Gebäuden 785. Viele Spritzen verbrannten mit, und zehn Menschen verloren ihr Leben. Die meisten der unglücklichen, obdachlos gewordenen Bewohner konnten nirgends Zuflucht finden und mußten auf Feldern und Wiesen Tage und Nächte verbringen. Die Feuerwolke war 24 Stunden weit gesehen worden. „Wie klopfet uns noch das Herz! Wie durchschauert uns bestürzendes Schrecken, wenn wir an die entsetzliche Glut denken, die am verwichenen Montage den Himmel unseres Gesichtskreises kläglichst färbte und eine der ansehnlichsten, schönsten Handelsstädte dieser Gegenden, das millionenmal bedauerte Gera, binnen wenig Stunden in Asche legte." So schilderte der Generalsuperintendent Löber in Altenburg in seiner Predigt am Sonntag nach dem Brande. Groß war aber auch die Teilnahme und Hilfsbereitschaft! Von nah und fern, aus allen Gegenden Deutschlands und selbst aus der Schweiz kamen bald Liebesgaben an und halfen die erste, größte Not überwinden. Der Urheber des entsetzlichen Unglücks war der Maurer Gottfried Remmler, der acht Jahre später auf dem Sterbebette, von Gewissensbissen gepeinigt, seinem Seelsorger die That bekannte. Er selbst hatte den Verdacht auf die Baßlerschen Eheleute gelenkt, die am Tage des Brandes ihren Schweinestall ausgeräuchert hatten. Obgleich ihnen die Schuld nicht nachgewiesen werden konnte und sie wieder freigelassen worden waren, verließen sie doch, von den Drohungen der gesamten Einwohnerschaft verfolgt, die alte Heimat und fanden eine neue in Oberschlesien.

Unser Weg führt uns weiter den „Stadtgraben" hinab. Die Gebäude an der Nordseite desselben stehen auf dem Areal des ehemaligen Wallgrabens, und hinter ihnen befinden sich noch Reste der alten Stadtmauer, auch die eines Mauerturmes. Am unteren Ende des „Stadtgrabens" ist die Stelle, wo früher das Klotzthor stand, und nördlich davon, wo Burggasse, Häselburg, Alte Schloßgasse und Kornmarkt sind, hat man jedenfalls den ältesten Teil Geras zu suchen. Hier, dicht an der Stadtmauer, an Stelle der Häuser, die jetzt auf beiden Seiten der Harboustraße liegen, befand sich das „Alte Schloß", ein ausgedehnter, geräumiger Bau mit vier gewaltigen Ecktürmen. Seine Erbauung führt man zurück in die Mitte des 10. Jahrhunderts, das ist die Zeit, in der Vögte über die Reichs-Burgwardei Gera gesetzt wurden. Diesen Reichsvögten und Herren von Gera diente sie als Residenz bis zum 15. Oktober 1450, dem fürchterlichsten Tage Geras, an welchem die von Georg Podiebrad angeführten böhmischen Kriegsscharen Stadt und Schloß in Trümmer legten.

Die Zerstörung Geras war das letzte Glied in der Reihe der zahlreichen Zerstörungen und Verwüstungen in Sachsen und Thüringen, die der unselige Bruderkrieg zu verzeichnen hatte. Kurfürst Friedrich der Sanftmütige von Sachsen und Herzog Wilhelm der Stolze von Thüringen verwüsteten gegenseitig ihre Länder, um dadurch den Streit zu beenden, der durch die Länderteilung nach ihres Vaters, des Kurfürsten Friedrich des Streitbaren, Tode zwischen ihnen ausgebrochen war. In den vorangegangenen mündlichen Verhandlungen zwischen den „Worthaltern" der Streitenden spielte eine hervorragende Rolle der Vogt Heinrich IX., der Unglückliche, von Gera, „von der Natur mit seltenen Eigenschaften ausgestattet, klug und verständig, ein vortrefflicher Redner und ritterlicher Held." Er war der Geheimrat und Minister des Kurfürsten und vertrat „mit siegender Beredsamkeit" die gerechte Sache seines Herrn, an dem er noch wie „von früher Jugend an mit unwandelbarer Treue" hing, obgleich er durch die Länderteilung Lehensträger des Herzogs geworden war. Mit Ausbruch des Krieges wurde er „oberster Hauptmann" des Kurfürsten und bestellte während seiner Abwesenheit den Grafen Ludwig von Gleichen zum Stadthauptmann. Die Untreue des Vasallen mußten Geras gesegnete Fluren und die Stadt selbst schwer büßen.

Die Dörfer wurden ausgeraubt und niedergebrannt. Viele von ihnen erhoben sich nicht wieder aus ihrer Asche; ihre Namen sind nur noch als die von Wüstungen bekannt. Die Stadt sah den Feind dreimal vor ihren Mauern. Am 20. Juli 1450 kam es zwischen den feindlichen Heeren zum Gefecht an der Tränke, östlich von Gera, wohl da, wo früher der Ratsteich war, auch die Bürger unter ihrem Stadthauptmann beteiligten sich an dem Kampfe. Herzog Wilhelm siegte und setzte den tapferen Grafen Ludwig von Gleichen gefangen in den Turm von Weida. Dann zog er ab, der Sage nach durch die inständigen Bitten von Heinrichs Mutter, Lutrada, bewogen, von einem Angriff auf die Stadt abzusehen. Anfang August lag er wieder vor Gera, unterließ aber einen Angriff, weil Graf Heinrich selbst die Stadt verteidigte. Nachdem er die Besitzungen des gefangenen Ludwig von Gleichen verheert hatte, kehrte er zurück, fest entschlossen, die Stadt nunmehr zu erobern. Sein Heer war verstärkt worden durch 9000 Böhmen unter Georg Podiebrad und lagerte „im Felde oberhalb Gera hinter dem Schlosse.“ Heinrich von Gera hatte seine Mutter und Gemahlin der Sicherheit halber nach dem Osterstein gebracht und leitete selbst mit größter Umsicht die Verteidigung der Stadt.

Heinrich XIV. von Reuß j. L.

Am 15. Oktober erfolgte der Sturm, der anfangs von den Bürgern heldenmütigst abgeschlagen wurde. Doch neue feindliche Scharen stürmten heran, die verbrauchten Verteidigungsmittel, Steine, Balken, siedendes Wasser, Öl und Pech, waren nicht so schnell zu ersetzen, und die Minderzahl mußte weichen. Zwischen Schloß und Baderthor wurden die Stadtmauern zuerst erstiegen und zerstört, und im darauffolgenden Straßenkampfe erlag das Häuflein der Verteidiger gar zu bald. Dann begann ein Plündern und Morden, ein Sengen und Brennen, das aller Beschreibung spottet. Bestien gleich hausten die böhmischen Horden und verschonten weder Alter noch Geschlecht. Selbst die Tausende, die im Innern der Johanniskirche Schutz gesucht hatten, wurden niedergehauen oder fanden ihren Tod unter den brennenden Trümmern des Gotteshauses. Einem Bache gleich soll das

Menschenblut durch das Baderthor geflossen sein. Unter den zahlreichen Gefangenen, die hinweggeführt wurden, befand sich auch Graf Heinrich der Unglückliche. Er starb wenige Monate später in der Gefangenschaft in Prag.

Das zerstörte Schloß wurde nicht wieder aufgebaut; der Osterstein wurde nun die Residenz der Herren von Gera. Wir gehen durch die Burggasse nördlich nach dem Johannisplatz, der mit seinem Namen an die erste Hauptkirche Geras, die alte Johanniskirche, erinnert, welche einst seine südliche Hälfte einnahm. Es war ein reicher Bau, der aber alle Heimsuchungen der Stadt mit erdulden mußte und nach dem letzten großen Brande (1780) nicht wieder aus seinen Trümmern erstand. Erst hundert Jahre später erbaute man die neue, prächtige Johanniskirche im nördlichen Stadtteil. An der Westseite des Johannisplatzes steht das Fürstliche Gymnasium, ein stattlicher neuer Bau an Stelle des alten, 1605 von Heinrich Posthumus gegründeten. Das erzene Denkmal dieses edlen Fürsten ziert seit 1863 den Platz.

Posthumus-Denkmal.

In dem die Ecke des Johannisplatzes und der Johannisgasse bildenden, damals einem Weißbäcker gehörigen Hause brach am 20. März 1686, durch „einen lüderlichen Bäckerknecht" verwahrlost, der Brand aus, der zwei Dritteile der Stadt in Asche legte, und bei dem fünf Menschen ihr Leben verloren. Nur die öffentlichen Gebäude und die Häuser in ihrer Nähe blieben von dem verheerenden Elemente verschont.

Am Nordende der Johannisgasse befand sich bis zum Jahre 1838 das Schloßthor. Das schönste Thor der Stadt war das Baderthor, welches bis zum Jahre 1886 an der Nordwestecke des Johannisplatzes, zwischen dem Gymnasium und dem Kollegienhofe, stand. Es stammte aus dem Jahre 1607 und war im Renaissancestil erbaut. Verschiedene Teile seines reichen Schmuckes werden zu einer passenden Verwendung aufbewahrt.

„Durchs Baderthor mußt' alles geh'n, im Leben wie im Tode." Schlagen wir nun zum Schluß auch den Weg ein, der durch dasselbe ins Freie führte nach den letzten Ruhestätten der alten Geraer. Am Anfang der breiten Heinrichstraße kommen wir am alten Waisenhaus vorbei, in dem das Städtische Museum untergebracht ist. In diesem werden neben anderen Sehenswürdigkeiten auch viele Bilder und Pläne aus Geras Vergangenheit aufbewahrt. Am Eingange zum alten Friedhof steht die Trinitatis- oder Gottesackerkirche. Sie wurde mit Benutzung einer Anlage von 1323 im Jahre 1611 erbaut und ist, weil sie ähnliche Geschicke wie die innere Stadt nicht erfahren hat, älter als die Gebäude dieser. Im Jahre 1868 wurde das lange Zeit vernachlässigte Gotteshaus sorgfältig erneuert und in jüngster Zeit auch mit einem Glockenturm geziert. Neben demselben hat man „das zierlichste Stück alter Baukunst in Gera“, eine kleine Außenkanzel, angebracht, die ehemals der nebenan gelegenen Wolfgangskapelle angehörte, welche angeblich 1170 gebaut wurde und eine besuchte Wallfahrtskapelle der Hirten, Schäfer und Landleute gewesen sein soll. Das Innere der Kirche macht einen wohlthuenden Eindruck. Die Wände sind geschmückt mit alten Grabmälern, Bildnissen und reich ausgestatteten Gedenktafeln.

Wir beenden unsere Wanderung an der Ruhestätte des Mannes, der in der Wollenzeugfabrikation einen Erwerbszweig nach Gera verpflanzte, der sich zu einem mächtigen Baume entwickelte, den auch die Stürme der schwersten Heimsuchungen nicht zu fällen vermochten, und in dessen Schatten sich die Bewohner leichter aus dem Unglück herausarbeiteten. Es war der Niederländer Nikolaus de Smit, der dicht neben dem Eingang zum Friedhof im Jahre 1623 seine Ruhestätte fand. Sein Denkmal, von der dankbaren Zeugmacherinnung 1841 erneuert, zeigt die Reliefffigur des Verstorbenen in der Tracht jener Zeit, in der unter der Regierung des Grafen Heinrich Posthumus die Stadt Gera erst anfing, sich über ihre Ringmauer hinaus auszudehnen. Jetzt kommt Gera nach allen Richtungen hin mit den Nachbarorten in enge Berührung, und Alt-Gera bildet nur einen kleinen Teil der Stadt.

Walther Tischendorf, Gera.

Die nächste Umgebung von Gera.

Mit breitem Rücken lehnt sich die Stadt im Osten an eine unbewaldete Hügelkette, der Saum ihres steinernen Gewandes greift über die Elster hinüber, und ihr Antlitz schaut auf sanft gewölbte und bewaldete Bergeshöhen. Auf einer derselben thront trotzig die Residenz der reußischen Fürsten, Schloß Osterstein. Es ist eines der ältesten Bauwerke im östlichen Thüringen.

Eine seltene Mannigfaltigkeit zeigen die Reize der Umgebung Geras, und selbst der Kenner der Alpen kehrt gern zu ihnen zurück. Ein breites, reichbelebtes und reichbebautes Hauptthal, lauschige stillversteckte Seitenthäler, dunkle kühle Schluchten, anmutige Bergeshöhen, Hochebenen und Heideland wechseln miteinander ab. In der Sonne blitzend, windet sich die Silberschlange der Elster eilenden Laufes nach Norden; geschwätzige Bächlein hüpfen ihr von links und rechts in größerer Zahl entgegen. Hier üppige Saaten und prangende Gärten, dort rauschende Baumhallen und kühles Waldesdunkel; malerisch dahingestreckt in den Thälern und auf den Höhen friedliche Dörflein, welche im Lenz geradezu bezaubernd aus der Blütenpracht der Obstbäume hervorlugen. Im Lenz! Ja, wer im Lenz alle die Herrlichkeiten, umsponnen vom goldenen Strahlennetz der Frühlingssonne, erschaut, der wird jenen Wanderer verstehen, der, als er zum erstenmale auf Gera herabgeblickt, von „den paradiesischen Gefilden" dieser Stadt bewundernd sprach.

Aber Verwaltung und Bevölkerung wissen auch solche Umgebung in ihrem Wert zu schätzen. All die prächtigen Nadel- und Laubwaldungen sind von bequemen Wegen durchschnitten, wo irgend ein besonders schöner Aussichtspunkt sich befindet, ist eine Bank oder gar ein Turm angebracht. Und im Sommer, welch buntes Leben oft im kühlen Schoße des nahen Martinsgrundes! Da werden rasch und geschäftig Herde errichtet, da sammelt man dürres Reisig und vertrocknete Äste und Wurzeln; bald prasseln die Feuer, überall im Walde duftet es nach Kaffee. Hier wird ein Fäßlein schäumenden Bieres angezapft, dort klingen die Gläser, gefüllt mit funkelndem Wein. Bald singt und jubelt es an allen Ecken und Enden, und erst die einbrechende Nacht macht dem bunten Treiben ein Ende. Und oftmals auch diese nicht. Beim magischen Schein bunter Lampen läßt sich's auch noch fröhlich sein.

Günstiges Wetter veranlaßt an Sonn- und Festtagen eine wahre Völkerwanderung hinaus ins Freie, und die ermüdeten Wallfahrer fallen meist in Ernsee und im Waldhaus zu längerer Rast ein. Letzteres, mitten im Walde gelegen, eignet sich so recht zu stillem, innigem Naturgenuß. Stundenlang kannst du hier träumen und sinnen und lauschen, besonders wenn du allein bist. Bestrickend sind die späten Nachmittage im Sommer, wenn die Sonne das schweigende Laub mit ihrem Golde übergießt, wenn Waldvöglein piepend durch die Wipfel hüpfen und huschen und schwirren, um zuletzt dem sinkenden Tagesgestirn ihre Abendlieder zu singen. Freilich früher, als die garstige Wand der Halle mit den öden Fensterlöchern noch nicht bestand, war es viel, viel reizender dort hinten in der Ecke.

Zahlreiche wohlgepflegte Wege und schmale lauschige Pfade führen über den Hain- und Weinberg nach dem vielbesuchten Dörflein Ernsee, das auf einer fruchtbaren Hochebene hinter dem Schloß Osterstein sich ausbreitet. Von hier genießt man einen schönen Blick in die weite bergbegrenzte Landschaft nach Westen.

Jedem zu empfehlen ist der Besuch dreier Türme: des Ernseer Turmes, des Hantichturmes und des Ferberturmes. Die beiden ersten ragen aus den Wipfeln der bewaldeten westlichen Höhen hervor und winken uns freundlich zu sich hinauf. Der Ferberturm krönt die kahle Ronneburger Höhe im Südosten und grüßt weit hinaus in die Lande. Von seinen Zinnen aus erkennt man bei klarem Wetter deutlich das dunkle Erzgebirge. Ernst im bläulichen Schimmer liegt es vor uns, und oft noch zwischen Ostern und Pfingsten leuchtet von da drüben der Schnee wie winkender Gletschergruß.

Leicht zu erreichen ist eine Anhöhe, die den seltsamen Namen Lasur trägt. Sie liegt südlich von der Stadt, dicht bei dem malerisch dahingebetteten Dorfe

Pforten. Steil geht es hinan. Auf dem waldfreien Kamme aber öffnen sich den entzückten Blicken in der Richtung nach Süden und Norden, auf die Stadt und ins Thal, wie auf die westlichen Höhen Landschaftsbilder von wirklich überraschender Lieblichkeit und bezaubernder Anmut.

Wer auf seinem Weg einmal nach der Hauptstadt des Fürstentums Reuß j. L. kommt, der versäume nicht, aus dem lärmenden Getriebe des Fabrikortes hinauszuflüchten in die erquickende Stille der reizvollen nächsten Umgebung.

Heinr. Hermann, Gera.

Die Flora des mittleren Elstergebietes.

Wenn wir die Pflanzen einer Gegend erforschen und über den Bestand Verzeichnis führen, so geschieht dies zunächst, um festzustellen, was wir im Vergleich zu anderen Gegenden haben oder nicht haben und welche Arten zur Zeit vorhanden sind. Dem nachkommenden Geschlechte wird dadurch ermöglicht, die geringste Veränderung, die, früher oder später, unzweifelhaft eintreten muß, sofort bemerkbar zu machen, gerade wie jede Lokalflora uns hilft, heute schon ähnliche Schlüsse zu ziehen. Wenn wir hier den Versuch wagen, in allgemein verständlicher Form eine Übersicht über die Zusammensetzung der Pflanzenwelt unseres Gebietes zu geben und dem Verständnis der gebildeten Kreise näher zu bringen, so müssen wir ganz flüchtig anknüpfen an die Entwickelungsgeschichte. Diese lehrt uns, daß das schöne grüne Kleid unserer Wälder, Wiesen und Felder nicht zu allen Zeiten dasselbe gewesen ist, sondern im Laufe von Jahrtausenden manche Wandlung erfahren hat. Insbesondere sind es die Epochen der Eiszeit, deren hinterlassene Spuren sich auch bei uns auffallend kundgeben. Für das richtige Verständnis der Zusammensetzung unserer heutigen Flora müssen wir uns die mutmaßliche Flora jener extremen Epochen in zwei Gruppen vorstellen. Einerseits sind nämlich diejenigen Arten zusammenzufassen, welche heutzutage nur noch die höheren Gebirge und den hohen Norden bewohnen; anderseits bilden diejenigen Gewächse eine Gemeinschaft, welche auch heute in niederem Gebirge und Flachlande, vornehmlich aber auf naß-feuchten Moosflächen, welche die kältesten unseres Flachlandes sind, zum Teil als Begleiter der ersten Gruppe auftreten. Da sie jetzt meist selten sind, erscheinen uns diese auf unseren sumpfigen und moorigen Wiesen hier und da anzutreffenden Arten des Nordens und der hohen Gebirge wie Fremdlinge. Höchst wahrscheinlich sind sie aber diejenigen, welche am längsten unsere Heimat bewohnen und gleichsam ein Stück Vorwelt darstellen unter den Pflanzen der Gegenwart. So wächst noch heute in dem reußischen Oberlande in der Nähe von Schleiz auf feuchten Wiesen der Alpen-Enzian (Gentiana verna L.). Weiter finden sich in unserem südwestlichen Sumpfgebiete, in der Gegend von Frießnitz, die fadenförmige Binse (Juncus filiformis L.), die kleine kopfförmige Binse (Juncus capitatus Weigel), der Bitterklee (Menyanthes trifoliata L.), das Sumpf-Blutauge (Comarum palustre L.), die Moosbeere (Oxycoccus palustris Pers.) u. a. m., die zwar nicht alle direkte typische Arten der Eiszeit sind, aber neben den Arten der Eiszeit lebten. Manche der in Rede stehenden Pflanzen sind in unserem Gebiete im Aussterben begriffen. Der Sumpfporst (Ledum palustre L.), der früher bei uns auf sumpfigem Waldmoor gesammelt worden ist, konnte in den letzten Jahren nicht mehr nachgewiesen werden, und scheint eingegangen zu sein oder fristet nur noch ein vereinzeltes Dasein. Ebenso ist der in der ältesten Lokalflora von Gera verzeichnete stengellose Enzian (Gentiana acaulis L.), eine echte Eiszeitpflanze, schon längst in unserer Gegend nicht mehr vorhanden. Allerdings dürfen wir hierbei nicht übersehen, daß mitunter auch kulturelle Einflüsse nachteilig wirken auf die Erhaltung mancher Pflanzenarten. — Als Einwanderer nach der Eiszeit aus den Steppen des Ostens und Südostens, die namentlich ausgedehnte Kolonien an der Saale bilden, dürfen auch bei uns zahlreiche Pflanzen gelten. Die Tracht dieser Pflanzen ist schlanker und höher als die typischen Pflanzen der Eiszeit; sie besitzen schmale, oft borstenförmige, steife Blätter oder Blattteile, welche bei dem Eintritt größerer Trockenheit widerstandsfähiger sind. Im Gegensatz zu den Pflanzen der Eiszeit sind die Arten der Steppe mehr einjährig als ausdauernd, da die klimatischen Verhältnisse den letzteren vom Keimen bis zur Samenreife mehr Zeit als den ersteren lassen. Zu den Steppenpflanzen unseres Gebietes ist zu zählen die scabiosenartige Flockenblume (Centaurea Scabiosa L.), das gebräuchliche Theeblatt (Betonica officinalis L.), das Laserkraut (Laserpitium prutenicum L.), die Trespe (Bromus mollis et B. tectorum) u. a. Es kamen dann auch aus dem Westen und von dem westlichen Mittelmeere Pflanzenarten zu uns, welche im ganzen genommen wieder ein besonderes Gepräge erkennen lassen. Als vornehmlichstes Merkmal im Gegensatz zu den Steppenpflanzen dient uns die breitere Ausbildung der Laubblätter, welche solche Pflanzen feuchter Klimata überhaupt im allgemeinen besitzen. Wir nennen als hierher gehörig die Wasserbraunwurz (Scrophularia aquatica L.), die Moschus-Malve (Malva moschata L.), die echte Brunnenkresse (Nasturtium officinalis R. Br.). Von den eingewanderten Flußthalpflanzen, die bezüglich ihrer Abstammung auf den Südosten als ihre Heimat hinweisen, wäre noch der scharfkantige Lauch (Allium acutangulum Sch.) und das Alpen-Täschelkraut (Thlaspi alpestre L.), die ihren Standort an der Elster haben, hervorzuheben. — Häufig sorgt auch der Mensch durch unbewußte Verschleppung von Samen, die sich in tausend Schlupfwinkeln verbergen, für eine Einführung von Ankömmlingen, und solcherweise hat unsere Flora manche Bereicherung von neuen Arten erfahren. In den letzten Jahren ist eine der häufigsten Pflanzen des östlichen Norddeutschlands, das Wucherkreuzkraut (Senecio vernalis), bei uns wiederholt aufgetreten, ebenso in Gewässern die nordamerikanische Art, die Wasserpest (Elodea canadensis), und zu den Ankömmlingen gehört ferner auch die überall seltene Zackenschote (Bunias orientalis), welche bekanntlich im Jahre 1814 mit den russischen Heerzügen nach Deutschland eingeschleppt wurde. Ferner beherbergt die Lasur seit langem in reichlicher Menge einen in Mitteldeutschland äußerst selten auftretenden und meist nur in Unterösterreich einheimischen Beifuß (Artimisia austriaca Jacq.), dessen Vorkommen an dieser Örtlichkeit uns rätselhaft erscheint. Andere Ankömmlinge sind ferner manche zwar jetzt sehr verbreitete und häufige, aber dennoch erst mit der Getreidekultur eingeführte Unkräuter, wie die Kornrade (Agrostemma Githago), die Kornblume, der Acker-Rittersporn u. a. Und schließlich sei hier auch der Pflanzen Erwähnung gethan, die früher oft in Gärten gezogen wurden und aus diesen verwildert sind. Wir brauchen nur auf die strahlenlose Kamille zu achten, die jetzt an vielen wüsten Orten in Dörfern massenhaft auftritt. Auch die beiden Storchschnabelgewächse, Geranium phaeum und pyrenaicum L., die sich hier schon seit langer Zeit an einzelnen Orten angesiedelt haben, sind als Gartenflüchtlinge zu betrachten. Unsere jetzige Flora, in einem Kreise mit 12—14 km Radius von der Stadt Gera aus gerechnet, ist also eine Vereinigung von Gewächsen der verschiedensten Abstammung und Heimat, umgeben von zwei recht charakteristischen Grenzfloren, nämlich im Westen durch die ausgeprägte Kalkflora der Muschelkalkregion und im Osten durch die Flora des ausgedehnten Ackerlandes, insbesondere der Flora des Königreichs Sachsen. Giebt es auch Arten, die bei uns das ganze Gebiet zu bewohnen vermögen, so ist im allgemeinen die Flora der Aue und des Hügel- und Ackerlandes des rechten Elsterufers von derjenigen der Wald-, Sumpf- und Wasserflora des linken Ufers sehr verschieden, die sich von den Frießnitzer Wasserbecken und dem Moore bei Struth über Münchenbernsdorf, St. Gangloff nach Klosterlausnitz hinzieht und die Wasserscheide zwischen Elster und Saale durchschneidet. Die hier vielfach verästelten Quellenthäler, mit blauduftigen Schwarzwaldbergen umrahmt, stoßen fast rechtwinkelig auf das Tiefland der Elster und finden nordwestlich mit dem Raudathale ihren Abschluß, während von hier ab sich mehr ein waldfreies Gebiet eröffnet. An stehenden Gewässern ist das südwestliche Gebiet von Frießnitz, Struth und Münchenbernsdorf am reichsten und hebt sich wesentlich in seinem Pflanzenwuchse von denjenigen der eigentlichen Waldregion ab. Während hier die Wiesensauergräser und andere Sumpfpflanzen und die Wasserpflanzen in den Vordergrund treten, zeigt sich die Waldregion artenreicher an Farnen, Moosen und Strauchflechten. Trotzdem bietet das eigentliche Sumpfgebiet durch das Vorkommen verschiedener Moose und anderer Pflanzen auch besondere Eigentümlichkeiten. Sehen wir von den gemeinen Sumpfmoosen, dem Sumpf-Knopfmoos (Aulacomnium palustre Sch.), dem Bäumchenmoos (Climacium dendroides Hedw.), dem sparrigen Hainmoos (Hylocomium squarrosum L.), den Torfmoosen (Sphagnum acutifolium und cymbifolium) u. a. ab, welche hauptsächlich den grünen Moosteppich der Sumpfwiesen, der Wiesengräben und Teichränder bilden, so wachsen hier auch die für unser Gebiet selteneren Arten, wie z. B. das bärlappige Schlafmoos (Hypnum lycopodioides Schwgr.), das Wiesen-Schlafmoos (Hypnum pratense Koch.), das corpionscherige Schlafmoos (Hyp. scorpioides L.), das zarte Katharinenmoos (Atrichum tenellum Br. et Sch.), das Weiche Torfmoos (Sphagnum molluscum Bruch.). Eines reichen Blumenschmuckes erfreuen sich die Wiesen- und Wassergräben; auf den feuchten haben allerdings die Sauergräser alle anderen Pflanzen verdrängt, hier bilden die Seggen, Wollgräser und Binsen, das Blaugras (Molinia caerulea Mnch.), Bitterklee, Sternblumen (Stellaria glauca, uliginosa), der schildsamige Ehrenpreis, zuweilen auch die Kratzdistel (Cirsium heterophyllum All.) und der Wiesen-Silau das Hauptkontingent. In den Wassergräben und Teichrändern erheben sich stattliche Pflanzen, besonders Dolden der Pferdesaat (Oenanthe fistulosa, Phellandrium) und des Wasserschierlings (Cicuta virosa L.). In trockenen Jahren erscheinen auf dem Teichschlamm die kleinen Simsen (Scirpus setaceus L., Heleocharis acicularis R. Be.), die Segge (Carex cyperoides L.) und Scirpus ovatus Rth.; ferner die winzigen Tannelgewächse (Elatine triandra Schl. und E. Hydropiper L.), sowie der Ampfer (Rumex maritimus L.). Einen besonderen Schmuck der mit Kolbenohrgewächsen und Seebinsen besetzten und von Wasservögeln belebten Teiche gewähren der große Hahnenfuß (Ranunculus Lingua L.), die gelbe Nixblume, zuweilen die weiße Seerose und die Froschkräuter (Batrachium aquatile, divaricatum). — Der größte Teil des westlichen Gebietes trägt geschlossene Wälder, in denen die Fichte vorherrschend auftritt, doch ist auch außer den deutschen Nadelbäumen mitunter die nordamerikanische Weimutskiefer in die Forstkulturen mit aufgenommen worden. Der düstere Nadelwald hat im ganzen nur wenig Blütenpflanzen, dagegen wuchern auf Lichtungen und Schlägen schön blühende Kräuter, Gräser und Adlerfarn, unter denen sich auch nicht selten der rote Fingerhut und das gelbe Schimmelkraut (Gnaphalium luteo-album L.) befinden. Die Heidel- und Preißelbeere, deren Beeren für viele Bewohner der Walddörfer eine nicht unbedeutende Erwerbsquelle bilden, überziehen oft große Strecken. Auch die Arten der Brombeeren sind hier in zahlreichen Bastarden und Varietäten anzutreffen. Alle diese Pflanzen treten hier zwar in regelrechter Gruppierung auf, sie bilden aber keine gleichbleibende Formation, sondern werden immerfort durch andere ersetzt, bis endlich auch die letzte, bestehend aus Heidelbeeren, Brombeeren, Weiß- und Schwarzdorn, von den emporwachsenden Waldbäumen wieder in den Hintergrund gedrängt werden. Mit dem Abholzen des Kulturwaldes eröffnet sich dann ein neuer Wechsel der Pflanzenformatur, der gleichen Verlauf nimmt. In feuchten Schluchten finden die blütenlosen Pflanzen günstige Bedingungen für ihre Entwickelung, und wahrhaft überrascht wird das Auge des Botanikers und Naturfreundes von dem Artenreichtum der Farne und den zierlichen Formen der Laub- und Lebermoose. Das belebende Element dieses weiten Gebietes ist das Wasser. Es verleiht dem Walde seine Frische und Üppigkeit, und kaum ein Grund ist ohne Bächlein, und selten fehlen die malerischen Wedel der Farnkräuter, worunter der Wurmfarn, der weibliche Milzfarn, der dornige Punktfarn in mehrfachen Formen, der Berg-Punktfarn, der Buchen- und Eichenfarn und der Rippenfarn die Hauptarten ausmachen. Aber auch der Straußfarn (Struthiopteris germanica Willd.) und der gelappte Schildfarn (Aspidium lobatum Swartz.) sind an einigen Stellen zu finden. Von unseren deutschen Bärlappgewächsen sind bis auf alpinum hier alle vertreten. Nebenbei wird die wunderbare Formenwelt der Moose, welche sich hier offenbart, jedem Unbefangenen nicht entgehen. Von diesen kleinen Kindern der Flora sind vor allem die Torfmoose zu nennen, die hier in erstaunlicher Fülle wachsen und durch ihre eigentümliche Gipfelastbildung die Aufmerksamkeit des Naturfreundes erwecken. Die schönste und größte Art, Sphagnum cymbifolium

Ehrh., mit ihren vielen Formen ist häufig vertreten, ebenso das spitzästige (Sph. cuspidatum Ehrh.), das starre Torfmoos (Sph. rigidum Schpr. und Sph. compactum Schrp.). Diese Moose können auf trockenem Substrat nicht festen Fuß fassen, sondern verlangen einen hohen Feuchtigkeitsgehalt des Bodens; haben sie sich aber einmal angesiedelt, dann tragen sie auch vermöge ihrer gewaltigen wasserziehenden Kraft in sehr bedeutendem Maße zur schnelleren Ansammlung von Feuchtigkeit und zur Vermoorung des Bodens bei. Zwischen den Torfmoosen haben sich zuweilen auch kleine und seltenere Formen von Lebermoosen eingenistet, wie Iungermannia attenuatta Mars. und Sphagnoecetis communis N. v. E.

Aber auch der dunkle Wald hat seine Raritäten an Moosen aufzuweisen. Meist herrscht das Weißmoos (Leucobryum glaucum) und das Peitschenmoos (Mastigobryum trilobatum) vor; sie bedecken mit ihren mächtigen Polstern oft weithin den humosen Waldboden, doch sind hier auch seltenere Arten heimisch, wie das Berg- und das gipfelsprossende Gabelzahnmoos (Dicranum montanum Hedw., D. flagellare Hedw.) und die drei großen Astmoose: das reinstengelige Hainmoos Hylocomium loreum L.), das Federbuschmoos (Hypnum Crista-Castrensis L.) und das fuchsschwänzige Straußmoos (Thamnium alopecurum Br. et Sch.). Häufig wird der geschlossene Wald durch feuchte und sumpfige Waldwiesen unterbrochen, deren Bestand vorwiegend aus Borstengras (Nardus stricta L.), Blaugras, Schilfgras (Calamagrostis epigeios, silvatica, hier und da Halleriana) Seggen, Binsen (Juncus squarrosus, supinus), Sumpf-Labkräuter, Arnika, Trollblumen und Orchideen zusammengesetzt ist. Zwischen den Thälern aber, die in verschiedenen Zweigen aus der Waldregion nach dem Elsterthale verlaufen, lichtet sich mehr und mehr der Wald zu sandigen Feldflächen, auf welchen eine Flora von denjenigen Arten herrscht, welche auch die anderen Ackerfloren kennzeichnen. Immerhin kommen hier Arten vor, die, wenigstens in unserem Gebiete, selten sind, wie die kahlstengelige Teesdalie, die Eselswolfsmilch, der Lämmersalat (Arnoseris minimus Link.), die Hirsengräser (Panicum glabrum, Setaria verticillata, glauca). Die Thalabhänge sind dagegen häufig mit Nadel- oder Buschwäldchen besetzt und mit Grasplätzen umsäumt, wo hauptsächlich eine Hügelflora zum Ausdruck kommt, die Anemonen, Orchideen, Hainhahnenfuß, Bergklee, Braunklee, Wundklee, Mönchie, Glockenblumen (Campanula Cervicaria L., Jasione montana) und das kleine Farnkraut, Botrychium Lunaria Sw. aufweist. An den Bachufern der Thäler leuchten uns die beiden Milzkräuter, der rauhhaarige Kälberkropf (Chaerophyllum hirsutum), das rauhhaarige Weidenröschen (Epilobium hirsutum L.), die Bachnelkenwurz (Geum rivale L.), das hanfartige Kunigundenkraut (Eupatorium cannabinum L.), der Wasser-Ehrenpreis (Veronica Anagallis L.) entgegen; außerdem finden sich hier ein das bittere Schaumkraut, die echte Brunnenkresse und die Einbeere. Auch die Abhänge des Elsterthales sind vielfach mit Buschwäldchen geziert, in denen die bei uns weniger verbreiteten Pflanzen, wie die Waldrebe, die Waldplatterbse und die Heckenwicke, vorkommen. Dagegen wird in den geschützten Lagen, namentlich von Gera abwärts, an den Hängen der Obstbau in ausgiebiger Weise gepflegt und zum Teil im großen betrieben. Besonders reich bewachsen sind die Ufer der Elster mit Weidengebüsch, an welchen an mehreren Orten die weidenblätterige Aster und der weidenblätterige Alant zu finden sind. Eine nennenswerte Ausbeute von interessanten Pflanzen gewähren ferner die vielen Ausschachtungen und Lachen in der Elsteraue mit ihren verschiedenen Wasserlinsen, dem Schlammling (Limosella aquatica L.), der Sumpf-Hottonie, dem Pfeilkraut, Wasserfenchel, den Froschkräutern, Laichkräutern, Schwertlilien und Simsen (pauciflorus, setaceus, Tabermontani, uniglumis, acicularis). Auch die Auewiesen bedeckt ein bunter Flor, von dem wir die weniger bekannten Arten, wie die gelbe Osterblume, den Wiesen-Silau, die große Pimpinella, den Sumpf-Dreizack (Triglochin palustris L.) und von den Gräsern das späte Rispengras (Poa serotina E.), die traubenförmige Trespe (Bromus racemosus L.) hervorheben. Der Wiesenstorchschnabel, die charakteristische Wiesenpflanze des Saalthales, fehlt hier gänzlich und kommt erst in der Zeitzer Flora vor, auch die Wiesensalbei ist weit weniger vertreten als dort. Von den Schutt- und Wegpflanzen sind zu nennen: das Bilsenkraut, die Osterluzei, Hundspetersilie, Hundszunge, das Schlangenäuglein, an einigen Stellen der weidenblätterige Salat (Lactuca saligna L.) und das Mutterkraut (Tanacetum Parthenium Schultz.), der Hühner-Hirsen, zuweilen das kleinblütige Kuhkraut (Vaccaria parviflora M.), der abstehende Schwingel (Festuca distans Kth.). Zahlreich sind an geeigneten Stellen seltnere Arten der Cruciferen vertreten, wie der Raukensenf (Sisymbrium Sophia L., S. pannonicum Jaq.), der weiße Senf (Sinapis alba L.), die Kresse (Lepidium Draba L., L. rudurale L., L. sativum L., L. perfoliatum L.), der Windsbock (Rapistrum rugosum All.), der Färber-Waid (Isatis tinctoria L.). Beim Übergang der Elsterthalflora zu der Hügelflora des rechten Ufers springen die hier gedeihenden Pflanzen besonders in die Augen; der kalkhaltige Boden der Zechsteinformation, welcher von der Lasur im Süden bis ins Brahmthal seine größte Ausdehnung hat, wird von einer Reihe von Pflanzen bevorzugt, die auf dem linken Ufer gar nicht oder nur teilweise auftreten und an die Muschelkalkberge der Saalegegend erinnern. Zu diesen gehören die Wald-Anemone, die kleine Wiesenraute (Thalictrum minus L.), das Sonnenröschen (Helianthemum Chamaecistus Tourn.), die Hügel-Erdbeere (Fragaria viridis L.), der knollentragende Mädesüß (Ulmaria Filipendula A. Br.), der Enzian (Gentiana ciliata et germanica), die Leinkräuter (Linaria spuria, minor, Elatine), der gelbe Günsel (Ajuga Chamaepitys Sch.), die beiden Orchideen Cephalanthera rubra et pallens, die großblumige Brunelle (Prunella grandiflora Jacq.), die schwarze Platterbse (Orobus niger L.), die grannenlose Trespe (Bromus inermis Leys.). Trotzdem ist es auffallend, daß hier auf unserem kalkhaltigen Gestein die Kalkpflanzen nicht am dichtesten gehäuft auftreten, sondern daß sich das Pflanzenkleid der Saalberge an den Silbitz-Pohlitzer Höhen und dem Tauchlitzer Mühlberge am vollkommensten abspiegelt. Die in den Saalbergen häufig vorkommenden Kalkpflanzen, wie die gemeine Küchenschelle, die Elsbeere, die Hirschzunge (Peucedanum Cervaria L.), der blaugrüne Meier (Asperula glauca Besser), der rauhe Alant (Inula hirta L.), der Bergsteinsamen (Lithospermum purpureo-coeruleum L.), haben hier in der Flora von Gera ihre einzigen Standorte aufzuweisen. Es hat den Anschein, als wenn die

Einwanderung der Kalkpflanzen von Eisenberg her sich vollzogen hätte, weil dort die Muschelkalkberge den Tauchlitzer Höhen am nächsten liegen und zwischen diesen sich die waldfreie Eisenberger Hochebene ausbreitet, welche der Verbreitung der Pflanzensamen von dort jedenfalls weniger hinderlich war als die ausgedehnten Nadelwälder der Wasserscheide. Eine weitere Pflanzenverbindungslinie wird von der Saale nach der Elster zu markiert durch das inselartige Vorkommen der Wald-Anemone und anderer Saalepflanzen bei Kraftsdorf. Weitere Fundorte dieser Pflanzen bei Bobeck und Waldeck, nach Bürgel zu, weisen nach dieser Richtung als Fortsetzung der Pflanzenverbindungslinie.*) Auch unsere kalkliebenden Moose, die vereinzelt bei Kraftsdorf, an den Tauchlitzer Bergen, an den Zwerghöhlen und an der Lasur auftreten, wie Hypnum molluscum, Hypnum rugosum, Barbula tortiosa, sind vermutlich auf diesem Wege nach dem Elsterthale gekommen. — Zu den bereits genannten Pflanzen an den Gehängen der Hügelregion des rechten Elsterufers gesellen sich noch andere hinzu, die für den Pflanzenfreund wertvoll sind, so die Graslilien (Anthericum Liliago L., Anth. ramosum L.), der Türkenbund, das Immenblatt (Melitis Melissophyllum L.), die Zackenschote (Bunias orientalis L.), die Felsnelke (Tunica prolifera Scop.), Mönchia erecta Fl., der Kreuzdorn (Rhamnus catharica L.), der ebensträußige Rainfarn (Tanacetum corymbosum Sch.), Seseli annuum L., von den Rosen rubiginosa L., agrestis L., gallica L., trachyphylla R., Iundzilliana Besser, von den Veilchen mirabilis L., hirta L., flavicornis Smith, ferner an einigen Stellen die Tollkirsche, die Glockenblume (Campanula glomerata L.) und der Holzapfel (Pirus malus L.). An den felsigen Abhängen haben sich auch mehrere Arten von Streifenfarn Asplenium Trichomanes L., Aspl. Ruta-muraria L., Aspl. septentrionale H. eingenistet.**) In den Thälern und Thalfurchen rechtsseitig der Elster finden sich überall auf Wiesen der Knöterich Polygonum Bistorta L., an verschiedenen Stellen der Wiesenhafer (Avena pratensis L.), an den Bachufern zuweilen der Wiesen-Alant (Inula Britannica L.), in Gebüschen mitunter die Prachtnelke (Dianthus superbus L.). Weiterhin nach Norden und Osten ist das Gebiet vorherrschend mit kalkhaltigem oder thonigem Ackerland bedeckt, welches eine andere Ackerflora als die Felder der Sandregion zeigt und sich durch folgende Pflanzen charakterisiert: Sommerteufelsauge (Adonis aestivalis L.), Schotendotter (Erysimum cheiranthoides L., E. orientale R. Br.), Hohldotter (Neslea paniculata D.), mitunter der Acker-Wachtelweizen (Melampyrum arvense L.), stinkender Pippau (Crepis foetida L.), Feld-Ziest (Stachys arvensis L.), Haftdolde (Caucalis daucoides L.), Nadelkerbel (Scandix Pecten Veneris L.). — Auch bei der Verbreitung der niederen Sporenpflanzen kommen gewisse Abgrenzungen durch die geologischen Verhältnisse zum Ausdruck. Wir können diese hinsichtlich ihres Vorkommens nur kurz berühren, trotz der vielen Arten, die in dem

*) Vergl. Dr. Naumann, Beitrag zur westlichen Grenzflora des Königreichs Sachsen. Isis, Dresden.

**) Hinsichtlich der großen Mannigfaltigkeit der im Gebiete wachsenden Farnpflanzen muß auf den 39. bis 42. Jahresbericht der Gesellschaft von Freunden der Naturwissenschaft in Gera von Dr. Naumann verwiesen werden.

kleinen Gebiete leben. Am artenreichsten sind die den Pilzen zugehörigen Flechten im Süden und Südosten auf den Felswänden des Grauwackenschiefers und des unteren Siluriums anzutreffen. Gewisse mehr oder minder seltene Arten dieser Abteilung, wie beispielsweise Parmelia conspersa Ch., Gyrophora polyphylla L., Stereocaulon tomentosum Fr., Cladonia pungens Schreb., Cl. stellata Schaer., haben hier fast ihre einzigen Standorte. Parmelia conspersa fehlt vom Zoitz- und Heersberge thalabwärts im Gebiete ganz, obgleich sie sich hier und thalaufwärts in Gesellschaft mit Cornicularia aculeata und Cladonia alcicornis Lghtf. durch ein häufiges Vorkommen auszeichnet. Die bekannte Landkartenflechte ist im Gebiete zuerst am Eingange des Wipsenthales in Liebschwitz sichtbar, tritt aber dann am Kulm bei Otticha und bei Wünschendorf in Menge auf. Auf dem Zechsteinkalkgebiete machen sich gewisse kalkliebende Flechten geltend, wie Psoroma crassum M., Ps. fulgens R., Ps. lentigerum W., Thalloidima vesiculare H., Endocarpon miniatum L. und verschiedene Kolema-Arten. Besonders artenreich kennzeichnet sich auch der sandige Heideboden der Waldregion an Biatoreen und Cladonien. Überaus reich gesegnet sind in feucht-warmen Sommern die Wälder und Waldwiesen an Schwämmen. Die bis jetzt nachgewiesenen Blätterpilze zählen allein ein Viertel der hier vorkommenden Blütenpflanzen; von den Röhrenpilzen beherbergt das kleine Gebiet schon vier Fünftel der in Mitteldeutschland bekannten Arten. Obgleich das Gebiet pilzreicher als die westliche Kalkflora zu sein scheint, fehlen bei uns doch verschiedene Arten, welche dort zu den häufigeren gehören. So reicht z. B. die Verbreitungszone des Satanspilzes mit der Muschelkalkformation ungefähr bis in die Gegend von Eisenberg, bei uns sucht man diesen Giftpilz vergebens; auch der Schönfuß und Dickfuß (Boletus calopus, Boletus pachypus) sind hier auffallend selten. Der Schmerling (Boletus granulatus), der in der westlichen Kalkflora jahraus, jahrein zu den häufigsten Schwämmen gehört, ist bei uns nur hier und da zu finden. Ebensowenig verbreitet ist bei uns die echte Morchel (Morchella esculenta) und die Spitzmorchel (M. conica), welche im Frühjahre auf der genannten Grenzflora an geeigneten Stellen in Menge wachsen. Von den sonstigen Morcheln wurde aber Morchella elata Fr., M. rimosipes DC., von den Lorcheln Helvella lacunosa A., H. atra K., H. elastica B., H. gigas K., H. crispa Fr. auch hier gefunden; die letztere ist sogar ziemlich verbreitet und wird gern für die Küche gesammelt. Zu den edlen, eßbaren Pilzen, welche in unseren Wäldern wachsen, gehört auch die weiße Trüffel (Choiromyces maeandriformis Vitt.), die fast in jedem Herbst in einzelnen Exemplaren gefunden wird. Dagegen ist sehr arm die Pilzflora des rechtsseitigen Elstergebietes; am meisten sind in den mit Busch und Birken bestandenen Wäldchen der Kapuziner (Boletus scaber Fr.), das Rothäubchen (Boletus versipellis Fr.) und die Ziegenlippe (Boletus subtomentosus L.) in die Augen fallend, auf Wiesen der Champignon. Auf dem Ackerlande wächst bisweilen nach der Ernte bei ausgiebigem Regen der eßbare Schirmpilz (Lepiota excoriata Schaeff.) in großer Anzahl. An den unfruchtbaren Gehängen aber, welche das Rotliegende bilden, zeigt die Flora eine sehr dürftige Entfaltung.

Gotthold Hahn, Gera.

Was man sich von den Zwergen und Zwerghöhlen erzählt.

In dämmernde Vergangenheit dahingeschwunden sind jene Tage, in denen noch nirgends in unserem grünen, bergumrahmten Elsterthale die rauchenden Ungetüme der Dampfessen zum Himmel ragten, die Menschen noch nicht auf Fahrrad und im Eilzug durchs Leben hasteten, vielmehr bedächtig und beschaulich ihre Pfade wanderten und nach gethaner Arbeit noch Muße genug fanden, am traulichen Kaminfeuer des stillen häuslichen Herdes von allem dem Wunderbaren zu träumen und zu fabulieren, das sich hinter Busch und Baum, Fels und Geklüft geheimnisvoll verbarg. Wen damals in wohliger Sommernacht der Weg an der steilen Bergwand unfern der ehemaligen Milbitzer Ziegelei und dem mit Strauch und Steingeröll verdeckten, dunkel gähnenden Eingang der Erdhöhle vorbeiführte, die jetzt zugänglicher und freier als ehemals unterhalb des jetzt erbauten Landkrankenhauses zu Tage liegt, dem fiel es gewiß nicht ein, nach heutiger Gelehrtenart darüber nachzugrübeln, ob die alte Grotte in der vom Nebelglanz des Mondes magisch überfluteten Berglehne wohl als Kultusstätte heidnischer Vorfahren oder später als schauerlicher Versammlungsort des heimlichen Femgerichts gedient haben möge. Der nächtliche Wanderer, von ganz anderem Verlangen bewegt, legte nach Urelternbrauch die hohle Hand an den Mund, rief erwartungsvoll dreimal hintereinander den mysteriösen Namen „Corylis!“ und warf, um ganz sicher zu gehen, noch drei mitgebrachte glatte Elsterkiesel rücklings über sich in die Höhle. Und dann hätte es mit Kräutern zugehen müssen, wenn Corylis, der mächtige König des Zwergvolkes, nicht leibhaftig erschienen wäre, um nach dem Begehr des Menschenkindes zu fragen. Denn Corylis war ebenso weise als mächtig, viel klüger als alle Professoren, Philosophen, Ärzte und Rechtsanwälte von heute; der Rat, den er bei allerlei Not und Bedrängnis bereitwillig erteilte, war immer vortrefflich, obgleich er seinen Klienten nie Honorar und Sporteln abverlangte. Seine dienstbaren winzigen Unterthanen zählten nach Tausenden, ihre unterirdischen Wohnstätten aber erstreckten sich von der kleinen Milbitzer Zwerghöhle bis zu der nordwärts im Elsterthale gelegenen, männiglich bekannten „großen“ bei Stublach, die ebenfalls noch bis zum heutigen Tage für etwaige gläubige Wallfahrten ins Zwergreich erhalten geblieben ist. Den Bewohnern des Dorfes Stublach aber waren die kleinen Leutchen besonders hold und gewogen, verweilten gern unter ihnen, hantierten gern mit in der Wirtschaft, hüteten, oft durch Tarnkappen unsichtbar gemacht, das Vieh, waren besonders geschäftig beim Brotbacken und Bierbrauen, ackerten im Mondenschein und halfen fleißig beim Dreschen im Winter. Ihre Einkehr brachte immer Segen. Nur da war ihres Bleibens nimmer lange, wo man in Unfrieden lebte, fluchte und gotteslästerliche Reden führte. Solch gutes Einvernehmen zwischen den Dörflern und den Zwergnachbarn des Elsterthales bestand lange, lange, bis es allmählich gelockert und zuletzt zu offener Feindseligkeit zwischen beiden Teilen umgewandelt ward. Niemand vermag zu sagen, was den ersten Anstoß zu dem Zwist zwischen Zwergen und Menschenkindern gab, auf wessen Seite die Schuld ursprünglich lag. Waren die Kleinen durch allerlei Bosheiten der Bauersleute, durch Schikanen, die man ihnen hier und da bereitet, zuletzt verbittert worden, oder hatte sich die Zwergnatur durch den Verkehr mit den Menschen verschlechtert und Menschenfehler angenommen, — — genug, allenthalben wurden Klagen über die Unarten und Bosheiten der Zwerge laut. Bald stahlen sie bei den Einwohnern, besonders in Gera, der Cubamühle und im Dorfe Thieschitz frischgebackene Brote und Semmeln, bald vergriffen sie sich am Lohn des Gesindes. Sie vertauschten sogar kleine Kinder, so namentlich der Zwergstamm, der in der Felswand zwischen Unterröppisch und Wolfsgefährt links der Elster hauste. Kannten doch die alten Leute in einem Gehöft jener Orte einen uralten Greis, der nur die Größe eines Knaben hatte und solch ein Zwergelkind gewesen war, das einer Mutter einst an Stelle des ihrigen in die Wiege gelegt wurde. Beinahe wäre es einer Mutter in Gera auf der „neuen Sorge" ähnlich ergangen. Zwerge hatten ihren Säugling schon bis zur Thürschwelle geschleppt, als sie durch das Schreien des Kindes genötigt wurden, es liegen zu lassen. Die herbeieilende Frau aber hörte deutlich das Lachen und Kichern der entfliehenden Kobolde.

Bei allen diesen heimtückischen Streichen vermochte man leider dem kleinen Schelmengezücht schwer beizukommen, da es sich durch Zauberkünste trefflich zu sichern verstand. In der Geraer Fleischbank sah einmal ein Fleischer, wie eine um die Ecke langende kleine Hand ein Stück Fleisch wegzerren wollte. Gleich hackte er hin, und die Hand des unsichtbaren Zwergleins blieb liegen. Das bekam dem Metzgermeister aber sehr übel; denn als er bald darauf ein Rind von Stublach die Elster entlang nach der Stadt treiben wollte, rief eine Stimme: „Warte nur, du hast mir neulich meine Hand abgehackt!" und ehe er sich's versah, lag er im Flusse, aus dem er sich nur mit vieler Mühe zu retten vermochte.

Wie nun solchergestalt der Übermut und Schabernack der kleinen Plagegeister wuchs und den Elsterthalbewohnern schier unerträglich wurde, beschlossen sie, eine offene und heimliche Fehde gegen das „Geschmeiß" zu unternehmen. Mit Knüppeln und Stangen bewaffnet, so wird erzählt, zogen eines schönen Tages die Thieschitzer Bauern aus zum Kampf mit den Zwergen. Leider konnte man ihrer nicht habhaft werden, weil sie sich, wie gewöhnlich bei nahender Gefahr, unsichtbar machten. Besser glückte die „von einem Pfaffen" empfohlene Kriegslist, derzufolge die Dorfbewohner die den Zwergen verhaßten Gewürze, Anis, Fenchel oder Kümmel, ins Brot buken. Viele der Zwerge, die von solchem gestohlenen Brot aßen, wurden krank und starben, und im Zwergreiche erscholl der Wehruf: „Fenchelbrot, unser Tod!" Von dieser Zeit waren die Zwerge die Unterliegenden und beschlossen, das unwirtlich gewordene Elsterthal zu verlassen und auszuwandern.

In einer Nacht befand sich ein Langenberger Fischer, Namens Wollmar, in der Nähe von Stublach bei seinem Kahne. Eben im Begriff, zum jenseitigen Ufer überzusetzen, erblickte er im Ufergebüsch die ihm wohlbekannte Pygmäengestalt des Zwergkönigs Coryllis, der ihm die Bitte zuraunte, ihn mit seinem Volke über den

Fluß zu setzen, es solle sein Schaden nicht sein. Seinen Hut möge er nur vorn auf die Spitze des Kahnes stellen, damit ihm das Fährgeld hineingeworfen werde. Der Fischer willigte ein, faßte die Ruderstange und hörte, wie leichte Füßchen unsichtbarer Passagiere unausgesetzt in das Fahrzeug hüpften, wie es von den mit unsichtbaren Händen geworfenen Münzen im Hute klimperte, wie sich der Nachen von der Last der Aufgenommenen tiefer und tiefer senkte, bis Coryllis, der ihm allein sichtbar war, die Weisung gab, vom Ufer abzustoßen. Am jenseitigen Ufer angelangt, hörte der Fischer wiederum das Tappen unzähliger unsichtbarer Füßchen, die aus dem sich allmählich wieder hebenden Kahne heraushüpften. Nun schüttete er den Inhalt seines Hutes aus. Er war voll von kleinen blinkernden Blechstücken, dem Zwergel- oder Pfengelgeld. Unwillig warf er den ihm wertlos erscheinenden Plunder von sich bis auf wenige Münzen, die bei ihrer Leichtigkeit im Hute hängen blieben. Dann schaute er dem davontrippelnden Völklein nach, das ihm jetzt im Weiterziehen auf einen Augenblick sichtbar wurde. Mit Staunen gewahrte er die gewaltige Menge der kleinen Auswanderer, die den sogenannten Lerchenberg zwischen Roschitz und Langenberg hinaufzogen und dann für immer verschwanden. Kein menschliches Auge hat seitdem jemals die Spur der Zwerge wieder zu entdecken vermocht. Zu spät bemerkte der Fischer, daß er ein vorschneller Thor gewesen war, als er die anscheinend wertlosen Münzlein wegwarf; die wenigen von ihm aufbewahrten Blechlein hatten sich nämlich am andern Morgen in Gold verwandelt.

Auch den Bewohnern der Dörfer, die das abziehende Zwergvolk passierte, blieb eine absonderliche Erinnerung an die Entschwundenen. Noch lange, wohl an fünfzig Jahre, zeigte sich der breite Weg, den die Zwerge gezogen, von der Höhle hinaus nach dem Lerchenberge zwischen Roschitz und Langenberg verödet; an der ganzen Strecke entlang sah man stets das Getreide um die Hälfte niedriger stehen, als anderswo, und die Unfruchtbarkeit des nahen Prehlzigackers gilt bis zum heutigen Tage als ein Wahrzeichen jener Auswanderung des kleinen Volkes. Diese aber hat durch Julius Sturm, den Sänger unseres Elsterthales, in dem nachstehenden Gedicht ihre Verherrlichung gefunden.

„Hol' über, hol' über!" so ruft's durch die Nacht,
Wir wollen dich reichlich belohnen;
Uns haben die Bauern verhöhnt und verlacht,
Wir mögen nicht länger hier wohnen.
Sie buken uns gift'gen Kümmel ins Brot,
Nun treibt aus dem Land uns die bitterste Not;
Hol' über, Fährmann, hol' über!"

Der Schiffer hört es und löset den Kahn
Und steuert flink durch die Wellen,
Da drängen von allen Seiten heran
Gar winzige, braune Gesellen;
Er führt sie hinüber mit rudernder Hand,
Doch kaum berühret der Kahn noch den Strand,
Ruft drüben es wieder: „Hol' über!"

So rudert er emsig die Hälfte der Nacht,
Er war ja den Zwergen gewogen,
Die mit ihm gar oft an dem Strome gewacht
Und mit ihm die Netze gezogen;
Und als ihm die Augen vor Müdigkeit schwer,
Da ruft es drüben vom Strande nicht mehr:
„Hol' über, Fährmann, hol' über!"

Und lächelnd denkt er: „Wo bleibt nun der Dank?
Mich schmerzen vom Rudern die Glieder."
Da funkelt und blitzt es wie Gold auf der Bank,
Und staunend bückt er sich nieder
Und jauchzet: „Das nenn' ich mir reichlichen Sold,
Die Männlein bezahlen mit funkelndem Gold;
Doch wollt' ich, sie wären geblieben."

J. Wille, Gera.

Köstritz.

Acht Kilometer nördlich von der Hauptstadt Gera, an der Eisenbahnlinie Leipzig-Saalfeld, liegt das Dorf Köstritz. Es hat 2200 Einwohner und ist der Sitz einer Fürstlich Reußischen Paragiatsherrschaft. Der schöne Schloßpark, in einen bewaldeten Hügel übergehend, zieht sich bis zu dem 3 km entfernten Restaurant „Olsdorfmühle" hin und bietet dem Besucher angenehme Spaziergänge. Der freundliche Ort ist weit über die Grenzen Deutschlands hinaus bekannt durch seine bedeutenden Gärtnereien, sowie durch das auf Anregung des bekannten Hygienikers Prof. Dr. Bock (Verfasser des Buches „Vom gesunden und kranken Menschen") im Jahre 1865 gegründete Heilbad. Auch der Ruf des seit länger als zwei Jahrhunderten in der Fürstlichen Brauerei bereiteten „Schwarzbieres" hat den Namen des Ortes in die Welt getragen. Der sehr entwickelte Gartenbau wurde zuerst durch die beiden Firmen Christian Deegen und Ernst J. Herger vor der Mitte des 19. Jahrhunderts begründet, und zwar verlegte sich Deegen (neben Blumen- und Gemüsebau) in hervorragender Weise auf die Pflege der Georginen (Georgina variabilis)*), während Herger die Rosenzucht durch Veredelung hochstämmiger Wildlinge, sowie die Kultur buntblätteriger Sträucher zu ausgezeichneter Entfaltung brachte. Ihre Handelsverbindungen erstreckten sich nach und nach über ganz Deutschland und die benachbarten Länder, selbst bis über den Ocean hinüber. Die Söhne Deegens nahmen das begonnene Werk in noch größerem Maßstabe auf,

*) Chr. Deegen veranstaltete bereits im Jahre 1836 gelegentlich der Naturforscherversammlung zu Jena eine 400 Sorten umfassenden Georginenausstellung, deren Pracht allgemeine Bewunderung erregte und ihm besonderes Lob des anwesenden A. v. Humboldt eintrug, durch welchen die einfache Georgine (Dahlia) zu Anfang des Jahrhunderts aus Mexico nach Deutschland gebracht worden war.

und der älteste derselben, Franz Deegen, hat seiner umfangreichen Rosenkultur noch die Pflege von Park= und Ziersträuchern hinzugefügt. Er sendet seine Pfleglinge, mitunter nebst den Plänen zu ganzen Parkanlagen, nach allen Richtungen der Windrose. Seit Ende des Jahres 1880 befindet sich in Köstritz die Landwirtschaftliche Schule des Dr. Settegast, die sich eines regen Besuches erfreut, zumal die Zöglinge auf den Musteranlagen (Acker=, Garten= und Obstbau, sowie Molkerei, Brauerei und Pferdezucht) des auf allen Gebieten der Landwirtschaft vorbildlich wirkenden Ökonomierates Rud. Zersch sehr instruktive praktische Studien machen können.

Schloß Osterstein in Köstritz.

Auch als Geburtsort oder Wirkungskreis verschiedener hervorragender Männer darf Köstritz erwähnt werden. Hier wurde im Jahre 1585 der Komponist Heinrich Schütz, Sagittarius, J. S. Bachs größter Vorgänger, geboren, und ein namhafter Zeit= und Kunstgenosse desselben, Georg Benda, liegt dicht an der Kirche begraben. Als Schöpfer anerkannt wertvoller symphonischer Dichtungen lebt gegenwärtig auf dem Stammschlosse seiner Ahnen Fürst Heinrich XXIV. von Reuß=Köstritz, welcher der edlen Musika sein unermüdliches Streben widmet. Auch namhafte Dichter hatten zu Köstritz ihren Wirkungskreis, denn hier amtierte vom zweiten bis fünften Decennium des abgelaufenen Jahrhunderts der Homiletiker und Liederdichter Kirchenrat Dr. J. D. F. Schottin, der 1857 im Pfarramt abgelöst wurde durch seinen Schwiegersohn Julius Sturm, den das gesamte Deutschland als hervorragenden Lyriker von tiefreligiösem Sinne feiert. Letzterem hat sein Landesfürst, dessen Jugenderzieher er gewesen, ein Denkmal mit sprechend ähnlichem Porträtrelief auf seinem Grabhügel errichtet, und für ein größeres im Orte selbst werden gegenwärtig vorbereitende Schritte gethan. Unter den hervorragenden Männern des Ortes sei nochmals des Rosenzüchters Herger gedacht, dem die Universität Tübingen als einem gelehrten Autodidakten auf naturwissenschaftlichem Gebiete gelegentlich ihres 400 jährigen Jubiläums den Ehrendoktor auf Grund einer früher von demselben verfaßten Arbeit über „Magnetische Kurven, Isogonen“ u. s. w. verlieh.*) — Die nahe dem Orte gelegene Saline Heinrichshall, verbunden mit betriebsamer chemischer Fabrik, hat jedenfalls wegen der leicht zu beschaffenden Sole den ersten Anlaß zu dem bereits erwähnten Sol- und Heilbad gegeben, zu welchem alljährlich, selbst aus weiter Ferne (Rußland), zahlreiche Gicht- und Rheumatismusleidende ziehen, und nicht gering ist die Anzahl derer, welche hier Heilung oder wenigstens Linderung fanden. Von der Terrasse des Kurhauses bietet sich ein reizender Ausblick auf das liebliche Elsterthal mit seinen obstreichen Hügeln.

L. Haase, Gera.

Am Elsterwehr.

O Heimat Köstritz! löscht dein Bild nicht aus?
Als Knabe schau ich mich im Vaterhaus,
Du traute Elster, wie ein Silberguß
Lagst du in Wintereinsamkeit, mein Fluß,
Ringsum dein alter Park. Wie glitten wir
Auf blankem Stahl durchs glitzernde Revier!
Wie kühlt' am heißen Sommertage deine Flut
Den frohen Knaben nach des Tages Glut!
Zerstreut die Freunde, viele sind nicht mehr —
Und doch wie einstmals rauscht das alte Wehr.

O Heimat Köstritz, in der Rosenzeit,
Wie zog ich heim, als mir das Leben mait',
Von Jena heim ins traute Vaterland,
Stolz um die Brust das bunte Burschenband.
Wir sangen unterm blauen Himmelsdom
All' unsre frohen Lieder dir, mein Strom,
In manchem alten Herzen wachte auf
Die Jugendlust, und stieg zum Lenz herauf —
Ach in dies Eden keine Wiederkehr!
Und doch wie einstmals rauscht das alte Wehr.

---

*) Das von Alexander v. Humboldt, sowie den Professoren K. F. Gauß, Wilh. Weber, G. A. Ermann belobte Werk befindet sich in einem Exemplar auf der Fürstl. Landesbibliothek zu Gera.

Du trautes Wehr! Wie sah vom Vaterhaus
Mit Ihm mein Blick so oft nach dir hinaus,
Und nach der Heimat. Ach hier war mein Hort
Für jedes Lied und Werk und jedes Wort.
Und was uns tief im Menschenherzen schlägt,
Hier hat's die Sängerseelen uns bewegt.
O Vater! Vater! Was wir einst durchlebt,
Was in der Heimat uns're Brust durchbebt,
Das bleibt bei mir und läßt mich nimmermehr.
Und traut wie einstmals rauscht das alte Wehr.

A. Sturm, Naumburg.*)

Der Frontanz in Langenberg.

Eine Stunde nördlich von Gera in einem kleinen Seitenthal des Elsterthales an der von Hof nach Leipzig führenden alten Handelsstraße liegt der Marktflecken Langenberg. Mit seinen untersten Häusern ragt er weit in das hier breite Elsterthal hinein. Im Norden und Süden ist er von Bergen eingeschlossen, zwischen

*) August Sturm, der Sohn des bekannten Lyrikers Julius Sturm, ist am 14. Januar 1852 in Göschitz bei Schleiz geboren. Er besuchte das Gymnasium in Gera, studierte dann zuerst in Jena Philosophie und Theologie, dann Jura und war während dieser Zeit, indem er nach einem Leipziger Semester nach Jena zurückkehrte, Mitglied der Burschenschaft. Im fünften Semester ging er nach Berlin und bestand dort später das juristische Examen. Nach der Referendariatszeit in Freyburg a. U., Halle, Naumburg machte er in Berlin das Staatsexamen und war dann, nach der Genesung von schwerer Krankheit, drei Jahre in Rudolstadt zur Aushilfe Ministerialassessor. Hierauf ging er nach Berlin, dort, wie er es immer ersehnte, ganz wissenschaftlichen und poetischen Arbeiten lebend, indem er als Schriftsteller aus dem Staatsdienst ausschied. Die Verhältnisse zwangen ihn, nach einer Reise durch Italien wieder zum juristischen Beruf zurückzukehren, und er lebt, aufs glücklichste verheiratet, mit seiner Frau und seinen beiden Kindern in Naumburg a. Saale. Von ihm erschienen u. a.: I. Epische Dichtungen: Wechselnde Lichter — Merlin, Epos — König Laurins Rosengarten, Epos — Kaiser Friedrich der Edle. II. Lyrische Dichtungen: Lied und Leben — Deutsches Liederbuch — Neue Lieder — Auf Flügeln des Gesanges — Hohenzollernsagen, Balladen. III. Dramatische Dichtungen: Donat — Reinhart Frei — Verschollen — Das Rätsel des Lebens — Ein Künstlertraum — Im Morgenrot des Jahrhunderts (drei Dramen). Die symbolischen Stücke unter den genannten sind nicht für die Bühnen bestimmt, die andern sind alle über die Bühne gegangen, am häufigsten Reinhart Frei. An Stelle der Kritik nennen wir hier nur die Kritik der „Gegenwart" über „Vor den Löwen" im letzten Bande: „Im Morgenrot des Jahrhunderts" (Schirmer, Naumburg, das von einer Bühne bereits acceptiert ist) zeigt sich Sturm als kerniger, knorriger Dramatiker, und wenn wir früher an dieser Stelle dem Lyriker und Epiker in ihm eine stärkere Begabung glaubten zuerkennen zu müssen, so gestehen wir jetzt gern unsern Irrtum ein. Wer das viel behandelte Theklaevangelium mit soviel dramatischer Wucht und Größe zu gestalten weiß, alles konzentriert wie in einer Novelle C. F. Meyers, der gehört allerdings als geborener Dramatiker auf die Bühne. Wir glauben, daß kein Bühnenleiter den Versuch zu bereuen hätte, und bürgen fest bei entsprechender Darstellung für den Erfolg." August Sturm hat sich stets, wie seine Lieder und sein „Thüringer Waldmärchen" (im „Morgenrot des Jahrhunderts") beweisen, als Thüringer Dichter gefühlt.

denen er sich lang hinzieht, daher sein Name. Im Osten begrenzt ihn ein ziemlich steil abfallender Bergkegel, der Haus- oder Schloßberg. Hier thronte einst eine von Heinrich I. erbaute stattliche Burg, deren Bewohner die Aufgabe hatten, die deutsche Herrschaft über die ansässigen Sorben aufrecht zu erhalten, zu festigen und weiter auszubreiten. Langenberg ist demnach eine echt deutsche Ansiedelung, was auch schon aus dem Namen hervorgeht, eine Ansiedelung, die nicht nur ein bedeutendes Alter hat, sondern auch ein großes Ansehen besaß. Mehr als 50 Ortschaften gehörten zur Pflegschaft Langenberg, von denen die entferntesten 2 Stunden nach Osten und ebenso weit nach Westen lagen. Langenberg war damals bedeutender als Gera. Von all seiner Macht und Größe ist heute nichts mehr zu sehen. Die Burg ist vom Erdboden verschwunden, Langenberg ein unbedeutender Ort geworden.

Nur eins erinnert die Langenberger an das, was ihr Ort einst gewesen, eine auf dem Markt stehende Linde. Die jetzt stehende hat freilich kaum ein Alter von 60 Jahren, bildet aber den Ersatz einer im Jahre 1839 vom Sturm zerstörten Linde, welche wiederum eine Rolandssäule ersetzen mußte, die früher hier als Zeichen der höchsten Gerichtsbarkeit aufgerichtet stand. An dieser Säule und später an der Linde saßen die Richter, umgeben von den Schöppen der Ortschaften, und hielten auf freiem Marktplatze ihre Verhandlungen ab. Erst Landgericht, ging dasselbe später, nachdem die Pflegschaft zerstückt wurde, in ein Rügegericht über. Mit der Gerichtsverhandlung war stets ein sogenannter Herren- oder Frontanz verbunden. Dieser Tanz war also kein freiwilliger, sondern ein gezwungener. Die Verpflichtung zu demselben lag als Frone oder Last auf verschiedenen Gütern der zu Langenberg gehörigen Ortschaften. Mit einem gewissen Ernst und einer strengen Feierlichkeit wurde er eröffnet. In einem weiten Kreis um die Linde stand die bewaffnete Mannschaft Langenbergs, in der Mitte am Richtertische saßen in schwarzer Amtskleidung die Richter und Schöppen. Ihnen zur Seite standen vier Männer mit Hellebarden. Einer der Richter verlas die Namen der Tanzpflichtigen, die sich mit ihren Tänzerinnen innerhalb des Kreises aufstellen mußten. War dies geschehen, so suchte der Gerichtsfron sich aus der weiblichen Versammlung eine Tänzerin aus und eröffnete mit ihr den Tanz. Wieviel Tänze getanzt wurden, oder wie lange getanzt wurde, darüber fehlen die Nachrichten. Die Tanzenden wurden vom Schlosse aus mit Kuchen und Bier bewirtet. Im Jahre 1611 sollen 85 Paare und eine einzelne Person sich am Tanze beteiligt haben. 1702 hatte sogar ein Pfarrer von dem über 2 Stunden entfernten Rüdersdorf, der Besitzer eines dortigen Gutes geworden war, als solcher mitzutanzen. Von 1743 an blieben die im altenburgischen Lande wohnenden Tanzpflichtigen, z. B. die von Rüdersdorf, weg, weil die dortige Regierung die von Gera ergangene Aufforderung zum Tanz als ein unberechtigtes Ansinnen zurückwies. Ursprünglich tanzte man am 2. Pfingstfeiertage, seit 1656 am 3. Feiertage und seit 1728 am Mittwoch nach Pfingsten. 1803 hörte der Tanz auf. Doch hatten die zum Rügegericht und Tanz verpflichteten Personen sich noch längere Zeit an dem genannten Tage auf dem Rathause in Langenberg einzufinden, wo ihre Namen verlesen wurden.

Über den Ursprung dieses Tanzes laufen mancherlei Behauptungen um. Nach einer derselben soll einst König Heinrich I. in der Nähe Langenbergs im Moraste stecken geblieben sein. Auf seine Aufforderung zur Hilfe habe man in Langenberg, wo die Jugend eben zum Tanze versammelt gewesen wäre, ihm geantwortet, man hätte keine Zeit, man müßte tanzen! Darauf habe Heinrich befohlen, daß jene Tänzer, die ihm die Hilfe verweigert hätten, von nun an alle Jahre an diesem Tage zur Frone tanzen sollten. — Nach einer andern Behauptung sollte der Tanz eine Strafe sein für diejenigen, welche an dem Bauernkriege teilgenommen hätten. Nach einer dritten Behauptung wird sogar der Ablaßkrämer Tetzel mit diesem Tanz in Verbindung gebracht. Er soll diesen, aus der katholischen Zeit stammenden, ums Jahr 1182 aufgekommenen Tanz empfohlen und befördert haben, um dem Volke Gelegenheit zu geben, zu sündigen, damit er dann bessere Geschäfte mache. Alle diese Behauptungen, obgleich schon alt, entbehren wohl jedes geschichtlichen Untergrundes und sind gewiß nur Phantasiegebilde. Möglich ist, daß der Langenberger Frontanz ein Nachklang jener heidnischen Opfertänze ist, mit denen die Alten ihre Gottheiten verehrten. War doch der Langenberger Hausberg ein heiliger Hain und Opferplatz der Sorben. Auch die Zeit jenes Tanzes, das Pfingstfest, läßt einen solchen Schluß zu. Wie freilich der Opfertanz zum Frontanz für Einwohner so verschiedener Ortschaften werden konnte, bedarf immerhin noch der Erörterung. Doch wird wohl eine vollständige Aufklärung des Ursprungs jenes Tages kaum je stattfinden, da weder die Gemeindeakten, noch die Kirchenbücher Langenbergs darüber etwas berichten.

Der sächsische Prinzenraub in Altenburg.

Motto: „Die Geschichtschreibung fordert unbestechliche Wahrheit und Treue.“ Dr. J. Gersdorf.

Für das Wettinische Fürstenhaus dürfte neben der Erlangung der Kurwürde im Jahre 1423 zu den bedeutsamsten Ereignissen des 15. Jahrhunderts der sogenannte sächsische Prinzenraub zählen, jene gewaltsame Entführung der beiden Söhne Ernst und Albrecht des Kurfürsten Friedrich des Sanftmütigen durch Kunz von Kauffungen und seine Helfershelfer aus dem Altenburger Schlosse in der Nacht vom 7. zum 8. Juli 1455. Diese verwegene That hat nicht nur die Gemüter der Zeitgenossen in lebhafter Spannung erhalten, sondern auch das Interesse der Nachwelt allezeit in Anspruch genommen. Auch die Historiker haben den Gegenstand oft genug behandelt, freilich nicht immer mit Glück und häufig ohne hinreichende Berücksichtigung der einschlägigen Urkunden zur Geschichte des Prinzenraubes. Während die Berichte der ältesten Chronisten, welche dem Ereignisse am nächsten standen, mit der wichtigsten und reinsten Quelle übereinstimmen, finden sich schon gegen Ende des 15. Jahrhunderts Abweichungen, aus dem 16. Jahrhunderte datieren Entstellungen und Zuthaten, ja bereits im letzteren Jahrhunderte bemächtigte sich die Sage einzelner Episoden des Prinzenraubes und hat „dieselben fast bis zur völligen Unkenntlichkeit umgestaltet.“ Seitdem bis zur Neuzeit sind die mannigfachen Darstellungen des sächsischen Prinzenraubes von zahlreichen Traditionen durchsetzt, wenngleich schon in der zweiten Hälfte des 17. Jahrhunderts wichtige Urkunden zur Geschichte des Prinzenraubes veröffentlicht worden sind. Erst in der zweiten Hälfte des 19. Jahrhunderts, besonders aber in der neuesten Zeit, hat sich die historische Kritik auf diesem Gebiete kräftig geregt, um die Ausgeburten einer üppigen Phantasie zu beseitigen. Und mit Fug und Recht! Ein Ereignis wie der sächsische Prinzenraub — so sagt Professor Ernst Koch sehr zutreffend — ist es wert, mit allen zu Gebote stehenden Mitteln beleuchtet zu werden, auch auf die Gefahr hin, daß diesem Kleinod der sächsischen Geschichte ein Teil der ihm innewohnenden Romantik dabei verloren gehe.

Die nachstehende Skizze stützt sich in der Hauptsache auf die wichtigsten Urkunden zur Geschichte des Prinzenraubes und auf die neuere Litteratur derselben, insbesondere auch auf die eingehende Arbeit von Otto Coith, sowie auf die Ergebnisse der von wahrer Forscherlust zeugenden scharfsinnigen Untersuchungen des Professor Koch.*)

Kunz von Kauffungen, welcher früher mit seinem Bruder gemeinsam das Gut Kauffungen bei Penig besessen hatte und später das Schloß Eisenberg bei Brüx in Böhmen erwarb, entstammte einer schon seit dem 13. Jahrhundert im Meißner Lande auftretenden Adelsfamilie, war mit dem Hause Schönberg durch seine Mutter verwandt

---

*) Dr. F. A. von Langenn: Herzog Albrecht der Beherzte. Leipzig 1838, S. 15—30. — Dr. Wilhelm Schäfer: Der Montag vor Kiliani vor vierhundert Jahren. Irrungen und Rechtsstreit zwischen Kurfürst Friedrich II. und Conrad von Kaufungen und der dadurch am 7./8. Juli 1455 herbeigeführte Prinzenraub. Nach größtentheils noch ungedruckten Urkunden und Acten des Haupt-Staatsarchivs zu Dresden und andern brieflichen und actlichen Notizen 2c. Mit urkundlichen und andern Beilagen, sowie 13 Tafeln den Text erläuternder Abbildungen. Dresden 1855. — Dr. J. Gersdorf: Einige Aktenstücke zur Geschichte des Sächsischen Prinzenraubes. Abgedruckt aus der „Zeitung für Stadt und Land“. Mit einer Protestation gegen neuere Verunglimpfungen der Wahrheit und des Rechts in Sachen des Prinzenraubes. Altenburg 1855. — Dr. Ed. Hase: Sieben Urkunden zur Geschichte des Sächsischen Prinzenraubes. In: Mittheilungen der Geschichts- und Alterthumsforschenden Gesellschaft des Osterlandes. IV. Bd. Altenburg 1858. S. 248—262. — Otto Coith: Kunz von Kauffungen. Eine historische Skizze. In: Mittheilungen von dem Freiberger Alterthumsverein. 12. Heft. Freiberg 1875. S. 1045—1086; 13. Heft. Freiberg 1876. S. 1135—1270. — Ernst Koch: Triller-Sagen. I. Teil. Meiningen 1884. — Ernst Koch: Ein Beitrag zur Klarlegung der Umstände, unter welchen am 7./8. Juli 1455 der Raub der Prinzen Ernst und Albrecht von Sachsen auf dem Schlosse Altenburg erfolgte. Mit dem in Lichtdruck ausgeführten Abbild einer Urkunde. Festschrift des Gymnasium Bernhardinum zur Feier des Henflingschen Gedächtnistages. Meiningen 1890. — Ernst Koch: Noch ein Beitrag zur urkundlichen Geschichte des sächsischen Prinzenraubes: über die Befreiung des Prinzen Albrecht. Einladungsschrift zur Feier des Henflingschen Gedächtnistages im Saale des Gymnasium Bernhardinum. Meiningen 1891. — Ernst Koch: Neue Beiträge zur Geschichte des sächsischen Prinzenraubes und seiner Wirkungen. In: Neues Archiv für sächsische Geschichte und Altertumskunde. Bd. XX. Dresden 1899. S. 246—285.

und verschwägert mit dem Obermarschall Hildebrand von Einsiedel. Er besaß als Edelmann des 15. Jahrhunderts eine ziemliche Bildung und war ehedem Schloßhauptmann in Altenburg im Dienste des Kurfürsten Friedrich des Sanftmütigen von Sachsen gewesen. In der Kriegskunst war Kunz sehr erfahren, auch zeichnete er sich durch persönliche Tapferkeit aus; wir finden ihn nicht nur unter den Kriegsobersten der Reichsstadt Nürnberg im Kampfe gegen den Markgrafen Albrecht Achilles von Brandenburg, sondern auch unter den Heerführern und Parteigängern des Kurfürsten Friedrich im sächsischen Bruderkriege. Freilich wurden verschiedene Vorkommnisse gerade des letztgenannten Krieges die Veranlassung zu mehrjährigen Streitigkeiten zwischen dem Kurfürsten und Kunz, welche in ihrem unerledigten Teile schließlich zum Prinzenraube führten. Diese Streitigkeiten betreffen in der Hauptsache die folgenden beiden Punkte.

Zunächst hatte Kunz von Kauffungen an den Kurfürsten Forderungen für Kriegsdienste, Pferde, Rüstungen und andere Schäden, die er um des Kurfürsten willen im Bruderkriege erlitten hatte. Alle diese Ansprüche waren von Friedrich dem Sanftmütigen beglichen worden, sogar mit einem höheren Betrage zur Vermögensaufbesserung Kunzens, und dieser hat hierüber dem Kurfürsten eine Quittung zu Altenburg unterm 17. Oktober 1454 ausgestellt.

Ferner fühlte sich Kauffungen sehr benachteiligt durch die genaue Durchführung einer der Friedensbedingungen des Bruderkrieges. Im Verlaufe desselben hatte ihm nämlich Apel von Vitzthum zu Tannroda, ein Anhänger des Herzogs Wilhelm von Sachsen, sein in Thüringen liegendes Gut Milowitz weggenommen und verwüstet, weshalb Kunz persönliche Fehde gegen Apel erhob. Der Kurfürst ließ Kauffungen einstweilen als Ersatz das dem genannten Vitzthum gehörende und im Meißner Lande liegende Gut Schweikershain überweisen, und zwar auf so lange, bis der Kurfürst dem Kunz nach Ausweis der von letzterem in Meißen am 19. April 1449 ausgestellten Empfangsbescheinigung zu einem rechtlichen oder gütlichen Austrage seiner Sache gegen Apel verholfen haben würde. Im Friedensschlusse vom 27. Januar 1451 wurde unter anderm festgesetzt, daß jedermann das Seine, was er an Dörfern oder Gütern im Laufe des Krieges verloren hätte, wieder erhalten sollte. Hiernach empfing Kunz sein Gut Milowitz zurück, weigerte sich aber, das Gut Schweikershain herauszugeben, weil der Kurfürst die in Aussicht gestellte Befriedigung von Kunzens Ansprüchen Apel von Vitzthum gegenüber noch nicht zustande gebracht hatte. Nachdem Herzog Wilhelm und Apel von Vitzthum wiederholt hinsichtlich der Zurückgabe von Schweikershain beim Kurfürsten vorstellig geworden waren, räumte endlich auf Geheiß des letzteren Kunz von Kauffungen das erwähnte Gut dem früheren Besitzer mit Widerstreben ein, indem er zugleich nach Herausgabe dieses wertvollen Pfandobjektes für seine Forderungen an Vitzthum dem Kurfürsten Friedrich gegenüber Ansprüche auf Schadenersatz erhob.

Zur endgiltigen Erledigung der hieraus entstehenden Streitigkeiten einigten sich der Kurfürst und Kunz dahin, daß sie sich der Entscheidung eines Schiedsgerichtes unterwerfen wollten, und zwar wählten beide Parteien ebenfalls am 17. Oktober 1454 in Altenburg die hierzu geneigten vier Schiedsrichter: den Dechanten zu

Meißen und Kanzler Georg von Haugwitz und die Ritter Georg von Bebenburg, Hans von Maltitz, Johann von Schleinitz. Das Verfahren war ein schriftliches; mit der Leitung des Ganges der Sache wurde der Münzmeister in Freiberg, Nicolaus Monhaupt, beauftragt, bei welchem die Klag- und Verteidigungsschriften der beiden Parteien zur Weiterbeförderung eingereicht wurden. Die Entscheidung der Schiedsrichter verzögerte sich wohl besonders deshalb, weil dieselben an drei Orten, nämlich bei den Schöppen zu Magdeburg, Friedeberg in der Wetterau und Leipzig, Rechtsbelehrungen einzuholen sich verpflichtet fühlten. Endlich konnten sie unterm 16. Mai 1455 Kunz von Kauffungen zur Eröffnung ihres schiedsgerichtlichen Erkenntnisses für Mittwoch, den 25. Juni, auf das Schloß zu Altenburg vorladen, mit der Weisung, bereits am Abende des 24. Juni in der Herberge zu Altenburg zu sein.

Am vorgeschriebenen Tage fand sich Kunz in Altenburg ein, und am 25. Juni kamen die Parteien in der kurfürstlichen Residenz zusammen, um vom Schiedsgerichte die Entscheidung zu vernehmen. Kurfürst Friedrich, umgeben von seinen Räten, von einem zahlreichen Gefolge aus dem Ritterstande und von Vertretern verschiedener Städte, ersuchte durch seinen Anwalt die Schiedsrichter um Eröffnung des Schiedsspruches. Gegen dieselbe verwahrte sich Kunz von Kauffungen mit dem Verlangen, die Schiedsrichter sollten ihm vorerst angeben, wo sie Rechtsbelehrungen geholt hätten. Der kurfürstliche Anwalt bezeichnete dieses Ansinnen deshalb als unnötig, weil in der zwischen den Parteien getroffenen Vereinbarung über das Schiedsgericht diesem nur die Mitteilung des Schiedsspruches obliege, und ersuchte abermals um dieselbe. Nach wie vor protestierte Kunz gegen die Eröffnung des Schiedsspruches, solange sein Verlangen nicht erfüllt sei, während die Schiedsrichter mit gleicher Entschiedenheit sich weigerten, die fraglichen Namen zu nennen. Schließlich rief der Kurfürst seine Begleiter als Zeugen dafür auf, daß er um den Schiedsspruch habe bitten und seinerseits Annahme desselben habe zusichern lassen, daß aber Kunz von Kauffungen die Eröffnung des Schiedsspruches verhindert habe, und verließ den Termin, um mit seinen Freunden und Räten zu beratschlagen, was nun zu thun wäre. Kunz verweilte noch kurze Zeit in der kurfürstlichen Residenz, um vielleicht seine früher daselbst gesammelten Ortskenntnisse wieder aufzufrischen, wandte sich aber dann aus dem Schlosse und aus der Stadt hinweg, ohne sich von Kurfürst Friedrich zu verabschieden.

Somit war der Eröffnungstermin des Schiedsgerichtes vollständig ergebnislos verlaufen, was allem Anscheine nach Kunz beabsichtigt hatte. Wahrscheinlich befürchtete er einen ungünstigen Schiedsspruch, ja vielleicht hatte er sogar erfahren, daß die Schiedsrichter seine Ansprüche einfach deshalb zurückgewiesen hatten, weil seine Klagschrift einen Tag nach dem festgesetzten Termin beim Freiberger Münzmeister eingegangen war; möglicherweise wollte er auch seine Händel mit dem Kurfürsten von Sachsen aus politischen Gründen nicht zum Abschlusse gelangen lassen, um für sich oder die hinter ihm stehenden böhmischen Großen in der Zukunft eine Veranlassung zur Befehdung des Kurfürsten Friedrich zu haben. Unter solchen Umständen kam es Kunz darauf an, die Eröffnung eines Schiedsspruches zu vereiteln, welchem er sich nach der früheren Vereinbarung rückhaltlos unterwerfen mußte. Nachdem die Entscheidung der Schiedsrichter nicht verkündigt worden war, konnte er vor seinem Gewissen und vor demjenigen verschiedener Standesgenossen getrost den Weg der Selbsthülfe beschreiten und sich ein Pfand vom Gegner zur Befriedigung seiner Ansprüche holen.

Zu diesem Pfand ersah sich Kunz von Kauffungen die beiden im fünfzehnten bezüglich im fast vollendeten zwölften Lebensjahre stehenden Söhne Ernst und Albrecht des Kurfürsten Friedrich aus, welche er nach seinem festen Schlosse Eisenberg in Böhmen zu entführen gedachte. Ob er diesen Plan bereits vor dem 25. Juni 1455 oder erst an diesem Tage selbst gefaßt hat, läßt sich nicht mehr feststellen; das eine aber steht fest, daß er sich seit dem ergebnislosen Veröffentlichungstermin unablässig bemüht hat, wohlüberlegte Vorbereitungen zur Ausführung seines verwegenen Planes zu treffen. Zunächst brauchte er getreue Helfer aus dem Ritterstande, welche er sehr bald in unzufriedenen und fehdelustigen Gliedern des sächsischen Adels gefunden hatte. Wollte Kunz aber die Prinzen glücklich nach seinem bei Brüx in Böhmen gelegenen Schlosse Eisenberg bringen, so konnte er am besten zwischen den Städten Chemnitz und Zwickau hindurch die böhmische Grenze erreichen. Damit ihm auf diesem Wege die in jener Zeit recht wehrbaren Bewohner der genannten Städte, sowie diejenigen von Brüx nicht hinderlich würden, suchte er als erfahrener Kriegsmann sich dieselben durch drei gleichlautende längere Schreiben geneigt zu machen und augenscheinlich zu neutralem Verhalten ihm gegenüber zu bewegen; hierin berichtet er über den ergebnislosen Termin vom 25. Juni, hebt hervor, daß ihm hinsichtlich seiner Ansprüche an den Kurfürsten sein Recht nicht geworden sei, und bittet zum Schlusse, es ihm nicht zu verargen, wenn er sein Recht auf jede mögliche Weise suche, da er hierzu gezwungen sei. Besonders aber bedurfte Kunz eines zuverlässigen Mannes im Altenburger Schlosse selbst, der ihm nicht nur Nachricht über alle Vorkommnisse im Schlosse zukommen lassen, sondern auch beim Überfalle wesentliche Dienste leisten konnte. Diesen Gehülfen fand er in einem Küchenknechte der kurfürstlichen Hofhaltung, in Hans Schwalbe. Ferner traf Kunz auch geeignete Vorbereitungen zum Einsteigen ins Schloß und zum Aussteigen aus demselben; für letzteres ließ er kurze, beim Gebrauch ineinander zu schraubende Holzleitern, für ersteres eine hinreichend lange sogenannte Garleiter*) anfertigen, d. h. eine Leiter, deren Seitenbäume aus gegerbtem Leder bestehen; diese Lederstreifen sind des besseren Haltes wegen am Rande gesteppt, während die in sie eingesetzten gedrehten hölzernen Sprossen an ihren über die Außenseiten der Leiterbäume hervorragenden Enden mit aufgeschraubten hölzernen Wirteln versehen sind. Weiter griff Kunz zu einer Kriegslist. Um den Kurfürsten sicher zu machen, schrieb er im Anfang Juli an den Kanzler von Haugwitz, den ersten der Schiedsrichter:

*) Der obere, mit kräftigem Eisenhaken ausgestattete Teil dieser Steigleiter in einer Länge von ca. 7 m mit 28 Sprossen befand sich früher im Altenburger Rathause und wird seit mehreren Jahrzehnten in der sogenannten Rüst- und Antiquitätenkammer des Herzoglichen Schlosses in Altenburg verwahrt; der untere Teil ist im Besitze der Stadt Freiberg. Abbildungen des oberen Endes mit 8 Sprossen bei Schäfer, Tafel VI.

er wolle, falls er nochmals vorgeladen werde, den Rechtsspruch erdulden und bitte, daß bis dahin in der Sache nichts weiter gegen ihn geschehe. Auffälligerweise hat Kunz in diesem Briefe Ort und Datum nicht angegeben, so daß es scheint, als habe er seinen Aufenthaltsort in den letzten Tagen vor dem Prinzenraube geheim halten wollen. Vermutlich weilte er in dieser Zeit bei seinen Vettern Kauffungen in Wolkenburg, bei einem anderen Vetter Dietrich von Kauffungen in Callenberg bei Waldenburg und zuletzt wohl bei der ihm befreundeten Familie von Meckau auf dem Schlosse Kohren, wo ihn in kurzer Zeit Nachrichten aus Altenburg erreichen konnten. Eine solche, und zwar eine recht wichtige, sollte er sehr bald erhalten. Unterm Sonnabend, den 5. Juli 1455, setzte Hans Schwalbe „in angelobter Treue" Kunz von Kauffungen durch einen dem Adressaten eigenhändig zuzustellenden Brief davon in Kenntnis, daß der Kurfürst mit der Mehrzahl der Hofleute Sonntag, den 6. Juli, bestimmt nach Leipzig reisen und der Kanzler Montag, den 7. Juli, Abend eine wahrscheinlich von verschiedenen Hofleuten besuchte Hochzeitsfeier in seinem Hause ausrichten werde, daß ferner zu dieser Zeit der alte Erasmus, welcher eingeschläfert werden könne, allein Trabantendienst habe und der Pförtner krank zu Bette liege, und daß er schließlich Kunzens Veranstaltung gewärtig sei. Letzterer sandte noch am Sonntag, den 6. Juli, abends einen seiner Knechte, welcher jedenfalls als solcher nicht erkannt wurde, unter einem friedlichen Vorwand ins Altenburger Schloß, und zwar mit dem Auftrage, am folgenden Abende die oben erwähnte Garleiter an einem Fenster zu befestigen, vielleicht auch mit der Anweisung, einstweilen Vorkehrungen für das Aussteigen zu treffen. Somit war alles zur Ausführung des tollkühnen Planes vorbereitet.

Nachdem Kunz am Abend des 7. Juli — es war ein Montag — in der Dunkelheit seine Genossen mit den reisigen Knechten in der umfangreichen Leinawaldung östlich von Altenburg versammelt hatte, langte er mit seiner bewaffneten Schar und 36 Pferden etwa gegen 11 Uhr nachts vor dem Altenburger Schlosse an. Mittels der Garleiter, welche der vorhin erwähnte Knecht an einem hohen Fenster befestigt hatte, stieg Kunz von Kauffungen mit Wilhelm von Mosen, Wilhelm von Schönfeld, Bernhard von Trebin, Wenzel von Trebins zwei Söhnen, Nikel vom Forst, von Rußwurm und mit den Knechten Hensil Herdin, Geveller, Albrecht Adolff an der westlichen, nach dem oberen Teile der heutigen Amalienstraße zu liegenden Seite ins Schloß.*) Hier angelangt, sorgte er zunächst, um nicht auf schwankender Leiter von ziemlicher Höhe aus mit der wertvollen Last das Schloß verlassen zu müssen, für bequemeres Aussteigen aus einem erheblich niedriger und

*) In diesem westlichen Teile befand sich die kurfürstliche Residenz. Die betreffende Stelle läßt sich deshalb nicht genauer angeben, weil die Gebäude derselben im Anfange des 16. Jahrhunderts, zum Teil durch Feuer vernichtet, einem weiter auf dem Porphyrfelsen hinausgeschobenen Neubaue weichen mußten. Nachdem hier auch der Anfang des 17. Jahrhunderts wesentliche bauliche Veränderungen gebracht hatte, gelangte zu Beginn des 18. Jahrhunderts, abermals weiter nach Westen hinausgerückt und unter Benutzung des an die Kirche anstoßenden Flügels, der jetzige, schon durch seine Masse imponierende Teil zur Aufführung. Sonach kann heute unmöglich das Fenster noch gezeigt werden, durch welches Kauffungen mit seinen Begleitern eingestiegen ist.

ebenfalls in der Außenfronte liegenden Fenster, indem er daselbst das von ihm während seiner ehemaligen Amtsthätigkeit im Schlosse angebrachte Eisenwerk beseitigen und die kurzen, ineinander geschraubten Holzleitern anlehnen ließ. Nunmehr drang Kunz, höchst wahrscheinlich wie seine Begleiter mit geschlossenem Visier und bestrebt, so lange als möglich unerkannt zu bleiben, vielleicht auch mit gezücktem Schwerte, in das Schlafgemach der Prinzen Ernst und Albrecht, nahm diese „aus ihrer Ruhe" und eilte mit ihnen und seinen Helfershelfern auf dem angegebenen und zum Aussteigen trefflich vorbereiteten Wege aus dem Schlosse, unmittelbar ins Freie auf den steilen Schloßberg, und von hier aus zu dem Trosse mit den Rossen. Auch die jungen Fürstensöhne wurden in den Sattel gehoben, und fort ging es in scharfem Trabe nach dem Böhmerlande zu. Bevor wir der flüchtigen Schar mit ihrer kostbaren Beute weiter folgen, wollen wir noch ein wenig im Altenburger Schlosse verweilen, wenngleich wir in dieser Hinsicht zum Teil auf Vermutungen angewiesen sind.

Hier herrschte unzweifelhaft sehr bald große Verwirrung und Bestürzung, während die Kurfürstin Margarethe, die Mutter der beiden Prinzen, von tiefstem Schmerze ergriffen war. Und diese Schreckensnacht gestaltete sich für die fürstliche Mutter und alle treuen Diener und Anhänger des Kurfürstenhauses deshalb noch viel entsetzlicher, weil man sich in vollständiger Ungewißheit über die Person der Räuber befand. Nachdem jedenfalls zuerst der Kurfürstliche Kanzler von Haugwitz aus der Stadt nach dem Schlosse geholt worden war, wird dieser den in Leipzig weilenden Kurfürsten durch einen Eilboten vom Vorgefallenen benachrichtigt, an Ort und Stelle eine, wenn auch noch so kurze Untersuchung des Sachverhaltes vorgenommen und ein Verhör der Schloßbewohner angestellt haben. Weiter fertigte er als Stellvertreter des Kurfürsten in aller Frühe an die Amtleute, Bürgermeister und Vasallen des Landesherren einen handschriftlich zu vervielfältigenden Befehl aus, worin nach Mitteilung der Thatsache, daß durch die Widersacher des Kurfürsten mitten im Frieden die beiden Söhne desselben vom Schloß Altenburg weggebracht worden seien, zur unverzüglichen Verfolgung der Räuber und besonders auch zum sorgfältigen Absuchen der Wälder und Hölzer aufgefordert wurde. Da trafen im Schlosse etwa um die neunte Stunde nach der That, früh in der achten Stunde, die beiden Fehdebriefe Kunzens von Kauffungen, sowie Wilhelms von Mosen und Wilhelms von Schönfeld ein, und nun kannte man die Namen der Entführer. Infolgedessen wurde das Konzept des erwähnten Schriftstückes unter Einfügung von Kunzens Namen berichtigt und ergänzt. In dieser wesentlich abgeänderten Form ging der kurfürstliche Befehl hinaus ins Land, wo sich, unter dem Sturmläuten der Glocken, die Kunde von der Schreckensthat schon wie ein Lauffeuer von Mund zu Mund verbreitete.

Inzwischen waren Kunz und seine Genossen bemüht, mit den jugendlichen Prinzen die böhmische Grenze zu gewinnen und den wertvollen Raub nach Kunzens Schlosse Eisenberg in Sicherheit zu bringen. Da sie angesichts der Aufregung, welche sich sehr bald nach der That allenthalben im Lande zeigte, unzweifelhaft fürchten mußten, daß sie mit 36 gesattelten Pferden Aufsehen erregen und die Verfolgung erleichtern würden, so teilten sie sich mit der Absicht, sich auf verschiedenen Wegen nach Böhmen durchzuschlagen. Während Mosen und Schönfeld mit dem Prinzen Ernst die Richtung nach der Zwickauer Mulde nahmen, wandte sich Kauffungen mit Prinz Albrecht mehr ostwärts und kam noch in den Morgenstunden des 8. Juli in die Gegend des Klosters Grünhain, von wo aus die böhmische Grenze nicht mehr weit entfernt war, denn die Herrschaft Schwarzenberg gehörte damals zu Böhmen. Gerade aber in der Nähe der Grenze war gewiß große Vorsicht nötig. Da ferner der junge Prinz aller Wahrscheinlichkeit nach von dem anhaltenden scharfen Ritte höchst erschöpft war, so verließ Kunz mit dem Prinzen, begleitet nur noch von einem seiner Knechte, die gangbaren Wege und suchte, nachdem sie von den Pferden abgestiegen waren, das Dickicht des Waldes südlich von Grünhain oder auch von Elterlein auf, teils um dem Prinzen Erholung zu gönnen, teils um den Verfolgern zu entgehen. Hier im Walde kam von ungefähr „eynn arm mann“ wie sich Hans Pucheler in seiner Chronik ausdrückt, möglicherweise ein Köhler, und sah, wie Kunz einen Knaben gefangen führte; er lief zurück und berichtete dies dem Abt in Grünhain „und denen, welche von Grünhain und Elterlein zur Verfolgung aufgebrochen waren, und nun war Kauffungens Schicksal besiegelt. Mit Hülfe der ortskundigen Köhler, welche in jenem Walde für die Schmieden und Eisenhämmer der Gegend Kohlen schwelten, wurden Kunz und seine Gefährden umzingelt und bald sahen Ritter und Knappe einer Übermacht sich gegenüber, vor welcher sie die Waffen strecken mußten.“ Kunz wurde noch am Dienstag ins Gefängnis nach Zwickau gebracht. Am folgenden Tage kehrte Prinz Albrecht unter sicherem Geleite und wohlbehalten von Kloster Grünhain nach Altenburg zurück.

Weiter fingen die Verfolger sechs Mann von der Abteilung der Räuber, welche unter Mosens Führung auf einem anderen Wege nach Böhmen zu gelangen suchte, nahmen ihnen vierzehn gesattelte Pferde ab und bedrängten die Fliehenden derartig, daß diese sich zu einer abermaligen Teilung im Walde entschlossen. Wilhelm von Mosen und Wilhelm von Schönfeld glückte es, mit dem Prinzen Ernst und mit zweien der Knechte den Verfolgern zu entrinnen. Sie verbargen sich in einer, in der Nähe des Schlosses Stein am rechten Ufer der Zwickauer Mulde im Walde liegenden „Steynrutzen“, einer Felshöhle von geringer Ausdehnung, welche heute noch vorhanden ist und den Namen „Prinzenhöhle“ führt; hier hielten sie in großem Ungemach bis auf Freitag, den 11. Juli, aus. An diesem Tage richteten sie, nachdem sie „ihre Übelthat“ erkannt und erfahren hatten, daß Kunz gefangen war, an Friedrich von Schönburg auf Hartenstein eine Zuschrift des Inhaltes: Sie bereueten, Kunz zu Willen gewesen zu sein und an der Fehde sich beteiligt zu haben, und bäten um Gnade; sie würden bereit sein, den in ihrem Gewahrsam befindlichen jungen Fürstensohn Ernst unversehrt wiederzubringen, wenn von Schönburg ihnen beim Kurfürsten Gnade, sowie Schonung von Leib, Ehre und Gut auswirken und sich hierfür schriftlich verbürgen würde; falls man ihnen nachstellen sollte, so würden sie den kurfürstlichen Sohn erstechen und ihr Leben so teuer als möglich verkaufen. Friedrich von Schönburg versprach sofort schriftlich bei seinen adeligen Ehren und Treuen das Gewünschte, auch Befreiung von jeder Strafe, und erhielt den Prinzen ausgeliefert.

Nachdem von Schönburg den Kurfürsten von dem derzeitigen Aufenthalte brieflich benachrichtigt hatte, brachte er noch an demselben Freitage den Prinzen nach Chemnitz, wo dieser vom fürstlichen Vater in Empfang genommen wurde.

Nach der glücklichen Wiedererlangung der Prinzen Ernst und Albrecht wurde in den sächsischen Landen ein feierliches „Te deum laudamus“ angeordnet. Die fromme Kurfürstin Margarethe stiftete, wie die päpstliche Bestätigungsbulle ausweist, bald nachher in der Kirche des damals als Wallfahrtsort oft besuchten Dorfes Ebersdorf in der Nähe von Chemnitz nach Errichtung eines Altars eine ewige Dankesmesse, welche allwöchentlich am Dienstage, ferner an allen Marienfesttagen sowie am Tage nach Kilian durch den Ortsaltaristen abzuhalten war, und traf zugleich die Bestimmung, daß dieser Geistliche nach jeder der genannten Messen vor der Thür seiner Wohnung eine Geldspende zwei Armen, in erster Linie bedürftigen Köhlern, falls solche zugegen, reichen sollte.

Wir wenden uns nun zur Bestrafung der Prinzenräuber!

Kunz von Kauffungen wurde von Zwickau nach Freiberg gebracht, um dem Stadtgerichte daselbst zur Aburteilung überwiesen zu werden. Im Jahre 1294 hatte nämlich Markgraf Friedrich der Freidige mit seinen „lieben burgern von Vriberc“ verschiedene Vereinbarungen getroffen und hierbei ihnen die Zusage erteilt, daß er, wenn sich jemand gegen ihn (als Landesherrn) vergehen sollte, die gerichtliche Entscheidung hierüber den dortigen Geschworenen überlassen wollte. Ein solches Vergehen gegen den Landesherrn lag im Falle Kauffungens vor, welcher zugleich infolge Außerachtlassung der reichsgesetzlichen Bestimmungen über das rechtzeitige Ansagen der Fehde als gewöhnlicher Landfriedensbrecher betrachtet werden mußte, und zwar war dieser Landfriedensbruch deshalb ein besonders schwerer, weil Kauffungen den Überfall mit einer ziemlichen Anzahl versammelter Mannschaft verübt hatte. Wie das Urteil der Freiberger Schöppen ausfallen würde, war wohl vorauszusehen. Schon im Sachsenspiegel findet sich die Bestimmung, daß derjenige, welcher den Frieden breche, mit dem Schwerte zu bestrafen sei, während das Freiberger Stadtrecht auf Friedensbruch die härtesten Strafen, ja unter Umständen sogar die Todesstrafe festsetzt. In der That erkannte der Stadtrichter mit seinen Schöffen: Andr. Kretschmar, Mat. Richter, Karlstorff, N. Zymmerman, Sym. Awerbach, Asman Lingke, Richter von Bertlstorff auf Todesstrafe durch das Schwert. Noch keine volle Woche nach vollführter That, Montag, den 14. Juli, wurde Kunz von Kauffungen in Freiberg, auf dem Markte vor dem Rathause, enthauptet. Sein Oheim mütterlicherseits, Kaspar von Schönberg, Bischof von Meißen, ließ ihn, wie Hans Pucheler berichtet, in einer Freiberger Kirche bestatten und durch Ausbreitung eines golddurchwirkten Tuches ehren, doch wurde, nach demselben Gewährsmanne, die Leiche auf Befehl des Kurfürsten wieder ausgegraben und an ungeweihter Stätte (wie es heißt, in Neukirchen bei Freiberg) beigesetzt.

Von Kunzens Helfershelfern wurden mehrere in Zwickau, einer in Altenburg gleichfalls mit dem Tode bestraft. Wilhelm von Mosen und Wilhelm von Schönfeld, welche mit zweien ihrer Knechte infolge der Zusicherung Friedrichs von Schönburg begnadigt wurden, gingen außer Landes, erlangten aber im Jahre 1465 durch die Fürsprache ihrer Freunde die Verzeihung des Kurfürsten Ernst und des Herzogs Albrecht und die Erlaubnis zur Rückkehr. Ein guter Teil von Kauffungens Genossen, welche Kurfürst Friedrich ebenfalls in seine Gewalt zu bekommen hoffte, hatte sich der Bestrafung durch die Flucht entzogen und vermutlich nach Böhmen gewandt.

Wenn wir auch einerseits annehmen dürfen, daß die öffentliche Meinung jener Zeit über Kunzens Hinrichtung große Genugthuung empfunden hat, so ist es andererseits nicht weniger unzweifelhaft, daß Kauffungens einflußreiche Verwandte und andere Standesgenossen nicht nur über die rasche Verurteilung und die Enthauptung sehr erbittert waren, sondern auch falsche Gerüchte über den ganzen Verlauf der Angelegenheit ausstreuten und verbreiteten. Solche, den Kurfürsten und seine Handlungsweise aufs schlimmste verdächtigende Nachrichten gelangten auch über die Grenzen der sächsischen Lande hinaus zu den deutschen Fürsten. Deshalb entschloß sich Friedrich der Sanftmütige, an verschiedene deutsche Fürsten eine Denkschrift zu richten, welche unterm 26. Juli 1455 in Altenburg ausgefertigt wurde. In diesem umfangreichen Schreiben behandelt der Kurfürst seinen Rechtsstreit mit Kunz von Kauffungen und das Verhalten des letzteren hierbei, giebt eine Schilderung des Prinzenraubes bis zur Verurteilung der Übelthäter und bittet schließlich den Empfänger, daß derselbe jede andere Erzählung der Angelegenheit, welche ihm oder den Seinigen etwa zu Ohren kommen würde, auf Grund des vorausgehenden wahrheitsgemäßen Berichtes nicht glauben möge.

Soweit unsere urkundliche Darstellung des sächsischen Prinzenraubes!

Die Geschichte der tollkühnen That ist in mehr oder weniger freier Umgestaltung seit Jahrhunderten ein sehr beliebter Stoff für die Dichter der verschiedensten Art geworden, nicht nur für den Dramatiker und den Balladendichter, sondern auch für den Romanschriftsteller, ja sogar für den Bänkelsänger. Das älteste poetische Erzeugnis, welches sich mit dem Gegenstande befaßt, ist unbedingt jenes alte, vermutlich in Bergmannskreisen gedichtete, daselbst gesungene und deshalb als Bergreihen bezeichnete Volkslied, über welches Professor Koch höchst treffend bemerkt: „Ein lebensfrischer Hauch natürlichen und unmittelbaren Empfindens weht durch dieses alte Lied und läßt keinem Zweifel darüber aufkommen, daß der Dichter desselben ein Zeitgenosse des Prinzenraubes war und bald nach jenen Ereignissen den noch erregten Gefühlen des sächsischen Volkes damit Ausdruck gab.“ Wir glauben zum Schlusse dieser Zeilen nichts Besseres thun zu können, als diesen alten Bergreihen hier wieder zum Abdrucke zu bringen.[1])

---

[1]) Zum erstenmal gedruckt von Johann Vulpius in seinem „Plagium Kauffungense“, Weißenfels 1704, Artikel XXXIX, wonach oft abgedruckt. Die neuesten Wiedergaben mit sprachlichen Erläuterungen bei R. v. Liliencron: Die historischen Volkslieder der Deutschen vom 13. bis 16. Jahrhundert. I. Leipzig 1865, S. 483 f. und bei E. Koch: Einladungsschrift 1891. S. 27 f.

1. Wir wollen ein liedel heben an,
was sich hat angespunnen,
wies in dem Pleißnerland gar schlecht war bestalt,
als sein jungen fürsten geschach groß gewalt
durch den Kunzen von Kauffungen,
ja Kauffungen.

2. Der adler hat uf den fels gebaut[1])
ein schönes nest mit jungen,
und wie er einst ware geflogen aus,
holete ein geier die jungen vogel raus,
drauf wards nest ler gefungen,[2])
ja gefungen.

3. Wo der geir uf dem dache sitzt,
da trugen[3]) die küchlein selten,
es war mein werle[4]) ein seltsam narrenspil,
welcher fürst sein räten getrut so vil,
muß oft der herr selbst entgelten,
ja entgelten.

4. Altenborg, du bist zwar eine feine stat,
dich tät er mit untreu meinen;[5])
da in dir warn all hoflüt rauschend voll,[6])
quam Kunze mit leitern und buben toll
und holte die försten so kleine,
ja so kleine.

5. Was blast dich, Kunz, för unlust an,[7])
daß du ins schloß nein steigest
und stilst die zarten herren raus,
als der kurförst eben war nit zu haus,
die zarten förstenzweige?
ja förstenzweige.

6. Es war wol als ein wunderding,
wie sich das land beweget,
was da uf allen straßen warn för leut,
die den raubern nachfolgeten in zeit,[8])
alls wibbelt, kribbelt, sich bereget,
ja bereget.

7. Im walde dort ward Kunz ertapt,
da wolt he beren naschen,
were he in der hast faken[9]) fortgereten,
daß öm die köler nit geleppischt[10]) hetten,
hett he sie kunt verpaschen,[11])
ja verpaschen.

---

[1]) Ein Teil der kurfürstlichen Residenz im Altenburger Schlosse brannte im Jahre 1444 ab und wurde vom Kurfürst Friedrich II. wiederaufgebaut. [2]) gefunden. [3]) trugen = druhen, d. i. gedeihen. [4]) werle = werlt, d. i. Welt; ein Ausruf. [5]) durch Treulosigkeit schädigen. [6]) d. i. berauscht. [7]) Der Sinn ist: Welch Mißvergnügen erfüllt dich? [8]) in der Zeit, d. i. damals. [9]) d. i. eilig. [10]) d. i. übertölpelt. [11]) d. i. hinüberschmuggeln, nämlich nach Böhmen.

8. Aber sie worden öm weder abgejagt,
und Kunz mit sinen gesellen
uf Grünhain in unsers herrn abts gewalt
gebracht und darnach auch uf Zwicka gestalt,[1])
und musten sich lan prellen,[2])
ja lan prellen.

9. Darvor fiel ab gar mancher kopf,
und keiner, der gefangen,
kam aus der haft ganzbeinicht davon,
schwert, rad, zangen und strick, die warn ir lon,
man sah die rümper[3]) hangen,
ja hangen.

10. So gehts, wer wider die öberkeit
sich unbesonnen empöret;
wer es nicht meint, der schau an Kunzen,
sin kop tut zu Freiberg noch herußer schmunzen[4])
und jederman davon leret,
ja leret.

11. Got tu dem fromen kurförsten alls guts
und laß die jungen herren
in keine feindeshand mer also komen,
geb auch der frau kurförstin vel fromen,[5])
daß sie sich in ruhe erneren,[6])
ja erneren!

Dr. Max Voretzsch, Altenburg.

Schmölln und seine Steinnußknopfindustrie.

Die Wahrnehmung, daß Deutschland sich immer mehr in einen Industriestaat umwandelt, kann man auch im Herzogtum Altenburg machen.

Wohl steht in diesem mitteldeutschen Kleinstaate die Landwirtschaft in hoher Blüte, und der Bauernstand des Ostkreises sucht weit und breit seinesgleichen, aber auch hier hat sich der Zug nach der Stadt längst bemerkbar gemacht. Einheimische Dienstboten sind schwer oder gar nicht zu bekommen. Die Volkszahl der nur auf Ackerbau angewiesenen Gegenden nimmt ein wenig ab, während die Städte anschwellen. Schon seit Jahrzehnten beschäftigt die Industrie einen größeren Bruchteil der Bevölkerung als die Landwirtschaft. Das noch nicht 200000 Einwohner zählende Herzogtum wies im Jahre 1898 513 Fabriken mit 20000 Arbeitern auf. Einige

[1]) d. i. gestellt, gesetzt. [2]) wie die Füchse, d. i. töten. [3]) d. i. Rümpfe, Körper. [4]) d. i. schmunzeln, mit Gebärden lachen, grinsen. Dies bezieht sich wohl auf die frühere Sitte, die Köpfe enthaupteter Verbrecher an den Stadtthoren aufzustecken. [5]) d. i. Gutes, Nutzen; heute noch erhalten in: Nutz und Frommen. [6]) d. i. am Leben erhalten.

Industriezweige haben in kurzer Zeit einen bedeutenden Aufschwung genommen. In der Residenz blüht die Nähmaschinen-, Metallwaren-, Hut-, Handschuh- und Cigarrenfabrikation; Ronneburg ist noch jetzt die Stadt der Weber, nur daß an Stelle der früheren Hausindustrie die Maschinenweberei getreten ist; Eisenbergs Wurstfabriken stehen in gutem Ansehen, Kahla darf sich rühmen, die größte Porzellanfabrik in ganz Thüringen zu besitzen, Schmölln endlich ist in der Steinnußknopfindustrie der erste Ort Deutschlands, vielleicht der Welt.

Daß Knöpfe aus Horn, Metall, Perlmutter und Leder hergestellt werden, ist bekannt, was sind aber Steinnußknöpfe und Steinnüsse? So wird mancher fragen, und das ist nicht zu verwundern, denn die wenigsten Leser werden Steinnüsse gesehen haben.

Die Elfenbeinpalme.

Steinnüsse sind die Samen einer Palmenart, am ehesten noch den Samen unserer Roßkastanie zu vergleichen, freilich zwei- bis viermal so groß, unregelmäßig gerundet und knochenhart. Die Elfenbeinpalme, Phytelephas macrocarpa, wächst im tropischen Südamerika in den Staaten Columbia, Ecuador und Peru. Sie liebt einen feuchten Standort und kommt deshalb am häufigsten in den Flußthälern vor. Ungleich ihren Verwandten aus dem Geschlechte der Palmen, hat sie einen niederliegenden, oft kriechenden Stamm von nur 2 m Höhe, trägt aber an der Spitze eine Krone von 12 bis 20 riesigen, bis 6 m langen Blättern. Einige Pflanzen haben Staubblüten, die dichtgedrängt an langen fleischigen Kolben stehen. Viel häufiger sind die Pflanzen mit Stempelblüten. Sie entwickeln 6 bis 10 Fruchtstände, von denen jeder die Größe eines Menschenkopfes erreicht und bis 25 Pfund schwer wird. Der Fruchtstand ist zusammengewachsen aus 6 bis 10 Einzelfrüchten. Diese haben die Größe einer Mannesfaust, sind von einer holzigen Hülle bedeckt, mehrfächerig und bergen in jedem Fache einen Samen, die Steinnuß. Letztere ist von einer 1 mm dicken Schale umgeben und enthält anfangs eine milchige Flüssigkeit, die bei der Reife zu einer elfenbeinartigen Masse erhärtet und das vegetabilische Elfenbein liefert. Früher hatten die Nüsse keinen Wert, man brauchte sie nur als Ballast für die Schiffe. Das ist anders geworden, seitdem man gelernt hat, aus den Nüssen allerlei nützliche Dinge herzustellen. Jetzt kostet der Centner 10 bis 20 Mark. In Hamburg gelangten im Jahre 1896 243000 Centner zur Einfuhr.

Sehr große Knöpfe, wie sie zu Damenmänteln verwandt werden, fertigt man aus polynesischen Steinnüssen, aus den fast kugelrunden, schwarzbraunen Samen der Salomonsnuß, Coelococcus salomonensis, und der Karolinennuß, Coelococcus carolinensis. Ihr Verbrauch ist noch ziemlich beschränkt, die Einfuhr in Hamburg, dem einzigen hierbei in Betracht kommenden Hafen, betrug im Jahre 1895 13 000 Centner.

Einer vielfachen Arbeit bedarf es, ehe aus der Steinnuß ein Knopf hervorgeht. Die Nüsse werden zunächst in großen Trommeln von der Schale befreit und sodann mit einer Säge zerschnitten. Nun werden die Knöpfe ausgebohrt, durchlocht, gestanzt, gefärbt und poliert. Sie können die verschiedensten Formen und Farben erhalten. Die fertigen Knöpfe werden außerhalb der Fabrik von Frauen und Kindern auf Kartons genäht. Alle diese Arbeiten wurden früher mit der Hand ausgeführt, jetzt zum größten Teile mit Maschinen. Erfinderische Köpfe haben immer vollkommenere Maschinen ersonnen, und in Schmölln und dem benachbarten Gößnitz bestehen Fabriken, in denen besonders Knopfbearbeitungsmaschinen hergestellt werden.

Die Verwendung der Steinnüsse zu Knöpfen datiert etwa vom Jahre 1850. In Schmölln ist die Industrie eingeführt worden durch den jetzigen Kommerzienrat Hermann Donath. Er verfertigte zuerst in seinem Geburtsdorfe Perlmutterknöpfe und verlegte das kleine Geschäft 1861 nach Schmölln. Hier wurde er von einem Geschäftsfreunde auf die Steinnüsse aufmerksam gemacht und fing nun an, diese zu Knöpfen zu verarbeiten. Der Versuch gelang; bereits 1866 errichtete H. Donath eine Fabrik und führte 1871 Dampfbetrieb ein. Sein Erfolg reizte zur Nachahmung, so daß bald neue Fabriken entstanden. Gegenwärtig giebt es in Schmölln 15 Steinnußknopffabriken, die mehr als 1300 Arbeiter beschäftigen, ungerechnet die Hunderte von Frauen und Kindern, die zu Hause die Knöpfe auf Kartons nähen. Etwa ein Drittel der 10 000 Einwohner findet seinen Lebensunterhalt in diesem einen Industriezweige. Jährlich werden gegen 100 000 Centner Steinnüsse in Schmölln eingeführt und daraus etwa 3 Millionen Gros, also etwa 400 Millionen Knöpfe hergestellt. Die Ausfuhr erstreckt sich auf fast alle Länder der Welt.

E. Amende, Altenburg.

Die Altenburger Bauern.

Die Altenburger Bauern haben schon seit langen Jahren durch ihre Eigenart in Tracht, Sitte und Sprache die Aufmerksamkeit der Leute auf sich gezogen. Als kaum der Jammer über die Schrecken des Dreißigjährigen Krieges verklungen war und der Bauer wieder ruhig, ohne rundherum scheue Blicke nach einbrechenden Feinden werfen zu müssen, dem Pfluge nachgehen konnte, befahl Herzog Friedrich Wilhelm bei Gelegenheit seiner Vermählung den ledigen Leuten seines Osterlandes, Bauerssöhnen und Knechten, Bauerstöchtern und Mägden, in ihren besten Kleidern und mit aufgesetzten Hormten sich nach einem Dorfe bei Altenburg zu verfügen, allwo sie vor den versammelten Fürsten und Herren tanzen und lustig sein mußten. Der Vorgang hat sich seitdem oft wiederholt, zum letztenmal 1897 bei der Vermählung des künftigen Thronfolgers, des Prinzen Ernst, nur daß im Laufe der Zeiten an Stelle der befohlenen Aufzüge freiwillige traten, die sogenannten Bauernreiten, die den Reichtum der Bauernschaft an kostbarer Kleidung und stattlichen Wagen, Pferden und Geschirren zeigen. Die Fürsten selbst verschmähten es nicht, gelegentlich Bauernkleider anzulegen. Im Jahre 1819 erschien der Herzog August von Gotha-Altenburg bei einem Maskenfeste zu Altenburg in erborgter bäuerlicher Tracht, worauf die Bauernschaft ihm und der Herzogin je einen Anzug anfertigen und durch eine Abordnung feierlich in Gotha überreichen ließ. Von dem jetzigen Herzog Ernst giebt es eine reizende Lithographie, die ihn in der Kleidung des Altenburger Bauern darstellt.

Altenburger Bauerntrachten.

Der Eigenart der Altenburger Bauern verdanken wir zwei Schriften von hohem Werte für die Landeskunde. 1703 ließ Friedrich Friese, Professor am Altenburger Gymnasium, ein Buch erscheinen: „Historische Nachricht von den merkwürdigen Ceremonien der Altenburgischen Bauern, wie sie es nämlich bei Hochzeiten, Heimführung der Braut, Kindtaufen, Gesindemieten, Beerdigungen, Kleidung und Tracht, wie auch mit ihrer Sprache gemeiniglich zu halten pflegen.“ Welche Gegend Deutschlands hat aus so früher Zeit eine derartige Sonder-Landeskunde aufzuweisen? Aus dem beigefügten Trachtenbild in Kupferstich sind die Anfänge der Tracht, wie sie bis in unsere Zeit sich erhalten hat, deutlich zu erkennen. Gegen Ende des 18. Jahrhunderts veröffentlichte dann ein Altenburger Maler, Namens Kronbiegel, ein Buch über die Sitten, Kleidertrachten und Gebräuche der altenburgischen Bauern, das 1806 in zweiter, verbesserter Auflage erschien und 1839 von dem Volksschriftsteller Pfarrer Hempel in Stünzhain umgearbeitet wurde. Das Buch Kronbiegels ist mit vielen sauber ausgemalten Kupfern geziert und ist namentlich in seiner zweiten Auflage, die im Texte zahlreiche Irrtümer und Versehen ausgemerzt hat, von Wert.

Von dem, was Friese, Kronbiegel und Hempel sahen, ist freilich nicht allzuviel mehr übrig. Immer seltener werden in den Dörfern die alten malerischen, in Holzfachwerk hergestellten Bauernhäuser mit den altersgebräunten Bohlenstuben, in denen Tisch und Lehmbank, Großvaterstuhl und Ofenbank, Seigerkasten und Käsebank, kurz jedes Hausgerät seinen herkömmlichen Platz hat. An Stelle des Holzfachwerks tritt der langweiligere, aber nach Bauernansicht haltbarere massive Steinbau. Noch umschließen allerwärts die vier Hauptgebäude rechtwinklig die Seele des landwirtschaftlichen Lebens, die Düngerstätte, und überall vermittelt ein mit großen Steinplatten belegter Gang, die Heiste, mindestens auf zwei Seiten den Verkehr, aber die Bauerngüter selber läßt man bei Neubauten selten in der alten traulichen Dorfrundung liegen, man setzt sie wie stattliche Schlösser in Licht und Sonne vors Dorf hinaus. Und bei den arbeitsamen Leuten, die das Dorf bevölkern, ist seit zwei, drei Jahrzehnten die alte Tracht rasch ins Schwinden gekommen. Da niemand seine Zukunft auf eine absterbende Sache stellen will, fehlt es bereits an Schneidern, die die schwierige Kunst verstehen, Bauernkleider zu fertigen. Man kann sagen, daß jetzt eigentlich nur die vorhandenen, äußerst zähen und langlebigen Kleidungsstücke aufgetragen werden. Auch das gilt fast nur von den dienenden Klassen. Die wohlhabenden Besitzer der Bauerngüter haben sich längst umgekleidet; sie heben aber die alten Anzüge, die bei Frauen oft einen Wert von 600 Mark erreichten, sorgfältig auf, um sie bei festlichen Gelegenheiten, wie den oben erwähnten Bauernreiten, zu benutzen. Die Bauernreiten der letzten Jahre sind demnach eigentlich nur als historische Festzüge zu betrachten.

Melchior und Marie waren ehedem die häufigsten Vornamen unter den Bauern, so daß man heutzutage Leute in Altenburger Tracht kurzweg mit den Namen Melcher und Marje bezeichnet. An der Tracht der Melcher sind am auffallendsten die kurzen schwarzen, bockledernen Hosen, die unter dem Knie zugebunden werden, die Hosenheben oder Hosenträger aus schwarzem Glanzleder, die langschäftigen, der Form der Wade sich anschmiegenden Stiefeln und die kurzen, kaum bis zur Mitte des Leibes reichenden Jacken, Spenzer genannt. Dazu trug man früher flache Hütchen; jetzt sind Mützen die Kopfbedeckung. Viel mehr Eigentümlichkeiten weist die Tracht der Marjen auf. Der Hinterkopf wird von einem enganliegenden Kopftuche so verhüllt, daß kein Haar zu sehen ist; die hinten zusammengeknoteten Haare stecken in einer Art steifer Tüte. An dieser Kopfhülle ist ein buntkantiges Tuch befestigt, das fast in der Länge eines halben Meters den Rücken bedeckt. Die Brust wird von einem panzerartigen Latz umschlossen, hinter dem die untere Hälfte des Gesichts sich bequem verbergen läßt. Bei häuslicher Arbeit trägt die Marje nur das bis zur Hälfte des Oberarms reichende, enganliegende Ärmelleibchen, sonst wird eine kurze Jacke mit langen, bauschigen, keulenförmigen Ärmeln getragen. Das Seltsamste an der Frauentracht ist der Rock, der nur bis zum Knie reicht, vorn zugeknöpft wird, hinten aus lauter zusammengenähten schmalen

Falten besteht und in leichter Biegung der Form des Leibes sich anschließt. Kurze zierliche Schuhe und lange schwarze Strümpfe, bei festlichen Gelegenheiten auch weiße Strümpfe, zeigen die Form des Fußes und der Wade. Ein eigentümlicher Kopfschmuck ist das Hormt, das nur von Jungfrauen und nur an ganz hohen Festtagen getragen wird: ein cylinderförmiger, mit echt vergoldeten Lorbeerblättchen geschmückter Aufsatz, von dem zwei meterlange Bänder hinten herabhängen.

Friese und Kronbiegel wissen noch viel von den eigentümlichen Bräuchen der Altenburger Bauern, namentlich bei Festen und Trauerfeierlichkeiten, zu erzählen. Auch da hat die unbarmherzige Zeit das meiste weggewischt. Nur an der Feier der Landkirmsen wird zähe festgehalten, wenn auch die Regierung durch gesetzliche Bestimmungen die früher drei Wochen währende Kirmeßzeit arg verkürzt hat. Den Zweck der Kirmeßfeiern läßt der landläufige Name „Landfressen" ahnen, die Hauptrolle spielt dabei der Kuchen, von dem zahlreiche wohlschmeckende Sorten hergestellt und schwere Mengen vertilgt werden. Zur Kirmeßzeit ziehen die Städter in hellen Haufen hinaus auf die Dörfer; entweder werden da alte, halbvergessene Vetternschaften wieder aufgefrischt, oder man setzt sich zu Kaffee und Kuchen in die Schenke des Orts. Von sonstigem besonderen Brauche hat sich wohl nur bei ganz großen Hochzeiten die feierliche Einholung der Braut und des hochauf mit Hausrat bepackten „Kammerwagens" durch Berittene erhalten. Diese Sitte hat aus der allgemeinen Wehrpflicht, der die jungen Bauernburschen meist bei einem Kavallerieregimente genügen, und aus der infolge dessen sehr verbreiteten Kunst des Reitens neue Nahrung gezogen. Bei solchen Gelegenheiten werden die Pferde mit Sträußchen und bunten Bändern reich geschmückt.

Altenburger Bäuerin.

Viel zu viel wird von der Neigung der Altenburger Bauern zum Kartenspiel gesprochen. Bekannt ist, daß das Skatspiel seinen Ausgang von Altenburg genommen hat, und es ist nicht zu leugnen, daß man gern ein Skätchen macht. Spielen zu hohen Sätzen ist indessen ganz selten, und von den gewerbsmäßigen Kartenspielern, die namentlich bei Gelegenheit der Altenburger Roßmärkte die Residenz unsicher machen, ist der Altenburger Bauer scharf zu scheiden. Beteiligt er sich aber einmal an einem teuren Spiele, so spielt er mit großer Ruhe und feinem Verständnis und weiß die Thaler mit Anstand zu gewinnen oder zu verlieren. Ist er doch im Durchschnitt recht wohlhabend. Nicht wenig Bauerngüter giebt es, die sich nach Umfang und Ertrag hinter Rittergütern nicht zu verstecken brauchen. Zu der Wohlhabenheit hat viel beigetragen die Art der Vererbung, daß bisher in der Regel immer der jüngste Sohn als Haupterbe eingesetzt wurde, der das Gut zu verhältnismäßig niedrigem Betrage übernahm und die andern Geschwister auszahlte. In neuerer Zeit freilich zeigt sich das Bestreben, die Erbteile gleichmäßiger zu gestalten, was stärkere Verschuldung der Güter zur unausbleiblichen Folge hat.

Auf einem Gebiete hat sich die Eigenart der Altenburger Bauern in alter unvermischter Treue erhalten, auf dem der Sprache. Diese hat in Friedrich Ullrich, der um 1840 Volksklänge in Altenburger Mundart dichtete, ihren litterarischen Hauptvertreter gefunden und in dem Eisenberger Professor Weise einen feinsinnigen Beobachter ihres Lautstandes und Wortschatzes und ihrer syntaktischen Eigentümlichkeiten. Schon Friese ließ am Ende seines Büchleins ein lustiges Fastnachtsspiel in Altenburger Mundart abdrucken. Wir wollen zum Schlusse die Geschichte vom barmherzigen Samariter auf gut Altenburgisch erzählen: „'s is emohl e Jude vun Geruselem uff Gericho gereest, dar hot ongerwahgens Malehr gehott: 's sinn gahlchen Reiber gekumm, die hunn'n halbtuht geschleen unn hunn sei ganz Hobchenbobchen genumm. Salt is verihrscht e Priester verbei gekumm, dar hot dan orm Teifel sah lee unn hot fix gemocht, daß 'e weiter kumm is. Okkerot esu hot's oh e Lefitte gemocht. Nohchend is e Someriter gekumm. Dar is hen zu'n gang, hot'n uffgehulfen, hot'n uff sein Esel gelohden unn in de nachste Uhwarsche geschofft. Salt hot 'e 'n Warthe noch e pohr Gruschen Gald gegahm unn hot geseht, se sahl'n ordentlich auskoriere — wenn's ihrnd nich langte, sahl'n se nich engstlich sei, do wahl 'e 's uffn Retuhrwahge bezohle."

Prof. Dr. Moritz Geyer, Altenburg.

Der Braunkohlenbergbau im altenburgischen Ostkreise.

Die zunehmende Entwaldung des Ostkreises während des 18. Jahrhunderts und die damit verbundene Steigerung der Holzpreise konnte weiterblickende Männer mit Sorge erfüllen. So wird in der Zeitschrift für das Herzogtum Altenburg vom Jahre 1795 geklagt: „Das Bau- und Brennholz steht in einem ungemein hohen Preise und wird täglich kostbarer. Die Besorgnis des Holzmangels steigt von einem Jahre zu dem andern." Wie würde sich der Schreiber jener Zeilen verwundern, wenn er heute, nach mehr denn hundert Jahren, seine gesegnete Heimat einmal besuchen könnte. Die Wälder sind freilich noch weit mehr zusammengeschmolzen, sie bedecken nur noch 11% der Gesamtfläche, so daß der Ostkreis zu den waldärmsten Gegenden Deutschlands gehört; der Verbrauch von Brennstoff hat sich dagegen durch das Aufblühen einer regen Großindustrie ins Ungeheure gesteigert; und trotzdem deckt der Ostkreis nicht nur den eigenen Bedarf, sondern versorgt auch die benachbarten Teile von Sachsen und Thüringen, insbesondere die Fabrikstädte Leipzig und Gera, mit Brennmaterial. Dies Wunder hat der Braunkohlenbergbau bewirkt.

Der Ostkreis ist ein flachwelliges Hügelland und wegen der Fruchtbarkeit seiner Ackerkrume weithin berühmt. Lange Zeit ahnte niemand, daß unter der reichen Oberfläche noch andere nicht minder wertvolle Schätze ruhen, die Braunkohlen. Sie bilden ausgedehnte Lager von 5 bis 20 m Mächtigkeit und finden sich im ganzen nördlichen Drittel des Kreises auf einer Fläche von 200 qkm. Im allgemeinen liegen sie in einer Tiefe von 10 bis 50 m und werden durch die auflagernden Thon-, Sand- und Lehmschichten dem Auge verhüllt, an einigen Stellen jedoch, wo die Gewässer ihre Thäler tiefer eingeschnitten und die oberen Schichten abgetragen haben, treten die dunklen Kohlenflöze zu Tage und können auf dieselbe Weise abgebaut werden wie der Sand in der Sandgrube.

Die erste Nachricht von dem Vorkommen der Braunkohle im Herzogtum Altenburg stammt aus dem Jahre 1671. Damals wurde in der Nähe von Meuselwitz brennbare Erde entdeckt, und ein Arzt, Dr. Pilling, legte ein Bergwerk an, das indessen bald wieder einging. Ähnlichen Mißerfolg hatte das Unternehmen des Majors Lorenz, der 1739 in seinem Garten vor Altenburg nach Kohle graben ließ. Nicht viel besser erging es anderen bergmännischen Versuchen, die während der folgenden Jahrzehnte an verschiedenen Stellen unternommen wurden. Aber seit dem Beginne des 19. Jahrhunderts vermehrten sich die Gruben, und die Leute gewöhnten sich an das neue Brennmaterial, das sie irrtümlicherweise Torf nannten. Für Meuselwitz, den heutigen Mittelpunkt des altenburgischen Kohlenabbaues, sind die Gebrüder Kluge bahnbrechend gewesen. Sie gingen vom bisher allein üblichen Tagebau zum Schachtbau über und bedienten sich zuerst der Dampfkraft, um die Grubenwässer zu heben und die Kohle zu fördern. Einen großen Aufschwung nahm der Bergbau, als im Jahre 1872 die Bahnlinie Altenburg—Zeitz eröffnet wurde, die mitten durch das Kohlenrevier führt. Später sind die Linien Leipzig (Gaschwitz)—Meuselwitz und Meuselwitz—Ronneburg gefolgt; die Linie Gera—Meuselwitz ist im Bau begriffen. In rascher Folge entstanden neue Werke. Im Jahre 1898 wurden im Ostkreise 36 Gruben gezählt; sie förderten zusammen 1 700 000 Tonnen Kohlen, die einen Wert von 3 400 000 Mark hatten. Die Zahl der Arbeiter betrug 2029. Im Braunkohlenbergbau nimmt das kleine Herzogtum Altenburg unter sämtlichen deutschen Staaten die zweite Stelle ein, es folgt unmittelbar auf das Königreich Preußen. Welch riesigen Umfang die Kohlenausfuhr erlangt hat, geht aus der Thatsache hervor, daß der Bahnhof Meuselwitz während des Jahres 1898 im Güterverkehr 1 653 000 Mark vereinnahmte.

Es ist kein Wunder, wenn die Umgegend von Meuselwitz in den letzten vier Jahrzehnten ihr Aussehen gänzlich verändert hat. Mitten in den Getreidefluren liegen die Kohlenwerke, und neben langgedehnten Trockenschuppen erheben sich riesige Schornsteine, aus denen dunkle Rauchwolken in die Luft steigen. Unter der Erde hämmert's, fährt's und pocht's, während oben der Landmann den Acker pflügt. Auf Anschlußgleisen und Drahtseilbahnen werden die Kohlen nach den Bahnhöfen gebracht, um von da aus nach allen Himmelsgegenden verfrachtet zu werden. Auf den Wegen erblickt man schwerbeladene Kohlenwagen, und früh und abends begegnet man Scharen von Arbeitern, die nach den Gruben eilen oder von denselben kommen. Das billige Brennmaterial und die günstige Bahngelegenheit haben die Großindustrie angelockt, Fabriken sind entstanden, und zahlreiche fremde Arbeiter, besonders Polen, sind eingewandert, so daß die ehemals rein deutsche und protestantische Bevölkerung sich mehr und mehr mischt und daß hier im kleinen sich ähnliche Verhältnisse entwickelt haben, wie wir sie im rheinisch-westfälischen Kohlenbecken im großen finden. Natürlich ist durch den starken Zuzug die Volkszahl im Kohlengebiete außerordentlich gewachsen. Das Dorf Rositz, neben Meuselwitz der Hauptort des Bergbaues, zählte im Jahre 1842 nur 174 Einwohner, gegenwärtig 1300; Meuselwitz selbst hatte 1840 nur wenig über 2000 Seelen, jetzt 6000.

Es giebt zwei Arten Braunkohle, erdige und stückige, oder Klarkohle und Stückkohle. Während diese ohne weitere Zubereitung verfeuert werden kann, muß jene zuvor in Ziegelform gebracht werden. Früher wurde die Klarkohle auf einen ebenen Platz gefahren, mit Wasser begossen, mit den Füßen durchgeknetet und in Holzkästen zu Ziegeln gestrichen. Auf diese Weise erhielt man den Streichtorf. Er ist fast ganz verdrängt worden durch den Preßtorf. In sogenannten Naßpressen wird die angefeuchtete Kohlenmasse mittels Dampfkraft durch eine rechteckige Öffnung hervorgetrieben und dabei von einem Arbeiter in Stücke (Ziegel) zerschnitten. Die Naßpreßsteine sind fester, schmutzen weniger und haben eine größere Heizkraft als der Streichtorf. Noch handlicher und sauberer sind die Briquetts. Sie werden auf trockenem Wege hergestellt. Die Klarkohle wird gemahlen, in heißen Öfen getrocknet und erhitzt und mittels Dampfkraft zu kleinen Ziegeln geformt, die glänzend schwarz aussehen, kaum noch abfärben und große Heizkraft besitzen.

Daß die Braunkohle ebenso wie Steinkohle und Torf aus Pflanzen entstanden ist, unterliegt keinem Zweifel. Sie besteht zum größten Teile (55 bis 75%) aus Kohlenstoff, oft kann man das Holzgefüge noch ganz deutlich erkennen, und in der erdigen Kohle findet man häufig noch wohlerhaltene Zweige, Blätter und ganze Stämme. Aus Pflanzenresten, die aus der Mariengrube bei Meuselwitz stammten, konnte der Oberlehrer Engelhardt in Dresden im Jahre 1884 nicht weniger als 45 Pflanzenarten bestimmen, darunter Farne, Palmen, Nadelbäume, Laichkräuter, Eichen, Feigenbäume, Lorbeer, verschiedene Gattungen aus der Familie der Heidegewächse, Eukalypten, Myrten, Akazien. Es kommen demnach in der altenburgischen Braunkohle Pflanzenarten vor, die unserer Heimat gegenwärtig fehlen und die ein wärmeres Klima voraussetzen.

Die Frage, auf welche Weise die Braunkohlenflöze entstanden sein mögen, kann mit genügender Sicherheit erst dann beantwortet werden, wenn die geologische Landesaufnahme die beiden Sektionen Altenburg und Meuselwitz in Angriff nimmt, was demnächst zu erwarten steht. Höchstwahrscheinlich haben wir es mit vorweltlichen Torfmooren zu thun. Diese sind in späteren Perioden von anderen Erdmassen bedeckt worden und haben sich allmählich in Braunkohle verwandelt.

E. Amende, Altenburg.

Die Schlacht bei Lucka.*)

Am Ausgang des 13. Jahrhunderts und zu Beginn des 14. lief das Thüringerland ernstlich Gefahr, seinem angestammten Herrscherhause, den Wettinern, entrissen und dem Hausgebiet der ländergierigen deutschen Kaiser einverleibt zu werden. Besonders nahe schien diese Thatsache gerückt zu sein, als der böswillige Albrecht der Entartete sein Land an den Kaiser käuflich abtrat und auf diese Weise seinen Söhnen, Friedrich dem Gebissenen und Diezmann, einen furchtbaren Gegner in dem Oberhaupte des Reiches erstehen ließ. Um einen Anlaß, den jungen Fürsten, welche zäh an ihren Rechten und an ihrem Erbe festhielten, die gewaffnete Macht des deutschen Reiches entgegenzustellen, war der Kaiser Albrecht von Habsburg nicht verlegen. Unter dem Vorwand, die Wirren, welche zu jener Zeit die Thüringer Verhältnisse beherrschten, endgültig zu erledigen, schrieb er im Sommer des Jahres 1306 einen Hoftag zu Fulda aus, wozu auch die jungen Wettiner mit eingeladen wurden. Diese aber, die Absicht des hohen Einberufers durchschauend, zogen es klüglich vor, sich von der Versammlung fernzuhalten, wußten sie doch nur zu gut, daß die ganze Veranstaltung in erster Linie auf die Beeinträchtigung ihrer Rechte abzielte. Sie nahmen also eine abwartende Stellung ein, um dem Kommenden in geeigneter Weise zu begegnen. Wie vorauszusehen, fand der Kaiser in ihrem Fernbleiben den gewünschten Grund für die Kriegserklärung, und drohend erhob sich wieder das Gespenst des unheilvollen Krieges vor den bedrängten Brüdern. Aber noch war die Zeit für den Habsburger nicht gekommen, sein Gelüsten zu stillen, denn vor der Hand nahmen ihn Verwickelungen in Böhmen zu sehr in Anspruch, als daß er seinen Gegnern mit voller Macht entgegenzutreten vermocht hätte. Als aber der Frühling des nächsten Jahres ins Land zog, da rückte auch der Kaiser Albrecht mit gewaltiger Kriegsmacht von Süden her in die Thüringer Marken ein, um den letzten, großen Schlag zu führen. Mit größerer Zuversicht als noch wenige Monate vorher blickten ihm Friedrich und Diezmann entgegen; denn mancherlei hatte sich

Friedrich der Gebissene.

*) Nach F. Köcher, Kirchbergs Geschick (Verlag von Stephan Geibel, Altenburg).

in der letzten Zeit zu ihren Gunsten gewandelt. Furchtbar hatten die kaiserlichen Horden im Osterlande gehaust, ohne daß die Heerführer den lauten Klagen der Geschädigten auch nur das geringste Gehör schenkten, und das Thüringer Volk konnte sich wohl einen Begriff von dem machen, was ihm die Zukunft unter der Herrschaft des Habsburgers bringen würde. Jetzt begann auch die Erinnerung an Greuelscenen wieder lebendig zu werden, die sich unter seinem Vorgänger, dem Nassauer, vor kaum einem Jahrzehnt im nördlichen Thüringen abgespielt hatten, da Kinder und Greise, selbst fromme Mönche nicht verschont, Nonnen verhöhnt und Weiber geschändet wurden. Stand nicht ein ähnlich Geschick auch anderen Gegenden der Landgrafschaft bevor durch den landfremden Anhang des neuen Kaisers? So wurde sich das Thüringer Volk wiederum nicht nur der Segnungen, die ihm unter der Herrschaft des Wettiner Herrschergeschlechts in so reichem Maße zugeflossen waren, sondern auch der Verpflichtungen gegen dasselbe bewußt. Bald regte es sich in Dorf und Stadt. Ein Sturmwind der Begeisterung ging durch die Berge und Thäler des Thüringer- und Meißnerlandes. Nichts fruchteten mehr die Drohungen der kaiserlichen Gewalthaber, nichts das Eifern des Klerus von der Kanzel und aus dem Beichtstuhl wider die Nachkommen des ihm so verhaßten „Hohenstaufen“ Friedrich. Jetzt eilten alle, Bürger und Bauern, voll Mut, Ingrimm und Rachedurst zum Heere Friedrichs und Diezmanns, um den Bedrohten mit Gut und Blut gegen den feindlichen Eindringling beizustehen. Das gewisse Bewußtsein eines fröhlichen Sieges und die feste Hoffnung auf den Beistand des Himmels in diesem Kampfe stand allen auf den Gesichtern geschrieben, da sie vor die jungen Markgrafen traten und ihnen zujauchzten. Es war nicht mehr eine Ritterfehde, es war ein Volkskrieg, der jetzt entbrennen sollte.

Aber auch die Edlen und Ritter, die sonst in krasser Selbstsucht den Fürsten gleichgültig, wenn nicht gar feindselig gegenüber gestanden hatten, gedachten wieder ihrer Pflicht, und die Blüte der Thüringer und Meißner Ritterschaft sammelte sich unter den Fahnen der Brüder, um für das Recht und die althergebrachte Ordnung zu kämpfen.

Die mächtige Stadt Erfurt, durch eine mit dem Burggrafen von Kirchberg, dem Freunde und Ratgeber Friedrichs mit der gebissenen Wange, herbeigeführte Sühne, welche ihr einen schönen Gewinn eintrug, versöhnlicher gestimmt, war nicht zu befürchten, und ihre Verbündeten, die Grafen von Gleichen, Orlamünde und Lobdeburg, schlossen sich sogar dem Heere der Wettiner an. Und endlich hatte auch der alte Landgraf sein Unrecht eingesehen und wirkte nicht mehr störrischen Sinnes zum Nachteil der Söhne.

So lagen die Verhältnisse, als das Heer auf dem weiten Plane bei Leipzig sich zusammengeschart hatte und des Kampfes gewärtig stand.

Mit frohem Blicke ruhte Friedrichs Auge auf den Getreuen, die nun unter Gottes freiem Himmel das heilige Mahl einnahmen, um würdig vorbereitet dem Sieg oder dem Tode entgegenzugehen. Auch er vollendete seine eigene Rüstung. Erfüllt von der Bedeutung der Stunde, sprach er zu dem Rüstmeister, der ihm den Helm aufband: „Binde fest! Binde fest! Binde mir heute drei Lande fest oder keines!“

Darauf rückte man dem Feinde entgegen, der in der Ebene zwischen Lucka und Pegau seine Stellung genommen hatte. Die weite Gegend war bedeckt von dem Kriegsvolk des Kaisers. Manchem in der kleinen Schar der Thüringer schlug das Herz stärker, da er die gewaltige Übermacht vor sich erblickte. Wie ein Wald starrten die Spieße der Schwerbewaffneten, die, in dichte, eherne Massen zusammengekeilt, von leichten Reitern und Bogenschützen umstellt waren.

Da sprengte Markgraf Friedrich vor die Reihen der Seinigen. In zündender Rede stellte er allen den hohen Ernst der Lage, die große Bedeutung des bevorstehenden Kampfes noch einmal vor die Augen und sprach ihnen Mut und Begeisterung zu.

„Auf denn, mit Gott!“ schloß er, „daß wir die Fremden hinaustreiben aus den Fluren unseres Vaterlands!“

„Tod und Verderben den Fremden! Wettin allezeit!“ scholl es laut und kampflustig zurück.

Die Hörner ertönen, und wie ein Sturmwind braust das Heer der Thüringer, Meißner und Osterländer gegen die feindlichen Scharen. Ein Hagel von Pfeilen begrüßt die Tapfern; schon stürzen einige getroffen zu Boden oder hinken zurück. Allein die Vordringenden achten dessen in der Kampfbegier nicht. Mann steht gegen Mann. Die Spieße krachen gegen Schilde und Rüstungen; splitternd und prasselnd brechen die Schäfte unter dem heftigen Anprall. Pferde und Menschen stürzen durcheinander, und lautes Wehgeschrei der Verwundeten und Gefallenen erfüllt die Luft. Die Schwerter fliegen aus den Scheiden; blitzend fahren die Klingen auf die Häupter der Gegner. Morgenstern und Keule verrichten gute Arbeit in der starken Hand der Bauern. Zum dichten, wirren Haufen ballen sich die Streitenden, daß kaum noch Freund und Feind zu unterscheiden sind. Hin und her wogt das Schlachtenwetter, ein Ringen allerorten. Wer wird siegen, wer verlieren?

Unentschieden schwankt der Kampf. Aber die wackeren Thüringer fürchten den Tod nicht; sie dringen immer wieder vor, so oft sie auch die Übermacht der Feinde zurückwirft.

Da plötzlich stutzen sie.

Ein lautes Freudengeschrei erbraust aus den Reihen der Feinde; es klingt wie Frohlocken.

„Wo ist der Markgraf Friedrich? Wir sehen ihn nicht!“ rufen die Männer des Markgrafen.

„Ich sah ihn zuletzt, wie er gegen eine Schar Kaiserlicher focht!“

„Der Markgraf ist gefangen! — Auf, Freunde, entreißt ihn den Händen der Feinde!“

Der Vermißte war in der That nahe daran, in Gefangenschaft zu geraten. Aller Gefahr vergessend, war er in seinem Eifer weit in den feindlichen Haufen vorgedrungen, wobei ihm nur wenige gefolgt waren. Nun sah er sich von den Widersachern umringt, und der Jubel über die bevorstehende Gefangennahme schlug an sein Ohr. Noch sollte ihr Frohlocken zu früh sein. Mächtig flog sein Schwert durch die Luft, und wie ein Schnitter die Halme niederlegt im wogenden Kornfeld, so schlug er die Andrängenden zu Boden. Ein ritterlicher Herr, ein wackerer Kämpe! Aber was vermochte der Einzelne gegen die hundertfache Übermacht? Immer neue Streiter standen wider ihn auf, immer härter setzten sie ihm zu. Da erlahmte sein Arm. Mit Unmut und Zorn sah er, wie das Geschick ihm näher kam. —

Da, in der höchsten Not, erschien Hilfe.

Dreihundert Reiter, die der Herzog von Braunschweig herzugeschickt hatte, sprengten, geführt von einem thüringischen Ritter, heran. Mit Ungestüm stürzten sie auf die Feinde, allen Widerstand brechend, die sich Entgegenstellenden unter den Hufen der Rosse zerstampfend.

In wenigen Augenblicken war der Markgraf von seinen Rettern umringt und der nächsten Gefahr enthoben.

„Vorwärts mit Gott! Der Wind weht gut!“ rief der Befreite, und wie ein eiserner Keil schob sich die Schar weiter vor, bis in das Herz der feindlichen Stellung. In wildem Schwarm drängte das Fußvolk nach, mächtig, unaufhaltsam, gleich einer eisernen Walze, alles, was nicht wich, unter sich zermalmend.

Mit Verzweiflung suchten die Führer der Kaiserlichen ihre Stellung zu behaupten; mahnend und zornig erklangen ihre Rufe in das Toben der Schlacht. Vergebens! Immer weiter wurden sie zurückgedrängt; mehr und mehr nahm die Verwirrung zu, und um so erfolgreicher vermochten die Vordringenden ihr vernichtendes Handwerk zu betreiben.

Da sank den Schwaben und Böhmen der Mut. Vergessen war der Stolz, mit dem sie die Wahlstatt betreten. Einzelne Fähnlein lösten sich auf, ihr Heil in schleunigster Flucht zu suchen. Noch einmal versuchten die Heerführer mit Hilfe der noch Standhaften durch kühnen Vorstoß der Schlacht eine andere Wendung zu geben; aber an der Thüringer Tapferkeit scheiterte auch der letzte Versuch.

In wilder Flucht löste sich das ganze große Heer auf.

„Schaut unter die Bäuche der gefallenen Pferde!“ riefen die Sieger; „dort hat mancher Böhme und Schwabe seine Festung gebaut!“

In der That barg sich hier und dort hinter einer Pferdeleiche ein lebender und unverwundeter Feind, dem es nicht geglückt war, gleich seinen Gesellen das Weite zu erreichen. Mit Spott und Hohn ward er hervorgezogen und zum Gefangenen gemacht. Fünf, so erzählt man, krochen zu Lucka in einen Backofen; die erstach ein altes Weib mit der Ofengabel.

Nicht allzulange hatte die mörderische Schlacht gewährt, aber groß war die Zahl der Opfer gewesen, die sie gefordert. Viele, viele Ritter, Reisige und Fußkämpfer — von den Schwaben allein fünftausend — bedeckten verwundet oder erschlagen die Wahlstatt. Gar mancher, der am Morgen mit roten Wangen und frohem Mute ausgezogen war, sank bleich dahin zum ewigen Schlaf.

Ansehnlich war auch die Zahl der Gefangenen, die den Siegern in die Hände fielen.

Die Thüringer aber riefen den Fliehenden höhnend und frohlockend ein Sprüchlein nach, das ein lustiger Kriegsknecht in jener Stunde erdacht hatte, und das dann später im Volke fortlebte:

„Es wird dir glucka
Wie den Schwaben bei Lucka!"

So war das Geschick Thüringens und der jungen Markgrafen der Hauptsache nach entschieden, und mußte auch Friedrich der Gebissene nach seines Bruders Diezmann Ermordung noch zum öfteren das Schwert zum Schutze seines Erbes erheben, so bezeichnet doch die Schlacht bei Lucka einen wichtigen Wendepunkt in seiner und seines Landes Geschichte.

F. Köcher, Jena.

Das Altenburger Holzland.

Wenige Stunden westlich von der großen Fabrikstadt Gera breitet sich eine Hochebene aus, welche die Wasserscheide zwischen Elster und Saale bildet. Sie ist noch zum größten Teile mit dunkeln Forsten bedeckt, in denen wie Inseln im Oceane die Dörfer mit ihren Feldfluren eingebettet liegen. Einige enge Thäler unterbrechen die einförmige Hochfläche. In ihnen rauschen klare, forellenreiche Bäche ostwärts zur Elster, westwärts zur Roda. An den Bächen klappern Mühlen und mahlen das Getreide für die Bewohner oder schneiden die Stämme der Fichten und Kiefern zu Brettern. Weite, stille Forsten, große Dörfer, enge Waldthäler mit einsamen Mühlen — das ist das Altenburger Holzland. Von seinen 66 qkm Flächengehalt nimmt der Wald zwei Dritteile ein.

Länger als die angrenzenden Teile Ostthüringens ist dieses Gebiet menschenleer geblieben. Die Sorben, welche die Gegenden ringsum besiedelt hatten, mieden die rauhen Waldungen und überließen sie noch Jahrhunderte hindurch den Tieren. Als eine fromme Frau um das Jahr 1130 im Holzlande einen geeigneten Platz zur Gründung eines Klosters suchte, heißt es: „Die Stat war den menschen warlich unbekant, allein den wiltenn tyren und ungezcemeten bestien kunt." Allmählich haben die Bestien aber doch den Menschen weichen müssen. Der letzte Bär wurde hier 1659 geschossen, 1673 wurden noch zwei Wölfe erlegt, später sind auch die Wildschweine und Hirsche verschwunden, nur Rehe sind geblieben und von dem Raubzeuge Füchse und Marder. Der Uhu hat sich bis in die siebziger Jahre des 19. Jahrhunderts erhalten. Zur Freude des Weidmannes balzt hier noch der Auerhahn und der Birkhahn, der Schwarzspecht brütet, und der Kreuzschnabel läßt seinen Gesang hören. Von den Kriechtieren ist die giftige Kreuzotter besonders häufig.

Bei der deutschen Rückwanderung wurde auch das Holzland besiedelt; genau läßt sich die Zeit der Gründung bei den einzelnen Ortschaften nicht angeben, nur so viel steht fest, daß keine vor dem 12. Jahrhundert urkundlich genannt wird. Acht Dörfer entstanden im Laufe der Zeit: Hermsdorf, Oberndorf, Kraftsdorf, Reichenbach, Schleifreisen (dem Namen nach vielleicht slavischen Ursprungs), Klosterlausnitz, Weißenborn und Tautenhain. Den kirchlichen Mittelpunkt bildete Klosterlausnitz. Es verdankt seine Entstehung der thüringischen Edelfrau Kuniza, die an dem Bache Lusenize vor 1137 ein Nonnenkloster gründete, das wegen seiner Reliquien bald großen Ruf erhielt und zu Macht und Reichtum gelangte. In der Reformationszeit wurde es eingezogen, seine Gebäude verfielen, die Kirche ist aber

Nach einer photogr. Aufnahme von R. Hauenstein, Altenburg.

Klosterlausnitz mit der Klosterkirche.

in dem ursprünglichen (romanischen) Stile 1866 ganz neu erbaut worden und ist mit ihren zwei Türmen ein Wahrzeichen des Holzlandes. In Klosterlausnitz tagt seit 1864 die altenburgische Pastoralkonferenz. Das Dorf hatte bei der letzten Volkszählung im Jahre 1895 1568 Einwohner. An Größe wird es von dem nahen Hermsdorf übertroffen, das 2181 Bewohner zählte. Die gesamte Bevölkerung der acht Dörfer betrug mehr denn 7500 Seelen, so daß die Volksdichte des Holzlandes eine verhältnismäßig hohe ist und die des übrigen Westkreises beträchtlich übersteigt. Natürlich reicht der Ackerbau nicht entfernt aus, so viele Menschen zu ernähren, sie waren früher und sind jetzt noch zum großen Teile auf den Wald angewiesen.

Nicht wenige Bewohner finden ihre Beschäftigung in den Forsten selbst als herrschaftliche Holzarbeiter. Sie fällen die zum Abtriebe bestimmten Stämme, roden die Stöcke, forsten die Dickichte aus, hacken den Boden auf, pflanzen und besorgen alle zur Pflege des Waldes nötigen Arbeiten. Wenn der Sommer da ist, eilen Frauen und Kinder in den Wald, um erst die Heidel- und später die Preißelbeeren zu sammeln. Da kann man fleißige Hände sehen und lustiges Jodeln hören. So wichtig ist die Beerenernte, daß die Schule 14 Tage Beerferien gewährt. Man hat berechnet, daß in dem 1000 Einwohner zählenden Dorfe Weißenborn in guten Jahren 60000 Liter Heidelbeeren zur Ausfuhr gelangen; für das ganze Holzland schätzt man den Ertrag der Ausfuhr auf 30000 bis 40000 Mark jährlich.

In den Ortschaften blüht eine lebhafte Holzindustrie. Sie war vor 20 und 30 Jahren noch viel bedeutender. Wer damals ein Dorf im Holzlande besuchte, dem bot sich ein eigenartiger Anblick. Vor jedem Hause lagen Haufen von Holz: Stämme, Stöcke, Klötze, Scheite oder Reisig; in den Höfen, Scheunen und teilweise auch in den Stuben waren die Männer beschäftigt, aus diesem Holze allerhand Gerätschaften zu verfertigen: Besen, Schindeln, Dachspähne, Warenbretter (zum Aufwickeln der Schnittwaren), Waschpfähle und Windpfähle, Rechen, Leitern, Dachrinnen, Backmulden, Backtröge, Sessel, Schusterschemel, Schubkarren, Radewellen, Schlitten, Kuchendeckel, Latten, Bretter u. dergl. Längst reichten die Mühlen nicht mehr aus, den wachsenden Bedarf an Brettern zu decken. In den Höfen errichtete man deshalb Handschneidemühlen, in denen zwei Männer die Stämme zu Brettern zersägten. Auf freien Plätzen waren die Zimmerer thätig, um Zulagen zu Gebäuden herzustellen, die viele Stunden entfernt bei Altenburg oder bei Weißenfels errichtet werden sollten; denn damals war es allgemein üblich, daß im Holzlande die Zulagen für die waldarmen Gegenden fast bis nach Leipzig hin gearbeitet wurden. Gewaltige Massen Holz wurden verbraucht. Klosterlausnitz zählte vor einem Menschenalter 20 Zimmermeister und etwa 100 Gesellen, Hermsdorf hatte 50 Handschneidemühlen, Weißenborn fertigt noch jetzt jährlich 18000 Stück Rechen und 50000 bis 60000 Stück Leitern.

Während die Handwerker daheim die Geräte herstellen, sind die Händler draußen thätig, die Erzeugnisse zu verkaufen. Wer kennt sie nicht, die Heidelbeer- und Leiterhändler, die mit ihren Wagen durch die Straßen fahren und beständig rufen: „Hädelbeeren, Hädelbeeren!“ und „Lättern! Koft Lättern!“ Im Dorfe Schleifreisen giebt es allein 28 Heidelbeerhändler. Haben sie ihre Ladung abgesetzt, so eilen sie nach Hause, um eine andere zu holen. Die Holzwarenhändler haben sich den neuen Verkehrsverhältnissen anzupassen verstanden. Sie besitzen Niederlagen in den größeren Städten Deutschlands, lassen dahin die Waren mit der Bahn kommen und vertreiben sie an Ort und Stelle. Mit hereinbrechendem Winter kehren sie auf einige Monate in die Heimat zurück. Nicht wenige sind auch in der Fremde ansässig geworden, wie denn beispielsweise viele Holzhandlungen im altenburgischen Ostkreise in den Händen eingewanderter Holzländer sind. In der Zeit vor Weihnachten wird ein lebhafter Handel mit Christbäumen getrieben. Diese stammen indessen nicht aus dem Holzlande, sondern werden im Thüringer- und Frankenwald oder auch im Vogtland aufgekauft und bis nach Halle, Magdeburg und Berlin versandt.

Die neueste Zeit hat auch im Holzlande die bisherigen Verhältnisse vielfach umgestaltet. Mit der Eisenbahn (Linie Gera—Weimar) hat auch die Großindustrie ihren Einzug gehalten. In der Nähe des Bahnhofes Hermsdorf-Klosterlausnitz und auch anderwärts sind Dampfsägewerke entstanden, welche die zahlreichen Handsägemühlen völlig lahm gelegt haben; bereits bedrohen sie die Existenz der Wassermühlen. Schon stellt man die Leitern fabrikmäßig her, und mit der Zeit werden auch die übrigen Kleinbetriebe dem Großgewerbe weichen müssen. Jüngere Leute besonders suchen Beschäftigung in der großen Hermsdorfer Porzellanfabrik, die, obgleich erst seit einem Jahrzehnt bestehend, schon gegen 700 Arbeiter beschäftigt. Noch ein anderer Erwerbszweig hat sich aufgethan, der in der Schweiz mit dem Namen „Fremdenindustrie“ bezeichnet wird. Die ausgedehnten, stillen Forsten mit ihrer gesunden Luft locken von Jahr zu Jahr mehr Sommerfrischler an; die Papiermühle

Nach einer photogr. Aufnahme von E. Koch, Eisenberg.

Die Froschmühle.

im Zeitzgrunde, die Froschmühle und die Walkmühle im Raudathale sind besuchte Orte. Obenan steht aber Klosterlausnitz, das denn auch im Jahre 1894 ein stattliches Kurhaus erbaut hat und im Jahre 1896 bereits über 900 Kurgäste verzeichnen konnte.

Die Holzländer sind ein ganz charakteristischer Menschenschlag. Sie haben etwas Frisches und Urwüchsiges in ihrem Wesen, wie der Wald, in dem sie wohnen. Ihr Frohsinn thut sich kund im Gesange; nirgends im Herzogtum Altenburg wird so viel gesungen wie im Holzlande, nur hier und in den benachbarten „Thälern“ kann man jodeln hören. Mit der Urwüchsigkeit ist eine gewisse Weltgewandtheit verbunden. Die meisten sind draußen gewesen, sind weit umhergekommen und haben sich Sicherheit im Auftreten und jenes männliche Selbstbewußtsein angeeignet, das sie auch im Verkehr mit Höherstehenden nicht verläßt. Ein echter Holzländer läßt sich nicht verblüffen, und wer ihn betrügen will, muß früh aufstehen. Er ist mitteilsam, offenherzig und schlau zugleich. Vielen ist die köstliche Gabe des Mutterwitzes eigen, der mit schlagendem, oft freilich derbem Ausdruck den Nagel auf den Kopf trifft. Ihr witziges, neckisches Wesen kommt zum Ausdruck in den Beinamen, die sie sich gegenseitig geben. In manchem Dorfe hat fast jeder seinen Beinamen, mit dem er ganz allgemein gerufen wird, während der wirkliche Familienname nur in den Kirchenbüchern, Standesamtsregistern und in der Schule gebraucht wird.

Die Holzländer haben ihre besondere Mundart. Sie verwandeln das anlautende k meist in g, das anlautende g dagegen sprechen sie wie ch in ich. Dieser ch-Laut ist in der folgenden Erzählung durch den Buchstaben j bezeichnet, der Mittellaut zwischen a und o durch das lateinische a.

Dr alle Landrod un de nae Warden.[1])

(Vun ehr salber drzohld.)

Wie dr alln Wardn ehr Garl jeschdurm wor, do hummer, ich un mä Mann, de Wardschaft ibernumm, un nu sulle uf emohl unse Schenkschdube nich meh huch jenung sä. Mr gridden vun Landrode a Schrähm,[2]) wemmer wädder wullden schenke, mißd mr erschd anne huche Schdube bae.[3]) Nu gunnd mr doch 's alle Has nich glä[4]) wagräße[5]) un a naes bae,[6]) dozu hummer gee[7]) Jald. Na, seed'ch, far män Ajusd, do bam'r noch anne Schdube ans Has vurne dron, die huch jenung is. Mr haddn noch nich ohnjefangd ze ban, do gohm su a dicker Harre in an schwarzen Rucke vun Lasenz[8]) riber, 's wor dr jingsde o nich meh, un dar wulle a Glos Bier. Ja, seed'ch, mä lieber Mann, su lange wie mr geene[9]) huche Schdube hun, su lange darf mr gee[10]) Bier schenke. Wenn Se s'ch awwer ras[11]) in de Labe wulln setze, will ich Se anne Flasche Bier jabe, awwer ich darf gee Jald drfier nahme. Na, das basd'n;[12]) ich jabbn anne Flasche un a drank se as. Uf emohl wuller noch eene hobe. Harre Jeses, Harre Jeses, seed'ch, das gann ich Se nich; das vrblabberd sich, un wenns dr Schandorm drfeerd, da zägd darsch on, un mir warn vun Landrode jeschdrofd, ich gann Se weeß Judd gee Bier meh jabe. Do baddelde su, ich sulldn nor noch eene jabe, 's wer su warm häde, un a häddc silchen Durschd. Do daerde mich dar alle Harre, un ich jobn noch eene. Awwer Jald, seed'ch, nahm ich nich, das see ich Se. A had de Flasche asjedrunken un is nochen jejang. Un richd'ch, wie ich die Flaschen wagnahme, leed nich 's Jald drhinger? — — 'n annern Dog gohm dr Schandorm. Ab jesdern a Harre in an schwarzen Rucke bä mir jewasen wer? Jo, seed'ch. Abchn[13]) Bier jejahm häddе? Na, du allerliebsder Judd, dochd'ch bä mir, was seesden nu? Schbrichsde jo, do warschde jeschdrofd, un schbrichsde nee, do beliegsde 'n Schandorm, un wenns nocher rasgimmd, do warschde erschd racht jeschdrofd. No, dachd'ch, Liegen machsde nich un seede: Jo, a had zwee Flaschen Bier in dr Labe jedrunken, awwer ich hobsn glä jeseed, daß'ch gee Jald drfier darf nahme. Abch o wißde, war dar Harre jewasen

---

[1]) Wirtin. [2]) Schreiben. [3]) bauen. [4]) gleich. [5]) wegreißen. [6]) bauen. [7]) kein. [8]) Lausnitz. [9]) keine. [10]) kein. [11]) heraus. [12]) paßte ihm. [13]) Ob ich ihm.

wer? Nee, seed'ch, wuhar soll ich'n en genne? Na, seede dr Schandorm, 's wor dr Landrod aus Rude. — Na vun alln Jarschdenbarg hummer immer jehierd, daß'r a juder Mann wor, un ich bin o nich jeschdrofd wurn, awwer Angsd hobch drwachen lange jehadd, un Bier hobch o erschd widder verschankd, wie de nae Schdube fard'ch wor.

E. Amende, Altenburg.

Das Schloß Fröhlichenwiederkunft.

(Zum großen Teile nach Burkhardt „Die Gefangenschaft Johann Friedrich des Großmütigen und das Schloß zur Fröhlichen Wiederkunft.")

Das Schloß Fröhlichenwiederkunft liegt inmitten der weiten Waldungen, die sich zwischen den Städten Kahla, Roda und Neustadt an der Orla ausdehnen, und die von jeher ein bevorzugtes Jagdgebiet der sächsischen Kurfürsten und Herzöge gewesen sind. Die Straße dahin führt von Roda über die Dörfer Tröbnitz und Geisenhain und weiterhin durch ein stilles Waldthal, in dem ein Bach der Roda zufließt. Plötzlich treten die Anhöhen auf einer Seite zurück, ein Thalkessel breitet sich aus, und in demselben erhebt sich ein schmuckes Schloß mit seinen Türmen, Erkern und Zinnen. Es wird von einer spiegelnden Wasserfläche umschlossen, auf der stolze Schwäne sich schaukeln und weiße Seerosen und gelbe Teichrosen ihre Blüten entfalten. Ringsum steigen bewaldete Höhen empor, als wollten sie das köstliche Bild einrahmen, auf dem das Auge des Wanderers mit Entzücken ruht. Man möchte sich nicht trennen von diesem anmutigen Fleckchen Erde und versteht hier die Bedeutung des Wortes, das drinnen im Schlosse irgendwo geschrieben steht: „Wen Gott lieb hat, dem schenkt er ein Haus in Thüringen."

So weltabgeschieden das Schloß in seinen Waldungen daliegt, so ist es doch sowohl von Roda, als auch von Neustadt in zwei Stunden bequem zu erreichen. Eine andere Straße führt in $1^1/_2$ Stunde durch Wolfersdorf, Trockenborn und den Herzoglichen Tiergarten nach Hummelshain mit seinem prächtigen neuen Schlosse.

Was uns Fröhlichenwiederkunft besonders teuer und wert macht, das sind die geschichtlichen Erinnerungen, die sich an diese Stelle knüpfen. Vor unserem Geiste erhebt sich die Gestalt des starken Glaubenshelden aus der Reformationszeit, des Kurfürsten Johann Friedrich des Großmütigen, der für sein evangelisches Bekenntnis den Kampf mit dem Kaiser wagte, der wohl Land und Leute verlor, aber in unerschütterlichem Gottvertrauen die Ruhe und die Heiterkeit seiner Seele bewahrte. Er ist der Erbauer des Schlosses, und von seiner glücklichen Rückkehr hat es auch seinen anheimelnden Namen erhalten.

Es war im Jahre 1547. Die unglückliche Schlacht bei Mühlberg war geschlagen, dem Kurfürsten war sein Land genommen; er selbst mußte als Gefangener dem Kaiser Karl V. folgen, als dieser mit seinem Heere von Wittenberg durch das Saalthal nach Franken zog. Bei diesem Zuge brannten spanische Soldaten das Jagdhaus in Trockenborn nieder. Als der Kurfürst hiervon benachrichtigt wurde, war er nicht abgeneigt, dasselbe wieder zu bauen, „dieweil — wie er sagte — wir sonsten kein Jagdhaus in Thüringen haben, denn Hummelshain, welches man zur Lust mit Pürschen und anderem Waidwerk könnte gebrauchen, und das der Elisabetherhaide so nahe gelegen wäre, als eben Trockenborn gewesen.“ Doch wurde das Haus nicht auf der alten Stelle wieder errichtet, sondern mehr nach der Elisabetherhaide zu, auf einer Wiese, „von der man in vier Gründe weit und lustig sehen konnte.“ Der Meister Nickel Grohmann in Gotha, dem Thüringen viele schöne Bauten verdankt, unter anderen auch das berühmte Rathaus zu Altenburg, mußte den Plan entwerfen und einen Kostenanschlag machen. Zunächst erschien die geforderte Summe, 2035 Gulden ohne das Bauholz, den Fuhrlohn und die Schlosserarbeiten, dem Kurfürsten zu hoch, „da er nur zur Notdurft, nicht zum Überflusse

Nach einer photogr. Aufnahme von Sophus Williams, Berlin.

Schloß Fröhlichenwiederkunft.

ein Jagdhaus bauen wolle,“ endlich aber gab er seine Zustimmung. Nun begann im stillen Thale ein reges Leben. Kalk, Holz und Ziegel wurden zugefahren, und Handwerker kamen von allen Seiten und schlugen hier ihre Wohnung auf. Schon im Jahre 1548 sollte der Bau fertig sein, infolge mannigfacher Hindernisse verzögerte sich die Vollendung jedoch bis 1550 oder gar 1551. Er wird mit seinem Türmlein, mit Küche und Stallung ein lustiger Bau genannt; in Wirklichkeit war er einfach genug. „Nur einzelne Zimmer waren getäfelt, der bei weitem größere Teil mit weißem Anstrich versehen, der Boden mit Estrich ausgegossen, und ebenso schlicht war die innere Ausstattung; einfache Tische, Betten und hölzerne Lehnbänke war alles, was jener Zeit angeschafft wurde.“

Noch länger als ein Jahr weilte der Kurfürst als Gefangener bei dem Kaiser, bis ihm endlich am 1. September 1552 seine Freiheit wiedergegeben wurde. Am folgenden Tage trat er von Augsburg die Heimreise an. Sie glich einem Triumphzuge. Überall wollte man den teuern Herrn sehen, der so viel Leiden standhaft ertragen und selbst seinen Feinden Hochachtung eingeflößt hatte. In Coburg traf er wieder mit seiner treuen Gemahlin Sybilla zusammen; sie fiel in Ohnmacht beim Wiedersehen. Über den Thüringer Wald zog man nach Saalfeld. „Dann ging es weiter, wohin sein Herz längst verlangt, zum neuen Jagdhause bei Wolfersdorf. Als er um den Berg bog, lag vor ihm der freundliche Wiesengrund, auf dem sich das trauliche Schlößlein erhebt. Die Zinnen der Türmchen erglänzten in abendlicher Sonne, die eben ihre letzten Strahlen über den Spiegel des belebten Wassers dahingleiten ließ. Endlich rollte der Wagen über die Brücke zum festlich geschmückten Hofraum, in dem jubelnd die Menge von nah und fern das Heil der fröhlichen Wiederkunft verkündete. Seit jenem Tage, dem 15. September 1552, ist dieser friedlich stillen Einsamkeit dieser Name geblieben."

Herzog Ernst von Sachsen-Altenburg, der gegenwärtige Besitzer des Schlosses Fröhlichenwiederkunft.

„In stiller Stunde scharte der Kurfürst die Seinen um sich. In feierlicher Andacht, zu der sein Hofprediger Stolz von Weimar herübergeeilt war, hob er seine Hände empor zu seinem Herrn; mit Lob und Dank hat er dort das neue Leben begonnen; das war die Weihe dieser Stätte."

Nicht ganz zwei Jahre waren dem schwergeprüften Fürsten noch zu leben vergönnt. In dieser Zeit hat er sich wiederholt in seiner Fröhlichenwiederkunft am Jagen vergnügt. Auch seine Nachfolger haben das Schloß häufig besucht und nicht selten auch fürstliche Gäste hier bewirtet. Im 17. Jahrhundert gerieten die Gebäude in Verfall und wurden mit der Zeit nur noch als Dienstwohnung für das Forstpersonal benutzt. Da unternahm es Herzog Joseph, in dankbarer Erinnerung an seinen Ahnherrn, das Schloß würdig wieder herzustellen. Im Jahre 1858 begann der Umbau und währte bis 1865. Schöner als je, ein wahres Schmuckkästlein, steht das Schloß nun da. In seinem Innern birgt es Kunstschätze aller Art, darunter manches Andenken an den Kurfürsten Johann Friedrich den Großmütigen. Auf vier großen Gemälden, die aus der Schule Lukas Kranachs des Jüngeren stammen sollen, sind die wichtigsten Ereignisse aus seinem Leben dargestellt. Im Herzog Joseph-Zimmer, dem schönsten von allen, erinnern viele Gegenstände an diesen Fürsten, den hochherzigen Erneuerer des altehrwürdigen Schlosses.

E. Amende, Altenburg.

Der Burgkwald.

Zu den waldigen Höhenzügen, welche sich in nordöstlicher Richtung an den Frankenwald anlehnen und bis zur Saale hinziehen, gehört der Burgkwald. Er bildet einen Bestandteil der zum Fürstentum Reuß älterer Linie gehörigen Herrschaft Burgk, die ihren Namen dem altersgrauen, schon vor dem Jahre 1000 angelegten Felsenschlosse verdankt, das bei der Germanisierung des Landes als Zwingfeste gegen die Sorben gedient hat. Während der älteste Teil dieses Schlosses der nach Südwesten zu gelegene viereckige Bau ist, weist die Bauart der Ringmauer und des im gotischen Stil kunstvoll gezierten Aufsatzes des in der entgegengesetzten Richtung des Schlosses liegenden Turmes auf die Mitte des 16. Jahrhunderts hin. Im Sommer dient das herrlich gelegene und mit allen seinen Zugehörigkeiten altertümlich wohlerhaltene Schloß Burgk zum vorübergehenden Aufenthalt der Familienangehörigen des regierenden Fürsten, während es wegen seiner vielen historischen Sehenswürdigkeiten, die es in seinen Räumen, besonders aber im Rittersaal birgt, zu jeder Jahreszeit von Fremden zahlreich besucht wird. In der mit einer Silbermannschen Orgel ausgestatteten Schloßkapelle soll im Jahre 1529 Dr. Luther gepredigt haben. Im 30jährigen Kriege hatte das Schloß, welches der ländlichen Bevölkerung als Zufluchtsstätte diente, schwer zu leiden, widerstand aber einer harten Belagerung und erhielt am 21. Oktober 1632 einen Schutzbrief Wallensteins, der es vor weiteren schweren Belästigungen des Krieges schützte. — Von großem Reiz ist der Blick aus den Fenstern des Rittersaales auf den Burgkwald, das tief unten liegende Saalthal und den vielgewundenen, am Fuße des Schloßberges vorüberfließenden Fluß.

Unter dem Begriff „Burgkwald“ wird im gewöhnlichen Sinne das am linken Saalufer liegende zusammenhängende Waldrevier verstanden, während forstwirtschaftlich dem Burgkwalde aber auch noch die rechtsufrig gelegenen Waldbestände zugerechnet werden, die die Namen „Unkenbühl“, „Schäferei- und Schloßbergleite“ tragen. In früheren Jahrhunderten bildete der Burgkwald, vereint mit dem sich ihm im Westen anschließenden, jetzt der jüngeren Linie Reuß gehörigen Waldgebiete, den „Streitwald“, als welcher er der Alt-Geraer Linie angehörig war. Nach dem Aussterben dieser im Jahre 1550 kam er durch kaiserliche Begünstigung an die burggräfliche, 1572 an die reußische Linie. Bei der Hauptteilung im Jahre 1596 scheint dann die Bezeichnung „Schleizer“ und „Burgker“ Streitwald entstanden zu sein. Letzterer wurde 1640 zwischen die Linien Ober- und Untergreiz noch einmal geteilt, so daß auch ein Ober- und Untergreizer Streitwald entstand, welche beide dann im Jahre 1768 durch Vereinigung dieser Herrschaften in eine Hand gelangten.

Der über 1200 ha große Burgkwald wird durch das Thal der Sormitz, eines forellenreichen Baches, der sich gegenüber dem Schlosse in die Saale ergießt, in zwei Hochebenen getrennt. Die kleinere, nördlich dieses Gebirgsbaches gelegene ist dadurch, daß Saale und Sormitz in ihrem Laufe sich nähern, wie ein Erdrücken gestaltet, der sich keilförmig zwischen beide Gewässer hineindrängt.

Tritt man bei der Mündung der Sormitz in die Saale seine Wanderung durch den südlich gelegenen, größeren Teil des Burgkwaldes an, so bemerkt man, daß dieser reichlich von muldenförmigen, der Saale zu nach und nach sich vertiefenden Thälern durchschnitten wird, die bei ihrem Ausgange an der Saale gewöhnlich schroff abfallen, kühn geformte Hänge und zerrissene und zerklüftete Felsenmauern bilden, durch welche zum großen Teil die landschaftlichen Reize dieses Teiles des Burgkwaldes bedingt werden.

Entlang der Saale fallen auch die beiden Hochebenen durchgängig steil, oft in scharfen Winkeln zum Flusse ab, wobei das nackte Gestein nicht selten zu Tage tritt und jene Bildungen von Höhlen und Klüften verursacht, welche den Füchsen und Dachsen gewünschten Unterschlupf gewähren. Der jähe Abfall des Geländes zur Saale erzeugt aber auch die vielen herrlichen Aussichtspunkte. Man blickt auf Dorf und Schloß Burgk, auf die Saale und ein Meer von Wald. Besonders auf dem „Jägersteig“ hat man bei auf- und untergehender Sonne eine ungemein reiche Abwechselung von Beleuchtungsverschiedenheiten.

Auf diesem Pirschpfad bietet sich aber auch so recht Gelegenheit, die Mächtigkeit der im Burgkwalde wachsenden Baumriesen zu bewundern. Namentlich sind es die Fichten, welche sich durch Üppigkeit und Schönheit ihres Wuchses auszeichnen. Der tiefgründige, aus Verwitterung von Grauwacke und Grünstein hervorgegangene Lehmboden ist aber auch allem Pflanzenwuchs sehr zusagend. Darum gedeihen außer den Nadelhölzern im Burgkwalde auch Buche, Ahorn, Esche, Rüster, Linde, Erle und Hornbaum, und das Wachstum der Bäume in der Jugend ist infolge dieser günstigen Bodenbeschaffenheit ein sehr schnelles.

Auf dem Jägersteig kann man aber auch die Charaktereigenschaften der muldenförmigen Erdvertiefungen am besten kennen lernen. Diese so eigentümlich gestalteten Thalsenkungen zeigen schon zur Zeit der Trockenheit, wenn sie wasserlos sind, durch das wild in ihnen lagernde Geröll an, daß sie bei Niederschlägen gar gefährliche und reißende Gebirgsströme werden können.

In dieser größeren Hochebene des Burgkwaldes befinden sich zwei erwähnenswerte Bodenerhebungen, der sanft ansteigende 500 m über der Ostsee liegende „Krammetshübel“ und der etwas steiler ansteigende 450 m hohe „Bleiberg“, welch letzterer jäh und schroff zur Saale abfällt und aus Grüngestein gebildet wird. Der sich allmählich von steiler Höhe herabschlängelnde Seitenweg des Bleiberges ist ein schmaler, nur unter kundiger Führung zu begehender Pirschgang, der, von herabgefallenem Geröll gebildet, oft mit hohen Gräsern und Kräutern wild verwachsen ist und hier und da durch zu Fall gekommene und durch Wurmfraß zerstörte Baumstämme gesperrt wird. Der große, felsige, waldbestandene Abhang ist übrigens nichts weiter als ein wildes Stück Urwald, in welchem weder der Holzfäller seine Axt schwingen, noch der Forstmann seine Kulturen betreiben kann. Sturm und Winde besorgen hier beides. Jeder unsichere Tritt auf diesem Saumpfade ist mit Lebensgefahr für den Wanderer verknüpft, weil leicht ein Absturz stattfinden kann, und das Gestein haustiefe Risse in sich birgt, welche an manchen Stellen nur oberflächlich mit heruntergekommenem Geröll gefüllt sind.

Birgt der Burgkwald an sich für den Botaniker eine reiche Anzahl begehrenswerter Pflanzen, so sind die Bleiberge für ihn geradezu ein natürlicher botanischer Garten in wunderbarer Üppigkeit und Vielseitigkeit, in welchem friedlich der gefährliche mit dem harmlosen, freundlichen und heilbringenden Schmuck unserer Flora dicht beisammensteht, ja, wo einer den anderen wohl schützend mit seinen schattenspendenden Blättern deckt. Erdbeere und Tollkirsche, Maiglöckchen und Bilsenkraut, Färberkamille und gelber Fingerhut, Waldmeister und Kellerhals, Bärlapp und rotbeeriger Holunder und wie sie alle sonst noch heißen mögen, begrüßen in buntem Durcheinander den Wanderer, welchem die wilde Balsamine, das Pflänzchen „Rühr' mich nicht an", mahnend ins Ohr zu flüstern scheint: „Vorsicht!" Daß ungestört mancher Käfer hier sein Wesen treiben kann, zeigt der mit Schlingpflanzen fest umklammerte, über den Pfad gestürzte Baumriese, auf welchem der ganzen Länge nach der Bostrichus, der gefährliche Borkenkäfer, eine Art Runenschrift eingegraben hat. Wer aber jenen seltenen und flüchtigen Schmetterling, den Apollo, sehen und jagen will, der muß ihn in den Bleibergen an der Saale suchen, deren Felsenspitzen er an sonnigen Tagen zu umgaukeln pflegt.

Nach einer photogr. Aufn. v. P. Koenig, Schleiz.

Schloß Burgk a. d. Saale mit Burgkhammer.

Der Bleiberg hat seinen Namen von dem Metall, das er in seinem Innern birgt und welches ihm in früheren Zeiten abgewonnen worden ist. Die Spuren des Bergbaues sind an seinem Fuße am Ufer der Saale heute noch in der Form von Stollen wahrnehmbar.

Am Fuße des Bleiberges, zwischen ihm und der Saale, breitet sich eine mit Hainbuchen, dichtem Gebüsch und geordneten Baumreihen bepflanzte Wiese aus, deren Erdreich aus gutgepflegtem Boden besteht. Dieses von allen Seiten abgeschlossene, außerordentlich fruchtbare Grundstück trägt den Namen „der Einsiedel" und soll in alten Zeiten einem Einsiedler zum beschaulichen Dasein als Aufenthalt gedient haben. Die Saale bildet hier eine ihrer tiefsten Stellen im Oberlauf, das sogenannte „Bleiloch“, dessen Wasserspiegel sich im Gegensatz zu dem weiteren Flußlauf durch unheimliche Ruhe auszeichnet. Während aus dem Grunde des Bleiberges ein warmer Quell hervorbricht, birgt das als Stollen jenseits der Saale in den Felsen hineingearbeitete „Eisloch“ in manchen Sommertagen noch Eisstücke. Diese beiden natürlichen Vorkommnisse zusammen mögen die Veranlassung zu der volkstümlichen Redensart gegeben haben: „Das Wasser in den Bleibergen friert im Winter nicht zu, und doch haben in heißesten Sommern die Ritter ihr Eis von dort geholt.“ Die in die schroffe Felswand am Bleiloch eingegrabenen vier Buchstabenreihen geben Kunde von einem hier im Jahre 1684 erfolgten Absturz, bei welchem vier Menschen das Leben einbüßten.

Wer den Ausgang aus dem „Einsiedel“ flußaufwärts gewonnen hat, wirft gern noch einmal einen Blick zurück nach den in majestätischen Formen sich erhebenden und von mannigfachem Grün durchwachsenen, imposanten Felsmassen, deren Grau sich von dem tiefen Grün des waldigen Hintergrundes malerisch abhebt. Wußte es der Eremit, daß am „Einsiedel“ gut wohnen war, so wissen auch die Burgkwälder diese Gegend nach ihrer Naturschönheit und Fruchtbarkeit wohl zu schätzen, denn sie nennen das ganze Gebiet hier „das Paradies“.

Während der Bleiberg die südliche Grenze des Burgkwaldes bezeichnet, zieht sich an seinem westlichen Saume die Saalburg-Remptendorfer Landstraße hin. Die von ihr abzweigenden Waldwege gestatten eine Durchquerung des Burgkwaldes über Isabellengrün nach Schloß Burgk. Das Forsthaus Isabellengrün, von wo aus das ganze Burgkwaldrevier verwaltet wird, liegt idyllisch auf einer von Wald umrauschten und von hundertjährigen Lindenbäumen beschatteten freien Fläche. Derartige freie, wenn auch kleinere Flächen, trifft man hier und da mehrfach an. Einige derselben sind infolge gewaltiger Schnee- und Windbrüche, unter welchen der Burgkwald oft zu leiden hat, ihrer Bäume beraubt worden und zeichnen sich nun, begünstigt durch die Fruchtbarkeit des Bodens, durch einen auffallend üppigen Graswuchs aus, der dem zahlreichen Rehwild als Versteck und Lagerplatz zu gute kommt. So häufig man bei einem Besuch des Burgkwaldes Gelegenheit hat, auf Rehe zu stoßen, so selten wird man Hirsche beobachten können. Sie kommen hier nur als Wechselwild vor und werden in freier Wildbahn erlegt.

Wenn der Burgkwald auch vorherrschend aus reinen Fichtenbeständen besteht, so ist der Saum derselben an Wegen doch vielfach von Laubbäumen durchsetzt, wodurch eine dem Auge besonders wohlthuende Wirkung erzielt wird. Es giebt aber auch inmitten des Reviers Waldflächen, die mit geschlossenen Buchenhainen bestanden sind und im Sommer einen herzerfreuenden Anblick gewähren.

In der Tiefe des Waldes, an vor Winden geschützten und von fließendem Gewässer durchzogenen Stellen wird das mühevolle Geschäft des Kohlenbrennens noch betrieben, von dem wir im folgenden ein Bild entwerfen wollen.

Will der Köhler einen Meiler bauen, so schlägt er in die vorher geebnete Waldfläche, auf welcher derselbe stehen soll, einen senkrecht stehenden Pfahl, den „Quandelpfahl“, schichtet um denselben bis oben hinauf eine Menge Reisig und um dieses kreisförmig herum die Hölzer, aus welchen die Kohle gewonnen werden soll. Über das Ganze deckt er dann Gras, Rasen und Erde, „das Gestübbe“, doch so, daß der Pfahl als „Haube“ ein Stückchen aus diesem runden Hügel herausschaut. In eine unten freigelassene Öffnung steckt er nun ein brennendes Holz, schiebt es bis an das leicht entzündbare Reisig, damit es vom Feuer erfaßt werde, schlägt dann, wenn dasselbe bis zur „Haube“ hinauf gebrannt ist, den

Nach einer photogr. Aufnahme von P. Koenig, Schleiz.

Die Bleiberge an der Saale.

Quandelpfahl tiefer und bedeckt ihn gleichfalls mit Erde. Damit nun das Feuer im Innern des Meilers nicht ganz erlösche, werden im oberen Teil desselben in zonenförmiger Anordnung kleine Löcher hineingestoßen, aus welchen der im Innern erzeugte Rauch entweicht. An den Eigenschaften desselben erkennt der Köhler die Art und Weise, wie der Verwandlungsprozeß im Innern des Meilers vor sich geht. Ist der Rauch einseitig, ungleichmäßig stark und droht er gar zur Flamme sich zu entfachen, so hat der Köhler dies zu verhindern; erscheint er dick und grau, so weiß er, daß das Holz noch roh ist; während ein dünner und himmelblauer Rauch ihm anzeigt, daß eine gute Verkohlung stattgefunden hat. Ist das geschehen, so wird eine zonenweise Durchlöcherung des „Mantels“ weiter nach unten vorgenommen, die höher gelegenen Löcher, hinter welchen die Verkohlung bereits stattgefunden hat, werden aber mit Erde zugeschüttet. Diese Arbeit wiederholt sich so lange, bis der Meiler heruntergebrannt ist. Nun ist die Kohle fertig; sie wird aus dem Schutt heraus gefördert, nach der Güte gesondert und in den Handel gebracht.

Wohl eine Woche Zeit gebraucht der Köhler zum Aufbau eines Meilers, in welchem 15—20 cbm Holz in Kohle verwandelt werden sollen, und ebenso lange muß der Meiler brennen, bis eine gute Kohle erzeugt worden ist. Während dieser Zeit wird er unausgesetzt bei Tag und Nacht beobachtet, weil das geringste Versehen den ganzen Erfolg des Unternehmens in Frage stellt. Die Vorzüge der im Burgkwald gewonnenen Kohle lassen sich daraus herleiten, daß nur die zuerst gewachsenen, am meisten Kraft in sich bergenden Teile der Fichte, die „Stöcke", und die sich ihnen anschließenden Stammenden und nur vollkommen gesunde, vor der Saftzeit gefällte Hölzer zur Gewinnung der Kohle benutzt werden. Die Burgkwälder Kohle klingt wie Porzellan, ist widerstandsfähig beim Versuch, sie zu zerbrechen, glänzt an den Bruchstellen und schwärzt beim Anfassen nur wenig; sie ist tiefschwarz, von einer gewissen Schwere und besitzt also alle die Eigenschaften, welche von einer guten, Hitze erzeugenden Holzkohle verlangt werden.

Am Ausgang des Waldes nach Osten zu liegt unmittelbar an der Saale das Dörfchen Burgkhammer. Hier macht der Fluß gewaltige Biegungen, welche sich einander bei entgegengesetztem Laufe so nähern, daß sie durch einen Felsentunnel miteinander leicht verbunden werden konnten und so eine gewaltige Wasserkraft erzeugten, welche in früheren Jahren von einem Eisenhammerwerk, das 1868 den Betrieb einstellte, ausgenutzt worden ist und jetzt einer Sägemühle und Holzstofffabrik zu industriellen Zwecken dient. Das früher im Eisenhammerwerk erzeugte Eisen erfreute sich eines guten Rufes weit und breit, und gar viele der alten, mächtigen Stubenöfen und Herde in den Bauernhäusern des reußischen oberen Vogtlandes, von welchen gesagt wird, daß sie unverwüstlich seien, sind Erzeugnisse der Burgker Eisenindustrie in Burgkhammer, welcher die Eisenerze zum großen Teil aus den eisenhaltigen Felsen an der Saale zugeführt wurden. Das lieblich am Burgkwald und Saalefluß gelegene Dörfchen ist bei hohem Wasserstande eine ständige Haltestation der Flößer, welche große Holzmassen von Franken her weiter stromabwärts führen.

Die hohen, von Burgkhammer aus im Westen sichtbaren, mit gemischtem Baumwuchs lieblich geschmückten Felspartien sind die Schloßbergleiten, an welchen sich der „Röhrensteig" entlang zieht, jener herrliche Pfad, der in einem Bogen das Saalthal umfaßt und reich an entzückenden Aussichten auf den Burgkwald, den Fluß, Burgkhammer und Schloß Burgk mit seiner Umgebung ist. Manche Motive, mit welchen unser vogtländischer Künstler Hermann Vogel Grimms Märchenbuch geschmückt hat, hat er hier mit sinnigem Blicke aus der Landschaft herausgezogen. Der Röhrensteig führt von den Wiesen, welche oberhalb des an seinem Ende zu Thal führenden Eisweges liegen, den Schloßbewohnern in verdeckt liegenden Holzröhren gesundes Trinkwasser zu. An den am Eisberge liegenden älteren Waldbeständen bemerkt man deutlich die Anbohrungen der Bäume, welche früher zur Gewinnung des Pechs benutzt worden sind. Auf jener Seite des Eisberges liegen die Schäfereileite und der Unkenbühl. Sie zeichnen sich durch schroffen, zerrissenen Abfall zum Saalthal aus, sind jedoch schwer zugänglich und werden darum wenig besucht. Der bedeutendste dieser jäh abfallenden Felsen ist der „Kobrig“, in dessen Klüften der Uhu horstet, der mit seinem unheimlichen Geschrei die nächtliche Stille des Burgkwaldes unterbricht.

Franz Weidmann, Greiz.

Rudolstadt.

Daß Rudolstadt zu den schönsten Städten Thüringens gehört, ist unbestritten. Das haben schon Hunderte über Hunderte von Fremden versichert; das behaupten alle Einheimischen. Das steht auch in meinem Reisehandbuch, denn da heißt es:

Nach einer photogr. Aufnahme von Sophus Williams, Berlin.

Rudolstadt.

„Rudolstadt, Haupt- und Residenzstadt des Fürstentums Schwarzburg-Rudolstadt, in herrlicher Lage an der Saale, eine der freundlichsten Städte Thüringens mit sehr lebenslustiger Bevölkerung.“ Und daß sie recht haben, die Fremden, die Einheimischen und das Reisehandbuch, wirst du, lieber Sommerreisender, gleich bei deiner Ankunft bestätigt finden. Dich bringt — wer käme wohl heutzutage anders noch an! — natürlich die Eisenbahn. Der Zug, der dich an freundlichen Städten und Dörfern, an bewohnten und verfallenen Burgen vorüber durch die lachenden Fluren des lieblichen Saalthales geführt, gleitet mit abnehmender Fahrgeschwindigkeit zwischen dem glitzernden Flusse und einer schattigen Kastanienallee dahin und hält in der nächsten Minute an der Station Rudolstadt. Kaum hast du den Fuß aufs feste Land, den Bahnsteig, gesetzt und dich von dem weiterfahrenden Zuge verabschiedet, so stehst du wie gefesselt, denn schon hier, von der frei gelegenen Station aus, erblickt dein Auge ein ganzes Stück von der Umgebung Rudolstadts. Und wendest du dich der Stadt zu, indem du die dicht am Bahndamm sich hinziehende Allee betrittst, so wirst du aufs angenehmste überrascht durch den hier sich bietenden Ausblick. Du stehst vor dem Bahnhofsplatz. Das ist nicht ein Platz mit Droschkenreihen, von dem eine lange, staubige, schattenlose „Bahnhofstraße" hinein zur Stadt führt — vor dir breitet sich eine hübsche, zum Teil von stattlichen Häusern umgebene Gartenanlage aus; und über die Stadt herüber winkt der grüne Hain, und vom Berge grüßt das über der Stadt thronende Schloß. Und bist du müde von der Reise, so brauchst du doch kein Gefährt, das dich zur Herberge bringe; denn es bedarf nur weniger Schritte, und du stehst inmitten der Stadt.

Die für den Personenverkehr so günstige Lage des Bahnhofs dicht an der Stadt fällt jedem Fremden angenehm auf. So schnell er sich zur Stadt hineinfindet, so leicht auch wird es ihm, ein Bild von ihrer Lage zu gewinnen und sich in ihr zurechtzufinden.

Das hier etwa 1 km breite, von Westen nach Osten sich streckende Saalthal, in welches das Schaalbachthal und das Thal des Wüsten Baches einmünden, wird nördlich von dem Bergrücken des Hains und dem Schloßberg begrenzt. An dem letzteren hin und um ihn herum zieht sich die Stadt, und zwar so, daß ein kleiner Teil (ein Stück der Altstadt und die Weimarische Straße) im Seitenthale des Wüsten Baches, der bei weitem größte Teil aber im Hauptthale der Saale liegt. Dicht am linken Flußufer hin führt die Eisenbahn, neben dieser her der berühmte Wasserdamm. In derselben Richtung, von Westen nach Osten, läuft die aus der Schwarzburger Straße, der Oberen und Unteren Marktstraße sich zusammensetzende Hauptstraße; ziemlich parallel mit dieser laufen südlich die Sommer- und die Gartenstraße, nördlich die Georgstraße und die vom Westende bis zur Stadtkirche führenden Gassen. Alle anderen Straßen und Gassen bilden rechtwinkelig die Verbindung zu diesen Längsstraßen. Das rechte Saalufer, nach welchem zwei Brücken führen, ist unbebaut; dort breitet sich die „Große Wiese" aus.

Die Stadt mit ihren regelmäßigen, gut gepflasterten und mit schönen, breiten Bürgersteigen versehenen Straßen macht keinen altertümlichen Eindruck. Nur die Namen Mauerstraße, Hinter der Mauer und ein alter Mauerrest erinnern daran, daß sie einst mit einer Mauer (aus welcher fünf Thore führten) umgeben war. Als der älteste Teil der Stadt darf die Altstadt gelten, die als eine dörfliche Ansiedelung um eine von einem Thüringer Herzog Rudolf zum Schutze gegen die Sorben erbaute Burg entstanden sein mag. Neben ihr entwickelte sich später das Städtlein, das urkundlich zuerst im Jahre 800 erwähnt wird unter den Orten Thüringens, wo das Stift Hersfeld Besitzungen hatte. Vom Anfang des 13. Jahrhunderts bis zum Jahre 1335 gehörte Rudolstadt den Grafen von Orlamünde; dann kam es durch Vermählung des Grafen Heinrich XV. von Schwarzburg mit einer Gräfin von Orlamünde in Besitz der Grafen von Schwarzburg. 1527 bis 1531 war es die Residenz Graf Heinrichs XXXII. und seiner Gemahlin Katharina von Henneberg; letztere, in der Geschichte als Katharina die Heldenmütige bekannt, hatte 1538 bis 1567 hier ihren Witwensitz. Im Jahre 1547 spielte sich auf dem Rudolstädter Schlosse zwischen ihr und dem Herzog Alba der weltbekannte Auftritt ab („Fürstenblut für Ochsenblut!"). Das Grab der Gräfin ist in der Stadtkirche vor dem Altar. 1571 wurde unter Graf Albert VII. Rudolstadt die Residenz der Grafen von Schwarzburg Rudolstädter Linie; doch war noch zu Ausgang des 16. Jahrhunderts die Stadt gegen die Nachbarstadt Saalfeld klein und unbedeutend. Die Bewohner, auch die Handwerker, die wenigen Krämer, Fuhrleute und dergleichen trieben Ackerbau und nährten sich von diesem ganz oder teilweise. Die jetzige Alte Gasse war als einstige Neustadt der Anfang zum Wachstum der Stadt über die Mauer hinaus nach Westen. Der Dreißigjährige Krieg gebot der Entwickelung Stillstand; besonders das Jahr 1640 brachte viel Unheil auch über Rudolstadt. Vom 11. Mai bis 2. Juni lagen sich bei Saalfeld ein schwedisches und ein kaiserliches Heer — Banner am roten Berge, die Kaiserlichen in Saalfeld — gegenüber. Als am 2. Juni Banner das Lager abgebrochen hatte und sich zurückzog, zog auch die schwedische Besatzung Rudolstadts ab. Von Saalfeld kommende kaiserliche Truppen besetzten darauf die Stadt und „plünderten sie rein aus". Ein Versuch der Plünderer, sich auch des Schlosses zu bemächtigen, wohin sich ein großer Teil der Bürgerschaft geflüchtet hatte, scheiterte an der tapferen Gegenwehr der Bürger. — Im Jahre 1655 wurden die ersten Häuser in der Neuen Straße (Schillerstraße) gebaut. Größeren Aufschwung nahm die Stadt, als 1710 die gräfliche Residenz Hauptstadt des Fürstentums Schwarzburg-Rudolstadt wurde. Das Schloß, die Heidecksburg, stammt, da das alte 1735 zum größten Teil abgebrannt war, aus der Mitte des 18. Jahrhunderts. Besonders bemüht um die Verschönerung seiner Residenz war Fürst Ludwig Friedrich (1793 bis 1807). — Im Jahre 1584 hatte Rudolstadt 214 Häuser; 200 Jahre später zählte es 509 Häuser. Im Jahre 1801 hatte die

Fürst Günther zu Schwarzburg-Rudolstadt.

Stadt 4000 Einwohner. Um 1860 schloß sie mit der Augustenstraße nach Westen hin ab und zählte gegen 6000 Einwohner. Heute hat sich die Einwohnerzahl verdoppelt, und die Stadt hat bereits engste Fühlung mit dem benachbarten Dorfe Volkstedt.

Als Haupt- und Residenzstadt ist Rudolstadt der Sitz der obersten Behörden des Fürstentums; es hat ein Amts- und ein Landgericht; auch ist es Garnisonstadt. An Schulen besitzt es außer den Bürgerschulen ein Gymnasium mit Realprogymnasium und eine höhere Töchterschule, ferner an besonderen Bildungsanstalten ein Lehrerseminar, eine Präparandenanstalt und ein Technikum. Von größeren gewerblichen Anlagen sind zwei Bierbrauereien und vor allem die große, 600 Arbeiter beschäftigende Richtersche Fabrik zu nennen, welche Heilmittel, Chokolade, Steinbaukästen und Musikwerke herstellt. Sodann ist hier die Porzellanindustrie zu Hause; zählt doch die Stadt drei solcher Fabriken und das benachbarte Volkstedt ebenfalls drei, darunter eine der ältesten Thüringens, begründet von einem Schwarzburger, Namens Macheleidt, dem Erfinder des Thüringer Porzellans. Ist hiernach die Stadt und ihre Umgebung auch nicht frei von hohen Schornsteinen, so trägt doch das Stadtbild keineswegs das Gepräge einer Fabrikstadt. Dieses Bild ist in seinen Hauptzügen geblieben, wie es von alters her gewesen: im breiten, von bewaldeten Bergen eingerahmten Thale der blauen Saale liegt zu Füßen des Hains und des weithin sichtbaren Schlosses auf dem linken Flußufer die Stadt, auf dem rechten Ufer dehnt sich die große Wiese mit ihren Baumgruppen aus. Besonders belebt wird das Landschaftsbild durch eine große Menge aus dem Grün der Bergseiten hervorlugender Gartenhäuschen und hübscher Landhäuser. — Es sei uns erlassen, alle die Aussprüche berühmter Männer hier anzuführen, die sich auf die freundliche Lage der Stadt und ihre schöne Umgebung beziehen, gehen sie doch zurück bis auf Karl V.! Hier heißt es: „Kommt und seht! Steigt mit mir hinauf zum Schlosse, dort wollen wir Ausblick halten!“

Wir suchen zunächst die Schloßgartenecke auf, die von einer hohen, durch mächtige Strebepfeiler gestützten Mauer getragen wird; sie bietet uns die Aussicht nach Süden und Osten. Wir überblicken die östliche Hälfte der Stadt, vor allem die Altstadt. Tief unter uns liegt der Schulplatz mit dem alten Gymnasium, das jetzt die Landesbibliothek birgt; die alten Häuser in der Nähe sind ehemalige Professorenwohnungen und Wohnungen der Geistlichen. Wir blicken hinunter auf den Kirchplatz mit der Stadtkirche; diese steht in ihrer jetzigen Gestalt seit dem Jahre 1636. Ihr Inneres wurde zum letztenmal 1879 einer durchgreifenden Erneuerung unterzogen. Die Orgel stammt aus der Werkstätte des Meisters Ladegast in Weißenfels. Links von der Kirche zeigt sich die vom Prinzen und nachmaligen Fürsten Ludwig Friedrich erbaute Ludwigsburg, deren Nordflügel die Wohnung des Staatsministers ist; die anderen Teile des Gebäudes enthalten ein kleines naturkundliches Museum, das „Naturalienkabinett“, die Präparandenschule und eine Sonntagszeichenschule. Der große Ziegelbau im Süden ist die 1895 erbaute neue Bürgerschule. Im Thale nach Osten sind auf dem linken Saalufer die Dörfer Kirchhasel, Etzelbach, Uhlstedt, auf dem rechten Ufer Katharinau, Kolkwitz, Weißen mit der Weißenburg sichtbar.

Im Süden, unweit der Stadt, erblicken wir Kumbach mit dem in der Ferne immer noch imposanten, alten Orangeriegebäude, entfernter die Kirche von Oberpreilipp. Auf dem Bergrücken links von Kumbach, der sogenannten Bildergalerie, erhebt sich der Marienturm, weiter nach Süden der Kulmturm. — Unsern zweiten Aussichtspunkt, der uns den westlichen Teil der Stadt zeigt, erreichen wir, indem wir uns über den oberen Schloßgarten zum Schloßhof und von dort durch die westliche Schloßeinfahrt hinaus auf „die Schutte“, den Platz vor dieser Einfahrt, begeben. Du bist überrascht von dem entzückenden Ausblick nach Süden und Westen und besonders auf die zu Füßen liegende Stadt. Im Süden siehst du die Dörfer Volkstedt und Schwarza; Volkstedt gegenüber, am anderen Saalufer, grüßt die Schillershöhe. Hinter Schwarza erhebt sich der mächtige Eisenberg. An seinem Fuße fand 1806 das Gefecht bei Saalfeld statt. Prinz Louis Ferdinand von Preußen, der dort den Heldentod starb, hatte zuvor auf der Heidecksburg, vor der wir stehen, übernachtet. Zwischen dem Eisenberg und dem Hainberg erglänzen hoch oben die Dächer des Dörfchens Oberwirbach. Rechts von Volkstedt, mehr nach der Stadt zu, dehnt sich der Zeigerheimer Berg aus, der den ersten Bismarckturm trägt; an ihn reiht sich ein anderer herrlicher Aussichtspunkt, die Liske. Im Westen öffnet sich das Schaalbachthal mit dem scharf hervortretenden Steinberg oder Uhu und dem das Thal abschließenden Steiger mit dem Baropsturm. Bis an den Schloßberg heran zieht sich der Hain; dieser und die Berggärten unterm Haine in der üppigen Fülle ihrer im reichsten Laubwerk prangenden Obstbäume rahmen in wirkungsvoller Weise ein Bild ein, das sich durch das bloße Herzählen von Orts- und anderen Namen nicht beschreiben läßt, das aber die Worte des Reisebuches vollauf rechtfertigt. Kommt und seht!

Nach einer phot. Aufn. von Soph. Williams, Berlin.

Schillershöhe.

Es soll hier, da wir eben das Sehenswürdige von Rudolstadt, seine herrliche Lage, hervorgehoben haben, gar nicht der Versuch gemacht werden, weitere Sehenswürdigkeiten anzuführen. Nur an eins sei erinnert, wenn wir, ehe wir uns zum Gehen wenden, noch einmal hinüberblicken nach dem Bergvorsprung an der Saale bei Volkstedt. Die Schillershöhe ruft Schillers Aufenthalt in Volkstedt und

Rudolstadt in uns wach, jenen Sommeraufenthalt des Jahres 1788, der zwar kurz, aber doch so bedeutsam war für des Dichters Leben. Schiller war im Dezember 1787 mit seinem Freunde Wilhelm von Wolzogen auf seiner Reise von Bauerbach nach Weimar durch Rudolstadt gekommen und hatte da Frau von Lengefeld und deren Töchter Charlotte und Karoline kennen gelernt. Vor der Weiterreise hatte er die Absicht ausgesprochen, den nächsten Sommer in der außerordentlich schönen Gegend zu verleben. Noch im Laufe des Winters hatte er Gelegenheit, Charlotte, die sich einige Zeit in Weimar aufhielt, näher zu treten. Sie hatte es dort übernommen, dem Dichter eine Wohnung zu besorgen. In jene Zeit fallen die ersten Anfänge zu dem berühmten Briefwechsel „Schiller und Lotte". Anfang März 1788 schon, da Charlotte noch in Weimar war, schreibt Schiller von seinem Aufenthalte in Rudolstadt und sagt von ihm, daß er sich darauf freue, wie er sich noch auf wenige Dinge gefreut habe. Weiter schreibt er ihr: „Sie können sich nicht herzlicher nach Ihren Bäumen und schönen Bergen sehnen als ich — und vollends nach denen in Rudolstadt, wohin ich mich jetzt in meinen glücklichsten Augenblicken im Traume versetze." Als er sich wiederholt nach seiner Wohnung erkundigt, antwortet ihm Lotte, daß sie zuerst an die Gärtnerwohnung in Kumbach gedacht, daß sie dann aber auf ein anderes Dorf gefallen, das, wie sie glaubt, nicht hundert Schritte weiter als jenes ist und eine schöne Lage hat, „am Ufer der Saale, hinter ihm erheben sich Berge, an deren Fuß liebliche Fruchtfelder sich ziehen und die Gipfel mit dunklem Holze bekränzt, gegenüber an der anderen Seite der Saale schöne Wiesen und die Aussicht in ein weites, langes Thal." So sah Lotte von Lengefeld die Gegend, die wir hier oben überblicken. Schiller aber beschreibt sie später so: „Das Dorf liegt in einem schmalen, aber lieblichen Thale, das die Saale durchfließt, zwischen sanft ansteigenden Bergen. Von diesen habe ich eine sehr reizende Aussicht auf die Stadt, die, sich am Fuße eines Berges herumschlingend, von weitem schon durch das fürstliche Schloß, das auf die Spitze des Felsens gepflanzt ist, sehr vorteilhaft angekündigt wird, und zu der mich ein sehr angenehmer Fußpfad, längs des Flusses, an Gärten und Kornfeldern vorüberführt."

Regelmäßig kam der Dichter abends nach Rudolstadt in das Lengefeldsche Haus. Der gewöhnliche Weg von Volkstedt um die schöne Ecke herum bei der Schaalbachbrücke, die Berge jenseits der Saale, vom Abendrot so schön beleuchtet, Rudolstadt vor ihm und von weitem der grüne Pavillon in dem Lengefeldschen (eigentlich von Beulwitzischen) Garten standen sehr lange in Schillers Erinnerung.

Nachdem er elf Wochen in Volkstedt gewohnt, siedelte er im August nach Rudolstadt über. Im September fand im Beulwitzischen Hause die erste Begegnung „mit dem Herrn Geheimrat Goethe" statt, der mit dem Herrn von Stein hierher gekommen war. — Während das Schillerhaus in Volkstedt des Dichters Arbeitszimmer mit Tisch, Pult und Lehnsessel bewahrt hat, sind die Schillerhäuser in Rudolstadt nur noch an den angebrachten Gedenktafeln als solche kenntlich. Lottes Geburtshaus, der ehemalige Heisenhof, liegt hinter der Stadtkirche am Fuße des Schloßberges und ist jetzt eine Brauerei. Rudolstadts bescheidenes, leider etwas vernachlässigtes Schillerdenkmal ist die mit einer Danneckerschen Schillerbüste geschmückte Schillershöhe.

Kehren wir zur Stadt zurück, damit wir die „lebenslustige“ Bevölkerung kennen lernen! Wir glauben nicht, daß der Rudolstädter für sich beansprucht, in der Auffassung des Lebensgenusses und den Äußerungen der Lebensfreude etwas vor den übrigen Thüringern voraus zu haben. Wohl ist das gesellige Leben Rudolstadts ein sehr reges; wohl werden das Jahr hindurch vielerlei Vergnügungen, teils öffentlich, teils in Vereinen veranstaltet; wohl finden das ganze Jahr hindurch, besonders aber im Sommer, öffentliche Konzerte statt; wohl wird in zahlreichen Gesangvereinen das deutsche Lied eifrig gepflegt — doch trifft dies nicht auf jede andere thüringische Stadt zu? — Auch hier wie anderwärts in Thüringen geht ein idealer Zug durch die sehr arbeitsame Bevölkerung: die Freude an der Natur. Man verwendet seine freie Zeit zu Spaziergängen, man wandert hinaus in die schöne Umgebung, man hat seinen Berggarten, der gleichzeitig körperliche Bewegung und Erholung im Freien verschafft. Die Gartenanlagen an den Bergen in dieser Anzahl freilich sind Rudolstadt besonders eigentümlich, und noch mehr sind es die Vogelherde und Tränken, auf die der Spaziergänger in den Wäldern in stundenweitem Umkreise stößt. Die in einsamen, stillen Waldthälern und Schluchten an Quellen gelegenen Tränken, oft einfache Hütten mit moosverstopften Wänden, sind ursprünglich zum Vogelfange erbaut wie die auf freien Waldhöhen stehenden Vogelherde. Die letzteren dienen noch häufig diesem Zwecke, dem erlaubten Fange der Krammetsvögel; die ersteren sind Kaffeetränken geworden. Mit der Familie nach der Tränke zu pilgern, dort Kaffee zu kochen, den Platz um das Hüttchen herum zu verschönern, ist dem Rudolstädter von jeher eine Lust gewesen.

Noch etwas besonders Rudolstädtisches ist der Anger, jener mit hübschen Anlagen und Springbrunnen gezierte Platz, auf welchem das Theater, das Schützenhaus und eine Anzahl Gastwirtschaften liegen. Von all den Bier- und Konzertgärten — wir nennen nur den sehenswerten, herrlichen Rudolspark — ist nichts so volkstümlich als der unmittelbar am Saaldamm und in nächster Nähe des Bahnhofes gelegene Anger; er ist der Hauptvergnügungsort der Rudolstädter und ihrer Gäste, auf ihm spielt sich den Sommer hindurch ein gutes Stück des geselligen Lebens der Stadt ab. Der Anger verdankt seine Berühmtheit dem Rudolstädter Vogelschießen, das von alters her auf diesem Platze abgehalten wurde, und der früher mit diesem beginnenden Theaterspielzeit. Dieses Volksfest ist schon lange nichts weiter als ein großer Jahrmarkt, zu welchem allerdings immer noch große Menschenmengen alljährlich zusammenströmen. Vor hundert und mehr Jahren war es, wiewohl der Schauplatz desselben, der Anger, als einzigen Schmuck ein paar Rasenflächen und einige Reihen schattiger Bäume aufzuweisen hatte, ein Fest auch für die besseren Stände. Denn wenn es auch nicht, wie Schiller meint, „die einzige gesellschaftliche Anstalt im ganzen Jahr für den Hof und die Stadtleute“ war, so wissen wir doch, daß es, da Theater, Spielfreiheit und dergleichen damit verbunden war, damals vier Wochen hindurch jede Woche mehrere Tage in Anspruch nahm, daß am Mittwoch der ersten Woche der Hof auf dem Vogelschießen erschien, wo solenn gespeist und wohl auch getanzt wurde, und daß sich Schiller an dem „Souper auf dem vogelschießplatz“ beteiligt hat. Grüne Lauben und Zelte — die Uranfänge der jetzigen Angerwirtschaften — und das Gewimmel der Menschen gaben, nach den Worten der Frau von Stein, dem sonst uninteressanten Vergnügen, zu welchem die Damen sich aufs schönste schmückten, einen Reiz. Die Weimarer Hofschauspieler pflegten hier zu spielen. Der Herzog Karl August und andere Thüringer Fürsten waren, wie uns Genast berichtet, gewöhnlich die Gäste des Fürsten von Rudolstadt und mischten sich auf dem Anger unter das Volk. Auch Goethe kam bisweilen. „Drollig war es anzusehen, wenn die fürstlichen Herren, Goethe mit unter ihnen, sich um eine Bratwurstbude stellten und dann, jeder mit einer Bratwurst bewaffnet, unter dem Publikum umherwandelten.“

Auch heute noch, nachdem der Anger im Wechsel der Zeiten eine ganz andere Gestalt gewonnen hat, üben die Düfte der Bratwurstbude ihren Zauber auf Einheimische und — Fremde aus. Die Bratwurst, die ehedem nur bei festlichen Gelegenheiten vom dampfenden Roste verabreicht wurde, ist jetzt den Sommer hindurch tagtäglich auf dem Anger zu haben. Sie wird nur öffentlich und ohne Hilfe von Messer und Gabel verspeist. Das andere „Nationalgericht“, die Kartoffelklöße, wird nur zu Hause zubereitet und genossen und ist bis heute ausschließliches Festtagsgericht geblieben. Die Einwohnerzahl Rudolstadts hat sich, wie schon erwähnt, in den letzten dreißig Jahren, zum großen Teil durch Zuzug von auswärts, verdoppelt, und so wohnen viele Nichtthüringer unter den eingeborenen Rudolstädtern; das sicherste unterscheidende Merkmal dieser von jenen ist: der echte Rudolstädter speist jeden Sonntag Kartoffelklöße. Und wie einst Lotte von Lengefeld im Auftrage ihrer Mutter Schiller einlud, Mittag zu ihnen zu kommen und Klöße mit ihnen zu essen, so setzt heute noch gar mancher seinem Sonntagsbesuch Klöße als das einzige Festgericht vor. Ist der Gast Rudolstädter, so lacht sein Mund und freut sich sein Herz.

Nichts andres als die schöne Heimat ist's, welche die Bewohner *lebensfreudig* und *lebensfroh* macht. Die Lebensfreude äußert sich den Fremden gegenüber, die durch Rudolstadts herrliche Lage angezogen werden, durch gastfreundliches Entgegenkommen, und das ist es, was in diesen, die sich hier ihres Lebens freuen, den Eindruck einer lebenslustigen Bevölkerung hervorruft.

Da wir morgen weiterfahren, wollen wir heute Abschied nehmen vom *Bilde Rudolstadts*, das wir nicht vergessen dürfen. Wir besuchen die Justinshöhe, einen Aussichtspunkt im Westen der Stadt. Für den mühevollen Aufstieg auf verfallenem Pfade werden wir reich entschädigt. Wir genießen noch einmal den Anblick des lieblichen Thales mit der freundlichen Stadt. Beim Gehen fällt unser Blick auf eine über einer Ruhebank befestigte Eisenplatte, auf welcher wir in Goldschrift die Verse lesen:

„Wandrer, dich grüßt die Natur in lieblich erhabener Anmut,
Schaust du vom Bergeshang sinnig ins friedliche Thal.
Sieh, wie der silberne Strom — ein Bild des Lebens — dahinrauscht,
Dort an der Schillershöh' küssend geweihetes Land.
Hier der Wiese Grün, dort der Saat sich kräuselnde Woge!
Wie majestätisch das Schloß thront bei der freundlichen Stadt!
Wenn nun schweigend dein Blick sich verliert in die duftige Ferne,
Spiegelt im sel'gen Aug' wonnig das himmlische Blau!“

Hermann Enders, Rudolstadt.

Anton Sommer.

Die Heimatliebe der Rudolstädter ist durch Anton Sommer sprichwörtlich geworden. „'s gibt doch nischt iber Rudelstadt!" so schallt es in fast allen Gauen des deutschen Vaterlandes dem entgegen, der dieses Städtchen als seinen Wohnort bezeichnet. Wir wollen nicht nachweisen, wie weit dieses Wort begründet ist, um etwa das Lächeln derer, die es für den Ausdruck spießbürgerlicher Beschränktheit halten, zu verscheuchen, sondern wir wollen uns den heimatstolzen Urheber dieses Wortes, den Volksdichter Anton Sommer, mit wenigen Zügen vor die Seele führen.

Anton Sommer entstammte einer alten Musikantenfamilie, darum hat es in seinem Herzen so gesungen und geklungen. Er wurde geboren am 11. Dezember 1816 und gab sich in seinen Knabenjahren ganz der Betrachtung der freundlichen Natur seines glücklichen Heimatthales und dem Eindruck der friedsamen Bewohner desselben hin. Besonders anziehend waren ihm die originellen Feierabenderzählungen aus den eben verflossenen Jahren der Kriegsdrangsale, wie auch humorvolle Aussprachen über eigenartige Gestalten aus der Bürgerschaft.

Der junge Sommer besuchte das Gymnasium seiner Vaterstadt und war ein sehr fleißiger und braver Schüler, wie es sich für ein Kind armer Leute schickt. Sein Ehrgeiz stand darnach, Pfarrer zu werden, um dem Kapital einer echten und rechten Herzensfrömmigkeit, einem ehrwürdigen Familienerbstück, erwünschten Umsatz geben zu können. Noch nicht achtzehn Jahre alt, begann er seine Universitätsstudien in Jena und führte sie in drei Jahren zu einem gesegneten Ende. Wenn man dies „gesegnet" jedoch auf äußere Erfolge und Vorteile beziehen wollte, so befände man sich in einem gewaltigen Irrtum.

Sieben Jahre wirkte der Kandidat Sommer als Hauslehrer in der Nähe von Rudolstadt, drei Jahre als Lehrer an einer Handelsschule in Berlin, und noch öffneten sich nicht die Thore einer Pfarrei für ihn.

Da begründete er gleich anderen Kandidaten des geistlichen Amtes in Rudolstadt eine Privatschule für Töchter aus den besseren Ständen. Gewährte ihm diese auch nur ein dürftiges Einkommen, so befriedigte ihn doch die Beschäftigung mit der Bildung der Jugend vollauf. Nur einmal klingt ein Klagelaut über schmerzliches Entsagen aus seinem Munde an unser Ohr: „Als ich heiraten wollte, konnte ich nicht; als ich heiraten konnte, wollte ich nicht." Erst in seinem 47. Lebensjahre wurde ihm eine Pfarrstelle, die des Garnisonpredigers in Rudolstadt, übertragen. Eine Landpfarre hätte er einige Jahre früher bekommen können, aber er konnte sich nicht mehr von seinem geliebten Rudolstadt trennen.

Was hatte ihm über die schwere Wartezeit hinweggeholfen? Seine ruhige Gottergebenheit, seine Anspruchslosigkeit, seine gutbürgerliche Geselligkeit, sein kräftiger Humor und seine Muse.

Seine Muse hat ihn begleitet von der Knabenzeit bis zum Grabe. Sie ist nie angethan gewesen mit Flitter und Prunkstücken, hat nie ein überweises und tiefsinniges Gesicht gezeigt und Gefühle geheuchelt, die sie nicht kannte. Sie steckte in einem derbleinenen Waschkleide, blickte mütterlichernst und gütig auf ihren Sohn und lehrte ihn auf die Herzenstöne seines Volkes achten und sie kräftig und unverfälscht zurückgeben. Volksfeste, Volkssitten und Volksgebräuche, heimatliche und vaterländische Ereignisse, kernige Persönlichkeiten oder lächerlich schwankende Figuren aus Rudolstadts Lokalgeschichte, zu lustigen Parodien geeignete Stücke von dem dichterischen Weltmarkte, Sprichwörter und Rätselgegenstände boten dem Dichter Stoffe für sein heiteres und gemütvolles Schaffen.

Schon bei Lebzeiten hatte Sommer eine Gemeinde von Verehrern um sich gesammelt, die ihm manche Anerkennung zu teil werden ließ und unter deren Einfluß es ihm leicht wurde, etliche naserümpfende Mäkler und eitle Verletzte, die ihr Wesen in seinen „Schnarzchen on Raupen“ festgenagelt glaubten, zu überhören. Daß doch allen denen, die ungeschminkte und derbe Wahrheit sagen, ganz dasselbe widerfährt! Zu wahren Festtagen für die ganze Stadt gestalteten sich die letzten Geburtstage unseres Dichters. Verschiedene seiner Lieder wurden in Musik gesetzt und ihm vorgetragen, nicht selten versuchte es der eine oder der andere, dem Geburtstagskinde in dessen Art und Geiste seine Liebe und Anhänglichkeit auszudrücken.

Besonders erwähnenswert erscheint die Anteilnahme der Rudolstädter und Thüringer in Neuyork, sowie die einer Anzahl gleichgestimmter Seelen aus der Nachbarstadt Kahla, die sich wiederholt in des Dichters einfachem Stübchen einfanden, ihm Gaben der Küche und des Kellers als Angebinde übermittelnd.

Von den reichen Ehrungen, die dem Dichter widerfuhren, sei nur erwähnt die Verleihung des Schwarzburgischen Ehrenkreuzes durch den Fürsten Georg, die des Roten Adlerordens durch den Kaiser Wilhelm I., ferner, daß er zum Ehrenbürger seiner Vaterstadt ernannt worden ist und eine Straße derselben seinen Namen führt. Zwischen der „Sommerstraße“ und dem Bahnhofe, in den neugeschaffenen Parkanlagen, erhebt sich das „Sommerdenkmal“. Dauernder aber und wirksamer werden des Dichters „Bilder und Klänge aus Rudolstadt“ sein Andenken erhalten.

Waren Sommers letzte Lebensjahre auch durch große Augenschwäche belastet, die sich zu vollständiger Blindheit steigerte — unglücklich und einsam fühlte sich der mit einem reichen Innenleben ausgestattete Greis nicht; gute Freunde und Verehrer leisteten ihm Gesellschaft, waren ihm Auge und Hand.

Nicht unerwähnt soll bleiben, daß Sommer lange Jahre hindurch am Rudolstädter Seminar als Lehrer für Geschichte und Geographie in Segen wirkte.

Anton Sommers Erdenwallen vollendete sich am 1. Juni 1888.

Nachstehend einige Proben aus seinen Bildern und Klängen.*)

Hämwieh.

Ech ben off meiner Wanderschaft
Nun allerwend gewasen,
Ech ha mer alles angegafft
In Stuckert un in Drasen;
Ech ben bis nein nach Ungern gang,
War in d'r Schweiz zahn Wochen lang,
Ha in d'r Lausitz Arbeit g'hatt —
's giht doch nischt iber Rudelstadt!

Bald war'n de Barge mir ze huch,
Bald sah mer gar känn Höckel,
Bald war'n de Leite mir ze klug,
Bald war'ns grobe Nöckel;
Bald ging's in Sande bis an Knorn,
Bald ha'ch in Drack de Schuh verlorn;
Da ha ech allemal gesaht:
's giht doch nischt iber Rudelstadt!

*) Mit Genehmigung des Verlegers F. Mitzleff, Rudolstadt.

Da machen se ju völen Larm
Von Maine salt in Baiern,
Ech han gesihn, daß Gott erbarm,
Die könn sich lasse leirn;
Da ös de Saale nech su schmal
Un schönner wuhl zahntausendmal,
Das sieht ju jed's, war Agen hat —
's giht doch nischt iber Rudelstadt!

Zwä Reihen Bämchen in Berlin,
Die häßen se de Lönden,
Ech blieb d'r vor Verwonn'rong stihn,
Betracht se vorn un hönten,
Packt eire Kripel do zesamm,
Un kommt off unsern Wasserdamm!
Ha ech salt fer änn Mann gesaht —
's giht doch nischt iber Rudelstadt!

An Rheine göbt's nur Äpfelwein,
In Sachsen un in Preißen,
Da gärgeln se ä Zeig d'r nein,
Da kriegt mer Magenreißen,
Das nannten se salt Lagerbier,
Ech lacht' un dachte su bei mir:
Hätt ech nur Felsenkaller satt —
's giht doch nischt iber Rudelstadt!

In Östreich sollt ech Knödel asse,
Da konnt mer ju met schieße,
Ech ha se alle stihnig lasse;
In Hessen gab's a Klise,
Die warn wie Haselnösse gruß,
Ja, das war kä Ardäpfelklus,
Wie mersche su derhäme hat —
's giht doch nischt iber Rudelstadt!

Was mer an merschten ande that,
Un's Schlimmste war von Dönge —
Daß ech in käner änzgen Stadt
Konnt änne Bratworscht fönge.
Ech kröcht ä Döng un Brih derbei,
Das sollte änne Bratworscht sei!
Ech hatt schonn an Geroche satt —
's giht doch nischt iber Rudelstadt!

Drom ließ mersch draußen käne Ruh,
Ech sihnte mich zu sihre,
Ech schnierte meinen Bindel zu
Un that höbsch häm marschiere.
Un wie 'ch kam bei Aßmann rein,
De Saale rachts un links 'n Hain,
Da ha ech's erscht racht laut gesaht:
's giht doch nischt iber Rudelstadt!

Ä Närgelfriede.

Gucke, wenn Äns ömmer un ewig griesgramig ös un nech offhiert mit Repermandieren 'n ganzen Tag lang, un alles quarch nömmt un an allen was zu makeln hat, daß mer a gar nischt racht mache kann; wenn 'r iber jede Klänigkät änn Spuk verfihrt, als wenn 's Reich in Gefahr wär, un aus jeder Laus änn Karnöckel macht; wenn 'r bei allen schonne vornewack thut lamentiere un 's Könd schonn änn Wachselbalg häßt, er'sch nur geboren ös — änn solchen nennt mer dahierden bei uns änn Närgelfriede, un wenn's ä Weibsen ös, änne Nängersuse. No Herrjeses! solche Leite könn' änn's Laben racht sauer mache un könn' änn drangsale, daß mer möchte nur su aus d'r Haut fahre.

Mer woll'n ämal ä Linschen zuhorche bei Nachber Krutschen, ar ös aben hämkomm un trött met änn biesen Gesöchte in de Stobe.

„Da stiht ämal widder ong de Kallerthör sperrangelweit offen, hat 'r änn nur gar käne Agen nech? se warn schonne die paar Ardäpfel noch wackschleppe, nachen könnt 'r eich aber befahle! — Gih wack do! — Muß sich änn a das Hunnevieh möttelwend in de Stobe nein bratsche, daß mer nech trate kann! marschier oder ech trat d'ch besamm! — No Himmelkreizelement! war hat änn 'n Stöfelknacht su weit nönger gewärcht, daß mer 'n nech vorkriege kann! Da wollt 'ch doch gleich — gih har, Rike! — Gelle? Du häst ämal Kopfschmerzen? ech dacht mersch schonne, das haste von dann völen Manschen, du werscht doch de Feiertage widder off d'r

Nase läh, das sih ech schonne! — Jo, zun Donnerwetter! will änn der sackermentsche Stöfel heite nech ronger gih, was nur der dam'sche Schuster gemacht hat; mer möchte nur su schwarz ware vor Ärger! — No, da reißt ong Äns de Hausthör off wie narsch, daß mer denkt, de Klingel fällt ronger, war ös änn d'r Schafkopf?" — „Käsen se änn Quätschjen! se sinn racht gut!" — „Etze mach'se, daß se fortkömmt met ihr'n Lausequätschjen, se alte Schniegans, war wärd änn de Thör su offreiße wie narrsch! — Thu dan Topf wack dahierden! muß änn nur alles stihnig bleibe? Un keil nech su färchterlich in Ufen nein, das teire Holz werd bald satt widder alle ware! — Wu ös änn nur meine Schnupptebaksdose, wer hat änn die ämal widder in Pfuten gehatt, Himmelsackerment! ihr sollt mer meine Sachen nech wackreime! No, war hat se änn nun da nein gewärcht? Mer möchte nur su de Omfalle krieche! Wu ös änn Hanne? se soll mer Schnupptebak holle. Nech do? waromm ös se änn nech do? muß se änn immer draußen rommkratsche! Die gruße Taute! no, wenn se hämkömmt, da soll se ihre Lafitten kriege!" — —

Un siehste, su giht 's bei Krutschen 'n ganzen Tag, von frihmorgens an, wenn r'sch 's erschte Bän aus 'n Bette steckt, bis 'r de Nachtmötze widder iber die Uhr'n zerrt; das ös su ä Närgelfriede.

Otto Möller, Rudolstadt.

Orlamünde und die Sage von der weißen Frau.

Wer mit der Saalbahn thalaufwärts fährt, erblickt ungefähr in der Mitte zwischen Jena und Rudolstadt auf hohem Sandsteinfelsen das Städtchen Orlamünde, wegen seiner Lage auch das thüringische Bethlehem genannt. Auf dem langgestreckten Bergrücken dehnt es sich fast zwei Kilometer weit aus. Drei Türme ragen über die Häuserreihe empor, und ganz im Osten, abgesondert von dem Orte, erhebt sich ein gewaltiger vierseitiger Steinbau, die Kemenate. Unten im Thale liegt, eingeengt zwischen Berg und Fluß, die verkehrsreiche Vorstadt Naschhausen mit Bahnhof und Saalbrücke. Ein von mächtigen Eichen und Linden beschatteter Fahrweg führt aus der Vorstadt nach Orlamünde hinauf. Viel ist in dem Städtchen, das nur 700 Einwohner zählt, nicht zu sehen, der schmale Bergrücken gewährt gerade Raum für eine einzige Straße, aber die Aussicht von oben ist entzückend. Man weiß nicht, wohin man den Blick zuerst richten soll, ob auf den glitzernden, schönen Fluß, der in vielen Windungen die Wiesenaue durchzieht, oder auf die waldbedeckten Höhen gegenüber, durch die in engem Thale die Orla bricht, um sich weiter unten mit der Saale zu vereinigen, oder auf den dunklen Kamm des Thüringer Waldes, der fern im Südwesten den Horizont begrenzt, oder auf die kahlen Muschelkalkberge, die ganz nahe im Nordwesten schroff zur Stadt abstürzen. Auf dem östlichsten Ausläufer derselben, dem Bieler, haben die patriotischen Bürger, obgleich sie nicht gerade an Überfluß leiden, den steinernen „Kaiser Wilhelmsturm" erbaut, der eine noch umfassendere Aussicht auf Thal und Höhen gewährt.

Das kleine thüringische Bethlehem hat einen guten Klang in der Geschichte und kann auf eine große Vergangenheit zurückschauen. Davon zeugt noch die altehrwürdige Kemenate im Osten der Stadt. In ihr hat sich der riesige Bergfried einer ehemals stolzen Burg erhalten, die selbst dem Heere Kaiser Heinrichs V. mit Erfolg Widerstand leisten konnte. Die schmale Bergzunge ist eine natürliche Festung, und an ihrem Ostende, wo sie nach drei Seiten teils zum Saalthale, teils in eine tiefe Schlucht steil abfällt, ist vermutlich schon zu der Zeit eine Burg angelegt worden, als die Deutschen mit den Sorben um den Besitz der Saale kämpften. Im 11. Jahrhundert wurde die Burg der Sitz mächtiger Grafen, die mit Fürsten- und Königshäusern verwandt waren und zu den stolzesten Geschlechtern Thüringens gehörten. Sie erwarben auch weite Besitzungen in Franken, und eine Seitenlinie residierte auf der Plassenburg bei Culmbach. Aber durch reiche Schenkungen an geistliche Stifter, durch kostspieligen Hofhalt und durch unglückliche Fehden verarmte das Geschlecht, und Graf Heinrich IV. sah sich deshalb gezwungen, im Jahre 1344 Orlamünde an den Landgrafen Friedrich den Ernsthaften zu verkaufen. Die Burg, nun nicht mehr bewohnt, verfiel; ihre Gebäude sind gänzlich verschwunden, nur der Bergfried mit seinen schier unverwüstlichen Mauern hat die Jahrhunderte überdauert und erinnert das lebende Geschlecht an die Tage der stolzen Vergangenheit.

Wenn die Geschichte der Burg und ihrer Grafen unter den Bewohnern im allgemeinen wenig bekannt ist, so hat sich dafür die unnatürliche That einer Gräfin um so tiefer eingeprägt. Groß und klein kennt die Sage von der weißen Frau.

Graf Otto von Orlamünde war auf der Plassenburg in Franken gestorben und hatte eine junge Witwe Kunigunde — von anderen wird sie auch Agnes genannt — mit zwei kleinen Kindern hinterlassen. Nicht lange hatte Kunigunde den Witwenschleier getragen, da entbrannte ihr Herz in heftiger Liebe zu dem Burggrafen Albrecht dem Schönen von Nürnberg aus dem Hause Hohenzollern. Zu ihrem Schmerze mußte sie jedoch wahrnehmen, daß der Burggraf ihre Liebe nicht erwiderte. Als sie nun heimlich nachforschte, warum er sie verschmähte, erfuhr sie, daß er zu einem Vertrauten gesagt habe: „Wenn vier Augen nicht wären.“ Diese Rede bezog die Gräfin auf ihre beiden Kinder, und da fuhr ihr der Teufel ins Herz, so daß sie beschloß, die unschuldigen Kleinen, die ihrem Glücke im Wege standen, zu beseitigen. In einer Nacht ließ sie die Kinder, einen Knaben und ein Mädchen, durch ihren Jäger, den wilden Hager, umbringen. Nun glaubte sie, an das Ziel ihrer Wünsche gekommen zu sein. Als aber Albrecht von der grauenvollen That hörte, wandte er sich mit Abscheu von der Mörderin; er hatte mit den vier Augen die ihrigen und seine eigenen gemeint. Da verzehrte Reue das Herz der Unglücklichen, durch schwere Büßungen suchte sie ihre Schuld zu sühnen, und auf den Knieen rutschte sie den zwei Stunden weiten Weg von der Plassenburg nach dem Kloster Himmelskron, in dem sie bald darauf gestorben ist. Aber auch im Grabe hat sie keine Ruhe gefunden. Als weiße Frau irrt sie an den Stätten umher, wo sie gelebt hat, in der Plassenburg und bei der Kemenate zu Orlamünde. Sie erscheint auch in den preußischen Königsschlössern, wenn in dem Hause Hohenzollern ein Todesfall bevorsteht.

Im Laufe der Zeit hat die dichtende Phantasie die Sage mannigfach umgestaltet; auch die wissenschaftliche Forschung hat sich des Stoffes bemächtigt, und so ist eine reiche Litteratur über die weiße Frau entstanden. Früher war man geneigt, die Sage als eine bloße Erfindung der Phantasie hinzustellen oder in der weißen Frau niemand anders als die Frau Holle, die „weise Frau“ der heidnischen Vorzeit zu erblicken. Die neueste Forschung huldigt mehr und mehr der Ansicht, daß der Sage eine historische Thatsache zu Grunde liegen müsse. Die umfangreiche Litteratur hat der um die Heimatgeschichte hochverdiente Bürgermeister von Orlamünde, Justizrat V. Lommer, im Wartburgherold 1896, Nr. 9, zusammengestellt.

E. Amende, Altenburg.

Die Leuchtenburg.

Dem Städtchen Kahla gegenüber erhebt sich am rechten Ufer der Saale eine gewaltige Bergmasse, die sich oben in drei Gipfel gliedert: dicht an den Fluß heran tritt der Rücken des Dohlensteins, am weitesten nach Osten vorgeschoben ist die runde Kuppe des Pfaffenberges, in der Mitte zwischen beiden, doch etwas nach Norden gerückt, steigt der schöne Kegel des Lichtenbergs empor. Mit 400 m Höhe überragt er seine beiden Nachbarn und beherrscht die ganze Umgegend. Auf ihm thront, einer Königin gleich, die Leuchtenburg. Wie sie selbst meilenweit in der Runde gesehen werden kann, so bietet sich von ihren Zimmern ein Panorama dar, so umfassend und schön, wie von wenigen Punkten in Thüringen. Bei hellem Wetter vermag das Auge den Kickelhahn und den Schneekopf auf dem Thüringer Walde zu erkennen. Was aber der Aussicht hier oben den eigenartigen Reiz verleiht, das ist der Gegensatz zwischen der östlichen und westlichen Landschaft. Nach Osten ruht der Blick auf den dunklen, fast endlosen Nadelwaldungen, welche die sanftgewellten Höhen des altenburgischen Holzlandes bedecken; nach Westen sieht man langgezogene steile Kalkberge, zwischen denen tiefe Gründe eingesenkt sind. Zu den Füßen des Beschauers windet sich die Saale, einem schimmernden Bande gleich, durch die Wiesenau an dem Städtchen Kahla vorüber, um von nun an ihren Lauf nordwärts zu richten, der Musenstadt Jena zu, deren Türme zwischen den Kalkbergen hervorleuchten.

„Ich sah von diesem Berge
Hinab ins schöne Thal
Und konnt nicht satt mich sehen
Der Wunder allzumal.“

Von Kahla aus gelangt man auf steilem Wege in einer guten halben Stunde zur Leuchtenburg hinauf. Sie macht in ihrem Äußeren noch ganz den Eindruck einer mittelalterlichen Feste. Eine doppelte Ringmauer umgiebt sie im Norden, Osten und Westen, und ein mächtiger Bergfried ragt hoch über die übrigen Gebäude empor. Im Innern freilich hat die Leuchtenburg eine tiefgreifende Umgestaltung erfahren, als sie im Jahre 1871 aus einem Zuchthause in das „Hotel Schloß Leuchtenburg“ umgewandelt wurde. Ganze Gebäude wurden niedergelegt, um dem Schloßhofe Luft und Licht und den Gästen einen angenehmen Aufenthalt zu verschaffen. Wir treten durch das Thor an der Westseite ein. Das Thorgebäude, früher die Kaserne für die zur Überwachung der Sträflinge nötigen Soldaten, dient jetzt der Herzoglichen Familie als Aufenthaltsort, wenn dieselbe vom nahen Hummelshain aus die Leuchtenburg einmal besucht. Der Schloßhof steigt nach Osten zu stark an. Zur Linken gewahren wir den 80 m tiefen Brunnen, dessen Wasser durch einen Windmotor auf den Dachboden des Logierhauses gehoben wird. Zur Rechten führen

Nach einer photogr. Aufnahme von Sophus-Williams, Berlin.

Die Leuchtenburg.

wenige Stufen in die weite Halle. Ihre zahlreichen Fenster gewähren prächtige Ausblicke nach Süden zum Saalthale hin. Der östliche, höher gelegene Teil bildete die innere Burg. Hier steht das Herrenhaus, dessen Räume gegenwärtig als Logierzimmer benutzt werden. Hier erhebt sich auch der Aussichtsturm, der alte Bergfried mit 2 m dicken Mauern. Wir steigen die 151 Stufen hinauf, um von oben aus das herrliche Panorama mit einem Male zu genießen.

Der Lichtenberg hat vermutlich schon zur Zeit der Sorbenkämpfe eine feste Anlage getragen. Urkundlich wird die Leuchtenburg zuerst im Jahr 1221 erwähnt, der Bergfried stammt in seinem Unterbau aus dem 12. Jahrhundert. Sie gehörte damals den mächtigen Herren von Lobdeburg und diente der Hauptlinie derselben, den Herren von Lobdeburg-Leuchtenburg, häufig zum Wohnsitz. Im Jahre 1310 wurde die Burg nebst den Städten Kahla und Roda und dem dazu gehörigen

Gebiet von den Lobdeburgern an die Grafen von Schwarzburg verpfändet und 1333 verkauft. 1392 gelangte sie in den Besitz der Wettiner, und zwar auf folgende Weise. Die Schwarzburger Grafen hatten die Leuchtenburg samt Roda und Kahla an den Ritter von Witzleben und seinen Schwiegervater, den Erfurter Bürger Heinrich vom Paradiese, verpfändet. Dieser Erfurter Herr ertappte einst einen Bauern, der markgräflicher Unterthan war, wie er in dem zur Burg gehörigen Fischwasser unberechtigterweise fischte, und ließ ihn ohne weiteres über dem Wasser an einer Weide aufknüpfen. Darüber beschwerten sich die Verwandten des Bauern bei den Landesherren, und diese, Friedrich der Streitbare und Wilhelm, rückten vor die Burg und erstürmten sie am 25. November 1392. Zwar erhob der Graf Johann von Schwarzburg Einspruch gegen die Besetzung, allein er vermochte in der nun beginnenden Fehde die Burg nicht wieder zu gewinnen und entsagte im Leipziger Vertrage 1396 gegen eine Abfindungssumme von 2100 Schock Groschen seinen Ansprüchen auf Leuchtenburg, Kahla und Roda.

Im Bruderkriege wurde die Burg von Herzog Wilhelm an seinen Rat Bernhard von Vitzthum verpfändet. Als dieser nach geschlossenem Frieden die Burg nicht wieder herausgeben wollte, wurde sie belagert und im Dezember 1452 zur Übergabe gezwungen. Seit dem Anfange des 15. Jahrhunderts war die Burg Sitz des Amtes Leuchtenburg-Orlamünde, bis 1714 das Amt nach Kahla verlegt wurde; von 1724 bis 1871 diente sie als Zuchthaus, von 1724 bis 1828 zugleich als Irrenanstalt. Nach dem Jahre 1871 wurde sie von der Landesregierung zu einem Gast- und Logierhause bestimmt und dementsprechend eingerichtet.

Von der Leuchtenburg gelangt man in einer Viertelstunde auf den Dohlenstein. Von Kahla aus gesehen, macht dieser Berg einen eigenartigen Eindruck. Seine westliche, gegen die Saale vorspringende Seite ist eingestürzt, so daß unten eine mächtige Schutthalde sich ausbreitet, die aus riesigen Blöcken und kleinerem Geröll besteht und bis an den Fluß reicht, während oben eine 60 bis 80 m hohe senkrechte Felswand stehen geblieben ist. Über die Geschichte der Bergstürze berichtet E. E. Schmid in seinen Erläuterungen zur geologischen Karte folgendes:

„Bereits vor 1740 hatte man auf dem Dohlensteine Risse und Klüfte wahrgenommen, von denen sich aber erst nach Pfingsten 1780 die eine weiter öffnete. In Verbindung damit glaubte man inneres Getöse wahrzunehmen und sah aus mehreren Klüften Staub aufwirbeln. Endlich in der Nacht vom 3. zum 4. Juli stürzten plötzlich große Felsenmassen vom westlichen Felsenhange herab, und das Abstürzen dauerte noch während des 5. Juli fort. Von den abgestürzten Felsen blieben einige auf dem mittleren Abhange liegen, andere gelangten in kleinere Stücke zerbrochen, weiter hinab, sogar in die Saale hinein und verengten deren Bett so, daß sich ihr Wasser einen neuen Weg durch die jenseitigen Wiesen bahnen mußte. Während der folgenden 40 Jahre herrschte wieder vollkommene Ruhe, als am Morgen des 11. Februar 1828 zuerst große Steinmassen vom Dohlensteine herabrollten und dann die alte Sturzhalde sich spaltete und große Stücke davon abrutschten bis $9\frac{1}{2}$ m in das Bett der Saale hinein."

In der Nacht des 6. Januar 1881 vollzog sich abermals eine Bewegung der Schutthalde, diesmal völlig geräuschlos; sie bewirkte ein Vorschieben des rechten Saalufers um 6 m.

Die Bergstürze sind nach E. E. Schmid auf folgende Weise zu erklären: Der Dohlenstein besteht in seinem unteren Teile aus bunten Mergeln der Rötformation. Darüber lagert in einer Mächtigkeit von über 100 m der Muschelkalk. Sowohl die Schichten des Muschelkalks, wie die des Röts, sind nach Westen, also nach der Saale zu geneigt. Gelangt nun das Regenwasser durch die Klüfte des Muschelkalks auf die bunten Mergelschichten, so verwandeln sich diese in eine breiartige Masse, und die aufliegenden Gesteinsschichten kommen ins Gleiten und stürzen herab.

E. Amende, Altenburg.

Die sieben Wunder von Jena.

Du mein Jena, dein gedenk' ich,
Nimmermehr vergeß ich dein.
In der Ferne will ich lauschen
Traute Saale, deinem Rauschen,
Will an deinen Ufern sein!

Wahrlich, wenn wir auf einem der steil zu Thale abfallenden grauen Berge bei Jena stehen und vor uns tief unten im sonnenbeglänzten Thale der Saale das traute Städtlein aus dem frischen Grün hervorblicken sehen, wenn wir die Berghäuslein und Villen betrachten, die an den Hängen und Schluchten emporzuklettern scheinen und gar anmutig aus blütenbedecktem Gesträuch hervorlugen, und wenn der Fluß, der sich gewunden durch die liebliche Aue hinzieht, glitzernde Lichter heraufschickt, als wollte er uns zuwinken: Komm doch herab, an meinen Ufern ist gut weilen: wahrlich, dann mögen wir wohl dem Dichter jenes Liedes nachfühlen, wie sehr dieses Städtlein sein Herz gewonnen hat. Aber auch das Innere der Stadt, die alte Stadt, die noch zum Teile durch Türme und Reste von Stadtmauern gegen die neuen Viertel abgegrenzt ist, heimelt jeden an, der hindurchwandelt. Hochgiebelige, altertümliche Häuser reihen sich in den Straßen und um den geräumigen Markt; vielfach führen große Rundbogenthore in die steinbelegten Hausflure; die ausgemeißelten Steinsitze zu beiden Seiten weisen in jene gute, alte Zeit zurück, da der Hausvater des Abends nach verrichteten Tagesgeschäften, sein Pfeifchen schmauchend, mit dem Nachbar traute Zwiesprache pflog. Viele Häuser sind mit anmutigen und zierlichen Stuckverzierungen nach dem Geschmack des achtzehnten Jahrhunderts geschmückt. Daneben findet sich auch eine Anzahl alter Fachwerkbauten mit geschnitzten Balkenlagen, mit überragendem Oberstock und eckigen Türmchen. Zahlreiche Schilder mit Namen berühmter Männer schmücken die Häuserfronten und verweisen auf das rege geistige Leben, das von der Universität ausging. All dies zusammen kann auf den sinnigen Beschauer einen eigenartigen Eindruck unmöglich verfehlen und muß auf ihn einen mächtigen Reiz ausüben.

Wenden wir nun aber den Blick auf Einzelheiten, so wird sich uns auch da mancherlei Auffälliges entgegenstellen. Wie so manche Stadt ihre Wahrzeichen besitzt, die ihre Eigenart charakterisieren, so hat Jena seine sieben Wunder aufzuweisen. Der Volkswitz hat hier sehr verschiedene Gegenstände zu solchen erhoben, und zwar waren für diese Erhebung wiederum sehr verschiedene Gründe — Originalität, Altertum, Schönheit — maßgebend, wie ihre Zusammenstellung in dem bekannten Distichon beweist:

Ara, caput, draco, mons, pons, vulpecula turris,
Weigeliana domus — septem miracula Jenae.

Als erstes Wunder führt der Vers den Altar an; gemeint ist der Altar der St. Michaeliskirche, die, in gotischem Stil erbaut, zu dem alten Nonnenkloster zu St. Michael gehörte. Reste dieses Klosters finden sich noch in der dahinter liegenden „alten Schule" vor, und Bogenansätze an der Nordseite des Gotteshauses weisen auf ihren ehemaligen Zusammenhang mit jenem hin. Was ist es nun aber, das dem Altar die Auszeichnung, als Wunder betrachtet zu werden, verlieh? Da der Boden sich nach Osten hin senkt, so war es nötig, daß die Kirche nach dieser Seite höhersteigende Grundmauern erhielt. Infolgedessen befindet sich der Altarraum, von dem Kirchplatze aus betrachtet, um die Höhe eines Stockwerkes von dem Boden entfernt. Auf schweren Säulen ruhende Kreuzgewölbe tragen denselben und ermöglichen es, daß unter dem Altar hin dem Verkehr eine Gasse offen steht. Dies ist das Seltsame des ersten Wunders.

Caput, das zweite Wunder, findet sich am Turme des uralten Rathauses. Die Uhr desselben besitzt nämlich einen eigenartigen Mechanismus, welchen der Beschauer zur Kurzweil gern beobachten wird. Rechts und links vom Zifferblatt stehen zwei Engel; der links stehende hält ein Glöckchen und ein Buch, der andere einen Apfel in der Hand. Über dem Zifferblatt ragt ein aus Blech gefertigter Menschenkopf, das caput, hervor, welcher im Volksmunde mit dem Namen „der Schnapphans" bezeichnet wird. Die Uhr schlägt auf zwei Glocken. Sobald nun die eine Glocke erklingt, hebt der erste Engel das Glöckchen und das Buch sovielmal, als die Uhr Stunden zeigt; beim Schlage der zweiten hält die andere Figur den Apfel nach jenem Kopfe hin, welcher jedesmal vergeblich danach schnappt.

Als ein Produkt studentischen Witzes ist das dritte Wunder, der Drache, entstanden. Dieses kunstvoll und seltsam zusammengesetzte Ungetüm, welches in der Universitätsbibliothek aufbewahrt wird, stellt einen Drachen dar mit sieben Köpfen, sechs Krallenfüßen und drei langen, aufgeringelten Schwänzen. Studenten sollen dasselbe bei finsterer Nacht in den am rechten Saalufer liegenden Teufelshöhlen aufgefunden und nach seiner Überwältigung zum ewigen Gedächtnis für die Nachwelt an seinem jetzigen Platze aufgestellt haben.

Weigeliana domus ist das letzte Wunder, das sich innerhalb der Stadt befand.

Dasselbe ist leider wie sein Nachbar, das alte Stadthaus, im Jahre 1898 der Straßenregulierung zum Opfer gefallen, und es mußte der Weigelstraße, welche die Johannisstraße mit dem Fürstengraben verbindet, weichen. Immerhin dürfte es nicht uninteressant sein, dem wunderbaren Haus eine kurze Betrachtung zu widmen, welches von dem berühmten Mathematiker Weigel in den Jahren 1667—1670 „auf sonderliche Art auf- und ausgebaut“ wurde, „damit die Stadt gezieret und andere zur Nachfolge angereizet“ würden. Schon äußerlich mußte das Haus dem Vorübergehenden auffallen. Es bestand aus einem Erdgeschoß und drei darauf-

Nach einer photograph. Aufnahme von Sophus Williams, Berlin.

Jena.

gesetzten Stockwerken. Auf diesen bereits sehr hohen Unterbau setzten sich dann noch von der Front wie von der Hofseite her je drei hintereinander aufsteigende, abgetreppte Erker mit Giebelfronten auf, die sich auf dem Scheitel des steil ansteigenden Satteldaches in einem quadratischen Türmchen vereinigten. So konnte man von sieben Stockwerken reden, welche das Weigelsche Haus enthalte. Das untere Geschoß war in einer Art Spätrenaissance verziert, und die ganze Fassade zeigte eine Anzahl von Inschriften, die sich auf den Aufbau und Zusammenhang des Weltalls bezogen, wie es auch bei der in der Mitte des Frieses eingelassenen, geschwärzten Kupferkugel der Fall war. Jene Inschriften lauteten:

Coeli enarrant gloriam dei et opera manuum ejus annunciat firmamentum Ps. XIX, I. (Die Himmel erzählen die Ehre Gottes, und die Veste verkündiget seiner Hände Werk.)

Oculus homini natura concessit ut coelum intucatur et momenta mundi numeret. (Augen hat die Natur dem Menschen verliehen, damit er den Himmel anschaue und die Bewegungen der Erde zähle.)

Gloria in excelsis Deo. (Ehre sei Gott in der Höhe.)

Et in terra pax, hominibus bona voluntas. (Und Frieden auf Erden und den Menschen ein Wohlgefallen.)

Aber auch das Innere hat der Erbauer, der wie seine Zeit die physikalischen Künsteleien liebte, mit verschiedenen Merkwürdigkeiten ausgestattet. Die über dem Keller angelegte schmale, dunkle Treppe lief um eine offene, viereckige Spindel durch alle Geschosse bis hinauf in das Türmchen. Wurde nun dieser Hohlraum mit Tüchern verhangen, daß kein Lichtstrahl von den Seiten eindringen konnte, so entstand ein dunkler, senkrechter Schacht, durch welchen man bei Tage vom Keller aus durch das zurückgeschlagene Dach die Sterne am Himmel zu erblicken vermochte. Außerdem diente diese hohle Treppenspindel dazu, einen Fahrstuhl aufzunehmen, auf dem man vermittelst eines Flaschenzuges aus einem Stockwerke in das andere gelangen konnte, ohne die Treppe zu benutzen. Ferner ist noch die hydraulische Maschine zu erwähnen, die das große, viele Mietzimmer enthaltende Gebäude mit Wasser versorgte und das Erstaunen der damals Lebenden in hohem Maße hervorrief. Noch künstlicher war die berüchtigte „Weigel'sche Kellermagd", eine auf dem Heronsbrunnen begründete Vorrichtung, welche bewirkte, daß ein Maß Wasser, welches in ein Gefäß gegossen wurde, die gleiche Menge Wein aus dem Keller hervorbrachte. Mögen uns Modernen diese letzten drei Einrichtungen auch weniger seltsam vorkommen, in jener Zeit erschienen sie den Jenensern gar wunderbar, und sie trugen nicht wenig dazu bei, dieses Haus als ein „Wunder" zu bezeichnen. —

Um die drei letzten Wunder zu betrachten, müssen wir die Stadt verlassen und unsere Schritte nach Osten lenken. Da führt uns der Weg zu der Camsdörfer Brücke, der pons des Distichons. Anfangs — im 14. Jahrhundert — aus Holz erbaut, wurde sie etwa im 16. Jahrhundert in neun großen Bogen aus Steinquadern aufgeführt, welche man in den Ruinen der unfern gelegenen Hausbergburgen gebrochen haben soll. Den äußersten östlichen Bogen ließ der schwedische Generalmajor Thurso Stahlhans am 3. Februar 1637 auf seiner Flucht vor den Kaiserlichen einreißen, wobei nicht weniger als sechsunddreißig Arbeiter ihr Leben verloren. Das fehlende Stück wurde darauf anfänglich durch Holzwerk ersetzt, dann aber, nach dem Friedensschluß, im Jahre 1655, von Grund aus neu erbaut, zu welchem Werke sämtliche Einwohner Jenas mit Hand anlegen mußten. Es geht die Sage, daß der Bau der Brücke gerade drei Pfennige mehr gekostet habe als derjenige des ziemlich gleichzeitig errichteten Turmes der St. Michaelskirche. Von der Wiederherstellung des gesprengten Bogens giebt eine Inschrift an der Mittagseite desselben Kunde, welche lautet: Hic arcus a Succis dirutus, cuius ruina praeter propter XXXVI operarii periere, Anno MDCLV Directore Serenissimo Wilhelmo quarto Duce Saxoniae Jul. Clev. et Montium, Serenitatis ipsus Architecto Johanne Mauritio Richtero, sumtibus Senatus populique Jenensis restauratus. Auf der Brücke stand früher ziemlich in der Mitte der Ostseite ein steinernes

Kreuz, welches im Jahre 1842 durch mutwillige Hände in die Saale gestürzt wurde. Dasselbe bezeichnete die Grenze des Stadt-Weichbildes und des Amtes Jena und soll der Grenzstein zwischen Thüringen und dem Osterlande gewesen sein. Sein einstiger Standort ist angedeutet durch ein auf der Brückenmauer eingehauenes Kreuz. Ein ähnliches Erinnerungszeichen befindet sich auf derselben Seite einige Schritte weiter nach Osten. Zwei in die auf der Brustlehne ruhende Platte eingemeißelte Hufeisen und die Jahreszahl 1717 erzählen, daß hier ein Pferd mit seinem Reiter in den Strom gesprungen ist. Endlich bemerkt man auf der Südseite, in der Nähe des gesprengten und wiedererbauten Bogens, ebenfalls auf einer Steinplatte einen eingehauenen Tragkorb mit den Buchstaben M. H. und der Jahreszahl 1823. An dieser Stelle stürzte ein Mädchen, welches einen schweren Korb trug und hier ruhen wollte, hinab in das tiefe Gewässer.

Nun schreiten wir noch weiter nach Osten und wenden uns dem mons, dem Hausberge, zu. Steil und hoch hebt sich der schmale, langgestreckte Rücken desselben aus dem grünen Thale empor. An dem schroff abfallenden Südhange vermag bloß niedriges Gestrüpp, der Schlehdorn und die Heckenrose, Wurzel zu fassen, und nur hin und wieder ist das silbergraue Gestein mit dem dunkeln Grün übersponnen, während auf der nicht minder steilen Nordseite ein frischer Wald den an drohenden Felshängen vorüberführenden Pfad zum Fuchsturm beschattet. Wunderbar ist der Blick von der vorderen, dem Saalthal zugewendeten Spitze, der Ziegenkoppe, auf die jenseitigen Berge, auf deren Rücken sich das Schlachtfeld von 1806 ausbreitet, und in das weite Thal, in dem der Fluß, von Erlen und Weiden begleitet, zwischen lachenden Gefilden an heiteren Dörfern und dem trauten Städtlein vorüberzieht. Einst krönten den Hausberg drei stolze Burgen der Burggrafen von Kirchberg, die als Hüter der Marken wider die Sorben bestellt waren. Heute sind die Gemäuer zerfallen, und nur wenige Überreste geben Zeugnis von ihnen. Als solche sind die tiefen Einschnitte in dem Grate, ein Stück Mauer und ein vor kurzem erst entdeckter, gänzlich verschütteter Brunnen, zu nennen. Nur der Turm der mittleren Burg ist erhalten, der Fuchsturm, turris vulpecula, der allein dem Vernichtungswerke der Erfurter, welche im Jahre 1304 die Burg zerstörten, zu trotzen vermochte. Seine historische Bedeutung ist heute bei denen, die gern hier oben weilen, mehr und mehr in den Hintergrund getreten und kommt nur in humoristischer Auffassung zur Geltung, indem in der Fuchsturmgesellschaft noch burggräflich kirchbergische Beamte, als da sind der Burgkaplan, der Syndikus, der Hofpoet und andere, fungieren. Wo sonst die eisengepanzerten Ritter aus- und eingingen, da sieht man jetzt friedliche Bürger, Männlein und Fräulein, bei gar friedsamer Hantierung. Die einen leeren aus großen, hölzernen Humpen das Gebräu aus dem unfern gelegenen Ziegenhain, die andern machen sich an dem Rost zu schaffen, ihr Brätchen zum Imbiß zu rösten, und wieder andere werden dem auf des Hausbergs Rücken waltenden Geiste gerecht, indem sie unter der Direktion des Fuchsturmkantors die alten Fuchsturmlieder erklingen lassen. —

Hiermit hätten die sieben Wunder von Jena ihre Berücksichtigung gefunden; doch birgt die Stadt ihrer noch mehr, und der berühmte Pädagog Volkmar Stoy bezeichnet in einem Liede, das er anläßlich der 1872 in Jena tagenden Thüringer Lehrerversammlung dichtete, Jena selbst als das achte der Wunder. Wir schließen unsere Betrachtungen mit dem Liede des Meisters:

Frisch hab' ich den Kompaß genommen
Und bin nach Jena marschiert;
Weiß selbst nicht, wie das gekommen,
's ist schier ein Wunder passiert!

Fürwahr, da ist nicht zu streiten,
's ist hier ein eigenes Land:
Da sind von den ältesten Zeiten
Gar sieben Wunder bekannt.

Dort drüben — 's ist drin nicht geheuer —
Steht schweigend das Weigelsche Haus,
Hier schaut das Seeungeheuer,
Der Schnapphans, grausig heraus.

Und über der Saale Wogen
Streckt hin sich die Wunderbrück',
Sie führt auf kunstvollen Bogen
Nach Ziegenhain hin und zurück.

Rings schau' ich bedeutsame Sachen:
Den Altar von Wunderhand,
Den hundertköpfigen Drachen,
Den Fuchsturm, den Lug-ins-Land.

Ihn trägt die Wacht an der Saale,
Der Hausberg, weinumlaubt,
Er blickt auf die Füchslein im Thale
Als altes bemoostes Haupt.

Doch dem, was die Väter beschrieben,
Fügt sich ein achtes hinzu.
Wie groß auch die Wunder, die sieben,
Das achte, mein Jena, bist du!

Du bist so ganz ja noch heute,
Wie dich Johann Friedrich geschaut,
Drum lieben die ältesten Leute
Dich gleich einer lieblichen Braut.

Du sprichst: „Ob auch welken die Rosen,
Das Lied der Jugend verhallt:
Ihr Jenenser, ihr bleibt Studiosen,
Ihr werdet auf ewig nicht alt!"

So füg' ich dem Zauber mich weise,
Der alles ergriffen hat:
Hier bleib' ich und singe und preise
Alt-Jena, die junge Stadt.

F. Köcher, Jena.

Das Leben am Fuchsturm bei Jena.

Jena und der Fuchsturm, diese beiden Begriffe gehören eng zusammen. Wer je in der freundlichen Universitätsstadt Thüringens verweilte, der wird es nicht versäumt haben, auch dem altersgrauen Burgfried der kirchbergischen Schlösser auf dem Hausberge einen Besuch abzustatten, und wer in der Ferne Jenas gedenkt, vor dem wird unwillkürlich auch das Bild des Fuchsturmes auftauchen.

Wie mag sich wohl diese innige Zusammengehörigkeit erklären? Dafür lassen sich mehrere Gründe anführen. Wie so manche Ruine, wie manches einzelnstehende Haus oder ein besonders auffälliger Baum einer Gegend einen charakteristischen Ausdruck verleiht, so kann dieser alte Turm als ein auffälliges Merkmal des Saalthales bei Jena angesehen werden. Auf dem langgestreckten Rücken des steil aufstrebenden Hausberges, jenseits von Jena, ragt er, weithin in das Gelände schauend, hervor aus dem Grün der Fichten zum Blau des Himmels, ein ehrwürdiger Zeuge längst verflossener Zeiten.

Seine ursprüngliche Bedeutung als Burgfried eines festen Schlosses hat er bereits seit Jahrhunderten verloren, denn schon im 15. Jahrhundert sollen die Hausbergburgen in Schutt und Trümmer gesunken sein, nachdem der Turm bereits im Jahre 1304 eine erste Zerstörung der Schlösser erblickt und überstanden hatte. Die Anlage der ehemals gewaltigen Befestigung des Hausbergrückens, wovon noch eine ganze Anzahl tiefer Einschnitte — verfallener Wallgräben — Zeugnis ablegen, reicht bis in jene Zeit zurück, da die Deutschen zu Schutz und Trutz wider die vordringenden Sorbenwenden längs der Saale einen langen Gürtel fester Burgen

Der Fuchsturm.

hinzogen, also etwa in das 7. oder 8. Jahrhundert nach Christi Geburt, welchem Anlaß unter anderen auch die Sorbenburg bei Saalfeld, Rudolstadt, Orlamünde und Dornburg ihre Entstehung verdanken. Bekannt ist, daß auf dem Kirchberg Konrad von Wettin von seinem Vetter Heinrich dem Jüngeren von Eilenburg zwei Jahre lang (1122—1123) in harter Gefangenschaft gehalten und in einem eisernen Käfig am Turme ausgehangen wurde. Manchergestalt waren die Schicksale der Burgen und ihrer ritterlichen Bewohner, und die Chroniken, insbesondere die vorzügliche Arbeit von E. Schmidt, „Geschichte der kirchbergischen Schlösser auf dem Hausberge bei Jena“ (Neustadt a. O. 1830), wissen viel Interessantes darüber zu berichten.

Doch dies alles ist es noch nicht, was dem Fuchsturm seine jetzige Bedeutung verleiht. Ein eigenartiger Reiz umwebt die Trümmerstätte der Burg Kirchberg, und wenn wir diesen in poetischer Weise andeuten wollen, so kann es nicht besser geschehen als in den Versen, welche die Wände des „Prunksaales“ im Fuchsturmhause schmücken:

Ein Berggeist herrscht am Fuchsturm vor
Es ist der köstliche Humor.
Wem dieses Geistes Herrschaft paßt,
Der ist ein stets willkommner Gast.

Und:

Willst du auf den Fuchsturm steigen,
Laß die Sorgen in dem Thal.
Laß dir eine Kanne reichen,
Und vergiß der Alltagsqual!

Hier oben auf diesem reizenden Fleckchen Erde herrscht nämlich, solange es die Witterung irgend zuläßt, also vom März bis zum Dezember, ein heiteres und fröhliches Leben, und wer heraufgestiegen ist und erst einige Zeit am Fuße des Turmes verweilt hat, der wird's empfinden, daß er alle Sorgen im Thale zurückließ. Wir hoffen deshalb, daß es uns der geneigte Leser Dank wissen wird, wenn wir ihn jetzt im Geiste einführen in die Gemütlichkeit des Fuchsturmlebens.

Wir haben erfahren, daß auf heute abend — es ist ein Sonnabend — vom Burgkaplan und Syndikus ein „gehegter Abend“ der Fuchsturmgesellschaft ausgeschrieben ist, und nichts kann uns willkommener sein, als bei dieser Gelegenheit unseren Besuch oben abzustatten. Verschiedene Wege führen zum Rücken des Hausberges empor; aber der echte Fuchstürmler wählt stets den steilsten, die „Leite“, welcher als der kürzeste sich in einer Schlucht hinter Wenigenjena hinaufzieht. Nach einer Viertelstunde anstrengenden Steigens, wobei wohl mancher Schweißtropfen rinnt, finden wir uns am Rande des Waldes, der den Rücken und Nordhang des Hausberges bedeckt, vor der Wilhelmshöhe, und schon hier wird unsere Mühe durch einen prächtigen Ausblick gelohnt. Drunten im langgestreckten, grünen Thale, durch das sich zwischen Erlen und Weiden das Silberband der Saale, umsäumt von lieblichen Auen und wogenden Fruchtfeldern, dahinzieht, liegt das friedliche Städtlein, und aus üppigem Buschwerk leuchten aus ferneren Thälern und Schluchten, sowie von den Berghängen Villen und Berghäuslein hervor. Vom jenseitigen Thalrande grüßen steilaufstrebend weißglänzende, durch vielgestaltige Thäler geschiedene Berge herüber, als höchster der Windknollen mit dem Napoleonstein, wo der korsische Eroberer jene Schlacht lenkte, durch welche die tiefste Erniedrigung Preußens herbeigeführt wurde. Links davon ragt aus den waldbedeckten Forstbergen der Forstturm, das Siegesdenkmal vom letzten deutsch-französischen Kriege, anzeigend, daß jene böse Scharte wieder ausgewetzt ward. Flußauf- und abwärts aber trifft der Blick auf die Bierdörfer Lichtenhain, Löbstedt und Zwätzen, die namentlich auf die Musensöhne Jenas eine besondere Anziehungskraft ausüben.

Aber wir können hier nicht länger verweilen; die Sonne will sich schon zur Rüste wenden, und noch ist unser Ziel nicht erreicht. Auf bequem ansteigendem Waldpfade schreiten wir weiter, vorbei an drohend überhängenden Felsen und sanften, blumenbedeckten Mooshängen, umklungen von Blättersäuseln und Vogelgezwitscher. Hin und wieder begegnen wir eigenartigen Gedenktafeln um den Fuchsturm verdienter Männer, und hölzerne Bänke laden zu kurzer Rast ein. Nicht allzulange währt es, und wir sehen den Fuchsturm in unmittelbarer Nähe über uns durch die Wipfel der Bäume schimmern. Schon begrüßt uns ein eigenartiger appetitlicher Duft von gebratenem Fleisch und verrät, daß der Bratrost im Gange ist. Wir schreiten am Fuße des Turmes, der beängstigend knapp an dem verfallenen Wallgraben steht, vorüber und gelangen vor das Fuchsturmhaus. Rechts in der Ecke liegt, hinter der Mauer vor dem Winde geschützt, auf glühenden Kohlen der eiserne Rost. Geschäftig hantieren um denselben Männer und Frauen und sind emsig beflissen, die verschiedenartigsten Stücke rohen Fleisches auf kunstgerechte Weise in wohlschmeckende, saftige Rostbrätchen zu verwandeln. Doch wir wollen's noch nicht riskieren, diese Kunst selbst zu üben, und wenden uns lieber vertrauensvoll an den Wirt, der uns die Brätchen besorgt.

Inzwischen blicken wir uns ein wenig von der freien Höhe aus um. Still liegt ringsum die Welt, vom warmen Abendschein vergoldet; einer feurigen Kugel gleich senkt sich die Sonne hinter den blauen Fernen im Westen und sendet ihre letzten Strahlen herauf zu uns durch das junge, frische Grün der Buchen und wilden Hecken und durch die Zweige düsterer Fichten, den wirksamen Hintergrund des alten Turmes. Tief drunten liegt am Ende des langgestreckten Thales das anmutige Dörfchen Ziegenhain mit den Ruinen eines uralten Kirchleins, und folgt unser Blick dem Laufe des Thales nach Abend hin, so trifft er, an den eigenartig geformten, waldbedeckten Kernbergen hinschweifend, auf die Stadt Jena drunten im breiten Saalthale. Aus blauer Ferne blicken waldige Höhen und glänzende kahle Berge herüber zu uns, und über dem Grün der Kernberge erhebt sich schimmernd auf steiler Kuppe die Leuchtenburg bei Kahla.

Doch frisch wehen die Lüfte auf der Höhe, und wir wollen uns keinen Schnupfen holen. Darum vorerst hinein ins Fuchsturmhaus! Hier leuchtet uns von einer der Thüren ein Schild mit der Aufschrift „Prunksaal" entgegen, und hier ist der Raum, den der Fuchstürmler mit Vorliebe aufsucht und in dem auch der Fremde sich wohl fühlt. Zwar ist es keiner von den Prunksälen, wie sie sich etwa im Hohenschwangauer Schlosse oder in Wilhelmshöhe vorfinden, es ist ein mittelgroßes, ziemlich verräuchertes Zimmer, das einen altertümlichen Eindruck macht. Aber gerade so und nicht anders muß diese Stätte sein, wenn sie zum Leben am Fuchsturm passen soll. An den Wänden prangen allerlei merkwürdige Zieraten. Außer verschiedenen Bildern erblickt man Kannen von gewöhnlichem und ungewöhnlichem Umfang, eine ungeheure Stimmgabel, eine seltsame Fahne, ein gewaltiges Ritterschwert und dergleichen mehr, alles Gegenstände, welche für die Fuchsturmgesellschaft eine besondere Bedeutung haben. Schon sitzen die Besucher dicht gedrängt um die viereckigen langen Tische, vor sich die großen hölzernen Humpen. Doch es fällt uns nicht schwer, einen Platz zu erhalten, denn jeder rückt gern zu; wir erfrischen uns gleich den übrigen mit einem kräftigen Schlucke kühlen Ziegenhainers und verzehren das mittlerweile fertig gewordene Brätchen. — So sinkt die Nacht hernieder. Draußen wird es still; desto mehr aber regt sich's im

Prunksaal; denn der Beginn des „gehegten Abends“ steht nicht mehr ferne. Eine große Petroleumlampe spendet dem Raume die nötige Beleuchtung. Es summt und brummt, es plappert und klappert ringsum. Plötzlich läßt sich draußen das kräftige Geläute der Fuchsturmglocke vernehmen, Böllerschüsse krachen, und heller Flammenschein einer angezündeten Pechpfanne dringt herein, gleichzeitig das graue Gemäuer des alten Turmes mit flackernden Lichtern übergießend; jetzt erklingt dröhnend das Tamtam, welches von der Decke herabhängt: der gehegte Abend nimmt seinen Anfang. Der Fuchsturmkantor erhebt sich von seinem Platze; die große Stimmgabel schwingend, gebietet er mit kräftiger Stimme: „Silentium! Wir singen die Fuchsturmhymne!“ und unter seiner Direktion singt die fröhliche Korona mit Empfindung und Ausdruck die tiefsinnigen Worte der Hymne: „Dira-dirullalla rullalla rulla ...“ Hierauf folgt ein kräftig Trinken, hell klingen die hölzernen Kannen zusammen, und man vernimmt das eigenartige Geräusch der niederfallenden Deckel. In ähnlicher Weise werden in der Folge andere Gesänge angestimmt. Da singt man die Wandverse, ein Kundiger bringt das Lied vom Fuchsturmhaus mit erläuternden Bildern zum Vortrag, wobei der Chorus zu gegebener Zeit kräftig einfällt, und endlich ist man auch um weitere Lieder nicht verlegen. Die Fuchstürmler haben unter sich manchen Poeten aufzuweisen, der sich zu diesem Zwecke auf den Pegasus schwang. Solche Texte werden, fein säuberlich gedruckt, unter die Anwesenden verteilt, und jeder ist imstande, das Seinige zu der musikalischen Unterhaltung mit beizutragen. Dazwischen aber geschieht noch mancherlei, was dazu bestimmt ist, die allgemeine Lust zu erhöhen. So giebt die Einrichtung, daß die Fuchstürmler ihre Vorstände in eine geistliche und eine weltliche Macht teilen, gar oft Anlaß zu heißen, öffentlichen Wortgefechten zwischen den Vertretern der Weltlichkeit und dem Burgkaplane mit seinem Anhange. Manchmal erheitert auch das geistliche Oberhaupt die Gesellschaft durch den Vortrag eines Gedichtes, worin verschiedene zu Tage getretene Mißstände gegeißelt werden, oder durch eine kraftvolle, reichlich mit Humor gewürzte Rede. Wer genug zur Erhöhung der Fuchsturmfröhlichkeit beigetragen hat und vom Burgkaplan und Syndikus für würdig erachtet worden ist, erhält einen bestimmten Rang, indem er aus der Schar des „titellosen Gesindels“ zum „Knappen“ oder gar zum „Ritter“ befördert wird. Die Austeilung dieser Würden erfolgt in den zu diesem Zwecke ausgeschriebenen „Ordenskapiteln“, wobei der Kaplan unter originellen Reden und Gebräuchen den Knappen eine Zwecke, den Rittern einen Stern verleiht. Diese Orden werden nun nicht, wie es sonst der Fall ist, im Knopfloch oder auf der Brust getragen, sondern sie prangen auf den Kannendeckeln der Dekorierten, und leicht kann man so den Rang seines Nebenmannes erkennen. Ein besonderer Humor herrscht bei jener Feierlichkeit, und die Fröhlichkeit steigt dabei aufs höchste. Aber auch der gewöhnliche „gehegte Abend“, der meist einen dem beschriebenen ähnlichen Verlauf nimmt, hält die Teilnehmer gar lange in launiger Behaglichkeit beisammen, und keiner kann sich der Macht des Geistes der Fuchsturmgemütlichkeit entziehen.

Hat endlich die Sitzung ihr Ende erreicht, so harret der Gäste ein herrlicher Heimweg. Vom Himmel herab glitzern durch das Gewirr der Baumkronen die

Sternlein, grau schimmern in mattem Scheine die Felshänge zu unserer Linken, und tief drunten liegt das Thal im nächtlichen Dunkel. Vor uns aber, aus dem Saalthal, blinkt ein Lichtermeer, gleich einer großen Illumination; es sind die Lichter der Stadt Jena, wohin wir nun nach kurzer Spanne Zeit zurückkehren, in gehobener Stimmung und mit dem Bewußtsein, einen wirklich vergnügten Abend voll echt thüringischer Gemütlichkeit verlebt zu haben.

Dies ist der Zauber des Fuchsturmes und der Hauptgrund, warum die Begriffe Jena und Fuchsturm so innig verwachsen sind.

F. Köcher, Jena.

Der alte Jenenser.

Und weißt du es noch, wie in Burschenlust,
Die bunte Mütze uns schmückte?
Wie jubelte laut die jungfrische Brust;
Kein Leid, keine Sorge uns drückte!
Hell klang es die Straßen, die krummen, entlang,
Den „alten Hannfried“ umrauschte der Sang,
Die Mädchen, die haben's vernommen:
Das Lied vom Wandern, voll Jugendmut,
Wie sang es so fröhlich das junge Blut,
Denn der Mai, der Mai war gekommen!

Und weißt du es noch, wie im Morgenstrahl
Zu den Burgen, den alten, wir zogen?
Tief unten wogten die Nebel im Thal
Und glänzten der Saale Wogen.
Und war auch der Schimmer der Ritter vergleißt,
Wir waren die Ritter aus Feuer und Geist,
Wir waren die Herrscher auf Erden!
O Tage der Jugend, o strahlender Stern,
Die schönste Prinzessin, sie winkte von fern,
Und sie mußte die Königin werden!

Und weißt du es noch, wie im „Zwätzener“ Land
Die Hiebe, die scharfen, saßen?
Fürsichtig das Füchslein auf Wache stand:
Denn der „Pudel“ umlauert die Straßen!
Und wo sonst blitzte der Waffen Glanz
Da haben wir Sonntags zu fröhlichem Tanz
Die Schönen des Dorfes erkoren,
Doch abends bei festlicher Kerzen Strahl
Da tanzten wir wohl im „Rosensaal“
Mit den Töchtern der Herr'n Professoren.

Und weißt du es noch, wie des Karzers Thür
Verschloß der Gesetze Verächter?
Mit lustigen Sprüchen, mit Bilderzier,
Und allzugefälligem Wächter!
Und denkst du auch noch an den schwersten Gang?
Des Komitates wehmütiger Klang
Verhallte leiser und leiser! —
O selige, fröhliche Jugendzeit! — —
Hoch lebe die Burschenherrlichkeit
Und die alten, die fröhlichen Häuser!

A. Sturm, Naumburg.

Camburg, eine Feste gegen die Wenden.

Die äußerst fruchtbaren Gelände der heutigen Grafschaft Camburg müssen schon sehr früh und zwar von Germanen besiedelt gewesen sein. Ihre Grabstätten sind in neuerer Zeit vielfach geöffnet worden, und ihre Waffen und Werkzeuge aus Stein finden sich beim Waldroden oder auch beim Tiefpflügen des Ackers so häufig, daß die Grafschaft als Fundstätte von Steinwaffen schon zu einiger Berühmtheit gelangt ist. Man findet nicht nur große Sammlungen solcher Waffen hier und in Meiningen, sondern auch kleinere in dieser und jener Dorfschule.

Nebenstehende Tafel, welche mit wenig Ausnahmen lediglich Stücke aufweist, die der neolithischen Periode angehören, enthält Gegenstände, deren Fundort, es sind teils Gräber-, teils Einzelfunde, ganz unzweifelhaft feststeht. — Sie bilden einen kleinen Teil der heimischen Sammlung, welche sich jetzt zum Teil im Henneberger Haus in Meiningen befindet.

Nr. 1, 2, 3 und 5 dieser Tafel sind Pfriemen aus Knochen resp. Horn, Nr. 4 ist eine Bernstein-, Nr. 11 eine Glasperle, Nr. 21 ein Jadëitbeil, letzteres gefunden bei der Stadt Kranichfeld. Nr. 6 ist ein kammartiges Instrument aus Knochen, dessen Zähne genau in die Rillen des beigefügten Urnenfragments passen, welches letztere an derselben Stelle (Wonnitz bei Camburg) wie das Instrument selbst gefunden wurde. Nr. 25 stellt einen Steinhammer mit dazugehörigem Bohrzapfen dar. Nr. 27 einen desgleichen mit zwei angesetzten und einem vollendeten Bohrloch, Nr. 36 einen im übrigen noch rohen Stein mit fast fertig gestelltem Bohrloch. Derselbe sollte wohl erst nach Vollendung des Bohrlochs zu einem kleinen Beil ausgearbeitet werden.

Es waren die Hermunduren, die hier an der Saale saßen und deren Edelinge in den zahlreichen Hünengräbern ihre Ruhestätte fanden. Zur Zeit der großen Völkerwanderung drängten auch sie mehr nach Süden gleich ihren germanischen Brüdern, deren

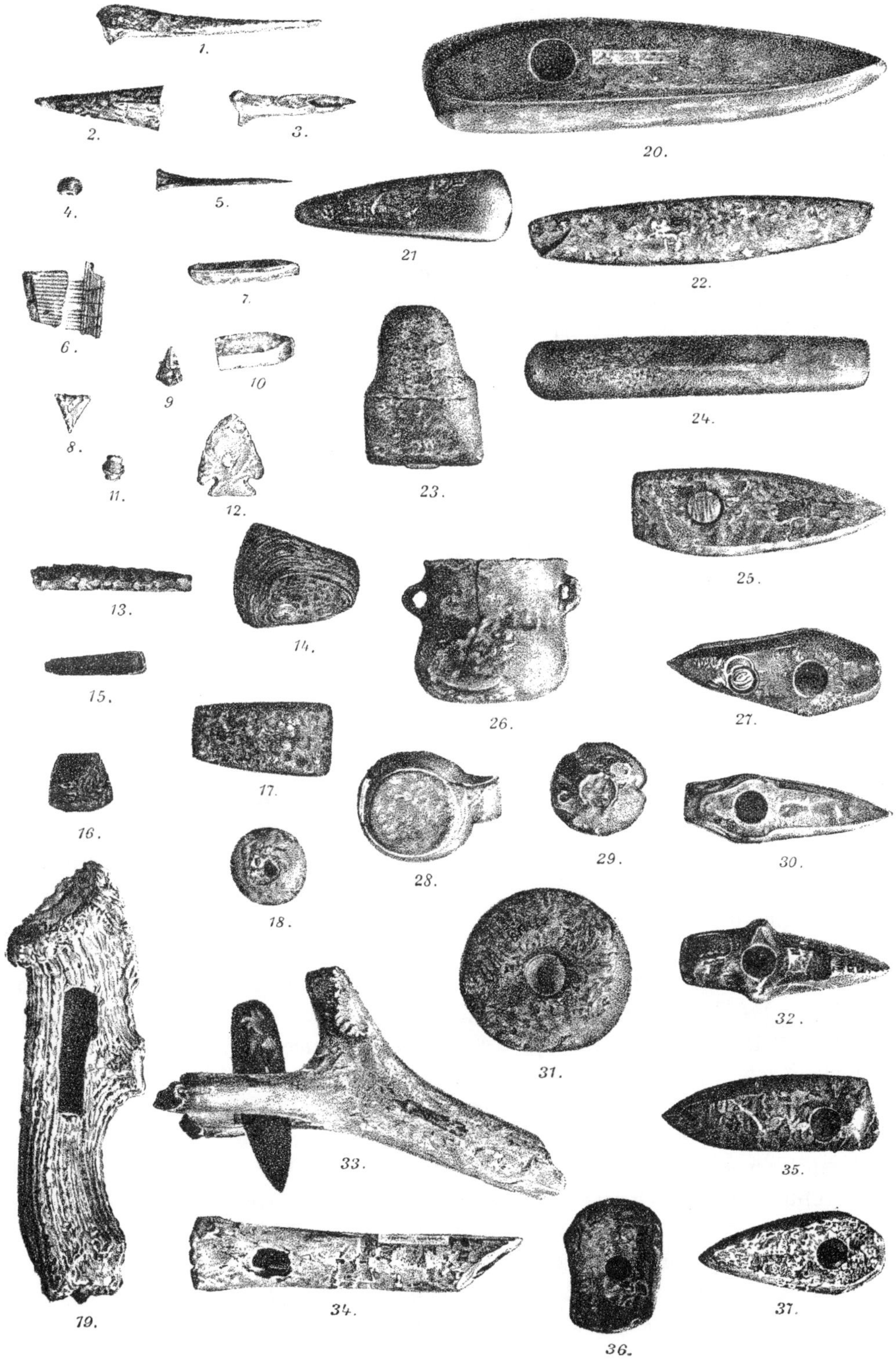
1.
2.
3.
4.
5.
6.
7.
8.
9
10
11.
12.
13.
14.
15.
16.
17.
18.
19.
20.
21
22.
23.
24.
25.
26.
27.
28.
29.
30.
31.
32.
33.
34.
35.
36.
37.

Gebeine schon zum Teil in der fremden Erde Italiens, Spaniens und sogar Afrikas ruhten. In die verlassenen Sitze der Hermunduren rückte ein slavisches Volk ein, die Wenden, und drängte den schwachen Rest der Thüringer zurück bis über die Saale. Lange Jahrhunderte ist die Saale Grenzfluß zwischen Germanen und Slaven gewesen, auch noch als längst das Reich der Thüringer infolge der Schlacht bei Burgscheidungen zertrümmert worden war und die Franken die Verteidigung der Grenze übernommen hatten. Die Wenden, welche sich im Kampfe hinterlistig und grausam zeigten, waren im Frieden gute Ackerbauer, und ihr den Germanen unbekannter Hakenpflug durchfurchte kreuz und quer den fruchtbaren Ackerboden der Grafschaft. Die Germanen, welche am liebsten Weibern und Sklaven den Feldbau überließen, pflügten den Acker nur der Länge nach, wie es heute noch üblich ist. Die Grafschaft rechts der Saale muß früher dicht von den Wenden bevölkert gewesen sein, was aus den ziemlich nahe bei einander liegenden, fast sämtlich wendische Ortsnamen tragenden Dörfern zu schließen ist. Der Sitz der wendischen Fürsten war wohl in der Nähe der Rudelsburg, vielleicht gar an derselben Stelle; denn Bender übersetzt die dicht daneben liegenden Dörfer Löbschütz und Krölpa mit Luboschize = Wahlort, Residenz, und Krallipa = an der Königslinde. Die Opferstätte lag auf einem Berge über der Saale, wie die Namen Posewitz, hergeleitet von dem weißen Wendengotte „Boh", und Wonnitz-Woheinitsche, „am Feuerherd", schließen lassen. Altwendische Grabstätten sind dort und auch in Camburg selbst aufgedeckt worden. Im Frühjahr und Sommer, wenn die damals ungleich wasserreichere Saale das ganze breite Flußthal ausfüllte, bildete sie eine wirksame Grenze zwischen Thüringern und Wenden. Im Winter aber, wenn der Frost den Fluß mit Eis überbrückte, zogen die Wenden brennend und raubend hinüber in das Thüringer Land. Oft mußten die Frankenkönige große Kriegszüge gegen sie unternehmen. Einer der Könige, Dagobert, wurde sogar 630 von ihnen in blutiger Schlacht geschlagen. Radulf, welcher die Scharte wieder auswetzte, wurde dafür zum Herzog von Thüringen ernannt, und so hatten die Thüringer wieder auf einige Zeit einen eigenen Herrscher. In jene Zeit fällt die Gründung von Burgen auf der linken Seite der Saale, darunter wahrscheinlich auch Dornburg = Doringburg und Camburg.

Die Befestigungen waren vorerst allerdings nur aus Holz hergestellt, erst später, als das Germanentum wieder mehr erstarkte und kräftige Kaiser, wie Karl d. Gr., an der Spitze standen, aus Stein. Die erste Befestigung Camburgs, welche in einer Urkunde des Klosters zu Eisenberg das „untere castrum" genannt wird, hat wohl auf der Stelle des heutigen Amtsgerichts gestanden, unter dessen Kellern man noch alte, starke Grundmauern findet. Unter Karls d. Gr. Nachfolgern hatten zwar die Wenden wieder ziemlich die Überhand bekommen, aber unter den Sachsenkaisern, deren Hauptsitz in Thüringen, nämlich in Merseburg, war, geschah wieder ein kräftiger Vorstoß seitens der Thüringer. Auf dem rechten Ufer und in den Nebenthälern der Saale entstand jetzt eine Reihe von Burgen, die Kirchbergburgen bei Jena, die Kunitzburg und das „obere castrum", die eigentliche Camburg. Die Burgen wurden seitens der Kaiser mit verantwortlichen Vögten besetzt, deren Aufgabe wahrlich keine leichte war; lagen doch ihre Festen gleich Inseln mitten im

Slaventum. Nur ganz allmählich und unter schweren Kämpfen drang das Deutschtum und mit ihm das Christentum auf dem rechten Saalufer vor. In der Klosterkirche zu Thalbürgel, welche die bärtigen Brüder der Hirsauer Mönche um das Jahr 1200 vollendeten, ist eine Inschrift erhalten, welche besagt, daß die Heiden den Vorraum der Kirche betreten und von hier aus dem Gottesdienste beiwohnen durften. Das Taufbecken der alten Wendenheiden, ein großer steinerner Trog, ist ebenfalls noch vorhanden. Die Grafen von Camburg haben viel zur Ausbreitung des Christentums beigetragen und scheinen bis zur Zeit der Hohenstaufen ein reichbegütertes Geschlecht gewesen zu sein. Sie waren Mitbegründer des Domes zu Naumburg, in dessen Westchor die Steinbilder der Brüder Wilhelm und Dietrich von Camburg ernsten Gesichtes auf die Besucher herabschauen. War die Camburg schon sehr frühzeitig und fast stets von Kämpfen umtobt, so schien es, als ob sie

Nach einer Aufnahme von A. Eisenach, Bürgel.

Camburg.

auch später, als schon längst die Wenden als Christen neben dem deutschen Ackerbauer in ihren Runddörfern wohnten, keinen rechten Frieden kennen lernen sollte. Das Geschlecht der Grafen von Camburg starb aus, und die Burg mit dem mauerlosen Städtchen, welches unter ihr entstanden war, wanderte von der Hand eines Herrn in die des andern. Als Albrecht der Unartige mit seinem Bruder Dietrich um Herrschaft und Erbe kämpfte, wurde die Burg stark befestigt, und später, als seine eigenen Söhne gegen ihn stritten und die Burgbesatzung fest zu diesen stand, wurde die Burg von dem Grafen von Käfernburg belagert und gestürmt, aber vergeblich. Die Flammen der in ohnmächtiger Wut in Brand gesteckten Stadt beleuchteten das sich zurückziehende Belagerungsheer. Schlimm erging es Burg und Stadt auch in dem sogenannten Grafenkriege, noch schlimmer aber in dem unglückseligen Bruderkampfe zwischen Friedrich dem Sanftmütigen und Wilhelm dem Tapferen. Letzterer hatte Camburg und Dornburg seinem ränkevollen Ratgeber Busso von Vitzthum geschenkt. Nach dem Friedensschlusse, als er die Treulosigkeit seines Vasallen eingesehen hatte, forderte er die Besitzungen zurück. Die Rückgabe wurde verweigert und die Camburg noch stärker befestigt. Im Jahre 1448 belagerte das Heer der wiederversöhnten Brüder die Burg, aber erst nach hartem Sturm, und als schon ein großer Teil der Gebäude brannte, erzwangen sie die Übergabe. Die Burg brannte bis auf den massiven Bergfried nieder, welcher heute noch mit seiner spitzen Haube herabschaut in das Saalthal. Viel hat dieser in den seitdem vergangenen Jahrhunderten noch gesehen. Nicht bloß friedliche Handelszüge, welche sich auf der Nürnberg-Leipziger Straße und der alten Salzstraße an ihm vorüberbewegten, sondern auch noch oft die wilden Horden des Krieges. In dem großen Religionskriege schlugen mehr als einmal die Flammen der brennenden Stadt zu ihm empor, begleitet von dem Wehgeschrei der bis auf die Hälfte zusammengeschmolzenen Einwohnerschaft. Im Jahre 1757 sah er das Heer der Franzosen siegessicher gegen den kleinen „Markgrafen von Brandenburg" an sich vorüberziehen und dann, geschlagen von dem großen Preußenkönig, in jämmerlicher Flucht zurückkehren. Fast in der Mitte zwischen Jena und Auerstädt stehend, hörte der alte Bergfried an jenen unglücklichen Oktobertagen den Siegesdonner der französischen Kanonen. Aber an ihm zogen auch die Freiheitsheere vorüber, und seit 30 Jahren sieht er alljährlich auf seinem Nachbarberge die Freudenfeuer, welche zur Ehre des geeinten Deutschland emporlodern. Jetzt ist der Burgberg, gewöhnlich Turmberg oder auch Matzberg genannt, mit schattigen Anlagen versehen, und an derselben Stelle, wo einst Germanen und Wenden in heißem Kampfe miteinander rangen, sitzt jetzt der reisende Fremde neben dem heimischen Bürger und schaut hinab auf das freundliche Städtchen und hinein in das lachende Thal der friedlich rauschenden Saale.

Tuisko Krauße, Camburg a. d. Saale.

Die Holzflößerei auf der Saale.

An des Waldsteins luftigen Höhen entspringt als lustiger Quell, eingerahmt von Mauerwerk, unsere Saale, deren Lauf bedeutsam geworden ist für den Holzhandel unseres Thüringer Landes. Sie nimmt ihren Weg in vielgewundenem Bett durch herrliche, bewaldete Höhen, welche gekrönt sind mit Burgen und Ruinen, und grüßt auf ihrer Wanderung liebliche Städte und Dörfer.

Wer erinnert sich nicht gern erquickender Fußwanderungen, herrlicher Volkslieder und anheimelnder Bilder, die uns das Leben an und auf der Saale bietet.

Eines dieser Bilder ist die Holzflößerei.

Wir treten auf den Holzanger, einen Platz zur Aufstapelung der Holzstämme. Fuhrleute sind damit beschäftigt, die Riesen des Waldes dem von der schweren Last knarrenden Wagen zu entladen und dieselben zu mächtigen Stößen aufzuschichten. Hinter einem dieser Holzstöße steigen blaue Rauchsäulen empor; ein Bube hockt am Feuer der Holzhauer und sucht dasselbe weiter zu entfachen, damit Vaters Mittagskaffee bald heiß wird. Große Böcke aus Holz sind auf dem Platze aufgestellt, und auf sie rollen die Holzhauer soeben mehrere Stämme, befestigen sie durch eiserne Klammern und fangen an, sie zu behauen. Gleichmäßig ertönen die Schläge der Axt und des breiten Beiles, Späne fliegen nach beiden Seiten vom Stamme hinweg, mit dem Bohrer werden in das untere Stammende zwei Löcher gebohrt, und die Spitze des Stammes wird bis zu einer vorgeschriebenen Stärke abgesägt.

Abwärts rollend läßt man nun Stamm für Stamm in das Wasser gleiten, welches sie sofort zu entführen droht. Mit kräftigem Ruck schlägt jedoch der bereit stehende Flößer seine mit einem Haken versehene Stange ein und zieht die Flüchtlinge zurück. Von anderen Flößern werden sie in Empfang genommen und aneinander gereiht. Durch die im untern Stammende befindlichen Löcher werden die Floßweiden, welche aus den Stämmchen junger Fichten gedreht sind, gezogen und durch einen Keil befestigt. Auf diese Weise wird nach und nach ein sogenanntes Gelenk zusammengefügt. Damit die oberen schwächeren Stammenden auch feste Verbindung bekommen, wird über sie hinweg eine Querstange, die Prange, festgebunden. Nachdem zwei oder drei solcher Gelenke gebaut und aneinander gefügt sind, ist das Floß in seiner rohen Form fertig.

Auf dem vorderen und hinteren Teile desselben wird eine Steuervorrichtung angebracht, die zur Aufnahme der Ruder (Patschen) dient. Auf der Mitte des Floßes wird eine Tafel mit dem Namen des Floßherrn und ein Pfahl zum Aufhängen des Flößerranzens und dergleichen befestigt.

Nun wird das Floß ein Stück von dem Einhängeplatze fortgeschoben, am hintern Ende durch ein Seil an einen am Ufer eingeschlagenen Pfahl festgebunden und ist somit zur Abfahrt fertig.

Der Tag der Fahrt rückt heran. Lange Wasserstiefel an den Füßen, mit Fahrstange, Axt und Seil ausgerüstet, betreten die Flößer das Floß. Das Seil wird gelöst, und durch Ruder und Fahrstange unterstützt, setzt sich das Fahrzeug in Bewegung.

Das erste Floß ist gewöhnlich mit einer Tanne geschmückt und wird überall freudig begrüßt. Der Flößer schaut vergnügt auf zum reinen Himmel, das Wetter und der Wasserstand sind seiner Thalfahrt günstig; rasch folgt das Gefährt dem Wellenschlag, rechts und links winken liebliche Ufer, und jetzt gönnen sich die Floßführer eine kleine Ruhepause. Doch bald harrt ihrer wieder ein anstrengendes, ja wohl auch Gefahren bergendes Stück Arbeit. Das Floß nähert sich einem Wehre. Der Müller hat die Durchfahrt in dem Wehrbau geöffnet; jetzt gilt es, durch kräftiges Eingreifen in die Ruder das Fahrzeug in der richtigen Stellung durch diesen Durchgang zu führen. Sobald der vordere Teil des Floßes sich dem Wehrübergang nähert, zieht der Vordermann sein Ruder ein und geht zurück bis zu dem in der Mitte befestigten Pfahle, welcher in der Flößersprache der Knecht heißt. Der Hintermann zieht ebenfalls das Ruder ein und schlägt seinen Haken fest, damit er sich anhalten kann. Wie ein Pfeil saust das Floß über das Wehr hinab in die tosenden, schäumenden Wellen und scheint in denselben verschwinden zu wollen. Doch nur kurze Augenblicke währt es, und bald schwimmt der Koloß wieder auf der Oberfläche. Sofort eilt der Vordermann wieder an seinen Posten und setzt zusammen mit seinem Kameraden die Ruder ein, um das Gefährt in richtiger Lage zu erhalten.

Freilich geht diese Fahrt nicht immer so glücklich ab. Manchmal bleibt das Floß hängen, verschiebt sich oder zerschellt an einem Felsen, und der Flößer ist froh, wenn er mit einem kalten Bade davonkommt.

Die Fahrt wird weiter fortgesetzt, und am Abend gelangen die Flößer am Bestimmungsorte an; das Floß wird am hintern Ende gegen das Ufer gedrückt, der Hintermann faßt das Befestigungsseil und springt, nachdem er dasselbe um einen Pfahl geschlungen hat, an das Land. Hier setzt er die Spitze des Pfahles schräg gegen den Boden, und so zieht das Floß sich selbst fest, weil der Pfahl in die Erde eingedrückt wird. Manchmal glückt diese Arbeit nicht das erste Mal. Anfänger im Flößerberufe müssen die ersten Versuche, das Floß zum Stehen zu bringen, oft mit einigen Purzelbäumen bezahlen, wenn der Pfahl zu rasch angezogen wird und nicht festen Fuß im Boden faßt.

Nachdem sich die Flößer des sicheren Standes ihres Fahrzeuges vergewissert haben, ziehen sie in die Herberge. Hier entledigen sie sich der langen Wasserstiefel und ersetzen die durchnäßten Kleidungsstücke durch trockene. Bald setzt die Herbergsmutter die dampfenden Kartoffelklöße und den würzigen Pökelbraten auf den Tisch. Die Männer haben gewaltigen Hunger und hauen tüchtig ein, und nachdem eine gehörige Nachtzeche gemacht ist, suchen sie ihr Lager auf, um sich für die Arbeit des nächsten Tages zu stärken.

Wenn am folgenden Morgen die Flößer nicht von anderen abgelöst werden, so beginnt für sie die Fahrt von neuem, und so führen manche ihr Fahrzeug von der oberen Saale bis hinunter nach Camburg, Kösen und Weißenfels.

Dort werden die Flöße entweder dem Empfänger überwiesen oder für die Holzmesse festgelegt. Nachdem der Flößer sein Seil aufgerollt und den von der Fahrstange abgeschlagenen Haken daran gehängt hat, wirft er seine Werkzeuge über die Schulter und fährt mit der Bahn heimwärts, wo er von seinem besorgten Weibe und seinem kräftigen Buben freudig begrüßt wird.

Die Arbeit des Flößers ist eine mühevolle und gefahrenreiche; gar mancher kehrt nicht wieder in sein Heim zurück; denn die Saale hat ihn zum Opfer gefordert. Tage lang im Wasser zu stehen und zu pantschen, in Wind und Wetter auszuhalten, ist keine Kleinigkeit. — Aber im Kampf mit den Elementen stählt sich die Kraft des Mannes, wird man gefeit gegen alle Unbilden der Witterung. — Welch markige Gestalten treten uns gerade unter den Flößern entgegen; sie sind wie die Riesen des Waldes, welche sie befördern, voll von Treue in ihrem Berufe und beseelt von echt kameradschaftlichem Sinn!

Früher stand die Flößerei noch in hoher Blüte, und sobald im Frühjahr der Wasserstand der Saale geeignet war, glitt ein Floß nach dem andern zu Thal. Heute hingegen hat dieser Erwerbszweig bedeutend nachgelassen. Seitdem das obere Saalthal durch die Eisenbahn erschlossen ist, wird viel Holz durch dieses Transportmittel weiterbefördert. Die meisten Flöße sehen wir noch in der Gegend zwischen Ziegenrück und Eichicht, weil man dort nur auf diese Art des Transportes angewiesen ist.

H. Könitzer, Rudolstadt.

Die Rudelsburg.

„An der Saale hellem Strande
Stehen Burgen stolz und kühn.
Ihre Dächer sind zerfallen,
Und der Wind streicht durch die Hallen,
Wolken ziehen drüber hin.“

So singt jetzt mancher im deutschen Reich — das Lied ist ja längst Volkslied geworden — ohne zu wissen, daß die Rudelsburg mit ihrer romantischen Umgebung es war, die Franz Kugler veranlaßte, die bekannten Verse in das dortige Burgbuch zu schreiben. Die Gründung der Rudelsburg, welche sich auf einem 85 m hohen Felsen gegenüber dem jetzt so viel besuchten Kurort Kösen erhebt, ist wie die so vieler Burgen in Dunkel gehüllt. Jedenfalls haben an ihrer Stelle schon altgermanische oder auch wendische Befestigungen sich befunden, wie umfangreiche in ihrer Umgebung ausgegrabene Bronzefunde beweisen. Den Namen Rudelsburg finden wir 1171 zum erstenmal erwähnt. Sie war mit ihrer Nachbarburg Saaleck und der Camburg eine Besitzung der Markgrafen von Meißen und wurde, wie auch die alte Bischofsstadt Naumburg, nicht zum eigentlichen Thüringen, sondern zum Osterlande gerechnet. Saaleck und Rudelsburg dienten zum Schutze der alten Handelsstraße zwischen Leipzig und Frankfurt a. M. Verschiedene Herren hatten die Burgen zu Lehen, am längsten wohl die Schenken von Tautenburg, und manche Fehde tobte in der damaligen bewegten Zeit um ihre Mauern. Über eine Erstürmung der Rudelsburg schreibt Wolf von Tümpling in der Geschichte seines Geschlechts: „Der Bischof und der Rat zu Naumburg lebten in dieser Zeit in Irrung mit den Schenken von Tautenburg, den Vogten auf Rudelsburg, Werner Kurtefrunden und Ditzen von Tumpling und mit denen von Käfernburg und Dornburg. Man versuchte die Gespän in Güte beizulegen, allein die Verhandlungen, bei welchen eine namhafte Summe verzecht wurde, waren vergeblich, und der Rat

Nach einer photogr. Aufnahme von Soph. Williams, Berlin.
Bismarckdenkmal auf der Rudelsburg.

sah sich genötigt, den Stadtfeinden förmlich abzusagen und die Fehde zu eröffnen. Der Stadthauptmann Hans von Droitzen zog mit den Knechten in der Karwoche des Jahres 1348 vor das Schloß Rudelsburg. Die Burgmannen schlugen anfangs den Sturm tapfer zurück, und ein Steinhagel fiel aus den Steinkörben auf die Belagerer herab, die den Wall erfüllten und auf Sturmleitern die Mauern zu ersteigen strebten. Aber die Steinbüchsen zertrümmerten die Mauern, und die Feuerpfeile zündeten die Söller an. Die Burg wurde genommen und ihre Wehren zerbrochen. Die Naumburger fingen unter anderen drei von Käfernburg und den Burgvogt Kurtefrund. Letzterer starb bald in der Haft zu Naumburg an den empfangenen Wunden." Die Burg wurde bald wieder aufgebaut, aber im Bruder-

Nach einer photogr. Aufnahme von Sophus Williams, Berlin.

Die Rudelsburg.

kriege noch einmal zerstört. Sie gehörte damals den Herren von Bünau, welche sie neu ausbauten und noch lange bewohnten. 1581 kaufte sie Georg von Osterhausen, verlegte aber bald seinen Wohnsitz nach dem Vorwerk Kreipitsch und überließ die Burg dem Verfall. Wind und Wetter und nicht zum wenigsten der Dreißigjährige Krieg nagten nun an Holz und Mauerwerk der Burg. Eulen, Füchse und Schnapphähne waren ihre Bewohner. Erst das 19. Jahrhundert brachte der Rudelsburg wieder neues Ansehen und andere Gäste. „Samiel hilf!" ist jetzt geflügeltes Wort geworden und sogar in Stein auf der Spitze des Bergfrieds zu lesen, aber der alte Burgwirt Gottlieb Wagner, genannt Samiel, dem es mancher abgebrannte Musensohn zurief, ruht längst in kühler Erde. Die Karten, auf denen das hemdärmelige Wirtsoriginal mit dem Holzkännchen in der Hand zu sehen ist, gehören sicher zu den ältesten Ansichtskarten Deutschlands. Im Jahre 1853 genoß Samiel die Ehre, den König von Preußen auf der Burg begrüßen zu dürfen.

Würdevoll reichte er ihm das Holzkännchen, aber leider hatte er in der Eile vergessen, es zu füllen; erst die freundlichen Worte des Königs: „Meine Mutter hat mir aber verboten, aus einem leeren Kruge zu trinken", veranlaßten ihn, sein Versehen wieder gut zu machen. Dem König gefiel es sehr wohl auf der Burg, in deren Fremdenbuch er seinen Namen schrieb, und alljährlich wird dort zum Andenken an jenen 7. September das sogenannte Königsfest gefeiert. Von Samiels Humor, seinem Bier und der Rudelsburg, auf deren Höhe es sich so herrlich kneipte, erzählte die gesamte akademische Jugend. Besonders durch die deutschen Korpsstudenten lebte der Name der Rudelsburg wieder zu neuem Glanze auf. Alljährlich zur Pfingstzeit versammelten sie sich dort zu großem Kommers. Wer hätte nicht schon

Nach einer photogr. Aufnahme von Sophus Williams, Berlin.

Burg Saaleck und die Rudelsburg.

in irgend einer Zeitschrift die Illustrationen des Fuchssturmes oder der Fuchstaufe gesehen? Dem alten Heldenkaiser Wilhelm I., sowie ihren 1870—71 gefallenen Kommilitonen haben die Korpsstudenten auf der Burg Denkmäler errichtet, 1896 auch ihrem alten Herrn, Deutschlands eisernem Kanzler. Das Denkmal stellt ihn sitzend als Jungburschen dar, mit dem Schläger in der Faust und dem treuen Tyras zur Seite. Heute gehört die Burg der Familie von Schönberg, und der damit belehnte Burgvogt läßt nicht mehr die Zugbrücke hochziehen, wenn er die Scharen der Naumburger Bürger, vereint mit denen von Kösen, Camburg und Stadtsulza heranziehen sieht, sondern reibt sich vergnügt die Hände. Dichtgefüllt sind an schönen Sonntagen die weiten, neuerrichteten Hallen und der Burghof von Umwohnenden und Fremden, und gar fröhlich ist das Bierturnier auf der aussichtsreichen Höhe, das oft Studenten und Philister festhält bis in die sinkende Nacht.

Tuisko Krauße, Camburg a. d. Saale.

Aus Weimars klassischer Zeit.

„Am gestrigen Mittag“, — so schreibt am 20. August 1803 Andreas Szluchoring, der am Anfang dieses Jahrhunderts mit mehreren Landsleuten in Jena studierte, später Schullehrer in Pest wurde und dort 1838 hochbetagt starb. —

„Am gestrigen Mittag betrat ich endlich Deutsch-Athen, das liebliche Weimar. Kaum hatte ich die dringenden Mahnungen meines Magens befriedigt, als ich die Stadt zu durchwandern begann. — Immer schlendernd und schauend geriet ich an die Ilm und, ihrem Laufe folgend, unvermerkt in eine lange von Sommerhäusern und Gärten gebildete Straße. — Mein vierstündiger Marsch vom Morgen, die

Übermütig sieht's nicht aus
Dieses stille Gartenhaus,
Allen die darin verkehrt
Ward ein guter Mut beschert.
Goethe 1828.

Nach einer photogr. Aufnahme von Sophus Williams, Berlin.

Goethes Gartenhaus.

brennende Augustsonne am wolkenlosen Himmel hatten in mir gewaltigen Durst erregt. Ich sah daher sehnsüchtig nach einem Brunnen oder üblichen Schenkwirtschaftshauszeichen an der Häuserreihe umher.

Da schallte mir plötzlich aus einer offenstehenden Gartenthür fröhliches Lachen, der Ton stürzender Kegel und der in diesem Augenblick für mich zur Sphärenmusik werdende Klang anstoßender Gläser entgegen. In der sichern Voraussetzung, der öffentlichen Quelle eines Labetrunkes nahe zu sein, eilte ich, gleich dem Wanderer in der Wüste, nach der Erquickung bietenden Oase, und mit schnellen Schritten betrat ich den Garten. Unter dem Laubdach einer ehrwürdigen Linde, nahe dem wohnlichen, rebenumrankten Hause, erblickte ich an einer Kegelbahn eine Gesellschaft von Männern versammelt. Etwas verlegen, da mich aller Augen neugierig betrachteten, setzte ich mich an einen nahen, leeren Tisch, stopfte meine Pfeife und winkte der eben mit mehreren vollen Bierkrügen aus dem Hause tretenden Aufwärterin, ihr zurufend: „Auch mir einen Krug, Jungfrau!“ Auf diesen Zuruf wandte sich die Magd wie erstaunt nach mir und hielt zögernd an; allein der Wink eines Mannes von einnehmender Gesichtsbildung, der, eben die Kugel zum Wurfe erhebend, mich einen Augenblick scharf beobachtet hatte und wahrscheinlich der Wirt war, bewog die Magd, mir lächelnd und knixend und ob der Zurechtweisung ihres Gebieters oder vielleicht meiner Person willen bis unter das Häubchen errötend den Krug mit einem: „Prost der frische Trunk!“ hinzusetzen. In langen Zügen trank ich vom erfrischenden Gerstensaft und blies die blaue Knasterwolke in die frische Luft, während die Gesellschaft, scheinbar unbekümmert um meine Person, unter Kichern und Schäkern ihr Spiel fortsetzte.

Nach einer photogr. Aufn. v. Sophus Williams, Berlin.
Residenzschloß in Weimar.

Mit voller Muße betrachtete ich mir die Gesellschaft und folgte mit Teilnahme den Wechselfällen des Glückes. Drei der anwesenden Herren zogen besonders meine Aufmerksamkeit auf sich. Den einen zeichnete eine edelgeformte Stirn, ein lebhaftes Auge mit fast stolzem, doch wieder unbeschreiblich mildem Blick und eine schön gebildete Nase vorteilhaft aus. Die Haltung seines wohlgebildeten Körpers, das Edle seines Anstandes, seine natürlichen, ungezwungenen und abgerundeten Bewegungen, die selbst bei den gewöhnlich unmalerischen Stellungen, welche das Kegelspiel mit sich bringt, nie eckig oder gar unschön wurden, bezeichneten einen Mann, der durch unausgesetzte Übung und Aufmerksamkeit auf sich selbst die vollendetste Herrschaft über seine Bewegungen erlangt hat, kurz, es sprach etwas aus ihm, das mich vermuten ließ, daß er den höchsten Sphären der Gesellschaft angehören dürfte.

Ein kleines, schon bejahrtes, jedoch lebhaftes, oft lachendes und vorzüglich mit den anwesenden Frauen scherzendes Männchen mit rundem, vollem Gesichte und klugen Feueraugen, die es oft gar komisch beim Kegelwerfen zu schließen pflegte, dünkte mir ein herzlicher, für alles Gute und Angenehme empfänglicher Mensch, nach seiner Art zu sprechen, im Besitz der wahren praktischen, aus Erfahrung geschöpften Lebensphilosophie zu sein.

Am meisten jedoch zog mich mein freundlicher Wirt an; obgleich blaß und leidend von Aussehen, erregte er in meiner Seele durch seine großen, geistvollen Augen, die er mit unbegreiflicher Schwärmerei, sich selbst unbewußt, nach dem goldenen Abendhimmel aufschlug, und dabei aus der Stirn die langen, niederwallenden Locken mit der schöngeformten Hand hinwegstrich, ein unnennbares Mitgefühl. — Ein Hauch von Rosenrot, auf seine Wangen durch die Anstrengung des Spiels gelockt, erhöhte den Reiz seines männlich schönen Angesichts und ließ ein nur mit meinem Leben schwindendes, liebliches Bild in meiner Erinnerung zurück. Es schien mir ein Mann, in dessen innersten Tiefen des Geistes ein Schatz von Ideen, Gedanken und Bildern in stetem, unerschöpflichem Wechsel kreisen mußte.

Nach einer Photogr. im Verl. v. Soph. Williams, Berlin.
Wieland.

Sie werden mich hier, treuer Freund, ob der enormen Schilderung dieses Mannes einen Egoisten schelten, der den Wirt über alles lobt, weil er ihn so schnell und freundlich labte, und daneben mein Steckenpferd, die Physiognomik etwas verlachen. Allein nur Geduld — und Sie werden im Weiterlesen finden, daß Lavaters Lehre sich hier glänzend bewährt habe. — Mein Wirt also — der gewiß zu allem andern mehr Geschick besitzen mag als zum Kegelspiel — warf jedesmal, wenn die Reihe ihn traf, verzweifelt schlecht, so daß die Kugel fast immer durch die Gasse rannte, und hatte, da er stets fehlte, einen vollen Chor von „Etsch, Etsch!“ von dem Kreise der liebenswürdigen, größtenteils schönen, mit dem Strickstrumpf umhersitzenden Kampfrichterinnen zu ertragen. Sie kennen mich als tüchtigen Kegelschieber, da Sie sich hiervon manch glücklich verlebten Sommerfeierabend in Ihrem schönen Garten überzeugen konnten. Ich trat daher, eine Kennermiene annehmend, an die Kegelbahn und machte, als mein Wirt an den Wurf kam, die bescheidene Bemerkung, daß er die Kugel grundfalsch auffetze, daher seine Würfe stets fehlschlagen müßten. Mir fast unbewußt, hatte der liebe Mann die schöne, schwere lignum sanctum-Kugel in meine Hand gedrückt und bat mich mit den freundlichsten Worten, für seine Rechnung diese und die nachfolgenden Würfe zu thun, da ihn auf kurze Zeit Geschäfte ins Haus riefen. Ich nahm das Anerbieten freudig an, war bald mit den übrigen Spielern in eifriges Gespräch verwickelt, wurde gefragt und fragte, gab und erhielt Bescheid und spielte mit soviel Glück, daß ich manch' schönen Groschen gewonnen hatte, als die zunehmende Dämmerung dem Spiel ein Ende machte. — Endlich trat der Wirt in unsern Kreis, und dankend überreichte ich ihm den Gewinst, sah nach der Aufwärterin, um meine Zeche zu bezahlen, und wollte mich, da ich sie nicht erblicken konnte, entfernen, um sie aufzusuchen.

Indem ich nun Kratzfüße zog und Bücklinge machte, dabei stets nach guter Sitte rückwärts ging, stieß ich an eine lange, gedeckte Tafel, die von mir im Eifer des Spiels, wofern sie nicht in eben dem Augenblick der Erde entstiegen war, nicht bemerkt wurde. Da ergriff mich mein Wirt an den Schultern und drückte mich auf den nächststehenden Stuhl neben sich nieder, indem er sprach: „Sie bleiben mein Gast, Herr Magister." „Zum Abendbrot!" rief alles und nahm Platz in bunter Reihe an dem wohlbesetzten Tisch; herrlicher Braten wurde herumgereicht, köstlich duftender alter Rheinwein perlte in den Römern; ich genoß mit allen Sinnen. Stets füllte sich von neuem mein Glas — da that sich mein Herz weit auf, und nach alter Ungarsitte brachte ich ein herzlich Lebehoch meinem Wirte. Jubelnd klirrten die Gläser aneinander, und der Herr mit der schöngeformten Nase brachte mir mit Würde und Anmut ein Glas mit dem Zurufe: „Heil Ungarns hohem König! Heil dem edlen Ungarvolke! Heil seinen braven Lehrern! Heil Ihnen und Glück, Herr Magister!"

Nach einer Photogr. im Verl. v. Soph. Williams, Berlin.
Schiller.

Als Nachtrag sei hier bemerkt, daß mir die Herren beim Spiel Namen, Stand und Vaterland abgefragt, meine Bescheidenheit es jedoch nicht zuließ, sie um ihre Namen zu fragen. — Ich stieß an mit Freudenthränen im Auge; im Herzen hallten des Mannes Worte wieder, und ich ließ im stillen alle, alle mir Teuren leben im Vaterlande. Nun folgten Toaste auf Toaste — Weimars Großherzog, Deutschland, seine Gelehrten, alle edlen Menschen ließ ich leben, und wurde von Freude und der Liebfrauenmilch so begeistert, daß ich Schillers Hymnus an die Freude, mein Lieblingslied, anstimmte, in welches in vollem Chor die heiteren Tischgenossen einstimmten. Als es zu Ende gesungen war und alles sich zum Aufbruche erhob, da überkam es mich mit unbezwinglicher Gewalt, nochmals ergriff ich mein Glas und rief begeistert: „Hoch lebe der hochgeliebte Dichter des Hymnus an die Freude!“ Ein lautes: „Er lebe, lebe hoch!“ erscholl, dann war es still und mein blasser Wirt reichte mir sanft die Hand und sprach: „Ich danke Ihnen, werter Freund, und ich freue mich herzlich, daß meiner Muse Sang auch Ungarns edle Söhne verstehen und lieben.“ Da starrte ich ihm freudig ins Antlitz und schlürfte die köstlichsten Freudenperlen mit dem Weine. Mein alter Lavater hatte mich nicht getäuscht, denn eben trat mein Tischnachbar, der kleine, lebhafte Herr, auf mich zu und sagte, auf meinen Wirt deutend: „Hier, Herr Magister, sehen Sie unsern Schiller, hier — Goethe, und ich, ich bin der alte Wieland!“ — Morgen — doch indem ich dies schreibe, ist es bereits Tag geworden — ich will ruhen, um mit gesammelter Seele mein Abenteuer, die glücklichsten Stunden meines Lebens zu überdenken und nochmals genießen die überschwengliche Wonne, die ich so unerwartet empfinde! Ich halte noch immer alles für einen lieblichen Traum, oder hat der Dichter Oberons Hüons Zauberhorn benutzt?“

Nach einer Photogr. im Verl. v. Soph. Williams, Berlin.

Goethe.

Die Liebfrauenkirche in Arnstadt.*)

Auf der östlichen Seite des Thüringer Waldes, fast in der Mitte zwischen den Endstationen des Rennsteiges, öffnet sich ein Hauptthor des Gebirges nach dem Thüringer Hügelland, das am Schneekopf seinen Anfang nimmt und sich in fast nordöstlicher Richtung herabzieht bis in die Gegend der Drei Gleichen. Von der

*) Quellen: J. Chr. v. Hellbach, Nachrichten von der sehr alten „Lieben Frauenkirche“; F. Apfelstedt, Pf. em., Beschreibende Darstellung der älteren Bau- und Kunstdenkmäler des Fürstentums Schwarzburg-Sondershausen, II. Heft; H. Stier, Liebfrauenkirche in Arnstadt.

Gera durchflossen, bildete es von alters her einen der wichtigsten Zugänge für Handel und Verkehr, und auch heutigestags durchzieht es eine Hauptverkehrsader zwischen Nord- und Süddeutschland, der Schienenweg Erfurt-Ritschenhausen. Da, wo die Gera aus den Vorbergen des Gebirges austritt und sich nordwärts der thüringischen Metropole Erfurt zuwendet, liegt, von Bergen und Hügeln umrahmt, zwischen herrlichen Obsthainen gebettet und von schattigen Lindenalleen umgeben, das liebliche Arnstadt, Schwarzburgs größte und industriereichste Stadt. Von jeher übte Arnstadt einen eigentümlichen Reiz auf den Wanderer aus, und mit Recht setzte der Thüringer Dichter Ludwig Bechstein das Wort unter das Bild der Stadt:

„O Arnstadt, trautes Arnstadt,
Ich habe dich wieder geseh'n,
Du hast mich wieder bezaubert,
Du bist noch immer so schön."

Und es lohnt sich für den Fremden, einen Gang durch die Stadt und ihre Umgebung zu machen; denn an nicht wenigen Stätten mahnen ihn Reste dahingesunkener Herrlichkeit, aber auch wohlerhaltene Zeugen aus längst vergangenen Tagen an Arnstadts Bedeutung und Glanz.

Von hier aus zog Graf Hugo der Ältere von Kevernburg zu Winfried in das Thal der Ohra und ließ sich taufen, als Erstling unter den Thüringer Edelingen.

Hier hielt Kaiser Otto I. im Jahre 954 einen Reichstag ab, auf welchem sein Sohn Wilhelm zum Erzbischof von Mainz gewählt wurde; hier weilte Dr. Martin Luther bei den Barfüßermönchen; hier baute Günther der Streitbare seine „Neideck", auf welcher der große Schwedenkönig wiederholt friedliche Rast hielt.

Burgen und Klöster im Banne der Stadt sind verfallen und verschwunden, aber einen Denkstein haben sich hochherzige Herren, weltliche und geistliche, hier errichtet, der noch heute nach 1000 Jahren wohlerhalten Zeugnis davon ablegt, was Frömmigkeit, Kunstsinn und Opferwilligkeit im Laufe der Jahrhunderte vermocht haben. Dieses hehre Vermächtnis vergangener Geschlechter ist die Liebfrauenkirche. Zu ihr wollen wir jetzt im Geiste wallen und uns in ihren hohen Domeshallen und an ihren künstlerisch vollendeten Formen erbauen.

Ihr Name ist wie ihr Baustil mannigfachen Wandlungen unterworfen gewesen. Sie wird in älteren Urkunden Stifts-, Marien-, Münster- und Lieben Frauenkirche genannt. Nach der Reformation wurde namentlich der Frühgottesdienst in ihr abgehalten, weshalb sie die Bezeichnung Frühkirche erhielt, welche sie bis zu ihrer Wiederherstellung im Jahre 1888 führte. Nach dieser Zeit dient für sie allgemein der Name Liebfrauenkirche.

Sie liegt im westlichen Teile der Stadt am Fuße der Alteburg, eines Bergrückens, in welchem der Höhenzug auf der linken Geraseite seinen Abschluß erreicht. Da aber der Fremdenverkehr meistens die Mitte der Stadt durchquerte und heute noch dorthin seine Richtung nimmt, so ist die Lage der Kirche abseits davon, und es ist dieses wohl auch die Veranlassung gewesen, daß sie im Laufe der Zeit nicht die Beachtung gefunden hat, die sie verdient. Denn obgleich die Kirche nur einen mittleren Umfang hat und auch in einzelnen Teilen zu verschiedenen Zeiten erbaut ist, so gehört sie doch nach den Worten ihres Wiederherstellers, des Regierungsbaumeisters H. Stier in Hannover, zu den besten Leistungen nicht nur des engeren Kunstgebietes, innerhalb dessen sie entstanden ist, sondern auch zu den besten der deutschen mittelalterlichen Kunst überhaupt. Dem hochinteressanten Bauwerke liegt die Form eines Kreuzes zu Grunde, und es besteht aus einem älteren, dem westlichen, und einem neueren, dem östlichen Teile. Ersterer setzt sich zusammen aus einem dreischiffigen Langhause, im romanischen Baustil errichtet, letzterer dagegen aus einem hohen Chorbau mit drei Kapellen und einem Querschiff, aus der gotischen Stilepoche herrührend. Beide Teile sind zu einem Ganzen verbunden durch einen größeren Mittelturm, während zwei kleinere Türme, an Höhe und Ausbildung verschieden, die Westfront schmücken. Das Langhaus im westlichen Teile der Kirche ist 27,5 m lang, das Mittelschiff desselben hat 6,30 m, und die beiden Seitenschiffe haben je 3,50 m Breite. Die Stärke der Pfeiler und Mauern beträgt 1 m. Der östliche Teil ist etwas breiter angelegt als der westliche, denn das dazugehörige Querschiff nebst dem Chore mißt in der Länge 25,70 m, und die beiden Seitenschiffe sind 5,70 m breit. Die Höhe des Mittelschiffs im westlichen Teile beträgt im Innern der Kirche 13 m, während die Höhe des östlichen Teiles 16 m ausmacht.

Diese Maßverhältnisse zeigen demnach, daß dieses Gotteshaus, wie schon erwähnt, nur von mittlerem Umfange ist. Das Bauwerk ist zu verschiedenen Zeiten in drei deutlich hervortretenden Baustilen ausgeführt worden, nämlich:

1. im romanischen,
2. in dem sogenannten Übergangsstil, bei welchem der romanische Typus schon durch die inzwischen in Frankreich entstandene und auch in Deutschland bereits in vielfachen Baudenkmalen auftretende Gotik beeinflußt wird, und
3. in dem rein gotischen Stil.

Über die Zeitperiode der ersten Bauthätigkeit ist man nur auf Vermutungen angewiesen, da bestimmte Daten fehlen. Demzufolge sind auch die Meinungen über die Gründung der Kirche verschieden. Eine Darstellung des gekreuzigten Christus, neben welchem verschiedene Figuren knieen, am nördlichen Nebenportale zeigt die Inschrift Wilhelmus episcopus. Dieselbe hat die Veranlassung gegeben, als Gründer dieser Kirche den in Arnstadt 954 zum Erzbischof von Mainz erwählten Sohn des Kaisers Otto I., Wilhelm, anzusehen, und die Gründung würde demzufolge in die zweite Hälfte des 10. Jahrhunderts fallen. Allein auch die Annahme hat ihre Berechtigung, welche den Anfang des Baues erst an das Ende des 12. Jahrhunderts verlegt, da die Art des Gewölbebaues und die Strebepfeiler der Seitenschiffmauern, sowie der verwendete Buntsandstein auf jenen Zeitraum hinweisen. Man müßte dann jenen Erzbischof Wilhelm von Mainz als den Stifter einer früher hier schon bestandenen Kirche betrachten, dessen Andenken man bei dem späteren Neubau auf solche Weise geehrt hat. Dieser zuerst erbaute Teil erstreckt sich vom östlichen Chor bis zum Nebenportal der Kirche.

Der im Übergangsstil erfolgte Bauabschnitt schließt sich eng an den vorhergehenden an und verfolgt dessen Intentionen so genau weiter, daß an eine erhebliche Unterbrechung zwischen beiden Bauperioden der Zeit nach nicht gedacht werden kann. Äußerlich zeichnet sich der in dieser Zeit entstandene Teil der Kirche dadurch aus, daß zu seinem Bau ein wetterfester Korallenkalkstein, wie man ihn heute noch bei Gossel bricht, verwendet wurde. Diese Bauthätigkeit fällt in die erste Hälfte des 13. Jahrhunderts.

In diesen beiden Bauperioden waren von der Kirche das Langhaus, die Westfront und der nördliche Turm derselben bis auf seine Spitze entstanden, und das gesamte Bauwerk trug den Charakter eines spätromanischen Baues. Von da ab tritt aber an der Liebfrauenkirche ein völlig neuer Stil auf, die Gotik in ihrer vollendetsten Form. Die Entstehung des gotischen Teiles der Kirche aber fällt in den Anfang des 14. Jahrhunderts. „Fragt man etwa nach dem Plane und dem Meister dieses letzten Teiles der Kirche — schreibt H. Stier — so fällt zunächst auf, daß der Chor der Liebfrauenkirche zu Arnstadt genau, nur im verkleinerten Maßstabe, den Chor des Domes von Regensburg nachahmt. Der Plan des letzteren aber wird mit einiger Wahrscheinlichkeit dem Erwin v. Steinbach, dem großen Meister des Straßburger Münsters zugeschrieben.“ Dieser lebte aber noch zu der Zeit, in welcher der Chorbau zu Arnstadt begonnen sein muß. Es steht demnach geschichtlich der Annahme nichts im Wege, daß der Plan des Chorbaues zu Arnstadt zu jenem Meister in Beziehung gebracht werden kann, da sein Tod erst 1318 erfolgte.

Liebfrauenkirche zu Arnstadt.

Da die beiden Fronttürme der Westseite ihrer geringen Weite wegen das Aufhängen größerer Glocken nicht gestatteten, so wurde wahrscheinlich im 16. Jahrhundert der große Glockenturm erbaut. Er ist eine Art „Vierungsturm“, der aber nicht über der eigentlichen Vierung, d. h. dem Durchkreuzungspunkt von Querschiff und Langhaus, steht, sondern über dem ersten Joche des an den Chor sich schließenden romanischen Schiffes errichtet ist. Drei große Glocken, die größte mit einem

Gewichte von 97 Centner sind in der Glockenstube aufgehängt. Ihr volltönendes Geläute besaß früher in Thüringen einen gewissen Ruf. So erzählt man, daß einst eine Anzahl Werkmeister aus Ruhla eines Sonnabends eigens deshalb nach Arnstadt kamen, um am Sonntag früh das berühmte Geläute der Liebfrauenkirche zu hören. Da man aber in selbiger Stadt auch ein „fürtreffliches Weizenbier" zu brauen verstand, so saßen die wackeren Ruhlaer noch am dritten Tage in Arnstadts „Bierbänken" und dachten erst an den Aufbruch, als ihre Frauen in Arnstadt erschienen und ihnen „gar sänftiglich heimleuchteten".

Für den Gesamteindruck des Bauwerks ist die Errichtung des Mittelturms von großem Werte. Er vermittelt den Gegensatz zwischen dem romanischen Langhause und dem gotischen Chore und verleiht der äußeren Erscheinung der Kirche den erforderlichen hochstrebenden Mittelpunkt.

Die fast zahllosen Schönheiten des ehrwürdigen Baues, wie sie sein Äußeres zeigt, der Reihe nach aufzuzählen und näher zu beleuchten, würde zu weit führen. Nur im allgemeinen sei auf folgende Vorzüge aufmerksam gemacht. Reichlich ist das Steinwerk mit ornamentalem Schmuck versehen, je nach dem herrschenden Baustile, dem die einzelnen Teile entstammen.

Von den schlichten, einfachen Ausschmückungen des romanischen Baustils bis zur vollendeten Gotik findet sich eine Fülle edler Kunstblüten. Die Ornamentik an den zahlreichen Kapitälen und Konsolen ist mit ungemein feiner Empfindung und großer Fertigkeit durchgeführt; nicht ein Kapitäl gleicht dem andern. Ebenso sind alle Profile von wirkungsvoller Schönheit. Ist dieses Urteil schon für den älteren Teil der Kirche berechtigt, so gilt es in noch höherem Maße von dem im gotischen Stil erbauten Teil. Hier verdient hervorragende Beachtung ebenfalls die Ornamentik, wie sie in den Blattfriesen, in den Kreuzblumen und den Kantenblättern der Giebelgesimse, sowie an den zahlreichen Kapitälen auftritt. In freier Behandlung zeigt sich das natürliche Pflanzenblatt des Weines, der Erdbeere, des Ahorns und der Nessel; insonderheit sind die zahlreichen freistehenden Kreuzblumen in abwechselnden, durchaus originellen Formen gebildet. Wenig bedeutend erscheint dagegen die figürliche Skulptur. Die technische Ausführung läßt überall große Sorgfalt erkennen. Besonders schön sind die beiden Westtürme der Kirche. Ungleich nach Höhe und Bauart, steigen sie schlank in die Lüfte als Wächter des zwischen ihnen liegenden ganz romanischen Westportals, welches die Inschrift trägt:

„Verbum dei manet in aeternum."
(Gottes Wort bleibet in Ewigkeit.)

In dem Giebelfelde dieser Seite aber befindet sich in einer Nische, aus Stein gehauen, das Bild „unserer lieben Fraue" mit dem Jesuskinde.

Die Sage hat sich auch an diese Türme geheftet und berichtet, daß der Meister den südlichen, sein Geselle aber den nördlichen der beiden Westtürme erbaute. Der Geselle übertraf aber seinen Meister an Kunstfertigkeit. Dies erregte dessen Neid, und als der Geselle dem Meister erklärend sein Werk zeigte, so stürzte ihn derselbe vom Turm in die Tiefe, damit er seinen Ruhm nicht noch weiter schmälere. Der treue Hund des Gesellen aber sprang seinem Herrn nach und starb vereint mit demselben. Noch heute sieht das Volk in dem einen Wasserspeier des nördlichen Turmes das treue Tier, das eben zum Sprunge ausholt.

Bei der so reichen äußeren Ausstattung dieser Kirche hatte man es auch nicht an ihrer inneren Ausschmückung fehlen lassen. Die auf unsere Zeit gekommenen Überreste beweisen das aufs beste. Namentlich waren die Glasgemälde der großen gotischen Fenster von wunderbarem Farbenschmelz. An Altären besaß die Kirche nach einem Verzeichnis von 1369 elf, während aus dem 15. und 16. Jahrhundert noch sieben andere erwähnt werden. Hervorragende künstlerische Ausgestaltung besaß die herrschaftliche Grabkapelle. Der Sarkophag des Grafen Günther XXV. († 1368) und seiner Gemahlin, sowie das schöne Epitaphium Günthers des Streitbaren und seiner Gemahlin Katharina von Nassau, bilden heute noch nach den verschiedensten Gesichtspunkten kostbare Sehenswürdigkeiten der Kirche.

Seit der Reformation wurde, wie schon erwähnt, die Kirche als Frühkirche benutzt. Im Laufe der Zeit wurden hölzerne Emporen und Betstühle eingebaut, wodurch die erhabene Schönheit des Gotteshauses empfindliche Einbuße erlitt, ja nach und nach kam die Kirche mehr und mehr in Verfall. Als sie aber gar im Jahre 1813 als Kriegsmagazin dienen mußte, da verschwand die reiche innere Ausstattung. Sie blieb von der Zeit an unbenutzt und schien gänzlichem Verfall entgegenzugehen. Zwar fing man im Jahre 1843 an, für die Wiederherstellung des altehrwürdigen Bauwerkes etwas zu thun, aber dieses geschah nach dem Urteil von Sachverständigen leider in einer sehr unzweckmäßigen Weise. Einzelne Teile desselben wurden dadurch nur in ihrem Verfall beschleunigt. So war es erst unserer Zeit vorbehalten, das herrliche Denkmal in seiner ganzen Schönheit wieder erstehen zu lassen. Im Jahre 1855 bildete sich der „Verein zur Wiederherstellung der Liebfrauenkirche", welcher die erforderlichen Mittel dafür aufzubringen suchte. Reichlich fand der Verein staatliche und private Unterstützung, so daß unter der vortrefflichen Leitung des Regierungsbaumeisters H. Stier in Hannover im Jahre 1880 mit dem Wiederherstellungswerke begonnen werden konnte. In ungestörter Weise schritt das schwierige Werk fort, und am Sonntag Quasimodogeniti des Jahres 1888 wurde die Kirche in feierlicher Weise dem Dienste des Herrn aufs neue geweiht. Es war eine erhebende, andachtsvolle Stunde, als unter Orgelton und Glockenklang die dankerfüllte Gemeinde das festlich geschmückte Gotteshaus zum ersten Gottesdienste wieder betrat, und als durch die heiligen Hallen das alte protestantische Lob- und Danklied erbrauste: „Nun danket alle Gott!"

Und nun, freundlicher Leser, nachdem du die Schönheit des Äußeren dieses ehrwürdigen Baues geschaut hast, wie sie sich zeigt in den schlanken, stilvollen Türmen, in den kunstvollen Fenstern und Rosetten, in der Mannigfaltigkeit des Maßwerkes, in der Reichhaltigkeit und Vollendung der edlen Ornamentik dreier Stilepochen, folge im Geiste mit mir der frommen Beter Schar in das Innere der „Neuerstandenen". Durch das nördliche Hauptportal, ein Meisterwerk gotischer Baukunst, lenken wir unsere Schritte, und der Boden, den wir betreten, ist ein doppelt heiliger, geheiligt durch seine Bestimmung zum Dienste des Herrn und geheiligt durch die Kunst, die den Eintretenden zur Andacht stimmt.

Wir besuchen zuerst die herrschaftliche Grabkapelle mit ihren Kunstschätzen, die sich nördlich ans Mittelschiff anschließt. Vielfarbig fließt ein gedämpftes Licht durch die hohen Fenster auf die herrlichen Grabdenkmale der frommen Vorfahren des edlen Schwarzburger Fürstengeschlechts, die sich hier ihre letzte Ruhestätte bereiteten. — Nun betreten wir das Mittelschiff. Von hier aus zeigt sich die ganze Schönheit des inneren Bauwerks. Lag über der herrschaftlichen Grabkapelle infolge der dunklen Farbenmischung der Kapellenfenster ein Dämmerschein, welcher zu feierlicher Ruhe mahnte, so werfen die hohen Chorfenster mit ihren warmen Farben ein helles Licht in den weiten Raum des Chores und des Mittelschiffes, als symbolisierten sie den „Aufgang aus der Höhe". Frei erhebt sich der kunstvoll aus Stein gehauene Altar unter dem breiten mittleren Chorfenster, aus welchem das Bildnis des lehrenden Heilandes himmlisch mild herniederschaut auf Priester und Gemeinde. Vom Mittelschiff zieht sich nach Westen das Langhaus, das zu beiden Seiten von zwei übereinanderstehenden Arkadenreihen begrenzt wird und an seinem Westende einen würdigen Abschluß durch die gotische Fassade des neuen Orgelwerkes findet. Die mit den Pfeilern aus einem Stück gearbeiteten Säulen und Vorlagen streben schlank, gleich den Bäumen des deutschen Waldes, in die Höhe und tragen die Gewölbegurte und Rippen der prächtigen Kreuzgewölbe. Nach Süden schließen sich noch zwei Kapellen und die schlichte Sakristei an, die reich an Sehenswürdigkeiten und Erinnerungen sind. So befindet sich z. B. an der Rückseite der einen Kapelle, der sogenannten Nikolaikapelle, ein großer prachtvoller Altarschrein, der meisterhaft gearbeitete und stark vergoldete Holzschnitzereien und wertvolle Bilder von altdeutschen Meistern der alten Schule, auf Holz mit Goldgrund gemalt, enthält. Er ist wahrscheinlich ums Jahr 1476 vollendet worden. Manches andere Schmuckstück der Kirche wäre hier noch zu erwähnen, doch sie alle erscheinen nur nebensächlich gegenüber der hervorragenden Wirkung des inneren Gesamtbildes dieses Heiligtums.

Allen aber, die ihr Wanderzug in die Mauern Arnstadts führt, sei das Wort zugerufen:

„Kommet und sehet!"

H. Heinz, Arnstadt.

Der Kyffhäuser.*)

Kyffhäuser! Welches Zauberwort für jedes deutsche Herz! Wie dem Manne, der im Kampfe des Lebens eine neue Heimat fand, die Pulse höher schlagen, wenn in ihm Erinnerungen wachgerufen werden an den Ort seiner Kindesträume, an den Ort, wo die Erfüllung seiner Jünglingshoffnungen ihn beglückte, so wird

*) Neuerdings auch Kiffhäuser.

jeder Deutsche, des Herz edlen Empfindens nicht bar ist, hoch erhoben über die alltägliche Stimmung des Lebens, wenn der Blick gerichtet wird nach jener von der Sage und Geschichte geweihten Stätte, wo das erhabene Symbol des Traumes unseres Volkes und der wundergleichen Erfüllung seines sehnsuchtsvollen Hoffens stolz in die Lande hinausschaut.

Wie im 15. Jahrhundert Tausende und Abertausende nach der Kyffhäuserkapelle pilgerten, um dem Höchsten ihre Gelübde darzubringen und Genesung und Stärkung für ihre Seelen zu finden, so ist heute der Kyffhäuser für die Deutschen des In- und Auslandes eine Wallfahrtsstätte geworden, wo sie in den herrlichen Buchen- und Tannenwäldern neue Lebensfreude atmen und angesichts des herrlichen Wahrzeichens deutscher Kraft und Treue dem Begründer des neuen Reiches ihre Huldigung und dem teuren Vaterlande ihre Gelübde darbringen.

Unwiderstehlich zieht es den von Osten oder Westen ankommenden Fremden hinauf nach der grüßenden Höhe. Doch erst wollen wir erfahren, was für Boden wir unter den Füßen haben, was Sage und Geschichte von vergangenen Zeiten uns berichten, dann wollen wir dem stummen Prediger der neuen Zeit auf des Berges Gipfel lauschen.

Der Kyffhäuser ist ein kleines Massengebirge von der Gestalt einer Ellipse, deren größte Länge 19 km und größte Breite 7 km beträgt. In steilen Rändern nach Norden zur Goldenen Aue abfallend, verläuft es im allgemeinen in sanfterer Abdachung nach dem Thale der Frankenhäuser Wipper im Süden. Den Knotenpunkt des Gebirges bildet der Kulpenberg mit dem von der Kelbra-Frankenhäuser Chaussee umzogenen Tannenberge und dem über demselben gelegenen Lengefelde, wo die höchste Stelle des Gebirges mit 466 m erreicht wird. Mehrere kurze, zumeist steile Thäler durchfurchen das Gebirge, so das Wollwedathal*) im Osten, das Tannenbergthal im Westen und das tiefeingeschnittene Kalkthal am Südabhange bei Frankenhausen. Auffällig gering ist die Wasserspende des Gebirges; die meisten Wasserläufe trocknen im Sommer aus, nur die Wollweda ist im stande, bei dem Dorfe Tilleda mühsam einige kleine Mühlen zu treiben.

Der geologische Bau des Gebirges ist im allgemeinen ein sehr einfacher. Die Grundlage bilden krystallinische Gesteine, welche allerdings nur am Nordrande zu Tage treten. Auf diesem Grundgebirge lagern die Schichten des oberen Rotliegenden, welches vorherrschend aus fein- und grobkörnigem Sand- und Menggestein besteht, das früher zur Fabrikation von Mühlsteinen verwandt wurde. Auf der Grenze zwischen dem groben und feinen Menggestein finden sich die dem Rotliegenden eigentümlichen verkieselten Baumstämme. Kleinere Stücke derselben kommen häufig auf dem Kamme des Gebirges, an Abstürzen und in den Steinbrüchen vor. An der rechten Seite der von Kelbra nach Frankenhausen führenden Straße — beim Chausseestein 1,44 — sind einige dieser Stämme bloßgelegt, deren größter 15 m lang ist und über 3 m Umfang hat. Aus solchen Stämmen ist der als

---

*) Auch Wolwedathal.

Wegweiser dienende Obelisk an der „Windlücke“, wo der Weg zum Kyffhäuserberg sich abzweigt, zusammengesetzt.

In Bezug auf die Flora erscheint das Gebiet des Rotliegenden am einförmigsten. Mehr als der botanisierende Wanderer wird hier — besonders am Nordabhange des Lengefeldes — das fleißige Mütterchen befriedigt, das emsig die würzige Heidelbeere und im Spätsommer die begehrte Preißelbeere einheimst. Der südliche Teil des Gebirges weist dagegen einen großen Reichtum an botanischen Seltenheiten auf. Diese südlichen Hänge sind lauter kleinere weiße Kegel mit Gipsformation, die, aus der Ferne gesehen, an die schneebedeckten Alpen erinnern.

Das Gebiet des Gipses ist ausgezeichnet durch zahlreiche Klüfte, welche durch unterirdische Auswaschungen entstanden sind und sich bisweilen zu geräumigen Höhlen erweitern, deren berühmteste die Barbarossahöhle ist; sie liegt unter der Falkenburg, einem im 15. Jahrhundert sehr gefürchteten Raubneste, bei dem rudolstädtischen Dorfe Rottleben.

Wie es so oft im Leben vorkommt, daß man das Gesuchte nicht findet, dabei aber findet, was man nicht gesucht, so erging es auch den Entdeckern dieser Höhle, jenen Bergleuten, welche für eine westfälische Gewerkschaft hier nach Kupfererz gruben. Zwei Tage vor dem Weihnachtsfeste des Jahres 1865, als der Stollen, den man in den Berg trieb, bereits die ansehnliche Länge von 178 m erreicht hatte, erblickten die erstaunten Bergleute beim Scheine ihrer Lampen einen weiten, hohlen Raum, und eine der bedeutendsten Höhlen Deutschlands war entdeckt. Sie bildet einen etwa 360 m langen, mannigfach gekrümmten Hohlraum von 16 bis 40 m Breite und 4 bis 8 m Höhe. Auf dem Boden liegen in buntester Unordnung kleinere und größere Gipsbruchstücke umher, durch welche hindurch der gebahnte Pfad in vielen Windungen sich schlängelt. Wunderlich geformte, Tierfellen ähnliche Gipsgebilde, welche von der Decke herabhängen, sowie buntgeaderte, bordürenähnliche Ornamentierungen, welche sich in dem krystallklaren Wasser der sechs kleinen Höhlenseen widerspiegeln, gewähren bei elektrischer Beleuchtung einen bezaubernden Anblick und immer neue Überraschungen. Die Gips- und Anhydritbildungen an der Decke und den Seitenflächen sollen einer steten Veränderung unterworfen sein. Die Ansprüche des Fürstlich Schwarzburgisch-Rudolstädtischen Fiskus auf einen Bruchteil des bedeutenden Gewinnabwurfs vom Besuch der Höhle wurden dadurch hinfällig, daß der gegenwärtige Besitzer, Herr Baron von Rüxleben, den auf fiskalischem Boden gelegenen alten Eingang schließen und auf eigenem Grunde einen neuen Stollen zur Höhle führen ließ. Ein neuerbautes Restaurant vor diesem Eingange ladet die Passanten ein, vor der Höhlenfahrt sich hier abzukühlen und nach derselben den Körper zu stärken zu dem 1½ stündigen, durch schöne Waldpartien führenden sanften Aufstieg nach dem fürstlichen Jagdschlosse Rathsfeld, einer lieblichen Waldidylle inmitten saftiger Wiesen, umgeben von herrlichem Buchenwald. Das im Jahre 1698 erbaute und im Jahre 1894 zum Teil erneuerte Schloß, des jetzigen Fürsten von Schwarzburg-Rudolstadt Lieblingsaufenthalt zur Zeit der Hochwildjagd, enthält mancherlei alte Jagdtrophäen; besonders bemerkenswert ist die im Renaissancestil reich ausgestattete Kapelle. Im Jahre 1813 war das Rathsfeld längere Zeit

Lazarett der Schweden. Auf dem weiten Wiesenplane, wo der Sage nach der dürre Birnbaum stehen sollte, der nach dem Erwachen Barbarossas wieder im grünen Kleide und Blütenschmuck erscheinen werde, hielt am 31. August 1862 der Deutsche Nationalverein eine von Tausenden besuchte Versammlung ab, wobei in begeisternden Reden das Sehnen des deutschen Volkes nach Einigung seiner Stämme zum Ausdruck gebracht wurde. An Sonn- und Festtagen ein vielbesuchter Ausflugsort für die Bewohner der umliegenden Ortschaften, bietet dieses traute Waldplätzchen mit dem neuerbauten Hotel auch denen, die dem entnervenden Getriebe der Großstadt längere Zeit entfliehen, einen Geist und Körper erquickenden Aufenthalt. Hier wird der Mensch sanft und mild. Hier lernte ich, als einst ein klarer Sommertag zu

Nach einer Originalzeichnung von E. Fiedler, G.

Barbarossahöhle.

Rüste ging, an einem lauschigen Ruheplätzchen unter dem breiten Laubdach einer Buche Goethes Abendlied verstehen und beten:

„Unter allen Wipfeln ist Ruh."

Gern möchten wir derselben hier noch länger pflegen, doch ist nicht Zeit zu sentimentalen Betrachtungen und süßen Träumereien. Auf der bequemen, von üppigen Forsten begrenzten Chaussee lenken wir unsere Schritte und Blicke weiter und besuchen zunächst die auf einem 380 m hohen Kegelberge am Nordrande des Gebirges gelegene Ruine **Rothenburg**. Den Vorsaal zu derselben bildet ein von Linden tief beschatteter runder Platz, von dem einige Treppenstufen zu den Wirtschaftsanlagen führen. Die einladenden Mooshäuschen und andere primitive Ruheplätzchen, welche von dem weithin bekannten Rothenburger Einsiedler Beyer auf dem Wallgraben angelegt wurden und die Stimmung hier oben so traulich gestalteten, mußten in jüngster Zeit komfortabler eingerichteten Restaurationsräumen weichen, zum Leidwesen des bescheidenen Naturfreundes, dem es schwer fällt, die tausendjährigen Burggräben, das geborstene, von Bäumen durchbrochene Gemäuer und die vom reinsten Zauber der Natur erfüllte Umgebung mit den aufgestellten Automaten aller Art und einem neuzeitlichen Hotelbetriebe in Einklang zu bringen. Mehr Widerstand leistete dem unaufhaltsam fließenden Strom der Zeit das Mauerwerk der Burg. Es besteht aus dem gewaltigen, noch 12 m hohen Bergfried, der einen Umfang von 45 m hat und drohend nach der Seite, von welcher ein Angriff am leichtesten möglich war, herabschaut. Über den Burggraben führte eine Zugbrücke zu dem spitzbogigen Thore des alten Grafenhauses, das, nach den großen Bogenfenstern mit den Blattverzierungen in den Steingesimsen zu urteilen, ein Prachtgebäude gewesen sein muß. An die nördliche Giebelwand des Grafenhauses schließen sich die Mauern der alten Burgkapelle. Im Schutte derselben fand man 1546 die rätselhafte erzene Figur eines dicken, pausbäckigen Knaben, welche als „Püstrich" bekannt geworden ist. Von den Ringmauern, welche den Burghof umschlossen, sind hie und da noch Reste vorhanden, ebenso von dem altanartigen, nach der Goldenen Aue hin gelegenen Vorbau. Die Burg, welche ihren Namen von den roten Steinen haben soll, aus welchen sie aufgebaut worden ist, wurde um das Jahr 1100 vom Grafen Christian I. von Rothenburg jedenfalls zum Schutze gegen die damals in der Goldenen Aue wohnenden Slaven und Wenden erbaut. Die Aussicht ist nur nach Westen und Norden frei, wo man einen Teil der lachenden Goldenen Aue mit ihren reichen Ortschaften bis nach Nordhausen hin übersieht, während von den Höhen des nahen Harzgebirges der ehrwürdige Brocken und die Josephshöhe mit dem eisernen Riesenkreuze herübergrüßen.

N. e. Aufn. v. P. Hallensleben, Benneckenstein i. H.

Die Rothenburg.

Südlich von der Ruine liegt das mit schönen Buchen dicht bestandene Tannenbergthal, und östlich tritt der Kyffhäuserberg hervor, das Ziel unserer Wanderung. Wenn man von der engbegrenzten Fläche des Rothenburgberges unmittelbar auf den Kyffhäuser mit seinen schroffen Felsmassen, ausgedehnten Wallgräben und weitläufigen Mauerresten kommt, so erscheint uns der Kyffhäuserberg als der mächtig gebietende Herrscher und die Rothenburg als der dienende Vasall zu seinen Füßen. Wie von so mancher anderen Feste läßt sich auch von der Burg Kyffhausen das Geburtsjahr nicht genau bestimmen. Die Sucht mittelalterlicher Chronisten, die Abstammung edler Geschlechter und den Ursprung ihrer Wohnsitze bis zum römischen Altertum zurückzuführen, läßt die Gründung der Burg dem Germanicus oder Drusus, ja sogar Julius Cäsar zuschreiben. Doch ist schon aus dem Namen der Burg, welcher entweder aus Kyf, Kiff (Streit und Krieg) oder aus Kipp (Koppe, Kopf), „Haus auf dem Kopfe oder der Kuppe eines Berges“ entstanden ist, zu erkennen, daß die Burg deutschen Ursprungs ist. Geschichtlich erwähnt wird sie erst im Jahre 1115, als nach der Schlacht am Welfesholze ein Teil der von Ludwig III., dem ersten Thüringer Landgrafen, geschlagenen kaiserlichen Truppen sich in die Burg flüchtete. Infolge der Bedrückungen, welche sich die Besatzung gegen die umliegenden Orte zu schulden kommen ließ, wurde die Burg nach drei Jahren von den Thüringern erstürmt und zerstört und die Besatzung niedergemetzelt. Um die Mitte des 12. Jahrhunderts wurde die Burg — wahrscheinlich auf Barbarossas Befehl — wieder aufgebaut, damit sie, wie in früheren Zeiten, der hart am Berge gelegenen kaiserlichen Pfalz Tilleda einen starken Schutz gewähre. Bis zum 14. Jahrhundert hielten bekanntlich die deutschen Kaiser, im Reiche umherziehend, bald hier, bald dort Hof, wo Regierungsgeschäfte oder auch Neigungen sie gerade hinzogen. So entstanden überall im Reiche die Kaiserpfalzen, deren wir in der Nähe des Kyffhäusers mehrere finden, wie Wallhausen und Allstedt. Eine der bedeutendsten und beliebtesten Pfalzen war Tilleda. Von hier aus haben die sächsischen und fränkischen Kaiser manchen Kriegszug unternommen; hier soll Friedrich Barbarossa zu seinem fünften, so unglücklich verlaufenen Römerzuge gerüstet haben. Schon vom Anfang des 13. Jahrhunderts ab scheint jedoch kein Kaiser mehr hier Hof gehalten zu haben, und rasch ging die Pfalz ihrem Verfall entgegen. Mehrere größere Brände, welche Tilleda im 17. und 18. Jahrhundert heimsuchten, trugen jedenfalls dazu bei, daß auch die letzte Spur dieser stolzen Mauern verwischt wurde. Mit der Bedeutung der Pfalz Tilleda sank allmählich auch die ihrer Beschützerin. Nachdem sie verschiedene Wandlungen erlebt, kam sie in den Besitz der Grafen von Beichlingen, und 1407 wurden die Grafen von Schwarzburg, welchen sie vorher verpfändet worden war, förmlich damit belehnt. Schon damals scheint die Burg nicht mehr im besten Zustande gewesen zu sein. Doch ließ die völlig veränderte Art der Kriegführung eine Wiederherstellung zwecklos erscheinen, und so war sie im Anfange des 16. Jahrhunderts bereits zur Ruine geworden. Die teils in den Felsen gehauenen tiefen Gräben und Reste der daneben aufgeführten Mauern sind jetzt noch zu sehen. Ihr Umfang läßt erkennen, daß Gebäude von seltener Größe hier gestanden haben müssen. Gegen die Südseite befindet sich in einer Mauer das Burgthor, gewöhnlich das „Erfurter Thor“ genannt, weil man von hier aus bei heiterem Himmel die Türme der Metropole Thüringens erkennen kann. Auf der höchsten Spitze des Burgberges steht der bedeutendste Überrest der Burg, der viereckige Rumpf des ehemaligen Bergfrieds, vom Volksmunde „Kaiser Friedrich“ genannt, der noch 20 m hoch und infolge seiner freien Lage auf weite Fernen hin sichtbar ist. Dieser Turm bildete mit seiner Umgebung die „Oberburg“ und war die Schutzwehr sämtlicher Burganlagen. Von der etwas tiefer gelegenen „Mittelburg“ sind nur noch spärliche Reste vorhanden; hier steht jetzt das Kaiser Wilhelm-Denkmal. Auf dem um die große Ringterrasse des Denkmals nach der Kyffhäuser-Wirtschaft führenden Wege gelangt man zu der „Unterburg“ und der Kapelle „Zum heiligen Kreuz“, von welcher noch stattliche Trümmer vorhanden sind. Diese

Kapelle ließ Graf Heinrich XXIII. von Schwarzburg um das Jahr 1433 erbauen und köstlich ausschmücken. Als bald nach ihrer Einweihung durch Bischof Nikolaus von Wiltberg von einem darin befindlichen Kreuze viele Zeichen und Wunder erzählt wurden, wallfahrteten unzählige Pilger aus der Nähe und Ferne dorthin, um Heilung körperlicher Gebrechen und Erlaß ihrer Sünden zu erflehen. Begüterte brachten schwere Opfer für Erwerbung einer Grabstätte auf dem bei der Kapelle gelegenen Friedhofe. Als jedoch die Reformation ihren Einzug ins Thüringerland hielt, verblaßte der Nimbus der Kapelle, immer geringer wurde die Zahl der frommen Waller, bald lag sie verlassen, verödet da — auch eine Ruine.

Still und schauerlich war es nun auf der Höhe geworden. Wo einst Fürsten und Ritter zur fröhlichen Jagd und zu glänzenden Turnieren Einkehr hielten, wo holde Frauen dem Sieger im Kampf den Eichenkranz darreichten, da trieben jetzt beim Schein des Mondlichtes Schatzgräber ihr Wesen, Räuber durchwühlten ungestört die Gräber frommer Pilger und unternahmen von hier aus Streifzüge in die umliegenden Orte. In der Phantasie der Thalbewohner spukten da oben die Geister der dort zu Grabe Gebetteten, wankten Gestalten aus vergangenen Zeiten über die verfallenen Werke der Menschenhand. Was wunder, wenn Frau Sage hier ein fruchtbares Feld fand, dessen Blütenduft sich weit verbreitete! Teils tief im Hintergrunde der Vorzeit liegend, haben sich diese Märchen fortgepflanzt bis auf unsere Tage.*) Bei all den abenteuerlichen Zauberspielen hat Kaiser Friedrich Barbarossa die Hauptrolle übernehmen müssen. Es ist ganz natürlich, daß des volkstümlichen Rotbarts Tod im fernen Lande einen unauslöschlichen Eindruck bei der Mit- und Nachwelt hinterließ, daß man besonders in den Zeiten des Verfalles deutscher Macht wehmütig gedachte der glanzvollen Herrlichkeit des Hohenstaufenreiches, und daß die Hoffnung auf Wiederkehr derselben im Volke lebendig blieb, bis sie schwächer und schwächer wurde und schließlich nur noch in der Gestalt der Sage fortlebte. Nach derselben sitzt Friedrich an einem runden Steintisch im unterirdischen Gewölbe der Burg, in welcher er bei Lebzeiten so gern weilte, weder lebend noch tot, das Haupt in die Hand gestützt, der Bart durch den Tisch gewachsen, umgeben von einigen seiner Diener. Wenn die Raben nicht mehr um den Berg fliegen, wird er erwachen und das zerrüttete Reich zu neuem Glanze erheben.

In den Tagen der schrecklichen kaiserlosen Zeit durchflog Deutschland das Gerücht von einem andern Friedrich (Friedrich II.), der nicht in Italien umgekommen sei, sondern noch lebe, unstät umherirre, nächstens wiederkehren und bessere Zeiten bringen werde. In Verbindung mit dem Kyffhäuser erscheint die Sage von Friedrich II. zum erstenmal im Anfang des 14. Jahrhunderts. Bald hatte der Volksglaube die beiden Kaiser — Friedrich I. und II. — zu einer Sagengestalt vereinigt. Das Volk am Kyffhäuser aber kehrte sich überhaupt nicht an den Streit der Gelehrten über die Frage, ob Friedrich I. oder Friedrich II. der Held der Kyffhäusersage sei, sondern blieb dabei, daß Barbarossa, „den die Väter in ihrer Mitte gesehen“, der

*) Zu empfehlen ist: „Kyffhäusersagen-Strauß“ von Karl Meyer in Nordhausen, ebenso dessen „Führer über das Kyffhäusergebirge“, welcher als Quelle für die geschichtlichen Notizen dieses Artikels diente.

im Berge schlafende Kaiser sei. Nach längerer Pause wurde die Kyffhäusersage plötzlich im Jahre 1546 wieder aufgefrischt durch das sonderbare Auftreten eines überspannten Schneiders aus Langensalza, welcher die verlassene Kapelle zur Wohnung gewählt hatte und der staunenden Volksmenge viel von seinen Königreichen und unterirdischen Schätzen vorfabelte, auch infolge seines geisterhaften Aussehens beim Volke Glauben fand. Im 17. und 18. Jahrhundert schlummerte die Kaisersage gleich ihrem Helden, erwachte aber 1817 zu neuem Leben durch Rückerts bekanntes Gedicht:

„Der alte Barbarossa,
Der Kaiser Friederich,
Im unterird'schen Schlosse
Hält er verzaubert sich“ — — —,

nach welchem endgiltig Barbarossa als der im Kyffhäuser schlafende Kaiser bezeichnet und angenommen wurde. Und nun trieb diese Sage die schönsten poetischen Blüten, in denen dasselbe hehre Verlangen, das sich wie ein goldener Faden durch alle Kaisersagen des Kyffhäusers hindurchzieht, zum Ausdruck gebracht wird: Das Verlangen nach des Vaterlandes Wiedergeburt, nach Einigung der deutschen Stämme vom Fels zum Meer unter dem Scepter eines gerechten, starken Oberherrn.

Kaiser Wilhelm dem Ersten war es beschieden, dieses heiße Verlangen des deutschen Volkes zu erfüllen. Als der Kriegsruf unserer westlichen Nachbarn erscholl, da erwachte der alte Barbarossa, das deutsche Nationalbewußtsein. In treuer Waffenbrüderschaft erfochten die deutschen Brüder aus Norden und Süden Sieg auf Sieg, ein Kaiser wurde uns wiedergegeben, ein neues Reich erstand, mächtiger und glanzvoller als das erhoffte. Die Sage war erfüllt, die Sehnsucht des deutschen Volkes war gestillt. Und als nach dem Hinscheiden des greisen Helden seine alten Krieger beschlossen, ihm als Zeichen ihrer Liebe, Dankbarkeit und Verehrung ein Denkmal zu weihen, da waren sie einig darin, daß es erstehen müsse auf dem Kaisersagenberge im Herzen Deutschlands, an der Stätte, mit welcher die Sage das Sehnen des deutschen Volkes verknüpft hat.

Der Bau des stolzen Monumentes, dessen Grundsteinlegung 1892 am Jahrestage des Frankfurter Friedensschlusses erfolgte, nahm sechs volle Jahre in Anspruch (zwei Jahre vor und vier Jahre nach der Grundsteinlegung) und wurde ausgeführt nach dem genialen Entwurf des Architekten Bruno Schmitz in Berlin. Das Denkmal ist ein gleichsam aus dem Felsen herausgewachsener Turmbau, der auf der Ostseite von zwei Terrassen umschlossen ist, deren unterste einen Halbkreis von 96 m Durchmesser bildet und auf einer stellenweise bis 12 m hohen Stützmauer ruht; letztere besteht zum Teil aus Resten der alten Burgmauer. Auf der zweiten Terrasse ist auf der Rückseite eines Felsenhofes, der das aus dem Berge gestiegene Schloß des alten Staufenkaisers darstellen soll, in einer Rundbogennische der alte Barbarossa auf seinem Throne sitzend dargestellt im Augenblicke des Erwachens, geblendet von dem Glanze des neuen Reiches, umgeben von Reisigen, Schloßwächtern, Zwergen, Rossen und Hunden. Breite Treppen führen zu beiden Seiten nach der mit kleinen Ecktürmen geschmückten Mittelterrasse und weiter zu der Hochterrasse, deren Mauern aus gewaltigen Felsblöcken zusammengefügt sind. Aus der Hochterrasse heraus ragt der massive, turmähnliche Bau von 65 m Höhe empor. Ungefähr im Drittel der Turmhöhe tritt senkrecht über dem Barbarossabild auf einem hervorstehenden Sockel das 7 m hohe Reiterstandbild Kaiser Wilhelms I. heraus. Zu seinen Füßen ruhen zwei allegorische Gestalten, rechts ein markiger Germane, die Wehrkraft darstellend, links eine die Geschichte verkörpernde Frauengestalt, welche zum Kaiser aufblickt und seine Thaten aufzeichnet. Hoch über dieser Gruppe erblicken wir den Hohenzollernschild mit dem Reichsadler und als erhebenden Abschluß des Ganzen die zu den Wolken emporstrebende Kaiserkrone. Der ganze mächtige Bau, auf Felsen gegründet, mit dem Berge verwachsen, mit den Zeichen des Kampfes und Sieges und den Namen der deutschen Bundesstaaten geschmückt, will uns versinnbildlichen die Erfüllung der Kyffhäusersage durch Kaiser Wilhelm: das aus der brüderlichen Einmütigkeit der deutschen Stämme hervorgegangene neue deutsche Reich, mächtig und unerschütterlich, wie das monumentale Quadergefüge. Obgleich man nur durch eigenes Anschauen ein richtiges Bild von der Massigkeit des Riesenbaues erhalten kann, dürften doch einige weitere Zahlen*) zur Klärung der Vorstellung beitragen. Die zu dem Bau verwendeten Steinmassen, welche fast ausschließlich dem Berge selbst entnommen wurden, betragen 25000 cbm und würden ausreichen, eine Stadt für etwa 5000 Einwohner aufzubauen. Die Plattenbeläge bedecken eine Fläche von rund 2500 qm, und sämtliche Treppenstufen erforderten 2500 laufende Meter Steine. Die auf acht Streben ruhende Kaiserkrone enthält allein 40 cbm Werksteine. Das aus Kupfer getriebene Reiterstandbild hat ein Gewicht von 16800 kg.

Ein zweites Denkmal errichtete der Kyffhäuserverband der Vereine deutscher Studenten an der Nordseite der unteren Terrasse, bestehend aus einer Gedenktafel, welche die kaiserliche Botschaft vom 17. November 1881 enthält, durch die bekanntlich die Arbeiterversicherungs-Gesetzgebung eingeleitet wurde.

Doch nicht nur Sage, Geschichte, Kunst und patriotisches Empfinden verleihen dem Kyffhäuser eine große Anziehungskraft, sondern auch die seltenen Vorzüge seiner Umgebung, über die sich Friedrich Gottschalck**) also äußert: „Hier hat man eine Aussicht, die nicht schöner, nicht lachender, nicht entzückender gedacht werden kann. Sie reißt unwiderstehlich hin durch ihren Zauber und erregt durch ihre Fülle von Schönheiten einen Andrang von Empfindungen, die unwillkürlich ausrufen lassen: „Ach! wie schön, wie schön!“ — Trunkenen Blickes schweifte mein Auge empor, weilte bald auf der Masse von Feldern, die in bunten Streifen um friedliche Dörfer sich herumwinden, bald in dem tiefen, mit dichten Waldungen bedeckten Thale am Fuße des Berges, bald auf den Wellenlinien des Harzgebirges, über welchen der Brocken heiter und klar sich erhebt, oder er schweifte hin zum fernsten Saume des Horizontes, wo er mit dem Blau der Luft verschmolz. Doch, wessen Feder vermag

*) Diese Zahlen sind der vom Ausschuß herausgegebenen Beschreibung des Kyffhäuser-Denkmals entnommen.

**) Ritterburgen und Bergschlösser Deutschlands von Friedrich Gottschalck.

es, mit Worten das Bild einer reizenden Landschaft auszumalen! Ich nenne daher nur die einzelnen Punkte, die man in diesem köstlichen Panorama erblickt, um den Leser einigermaßen zu orientieren. Im Osten liegen Sangerhausen und Artern, und die Goldene Aue breitet sich hier und nach Süden hin am weitesten aus. Im Süden blickt der hohe Turm der Sachsenburg herüber, und hinter ihm in weiter, nebeliger Ferne schimmert der Ettersberg bei Weimar hervor und das Thüringerwaldgebirge mit dem Inselsberge. Im Westen ragt der Possenturm*) bei Sondershausen über den Wald empor; der Ohmberg auf dem Eichsfelde zeigt sich ganz deutlich, sowie etwas näher die Stadt Nordhausen und ganz nahe die Ruine der

Das Kyffhäuserdenkmal.

Rothenburg. Im Norden hemmt der Harz den Blick; der Brocken, der Auersberg im Stolbergschen und der Ramberg im Anhaltischen heben sich vorzüglich aus der Kette dieses Gebirges empor. An seinem Fuße liegt eine Menge von Orten, die man auf einer großen Landkarte zu sehen meint. Kurz, eine Fülle von Gegenständen schmückt das hier ausgebreitete Land, dessen genaue Betrachtung wenigstens einen halben Tag verlangt." — — —

Der 18. Juni des Jahres 1896, an welchem Tage die feierliche Enthüllung des Denkmals stattfand, wird dereinst unter den historischen Gedenktagen des neuerstandenen Reiches eine hervorragende Stelle einnehmen. Als der Kaiser, umgeben von den Bundesfürsten mit ihrem Gefolge und den Vorständen der sämtlichen deutschen

*) Und der Bismarckturm auf der Spatenburg.

Kriegerverbände auf der Plattform der Bogenhalle nach der Festrede des Professors Westphal mit weithin schallender Stimme die Bedeutung des Denkmals würdigte und es als „ein Mahnzeichen kommenden Geschlechtern" der Öffentlichkeit übergab, als der Protektor des Denkmals, Fürst Günther von Schwarzburg-Rudolstadt, das Kaiserhoch ausbrachte und aus ureigenstem Empfinden heraus die den Festplatz deckende Menge die Kaiserhymne anstimmte, welche von den ehernen Zungen der am Fuße des Berges aufgestellten Geschütze und von den Donnerschlägen eines in nächster Nähe vorüberziehenden Gewitters begleitet wurde: da war von der Gewalt der Eindrücke auch die gleichmütigste Seele erschüttert, und manches Auge glänzte von Begeisterung und — Thränen. Nicht minder erhebend war der $1\frac{1}{2}$ Stunden währende Vorbeimarsch der aus allen Teilen des Reiches erschienenen Abordnungen der Kriegervereine mit etwa tausend Fahnen. Mit ungezwungener Würde, Entschiedenheit und Festigkeit im Blick, stand der Kaiser in drückender Sonnenglut auf der unteren Plattform, mit der Rechten die in den Zügen befindlichen Träger des Eisernen Kreuzes grüßend, die Linke auf den Degen gelegt, mit welchem er zu hüten entschlossen ist das Werk, das der „Rotbart" im Traume geschaut und der „Weißbart" mit Gottes Hilfe vollendet hat. Mit elementarer Gewalt kam die Begeisterung der Menge nochmals zum Ausbruch, als der Herrscher nach Besichtigung der Barbarossagruppe nicht die vom Gefolge mit ängstlicher Sorgfalt freigehaltene Gasse zur Rückkehr benutzte, sondern quer durch die dichtgedrängten, auf dem ganzen Festplatze sich stauenden Massen der alten Soldaten freundlich grüßend seine Schritte lenkte. Das war eine Feier, herrlich und groß, eine Feier, welche die Brust weitete für patriotisches Empfinden und heilige Gelübde für das Vaterland weckte.

R. Muth, Bebra bei Sondershausen.

Sondershausen.

„In Thüringen Städtlein vnd Schloß an der Wipper, nahend Frankenhausen, sampt einē Ampt-Gericht vnd zugehöriger Herrschaft, den Herren Graven vō Schwartzburg Sondershausischer Linie gehörig, so allhie zum theil, zum theil auch zu Arnstadt (dan es ein Lini) Hoff halten. Vnd gehören in besagtes Amptsgericht oder Landvogtey Sundershausen ansehnliche Vorwercke vnd Dörfer cum omnimoda juridictione, wie Wehnerus in practicis observationibus Vor. Vogtey p. m. 654 erinnert."

So lautet wörtlich eine aus der 1. Hälfte des 17. Jahrhunderts stammende Beschreibung unserer Stadt als Begleitwort zu einem gelungenen Kupferstiche in dem berühmten Sammelwerke deutscher Städtebilder des Matthäus Merian, welches von 1642—88 erschienen ist.

Es dünkt uns allerdings wenig genug, was der sonst fleißige Chronist Martinus Zeiler, welcher den Text zu den meisten Bildern des sehr umfangreichen Werkes geschrieben hat, über Sondershausen zu sagen weiß, und um eine Beschreibung der alten Stadt stünde es schlecht, wenn nicht in noch anderem vorhandenen Archivmaterial Nachrichten über sie zu finden wären. Der Schwerpunkt des Merianschen Werkes liegt aber überhaupt nicht im Texte, sondern in der möglichst genauen Wiedergabe des Stadtbildes, und die ist dem Zeichner wie dem Kupferstecher mit Sondershausen vorzüglich gelungen. Eine photographische Kopie desselben, 1897 hergestellt und in den hiesigen Buchhandlungen ausgelegt, dürfte bei vielen Zweifel

Sondershausen.

erregt haben, ob die vieltürmige Stadt die alte Residenz der Grafen von Schwarzburg gewesen sei. Man lasse aber nur die Ringmauer mit ihren vielen Türmchen schwinden, so genügt ein Blick von irgend einer Anhöhe im Osten der Stadt, um an der charakteristischen Umgebung und der bis heute unveränderten Lage seiner wichtigsten Gebäude unschwer Sondershausen zu erkennen. Umschlossen von einem Kranze bewaldeter Höhen, zur Linken des Schauenden der Göldner mit der Spatenburg, zur Rechten der Frauenberg, welchen die Hainleite aus ihrer bis zur Feuerkuppe beim Straußberg sichtbaren Bergreihe am weitesten ins Wipperthal vorgeschoben hat, lagern südlich und östlich um das hochragende Schloß bis herab zur ostwärts fließenden Wipper die Häuser der alten Stadt. Geschützt durch eine starke, mit vielen Türmchen gekrönte Mauer, bot sie in jenen bewegten, fehdelustigen Zeiten, welche das Schießpulver nicht kannten, den friedlichen Bürgern hinlänglich

Schutz, der auf der Nordseite der Stadt und des Schlosses durch die beiden Arme des Wipperflusses und durch eine von ihnen umschlossene Sumpfwiese, auf der Südseite aber durch einen Wallgraben wesentlich verstärkt wurde.

Es soll dahin gestellt bleiben, wann und von wem Sondershausen gegründet worden ist, ob zu einer schon vorhandenen Ansiedelung ein Herrensitz gekommen, oder ob man zuerst eine Burg, ein Haus der Sonderung zwischen sächsischem und fränkischem Gebiete ums Jahr 530 errichtet hat, unter dessen Schutze die Bewohner des Thales sich zusammenfanden. Als Merians Bild entstand, mag der Ort schon an tausend Jahre gestanden haben.

Die ursprüngliche Anlage, die eigentliche Innenstadt, war von einer besonderen Ringmauer umschlossen, von welcher heute noch Spuren vorhanden sind. Nur an zwei Thoren, dem Brauhaus- und dem Badstubenthore, zugänglich, hatte sie im Laufe von Jahrhunderten durch Ansiedelung der beiden neuen Stadtteile, der Neustadt im Osten und der Oberstadt im Westen, eine wesentliche Erweiterung erfahren, so daß Sondershausen am Anfange des 17. Jahrhunderts bei einer Bevölkerung von vielleicht 3000 Seelen gegen 400 Wohnstätten zählte. Der Dreißigjährige Krieg, der den Wohlstand der meisten deutschen Städte auf lange Zeit hinaus vernichtet hat, und zwei furchtbare Brände in den Jahren 1621 und 1657, die von der alten Stadt nur weniges übrig gelassen haben, wirkten hemmend auf ihre Weiterentwickelung, so daß noch am Ende des 18. Jahrhunderts der Wohnstätten und der Einwohner nicht viel mehr waren, als zweihundert Jahre zuvor. In der ersten Hälfte des 19. Jahrhunderts machte das Städtlein die ersten, allerdings noch recht schwachen Versuche, sein bisher behauptetes Gebiet zu erweitern und zwar nach Westen zu, wo fürstliche Huld herrschaftlichen Grund und Boden zumeist unentgeltlich hergab. Aber erst von 1850 ab, in welcher Periode die Bevölkerungsziffer 5000 betrug und ein thatkräftiges Oberhaupt die städtische Verwaltung leitete, wurde durch verschiedene, das Gemeinwohl fördernde Neueinrichtungen zur Hebung der Stadt viel gethan. Der bis dahin vorherrschende ländliche Charakter des Ortes schwand, und Sondershausen erhielt mehr und mehr das Ansehen einer fürstlichen Residenz, so 1852 durch den Neubau des Kreisgerichtsgebäudes, 1857 durch die Anlage einer Gasanstalt, durch die Herstellung besseren Straßenpflasters, durch die Gründung der Thüringer Bank und durch die Separation im Flurbezirk, verbunden mit einer Regulierung des Flußlaufes der Wipper.

Wenn auch nicht geleugnet werden soll, daß durch den Bau der Nordhausen-Erfurter Eisenbahn 1869, für welchen Sondershausen erhebliche Opfer gebracht hat, ein Umschwung im Verkehrswesen in unserer Stadt bewirkt worden ist, so wurden doch die an diese Anlage geknüpften Hoffnungen nur teilweise erfüllt, da man den Bahnhof weitab von ihr und nicht einmal auf städtischem Grund und Boden errichtet hat. Nachdem in der Entwickelung der Stadt wieder ein Stillstand eingetreten, hat Sondershausen erst in den letzten zwanzig Jahren eine vollständige Mauserung — und sagen wir gleich zu seinem Vorteile — durchgemacht. Dank einer weitausschauenden, rührigen Stadtverwaltung hat man in der richtigen Erkenntnis, im allgemeinen Wettbewerbe der Städte für das Gemeinwohl nicht zurückstehen zu dürfen, die größten Opfer nicht gescheut, den mit einer reizvollen Umgebung beglückten Ort auch zu einer schönen Stadt zu machen, in der es sich angenehm leben läßt. Um auch die zu befriedigen, welche die Annehmlichkeiten der Großstadt nicht missen wollen, wenn sie aus ihrem nervenzerrüttenden Getriebe in den Schoß der Natur sich flüchten, begann man mit der Asphaltierung der Bürgersteige, Besserung und Neuanlage von bequemen Promenadenwegen und wesentlichen Neuerungen an der Gasleitung. Vor allem aber wurde die Zuführung von gutem Trinkwasser durch eine Röhrenleitung bis in die kleinsten Wirtschaften bewerkstelligt und damit eine Kanalisationsanlage verbunden. Mit dieser Errungenschaft, die anfänglich wegen ihrer Kostspieligkeit in der Bürgerschaft vielen Widerspruch erfahren, heute, nachdem sie bereits zwei Jahre vorzüglich funktioniert hat, niemand, am allerwenigsten die Hausfrau preisgeben möchte, ist Sondershausen mit in die Reihe der Städte gestellt, deren kommunale Einrichtungen in fortschreitender, erfreulicher Entwickelung begriffen sind, ohne genötigt zu sein, die Steuerkraft der Bürgerschaft in außergewöhnlicher Weise in Anspruch zu nehmen. Es war ferner ein glücklicher Gedanke, daß man mit den geschilderten neuen Anlagen bei Festlegung des Bebauungsplanes der Stadt auch ein Villenviertel ins Auge faßte, in welchem neben einer mehr oder weniger architektonischen Ausschmückung der Wohnhäuser auch die Anlage von geschmackvollen Vorgärten gefordert wird. Die Baulust ist durch diese Vorschrift nicht gehemmt, im Gegenteil eher gefördert worden; denn in der kurzen Zeit von zwei Jahrzehnten hat Sondershausen einen erheblichen Zuwachs von Häusern erhalten, welche von verschiedenen Bauunternehmern errichtet, in der Garten-, Göldner- und Karlstraße, an der obern Promenade und an der Possenchaussee der Stadt nur zur Zierde gereichen. In dieser Beziehung verdienen die Bestrebungen des Besitzers der Hofbuchdruckerei, Alfred König, ganz besondere Anerkennung, der unermüdlich nicht nur durch Wort und Schrift, sondern auch mit der That allen andern vorangeht. Ihm wird Sondershausen die Anlage eines neuen Häuserkomplexes verdanken, die vor kurzem in Angriff genommen worden und dazu bestimmt ist, nicht bloß die Güntherstraße mit der Bahnhofstraße direkt zu verbinden, sondern auch schöne und praktisch angelegte Wohnungen inmitten freundlicher Gartenanlagen zu schaffen. Seiner Anregung und Beihilfe ist es auch zu danken, daß ein anderer Bürger unseres Gemeinwesens, der Sanitätsrat Dr. Eduard Kobert, in echt deutsch-patriotischer Gesinnung eine erhebliche Summe zur Errichtung eines Bismarckturmes beisteuerte, der auf dem südlich der Stadt gelegenen Bergkegel, der Olenburg, einen herrlichen Ausblick gestattet. Von seiner Zinne ist das gegenwärtige Stadtgebiet in seiner ganzen Längenausdehnung bequem zu überschauen und das, was in den letzten fünfzig bis sechzig Jahren zur alten Stadt hinzugekommen ist, leicht festzustellen. Wie auf Merians Bilde von Osten gesehen, so fesselt auch an diesem Aussichtspunkte, dem Bismarckturm, das auf einem langgestreckten Höhenrücken thronende Residenzschloß ganz besonders das Auge. Sein Ost-, Süd- und zum Teil auch der Nordflügel, den ein hoher Turm weithin sichtbar macht, sind bereits im 16. und 17. Jahrhundert erbaut worden, der westliche Flügel aber, früher zumeist ein Marstall, erfuhr erst in den fünfziger Jahren des verflossenen Jahrhunderts einen vollständigen Umbau.

Durch die Parkanlagen des Lustgartens von dem Schlosse geschieden, zieren dieselbe Höhe das Theater, der neue Marstall, das Orangeriehaus und das achteckige Haus, weiter westlich die Gebäude der Hofgärtnerei. Am Fuße des mitten in der Stadt steil abfallenden Schloßberges liegt der Marktplatz mit dem ursprünglich als Prinzenhaus erbauten Ministerialgebäude, die Militärhauptwache und das Rathaus. Weit über die Dächer der Wohnstätten empor ragen auch Giebel und Turm der Kirche St. Trinitatis mit dem neuangebauten Mausoleum der Regentenfamilie und ziemlich nahe am Ostende der Stadt die alte, schmucklose Kirche St. Crucis, baulich verbunden mit dem angrenzenden Lehrerseminar. Den daneben liegenden Planplatz ziert ein Denkmal, das den 1870—71 in Frankreich gefallenen schwarzburgischen Kriegern errichtet worden ist. Schweift das Auge noch weiter nord- und ostwärts, so erblickt es im reichen Grün gärtnerischer Anlagen das Landkrankenhaus, die Gebäude der fürstlichen Domäne, das Siechenhaus, das Militär-Exerzierhaus, die Bierbrauerei und Restauration „Zur Luthershöhe" und das Restaurant Bellevue. Mehr südöstlich, auf einer von den beiden Wipperarmen gebildeten schmalen Landzunge steht das Schützenhaus, vom Fürsten Günther Friedrich Karl I. 1797 seinen „lieben, treuen Bürgern zum Vergnügen" erbaut, wie die Inschrift an seiner Vorderseite besagt. In der Südfront der Stadtanlage, welche vollständig vom Bahndamme der vor zwei Jahren fertiggestellten Frankenhäuser-Sondershäuser Eisenbahn umgürtet wird, machen sich besonders bemerkbar die Gasanstalt, der Kasernen-Neubau, die Bierbrauerei „Zur Bismarckshöhe", vor allen aber die beiden erst vor wenigen Jahren errichteten stattlichen Gebäude des Gymnasiums und der Realschule, beide unter einem Dache, und der Bürgerschule. In der Nähe dieses Villenviertels ist die Haltestelle der erwähnten neuen Bahn. Nur wenige Schritte weiter liegt die Bankkaserne, ehemals Geschäftsstelle der Thüringer Bank, und in derselben Straßenflucht das Amtsgerichtsgebäude. Diesem angrenzend geht ein architektonisch gehaltener Neubau der Schwarzburgischen Hypothekenbank seiner Vollendung entgegen, welche der Stadt zur besonderen Zierde gereichen wird. An der Kreuzung der Marien- mit der Elisabethstraße, wo vor zwanzig Jahren die Stadterweiterung eingesetzt hat, war und ist heute noch das „Hotel Münch" das bemerkenswerteste Gebäude. Auf dem Höhenrücken gegenüber liegt, tief in den Berg eingelassen, ein mächtiges Bassin, von dem aus der Schloßbezirk und die Stadt aufs reichlichste mit gutem Trinkwasser versorgt werden und überall aufgestellte Hydranten bei ausbrechenden Bränden mit Wasser zum Löschen gespeist werden können.

So hat eine Umschau im Stadtgebiete den Blick wiederum zum Schlosse zurückgelenkt, von dem wir nicht scheiden können, ohne seines schönsten Schmuckes, des fürstlichen Parkes, gedacht zu haben. Er liegt auf der Nordseite des Schloßberges und wird von beiden Wipperarmen um-, bezw. durchflossen. Vor Zeiten eine sumpfige Wiese, ist er erst 1837 vom damaligen Gartendirektor Dr. Eckardt angelegt worden. In der glücklichen Vereinigung von schönen Wiesenflächen und größeren und kleineren Baumgruppen, welche, aus den verschiedensten Gehölzen zusammengestellt, durch eine seltene Mannigfaltigkeit des Baumschlages und zeitweilige Blütenpracht das Auge ergötzen, liegt das ganze Geheimnis seiner Wirkung und des

Zaubers, den der Park auf den Besucher, den Naturfreund wie den Fachmann, ausübt. Und wie im Sommer die Herrlichkeit der Pflanzenwelt, so ergötzt im Winter auch der auf seinen Teichen vom Fürsten gern gestattete Eislauf jung und alt. Einen wesentlichen Teil des Parkes bildet das „Loh". Das Wort ist sehr alt, an und für sich kein Eigenname; es bedeutet bekanntlich einen kleinen Wald und ist außer hier noch an verschiedenen Orten Thüringens im Gebrauche. In Sondershausen jedoch ist mit ihm etwas Besonderes verknüpft, eine Besonderheit, wie sie weit und breit nicht wieder gefunden wird: die Aufführung von Musikwerken ernsten und heiteren Stiles durch eine künstlerisch geschulte Kapelle des fürstlichen Hofes.

Schloß zu Sondershausen.

Auf einem geräumigen, rings von Bäumen umschlossenen Platze, zu dem vom Schlosse und der Stadt aus schattige Alleen führen, ist eine Musikhalle errichtet, in welcher alljährlich von Pfingsten bis Ende September an jedem Sonntag vor einer oft auch aus weiter Ferne herbeigeeilten Zuhörerschaft die herrlichsten Tonschöpfungen unentgeltlich dargeboten werden. Es sind nahezu hundert Jahre verflossen, daß diese in ihrer Art einzigen Musikaufführungen durch den an dieser Stelle bereits genannten kunstsinnigen Fürsten Günther Friedrich Karl I. ins Leben gerufen worden sind. Unter seinem Nachfolger, Günther Friedrich Karl II., außerordentlich gefördert, galten die Leistungen der Hofkapelle als mustergiltig, und ihre Symphoniekonzerte erlangten Weltruf. Auch der jetzt regierende Fürst Karl Günther hat ihren Fortbestand gesichert. Erwägt man, daß, durch fürstliche Munificenz ermöglicht, während der drei Wintermonate auf der Hofbühne auch Opern- und Schauspielaufführungen stattfinden, daß ferner ein Konservatorium der Musik Gelegenheit zu Musikstudien bietet, daneben aber eine Anzahl Gesangvereine zur Fahne der Frau Musika schwören, so ist es begreiflich, wenn Sondershausen eine Musikstadt genannt wird.

Es darf daher auch nicht wunder nehmen, daß der Verband deutscher Studenten-Gesangvereine Sondershausen zu seinem Vorort erkoren und bereits zweimal, 1894 und 1899, sein Kartellfest in der thüringischen Fürstenstadt mit einem Erfolge abgehalten hat, der weit über studentische Kreise hinaus in Wort und Schrift als einzig-schön geschildert worden ist.

Fürst Karl Günther von Schwarzburg-Sondershausen.

Wenn nach den vorstehenden Ausführungen die Musik seit einem Jahrhundert in Sondershausen solch außergewöhnliche Pflege erfahren hat, so ist die Wissenschaft dabei nicht zu kurz gekommen, sofern man die Mittel zu ihrer Verbreitung ins Auge faßt, nämlich die Schulen. Sondershausen hatte bereits am Ende des 16. Jahrhunderts, dank der Fürsorge einer schulfreundlichen Gräfin von Schwarzburg, eine vierklassige Lateinschule, die, später zu einer sechsklassigen erweitert, bis in das erste Viertel des abgelaufenen Jahrhunderts als Bürger- und Gelehrtenschule bestanden hat. 1829 wurde das Gymnasium als selbständige Anstalt abgetrennt, 1835 eine Realschule und 1844 das Landesseminar gegründet. Eine höhere Mädchenschule (anfangs mit einer Klasse) ist seit 1824 vorhanden; heute zählt sie 9 Klassen. Mit ihr verbunden wurde ein Lehrerinnen-Seminar. Neben einer Knaben- und Mädchenbürgerschule besteht auch eine kaufmännische und eine gewerbliche Fortbildungsschule. Wie heutzutage allerorten, so sind auch hier eine große Anzahl Vereine ins Leben gerufen worden, die der Kunst und Wissenschaft, dem gewerblichen und kaufmännischen Leben, gemeinnützigen und wohlthätigen Bestrebungen, nicht minder aber auch dem Sport dienen.

Von industriellen Unternehmungen ist das Kaliwerk „Glückauf", dem in diesem Buche ein besonderes Kapitel gewidmet ist, von hoher Bedeutung für Stadt und Land. Sonst ist außer drei Bierbrauereien, die sich eines regen Geschäftsverkehrs erfreuen, auch eine im Aufschwunge begriffene Fabrik elektro-technischer Bedarfsartikel zu erwähnen.

Die zahlreichen Behörden, die in Sondershausen als der Hauptstadt des Fürstentums ihren Sitz haben, entfalten neben einem Bezirks- und Garnison-Kommando und der städtischen Verwaltung eine Thätigkeit, welche allein schon den sehr regen Postverkehr rechtfertigt. Nehmen wir hinzu den Schriftverkehr der Schul- und anderen Bildungsanstalten, einer Landes- und einer Hypothekenbank, des Kaliwerkes „Glückauf“ und der technischen und kaufmännischen Betriebe, so wird es durchaus nicht befremden, wenn derselbe einen Umfang erreicht hat, wie er sonst bei einer Einwohnerzahl von nur 7000 Seelen nicht erwartet wird. Vor fünfzig Jahren verwaltete das Königlich Preußische Postamt in Sondershausen ein Postmeister mit einem Sekretär und drei Unterbeamten; heute sind einem Kaiserlichen Postdirektor 14 Beamte und 21 Unterbeamte unterstellt, welche in einem neuerbauten Dienstgebäude dem Post-, Telegraphen- und Telephondienste obliegen. Den Nah- und Fernverkehr vermitteln Eisenbahnen nach vier Richtungen hin, und die schönsten Punkte einer weiteren Umgebung im Harz- und im Kyffhäusergebirge sind leicht zu erreichen.

So in aufstrebender Entwickelung begriffen, bietet Sondershausen mit seiner außerordentlich gesunden Lage in herrlicher, waldreicher Umgebung mit den geschilderten Vorzügen eines Fürstensitzes einen angenehmen Wohnsitz und verdient namentlich auch von denen bevorzugt zu werden, welche fernab vom Weltgetriebe Erholung und Kräftigung für Körper und Geist suchen. G. Lutze, Sondershausen.

Das fürstliche Jagdschloß „Zum Possen“ bei Sondershausen.

Durch die lachenden Auen des nordthüringischen Hügellandes eilt der Zug im Sechsteltakt dahin. Er hat das vieltürmige Erfurt längst verlassen, die breiten Fruchtthäler der Gera und Unstrut bereits durchquert und läßt soeben auch die schmale Ebene der Süßwasserkalkbrüche (Tuffsteine) bei Greußen und Klingen hinter sich, nun wieder ansteigend der blauen Bergkette im Norden entgegen, die er in einer halben Stunde erreichen wird. Es ist das waldbedeckte und wildreiche, jagdfröhliche Gebirge der Hainleite, das dort in sanften Linien am Himmel sich abzeichnet. Schon erkennt der Fahrgast auch die höchste Erhebung der Bergkette und darauf, ein Wahrzeichen für die Bewohner des Geländes im weiten Umkreise, einen Turm, der wie ein Riesenfinger über die Wipfel des Waldes emporragt. Der Possen und der Possenturm laden uns ein, den Zug und seine öde Eilfertigkeit zu verlassen, bevor er durch den Engpaß des Geschlinges seinen Weg findet, und im Fichtendunkel und Buchenglanz eine Stunde deutscher Waldschöne zu genießen.

Das wildreiche, jagdfröhliche Gebirge der Hainleite! Über dem Waldrand streift der Habicht dahin. Ihm sind keine Grenzen gesetzt für seine Raubzüge, und nur der blinde Haß führt ihn vor das Rohr des Jägers, wenn er, den Uhu attackierend, die Rabenhütte umkreist. Aber den jagdbaren Tieren des Waldes, dem Rehwild, dem Hochwild und dem Schwarzwild, hat der Forstmann Stand und Schranken angewiesen. Um das Gebiet der Possenwaldungen herum zieht sich in einer Länge von 50 Kilometer ein Wildgatter, und Hirschen und Wildschweinen hat man in ihm noch besondere Reviere gegeben. Das mochte wohl nötig sein, nachdem in früheren Zeiten der Bauer Saat und Hoffnung der Ernte oft vernichtet sah. Klagten doch schon die Dörfler an der Hainleite vor dem 30jährigen Krieg, daß das Rotwild allnächtlich aus dem Holze herausbräche und ohne Scheu vor den wenigen Wächtern die Felder verwüste, so daß der Kanzler in Sondershausen endlich gestattete, das Wild mit „Trummeln und Paukenschlag" vom Felde zu treiben.

Durch ein Gatterthor treten wir in den Hochwald ein. Auf wohlgepflegtem Wege geht es bergan, die Augen badend im satten Grün, die Lunge erquickend am reinen Odem der Natur, in den Ohren die Lieder der Waldsänger. Dort steht ein Rehbock an der Bergwand, er eräugt uns, er schreckt und jagt davon. Ein Fuchs hat uns wohl schon längst gespürt, und nur ein sich entfernendes Rascheln im Gebüsch verrät uns, daß Reineke auf dem Kriegspfad begriffen ist. Sein Malepartus liegt nicht weit vom Weg, ein „Naturbau", so durchklüftet, daß selbst der eifrigste Jäger seinen Teckel ungern in die Röhren läßt und deshalb dem Fuchs an vielen versteckten Orten der Berghalde bequeme Kunstbaue eingerichtet hat, in die man einschlägt, um dem „Hals gebenden" Teckel mit Menschenwaffen zu Hilfe zu kommen.

Doch nun hinauf auf die Höhe, wo Jagdschloß und Aussichtsturm uns erwarten! Dort leuchtet hell ein Denkmal durch das Grün, die Büste eines fürstlichen Herrn tragend, dem der Possen ein Lieblingsaufenthalt war. Dort schimmert das Gefieder der Gold- und Silberfasanen aus dem Vogelhaus. Dort gähnt der Bärenzwinger, dessen einsamer Bewohner mürrisch träge in der Tiefe am Freßtrog sich wälzt. Dort weiden halbzahme Hirsche auf umzäunter Wiese; und überall an gastlichen Tischen im Gebüsch frohe Städter, welche zur Bergeshöhe kamen, „endlich entflohn des Zimmers Gefängnis und dem engen Gespräch!" Dort vor allem lockt der Aussichtsturm im dunklen Hochwald, seine Treppen zu besteigen und von seiner Plattform die vielgerühmte Aussicht zu genießen: Im fernen Süden den Thüringer Wald von Eisenach bis Gehren, im Osten Ettersberg und Finne und Schmücke, dann das Massiv des Kyffhäusergebirges mit seiner Krone, dem kühn aufragenden Denkmal, und das Mansfelder Bergland, im Westen den Rand des Eichsfeldes und im Norden mit einem Blick die Zinnen des Harzes, das alles erkennt unser weit offenes Auge unter dem sommerlich blauen Gewölbe des Himmels. Ein liebliches Bild rollt sich vor unsern Augen auf. Das Waldmeer in meilenweiter Länge über Berge und Thäler ausgegossen, von Wegen und Lichtungen durchkreuzt, und in nächster Nähe zwischen Bäumen und Sträuchern und Wiesengrün das Jagdschloß.

Das Jagdschloß zum Possen wurde gebaut in dem Jahrhundert, das neben der Überfeinerung der Sitten und des Gefühlslebens, neben den Tändeleien der

Schäferspiele, den Künsteleien der Naturtheater eine neue Liebe, die Liebe zur Natur, den Geschmack an der Schönheit des Waldes brachte. Im Jahre 1730 herrschte noch der Geist des Sonnenkönigs, Ludwigs XIV., an den deutschen Fürstenhöfen. Doch in die bewußte Koketterie der Ceremonien, die den Hof von Versailles einzig kennzeichnete, mischte sich an den deutschen Höfen ein naiveres Wesen, ein ungestümer Drang, die Ketten des Formelkrames zu durchbrechen und in der Freiheit der Natur das deutsche Blut für den Zwang zu entschädigen, der ihm angethan wurde. So entstanden zahlreiche Jagdschlösser im grünen Kranze der Wälder. So entstand das Jagdschloß „Zum Possen" im angeführten Jahre.

Turm auf dem Possen bei Sondershausen.

Das waren wohl die fröhlichsten Zeiten des fürstlichen, unlängst noch gräflich schwarzburgischen Hofes, wenn der Jagdtroß unter melodischen Fanfaren, bei dem tiefen Geläute des Wolfshundes und dem hellen Jauchzen der kleineren Meute, die der Piqueur in Gehorsam und Atem hatte, auf die freien Höhen der Berge und in das Dunkel der Wälder zog. Dort wühlte die Sau nach Eicheln, dort äste der Hirsch und das zartere Reh, dort lauerten Fuchs und Fähe im Ginster — alles Wild eine willkommene Beute des hohen Weidmanns und seiner Vasallen. Dort schweifte auch noch der gefährlichere Wolf und forderte erst recht das weidgerechte Jägerherz heraus. Welch Halloh und lautes Schreien erhob sich, wenn wieder ein Herr Isegrim, nachdem er wie ein Fuchs genäßt und häufig Losung und Schweiß

22*

verloren, im tiefen Dickicht oder in der Wolfsgrube verendet gefunden wurde! Welch fröhliches Ho ho ho ha ho! zumal bei den Förstern, Jägerjungen und Zeugknechten, die für jede Wolfslunte und jedes Paar Wolfsfänge einen Gulden zu neuen Schuhen erhielten! Und den sämtlichen Jagdleuten wurde ein halber Gulden zu besonderer Ergötzlichkeit gratifizieret, daß der Abschluß einer erfolgreichen Jagd würdig gefeiert werden könnte. So haben unsere Wälder manch fröhliches Treiben gesehen.

Auch unsere Zeit ist einem frischen, frohen Weidmannstreiben nicht abhold. Man verläßt noch gern die Enge des täglichen Berufes und sucht in der Jagd, die Muße und Arbeit zugleich bietet, Erholung und Stärkung. Wenn der Bock im Rotklee äst, wenn der Hirsch noch friedlich mit seinem Nebenbuhler über die sommerliche Halde treibt, wenn der Keiler im Schnee nach Eicheln und Wurzeln wühlt, wenn der Hase Stoppelhopser wird und das Rebhuhn sich in die Ackerfurche duckt, knallt mancher Schuß über unser Jagdgelände.

In der Junihochwaldpracht, die uns umgiebt, würden wir freilich dem Jägersmann auf seinem Jagdgang nicht begegnen. Der pirscht in dieser Zeit nur am frühen Morgen oder in der Abenddämmerung auf den Rehbock. Aber am Tage ist der Wald dennoch nicht einsam. Ja, gerade jetzt giebt das Echo aus den Thälern laute Töne zurück, die die feierliche Stille störend durchdringen, Geschrei und Peitschenknall und Wagengerassel. Und an dem lauschigen Plätzchen am Jagdschloß, wo wir ruhen und uns erquicken, knarren schwer beladene Leiterwagen vorüber. Sie erinnern uns, daß wir uns auf der waldbedeckten Hainleite befinden. Sie sind beladen mit der Ernte des Waldes, dem Brennholz und dem Nutzholz aus Buche, Eiche, Esche, Ahorn und Fichte, das der Forstmann unter den Waldriesen geschlagen hat, und das nun zur Abfuhr gebracht wird.

Eine geregelte Forstkultur hat die Hainleite zu einer reichen Geldquelle des Staates gemacht. Wo früher meist niedriges Buschholz mit einzelnen Rieseneichen dazwischen gewachsen, erhebt sich jetzt der Hochwald, wo früher planlos die jugendlichen Bäume abgeholzt wurden, nimmt die Plänterwirtschaft jetzt nur so viel Holz an alternden Bäumen oder unterdrückten Jungstämmen heraus, als der Bestand des Waldes ertragen kann, ohne zurückzugehen. So ist die Hainleite mit Solling und Teutoburger Wald, mit den Höhenrücken an der Ostsee zu den schönsten Buchwaldbergen Deutschlands zu rechnen. Während aber früher, wie z. B. am Ende des 17. Jahrhunderts, die Hainleite nur der Jagd wegen einigen Ertrag brachte, beiläufig im 10jährigen Durchschnitt jährlich 3093 Gulden 19 Gr. 3 Pf., ist wohl jetzt ein 50facher Ertrag, den man aus der Ernte des Hochwaldes herausrechnet, nicht zu hoch gegriffen.

Da muß freilich der einsame Waldgänger, der am liebsten den Wald mit seinem Rauschen, mit seinem leuchtenden Dunkel, mit seinen blühenden, singenden, schweifenden Kreaturen für sich allein hätte, um der Volkswohlfahrt willen den Aufenthalt mit andern Menschen teilen. Und da sieht er wohl in dieser Zeit nicht allein den Holzhauer, den Forstmann, den Fuhrknecht, sondern auch neben dem beladenen Holzwagen manchen Städter, der, mit kurzer Pfeife, Frühstückstasche und

Buddel bewaffnet, stolz einherschreitend das Dickicht verläßt, als wäre er in einem Urwald gewesen und war doch in einem parkartigen, wohlgepflegten, fiskalischen Walde des 19. Jahrhunderts. Wir schreiten ihm nach bergabwärts dem nicht fernen Residenzstädtchen zu, froh und dankbar, daß uns ein solcher Wald gewachsen ist.

O. Fleischhauer, Oberspier.

Das Kaliwerk der Gewerkschaft „Glückauf“ bei Sondershausen.

Es war im Jahre 1851, als der preußische Fiskus sich entschloß, bei dem Orte Staßfurt zwei Schächte niederzubringen, um das Steinsalz, welches hier schon seit langer Zeit durch Versieden von Salzsole gewonnen wurde, und von dem man wußte, daß bedeutende Quantitäten in fester Form tief in der Erde lagerten, direkt aufzuschließen und bergmännisch zu gewinnen. Veranlassung hierzu gab der Umstand, daß Preußen etwa 25 Prozent seines Bedarfes an Kochsalz aus dem Auslande zu beziehen gezwungen war, da die Salinen des Landes nicht imstande waren, den Bedarf zu decken. Groß war jedoch die Enttäuschung, als man nach mühevoller Arbeit im Jahre 1856 mit dem einen der beiden Schächte das Salzflöz erreichte, jedoch nicht das erhoffte reine Krystallsalz antraf, sondern ein rötliches Gemisch von bitter schmeckenden und an der Luft zerfließenden Salzen. Man trieb den Schacht noch weiter in die Erde hinein und erreichte unter diesem unwillkommenen Salzgemisch später das Steinsalz; das Gemisch jedoch warf man auf den „Abraum“, das heißt auf die Halde wertloser Produkte, weshalb auch heute noch diese Salze allgemein den Namen Abraumsalze führen.

Welchen wertvollen Schatz man aber unbedacht beiseite geworfen hatte, sollte bald klar werden; die Chemiker stellten fest, daß die weggeworfenen Salze Kali enthielten. Besonders ein Mann, Namens Frank, erkannte sehr bald den hohen Wert der Kalisalze und ist der Begründer der bald zur Blüte gelangenden Kaliindustrie geworden. Nach vielen Schwierigkeiten gelang es ihm im Jahre 1861, die erste Fabrik zur Verarbeitung der Kalisalze zu errichten, und nach seinem Vorgange schossen bald die Kalifabriken in Staßfurt wie Pilze aus der Erde.

Auch die Aufsuchung der Kalirohsalze im Innern der Erde blieb nicht hinter der Entwicklung der Fabriken zurück. Der anhaltische Fiskus, sowie mehrere Privatgesellschaften wiesen durch Bohrlöcher das Vorhandensein der Kalisalze auch in weiterer Umgebung von Staßfurt nach und beeilten sich, die nötigen Schächte und Anlagen zur bergmännischen Gewinnung des plötzlich so geschätzten Produktes herzustellen. Aber nicht auf die weitere Umgebung von Staßfurt selbst beschränkte sich das Vordringen der Kaliindustrie, bald erschloß man auch nördlich vom Harzrande (bei Halberstadt und Vienenburg) sowie in der nordwestlichen Fortsetzung im Braunschweigischen (bei Thiede) das Kalisalz. Zu immer weiteren Nachforschungen regte der bedeutende finanzielle Erfolg der bestehenden Werke an, und so sehen wir denn im letzten Jahrzehnt des vergangenen Jahrhunderts namentlich die Provinz Hannover und das weitere Thüringen mit zahlreichen Bohrtürmen bedeckt, in denen mit mehr oder weniger Erfolg und Berechtigung das kostbare Salz gesucht wird. Einem Goldfieber vergleichbar, ergreift die Sucht nach Kali die ganze montan-industrielle Welt Deutschlands; ein Unternehmen sucht das andere zu überflügeln, ihm die aussichtsreichsten Felder abzujagen, ihm zeitlich zuvorzukommen, um noch möglichst die bestehende gute Konjunktur auszunutzen. Viele Unternehmungen opfern ihr Geld vergebens, und nur eine verhältnismäßig geringe Anzahl gelangt zu den erhofften Erfolgen. Noch jetzt zu Beginn des neuen Jahrhunderts ist das Fieber nicht verflogen, doch beginnt allmählich Klarheit in die Verhältnisse zu kommen, und es sichten sich die lebensfähigen Unternehmungen von denjenigen, die ohne rechten Plan begonnen wurden und demnach erfolglos bleiben mußten.

In die letzte, soeben beschriebene Epoche fällt auch die Entstehung des Salzwerks „Glückauf“. Im Jahre 1892 wies der Bergwerksunternehmer Herr H. L. Brügman dicht bei Sondershausen vermittelst eines Bohrloches das Vorhandensein von Kalisalz in einer Tiefe von etwa 600 m unter der Erdoberfläche nach und erwarb von der Fürstlichen Staatsregierung die Berechtigung zur Gewinnung dieser Salze in der ganzen Unterherrschaft des Fürstentums Schwarzburg-Sondershausen, das heißt auf einer Fläche von rund $6^1/_4$ Quadratmeilen Größe. Bald begann es sich zu regen im stillen Wipperthal am Fuße der Hainleite, und auf der Scholle, wo bisher der Pflug des Landmannes seine Furchen grub, erhob sich nach wenigen Jahren ein blühendes Werk, in welchem nun zum Segen des Landes und seiner Bewohner eine emsige Thätigkeit herrscht.

Bevor wir auf die Einzelheiten dieses Werkes näher eingehen, wollen wir noch einen Augenblick beim Kalisalz selbst, der Art seines Vorkommens, seiner Entstehung und seiner Natur verweilen.

Wie bereits oben angedeutet, ist das Vorkommen der Kalisalze innerhalb Deutschlands in einer recht beträchtlichen Ausdehnung nachgewiesen worden. Überall nun da, wo man das Kalisalz in Tiefen von 3—700 m unter der Erdoberfläche angetroffen hat, hat es sich gezeigt, daß unter demselben Steinsalz gelagert war. Beide Salzarten bilden sogenannte Lager, das heißt, sie sind mit mehr oder weniger Neigung auf große seitliche Erstreckungen zwischen den übrigen Schichten der Erdrinde eingebettet und zeigen bald mehr oder weniger große Mächtigkeit, d. h. Dicke. Zeigt nun das Kalisalz eine Mächtigkeit von 10—30, mitunter auch 50—60 m, so ist das darunter liegende Steinsalz meist bedeutend mächtiger. Ferner ist zu beachten, daß die seitlichen Grenzen des Steinsalzlagers noch weit über diejenigen des Kalisalzes hinausgehen, und man kann heute mit Gewißheit sagen, daß die ganze norddeutsche Tiefebene auf einem ungeheuren und sehr mächtigen Steinsalzlager aufliegt. Von der Masse dieses Lagers kann man sich einen Begriff machen, wenn man erfährt, daß dasselbe an einigen Stellen (so bei Sperenberg bei Berlin) auf 1000 und mehr Meter Mächtigkeit angebohrt ist, ohne daß man das Liegende des Lagers, d. h. seine untere Begrenzung, gefunden hat.

Wie ist es nun gekommen, daß diese ungeheuere Masse von Salzen zwischen den Schichten der Erdoberfläche eingebettet wurde? Viel ist seit der Kenntnis dieses großen Lagers über die Entstehung desselben geschrieben und gestritten worden; einige Forscher brachten das Auftreten des Steinsalzes im Erdinnern mit der vulkanischen Thätigkeit der Erde in Zusammenhang, andere ließen es aus dem Meereswasser als einen krystallinischen Absatz seiner mineralischen Bestandteile entstehen. Nachdem die bergmännische Thätigkeit innerhalb des Salzlagers die Natur desselben bis in die kleinsten Feinheiten hinein zu erforschen gestattete, wird heute kaum noch jemand ernstlich an eine andere Entstehung glauben, als an die aus dem Meereswasser.

Es würde hier zu weit führen, die auch in dieser Beziehung noch voneinander abweichenden Meinungen über die Einzelheiten der Entstehung zu erörtern. Auch wollen wir davon absehen, zu prüfen, wie das Salz in das Meerwasser hinein

Gesamtansicht der Gewerkschaft „Glückauf".

gekommen ist; wir begnügen uns damit, festzustellen, daß das norddeutsche Salzlager als eine Ablagerung aus einem großen Meerbusen anzusehen ist, welcher ganz Norddeutschland bedeckte, und dessen Verbindung mit dem offenen Meere wahrscheinlich in der nordwestlichen Gegend der jetzigen norddeutschen Tiefebene zu suchen ist. Es ist allerdings sehr, sehr lange her, viele Millionen Jahre, seitdem dieser Absatz vor sich gegangen ist; das geologische Zeitalter der Bildung bezeichnet man als die jüngere Zechstein-Periode. Nach vollendeter Ablagerung der Salze bedeckten sich dieselben mit mehreren mächtigen Thonschichten, und so wurde das entstandene Salzlager vor der Wiederauflösung durch atmosphärische Niederschläge oder durch das Meer, welches es geboren hatte, bewahrt. Es lagerten sich in späteren Zeiten Erdschichten jüngeren Alters darüber und lange, lange Zeit blieb das kostbare Gut vor der Zerstörung bewahrt, bis es jetzt der Mensch mit nie rastender Schaffenskraft wiederum an das Tageslicht 'emporhebt, um es seinen verschiedenen Zwecken dienstbar zu machen.

Wir hatten oben gesagt, daß das große norddeutsche Steinsalzlager in einer gewissen Ausdehnung von dem Kalisalz überlagert ist, und beide Lager als einen

Absatz aus Meereswasser hingestellt. Dieses muß also wohl auch neben dem Steinsalz die Kalisalze (vor dem Absatz) in Lösung gehabt haben. So ist es in der That. Waren die Salze im Meereswasser gemischt, so trat bei dem Absatz aus chemischen Gründen eine Trennung beider Salze ein, welche die beschriebene Lagerungsweise veranlaßte. Nun sind aber die Kalisalze in der ursprünglich abgelagerten Form von so wenig konservativem Zustande, daß eine Aufbewahrung derselben an offener Luft nicht möglich ist, ohne daß sie von selbst so viel atmosphärische Feuchtigkeit aufnehmen, daß sie einfach auseinander fließen. Es gehören also ganz besonders günstige Zustände dazu, um die Kalisalze nach ihrer Bildung so einzubetten, daß sie jedem äußeren Einfluß entzogen werden, wie es bei uns in Deutschland der Fall gewesen ist. In der That ist während der ganzen Bildungsepoche der Erdrinde dieser Zustand nur einmal, und zwar eben bei uns in Deutschland, eingetreten, und auf der ganzen übrigen Erde ist bis jetzt noch kein Kalisalzlager von Belang aufgefunden worden. Während man Kohle, Erze und sonstige bergmännische Produkte mehr oder weniger wohl in jedem Lande der Erde findet, hat die gütige Natur nur uns Deutsche mit diesem Schatz bedacht und somit in dieser Beziehung zu Herren der übrigen Nationen gemacht.

Kommen wir nun auf das Werk „Glückauf“ zurück. Eine halbe Meile westlich von Sondershausen erhebt sich im freien Felde ein mächtiges eisernes Gerüst von 40 m Höhe, auf dessen Spitze zwei große eiserne Räder sich emsig hin und her drehen. Hier ist der Punkt, an welchem das Kalisalz dem Schoße der Erde enthoben wird. Unter dem Turm befindet sich der senkrechte, runde Schacht von 5,2 m Durchmesser, welcher die Verbindung zwischen der Tagesoberfläche und dem 650 m tief lagernden Kalisalz herstellt. Ist auch nichts von dieser Röhre im Erdinnern über Tage sichtbar, so bildet sie doch die Hauptarbeit bei der Errichtung eines solchen Werkes, und groß sind oft die Schwierigkeiten, die sich dem Niederbringen eines Schachtes entgegenstellen, teils wegen der wenig standhaften Eigenschaft des zu durchdringenden Gebirges, teils wegen der oft sehr beträchtlichen unterirdischen Wasserzuflüsse.

Auch der Schacht von „Glückauf“ hatte wegen des Wassers in der Anfangszeit einen recht schweren Stand; große Pumpwerke mußten aufgestellt werden, um die mit zunehmender Schachttiefe immer reichlicher werdenden Zuflüsse zu Tage zu heben. Bei einer Tiefe von 120 m jedoch zeigte sich das Gebirge geschlossen und von da ab bis zum Salzlager hatte man keine Zuflüsse mehr. Die Schachtwände sind im oberen Teil und soweit Wasserzuflüsse vorhanden waren, mit gußeisernen, wasserdicht gegeneinander verschraubten Platten, sogenannte Tubbings, ausgekleidet, welche das Eindringen des Wassers in den Schacht verhindern; befindet man sich jetzt in dem völlig trockenen Schacht, so erinnert nichts mehr an den Kampf, der einst hier mit dem tückischen Elemente ausgefochten wurde. Im unteren Teil sind die Schachtwände einfach mit Mauerwerk bekleidet.

Daß die Herstellung eines solchen Schachtes unter Umständen ein recht zeitraubendes und kostspieliges Geschäft ist, leuchtet ein; so hat der immerhin noch rasch und günstig herunter gebrachte Schacht von „Glückauf“, also lediglich das tiefe

Loch in der Erde, durch welches man zu den Kalisalzen gelangt, die Kleinigkeit von anderthalb Millionen Mark gekostet, seine Herstellung hat die Zeit von zwei Jahren und zwei Monaten in Anspruch genommen. Es giebt aber Schächte, an denen zehn Jahre und länger gearbeitet wurde und noch wird, und welche das Vielfache der genannten Summe verschlingen.

In diesem Schacht nun gleiten an eiserner Leitung die Förderkörbe auf und nieder, auf welche man die kleinen Grubenwagen geschoben; voll steigen diese empor, leer gleiten sie hinab. Das belebende Element dieses am ganzen Tage ununter-

1. Fördermaschine.

brochenen Transportes ist die Fördermaschine, die, an der Rückseite des eisernen Förderturmes in einem Gebäude aufgestellt, auf mächtigen Trommeln zwei Seile von Stahldraht auf- und abrollt (s. Abbildung 1). Von diesen Trommeln werden die Seile über die beiden oben erwähnten „Seilscheiben" auf der Spitze des Fördergerüstes geführt und laufen dann in den Schacht. An ihren Enden hängen die Förderkörbe.

Besteigen wir nun einen der Förderkörbe und lassen uns von der Maschine in langsamerem Tempo, als es sonst bei der Produktenförderung geschieht, bis auf die Sohle des Schachtes, das sogenannte „Füllort", hinabsenken. Das ängstliche Gefühl des Neulings ist bald überwunden, denn zwar immer noch verhältnismäßig schnell, aber sicher geht die Fahrt, und vorsichtig setzt der Förderkorb unten auf. Abbildung 2 stellt das Füllort dar.

Von elektrischen Lampen erleuchtete Strecken (Gänge, wie sie der Laie irrtümlich nennt) bieten sich unserm Anblick, und wir finden, daß es hier unten gar nicht so finster und fürchterlich ist, als wir erwartet. Es sind dies die Hauptstrecken, durch welche die Förderwagen aus den Gewinnungsstellen des Salzes nach dem Schachte bewegt werden, um dann die Reise zu Tage anzutreten. Wir verfolgen eine der Strecken; sie teilt sich bald, rechts und links gehen andere Strecken ab, und

2. Schachtfüllort.

wir glauben uns in ein Labyrinth versetzt. Doch bald merken wir bei aufmerksamer Beobachtung, daß diese Strecken ein gewisses System darstellen, das im großen ganzen eine rechtwinklig zu einander gestellte Anordnung zeigt. In der That sehen wir zwischen weiten und hohen Räumen Salzpfeiler stehen, so daß sich uns das Bild bei fortgenommener Decke etwa wie ein Schachbrett mit langgezogenen Feldern darstellen würde. Aus den Hohlräumen ist das Kalisalz bereits gewonnen, oder es wird noch losgeschossen. Wir gehen weiter nach bereits verlassenen Bauen und finden hier die Hohlräume wieder ausgefüllt oder „versetzt". Es ist dies eine von der Bergbehörde vorgeschriebene Maßregel, welche verhüten soll, daß die Pfeiler bei der Unbeständigkeit der Kalisalze von der Feuchtigkeit der Luft zerstört werden und die haltlose Decke zusammenstürzt. Als Versatzmaterial werden meist die Rückstände der in den Fabriken der Werke verarbeiteten Kalisalze verwendet. Erst seit etwa 15 Jahren ist diese Maßregel getroffen, nachdem thatsächlich in Staßfurt ganze Straßenzüge, die über der eingestürzten Decke solcher Grubenbaue liegen, sich um mehrere Meter senkten und viele Häuser der Gefahr des Einsturzes nahe gebracht waren.

Das Lossprengen des Salzes geschieht mit Sprengpulver oder mit Dynamit mit Hilfe von Bohrmaschinen, die durch Hand oder mittelst Elektricität angetrieben werden. Abbildung 3 zeigt eine von zwei Bergleuten bediente elektrische Bohr-

3. Schacht. Elektrische Bohrmaschine im Querverschlag.

maschine. Die Elektricität spielt in neuerer Zeit überhaupt eine sehr große Rolle im Bergbau, weil sie — über Tage erzeugt — sich überall vermittelst einfacher Drähte hinleiten und als Licht oder Kraft nutzbar machen läßt.

Sind die Kalisalze losgesprengt, so regen sich auch schon viele Hände, um sie in die Grubenwagen zu füllen und diese auf den Schienengeleisen, die alle Strecken durchziehen, nach dem Schachte zu bewegen. Aber auch hier bei der Förderung macht der Mensch sich fremde Kräfte dienstbar. Kleine, elektrisch angetriebene Haspel sind vielerorts aufgestellt, um die Unebenheiten des Bodens zu überwinden, und am hinteren Ende einer Hauptsammelstrecke angekommen, auf der wir zuerst zu den Grubenbauen gelangten, werden die Grubenwagen zu Zügen rangiert und durch Pferde oder elektrische Lokomotiven nach dem Schachtfüllort befördert.

Wir sind nun schon eine ziemlich geraume Zeit tief unter der Erde umhergewandelt und wundern uns im stillen, daß uns die Luft, in der doch Hunderte von Menschen rührig arbeiten, so gar nicht stickig und verdorben vorkommen will. Auch erinnern wir uns, in der Schule gehört zu haben, daß nach dem Mittelpunkt der Erde zu die Wärme stetig zunimmt, und wir sind doch ein ganz hübsches Stück hinabgerutscht, wogegen von einer unerträglichen Hitze als Zeichen, daß wir uns — wenn auch im Verhältnis zur Dicke der Erdrinde nicht sehr bedeutend — dem heißflüssigen Erdinnern genähert haben, nichts zu spüren ist. Ja zuweilen hat es uns angenehm entgegengeweht, wie ein linder Frühlingshauch. Jetzt kommen wir wieder zum Schachtfüllort zurück, und ein scharfer Luftstrom zieht uns entgegen. „Rock zuknöpfen", heißt es, „sonst erkälten Sie sich!" Das also ist des Rätsels Lösung. „Künstliche Bewetterung", wie der Fachausdruck heißt. Lassen wir uns dieselbe erklären.

Zur künstlichen Bewetterung gehören, genau genommen, zwei Verbindungswege zwischen den Grubenbauen und „über Tage", einer zum Zuführen der guten Luft oder der „frischen Wetter" und ein andrer zum Abführen der verbrauchten oder „schlechten Wetter". Da man aber unter schwierigen Verhältnissen meist nur einen Schacht anlegt, so hat man sich damit zu helfen gewußt, daß man diesen Schacht durch eine senkrechte luftdichte Bretterwand, den sogenannten Wetterscheider, ohne im übrigen die Förderung zu beeinträchtigen, in zwei ungleiche Abteilungen getrennt hat, in deren größerer man die frischen Wetter einfallen läßt, während aus der kleineren die schlechten Wetter ausgesogen werden. Ehe dies jedoch geschieht, weiß man den Wetterstrom unter Tage so zu lenken, daß er alle Orte, an denen Menschen arbeiten, bestreichen muß. Das Aussaugen des schlechten Wetterstromes besorgt ein hinter der Fördermaschine aufgestellter Ventilator von ganz beträchtlicher Größe (s. Abbildung 4), welcher imstande ist, in jeder Minute 2600 cbm Luft durch die Grubenbaue zu ziehen. Ein gemauerter Kanal stellt die Verbindung zwischen dem ausziehenden sogenannten „Wetterschachte" und dem Ventilator her. Für vorgeschobene Arbeitsposten unter Tage, welche zur vorläufigen Untersuchung der Lagerstätte dienen und sich weitab vom Hauptwetterstrome befinden, stellt man kleine elektrisch angetriebene Sonderventilatoren auf, welche dem Wetterstrom einen kleinen Teilstrom entnehmen und denselben in 30 bis 40 cm weiten Zinkrohren vor den Arbeitsort führen.

Wir lassen uns nunmehr auf einem Förderkorb wieder zu Tage heben und landen oben auf einer großen überdeckten Plattform, welche sich 12 m über der Erdoberfläche um den Schacht herum befindet und auf eisernen Säulen ruht, der sogenannten Hängebank. Hier gewahren wir, daß die in den Grubenwagen heraufbeförderten Kalisalze über zwei nach verschiedenen Richtungen führende eiserne Transportbrücken abgefahren werden. Wir informieren uns und erfahren, daß die eine Brücke zur sogenannten Rohsalzmühle, die andere zur chemischen Fabrik führt. Die Kalisalze kommen nämlich in verschiedenen chemischen Verbindungen und in verschiedenem Grade der Reinheit vor, und diese ihre natürliche Beschaffenheit ist bestimmend für ihre Verwendungsart.

Gewisse Kalisalze werden einfach gemahlen und in dieser Form als Rohsalze von der Landwirtschaft zu Düngezwecken benutzt. Die Pflanze gebraucht in erster Linie drei Nährstoffe, die sie dem Boden entnimmt, und die demselben immer wieder zugeführt werden müssen, soll er sich nicht erschöpfen und ungenügende Ernten bringen. Diese drei Stoffe sind Phosphor, Stickstoff und Kali, und es ist für den Landwirt von größter Bedeutung, dieselben zu billigem Preise und in einer Form zu beziehen, welche das Aufbringen auf den Acker in gleichmäßiger und richtiger Verteilung, sowie die Aufnahme durch die Ernährungsorgane der Pflanze

4. Grubenventilator.

erleichtert. Den Phosphor bezieht der Landwirt in Form von gemahlener Thomasschlacke oder als Superphosphat, den Stickstoff als Chilisalpeter, während ihm die Kalisalze ein wohlfeiles Mittel zur Anwendung des dritten unentbehrlichen Pflanzennährstoffes bieten.

Einen gewaltigen Aufschwung hat in den letzten Jahrzehnten die Verwendung der gemahlenen Kalirohsalze zu Düngezwecken genommen, und dementsprechend leistungsfähig müssen auch die Mahlwerke und Verladeeinrichtungen der Kaliwerke sein. In drei Stockwerken sind auf „Glückauf" die Zerkleinerungsmaschinen übereinander aufgestellt, oben mit den gröbsten beginnend, unten mit den Feinmühlen endigend, so daß das auf dem oberen Boden aus den Grubenwagen direkt in die Maschinen gestürzte Rohsalz im Keller des Mühlengebäudes als feines Pulver anlangt. Große Elevatoren heben es wieder bis auf den Boden des Gebäudes, von wo es in große eiserne, an der Vorderwand desselben befindliche Taschen gelangt. Von diesen faßt jede reichlich die Ladung eines Eisenbahnwaggons. Soll ein Waggon geladen werden, so wird er einfach vor die Tasche geschoben, der untere, durch einen Schieber verschlossene Auslauf derselben wird geöffnet, und in wenigen Minuten ist das Ladegeschäft beendet. 90 bis 100 Eisenbahnladungen können so täglich bei zehnstündiger Arbeit zerkleinert und abgefertigt werden.

5. Elektrische Centrale.

Andere Arten von Kalisalzen gelangen über die zweite Transportbrücke zur chemischen Fabrik. Auch diese werden zunächst einer Zerkleinerung und demnächst verschiedenartigen Löse- und Verdampfungsprozessen unterworfen. Das Endprodukt bilden die sogenannten konzentrierten Kalisalze, sehr wertvolle Produkte, welche entweder ebenfalls zu Düngezwecken in entfernten Ländern benutzt werden, wo die hohen Frachtkosten eine zu große Belastung für die weit weniger wertvollen Kalirohsalze bilden würden, oder in anderen chemischen Fabriken wiederum als Unterlage zur Weiterverarbeitung auf Pottasche, Ätzkali, Salpeter u. s. w. dienen. Die Fabriken zur Verarbeitung der Kalirohsalze sind meist von beträchtlichem Umfange; so bedeckt diejenige der Gewerkschaft Glückauf einen Flächenraum von etwa fünf preußischen Morgen.

Daß zur Verarbeitung bedeutender Mengen von Kalisalzen auch die Erzeugung von ganz bedeutenden Kräften nötig ist, leuchtet ein. In dieser Beziehung besitzt das Kaliwerk „Glückauf" die vollkommensten Einrichtungen, welche die moderne Technik bietet, insofern als der Antrieb der gesamten Maschinen und Apparate auf elektrischem Wege bewirkt wird. In einer großen Centralmaschinenhalle wird mit drei Dampfmaschinen elektrische Energie im Werte bis zu 1200 Pferdekräften erzeugt, die in einem Netz von Kupferdrähten nach den einzelnen Verwendungsstellen geleitet und dort mittelst Elektromotoren wieder in Kraft umgesetzt wird. Das Innere der elektrischen Centrale veranschaulicht Abbildung 5. Die Aufnahme ist zu einer Zeit gemacht, bevor die dritte Maschine zur Aufstellung gelangte und stellt demnach nur zwei derselben dar. So werden die Mahlwerke, die vielen Apparate der Fabrik, Aufzüge, Pumpen, auch der große Grubenventilator, kurz, alles was sich über und unter Tage dreht und bewegt, durch Elektricität angetrieben. Eine einzige Ausnahme macht die Fördermaschine, welche direkt mit Dampf betrieben wird und allein einen Kraftbedarf von 6 bis 700 Pferdestärken aufweist, weil sich aus technischen Gründen der elektrische Antrieb hier nicht empfahl.

Daß das ganze Werk auch elektrisch beleuchtet ist, versteht sich von selbst.

Ebenso bedarf es kaum der Erwähnung, daß das Werk ausgedehnte und vollkommen eingerichtete Werkstätten besitzt, in denen Reparaturen ausgeführt und die sonstigen zahlreichen technischen Bedürfnisse des Betriebes befriedigt werden.

Ein Kesselhaus, in dem zwölf Dampfkessel von je 11 m Länge untergebracht sind, liefert den für die Dampfmaschinen und sonstige Zwecke des Werkes erforderlichen Dampf.

Eigene Lokomotiven vermitteln den Verkehr zwischen dem Werksbahnhof und der Linie Nordhausen-Erfurt der Staatseisenbahn.

Für das Wohl der Arbeiter sind mancherlei Einrichtungen getroffen. So ist ein großes Brausebad vorhanden, in welchem die Arbeiter nach vollendeter Schicht sich reinigen und umkleiden können. In einer Kantine giebt es für ein geringes Entgelt gutes, warmes Mittagessen, sowie andere Lebensmittel. Ferner ist in der Nähe des Werkes eine Arbeiterkolonie errichtet, auf der in bequem eingerichteten Doppelhäusern bis jetzt 50 Arbeiterfamilien Unterkunft gefunden haben.

So ist mit der Begründung unseres Kaliwerkes rege Thätigkeit und vermehrter Wohlstand in die Gegend und das Schwarzburger Land eingekehrt, und es ist wohl zu wünschen und zu hoffen, daß der Aufschwung, den das Werk seit der kurzen Zeit seines Bestehens genommen, und von dem wir auf S. 343 eine Gesamtansicht der Tagesanlagen gebracht haben, zu einer dauernden Blüte führen möge.

Groebler, Sondershausen.

Die Entdeckung Amerikas.

(Mundart der schwarzburgischen Unterherrschaft.)

„Im allgemeinen bin ich mit den Leistungen Ihrer Klasse nicht ganz unzufrieden! Nur noch einige Fragen aus der Weltgeschichte, etwa über die Entdeckung Amerikas, aber ganz kurz!“ —

Un dr Kanter satzte sich nochmol in Posseltur[1]) un fruk dn Äbberschten[2]): „Wer hat Amerika entdeckt?“ —

Fritz Schulze wor werklich an gewiester[3]) Junge. Abber die Frage kam'n dismol so schpan'sch vör, wie dn saligen Kalumbus de Insel Guanohani, do se'n zum erschten Mole aanflatschte[4]).

Disjohr worn se in dr Schole mand bis nach Kanossa gekommen. Un war denkt' ann do an so was?[5])

„Nun, wer hat Amerika entdeckt?“ —

„Aber, Junge! Der Oberste — und kannst diese Frage nicht beantworten? Wer auf der ersten Bank weiß es? Niemand? Hm hm! Keiner in der ganzen Klasse hebt die Hand?!“ —

Alle giekelten[6]) se mät dn Fingern in dn verborgensten Winkeln rim. Abber grade dan oln Herrn, dar Amerika in Schwung[7]) gebroocht hotte, kräk keinr ushar[8]). Do uf eimol machte sich ganz hingne uf dr letzten Bank so an Knirps von an halben Meter bemerklich. —

„Also keiner von euch hier vorn weiß es? Nun, dann mag der Knappe die Ritter beschämen! Sag es einmal diesen Großen aus der ersten Abteilung, wer Amerika entdeckt hat!“ —

Un do trat das kleine Dink uf de Schuchschpitzen[9]) un haspelte[10]) los: War Amereka — entdackt — hät —

„Nur ruhig, mein Söhnchen! Wer so hübsch aufmerkt wie du — der Einzige in der Klasse, der die gestellte Frage beantworten kann —, der braucht nicht ängstlich zu sein. Sag es einmal recht laut und langsam!“ —

Un do wuschte sich dar kleine Bengel de Nasen, guckte unger'n Barje vör[11]) un krehlte los: War Amereka — entdackt hät — das weiß ich — a nich; abber Nante Wenzel hät drwiele min Botterfladen gefrassen![12]) —

Töppe, Ebeleben.

[1]) Positur. [2]) frug den Obersten. [3]) gewandter. [4]) anflätschte (erstaunt ansah). [5]) wer denkt denn da an so etwas. [6]) bohrten. [7]) in Aufnahme (entdeckt). [8]) kriegte keiner heraus. [9]) Schuhspitzen. [10]) stotterte. [11]) verstohlen.* [12]) Ferdinand Wenzel hat einstweilen mein Butterbrot gegessen.

Aussaat und Ernte.

(Aus Nordthüringen.)

Die Ernte ist des Landmanns Hoffnung; das ganze Jahr über richtet er seine Gedanken und Kräfte auf dieses Hauptwerk seines Berufes. Es kann daher nicht wunder nehmen, daß die Vorbereitungen zur Ernte, die Saat, die Erntezeit selbst und das Ausdreschen des Getreides eine große Zahl von Erntebräuchen zur Folge haben, welche geeignet sind, einen Einblick zu thun in das Volksgemüt mit seinen mannigfachen Beziehungen und Äußerungen.

Schon im Herbste, wenn der Nordthüringer Landmann die ersten Furchen zur Aussaat des Wintergetreides zieht und den Samen dem Lande anvertraut, pflegt er getreu den altväterlichen Überlieferungen durch allerhand merkwürdige Bräuche das „Ungeziefer", die Mäuse und Vögel, von seinem Acker abzuhalten. Zu diesem Zwecke nimmt er beim Säen ein Steinchen oder einige Samenkörner oder ein Stückchen Holz oder die brennende Tabakspfeife in den Mund, oder er spricht einen Bannspruch nach Art der Sympathieformeln über seinen Acker, welcher den Sperlingen wehren soll, oder er pflanzt auf die vier Ecken seines Ackers Erlenzweige, welche die Mäuse abhalten sollen, oder Stäbe, welche bisher im Rauchfange die Würste trugen, damit sie die Hasen verscheuchen.

Die Oktobersonne mit ihren letzten wärmenden Strahlen läßt bald die Halme aus der Erde emporsprießen; zur Zeit des Kirchweihfestes, gegen Ende Oktober, soll das Feld bereits im grünen Schmucke prangen. Früher Schneefall ist dem Landmann willkommen, der Schnee wärmt und schützt die junge Saat. Dezember, kalt mit Schnee, giebt Korn auf jeder Höh'. Wenn aber dann die Sonne wieder höher und höher steigt und die ersten Zugvögel von ihrer langen Reise zurückkehren, dann soll der Schnee von den Fluren weichen, denn Märzenschnee thut der Saat weh.

Die Wurzeln werden unter der Frühlingssonne kräftiger, die Halme entwickeln sich, am „Walpertage" (Walpurgis 1. Mai) ist die Saat bereits so weit gediehen, daß sich „in ihr ein Rabe verstecken kann", und gegen Mitte Juni haben die Halme soweit „geschoßt", daß die Blütezeit beginnt. Vom Blütenstaub dampfen die Felder. Der abergläubische Landmann betrachtet die Kornähren. Sitzen die Staubgefäße am Ende der Ähre, so blüht „das Korn von oben": die Getreidepreise werden steigen; blüht es von unten, so fallen sie; blüht es in der Mitte, so wird ein Wechsel des Preises vorläufig nicht zu erwarten sein. Der Wind fegt durch die wogenden Felder: „Es sind wilde Schweine im Korn", sagt das Volk. Der sinnige Aberglaube, daß Dämonen im Getreide sitzen, welche es ängstlich hüten, ist im Volke noch nicht ausgestorben. So warnt man um Johanni in Nordthüringen die Kinder, welche Kornblumen pflücken wollen, vor dem „Kornstutzer", den man sich als Ziegenbock vorstellt, oder vor dem „Kornnicker". Eine hervorragende Rolle spielt auch im Getreide die „Kornmutter" oder „Roggenmutter", auch „Kornmuhme" genannt. Diese stellt man sich vor als ein starkes, hünenhaftes Weib mit furchtbaren Gebärden, welches die Kinder, die das Getreidefeld betreten, mit seinen eisernen

Armen erdrückt. Andere identifizieren mit dieser Sagengestalt die wendische Mittagsfrau. Sie ist strahlend weiß gekleidet, hält eine Sichel in der Hand und schädigt alle, die sich in der Mittagszeit bei der Feldarbeit verspäten; denn während des Mittagsläutens soll man kein Getreide mehr mähen. In der nördlichen Goldenen Aue bis hinauf zu den Harzvorbergen geht nach dem Volksglauben der Johannisschnitter, auch Bilm- oder Bilsenschnitter genannt, in der Johannisnacht durchs Korn. Wer ihn erblickt und von ihm angeredet wird, der muß sterben; daher werden die Kinder ermahnt, die Leute nicht anzureden, welche früh oder spät abends durch das Feld gehen.

Die Halme werden bleich und reif zur Ernte. „Peter und Paul (29. Juni) brechen dem Korne die Wurzel," und um Jacobi (25. Juli) beginnt der Anschnitt des Roggens. In vielen Gemeinden Nordthüringens herrscht die Sitte, daß an den ersten Montagen in der Erntezeit Schnitter und Schnitterinnen am frühen Morgen, bevor sie an die Arbeit gehen, ihre Sicheln und Sensen an der Thür der Kirche niederlegen und im Gotteshause sich zu einem Bitt- und Betgottesdienste vereinigen. Fröhlichen Mutes gehen sie dann an ihre saure und schwere Arbeit. Aber die ersten Halme, welche unter der blinkenden Sense fallen, binden sie zu kleinen Kränzchen zusammen und durchflechten sie mit bunten Bändern, um sie ihren Herren als „Anbindekränze" zu überreichen. Man sieht dann überall an den Fenstern der Bauernhöfe jene Kränzchen prangen als Zeichen des Beginnes der Ernte. Der Herr des Hauses spendet seinen Leuten dafür ein Geldgeschenk. Die Schnitter werden oftmals, wenn sie zum erstenmal von der Arbeit nach Hause zurückkehren, vom Gesinde scherzweise mit Wasser begossen. Als ich nach der Ursache dieses seltsamen Brauches fragte, bedeutete man mich, daß dies Verfahren die Hände der Schnitter rühriger und fleißiger mache. Besucht der Herr zum erstenmal die Schnitter auf dem Felde, dann pflegt man ihn mit einigen Halmen „anzubinden", wofür er sich lösen muß. In früheren Zeiten sprach man dabei, wie mir ein alter Landmann erzählte, folgenden Vers:

Als ich heute früh erwachte,
Hörte ich ein Glöcklein läuten,
Dachte ich bei mir im stillen:
Was hat dieses zu bedeuten?
Forschte lange mit Verlangen,
Dacht's im Guten, nicht im Bösen:
Sicher kommt dein Herr gegangen
Und will heut' bei uns sich lösen,
Ist's nicht mit 'nem Fäßchen,
So doch mit 'nem Gläschen.

Heute hört man hin und wieder noch folgenden Spruch:

Alle Herren, die das Erntefeld betreten,
Müssen mit einem Kranze beehret werden.
Die Ernteleute müssen schwer heben und sehr dursten.
Schenken Sie uns ein
Ein Gläschen Bier oder Wein,
Die Ernteleute wollen damit zufrieden sein.

Bei günstigem Wetter geht das Erntewerk bald zu Ende. Die letzte Getreideart, die man mäht, ist gewöhnlich der Hafer. Wenn der Wind erst über die Haferstoppeln weht, dann hat die Herrlichkeit des Sommers ihr Ende erreicht, aber auch der Landmann freut sich, daß die schwere Arbeit bald ihren Abschluß findet. Es ist darum ganz natürlich, daß bei den letzten Erntethaten die Fröhlichkeit der Schnitter ihren Ausdruck findet. Obenan steht das Einbringen des „Haferkönigs". Die letzten drei Garben werden zu einer einzigen Garbe, dem Haferkönig, zusammengebunden, welcher unter großem Jubel und allerhand Scherzen auf den Wagen gehoben wird. In manchen Gegenden Nordthüringens nennt man die letzte Garbe „den Alten". Wer den Alten hat, muß den anderen Schnittern einen Trunk spenden; in der Goldenen Aue am Kyffhäuser ruft man ihm zu: „Olemanno!" Auch läßt man wohl die letzten Halme der Jahresernte auf dem Felde stehen, dreht sie zu einem Knoten zusammen und springt darüber hinweg. Dies Gebilde nennt man das „Mieren- oder Märtenscheunichen".

Wurde in früheren Jahren die letzte Getreidefuhre in das Gehöft eingefahren, so hatte der Knecht, wenn er den Sommer über, ohne einmal das Fuder umgeworfen zu haben, bei demselben Herrn im Dienste gewesen war, das Recht, einen Hahn, welcher auf dem Hofe umherlief, zu erschlagen und für sich zu verwenden. Bekannt ist auch in Nordthüringen die Einbringung des Erntekranzes, aber diese schöne Sitte ist leider vielfach im Abnehmen begriffen. Der Kranz wird gewunden aus den Halmen der verschiedensten Getreidearten, mit bunten Bändern geziert und mittels einer Gabel auf der Höhe des Fubers von den Schnittern gehalten. In der Mitte hängt ein rotes Herz aus Pappe, auf welchem die Widmung in Goldbuchstaben prangt. Bei der Ankunft im Gehöft hält der Vormäher eine gereimte Ansprache, die in Nordthüringen meist folgendermaßen lautet:

Wir verehren unserm Herrn einen Erntekranz, davon etwas zu lesen.
Wir sind dies Jahr vergnügt bei unserer Arbeit gewesen:
Wir möchten es auch heute sein bei einem Glase Bier oder Wein,
Dazu eine gebratene Gans, zu feiern unsern Erntekranz.
Und wäre es keine gebratene Gans, so könnt' es auch sein ein Hammelschwanz.
Das wollen wir verzehren mit Manier,
Das andre stehet zu Papier.
Hab ich meine Worte nicht recht gesprochen,
So geben Sie uns das Fleisch, behalten Sie die Knochen.

Außer dem festlichen Schmause erhalten die Erntearbeiter als besondere Geschenke den „Anbindekuchen" und den „Haferwisch" — also die Zeichen des Anfanges und des Abschlusses der Ernte — in Form von Geldgeschenken. Meist beschließt ein Tanz auf der Scheunentenne oder im Gasthofe den Tag. Am Erntedankfeste hängt man wohl überall noch in der Kirche einen Erntekranz auf.

In den Bauernhöfen beginnt das Dreschen. Auf den Tennen hört man überall, wo noch nicht das moderne „Maschinen" eingeführt ist, das Klappern der Dreschflegel. Betritt ein Fremder die Scheune, so wird er festgehalten und mit einem Strohseile angebunden. Nur das Versprechen auf „Lösung" kann ihn wieder frei machen. Schlägt ein Drescher, wenn seine Genossen aufhören, nach, so muß er sich ebenfalls zur Strafe lösen. Ist ein „Schutz" der Scheune leergedroschen, so wird er „gespült", d. h. gereinigt; doch bezieht sich das Spülen mehr auf die trockenen und verstaubten Kehlen der Drescher. Sie erhalten von ihren Herren eine „Stäubekanne" Bier. Ist das Dreschen zu Ende, so wird ein Abschiedsmahl, „die Fleielmohlst", d. h. Flegelmahlzeit gefeiert. Mit allerhand Neckereien wird dieser Tag verbracht. Die Drescher verstecken einer dem andern den Dreschflegel. Wer ihn nicht wiederfindet, muß zur Strafe ein Geldgeschenk spenden.

R. Reichhardt, Rotta.

Nordthüringer Frühlingsspiele alter und neuer Zeit.

Zur Zeit unserer Väter, als die Separation noch nicht die schönen Gemeindewiesen zerlegt hatte, gab es keine größere Freude für die Dorfbewohner im nördlichen Thüringen, als wenn man am ersten warmen Lenztage hinausziehen konnte, um des Winters Gebreste abzuschütteln und den Körper in harmlosen, anregenden Volksspielen und Frühlingsfesten zu bewegen. Meist geschah das zuerst an den Nachmittagen des Osterfestes. Heute haben sich nur noch wenige dieser Volksvergnügungen erhalten, und es ist keine Frage, daß auch sie vom Strome der Zeit einmal hinweggespült werden.

In den Dörfern des Oberlaufes der Wipper kennt man das „Kugelschlagen". Das Spielgerät besteht aus einem meterhohen Stabe, der unten spitz ist und in die Erde gesteckt wird. Auf denselben stellt man eine Kugel aus hartem Holze, welche mit einem Holzhammer, dem Kugelschläger, fortgeschlagen wird. Durch das Los werden zwei Parteien gebildet. Das Spiel beginnt bei dem Wirtshause im Dorfe und setzt sich bis zu einem bestimmten Ziele fort, einem Wald oder sonst einem Flurteile. Am Spiele beteiligen sich die Erwachsenen von jedem Lebensalter, während die Knaben den Stab tragen, ihn ins Mal stellen und die Kugel suchen. Die Partei, deren Kugel zuerst ans Ziel kommt, hat gewonnen.

Am Südfuße des Harzes, im Gelände der Grafschaft Hohenstein preußischen und hannoverschen Anteils, werden am Ostersonntage des Nachmittags Wettspiele gehalten. Dort müssen die jungen Eheleute der Gemeinde, welche im verflossenen Jahre geheiratet haben, Geschenke als Preise stiften. Zuerst werfen die Burschen große bunte Bälle, welche geschenkt sind, hoch in die Luft, wer sie auffängt, trägt sie als Preis davon. Andere schlagen die Bälle so lange, bis sie zerreißen und dann ihres Inhaltes, meist Geldstücke, entleert werden. Die jungen Mädchen aber laufen nach einer Stange, an welcher bunte Tücher als Siegespreise hängen, als Ziel um die Wette.

Am Abend werden in ganz Nordthüringen Osterfeuer abgebrannt. Ist der Nachmittagsgottesdienst zu Ende, so gehen die Schulknaben von Haus zu Haus und singen:

Die Kirche ist aus,
Gebt's Osterholz 'raus!

Sie erhalten alte Besen, Holz, Stroh und Reisigwellen. Auf Karren wird dann das ganze Material auf einen Hügel geschafft und um einen Pfahl herum aufgeschichtet. Abends versammelt sich die ganze Dorfbewohnerschaft, um den herrlichen Anblick der unzähligen Osterfeuer rings herum auf den benachbarten Bergen und Hügeln zu genießen. Ist das Feuer im Erlöschen begriffen, dann läßt der altgläubige Landmann, eingedenk des väterlichen Brauches, einen Pfahl ankohlen, welchen er in das Tränkefaß seiner Tiere im Stalle stellt, um sie vor Krankheit zu schützen. Die Asche aber wird auf die Felder gestreut, damit das Getreide reichen Segen bringe.

Da wir einmal beim Osterfeste sind, so sei eines interessanten Brauches aus Kelbra am Kyffhäuser Erwähnung gethan. Dort wird Ostern „Markt" gehalten. Am Palmsonntage gehen die jungen Mädchen und Burschen getrennt in die Waldungen des Kyffhäusergebirges, nachdem sie vorher einen besonders gewandten Burschen zum „Marktmeister" gewählt haben. Dieser hat die Aufgabe, unter den Burschen und Mädchen Verbindungen anzuknüpfen und nach Art der Marktleute zu verhandeln. Am Nachmittage des ersten Ostertages begeben sich nun die jungen Leute gemeinsam auf den Weg, und unter fröhlichem Lachen und Scherzen der Menge verkündigt alsdann der Marktmeister das Resultat seiner Verhandlungen.

Hat sich der Wald erst belaubt, dann werden auch die Frühlingsspiele häufig dorthin verlegt, und da ist es meist das liebliche Pfingstfest, an welchem das Volk seine ländlichen Feste feiert. Alle Waldfeste sind einander sehr ähnlich. Sucht man im südlichen Thüringen den „Laubmann", so holt man im Norden den „Maikönig" aus dem Walde, in Kelbra den „Froschkönig", im Schwarzburgischen den „Graskönig". Auf dem Eichsfeld jagt man den in ein grünes Blättergewand gekleideten „wilden Mann". Ist er aufgefunden, dann führt man ihn im Zuge einher und sammelt Gaben ein. Lustige Mädchenspiele gab es ehedem in der Goldenen Aue, und bei Halle sollen sie heute noch im Schwange sein. Jedes Mädchen stopfte sich auf dem Festanger eine Puppe so aus, daß sie die Gestalt eines Mannes erhielt. Mit diesen Puppen lachten, sprachen und tanzten sie. Sie trugen ihnen auch allerhand Wünsche vor. Blieben aber die Angeredeten den Schönen zu lange stumm, dann wurden sie von ihnen geprügelt und zuletzt zerrissen. Zu solchen Aufführungen gehört auch die „Weibermühle", die man noch jetzt hin und wieder in der Goldenen Aue sehen kann. Man nimmt dazu eine Fruchtklapper oder baut ein besonderes Gerüst und bedeckt es mit einer großen Leinwandplane. Unter den Klängen der Musik werden als alte Weiber verkleidete Burschen unter die Verhüllung geführt, wechseln dort die Kleider und gehen auf der entgegengesetzten Seite als junge Mädchen in strahlender Jugend und Anmut wieder hervor.

In Backleben bei Artern wird der „Aschensack“ gefeiert. In unmittelbarer Nähe des Dorfes ist eine Quelle, welche den ganzen Ort mit Wasser versorgt. Diese wird alljährlich am dritten Pfingsttage von den Burschen gefegt. Am frühen Morgen schon ziehen sie, mit Schaufeln versehen, vorweg ein Tambour, zur Quelle, um die Reinigung derselben vorzunehmen. Dafür erhalten sie aus der Gemeindekasse eine bestimmte Summe Geldes. Doch damit nun auch jeder Einwohner veranlaßt wird, etwas zu geben für den Dienst, den die jungen Leute dem Orte leisten, so durchziehen diese am Nachmittage in verschiedenen Kostümen, ein Musikchor an der Spitze, den Ort und sammeln von den Bewohnern Gaben ein, um davon des Abends ein fröhliches Mahl zu halten. Bei dem Umzuge aber haben immer eine Anzahl Burschen Sackstücke und Lappen an Stangen befestigt, welche man die „Aschensäcke“ nennt. Diese werden angefeuchtet und dann mit Asche bestäubt, um denjenigen, welche keine Gaben verabfolgen lassen, mit dem „Aschensacke“ eins zu versetzen und überhaupt auch, um an der gaffenden Menge Scherz zu treiben.

Eine merkwürdige Sitte erzählte mir ein alter Mann in Herreden bei Nordhausen. In der Frühe des Johannistages brachen ehedem die Burschen des Dorfes nach einer großen Wiese des benachbarten Habichtsthales auf. Dort hingen sie unter einer Eiche einen grünen Kranz auf eine Stange und ritten darauf auf ungesattelten Pferden um die Wette. Der Sieger erhielt den Kranz und war der „Schulze“ oder Festordner für den ganzen Tag. Am Nachmittage kamen die Burschen wieder mit umgehängten Peitschen auf dem Dorfplatze zusammen, zogen unter Peitschenknallen von Gehöft zu Gehöft und sammelten Geld und Naturalien ein. Damit gingen sie dann abends unter die Eiche im Habichtsthale, hingen einen großen Kessel auf und kochten darin Milchsuppe Jeder, wer Lust zu essen hatte und mit einem Teller und Löffel bewaffnet sich einstellte, hatte das Recht zum Milchgenuß. Die Esser, zumeist Kinder, lagerten auf der Erde im Kreise um den Kessel, um auf Kommando einzuschöpfen. Wer eher in den Kessel langte, bekam von dem Schulzen, der mit einer Pritsche umging, einen Schlag. Nach der Milchsuppe mußte jeder seinen Teller wieder im Quell unten an der Wiese reinigen. Besonders ging man darauf aus, einander heimlich Teller und Löffel wegzunehmen. Nach der Mahlzeit folgte ein Tanz, der das Fest beschloß.

R. Reichhardt, Rotta.

Gotha.

Zwischen Harz und Thüringerwald, die von Nordwest nach Südost parallel laufen, folgt in ziemlich gleichen Abständen eine Anzahl geringerer Bodenerhebungen derselben Richtung. Die Landschaft gleicht in diesen ihren Berg- und Hügelketten mit den beiden sie einfassenden großen Gebirgszügen zwei hochgehenden und einem halben Dutzend zwischen ihnen flutenden flacheren Meereswellen. Wer gute Augen hat, sieht vom richtig gewählten und genügend hoch gelegenen Standpunkt aus, namentlich im ersten Frühling zur Zeit der Schlehen- und Kirschblüte, auf den Kämmen der grünen und der in der Ferne in Duft verschwimmenden blauen Wellen und Wogen deutlich die zarte weiße Kräuselung. Das ist der Schnee des Maien, der Blütenschnee, der im Sonnenschein und bei klarem Wetter auch Schleiern gleicht, die über die grüne Wäldernacht Thüringens ausgebreitet liegen.

Auf einem mäßig breiten Kamme der dem Thüringer Walde unmittelbar vorgelagerten Berg- und Hügelkette, die von Eisenach aus in den Hörselbergen, dem Krahn- und Galberg, den See- und Drei Gleichenbergen nach Arnstadt führt, etwa

Schloß Friedenstein.

in der Mitte dieser Wegführung, stehen der Innenstadt Gotha, die aus verschiedenen Senkungen und Einschnitten sich lehnig aufbaut, höchstgelegene Häuser, und unmittelbar über ihnen ragt ein Kolossalbau auf, das Schloß Friedenstein, Gothas weithin sichtbares Wahrzeichen. Sein Grund ward im Jahre 1643 gegraben, also noch während des Dreißigjährigen Krieges, seine Aufrichtung in Mauern und Wänden dauerte drei Jahre, aber erst nach elf Jahren war sein Ausbau vollendet. Außer dem hohen Portal im Hauptflügel hat es an den Außenseiten keinen Schmuck; seine beiden Türme sind ungleiche Brüder geworden, da der schon 1677 abgebrannte östliche Turm nicht in seiner ursprünglichen Form wieder aufgebaut wurde.

Schloß Friedenstein ist im Laufe der Zeiten nacheinander die Residenz der Gothaer, der Gotha-Altenburger und der Gotha-Coburger Herzöge gewesen, der „Herzöge von Coburg und Gotha", wie die letztere Linie nach dem genealogischen

Kalender heißt. Ihr gehörte der Herzog Alfred, der „Edinburger“, an, der zweite Sohn der Königin Viktoria von England, der im Jahre 1893 seinem kinderlos verstorbenen Oheim, dem Coburger Ernst II., folgte, und der ohne männliche Nachkommen am 30. Juli 1900 starb, wie ihr der nunmehr zur Regierung berufene, aber noch minderjährige Enkel der Königin, der Sohn ihres jüngsten, verstorbenen Sohnes, der am 19. Juli 1884 geborene Herzog Karl Eduard von Albany angehört, dessen Mutter eine Waldecksche Prinzessin ist. Deutsche Haus- und Landesgesetze — das Coburg-Gothaische Staatsgrundgesetz aus dem Jahre 1852, das Coburg-Gothaische Hausgesetz aus dem Jahre 1855 und das Gesetz vom Juli 1899 — haben die Nachfolge so festgestellt, und sorgenvollen Politikern kann es zudem zur Beruhigung gereichen, daß im jetzigen Herzog von Coburg und Gotha ein Tropfen englischen Blutes überhaupt nicht enthalten ist, wie er im verstorbenen Herzoge nicht enthalten war. Denn des jetzigen Herzogs Großvater und des zuletzt dahingegangenen Herzogs Vater war der Prinzgemahl Albert, der Coburgische Prinz, die Königin Viktoria war die Tochter einer Coburgischen Prinzessin, der Herzogin von Kent; der Herzog von Kent war ein Sohn Georgs III., dessen Mutter eine Gothaische Prinzessin, die Tochter Herzog Friedrichs II. war, und — die George gehörten dem Hause Hannover an. Ergo! Bis zur Volljährigkeit des jetzigen Herzogs wird dessen Vormund, der Erbprinz von Hohenlohe-Langenburg, der Sohn des Statthalters und der Schwiegersohn des letztverstorbenen Herzogs von Coburg und Gotha, die Regierung führen.

Herzog Alfred
von Sachsen-Coburg-Gotha.

Schloß Friedenstein liegt nach Süden und Südwesten einer in sanften Wellenlinien sich hinziehenden 30 km langen Teilstrecke des Thüringer Waldes, die vom 916 m hohen Inselsberg beherrscht wird, frei gegenüber, nach Norden schaut es auf die Innenstadt hinab und darüber hinaus bis zum Harz, dessen Brocken fast einer Luftspiegelung des Inselsberges gleicht; ostwärts liegen ihm Erfurt und Weimar, westwärts, über den Hörselberg hinaus — den Venusberg des Tannhäusers — Eisenach.

In Gotha giebt es keine bessere Gelegenheit, das Gelände ringsum zu überschauen, als den Fahnenbalkon oder eine der Turmlaternen des Schlosses. Freilich sind diese Aussichtspunkte nur den „Hochtouristen“ zu empfehlen. Die gewöhnlichen Sterblichen unter den Wanderern müssen sich schon an Fenstern der oberen Stockwerke des Schlosses genügen lassen. Sie können es auch, denn sie sehen schon aus ihnen über weite Gebiete der meistgelobten und meistbesungenen aller deutschen Landschaften. Nur wer Turm oder Balkon einmal erstiegen hat, achtet die Führungskosten nicht und steigt nochmals hinan. Er ist dann mit sich allein und schaut von neuem Wunderbares.

Die Landschaft belebt sich. Im Westen tritt Luther in sie hinein, im Süden Johann Sebastian Bach, da er fünfzehnjährig in Ohrdruf Musikschüler war, im Osten Goethe, der häufige Gast des Friedensteins. Dieser Unsterblichen Gedanken suchen mit der Seele den Erbauer des Schlosses, Ernst den Frommen, ihren Genossen. „Bet-Ernst“ haben ihn die Spötter genannt; den Freien oder Befreier hätte ihn, der von 1640 bis 1675 regierte, die Geschichte nennen sollen, denn er war unter den Fürsten der erste von denen, die sich und die Welt von grausamem Wahn befreiten, in dessen Bann sie selbst gestanden hatten, vom Hexenglauben und dessen Dogma, daß der Schuldigbefundene den Feuertod erleiden müsse. Den forderten ja die Theologen und Juristen aller Länder seiner Zeit, der Herzog aber, der oft genug den rechtskräftigen Entscheidungen des Jenaer Schöppenstuhles — „Verordnete Dechant, Senior und andere Doktores des Schöppenstuhls zu Jehna“ lautete in Hunderten von Hexenprozessen der Urteile Unterschrift — wie heiligen Geboten gehorsam gewesen war, wurde noch in vorgerückten Jahren aus einem Saulus ein Paulus; er entzog die Verurteilten im Wege der Gnade der Strafvollstreckung, wenn Milderungsgründe zugebilligt waren, oder er verwies sie nur des Landes, oder er empfahl sie dem Nachrichter zur „unmerklichen Strangulierung vor dem Feuer;“ er gab so den Anstoß zur Gesetzesverbesserung überhaupt. In den Geschichten fehlt der Hinweis darauf. Das Herzogtum Sachsen-Gotha war erheblich größer als heute; Coburg gehörte zu ihm, wie auch die heutigen Herzogtümer Meiningen und Altenburg, sowie die Hälfte des damaligen Fürstentums Eisenach Teile desselben waren.

Herzog Karl Eduard von Sachsen-Coburg-Gotha.

Des Herzogs Verdienst um die Volksschule, die er mit aller persönlichen Hingabe in seinem Lande so förderte, daß bald das geflügelte Wort in Aufnahme kam: „im Gothaischen seien die Bauern gescheidter als in Polen die Edelleute“ ist bekannt. Aber sein genialer Helfer hierbei ist eine Zeit lang in den Schatten getreten und muß aus ihm hervorgezogen werden. Der war wie der Herzog, der Kämpfer am Lech und bei Lützen, ein tapferer deutscher Mann, der mitten aus dem Walde, aus Heinrichs bei Suhl, über das Gebirge herüber zu ihm gekommen war; der die von der Reformation gelegten und vom Kriege wieder verschütteten Keime ausgrub und ins Licht stellte, und der den künftigen Geschlechtern die Anweisung, den „Methodus“, schrieb, wie die Pflanze am besten zum Fruchtbaum zu entwickeln sei. Der so in den Kreis der Großen tritt! Vom Fahnenbalkon aus sieht man ihn unter des mächtigen Schloßhofes wappengezierten Arkaden, da sie eben ringsum mit 54 Blocksteinbogen erbaut waren, mit seinem Herzog wandeln, den Magister Andreas Reyher unvergänglichen Andenkens. Die Weltgeschichten erwähnen ihn nicht, der „Brockhaus“ kennt seinen Namen nicht, und die Geschichten Thüringens und des Gothaischen Landes heben von ihm nur hervor, daß er die Buchdruckerkunst in Gotha förderte, und daß er ebenso seiner Druckerei wie dem gelehrten Gymnasium, das mit lateinlosen Elementarklassen begann, ein vortrefflicher Direktor war. Aber daß Reyher die deutsche Volksschule mit erdachte oder reformierte, war doch das Größte an ihm. Denn wie hätte ohne sie das andere Reformationswerk in deutschen Landen gedeihen können? So bleibt es mitunter erst der späten unzünftigen Forschung, d. h. dem Zufalle, vorbehalten, Meister und Gehilfen in ihre Rechte einzusetzen.

Vom Schlosse Friedenstein, durch dessen Nord- und Südthor auch heute noch ein begangener öffentlicher Weg führt, ist Segen ausgegangen für das Vaterland und die Welt. An seiner Stelle stand seit dem frühen Mittelalter bis zum Jahre 1567 der Grimmenstein, ein befestigtes Schloß, das für uneinnehmbar galt, das aber in dem genannten Jahre nach monatelanger, von Kaiser und Reich ins Werk gesetzter Belagerung doch eingenommen und geschleift wurde, weil der Herzog Johann Friedrich, dessen Vorfahren den Kurhut trugen, und der sich dieser Würde beraubt hielt, dem in die Reichsacht erklärten Ritter Grumbach Asyl gegeben hatte. Der Herzog kam in lebenslängliche Gefangenschaft, er verlor sein Land, der Ritter in entsetzlicher Hinrichtungsweise das Leben. Er und seine Genossen wurden gevierteilt, ihre Köpfe gepfählt.

Die offene, friedliche Stadt Gotha von heute sah einstmals in ihren Mauern Tragödien großen Stiles. Seit über ihr der Friedenstein emporragt, ist sie von ähnlichen Geschicken nicht wieder betroffen worden, und das Schloß hat seinem Namen Treue bewahrt. An friedlichen und freundlichen Erinnerungen besitzt es einen großen Reichtum.

In seinem Hofe und unter dessen Arkaden wandelte 100 Jahre nach seiner Erbauung die geistvolle und schöne Herzogin Luise Dorothee mit ihren litterarischen Freunden Wieland, Voltaire und Friedrich dem Großen; durch seinen Hof schritten mit dem Dichter Friedrich Wilhelm Gotter die großen Schauspieler Ekhof und Iffland; in einem seiner großen Turmzimmer experimentierte im Gebiete der astronomischen Physik mit seinem gelehrten Freunde von Zach, dem Direktor der Sternwarte Seeberg, vor vier Menschenaltern der Gotha-Altenburger Herzog Ernst II., selbst ein Gelehrter — er hatte den Blitzableiter von der Spitze des Turmes durch das improvisierte physikalische Kabinet führen lassen —; aus den Fenstern des westlichen Schloßflügels klangen bald danach in den Schloßhof die Töne des heute noch im Schlosse wie eine Reliquie gehaltenen Spinetts Carl Maria von Webers; die Treppe hinauf zur Bibliothek schritten in der ersten Hälfte des 19. Jahrhunderts Friedrich Jacobs und Ukert, zur Sitzung des Ministeriums die Astronomen von Lindenau und Hansen; durch das Nordportal kam und schritt die Haupttreppe hinauf Napoleon I. zu friedlichem und freundlichem Besuche — die Bürger Alt-Gothas sagten nicht „leider“, sondern „Gott sei Dank“, denn ihres von 1804 bis 1822 regierenden Gotha-Altenburger Herzogs, Augusts des Romantikers, Verhältnis zu Napoleon minderte ihnen die Kriegsnöten.

In der Zeit des Coburger Herzogs Ernst II., der von 1844 bis 1893 regierte, sah das Schloß diesen nur bei patriotischen oder bei Hoffesten, da er in dem kleinen Palais an der Gabelung der Bahnhofs- und Ohrdruferstraße wohnte, manchmal in Gustav Freytags Begleitung. Oder Kaiser Friedrich, da er noch Kronprinz war, ging als Gast des Herzogs, mit allen bürgerlichen Attributen, namentlich der kurzen Pfeife, durch die hohen Laubgänge der Parkanlagen des Schlosses. Es ist angefüllt mit Schätzen und Kostbarkeiten: einer öffentlichen Bibliothek, die eine Viertelmillion Bände enthält; einer Silberkammer im Werte von anderthalb Millionen Mark; einem Münzkabinet von unschätzbarem Werte; zahlreichen Bildern aus alter und neuer Zeit; Gobelins kolossalen Umfanges; Schränken und anderem Hausrat alter Kunstschreinerei; originalem Zimmerschmuck an Wänden und Decken; Raritäten Meißener Porzellans; Büsten und hundertfältigen Nippes. Die Herzogin Marie, die Gemahlin des letztverstorbenen Herzogs, die Tochter des Kaisers Alexander II. von Rußland, hat die Schätze der Vergangenheit außerordentlich vermehrt.

Aber reicher an Sammelgegenständen aller Art ist des Schlosses nach Süden unmittelbar unter ihm stehender Nachbar, das Museum, das aufgenommen hat und geordnet vorführt, was vordem im Friedenstein untergebracht war, die „Friedensteinischen Sammlungen“, und was das Schloß nicht mehr bergen konnte, wiewohl es als Residenz nicht benutzt war: Gegenstände der Malerei, Bildhauerei, Gießerei und Töpferei, Wunderwerke der alten Goldschmiede- und Uhrmacherkunst, Mosaiken, Stickereien, Waffen fremder Völker, zoologische und Insektenkollektionen, Steine und Versteinerungen. Das Museum steht am Park, der vom Leina-Kanal durchflossen wird und zwei Teiche enthält. In dem größeren liegt eine Insel, die drei frühere Herzöge zu ihrer Gräberstatt ausersehen haben. Der Gotha-Altenburger Ernst II., der von 1772 bis 1804 regierte, der Weise, ließ sich ohne Sarg in die Erde bestatten, damit die Natur ihr Zerstörungswerk um so früher an ihm vollenden könne. Er verbat sich auch Grabstein oder Monument, derselbe, den wir schon oben als Genossen des Astronomen von Zach kennen lernten. Er ist der Schöpfer des Parkes, der vordem Ackerland und Obstplantage war. Niemand sollte den Park unbesucht lassen, er gewährt erquicklichen und stimmungsvollen Aufenthalt.

Wenn man ihn verläßt, soll man in der Richtung nach der Stadt den Weg durch die ausgedehnten Anlagen rechts am Schlosse hin und unter diesem nehmen; der Fremde wird sie für Zubehör zum Parke halten. Er soll nach dem „Orangengarten" fragen, diesen von zwei mächtigen Warmhäusern flankierten, neuerdings verjüngten Fremdling unter den Gothaer Gärten durchschreiten, auf sein Gegenüber, das Schloß Friedrichsthal einen Blick werfen und nach dem Theater gehen, das im Sommer geschlossen ist, aber zu den sehenswerten Monumentalbauten Gothas gehört und in seiner nächsten Nähe verschiedene andere Sehenswürdigkeiten vereinigt: das Denkmal für die 1870/71 Gefallenen, das Denkmal für Arnoldi, den Gründer der Versicherungsbanken, die Post, die Loge und die Privatbank, einen Bohnstedtschen Bau. Man hat dann in der Hauptsache namentlich diejenigen Anlagen und Bauwerke gesehen, die dem Umstande ihren Ursprung verdanken, daß Gotha seit Jahrhunderten Fürstensitz ist und die Mehrzahl seiner Regenten hochbegabte Männer von Initiative auf den Gebieten der Wissenschaft und Kunst und anderer friedlicher Arbeit waren. Den Charakter des Theaters stellt vielleicht am besten ein beliebig herausgegriffener Wochenspielplan ins Licht. Er lautet:

„Herzogl. S. Hoftheater Gotha. Sonntag, den 18. Februar 1900, nachmittags $2^1/_2$ Uhr: sechste Volksvorstellung. Othello, Trauerspiel in fünf Aufzügen von Shakespeare. — Abends 7 Uhr: Neu einstudiert: Don Juan, Oper in zwei Aufzügen von W. A. Mozart. — Montag, den 19. Februar, neu einstudiert: Die Maler, Lustspiel in drei Aufzügen von A. Wilbrandt. — Dienstag, den 20. Februar, zum erstenmal wiederholt: Sappho, Trauerspiel in fünf Aufzügen von Grillparzer. — Mittwoch, den 21. Februar, zweite Sondervorstellung bei aufgehobenem Abonnement zu ermäßigten Preisen: Undine, romantische Zauberoper in vier Aufzügen von A. Lortzing. — Donnerstag, den 22. Februar: Das Erbe, Schauspiel in vier Aufzügen von F. Philippi. — Freitag, den 23. Februar: Alessandro Stradella, romantisch-komische Oper in drei Aufzügen von Fr. v. Flotow. — Sonnabend, den 24. Februar: siebente Fremdenvorstellung. Alessandro Stradella, romantisch-komische Oper in drei Aufzügen von Fr. v. Flotow. Anfang $4^1/_2$ Uhr. — Sonntag, den 25. Februar: Tannhäuser, romantische Oper in drei Aufzügen von R. Wagner."

Gotha ist unter den vielen gartenreichen Städten Thüringens die eigentliche Gartenstadt — die Gärtnerstadt ist Erfurt. Da alle Vorstädte Gothas im Villensystem gebaut sind, hat jedes Haus seinen Garten, und planmäßig hat man in das Gartensystem die Berge im Nordwesten und Südosten der Stadt so einbezogen, daß deren Gehölze jetzt schon untereinander verbunden erscheinen und vom Wegekundigen im nicht unterbrochenen Baumschatten erreicht werden können. Die Zeit wird nicht lange auf sich warten lassen, in welcher die Verbindungsstraße zu einem wirklichen Waldweg sich gestaltet haben wird. Die Hof- und Oberhofgärtner, die Forst- und Oberforstmeister der Herzöge haben im Verein mit der Stadtverwaltung und ihren unbesoldeten ökonomischen Mitgliedern, sowie mit der thätigen Vertretung eines großen Verschönerungsvereins jederzeit sich hohe Ziele gesetzt.

Von Monumentalbauten der letzten beiden Menschenalter sind neben Museum und Theater die Häuser der großen in der Bahnhofsstraße gelegenen Banken, der

Feuerversicherungsbank, der Grundkreditbank und der Lebensversicherungsbank, einige Stiftungshäuser und das städtische Schlachthaus bemerkenswert. Es sind die Werke namhafter Gothaer Architekten. Die alten Kirchen mit ihren Türmen oder Glockenhäusern sind nüchterne Bauwerke, erst die Neuzeit macht Versuche, sie innerlich und äußerlich zu verschönen. Den neuen Schulen fehlt das würdige Äußere nicht. Gothas klassisches Gymnasium wird in zwei Jahrzehnten sein 400jähriges Jubiläum begehen können; das mit ihm verbundene Realgymnasium ist im Jahre 1835 errichtet worden. Das Gothaische Landeslehrerseminar ist eines der ältesten in Deutschland, zu dessen Leitern die Dittes, Schmidt und Kehr gehörten; Gothas städtische Realschule, seine

Orangengarten.

Höhere Töchterschule, seine Gewerbeschule, seine Bürger-, Volks- und Fortbildungsschulen erfreuen sich anerkannter Blüte und sorgsamer Pflege.

Vor zwei Menschenaltern war Gotha noch eine reine Ackerstadt. Seitdem hat es sich in eine Handels- und Industriestadt umgewandelt, ist also dem allgemeinen Zuge im Vaterlande gefolgt. Da es zudem im Mittelpunkte von dessen großem Verkehrsnetze liegt, verbinden sich der Stadt mancherlei Vorteile da, wo sie selbst Güter nicht erzeugt. Eigene und eigenartige Erzeugnisse sind ihre Fleischwaren. Die Maschinentechnik liefert „Knopturbinen" und Spezialitäten in Karussellen: Schiffskarusselle, Berg- und Thalkarusselle, Velocipedenkarusselle u. a. Die Formerei und Gießerei liefert in Bleisoldaten immer die neuesten Schlachten, zur Zeit Buren- und Chinesenschlachten. Eine Absatzfabrik liefert Absätze für Gebirgs- und Hofballschuhe. Turbinen, Karusselle, Bleisoldaten und Absätze besitzen ihren Weltmarkt, sie gehen thatsächlich nach allen Erdteilen. Auch eine Gärtnerfirma thut es in neuerer

Zeit den Erfurter Weltgärtnern nach, und eine aus England herübergekommene Gesellschaft hat in der Erbauung einer großen Fabrik die Vorbereitungen zur Herstellung unverbrennbaren Bauholzes getroffen. Die Geographische Anstalt von Justus Perthes liefert der Welt ihre großen Kartenwerke und immer die neuesten Spezialkarten von Ländergebieten aktueller Ereignisse. Die Lebensversicherungsbank und die Feuerversicherungsbank für Deutschland sind die ältesten und größten ihrer Art im Reiche. Die Leichenverbrennung, die Totenbestattung der Zukunft, hat vor 20 Jahren in Deutschland ihr erstes Asyl in Gotha gefunden. (Wer über sie und ihre Erfolge eingehender sich unterrichten möchte, fände im „Gothaer Wegweiser“

Ansicht von Gotha.

[Gotha, Stollbergscher Verlag] wohl alles Wissenswerte.) Das „Erste Deutsche Schützenfest“ ist hier gefeiert und der Deutsche Schützenbund hier gegründet worden. Auch heute noch halten in jedem Jahre deutsche Vereine und Verbände, namentlich auch wissenschaftliche Korporationen in Gotha ihre Generalversammlungen und Kongresse ab. Die Gäste rühmen dann die Gastlichkeit Gothas und gleich danach — den Thüringer Wald, in den sie geführt werden. Sie werden alle, soweit sie nicht Menschenhaß und Unduldsamkeit predigen — dafür ist Gotha zu keiner Zeit zu haben gewesen — gleich aufmerksam empfangen.

Gotha, das nahe an 35 000 Einwohner und eine Hochlage über dem Spiegel der Ostsee von mehr als 300 m hat — der Bahnhof besitzt eine solche von 307, die Schloßterrasse von 321 m — liegt, wie schon gesagt, am Leina-Kanal, der vor länger als 500 Jahren durch das Berg- und Thalgelände künstlich gebaut worden ist und der das Wasser vom Walde der Stadt als Gebrauchswasser zuführt. Das klarste und reinste Gebirgswasser spendet ihr unmittelbar aus den Quellen eine unterirdische Leitung, die jedem Hause mit Hochdruck das Genußwasser, aber in ihm auch zur Bekämpfung des Feuers ihren besten Gehilfen bringt. Wenn man da wohnt oder zu Gast ist, kann man sich ruhig schlafen legen.

Und noch einmal die Sorgenvollen! Am Sarge des jüngst verstorbenen Herzogs stand mitten unter den Leidtragenden der Deutsche Kaiser. Der Verstorbene war des Kaisers Oheim, der Kaiserin Friedrich Bruder. Das ist bekannt. Nicht in gleichem Maße wird deutlich sein, wie die Blutsverwandtschaft den Kaiser mit dem Erbauer des Friedensteins, dem Begründer des Gothaischen Gesamthauses, der den Wahlspruch hatte „Regenten sind gemacht aus Erden, regieren auf Erden und müssen zu Erden werden", verbindet. Ernst der Fromme hinterließ sieben Söhne, die er zu gemeinsamer Regierung unter dem Vorsitz des ältesten berief, da es ein Primogeniturrecht in seinen Landen noch nicht gab. Aber schon 1680 hatten die Söhne das Erbe unter sich vollständig geteilt. Der älteste, Friedrich, erhielt Gotha-Altenburg, sein Bruder Albrecht Coburg, die übrigen fünf Brüder erhielten Meiningen, Römhild, Eisenberg, Hildburghausen und Saalfeld. Die Mehrzahl dieser Zweiglinien erlosch und fiel an die am Leben gebliebenen, zumeist an Meiningen; die Stammlinie Gotha erwarb nichts zurück, starb selbst 1825 aus, und im Streit, ob Meiningen oder Coburg erbberechtigt sei, siegte Coburg.

So ist das Stammhaus an die jüngere Zweiglinie gefallen, das größere Herzogtum Gotha an das kleinere Coburg, nach Doktorrecht. Das verwandtschaftliche Verhältnis des Kaisers zum Stifter des Gotha-Coburgischen Gesamthauses, Ernst den Frommen, bleibt davon unberührt. Durch die Kaiserin Friedrich, Tochter des Coburgischen Prinzen Albert, des Sohnes des Herzogs Ernst I. von Coburg und Gotha, vormals von Coburg-Saalfeld, und seiner Gemahlin Luise, der Tochter des Herzogs August von Gotha-Altenburg, ist die geradlinige Abstammung des Kaisers von Ernst dem Frommen bescheinigt. Daß Cromwell den letzteren dem Großen Kurfürsten und König Karl X. von Schweden verglich und diese Fürsten die drei klügsten Monarchen Europas nannte, ist ebenfalls bekannt. Und die Rede des Kaisers an „seine Ravensberger" darf uns daran erinnern, daß schon Herzog Ernst der Fromme unter seinen Titeln auch den eines Grafen zur Mark und Ravensberg führte. Seine, Herzog Ernst des Frommen, Nachfolger in Gotha bilden diese Reihe: Friedrich I. (1680—1691); Friedrich II. (1691—1732); Friedrich III., Gemahl Luise Dorotheens (1732—1772); Ernst der Weise (1772 bis 1804); August (1804—1822); Friedrich IV. (1822—1825). Da derselbe — seines Vorgängers Bruder — keine Nachkommen hinterließ, entstand Erbstreit, den 1826 ein Erbvergleich mit allgemeinem Ländertausch schlichtete: Herzog Ernst von Coburg-Saalfeld verzichtete auf Saalfeld und erhielt Gotha ohne Altenburg. Er nennt sich nunmehr Herzog von Coburg und Gotha und regiert als solcher von 1826—1844. Ihm, Ernst I., folgte sein erstgeborener Sohn Ernst II.; diesem, wie wir schon wissen, sein Neffe Alfred und diesem wieder dessen Neffe Karl Eduard.

Ahnen des Kaisers in gerader Linie sind darum die Gothaer Herzöge bis zu Herzog August, die Coburger bis zum jüngstverstorbenen Herzog Alfred. Der gegenwärtige Herzog ist des Kaisers Wilhelm II. leiblicher Vetter, reines deutsches Blut von Vater und Mutter, von Großvater und Großmutter und weiter hinauf, wie wir nachwiesen.

Gottlob Schneider, Gotha.

Herzog Ernst der Fromme.

Einer der bedeutendsten Fürsten des 17. Jahrhunderts, ja aller Zeiten, wurde in der Christnacht des Jahres 1601 in Altenburg geboren: Ernst der Fromme. Sein Vater, Herzog Johann, ein treuer evangelischer Christ und ein wohlwollender, pflichttreuer Regent, starb bereits im Jahre 1605, aber die verwitwete Herzogin Dorothea Marie, geborene Prinzessin von Köthen, eine in jeder Beziehung vortreffliche Frau, war eifrig bemüht, unterstützt von tüchtigen Männern, ihre acht, den Vater überlebenden Söhne aufs beste zu erziehen. Am leichtesten gelang ihr dies mit dem Prinzen Ernst, der in wissenschaftlichen Studien und der Lektüre der heiligen Schrift seine höchste Freude und volle Befriedigung fand, zugleich aber schon in den ersten Jünglingsjahren lebendiges Interesse für die mannigfachen Staatsgeschäfte bekundete. Später zeichnete er sich durch kriegerische Tüchtigkeit aus, so namentlich im Kampfe gegen Tilly am Lech und in der Schlacht bei Lützen. Als Vertreter seines Bruders Bernhard, der mit dem Herzogtum Franken belehnt worden war, suchte er die durch den unseligen Krieg geschlagenen Wunden zu heilen, Ordnung zu schaffen und ein neues, besseres Geschlecht zu erziehen. Diese segensreiche Thätigkeit als Statthalter endete freilich schon nach einem Jahre, aber sie bildete eine vortreffliche Vorschule für das Wirken Ernsts im eigenen Lande. Nach sechsjähriger gemeinschaftlicher Regierung teilten die weimarischen Prinzen das väterliche Erbe, und Ernst erhielt das Herzogtum Gotha, um dessen Wohl er sich in vierunddreißigjähriger Thätigkeit die höchsten Verdienste erworben hat.

Am 24. Oktober 1640, dem vierten Jahrestage seiner Vermählung mit Elisabeth Dorothea von Altenburg, zog Herzog Ernst in seiner Residenzstadt Gotha ein. Freilich unter den traurigsten Verhältnissen. Nach mehr als zwanzig schweren Kriegsjahren wurde das Herzogtum nun von zwei Seiten zugleich, von den Schweden in Erfurt und von den Kaiserlichen im Meiningischen, ausgeplündert und verwüstet. Grauenvolle Mißhandlungen, Krankheiten, veranlaßt durch bittere Entbehrungen und widernatürliche Nahrung, und namentlich die Pest hatten die allermeisten Bewohner des Landes dahingerafft. Wer von den Überlebenden noch etwas Kraft in sich verspürte, schloß sich den Soldaten oder Räuberbanden an, um dem Elend in der Heimat zu entgehen und draußen sein Glück zu versuchen. Daheim blieben fast nur Frauen, gebrechliche Alte und verwilderte Kinder: wandelnde Leichen zwischen Brandstätten und verfallenden Häusern.

So fand der neue Herr Land und Leute vor. Aber das arme Volk empfing ihn in der Hoffnung, daß er, der als Feldherr wie als Regent bewährte Mann, mit Kraft und hingebender Liebe seinem Wohle dienen werde. Und der „Bet-Ernst" bewährte sich als ein klarblickender, vorsichtig abwägender, dann aber auch kühn und beharrlich schaffender Mann.

Zuerst übernahm er, um die Kriegslasten zu erleichtern und Eigentum und Leben der Unterthanen zu schützen, die Kriegslieferungen auf seine Vorratshäuser. Dann errichtete er 1641 eine auf sämtliche Orte verteilte Landesdefension von 7800 Mann, einen Landsturm, der unter 436 Offizieren die wohlverwahrten Heimatsorte gegen Zigeuner- und Diebesbanden zu verteidigen und den bedrohten Nachbarn, wenn die Sturmglocke erschallte, Hilfe zu leisten hatte. Die Erfolge, die man dem rohen Gesindel gegenüber errang, erhöhten den Mut, die wüsten Scharen in gemeinsamem Widerstande zu bändigen und im Gefühle wachsender Sicherheit daheim auszuhalten, ja in die Heimat zurückzukehren.

Unter solchen Umständen konnte es der Herzog 1643 unternehmen, die früheren Besitzer bei Strafe des Verlustes ihrer Besitzungen zum An- und Wiederaufbau derselben aufzufordern, und da er die Willigen mit Saatkorn, Spannvieh und Bauholz unterstützte, die Gläubiger zur Milde ermahnte und durch Vertilgung des massenhaften Wildes und der noch gefährlicheren Luchse, Bären und Wölfe für Sicherheit von Leib und Leben sorgte, kehrten viele Flüchtlinge zurück, um den Rest ihres früheren Eigentums zu erhalten und durch fleißige Arbeit zu mehren.

Sollte jedoch des Landes Wohlfahrt gedeihen, so mußten vor allem die grauenhaften sittlichen Zustände überwunden werden, an welchen das Volk litt: der maßlose Aufwand für Kleidung und festliche Gelage und die entsetzliche Trunksucht, da wo man zufällig im Besitze von Geld war, die Roheit der Belustigungen und die gänzliche Verachtung von Recht und guter Sitte. Wie schwer der Kampf dagegen war, Ernst hielt sich dazu für verpflichtet, als „Herzog, der in Gottesfurcht und christlichen Tugenden einherziehen müsse, als Pfleger der christlichen Kirche, als Arzt des fast dahinsterbenden Staates;" und dem Entschlusse folgte bald die beharrliche That. Durch eine ganze Reihe von Verordnungen gegen die tiefeingewurzelten sittlichen Schäden bei hoch und niedrig, in Stadt und Land, in Staat und Familie, trat er mit weltlichen und geistlichen Beamten der herrschenden Verwilderung entgegen, und wo die Gesetze nichts fruchteten, hatten die Gerichte mit Strafen aller Art Gehorsam zu erzwingen.

Die Wiederaufrichtung der Rechtspflege und Verwaltung war in den ersten sechs Regierungsjahren Herzog Ernsts vollendet; aber ihre Erhaltung, sowie die Förderung von Wohlfahrtseinrichtungen aller Art und Hebung von Gewerbfleiß, Handel und Verkehr bildeten noch fast drei Jahrzehnte hindurch den Gegenstand seiner unausgesetzten Fürsorge und das Ziel unermüdlicher Thätigkeit.

Je größer die Verdienste des Herzogs als Gesetzgeber und Regent sind, desto mehr ist zu bedauern, daß er, wenn auch stets nach Anhörung juristischer Fakultäten, die Hexenprozesse mit ihren Greueln hat fortbestehen lassen und sich nicht ganz von dem furchtbaren Hexenwahne freigemacht hat, wie man es von einem so erleuchteten, gerechten und wohlwollenden Fürsten nach seinen übrigen, auf Verstandes- und Herzensbildung der Unterthanen gerichteten Versuchen erwarten durfte.

Um sein Volk von innen heraus zu heben und so zu beglücken, ließ er, nach Anweisung des Superintendenten Glaß und des Hofpredigers Brunchorst überall den Ortseingesessenen durch die Geistlichen kirchliche Informationen erteilen, in welchen gruppenweis mit Männern, Frauen, Burschen und Mädchen, ja selbst mit den Reisenden, Bettlern und Flüchtlingen Luthers Katechismus und weitergehende theologische Schriften durchgesprochen, mit seinen erbaulichen biblischen Historien erläutert, mit allem Fleiß für das christliche Leben nutzbar gemacht werden sollten. Honoratioren, denen man hinreichende religiöse Kenntnisse zutraute, wurden zwar nicht in diese Lehrgespräche hereingezogen, aber sie mußten denselben stehend beiwohnen und sich vor dem Genusse des heiligen Abendmahls, vor der Verehelichung oder Übernahme einer Patenstelle im Pfarrhause einer Prüfung unterwerfen.

Diese Informationen, in welchen die Geistlichen mehr noch als in der Predigt den einzelnen nähertraten und an ihnen Seelsorge üben konnten, haben sehr segensreich gewirkt, so daß es „in Deutschland wohl kaum ein Gebiet gab, wo die Spuren der gänzlichen Verwilderung und Verarmung so schnell verwischt worden wären, in denen man so treffliche, sittliche Zucht gefunden hätte, als im Fürstentum Gotha“. Aber durchschlagender und nachhaltiger war der Einfluß, welchen der Herzog durch die Gestaltung des Schulwesens auf Mit- und Nachwelt ausübte.

Wie schon erwähnt, hatte er sich bereits als Knabe durch ungewöhnlichen Eifer, seine Kenntnisse in vielseitigster Weise zu erweitern, ausgezeichnet. In dieser Beziehung blieb er sich sein ganzes Leben hindurch gleich. Aber außerdem entwickelte er schon seit seinen Jünglingsjahren ein lebhaftes Interesse für die von Ratke und später von Comenius angeregten pädagogischen und methodischen Fragen, welche damals die Welt bewegten und wie durch seine Mutter, so auch durch deren Geschwister, Ludwig von Köthen und Anna Sophia von Rudolstadt, thatkräftige Förderung erfuhren. Schon als Prinz unterstützte er trotz persönlicher Abneigung Ratke, um ihm die Verwirklichung seiner Reformvorschläge zu ermöglichen, und 1629 bestimmte er aus seinem Vermögen 27000 Mfl., von deren Zinsabwurf zwei Drittel zur Aufbesserung von Pfarrer- und Lehrerbesoldungen, ein Drittel zur Anschaffung von Schulbüchern verwandt werden sollten, eine Stiftung, aus welcher noch heute die Schulkinder des Herzogtums Gotha und ehemals gothaischer Orte das erste Lesebuch und den Katechismus mit Spruchbuch unentgeltlich erhalten.

Nach dem Prager Separatfrieden förderte er die Herausgabe der dem Religionsunterrichte dienenden „Christlichen Bilderschule“ und der von 29 thüringischen Gelehrten bearbeiteten Bibel; auch beteiligte er sich an den in Weimar gepflogenen Beratungen über Umgestaltung des Gymnasialunterrichts. Aber erst nach seinem Regierungsantritt vermochte er für die Hebung des Bildungs- und Erziehungswesens ganz nach Wunsch zu wirken, zunächst durch Neugestaltung des verfallenen Gymnasiums, dann durch Neugestaltung der ganz darniederliegenden Volksschule. Nachdem eine eingehende Visitation die himmelschreienden Mängel derselben dargethan hatte, verfaßte der neuernannte Gymnasialdirektor Andreas Reyher unter eifrigster Mitarbeit des Herzogs und unter Benutzung der wertvollen Vorarbeiten Kromayers den bereits am 10. März 1642 veröffentlichten „Ersten Special- und sonderbaren Bericht, wie die Jugend auf den Dorfschaften, beides Knaben und Mägdlein, angeführt werden können und sollen zu Gottesfurcht, lesen, schreiben, singen und rechnen.“ Aus demselben entwickelte sich der weltberühmte Methodus, welcher bis 1672, also 30 Jahre hindurch, Verbesserung und Erweiterung seines Inhalts erfuhr, so z. B. durch Aufnahme des Unterrichts in Geographie, Geometrie, Physik und Naturgeschichte und durch Forderung von Anschauungsmitteln, Pflanzensammlungen und Schulgärten. Der Methodus litt allerdings an Überfülle des religiösen Lehrstoffes und abstrakter Behandlung desselben; aber wenn man bedenkt, daß er auch für den Unterricht der herzoglichen Kinder galt und den Volksschullehrern keine anderen Zuchtmittel gestattete wie den Informatoren bei Hofe, so beweist das, daß der Herzog das beste bot, was er besaß, und mit herzlicher Liebe auch für das Jugendglück des ärmsten Kindes besorgt war.

Als Lehrer an Schulen landesherrlichen Patronats wirkten vielfach bis zum Eintritt in das Pfarramt Theologen. Unter diesen gab es wackere Männer genug, welche, im Gegensatze zu den unwissenden Inhabern freiherrlicher Schulstellen, „gute Zucht hielten, ehrbar und christlich, eingezogen, still und fleißig ihres Amtes walteten“ und zur Durchführung der herzoglichen Schulreform sich wohl eigneten. Aber sie waren zu kurze Zeit in der Schule thätig, um sie in der erwarteten Weise zu heben. Darum faßte der Herzog die Gründung eines Lehrerseminars ins Auge (Testament vom 31. August 1654) und legte dieselbe seinen Nachfolgern dringend an das Herz für den Fall, daß sie ihm nicht möglich werden sollte. Er hat seine Absicht, wohl durch unübersteigliche Schwierigkeiten verhindert, nicht erreicht, aber wenigstens durch Beseitigung des Lehrerleihkaufs, durch Erhöhung der Lehrerbesoldungen auf einen ganz annehmbaren Betrag und durch Gründung einer Lehrerwitwenkasse dem Lehrerstande tüchtige Kräfte zuzuführen gesucht, wie er überhaupt auf „Förderung feiner ingenia“ bedacht war. Darum stiftete er Stipendien für Gymnasiasten und Studenten, sorgte für Hebung der Landesuniversität Jena, und gewiß ist es seinem Einfluß zuzuschreiben, daß die meisten und wertvollsten Stipendien unseres Landes, außer den von ihm gestifteten, von seinen Zeitgenossen herrühren.

Zur Neuordnung der gänzlich zerrütteten Verhältnisse auf allen Gebieten des öffentlichen Lebens bedurfte der Herzog einer ungewöhnlich hohen Zahl von Beamten, und ihm gebührt der Ruhm, mit sicherem Blicke die rechten Männer erkannt und an die rechten Stellen gesetzt zu haben. Sie alle haben fleißig und gewissenhaft dem öffentlichen Wohle gedient. Aber dabei ist zu betonen, daß der geistige Mittelpunkt und die nie erlahmende Triebkraft alles Strebens und Schaffens der Herzog war, ebenso fruchtbar an neuen Anregungen wie an sachkundigen Vorschlägen, ebenso vorsichtig abwägend vor dem Beginnen als thatkräftig und unermüdlich bei der Ausführung, und sollten über einzelnen Unternehmungen — wie dem Main-Werrakanal oder der Schiffbarmachung von Werra und Unstrut — Jahrzehnte vergehen.

Und damit nicht genug. Weit über das eigene Land hinaus bewies der Herzog das regste, opferwilligste Interesse auch für Angelegenheiten von allgemeiner Bedeutung aller Art, für einen Rhein-Weserkanal, für Beilegung von Streitigkeiten unter Reichsständen und in der evangelischen Kirche und für Schutz und Unterstützung evangelischer Christen in Österreich und Rußland, ja für Ausbreitung des Protestantismus in Abessinien. Unter der aus all diesen Bestrebungen erwachsenden Arbeitslast und der strengen Aufsicht des rastlos antreibenden Herzogs mochten die Beamten wohl manchmal seufzen. Aber arbeiten war nun einmal das Losungswort, dem der Herzog selbst lebte und überall in seinem Lande unbedingt Geltung verschaffte, auch an seinem Hofe. Denn schon in jungen Jahren und früh am Tage hatten die fürstlichen Kinder nicht nur fleißig zu lernen und ihre Fortschritte durch häufige Prüfungen nachzuweisen, sondern auch die Domänenrechnungen zu überwachen und die Lieferungen einzutragen, um haushalten zu lernen. Und der Herzogin war eine solche Menge von Verwaltungsgeschäften, bis zu Kleinigkeiten herab, und eine so weitgehende Fürsorge für Überwachung, Erziehung und Ausbildung des Hofgesindes übertragen, daß auch für sie jeglicher Tag seine Plage hatte. Was aber allen die Pflichterfüllung erleichterte, das war das eigene Vorbild des Herzogs, der überall selbst mit Hand anlegte und selbst unter der Last körperlicher Schwachheit unverdrossen mit arbeitete, bis das Ziel erreicht war.

Bei so vielseitiger, ernster Thätigkeit blieb freilich keine Zeit zu nichtigen Unterhaltungen übrig, und im Gegensatz zu anderen Regenten opferte der sonst so freigebige Fürst für kostspielige Hofjagden und rauschende, prunkvolle Lustbarkeiten kein Geld. Einfach wie der im Jahre 1646 vollendete Friedenstein über Stadt und Land hinschaute, gestaltete sich auch das Leben in seinem Innern, und nach der Arbeit gestattete der Herzog sich und den Seinen fast nur in Lektüre und belehrenden Gesprächen Erholung; nur zuweilen wurden von seiner kleinen Kapelle musikalische Unterhaltungen veranstaltet oder von der Hofgesellschaft ehrbare Freudenspiele aufgeführt und statt zerstreuender Reisen ein Ausflug nach dem vom Herzog erbauten Häuslein auf dem Inselsberg mit seiner herrlichen Aussicht unternommen. Denn der Fürst hielt es für seine Schuldigkeit, mit den Seinen den Unterthanen nicht nur durch Fleiß, Frömmigkeit und größte Ehrbarkeit in Wort und Werk, sondern auch durch Einfachheit und Anspruchslosigkeit als Vorbild voranzuleuchten, damit nicht Land und Leute „verderbet und gestürzet würden“.

So hat Herzog Ernst*) in silentio et spe, in Stillesein und Hoffen, in gläubigem Gebete und unermüdlicher Arbeit, selbstlos und opferwillig seines Amtes gewaltet, und erst unter dem Drucke zunehmender Schwäche im Oktober 1674 die Landesregierung seinem ältesten Sohne übergeben. Aber auch dann noch war er

*) Weiteres über Ernst den Frommen siehe Gelbke, Ernst I. Gotha, Perthes; Beck, Weimar, Böhlau; Böhme, Informationswerk (Leipzig), Ernst des Frommen pädagogische Bestrebungen, Gotha, 1888; Kreyenberg, Frankfurt, Diesterweg; Zeyß, Berbig, Heß, Zur Geschichte Ernsts des Frommen, Gotha, Wechsung; Dr. E. Zeyß, Ernst der Fromme als Gesetzgeber und Regent, Gotha (Jahrbuch).

ratend, betend und mahnend auf das Wohl seiner Unterthanen bedacht, bis der Herr aller Herren am 26. März 1675 den treuen Knecht heimrief.

In der stillen Gruft der St. Margaretenkirche ruht sein sterblicher Leib. Was sein großer Geist geschaffen, hat Jahrhunderte überdauert und wird unvergessen bleiben.

A. Zeyß, Gotha.

Meister Eckhart, der große Denker und Lehrer.

Unter die zahlreichen großen Männer, welche Thüringen hervorgebracht hat, gehört nach neueren Forschungen auch ein Mann, der sowohl auf das religiöse Leben als auf die deutsche Sprache so mächtig gewirkt hat wie kein anderer vor Luther. Es ist das Meister Eckhart, der von etwa 1260 bis 1327 lebte. Seine Heimat war bis vor kurzem ungewiß, neuerdings aber ist in einer Erfurter Handschrift eine unzweifelhaft ihm angehörige Predigt gefunden, als deren Verfasser Eckhart von Hochheim bezeichnet wird; daß aber dieses Hochheim kein anderes war als das in der Nähe von Gotha gelegene, das ergiebt sich aus einer alten, schon längst gedruckten, aber bis jetzt für diese Frage nicht beachteten Urkunde. Die Äbtissin und der Konvent des heiligen Kreuzklosters der Cistercienserinnen zu Gotha trafen am 19. Mai 1305 eine nähere Anordnung über die Abhaltung von Seelenmessen für den Ritter Eckhart von Hochheim und seine Frau; diese Urkunde aber wurde mit dem Siegel nicht nur des Konvents, sondern auch des Meisters Eckhart, unseres Denkers, versehen. Offenbar hat Eckhart hier als Repräsentant der Familie derer von Hochheim fungiert; es kann danach über seine gothaische Heimat kaum ein Zweifel sein. Auch seine Lebensschicksale stimmen dazu vortrefflich. Denn es begegnet uns Eckhart in amtlicher Stellung zuerst als Prior des Dominikanerklosters in Erfurt, dann hat er sich, lernend und lehrend, drei Jahre in Paris aufgehalten und dort die Magisterwürde erlangt. 1304 wurde er in Erfurt zum Provinzial des Dominikanerordens für die sächsische Provinz erwählt und entfaltete nun sowohl durch Reformen innerhalb seines Amtsbereichs als namentlich durch deutsche Predigten eine hervorragende Wirksamkeit. Später war er nochmals in Paris, darauf verschwindet er unseren Augen einige Zeit, bis wir ihn später in Thätigkeit zu Köln als Lehrer und Prediger finden. Dort geriet er aber gegen Schluß seines Lebens in einen Konflikt mit der Kirche, indem gegen ihn 1326 ein Prozeß wegen Irrlehren eingeleitet wurde. Eckhart leistete 1327 einen bedingten Widerruf, appellierte jedoch zugleich an den päpstlichen Stuhl. Aber schon in jenem Jahre starb er, während die päpstliche Antwort erst 1329 eintraf. Diese Antwort verdammte 28 seiner Sätze; solche Verurteilung hat aber nicht gehindert, daß Eckharts Anschauungen mächtig fortwirkten und zahlreiche Anhänger fanden, ja daß eine bleibende geistige Bewegung von ihnen ausging.

Eckhart ist für Deutschland der Hauptbegründer der religiösen Richtung, welche den Namen Mystik trägt, und der die Verinnerlichung des religiösen Lebens Unermeßliches verdankt. Eckhart ist ihr führender Geist nicht nur wegen der Größe und Kühnheit seiner philosophischen Gedanken, sondern auch wegen seiner wunderbaren Darstellungsgabe. Nie zuvor war so in deutscher Sprache zum deutschen Volk gesprochen worden. Bewunderungswürdig ist namentlich die Gestaltungskraft, mit der Eckhart die inneren Erlebnisse anschaulich zu verkörpern und das Schwerste einfach zu sagen weiß, bewunderungswürdig die Vereinigung von hinreißender Kraft und liebenswürdiger Zartheit, bewunderungswürdig die Zaubermacht seiner Phantasie, welche in allem Reichtum der sichtbaren Welt ein Gleichnis der unsichtbaren sehen lehrt und die Gedankenarbeit unablässig mit lebensvollen Bildern durchflicht. Zahlreiche deutsche Ausdrücke sind von Eckhart allererst gebildet, andere haben durch ihn eine Verinnerlichung erhalten, so z. B. der Ausdruck Gemüt; kaum hat jemand anders so viel für die seelische Vertiefung der deutschen Sprache gethan. Den Hauptinhalt der Lehren Eckharts bildet das Wesen Gottes und das Verhältnis der Seele zu Gott. Jene Frage läßt ihn oft kühne, ja schwindelnde Pfade betreten und sich ins Unwegsame verlieren, obwohl auch hier der Schwung des Geistes und der Adel der Gesinnung bewunderungswürdig bleibt. Das dauernd Wertvolle aber liegt in der Behandlung des Verhältnisses der Seele zu Gott. Alle Aufgabe faßt sich hier in die eine zusammen, daß die Seele zu Gott zurückkehre, dem sie entfremdet ist, und mit ihm, der die Tiefe ihres eigenen Wesens bildet, vollständig eins werde. Dazu bedarf es nicht nur einer Überwindung der rohen Selbstsucht, sondern alle Selbstigkeit muß der Mensch ablegen und zu einer geistigen Armut kommen, in der er für sich „nichts will und nichts weiß und nichts hat". Das Hauptmittel dazu ist für Eckhart das Leiden, nicht sowohl äußerlich als innerlich verstanden. „Rechtes Leiden ist eine Mutter aller Tugend, denn es drücket des Menschen Herz nieder also, daß er sich nicht kann aufrichten gegen die Hoffart und muß demütig sein. Nun aber liegt die höchste Hoheit der Höhe in dem tiefsten Grunde der Demut; je tiefer der Grund, desto höher ist auch die Höhe; die Höhe und die Tiefe sind Eins." Der Geist muß untergehen in Gott, aber er wird dann auferstehen aus Gott und an aller Fülle des göttlichen Lebens Anteil haben. Diese große Wendung kann sich nur in reiner Innerlichkeit und einer Abgeschiedenheit von allen äußeren Dingen vollziehen. Will daher „die Seele inwendig kräftiglich wirken, so muß sie wieder heimrufen allen ihren Kräften und sie sammeln von allen zerstreuten Dingen in ein inwendiges Wirken". „Die Abgeschiedenheit reinigt die Seele und läutert das Gewissen und entzündet das Herz und erwecket den Geist." Bei solcher Verlegung des Lebens in die reine Innerlichkeit kann das Heil nicht an äußeren Werken liegen. Es verblaßt der Gegensatz von Geistlichem und Weltlichem; der rechte Mensch kann im alltäglichen Leben und Verkehr Gott ebenso gut besitzen wie in der Einöde oder in der Zelle. Viel Beten hilft nichts, denn „das Herz wird nicht rein von dem äußeren Gebet, sondern das Gebet wird rein von reinem Herzen". Nicht sollen alle Menschen auf einen einzigen Weg gewiesen werden, denn „was des einen Menschen Leben, das ist des anderen Tod"; nur darauf kommt es an, daß alles aus Liebe geschehe, denn sie ist „das allerstärkste Band und doch eine süße Bürde". „Wo aber mehr Liebe sei, das weiß niemand;

das liegt verborgen in der Seele." Drei Dinge aber sind es, woran man tüchtige Leute erkennt: Einheit des Willens, lichten Verstand und Ruhe der Gesinnung.

So hat Eckhart gewaltig für eine Vertiefung des Lebens, für ein Inneres vor allem Äußeren, für das Religiöse und Reinmenschliche vor allem bloß Kirchlichen gekämpft. Er darf nicht einfach als ein Vorläufer Luthers gelten, denn beider Männer Denkweise ist grundverschieden. Aber Eckharts Lebensarbeit hat wesentlich dazu beigetragen, der Reformation freie Bahn zu schaffen, sie ist in ihrer Kraft und Frische noch heute nicht veraltet. So sollte Thüringen auch diesen großen Sohn in Ehren halten.

Rudolf Eucken, Jena.

Der Heldrastein.

Nicht erst in jüngster Zeit hat der Heldrastein seines entzückenden Fernblickes wegen die Aufmerksamkeit des reisenden Publikums auf sich gelenkt. Freilich wies er in früheren Jahren nur eine geringe Besuchsziffer auf, liegt er doch fern vom Eisenbahnnetze, in einsamer Gegend an der äußersten Grenze des nordwestlichen Thüringerlandes; war doch vordem der Blick für Uneingeweihte nur nach Norden offen. Das wurde mit einem Male anders, als im Jahre 1890 der so überaus segensreich wirkende Werrathalverein in Gemeinschaft mit dem naturliebenden Freiherrn von Scharfenberg in Wanfried sich dieses bisher so stiefmütterlich von Menschenhand gepflegten, aber mit Naturschönheiten so reich ausgestatteten, herrlichen Stückchens Erde annahm. Wohl erhaltene, vielfach neu angelegte Wege führen heute von Treffurt, Schnellmannshausen (Mühlhausen), Hattengehau, Wolfmannsgehau, Rittmannshausen (Kreuzburg—Eisenach), Rambach (Eschwege), Groß-Burschla (Wanfried) zu ihm empor. Die von Süden zu ihm leitenden Fuß- und Fahrwege werden der sanfteren Neigung wegen bevorzugt. Auf dem östlichen Teile seines Kammes erhebt sich nun seit 10 Jahren ein Aussichtsturm, der den Namen des Landesfürsten, des Großherzogs Carl Alexander von Sachsen-Weimar-Eisenach, führt.

Der Heldrastein, im Volksmunde „Hellerstein" genannt, bildet den höchsten Punkt des Ringgaues, der etwa das von der Werra durchströmte Gebiet Hörschel, Kreuzburg, Treffurt, Wanfried, Eschwege und Herleshausen umfaßt, und liegt 501 m über dem Meere. In etwa 2 km Breite fallen seine steilen, schroffen Felsenmassen nach Norden hin circa 62 m tief senkrecht ab. Von ihrem Fuße aber ziehen bewaldete Hügel in reizenden Wellen, sich mehr und mehr verflachend, dem Thale zu.

Der Carl Alexander-Turm bietet einen bezaubernden Rundblick.

O Welt, wie bist du wunderschön! So möchte man, berauscht von dem entzückenden Bilde, das sich vor unseren Augen entrollt, ausrufen. Vor uns, nach Norden zu, breitet sich ein fruchtbares Thal aus, dem die liebliche Werra, die sich wie ein glitzerndes Silberband hindurchschlängelt, bald behäbig im breiten Thale dahinströmend, bald sich in sanften Windungen an die anmutig gewellten Höhenzüge anschmiegend, Bewegung und Leben giebt und der ganzen Gegend einen eigenartigen poetischen Schimmer verleiht. 416 m stehen wir über ihr und lassen unseren Blick über die fruchtbaren Gefilde, die saftigen Wiesen und wogenden Getreidefelder, über schmucke Ortschaften, grünende Hügel und bewaldete Anhöhen gleiten. Wie im Traume versunken, wandern wir mit den sanft dahinwogenden Wellen abwärts an Heldra, Groß-Burschla, Alten-Burschla, Völkershausen vorüber bis zum schmucken Wanfried, von dessen grünem Hintergrunde, dem bewaldeten Bergkegel Hilfensberg, die von Wallfahrern zahlreich besuchte Kapelle Mariahilf, die von Franziskanermönchen bewohnt wird und der Sage nach von Bonifatius erbaut worden ist, so einladend herübergrüßt. Im Nordosten erblicken wir die gut erhaltene Raubritterburg Normannstein, zu deren Füßen sich das Städtchen Treffurt vom Berghange bis zur Werra erstreckt. Weit in der Ferne sehen wir den Possenturm bei Sondershausen, und bei besonders klarem Wetter leuchten uns sogar die Harzberge mit ihrem Bergriesen, dem Brocken, in der Richtung der Kirche von Effelder entgegen. Nach Osten zu schweift der Blick über das Eichsfeld, aus dessen weit ausgedehnter Hochebene hie und da eine Kirchturmspitze hervorlugt, und weiter hinaus bis zum Ettersberg bei Weimar. Vom Abhange des Hainichs grüßt die von Heinrich Raspe zerstörte Raubritterburg Haineck über dem Dorfe Nazza herüber. Die westliche Fernsicht versperrt der mächtige Meißner und verhindert dadurch den Blick zum Herkules bei Cassel. In der Nähe aber schauen wir die Boyneburg, hinter der sich das hessische Bergland ausbreitet. Doch nun den Blick nach Süden gewandt! Da liegen sie ausgebreitet vor unserem staunenden Auge, die lieblichen Berge unseres herrlichen Thüringerlandes, da schauen wir mit wonnigem Entzücken die blauen, duftigen Höhenzüge unserer Heimat. Greifbar nahe liegt vor uns die Wartburg im prächtig grünen Kranze, und die Fahne vom Inselsberg weht grüßend zu uns herüber. Und all die vielen Erhöhungen und Thäler, sie schmiegen sich so harmonisch dem Ganzen an, ein erhabenes Bild von zarter, inniger Lieblichkeit bildend. Links vom Inselsberg schauen wir des Thüringer Waldes Schemel, den ein weithin sichtbares, gastliches Haus krönt, den mit Sagen so reich umwobenen Hörselberg. Rechts aber erscheinen am fernen Horizont die Rhönberge, von denen sich der Öchsen bei Vacha mit großer Deutlichkeit erhebt.

Doch wenden wir uns zurück zum Heldrastein. Nimmt es uns wunder, daß der weit in das Land hinaus blickende und aus weiter Ferne gesehene Berg mit seinen felsigen Schluchten von der geschwätzigen Sage in das Bereich ihrer Phantasie gezogen wurde? Nur zwei Erzählungen mögen folgen.

Die erste hat als Schauplatz die größte der zahlreichen Felsenklüfte, gebildet durch allmähliche Abbröckelung des lockeren Gesteins, veranlaßt durch Regen, Frost und Sturm. Sie führt den Namen „Henningsloch“. Ihr Eingang befindet sich an der steil abfallenden Felswand auf der östlichen Seite. Nicht vollständig schwindelfreien Personen ist von der Besichtigung abzuraten. Die Sage erzählt: Hier hat vor vielen Jahren der schrecklich gefürchtete Räuber Henning gehaust. Die Bewohner der Umgegend zitterten schon, wenn nur sein Name genannt wurde. Trotz aller erdenklichen Mühe, die man sich gab, gelang es nicht, des unsauberen Patrons habhaft zu werden. Einst hatte der Unhold ein junges, bildhübsches Mädchen aus dem Dorfe Heldra, das am Berge Heidelbeeren suchte, in sein Felsennest entführt, wo es unter harter Arbeit schmachtete und die Blütezeit seines Lebens vertrauerte. Täglich sah das Mädchen ihr trautes Heimatsdörflein, das Häuschen ihrer geliebten Eltern vor Augen und wurde von einem unbezwinglichen Heimweh erfaßt. Die blühende Gesichtsfarbe schwand; es wurde bleicher und bleicher. Endlich nach Ablauf eines Jahres erhielt es von seinem Peiniger die Erlaubnis, auf ein paar Stunden seine Angehörigen zu besuchen, mußte aber unter Eid feierlich geloben, keinem Menschen zu sagen, woher es komme, wohin es gehe. Es hielt den Schwur. Aber dem alten Kachelofen in der Wohnstube vertraute es, als es allein war, sein Geheimnis an und fügte hinzu, daß es den Weg zur Höhle durch Erbsen, die es ausstreuen wolle, bezeichnen würde. Die Mutter hatte gelauscht, folgte am nächsten Morgen der Erbsenspur, fand die geheime Felsspalte, worin sich das Raubnest befand, und machte eiligst dem Treffurter Rate Mitteilung von ihrer Entdeckung. Dieser schickte in der folgenden Nacht sechs bewaffnete Ritter unter Führung der Mutter nach dem Felsenneste. Sie fanden den verwegenen Räuber schlafend, banden ihm schnell Hände und Füße und brachten den schrecklich Fluchenden nach Treffurt. Er wurde zum Tode verurteilt und starb noch an demselben Tage am Galgen. Der auf den Kopf des Räubers ausgesetzte Preis wurde der Frau aus Heldra zu teil. Ihre unglückliche Tochter aber wurde, obgleich ihr viele Reichtümer des Räubers zufielen, nicht wieder froh und starb nach wenigen Jahren als geliebte und hochverehrte Wohlthäterin der Armen.

Nach einer photogr. Aufnahme von O. Tellgmann, Eschwege.
Der Heldrastein.

Gern erzählt uns auch der liebenswürdige Wirt, der in seinem unter Buchen traulich versteckten Gasthause in den Sommermonaten so aufmerksam seine Besucher bedient, von einer geschichtlichen Persönlichkeit, die mit der Sage von dem Heldrastein in Verbindung gebracht wurde, von Hermann V., dem Besitzer der Grafschaft Treffurt, der um das Jahr 1320 lebte.

Der schändliche Raubritter Hermann von Treffurt, ein Scheusal in Menschengestalt, kehrte einst in stockfinstrer Nacht von einem Trinkgelage aus Kreuzburg zurück. Das Pferd war, da der betrunkene Reiter es nicht leiten konnte, vom rechten Wege abgeirrt und stand plötzlich vor dem jähen Abgrunde auf der Höhe des Heldrasteines. Als der verwegene Ritter dem zögernden Tiere die Sporen gab, sprang es in die grausige Tiefe hinab und lag nach wenigen Sekunden zerschmettert am Boden. Ritter Hermann aber, auf wunderbare Weise gerettet, gelobte nun in dankbarer Rührung, von jetzt ab einen besseren Lebenswandel zu führen. Er schenkte seine Güter den Kirchen und Klöstern und verlebte seine letzten Tage in klösterlicher Abgeschiedenheit in einem Stifte zu Eisenach.

Von Jahr zu Jahr hat die Zahl der Besucher des Berges zugenommen. Besonders an Sonn- und Festtagen wandert jung und alt aus den umliegenden Ortschaften auf den beliebten „Hellerstein". Am Himmelfahrtstage und zu Pfingsten wimmelt es da oben von Ausflüglern, die sich hier einige vergnügte Stunden bereiten und auf dem Heimwege heilsame Kräuter in den herrlichen Waldungen sammeln. Fast kein Tag vergeht, an dem man dort nicht fröhliche Wanderer, heitere Gesellschaften oder reiselustige Gesang- und Turnvereine aus den umliegenden Städten antreffen könnte, die sich an der wunderbar schönen Fernsicht und an harmlosen Spielen hier oben auf luftiger Höhe erfreuen.

Wenn aber erst die projektierte Eisenbahn Hörschel (Eisenach)—Eschwege ausgeführt und dadurch eine bequeme Erreichung des Berges ermöglicht ist, dann wird sich die Zahl der Besucher bald vervielfachen, und der Heldrastein wird unter den Aussichtspunkten unseres Heimatlandes den Ehrenplatz einnehmen, der ihm gebührt.

L. Schröter, Gotha.

Der Salzunger Kirchenchor.

Von den Eigentümlichkeiten des Thüringers verdient seine Vorliebe für den Gesang an erster Stelle genannt zu werden. Wie geweckt durch die überall singende Vogelschar, tritt sie an allen Orten des anmutigen, waldreichen Thüringerlandes hervor. Diese natürliche Begabung läßt sich durch planmäßige Übung leicht zu Kunstleistungen entwickeln. Ja, schon Knaben vermögen durch ihren kunstgemäßen Gesang das Herz der Hörer zu erquicken, aber auch das Ohr der Kunstkenner zu befriedigen. Das sehen wir am Salzunger Kirchenchor.

Derselbe verdankt seine Entstehung dem Kunstverständnis des gegenwärtigen Herzogs Georg von Meiningen und seinem Glauben an die Macht der reinen Kunst über das menschliche Gemüt.

Im Sommer 1860 wohnte der damalige Erbprinz Georg einem Gottesdienste in Salzungen bei und wurde auf die Leistungen des Kirchenchores aufmerksam. Er ließ sich den Leiter des Chores, den Lehrer Bernhard Müller, vorstellen, sprach ihm seine Anerkennung aus, ermunterte ihn, auf der betretenen Bahn weiter vorwärts zu schreiten und veranlaßte ihn, ein Konzert zu veranstalten, zu dem er die Noten besorgen wolle. Das Konzert fand im Beisein des hohen Gönners statt und wurde am 12. Dezember 1860 in Meiningen wiederholt. Seit diesem Tage steht der Chor unter der Protektion des Herzogs. Seit vierzig Jahren verdankt ihm der Chor die Mittel zu seiner Erhaltung und Weiterentwickelung. Müller konnte nun an dem Domchor zu Berlin und an der päpstlichen Kapelle zu Rom ein gründliches Studium durchmachen. Nach diesen Mustern erhöhte er sein Ideal und verwirklichte es durch seine unermüdliche Arbeit und sein großes pädagogisches Geschick. Im Jahre 1868 wurde er zum Kirchenmusikdirektor ernannt. Als solcher hatte er den Gesangunterricht in den Knabenklassen der Salzunger Volksschule zu erteilen und war mit der Überwachung des Gesangunterrichts in allen Volksschulen des Meininger Landes beauftragt. So erhielt er eine einheitliche Lebensaufgabe, die Hebung des Gesanges im ganzen Herzogtum. Er widmete ihr seine ganze Kraft und suchte auch über die Grenzen seines eigentlichen Arbeitsfeldes hinaus im gleichen Sinne zu wirken. „Durch mustergiltige Vorführung anregen und zu ähnlichen Leistungen anleiten," machte er sich zur Losung.

So unternahm er mit einem Chor von zwanzig Herren und etwa vierzig Knaben von elf bis vierzehn Jahren vierzehn Kunstreisen, ebenso reich an Verantwortung wie an Erfolg. Nicht allein in alle größeren Städte Thüringens, sondern auch in fast alle bedeutenden Städte Süddeutschlands führte er seine Sängerschar. Kassel, Offenbach, Frankfurt a. M., Wiesbaden, Darmstadt, Worms, Mannheim, Heilbronn, Wimpfen, Stuttgart, Augsburg, Regensburg, Nürnberg, Fürth, Erlangen, Bamberg, Schweinfurt und Kissingen wurden besucht, manche Städte selbst wiederholt, und in mehr als siebzig Konzerten traten die Salzunger außerhalb ihrer Heimat auf.

Zwar wurde Müller in der Organisation dieser Reisen von tüchtigen Kräften unter den Chormitgliedern unterstützt, aber die Seele des Ganzen war er, die Sorge für den Erfolg und die Verantwortung für das Wohl der Knaben lasteten auf ihm.

Dabei bedenke man die Zusammensetzung des Chores. Im Gegensatz zu anderen ähnlichen Kunstinstituten bestand derjenige Teil der Sänger, welcher die Bedeutung des Ganzen vor allem bedingte, aus unmündigen Volksschülern, die zu ihrem überwiegenden Teile den Familien von Handwerkern und Taglöhnern angehörten. Dazu gingen alljährlich durch die Konfirmation die geübtesten Knaben ab und mußten durch zehnjährige ersetzt werden. Auch die Männerstimmen waren nicht durch Musiker von Beruf vertreten. Müller hat ursprünglich einen von ihm geleiteten Männergesangverein mit den Schulknaben zu dem gemischten Chor zusammengesetzt. 1878 gehörten außer acht Lehrern dem Chore zwei Beamte, zwei Kaufleute und sechs Handwerker an; ähnlich ist die Zusammensetzung heute noch.

Aber die Energie Müllers, seine Gründlichkeit im Unterricht wie beim Einüben der Kompositionen, sein sicheres Auftreten, seine Strenge den Knaben gegenüber überwanden alle Schwierigkeiten, und sein mit feinem Takt verbundener Humor, der ihn zum angenehmsten Gesellschafter machte, riß die Erwachsenen mit fort und ließ sie bald nach der Arbeit Zeit und Mühe vergessen.

Er war zu besonderen Leistungen geschaffen, der Erfolg seiner Unternehmungen bestätigte dies. Überall erfuhr sein Chor die günstigsten Beurteilungen.

Will man den erhebenden Eindruck der Vorträge desselben begründen, so steht man wie bei allen Kunstleistungen der harmonischen Zusammenwirkung verschiedener Momente gegenüber. Zu diesen gehört hier zunächst eine hinreichende Schulung aller Sänger, sowohl hinsichtlich des allgemein Musikalischen, wie besonders des Gehörs und der Stimme. Nur so können natürlich absolute Reinheit der Akkorde und gleichmäßiges Fortschreiten, die Vorbedingungen jedes guten Gesanges, erreicht werden. Waren diese vor Müller in Volksschulen gewiß nicht allgemein erfüllt, ließ man da überhaupt nur selten nach Ziffern und Noten singen, so ist es ihm wohl als einem der Ersten gelungen, den im Organ der Knaben begründeten sanften Vollklang, der sich vorteilhaft von den Frauenstimmen unterscheidet, ganz zur Entwickelung zu bringen. Zu diesem Zwecke ließ er vom dritten Schuljahre an die sorgfältigsten Übungen anstellen, und zwar im Ein- und Ausatmen nach Zählen, in der eigenartigen Mundstellung zur Hervorbringung der einzelnen Vokale, im leisesten An- und Absetzen, im stets länger dauernden Anhalten der schwachen, halbstarken und starken Töne, im An- und Abschwellen innerhalb zwei, vier, acht und mehr Takten. Er vertiefte und verlängerte das Atmen der Kinder und übte daneben auch sehr langes Aushalten mit beständiger Ablösung der Sänger untereinander. Durch diese fortgesetzten elementaren Übungen allein erreichte er den schönen, sicheren Einsatz, das zarteste Pianissimo ohne Schwanken, die lückenlose Fortführung und Steigerung, wie auch Abschwellung des Klanges; und nur so hat er die Darstellung der Tonwogen in den Fugengesängen von Palestrina u. a. auch durch Kinder ermöglicht. Dabei war ihm eine seelenvolle Auffassung der Kompositionen und die Mitteilung eines religiösen Hauches eigen, der dem Chor den rechten Impuls verlieh. Die Arbeit des Komponisten, des Dirigenten und der Sänger stellte in einem wechselvoll gestalteten Programm, in dem ein Knabenchor a capella nie fehlte, zusammen die religiösen Schwingungen einer andächtigen Menschenseele dar, jetzt die leisen der Demut, Buße und Hoffnung, dann die starken des Vertrauens, des Dankes und Lobes; und diese Gefühle selbst wurden durch den Gesang ausgelöst im Gemüte des Hörers.

So kam die Beseligung zu stande, die sowohl in den öffentlichen Beurteilungen ihren dankbaren Ausdruck fand, als auch in den Lobeserhebungen, die den Knaben des Chores in fremden Städten von ihren Gastgebern in den freien Privatquartieren zu teil wurden. Das herzliche Entgegenkommen, das die kleinen Sänger in jenen Familien fanden, bildet unter ihren vielen angenehmen Reiseerinnerungen doch die allerschönste.

Der Erzähler hatte das Glück, nicht nur im Jahre 1892 eine Konzertreise durch Thüringen unter der Leitung des gegenwärtigen Chordirigenten Christian Mühlfeld, sondern auch 1878 als zehnjähriger Knabe eine große Reise nach Frankfurt, Darmstadt, Worms, Mannheim, Wimpfen, Heilbronn und Stuttgart unter Müllers Leitung mitzumachen. Die außerordentliche Liebenswürdigkeit, mit der er nach der langen Reise von Salzungen bis Darmstadt im Hause des späteren Kultusministers Finger aufgenommen, bewirtet und danach auf einem Sofa zum Ausruhen zugedeckt wurde, ist ihm ebenso unvergeßlich wie andern Tages seine Verlegenheit beim Abendthee, wo er nicht wußte, zu welcher von den aufgetragenen Speisen er den Thee eigentlich trinken sollte.

Die Reiseeindrücke, die nach der Rückkehr Gegenstand eines größeren Aufsatzes wurden, stehen nach so langer Zeit noch lebendig vor der Seele der jugendlichen Teilnehmer. Wer sollte auch aus dem Knabenalter eine Dampferfahrt über den Rhein, den Besuch eines Museums, die Besichtigung des Reformationsdenkmals in Worms oder des Heidelberger Schlosses vergessen! Vor der Reise besuchte einer der Chorherren die Städte, in denen Konzerte gegeben werden sollten, um die Erlaubnis dazu auszuwirken, maßgebende Personen für das Unternehmen zu interessieren und die Unterhandlungen über die Unterbringung des Chores einzuleiten. Von demselben Herrn wurden wir Kinder dann in besonderen Stunden auf die zu erwartenden Sehenswürdigkeiten kurz vorbereitet und von dem Werte eines guten Betragens bei Fremden überzeugt. In jeder Stadt führte uns ein anderer der teilnehmenden Lehrer. Müller warnte uns davor, Wasser in Obst zu trinken, um den Magen nicht zu verderben, wie auch davor, edele Kastanien zu essen, um die Stimme nicht rauh zu machen. Taschengeld gab es nur wenig.

Sparsamkeit war freilich auch am Platze. Die meisten Einnahmen waren sehr gut; eine einzige in Frankfurt a. M. belief sich auf 2441 Mark. Trotzdem betrug der Überschuß von allen Reisen, der zu verschiedenen Wohlthätigkeitszwecken, wie z. B. 1871 zur Unterstützung aus dem Feldzug zurückgekehrter Krieger verwendet wurde, nur wenig mehr als obiger Höchstertrag. Daraus ist ersichtlich, daß die unentgeltliche Einquartierung der Knaben eine Notwendigkeit war, um neben dem künstlerischen Erfolg einen finanziellen Ausgleich zu ermöglichen. Die Reisekosten für mehr als sechzig Personen waren zu einer Zeit, als die heutigen Fahrpreisermäßigungen für Schüler und Gesellschaften noch nicht bestanden, sehr hoch. Ja die 1881 nach Bamberg, Nürnberg, Ansbach, Regensburg und Augsburg unternommene Konzertreise ergab infolge der ausgedehnten Bahnfahrt und ungünstiger Umstände in einigen Städten einen nicht unwesentlichen Fehlbetrag. Es war das letzte große Unternehmen unter Müllers Leitung und, abgesehen von der schon erwähnten Reise 1892 unter Mühlfeld, die letzte große Reise des Chores überhaupt.

Zu besonderen kirchlichen Feierlichkeiten des herzoglichen Hauses wird der Chor stets hinzugezogen. Leider sollte Müller zum größten Schmerze seines fürstlichen Freundes bei einer solchen Gelegenheit sein Leben beschließen. Trotz eines Unwohlseins, dem er allerdings keine weitere Bedeutung beimaß, war er mit dem Chor 1882 nach Meiningen gefahren. Die letzte Nummer des Konzertes in der

Schloßkirche, seine eigene Komposition des Psalmes „Der Herr ist mein Hirte“, war verklungen; er hatte sich von den hohen Herrschaften verabschiedet und wurde bald darauf tot auf der Schloßtreppe aufgefunden. Ein Schlagfluß hatte seinem Leben im Alter von 58 Jahren ein unerwartetes Ende bereitet. Mit hohen Ehren wurde seine Leiche nach Salzungen gebracht, zu dessen bedeutendsten Bürgern er zählt. Auf dem Friedhofe ist ihm auf Wunsch des Herzogs ein würdiges Denkmal errichtet worden, zu dem viele Meininger Kirchenchöre ihr Scherflein spendeten.

Zu seinem Nachfolger wurde Kirchenmusikdirektor Mühlfeld ausersehen. Einer einheimischen Musikerfamilie neben dem berühmten Klarinettenvirtuosen Richard Mühlfeld und noch zwei anderen musikalisch tüchtigen Brüdern angehörend, besaß er die erforderliche Begabung und allgemeine musikalische Bildung, als Schüler Müllers die Kenntnis von dessen Gesangunterricht aus der Erfahrung, wie als tüchtiger Lehrer das pädagogische Geschick, das zur Leitung des Schülerchores vor allem nötig war. Auf Anordnung des Herzogs besuchte er die musikalischen Kunstinstitute in Dresden zu seiner speziellen Ausbildung. In der Erhaltung des Chores auf seiner früheren Höhe, wie sie vor allem auch die Thüringer Reise bestätigt hat, in der weiter geführten Verbesserung des Gesangunterrichts in allen Schulen des Landes durch Inspektionen und durch die Herausgabe einer besonderen Gesangschule liegen die Beweise dafür vor, daß man eine geeignete Persönlichkeit zum Ersatz des Chorgründers gefunden hat.

Trotz des immer wieder erzielten künstlerischen Erfolges nimmt man an, daß die Zeit für die besprochenen Konzertreisen vorüber sei, da nach dem Vorbilde des Salzunger Chores an vielen Orten selbst recht gute gemischte Kirchenchöre entstanden sind. Dazu kamen die großen Konzerte Bülows und Steinbachs in Meiningen, zu denen der Salzunger Kirchenchor wiederholt herangezogen wurde, und durch welche Freunde und Kenner klassischer Musik von nah und fern Gelegenheit erhielten, neben den ersten musikalischen Größen die Leistungen der meiningischen Landeskinder in ihrer Gesamtheit kennen zu lernen.

Im Herzogtum Meiningen stehen die Kirchenchöre der Städte und selbst vieler Landorte durchweg auf einer seltenen Höhe. Das Ziel, das dem fürstlichen Protektor des Salzunger Kirchenchors vorgeschwebt hat, ist erreicht. Die edle Sangeskunst ist soweit wie möglich in das Volk getragen und für die religiöse Erbauung des einfachsten Mannes wirksam gemacht worden. Es gab zu diesem Ziele keinen besseren und sichereren Weg als den betretenen.

Der Anteil des kunstsinnigen Herzogs Georg wie der beiden ersten meiningischen Kirchenmusikdirektoren an diesem Werke wird im sangesliebenden Thüringen unvergessen bleiben.

Hermann Honndorf, Salzungen.

Die Stadt des Schmalkalder Bundes.

„Uns scheint, Italien ausgenommen, sei uns nie eine Gegend malerischer, anziehender, übereinstimmender mit den Erinnerungen, die sich an sie knüpfen lassen, entgegengetreten“, diese Worte, mit denen ein Graf Montalambert die Eigenart von Marburg in Hessen kennzeichnete, lassen sich mit vollem Recht auch auf die Stadt anwenden, die auf dem westlichen Abhange des Thüringer Waldes unweit seiner höchsten Erhebungen und inmitten bedeutender Hügel an dem Zusammenfluß der Schmalkalde und Stille gebettet ist. Eine reizvolle Lage, anmutige Schönheit und altertümliches Gepräge bilden den entscheidenden Eindruck, den Schmalkalden dem Besucher macht, der sich ihm auf einer der umgebenden Höhen nähert, namentlich wenn er von der Südwestseite kommt, da die imposante Stadtkirche St. Georg, dieses ehrwürdige Wahrzeichen der Stadt, in ihrer vollen Gestalt erscheint und mit dem sie umlagernden Häusergewirr auf dem Hintergrunde des lachenden, breit hereintretenden Schmalkaldethals und der dunklen vielgestaltigen Höhen besonders im Glanz der Abendsonne Auge und Gemüt des Beschauers unwiderstehlich fesselt. Entsprechend den drei Wasserläufen, die etwa in gleichen stumpfen Winkeln aneinanderstoßen, sieht man von dem Kern der Stadt drei Arme ausgehen, deren Hauptstraßen nach den alten Festungsausgängen die Namen Stillerthor, Weidebrunnerthor und Auerthor tragen, und die den Hauptteil mit dem wie ein Kopf vorgelagerten Schloßberg zu dem Bilde eines Adlers mit ausgespannten Flügeln ergänzen, mit dem man die Stadt schon vor Zeiten verglichen hat. Den Schwanz des Vogels bildet das Auerthor, das neuerdings jedoch den offiziellen Namen Bahnhofstraße führt. In den drei Thalarmen laufen nämlich auch drei Eisenbahnlinien, welche der Kreis Schmalkalden einer ihm besonders widerfahrenen reichen staatlichen Fürsorge verdankt; und es kennzeichnet die Ausdehnung des industriellen Orts wie die Lebhaftigkeit seines Verkehrs, daß der Stadt neben der weitläufigen Bahnhofanlage noch zwei Haltestellen gegeben sind. In Bezug auf die neuen Stadtteile paßt denn auch jene Figur des Adlers nicht mehr; denn diese Außenstadt ist in den letzten Jahren besonders durch Anlage von Fabriken, Villen und Arbeiterwohnungen so erheblich gewachsen, daß nahe Fühlung mit den Vororten hergestellt ist und deren Einverleibung nur noch als eine Frage der Zeit gilt.

Somit scheint es, als ob wir eine recht modern geartete Stadt vor uns hätten und die Behauptung von ihrem historischen Charakter wenig begründet sei. Und gewiß: an den Errungenschaften der Neuzeit nimmt Schmalkalden weitgehenden Anteil. Von den wuchtigen Dampfhämmern, den Gasmotoren und Elektromotoren, die selbst in vielen kleineren Betrieben den nervigen Arm des Schmiedes abgelöst und seine Kunst dem Stanzer übertragen haben, soll weiter unten geschrieben werden. Das elektrische und Gaslicht ist in öffentlichen wie in privaten Diensten ebenso geschätzt wie das treffliche Trottoir und die Wasserleitung, deren Anlegung der verstorbene Bürgermeister Brack, unter ebenso bitterer Gegnerschaft vorher wie mit lebhaftem Danke nachher, durchgesetzt hat. Dazu kommen moderne

Neubauten, die zum Teil nach den Bränden entstanden, moderne Geschäftserker an Stelle bescheidener Kleinstadtläden; neuerdings ist den Käufern sogar der freilich zweifelhafte Vorzug eines groß angelegten Warenhauses zu teil geworden. Aber diese Neueinrichtungen, unter denen noch eine Rennbahn für Radfahrer genannt sein will, geben der eigentlichen Stadt nicht das Gepräge; vielmehr stehen die geraden Linien der elektrischen Stromdrähte und ihre starren, eisernen Träger in einem starken Kontrast zu den gewundenen Gassen und den altmodischen Giebeln der Häuser, deren noch eine große Zahl den hennebergischen Zierat trägt. Und es behält ihr Recht die Bemerkung: Beim Anblick des Innern der Stadt ist es einem so, als ob der Luther durch die Straßen gehen müßte.

Ja, Luther und die Reformation, die bilden Schmalkaldens große Erinnerungen und haben der Stadt ihre Eigentümlichkeit verliehen, sowohl in dem, was sie hier neugeschaffen haben, als besonders in der Umprägung und Neubildung des schon Vorhandenen.

Denn Schmalkalden hatte schon eine ereignisreiche Vergangenheit, ehe im Jahr 1525 der Einzug des ersten evangelischen Pfarrers, Wolfgang Gräfe aus Hilperhausen bei Hersfeld, seine glanzvollste Zeit ankündigte. Seine Lage in Deutschlands Straßennetz begünstigte von alters her einen bedeutenden Verkehr. Nur zwei Stunden von dem Nesselbergpaß entfernt, auf dem die große von Leipzig kommende Handelsstraße den Rennsteig überschreitet, bot sie den wandernden Standespersonen mit ihrem Gefolge, den Truppenkörpern und Händlern willkommene Rast, ehe diese durch das schmale, steilwandige, schattige Welkersthal (Walkürenthal?) über die Grumbacher Höhe nach Meiningen und Nürnberg weiter zogen. Seit Anfang des vorigen Jahrhunderts führte auch die fahrende Post Cassel-Nürnberg über Schmalkalden eben durch das Welkersthal, welches jedoch seit dem Bau der Eisenbahnen mit der Stadt selbst seines Ruhmes als Hauptverkehrsader entkleidet wurde und durch die in dem Notjahr 1847 weiter östlich angelegte solide „Notstraße" fast zu einem Feldweg herabsank. Eben der Umstand, daß Schmalkalden seine einstige Bedeutung seiner Verkehrslage verdankte, macht es begreiflich, daß es in der Geschichte erst dann hervortritt, nachdem das kraftvolle Regiment der Karolinger geordnete Zustände und bessere Straßen geschaffen hatte. Bei ihrer rauheren Lage hatte die Gegend keine fetten Ländereien, und angesichts der hohen Bergwand im Osten und Norden und des ziemlich menschenöden westlichen Geländes keine leicht erreichbare Nachbarbevölkerung aufzuweisen, die sie schon einem Bonifatius hätte zur Klostergründung geeignet erscheinen lassen wie z. B. Fulda; immerhin war ihr Boden ertragreich genug, daß, wie die älteste Urkunde berichtet, eine Gräfin Cunihilt im Jahre 874 ihren in der „Villa Smalakalta" (d. h. Dorf Schmalkalden) liegenden Besitz dem Kloster Fulda als ein willkommenes Legat vermachen und in der Folgezeit auch in Schmalkalden die Lehnsverhältnisse eine große Rolle spielen konnten. Zunächst gehörte der Ort den fränkischen Herren von Frankenstein, die auf der gleichnamigen Burg über Salzungen wohnten und über ein ziemlich abgerundetes Besitztum verfügten, das von Möhra bis Grumbach und etwa von Gräfenroda bis Dermbach reichte. Wahrscheinlich führten sie als Wappen den gekrönten goldnen Löwen im roten Feld, den später die Stadt Schmalkalden übernahm. Sie standen ihrerseits zuerst unter fränkischer Oberhoheit, kamen dann zu Thüringen unter dem Landgrafen Hermann und wieder ein Jahrhundert später an die Grafen von Henneberg, deren größter, der thatkräftige, weise Berthold VII., die rechte Hand des Kaisers Ludwig, der ihn in den Fürstenstand erhob, 1330 den mittlerweile heruntergekommenen Frankensteinern ihr Besitztum förmlich abkaufte und seine besondere Vorliebe und Fürsorge Schmalkalden zuwandte. Dieses war der Unterstützung auch höchst bedürftig. Hatte es doch zweimal in den unseligen Kämpfen eines deutschen Kaisers wider seinen Gegenkaiser arg gelitten, in treuer Anhänglichkeit an den schwergeprüften Heinrich IV. zuerst, und später, weil es im Gefolge des Landgrafen

Nach einer photogr. Aufnahme von L. Oehring, Schmalkalden.

Schmalkalden.

Hermann anfangs die Partei Ottos IV. gegen Philipp von Schwaben hielt. Jedesmal mußte es mit Einäscherung eines großen Teils seiner Gebäude seine Treue büßen. Und kaum minder hart ward die Grenzstadt in dem hartnäckigen thüringisch-hessischen Erbfolgekriege mitgenommen. Als Erinnerungszeichen an jene Kampfeszeit, aus ihren Verwüstungen gerettet, vielleicht aber auch erst nachher wieder aufgerichtet, stehen die Stücke der Stadtmauer da, am schönsten erhalten südlich der Stadt an dem schattigen Spaziergang die Stille entlang, wo sie den hochgelegenen Gärten als Stütze und Abschluß dienen, ferner ein runder Steinturm neben dem jetzigen Gerichtsgebäude und besonders die Mauer und der kantige Turm auf dem Schloßberg, gewiß Überreste des uralten Frankensteinschen Schlosses Wallrab. Freundlicher muten uns Fürst Bertholds wohlthätige Stiftungen an, von denen das Hospital am Weidebrunnerthor erwähnt sei, ein Asyl für unbescholtene alte Leute. Im Konventsaal hängt des hochherzigen Stifters etwas verzerrtes Bild mit Barett und einem Schnürenrock, der an unsere Husarenuniform erinnert. Der ursprüngliche Bau des Hospitals ist durch einen zweckmäßigeren ersetzt bis auf die angebaute gotische Kapelle, die übrigens erst vor wenigen Jahren auf Veranlassung und nach Angaben des Superintendenten Obstfelder würdig in stand gesetzt ist und während der gegenwärtigen Restauration der Stadtkirche zu Amtshandlungen, sonst zu Abendandachten benutzt wird. — Weitergehend war Bertholds Maßnahme, um das innere Leben seiner geistlichen Personen zu fördern: er wandelte die auf dem Schloß stehende Jakobskapelle in ein Stift zu Ehren des hl. Egidius und des hl. Ehrhardt um, das spätere „Kollegiatstift", dessen vermehrte Mitglieder, canonici genannt, unter einem von den Fürsten zu ernennenden Dekan standen und betreffs Steuer und Gerichtsbarkeit große Freiheiten genossen, mit denen auch die nacherwähnten Freihäuser im Zusammenhange stehen. Aber sie waren auch zum regelrechten Studium verpflichtet und mußten neben dem Dienst an der Stiftskirche die Altäre der Stadtkirche und der verschiedenen Kapellen versehen. Da war zwischen der Stadt und Asbach die Kapelle des hl. Grabes, ein hochgepriesener, reichdotierter Wallfahrtsort, dessen Name von der Ähnlichkeit der stimmungsvollen sieben Asbacher Berge mit den sieben Bergen bei dem heiligen Grabe in Jerusalem herrühren soll. (Die Anhöhe links nennt man noch den „Ölberg" und den vorüberfließenden Bach „Kidron".) Nach der Reformation ist sie verödet und verfallen; ein paar künstlich behauene Steine, die letzten bei einer Ausschachtung gefundenen Reste, hat der Besitzer der nahen Bohrmühle in jüngster Zeit durch Aufstellung in seinem Garten vor Verschleuderung bewahrt. — Da stand ferner neben dem Stift die Ehrhardtkapelle. Etwas später kam die Nikolaikapelle am Altmarkt hinzu, in der diejenigen, die sich anschickten, über den Thüringer Wald zu reisen, unter Darbringung von Opfern den Schutz des Heiligen erflehten. Gewiß stellten die Stiftsherren auch die Lehrer der Schule, in die das auf dem Schloß gelegene Ehrhardtskloster verwandelt wurde. Auch die Heiligen-Kreuzkirche vor dem Auerthor, die an Stelle einer älteren Kapelle trat, wurde gewiß vom Stift versorgt. In der Stiftskirche ist nach der Verfügung Bertholds, zum Zeichen seiner besonderen Liebe zu Schmalkalden, sein Herz beigesetzt worden.

Ein merkwürdiges Denkmal aus der vorreformatorischen Zeit ist neuerdings in dem Keller des Landratsamts am Neumarkt der Vergessenheit entrissen worden: ziemlich deutliche Gemälde an der gotisch gewölbten Decke im Stile des dreizehnten Jahrhunderts. Einige deuten sie auf Werke der heiligen Elisabeth und den ergreifenden Abschied, den diese an dem Thor Schmalkaldens von ihrem zum Kreuzzuge ziehenden Gemahl, Landgrafen Ludwig, nahm. Andere wollen darin mit großer Bestimmtheit Episoden aus dem Epos Iwein erkennen. An dem hohen Alter der Gemälde ist nicht zu zweifeln. Das jetzige Gebäude ward über einen alten Keller gebaut als Wohnstätte der Schwester Philipps des Großmütigen, verwitweten Herzogin zu Sachsen. Es wurde später als Wohnung der hessischen Amtmänner der „Hessenhof" genannt, wie das heutige Amtsgericht als Wohnung der hennebergischen Amtmänner der „Henneberger Hof" hieß.

Als Zeugen jener alten Zeit grüßen uns ferner einige Patricierhäuser, massiv gebaut und zum Teil mit Zinnen versehen: das gegenwärtig auch dem „größten Manne“ Schmalkaldens, dem Seifensieder Heckel, gehörige Riesenhaus in der Weidebrunnergasse und sein kleineres Nachbargebäude; in ersterem logierte zur Zeit des großen Konvents der päpstliche Legat Petrus Vorst; er soll, als der Bote aus Tambach mit der Nachricht von Luthers unverhoffter Genesung vorbeisprengte, den Kopf aus dem Fenster gestreckt, ihn aber auf des Boten triumphierenden Zuruf: „Luther lebt“ zornrot schnell zurückgezogen haben; ferner das Merkelsche Haus am Altmarkt, das Reinhard Olff'sche in der Steingasse mit einem eigentümlichen Steinmetzzeichen, jetzt die Rosenapotheke; ferner das Haus des Lohgerbers Rudolph in der Pfaffengasse, dem der angebaute Turm und das breit und schön ausgeführte Henneberger Wappen über der Hausthür (Doppeladler und doppelte Henne) den Charakter eines Schlößchens geben. Es ist auch nicht unmöglich, daß diese Häuser ursprünglich adligen Besitzern gehörten. Als solche, die nachweislich in unsrer nächsten Umgegend belehnt waren, zum Teil freilich nur als fürstliche Beamte, kämen in Betracht: die Herren v. Stein, v. Boyneburg, v. Bibra, v. Schrimpff, v. Hesseburg, v. Rußwurm, von denen ein Nachkomme auf dem hiesigen Friedhofe begraben liegt (sein Grabstein, das Bild eines knieenden Mönchs mit aufgeschlagenem Buch in der Linken enthaltend, steht in der Mauer neben der Friedhofskirche); ferner v. Wild, v. Wechmar, deren Wappen über der Hausthür Entenplan 3 noch zu sehen ist; wogegen die Wolfs v. Todenwart erst später im Schmalkaldischen ansässig wurden, während heute keine jener adligen Familien mehr in Schmalkalden weilt. Indessen können diese hervorragenden Gebäude auch ursprünglich reichen Bürgern gehört haben, wie denn die Namen Merkel, Steitz, Wißler, Röder, Fuchs und Clemen begüterte Familien bezeichneten, wozu das Bild des jungen Wißler und die Wißlerschen Inschriften in der Friedhofsmauer ein Beleg sind. Von jenen Patricierhäusern sind nach unseres Chronisten Geisthirt Darstellung die sog. Freihäuser zu unterscheiden, die, wahrscheinlich von Ministerialen der Henneberger Grafen und besonders von geistlichen Personen bewohnt, ausgedehnte Steuerfreiheit genossen. Hierher gehören das v. Rödersche Haus in der „Hoffnung“, durch das Wappen gekennzeichnet, und namentlich viele Anwesen in der Pfaffengasse.

Durch die starken Stadtmauern, die manchem Feinde widerstanden hatten, drang die Stimme des Rufers von Wittenberg siegreich hindurch und bereitete in den Herzen der Bürgerschaft die Bahn für das Reformationswerk, das der jugendkräftige, fromme Landgraf Philipp von Hessen in seiner östlichsten Stadt zuerst aufrichten wollte, so daß auch der Widerstand der hennebergischen Grafen überwunden wurde. Mit den Hennebergern übten nämlich seit 1360 die Landgrafen von Hessen die Herrschaft über die Stadt Schmalkalden gemeinsam aus; erstere blieben noch im alten Glauben, um erst nach dem glorreichen Konvent von 1537, dem sie als Gäste beiwohnten, unter verschiedenen Einflüssen zur Sache des Evangeliums überzutreten und die Reformation auch in ihrem Bezirke, dem Bereich des Schlosses und Stiftes, durchzuführen; als Visitators bedienten sie sich des Johann Forster, der aus Nürnberg gekommen, zuerst in Schleusingen, dann, infolge seiner Gewissenhaftigkeit mit dem leichtsinnigen Hofe zerfallen, 1547 in Schmalkalden wirkte, um als Schloßprediger in Wittenberg sein Leben zu beschließen. Acht Jahre nach dem Anschlag der Thesen setzte Philipp in Schmalkalden den evangelischen Pfarrer Gräfe ein, nachdem er den Oberpfarrer der Stadtkirche, „Rektor“ genannt, der behaglich in Cöln lebte und die Versehung seines bis Suhl reichenden Bezirks den Kaplänen überließ, nebst diesen beseitigt hatte. In der Folgezeit wurden die geistlichen Institute aufgehoben, unter anderen der Augustinerorden, dessen Gebäude am Schmiedhof steht; der lauschige Klostergarten führte hinter hohen Mauern die Mönchsgasse entlang bis zur Klostergasse und schloß damals mit der Kapelle ab, die sich an Stelle des jetzigen Spritzenhauses erhob. Ebenso ging das Kollegiatstift ein; seine Mitglieder erhielten eine lebenslängliche Pension mit der bezeichnenden Bedingung, daß sie „ihre Köchinnen ehelichen und ihre Kinder legitimieren“ sollten.

Nach einer photogr. Aufn. v. L. Oehring, Schmalkalden.

Lutherhaus (in Schmalkalden).
Hier wohnte Luther im Jahre 1537.

Die Maßnahme Kaiser Karls V., der auf dem Reichstag zu Speyer die evangelischen Fürsten in die Acht erklärte und die Einziehung ihrer Güter befahl, veranlaßte diese zu „protestieren“ und, nachdem sie schon eine Vereinbarung in kleinerem Umfang getroffen, ein förmliches Schutzbündnis zu schließen. Für die dazu nötige persönliche Besprechung stellte der hessische Landgraf seine im Herzen Deutschlands liegende Stadt Schmalkalden zur Verfügung. In zwei Konventen von 1529 an vorbereitet, kam 1531 der berühmte „Schmalkalder Bund“ zu stande, der unter Führung des Kurfürsten von Sachsen und des Landgrafen von Hessen allmählich 20 Fürsten und 25 freie Städte umfaßte. Die Gegner nannten denselben spöttisch den Bundschuh, um ihn mit diesem Abzeichen der vorhergegangenen Bauernrevolution gleichfalls als aufrührerische Bewegung zu brandmarken; allein der Glaubensernst, der über seinen Zusammenkünften waltete, nötigte auch dem Kaiser Hochachtung ab. Mußten hier auch viele politische Fragen erörtert werden, so stand doch die Sache des Evangeliums im Mittelpunkt. Auf vier von den wahrscheinlich zehn Konventen, die von 1529—1543 stattfanden, war Luthers Mitreformator Melanchthon anwesend, und auf dem glänzendsten von 1537 der Reformator selbst (vom 7. bis 26. Februar), dessen kühne Bekenntnisschrift „Die Schmalkalder Artikel“ mit der angehängten Streitschrift „Von der Gewalt und Oberherrschaft des Papstes“ hier unterzeichnet wurde. Ein Facsimile derselben liegt in der sogenannten Lutherstube der Stadtkirche auf.

Der bedeutsamste Ort jener großen Tage ist der Altmarkt mit dem Rathaus, dem Hotel zur Krone und der Stadtkirche; er trägt den Lutherbrunnen mit der Büste des Reformators, gegenüber dem Denkmal der Germania, und predigt die Liebe zum himmlischen Vaterland wie diese die Treue gegen das irdische. Derselbe Audienzsaal des Rathauses, in dem in den letzten Jahren die Beratungen der

Nach einer photogr. Aufnahme von L. Oehring, Schmalkalden.

Rathaus*), Kirche und Carl Wilhelm-Denkmal in Schmalkalden.

städtischen und kirchlichen Körperschaften über die jetzt vor dem Abschluß stehende Restauration unserer Stadtkirche stattfanden, war Zeuge, wie die Stände und Theologen über die Reformation der Kirche berieten, und zwar dem kaiserlichen Gesandten Matthias Held gern die Zusicherung gaben, dem gemeinsamen deutschen Vaterland wider die Türken zu helfen, aber ebenso bestimmt gegenüber dem päpstlichen Legaten eine deutsche Kirche vertraten, über deren Wohl und Wehe nur auf einem freien deutschen Konzil, nicht, wie jene forderten, auf italienischem Boden Bestimmung getroffen werden sollte. Auch der „Gasthof zur goldenen Krone“ diente den Fürsten im Februar 1537 mehrfach zu Beratungen, und zwar der kleine Ecksaal, eine Treppe hoch. Die fürstlichen Wappen in den Fenstern sind nicht mehr vorhanden; das sonst restaurierte Gebäude läßt nur noch im Hinterhof ein

*) Das große Bogenfenster im Rathaus ist das des Saales des großen Konvents 1537.

Stück Vergangenheit sehen. Besonders aber hält die Stadtkirche die Erinnerung an jene großen Tage wach. In ihrem spätgotischen Hallenbau haben die versammelten Stände und Theologen täglich zusammen mit den Schmalkalder Bürgern den Gottesdiensten gelauscht, die abwechselnd die anwesenden großen Prediger hielten, der Kirche ihre evangelische Weihe für alle Zeiten verleihend. Luther selbst hat Freitag den 9. und Sonntag den 18. Februar, das letztere Mal über die Versuchung Christi, hier gepredigt und über seine und Spalatins Stimme das Urteil gefällt, daß sie sich wie die einer Spitzmaus ausgenommen hätten. Begonnen war der Bau 1437, eingeweiht 1500, also genau 400 Jahre vor der jetzigen Neuweihe. Doch werden als eigentliches Vollendungsjahr 1507 und 1509 genannt. Der südwestliche Turm mit der Wächterwohnung zeigt in seinen Abteilungen verschiedene Jahrhunderte, bis zurück ins zehnte, in dem wohl die frühere, kleinere „Marienkirche" entstand. Drei seiner Glocken, im D-dur-Dreiklang gestimmt, geben mit dem tiefen A der Großen Osterglocke, die, ein Ersatz für das Erbstück aus der Stiftskirche, auf dem nördlichen, nach ihr benannten Großosterturm hängt, bei den hohen Festen ein ergreifendes Geläute. Das fünfte Glöckchen, das durch Irrtum statt auf c auf cis gestimmt ist, dient gewöhnlich zum Vorläuten bei Beerdigungen und hat sich im Volksmunde den Namen „Klengglöckchen" durch seinen unsympathischen Ton zugezogen, und gewiß paßt dieser nicht zu der sinnigen Inschrift, die Assessor Wiedemann für sie verfaßt hat:

„Armer Dulder, mein Ruf erreicht dein sterbliches Ohr nicht,
Heil dir, wenn du gehört, eh' ich zur Ewigkeit rief!"

Die Orgel, von altkirchlicher Kraft und Fülle, nimmt die ganze Breite des Mittelschiffes zwischen den beiden Türmen ein.

Während die Fürsten auf dem Schlosse Wallrab Quartier fanden, beherbergte den Reformator sein Freund, der Rentmeister Balthasar Wilhelm. Das Haus, in seiner lichten Lage schon vom Eingang in die Steingasse an auffallend, jetzt im Besitz der Familie des verstorbenen Reichstagsabgeordneten Wilisch, heißt das Lutherhaus; der Platz vor demselben, früher „Töpfenmarkt" genannt, hat den Namen Lutherplatz erhalten. Durch Luthers schwere Erkrankung waren die Fürsten, wollten sie auf seinen Rat nicht verzichten, wiederholt genötigt, Sitzungen in seinem Hause abzuhalten. Daher erklärt sich die unter der Luthergedenktafel angebrachte Inschrift: „Versammlungshaus der evangelischen Stände und Theologen..." Melanchthons Wohnung war, nach dem Bericht unseres Chronisten Geisthirt, in jenem Jahr am Neumarkt gelegen, vielleicht das jetzt Lehmutsche Besitztum; an anderer Stelle teilt Geisthirt mit, daß Luther und Melanchthon bei Rentmeister Wilhelm „bei denen Conventen pflegten einzusprechen", wonach auch Melanchthon in der Regel hier gewohnt hätte. In dem vorletzten Konvent von 1540 soll Melanchthon nach einer unsicheren mündlichen Tradition in dem schon erwähnten, 1539 umgebauten, Olffschen Hause logiert haben, worauf eine zu seinem 400jährigen Geburtstage angebrachte Gedenktafel hinweist. Bedeutungsvoll war dieser Konvent, weil auf ihm Melanchthons „Zweite Schmalkalder Artikel" Annahme fanden, die aber aus kirchenpolitischen Gründen bald zurückgestellt wurden, bedeutungsvoll für Schmalkalden selbst durch den Beschluß, alle katholischen Überreste, vor allem die Seitenaltäre, aus der Stadtkirche zu entfernen, was alsbald geschah. Eine weitergehende Beseitigung von kirchlichem Schmuck hat zu Anfang des folgenden Jahrhunderts der einseitige Spiritualismus eines sonst hochgesinnten hessischen Fürsten, des Landgrafen Moritz, vorgenommen; aber in der jetzigen, anscheinend recht glücklichen Renovation hat der ästhetische Sinn der lutherischen und hessisch reformierten Gemeinde die blendende Helle durch den ursprünglichen bunten Schmuck der gotischen Fenster und Wände gemildert und die Ecken mit den kahlen Sockeln wieder durch angemessene Figuren belebt.

Nach einer photogr. Aufnahme von L. Oehring, Schmalkalden.

Schloß Wilhelmsburg.

Auf den Ruinen des Besitzes der Henneberger Fürsten, deren letzter das lange verödet gewesene Stammschloß Henneberg noch aufsuchte, um auf ihm die Augen zu schließen, wie denn sein Totenbild in der Lutherstube ergreifend die Vergänglichkeit irdischer Größe predigt, blühte kräftiges Leben der Hessen weiter; und an Stelle des nun niedergelegten Schlosses Wallrab und der Stiftsgebäude erstand das imposante Schloß Wilhelmsburg, eine Schöpfung des Landgrafen Wilhelm. Um den quadratischen Schloßhof erhebt es sich im Renaissancestil in vier fast gleichförmigen Teilen, an den inneren Ecken mit Türmchen geschmückt. Die Südwestecke trägt den hohen Turm der eingebauten geräumigen Schloßkirche, deren innere Wand im Oberstock an die ehemals fürstlichen Gemächer, jetzt Dienstwohnung des königlichen Oberförsters, stößt. An diese reihen sich die dem

Verein für Hennebergische Geschichte und Landeskunde vorläufig überlassenen Säle. Das Museum und die Bibliothek mit circa 6000 zum Teil wertvollen Bänden beschäftigen den Vorstand zur Zeit mit endgiltiger Ordnung. Ein anderer Raum beherbergt die Steinsammlung, die einige wertvolle Exemplare enthalten soll. Schloß und Schloßkirche sind als kulturhistorische Denkwürdigkeiten im Auftrag des Kultusministeriums beschrieben worden. Der Baustil wird als ein Erzeugnis evangelischen Geistes gerühmt; den siegesgewissen, man möchte sagen, Glaubensübermut des jungen evangelischen Christentums sprechen die Umschriften aus, die je neben das Wort aus dem Munde eines Papstes oder Konzils von der päpstlichen weltlichen Herrschaft in geistvoller Antithese ein Wort Christi stellen, daß Gottes Reich nicht von dieser Welt sei. In gewisser Weise war diese Wahrheit übrigens an dem Schmalkalder Bunde offenbar geworden; denn noch ehe der nach ihm benannte Schmalkaldische Krieg gegen die Katholiken, die unter des Kaisers Fahnen fochten, beendet war, löste der Bund sich auf, weil die politische Konstellation sich geändert hatte; die Sache des Evangeliums kann eben auf die Dauer an keine noch so treffliche menschliche Veranstaltung gebunden werden.

Für verhältnismäßig gute Schulen war hier wohl schon in der vorreformatorischen Zeit durch die Stiftsherren und den Augustinerorden gesorgt. Auf Beschluß des großen Konvents wurden die Einkünfte der aufgelösten katholischen Institute fortan für evangelische Pfarrer, Lehrer und Schulen verwandt. Hauptstätte der Schulen und Lehrerwohnungen war der Kirchplatz, an dem noch jetzt die Knabenschule und die Dienstwohnungen der beiden Kantoren liegen; neben der einen das schlichte Haus des J. Michael Kräuter, der im vorigen Jahrhundert ein großartiges Legat für Schul- und Kirchenzwecke gestiftet hat. Als Mädchenbürgerschule ist ein stolzer Bau in der Lindenstraße errichtet. Die Realschule, in einem netten Gebäude mit schattigem Schulhof an der Weidebrunnergasse, ist eine den Verhältnissen angepaßte Umwandlung des vormaligen Lyceums, dessen klassischen Geist sie trotz der entgegengesetzten Zeitströmung und gerade wegen des stark realistischen Zuges unserer Gewerbe- und Handelsstadt hoffentlich nicht preisgiebt. Ob trotzdem aus unseren „liebsten Schmalkalder Artikeln“, wie Provinzialschulrat Leimbach bei einem Schuljubiläum die Kinder nannte, noch einmal ein so bedeutender Philologe wie Cellarius oder ein Philosoph wie der Zainer Wagner, Freund des großen Chr. Wolff, hervorgeht? Eher werden sie auf dem Gebiete des praktischen Lebens, in der raffinierten Verfeinerung der eisernen „Schmalkalder Artikel“ Großes leisten, wozu neben der gewerblichen eine kaufmännische Fortbildungsschule und demnächst eine Fachschule, sowie anspornende Arbeitsausstellungen und tüchtige Vorbilder in den hiesigen Betrieben Anregung geben.

Wenn Dr. Kuno Frankenstein und ähnlich Metropolitan Vilmar in einem Vortrage über Sitten und Gebräuche im Kreis als Charaktereigenschaften der Schmalkalder Fleiß und Biederkeit, Bescheidenheit und Höflichkeit, natürlichen Verstand und Gutmütigkeit bezeichnet, so möchte ich diesen schönen Tugenden noch eine ehrfürchtige Frömmigkeit beifügen, die auch der ungünstige Einfluß des Fabriklebens nicht ganz zu zerstören vermochte. Wohl im Zusammenhange mit diesem frommen Zuge steht eine pietätvolle Anhänglichkeit an die Geschichte der Stadt und Vertrautheit mit Ereignissen aus ihrer großen Vergangenheit. So ist der Schmalkalder auch stolz auf seine Lutherkirche und die über der Sakristei befindliche Lutherstube, wenn er auch in der Annahme, daß der Reformator von hier aus die Predigten angehört hätte, einer späteren Sage ungebührlichen Glauben beimessen dürfte. Der Henneberger Geschichtsverein, dem noch eine Abteilung des Hessischen Geschichtsvereins zur Seite getreten ist, ist eine ebenso populäre Erscheinung wie die Kirche, für die man Interesse hat und Opfer bringt. Wenn auch neben den vorher genannten angenehmen Charakterzügen der Schmalkalder seine Schattenseiten aufweist, so ist Schmalkalden doch noch lange kein sedes belluarum, wie der verärgerte Kardinal die Stadt gescholten hat. Vielmehr machen die liebenswürdigen Züge den vorwiegenden gemütlichen Eindruck, der durch den Dialekt mit seinem thüringischen Singen und fränkischen Schnarren bei näherem Kennenlernen nur unterstützt wird.

Auch das Solbad in der Thalecke nahe dem Bahnhofe mit seinem neuhergerichteten behaglichen Logierhause und Garten lädt freundlich zum Besuche ein. Auf der Höhe gegenüber aber träumt das Schloß Wilhelmsburg als Nachklang der drei Jahre, in denen die verwitwete hessische Landgräfin Hedwig Sophie, des Großen Kurfürsten von Brandenburg Schwester, hier fürstliches Leben entfaltete, einen glänzenden Traum, als ob später herrlichere Nachkommen jener Hohenzollerntochter, auch Herren der Burg, die lange Vereinsamte aufsuchen und zu hohen Ehren bringen würden.

Möchten doch die köstliche Luft und herrliche Umgebung der Stadt recht viele Sommergäste in das Thal der Schmalkalde führen, die, nebenbei bemerkt, wahrscheinlich gar nicht als schmales und kaltes, sondern als smal-kaldon d. h. schnell-fließendes Wasser ihren Namen bekommen hat. Mögen andere Gegenden Thüringens lieblichere, vollere, wärmer getönte Wälder aufweisen, wie die Berge bei Friedrichroda und Ilmenau, mögen es gewaltigere, ernstere Eindrücke sein, die das Gemüt von den finsteren Bergriesen, z. B. um Gehlberg, empfängt: die charaktervolle Vielgestaltigkeit der Höhen, die sich als Übergang von den milderen Formen des Thüringer Waldes zu den trotzigeren der Rhön darstellt, wird in dem Thüringen jenseits des Rennsteigs nicht zu finden sein. Nur die kleine Unbehaglichkeit des durchschnittlich etwas längeren Weges bis zum Waldschatten und nach einigen Seiten einen sogleich steileren Anstieg, als ihn andere beliebte Luftkurorte bieten, muß man in Kauf nehmen, um sich mit den entzückendsten Ausblicken belohnt zu sehen.

Wer durch das vom Senator Erbe und Oberförster Keudell geschickt angelegte Gehölz des Pfaffenbachs, vorbei an der Wilhelmsbuche und Erbes Ruhebank oder an der von links herunter grüßenden Friedrichsruhe — dem Andenken des schon genannten Bürgermeisters Friedrich Brack errichtet — zu dem malerisch gelegenen Waldhaus gewandert oder südwärts in der Richtung des Dolmar zum Henneberger Häuschen seine Schritte gelenkt hat oder auch nur den freistehenden Panoramaberg „Queste“ über dem Schloß mit dem zweistöckigen, geschützten Aussichtsturm bestiegen hat, wird in unser Lob von Herzen einstimmen.

Wenn durch die vorstehenden Ausführungen die Stadt des Schmalkalder Bundes bei äußerem und innerem Wachstum zu den vorhandenen Freunden manchen neuen gewinnt, so ist ein Hauptzweck auch dieses „Schmalkalder Artikels" erreicht.

Pfarrer H. Stockhaus, Schmalkalden.

Meiningen.

Meiningen, die Haupt- und Residenzstadt des Herzogtums Sachsen-Meiningen, liegt im lieblichen Thale der Werra, das hier von Flözkalkbergen eingeschlossen ist. Die Stadt ist aus einem Einzelhof hervorgegangen, der etwa an der Stelle des alten Friedhofs lag, den man heute auf dem Weg vom Bahnhof zur Stadt durchschreitet. Der Name wird auf den ersten Besitzer jenes Hofes, Mimo, zurückgeführt, und so ist aus dem alten Mimininga mit der Zeit Meiningen geworden. Der Ort hat jedenfalls schon im 8. Jahrhundert bestanden, wenngleich er urkundlich, wie andere in der Nähe gelegene Dörfer, zu jener Zeit noch nicht genannt wird, und war kaiserlicher Besitz. Heinrich I. erhob Meiningen 933 zur Stadt und umgab es mit Mauern. Im Jahre 1008 verlieh Kaiser Heinrich II. die Stadt an das Bistum Würzburg, unter dessen Herrschaft sie 534 Jahre verblieb. Der Brunnen auf dem Markte zeigt das Bild dieses letzten Kaisers sächsischen Stammes.*) Unter der langen Herrschaft des Bistums Würzburg ward Meiningen von Bränden und Erdbeben, Hungersnot und Pest sehr oft heimgesucht, und auch der Krieg, besonders der Bauernkrieg, wütete in seinen Mauern. So hat Meiningen dafür, daß es, nur der Not gehorchend, gemeinsame Sache mit den Bauern machte, hart büßen müssen: der Bischof von Würzburg strafte nicht nur an Geld und Gut, er ließ auch 14 der Rädelsführer**) hinrichten.

Im Jahre 1541 vertauschte das Hochstift Würzburg gegen Schloß und Amt Mainberg Stadt und Amt Meiningen an die Grafen von Henneberg, unter denen die Reformation in der Grafschaft Eingang fand. Als hennebergische Stadt hob sich Meiningen, und die Zahl der Bürger stieg bedeutend. Nach dem Tode des letzten Henneberger Grafen, Georg Ernst, 1583, kam die Stadt an das Haus Sachsen. Gegen das Ende des 16. Jahrhunderts blühte hier die Barchentweberei, die von Christoph Nöth aus Saal bei Neustadt a. d. S. und Jobst von Hagen zu

*) Heinrich II. galt lange Jahre als Stifter der beiden Türme der zu jener Zeit errichteten Kirche „zu unserer lieben Frauen", bis die Haltlosigkeit dieser Annahme durch bauliche Untersuchung unumstößlich erwiesen wurde.

**) Nach M. L. Fries.

so hoher Blüte gebracht wurde, daß in manchen Jahren 40—42000 Stück gewebt und verkauft werden konnten, die einen Erlös von 500000 Mark in die Stadt brachten. Aber die Schrecken des Dreißigjährigen Krieges zerstörten nicht nur dies blühende Gewerbe beinahe ganz, sondern brachten auch durch die vom Jahre 1634 an fortdauernden Einquartierungen, bald kaiserlicher, bald schwedischer Truppen, durch stete Erpressungen, wie durch mörderische Epidemien über Stadt und Land so unsägliches Elend, daß die Bevölkerung von 6000 auf 1300 Einwohner sank. Nach dem Anfall an das Haus Sachsen war die Regierung 77 Jahre lang eine gemeinschaftliche, bis 1660 Meiningen an Altenburg fiel. Diese Linie starb 1672 aus, und die Stadt kam an Herzog Ernst den Frommen von Gotha. Bei der Teilung

Meiningen.

der Länder dieses edlen, auf Heilung der durch den Krieg geschlagenen Wunden bedachten Fürsten, erhielt Bernhard, Ernst des Frommen dritter Sohn, zu seinem Anteil das altmeiningische Unterland, und so wurde das herzogliche Haus Sachsen-Meiningen gegründet, und Meiningen wurde Residenz.

Hatte auch durch die Erhebung Meiningens zur Residenz die Stadt einen neuen Aufschwung genommen, so ging doch die Weiterentwickelung derselben nur langsam von statten. Erst im Jahre 1800, unter der Regierung des bei den Bewohnern des Herzogtums im besten Angedenken stehenden Herzogs Georg I., wurden die Umfassungsmauern entfernt, und so wurde für die Erweiterung der Stadt freie Bahn geschaffen. Um jene Zeit kam auch nochmals die früher schon bedeutende Tuchmacherei zu kurzer Blüte, wovon unter anderem eine auf Thatsachen beruhende Erzählung Kunde giebt, daß infolge einer Wette der Tuchmachermeister Joh. Georg

Wagner es fertig gebracht habe, innerhalb 15 Stunden aus der am selben Tage einem Schafe abgeschorenen Wolle einen fertigen Rock zu liefern. Mit den vervollkommneten Maschinen der Neuzeit konnte freilich die Tuchmacherei mit ihrem damaligen Betrieb nicht Schritt halten, und so ist dieser Industriezweig in Meiningen allmählich erloschen. Erst nach einem großen Brand*), der fast die Hälfte der Stadt in Asche legte, hat ein neues Leben für die Stadt begonnen, und ihre Entwickelung wurde in einen rascheren Fluß gebracht. Freilich haben dazu auch die neuen Zeitverhältnisse und der Anschluß Meiningens an die Eisenbahn mit beigetragen. In kurzer Zeit erhob sich auf der Brandstätte ein neuer und schöner Stadtteil, und die dabei angeregte Baulust hat seitdem nicht nachgelassen. Statt der engen und winkeligen Gassen sieht man jetzt gerade und breite Straßen, statt der kleinen, unansehnlichen Häuser große Gebäude mit hellen Fenstern und mächtigen Schaufenstern. Auch sonstigen Einrichtungen der Neuzeit wie Kanalisation, Wasserleitung, Beleuchtung u. dergl. ist gebührend Rechnung getragen worden, und so ist Meiningen in die Reihe der Städte eingerückt, welche fast allen Anforderungen unserer Zeit entsprechen. Freilich hat das große Opfer gekostet, und wenn heute einer der ehemaligen Stadtväter wiederkommen und vernehmen könnte, welche Summen für genannte Einrichtungen, für Schulen, Brückenbau u. s. w. nötig geworden sind, und was für Zahlen der städtische Haushaltsplan aufweist, er würde vielleicht ein Kreuz schlagen; auch würde er sich kaum noch in der Stadt zurecht finden. Die alte Harfenform, welche die Stadt in ihrer Umgebungsmauer hatte, ist verwischt, und nach allen Seiten hin hat sich Meiningen über die alten Grenzen hinaus erweitert. Auch an den nach Osten und Westen das Thal begrenzenden Bergen empor ziehen sich Neubauten von Villen und Prachthäusern und reichen so den ehemals charakteristisch aus den Berggärten niederschauenden freundlichen Berghäuschen die Hand. Wo ehemals der Pflug die Felder durchzog, wo die Bürger in ihren die Stadt umgebenden Gärten Obst, Gemüse und Beeren ernteten, da trifft man jetzt neue Straßen mit bunten Häuserreihen. Meiningen, das während des Dreißigjährigen Krieges, wie schon erwähnt, von 6000 auf 1300 Einwohner zurückgegangen war, hat über 200 Jahre gebraucht, um die alte Einwohnerzahl wieder zu erreichen, und erst seit 1866 ist es rascher bis zur jetzigen Zahl von 14000 Bewohnern angewachsen.**) Dieses langsame Wachsen der Stadt mag darin seinen Grund haben, daß man die Gelegenheit, größere Fabrikanlagen zu bekommen, nicht ergriff, daß aber auch die Lage der Stadt, welche dem Nordwind ungehindert Eingang gestattet,

---

*) Am 5. September 1874 kam in der Schlundgasse Feuer aus, dessen raschem Umsichgreifen nicht Einhalt gethan werden konnte. 202 Hauptgebäude, 76 bewohnte und 193 unbewohnte Nebengebäude wurden ein Raub der Flammen. Der Schaden wurde auf 6400000 Mark berechnet, wovon die Versicherungsgesellschaften 3900000 Mark tragen mußten. Wie überaus groß die Opferwilligkeit für die abgebrannte Stadt von außen war, geht daraus hervor, daß ohne die vielen Gaben von Lebensmitteln, Kleidern, Brennmaterialien u. dergl. noch an barem Gelde 917986 Mark 86 Pfennige eingingen.

**) Im Jahre 1866 betrug die Schülerzahl der städtischen Schulen 800, im Jahre 1900 aber 1600; von jener Zeit an ist auch die Zahl der Lehrkräfte von 12 auf 32 angewachsen.

nicht so viel Anziehungskraft auf Fremde ausübte, sich hier anzubauen. Ist dieser Umstand zum Teil die Ursache von dem langsameren Wachstum der Stadt, so hat man wohl dem Vorteil, daß ein frischer Zugwind das Thal reinigt, es zuzuschreiben, daß hier Epidemien keinen günstigen Boden finden. Der Thatsache entsprechend, daß an den Abhängen der Meininger Berge ehedem viel Wein gebaut worden ist, sollte man auf ein milderes Klima in früheren Zeiten schließen dürfen; freilich zeichnete sich schon damals das Gewächs durch einen herben Geschmack aus, so daß ein Fremder, dem davon gereicht wurde, seinen Ruhm durch den Vers verewigte:

„Hic ubi nativum montes lacrimantur acetum.“
(Hier, wo die Berge natürlichen Essig weinen.)

Die Bewohner Meiningens sind (eine Eigentümlichkeit so mancher kleinen Residenz) meist Beamte, Kaufleute, Handwerker und zum kleinen Teil Bauern. Einen nicht unbeträchtlichen Teil der Bevölkerung bildet das Militär. In einer großen und zwei kleineren Kasernen sind die 3 Bataillone des 2. thüringischen Infanterieregiments Nr. 32 vereinigt. So ist Meiningen als Absatzgebiet für landwirtschaftliche Produkte von nicht zu unterschätzender Bedeutung. An industriellen Betrieben ist die Stadt arm. Außer einer Lichtdruckanstalt, mehreren Buchdruckereien, einer Fabrik für landwirtschaftliche Geräte und einer mehrere hundert Arbeiter beschäftigenden Eisenbahnnebenwerkstätte hat Meiningen eine Malzfabrik und 5 Brauereien, in denen ein vorzüglicher Opfertrank für Gambrinus bereitet wird. Von großem Vorteil für die Stadt sind: die Deutsche Hypothekenbank, welche hier allein gegen 70 Beamte beschäftigt, die Landeskreditanstalt, eine Filiale der Mitteldeutschen Kreditanstalt, das Bankgeschäft von B. M. Strupp und der Vorschußverein.

An Schulanstalten besitzt Meiningen ein Gymnasium, ein Realgymnasium, ein Lehrerinnenseminar, zwei höhere Töchterschulen, ein Knabeninstitut und die in zwei Gebäuden untergebrachte Bürgerschule. Die in Meiningen vorhandenen höheren Lehranstalten beweisen, welcher Förderung seitens des herzoglichen Hauses sich die Bildung des Volkes erfreut. Das Gymnasium Bernhardinum, an dem seit seiner Gründung bedeutende Männer der Wissenschaft gewirkt haben, durfte sich einer besonderen Fürsorge Georgs I. rühmen, und auch die Schwesteranstalt, das jetzige Realgymnasium (frühere Realschule), verdankt ihre Gründung und vor allem ihre Erhaltung und Entwickelung Herzog Bernhard Erich Freund, dem Vater des jetzt regierenden Herrn.

Auch von den Schulen abgesehen, findet man hier vielseitige geistige Anregung und Förderung. Vor allem ist das Theater und die Hofkapelle zu nennen. Eng verknüpft mit den Erfolgen dieser Institute ist der Name Herzog Georgs II. Unter diesem überaus kunstsinnigen Fürsten, der mit seinem Geist das ganze Schauspielpersonal durchdrang, so daß auch die unbedeutendste Rolle wahr und natürlich vor dem Publikum sich abspielte, unter der treuen und hingebenden Mitwirkung der hohen Gemahlin des Herzogs, der Freifrau von Heldburg, welche vorbildlich wirkend sogar das Einüben der Rollen überwachte, stieg das Theater zu solcher Vollkommenheit, daß es reformatorisch wirkte nicht nur auf deutsche Theater, sondern auch auf die des Auslandes. Die wiederholten Reisen der Meininger nach allen bedeutenden Kunststätten Deutschlands, Österreichs, Rußlands, Englands und die damit verbundenen Musteraufführungen der Dramen eines Shakespeare, Schiller, Goethe, Lessing und anderer Autoren trugen den Ruhm des Meininger Hoftheaters in alle Welt. Fast gleichen Erfolges erfreuten sich die Darbietungen der Hofkapelle. Hat auch Herzog Georg nicht gleichermaßen persönlichen Anteil an der Tüchtigkeit der Kapelle, so hat er doch zur rechten Zeit die rechten Männer zur Leitung berufen. So wird Hans v. Bülow als Intendant der herzoglichen Hofkapelle unvergessen bleiben. Wie ganz anders, Herz und Gemüt ergreifend, klang eine Beethovensche Symphonie unter seiner Leitung! Wie gern und willig folgten die ausführenden Künstler seinem Winke! Auch die echt deutschen Kompositionen von Joh. Brahms hat er dem deutschen Volke vorgeführt und sie ihm lieb und wert gemacht. Joh. Brahms hatte die Hofkapelle auch besonders ins Herz geschlossen; ließ er sich doch von ihr seine meisten größeren Schöpfungen erst vorführen, ehe er sie dem Druck übergab. Wenngleich Bülow schon längst nicht mehr Leiter der Kapelle, Brahms gleich ihm in das Reich der Schatten hat wandern müssen, so hat das hiesige Musikinstitut in Fritz Steinbach, dem Meininger Generalmusikdirektor, einen würdigen Dirigenten gefunden, der die Kapelle nicht nur auf der Höhe zu erhalten wußte, sondern der regelmäßigen Konzertaufführungen auch noch regelmäßig wiederkehrende Musikfeste zugesellt hat. Das erste dieser Musikfeste fand statt am 27., 28. und 29. September 1895 und brachte in zwei Kirchenkonzerten, einem Theaterkonzert und zwei Kammermusikaufführungen, in denen das berühmte Joachimsche Quartett die Zuhörer bezauberte, nur Kompositionen von Bach, Beethoven und Brahms zum Vortrag, deren vollendete Wiedergabe allseitig anerkannt wurde. Die Gesamtzahl der Mitwirkenden betrug 570. Die Aufführungen der Kirchenkonzerte fanden in der Stadtkirche statt, deren gute Akustik die Aufführung solch großer Werke der drei B ermöglichte. Diese Kirche, die Pfarrkirche zu unserer lieben Frauen genannt, deren Baufälligkeit einen fast völligen Abbruch nötig machte, wurde mit Ausnahme der Altarhalle und eines Teiles des nördlichen Turmes in den Jahren 1884—1889 unter Leitung des Oberbaurates O. Hoppe neu aufgeführt und am 23. September 1889 eingeweiht. Sie enthält außer den schönen, von Burkhardt in München gemalten Chorfenstern einen schön geschnitzten Altar, Grabdenkmäler aus älterer Zeit und eine Reihe von Bildern der Superintendenten und Oberpfarrer der Stadtkirche, von denen schon wegen seiner Verdienste um die Chronik der Stadt Meiningen Oberkirchenrat Dr. Eduard Schaubach besonders erwähnt werden soll; auch sieht man an der Außenseite des Chors das Bild eines Kreuzpfennigs in Stein gegraben, an die traurige Zeit Würzburger Herrschaft erinnernd.

Einen großen Verlust erlitt die Stadtkirche und mit ihr die ganze Stadt durch den am 3. Mai 1900 erfolgten Tod des Superintendenten und Oberpfarrers Oberkirchenrat D. Dreyer. Hatte dieser schon durch Einrichtung evangelischer Gemeindeabende geistig anregend auf die Gemeindeglieder gewirkt, durch seine geistreichen Predigten die andächtig Lauschenden erbaut, so wirkte er nach außen in

Wort und Schrift bahnbrechend und führend als ein rechter Diener der Kirche, der Wissenschaft und der Humanität. Auch die während des Winters stattfindenden wissenschaftlichen Vorträge bedeutender Männer des engeren und weiteren Vaterlandes sind wohl auf seine Anregung zurückzuführen.

Wir wollen nun noch eine kurze Wanderung nach den Sehenswürdigkeiten der Stadt unternehmen und mit dem Besuch des im Osten gelegenen Friedhofes beginnen. Der Friedhof, einem herrlichen Parke gleichend, bietet eine prächtige Aussicht auf die Stadt. Im Westen der Kapelle, eingeschlossen von kräftig emporstrebenden Schwarzkiefern, steht das Denkmal Adolf Schaubachs, einen Bergsturz darstellend und erbaut aus Steinen der deutschen Alpen, die vom Alpenvereine gespendet worden sind. Die alten Meininger, seine Schüler, nennen Schaubach den Tertius Schaubach, die Welt aber hat ihm, dank seiner unsterblichen Verdienste um die Erforschung und Beschreibung der Alpen, den Namen Alpen-Schaubach gegeben.

Nach Nordosten zu sehen wir ein einfaches, den 1866 und 1870—71 hier ihren Wunden erlegenen Kriegern gewidmetes Denkmal. Nordwestlich hiervon ist auf einem einfachen eisernen Kreuz zu lesen:

Hier ruhet Schillers Schwester
Christophine Reinwald
geb. Schiller
geb. 4. Sept. 1757
gest. 31. Aug. 1847.

(Als Friedrich v. Schiller seinen Aufenthalt in Bauerbach als Gast der edlen Frau v. Wolzogen genommen hatte, kam er auch häufig nach Meiningen zu dem herzoglichen Bibliothekar Reinwald, seinem nachmaligen Schwager.) Ganz in der Nähe steht das Denkmal von Andreas Zöllner, dem Liederkomponisten, auf dessen Bedeutung für die deutschen Liedertafeln die Inschrift hinweist:

„Errichtet von Deutschlands Sängern 1872."

Verlassen wir den Gottesacker mit seinen wohlgepflegten Gräbern und geschmackvollen Grabdenkmälern, so kommen wir an dem neuen Gebäude des Realgymnasiums vorüber und hinunter in die Bismarckstraße (frühere Halbestadtstraße), wo das stattliche Landgerichtsgebäude unsere Aufmerksamkeit in Anspruch nimmt. Nach wenigen Schritten sind wir auf dem Markte mit seinem Rathaus und der Kaiserlichen Post, in deren Nähe im Landtagsgebäude die Abgeordneten das Wohl des Landes beraten. Wettiner- und Wörthstraße bringen uns an das Gymnasium Bernhardinum, das an der Stelle eines ehemaligen Klosters steht. Von hier aus sehen wir schon das herzogliche Residenzschloß. An eine von Bischof Lorenz v. Bibra im Jahre 1509 wieder erneuerte Burg hatte der erste Herzog von Meiningen sein Schloß*) in Form eines E gebaut. Außer der Wohnung des regierenden Fürsten und der Glieder des herzoglichen Hauses und der Schloß- und Garnisonkirche birgt das Schloß kostbare Gemälde, eine wertvolle, reichhaltige Münzsammlung und eine große Bibliothek. Der Rundbau, welcher erst später hinzugefügt wurde, vertritt die Stelle eines Regierungsgebäudes. Unweit des Schlosses, in

*) Nach seiner zweiten Gemahlin (Elisabeth v. Braunschweig-Wolfenbüttel) Elisabethenburg genannt.

der Burggasse, wohnt Rudolf Baumbach, der humor- und gemütvolle deutsche Sänger. Eine kleine Brücke führt uns nach Osten zu in den Palaisgarten mit schönen Anlagen und zu dem kleinen Palais. Dieses liegt, wie auch das gegenüberstehende große Palais, beides herzogliche Gebäude, in der Bernhardstraße. Hier ist auch das Theater und in der Verlängerung der Straße, in der Leipzigerstraße, das sehenswerte, imposante, aus Kalksteinquadern erbaute, in den letzten Jahren vollendete Gebäude der Deutschen Hypothekenbank. Vor der Bernhardstraße, am Ausgang der Georgstraße, sei noch das im alten Henneberger Stil erbaute Henneberger Haus erwähnt, in dessen schönsten Räumen die reichhaltigen Sammlungen des Henneberger altertumsforschenden Vereins Aufstellung gefunden haben. Hinter dem großen Palais, der Mädchenschule und dem Theater dehnt sich der vielbesuchte englische Garten aus. Von Herzog Georg I. angelegt, ist er mit seinem Teich, seinen riesenhaften Bäumen, seinen Sträuchern, Grasplätzen und sonstigen gärtnerischen Anlagen und seinen stets sauber gehaltenen Wegen eine der schönsten Zierden der Stadt. Auf dem sogenannten Schirm, einem etwas erhöhten Platz, errichtete Herzog Bernhard Erich Freund dem Dichter der Levana, Jean Paul, im Jahre 1865 ein einfaches Denkmal. Hatte doch auch diese geistige Größe in der Atmosphäre des hiesigen Hofes sich wohl gefühlt und einige Jahre hier geweilt. Auf dem alten Friedhof, in der Nähe der Fürstengruft, hat auch das Denkmal von Johannes Brahms seinen Platz gefunden. Gelegentlich des zweiten Musikfestes, am 7. Oktober 1899, wurde das in der Form an die Denkmäler in der Siegesallee zu Berlin erinnernde Denkmal in Gegenwart des Herzogs und vieler Festteilnehmer enthüllt. Am östlichen Ende des englischen Gartens steht das Kriegerdenkmal, von der dankbaren Stadt ihren im Kriege 1870—71 gefallenen Kindern errichtet. Die von zwei Reihen von Lindenbäumen durchzogene Kaiser-Allee wird im Norden von der großen Kaserne, im Süden von dem Amtsgebäude begrenzt. An letzterem sehen wir in Nischen Vertreter der sechs Hauptstämme des deutschen Volkes in Stein gebildet: Karl den Großen, Otto den Großen, Friedrich Barbarossa, Rudolf von Habsburg, Ludwig den Bayer und Wilhelm I. Der Schöpfer dieser Statuen ist der verstorbene Bildhauer Professor Ferd. Müller von Meiningen. Nicht weit von hier hat an dem ehemaligen Wohnhause des Bibliothekars und Märchenerzählers Ludwig Bechstein der Henneberger altertumsforschende Verein zur Würdigung der Verdienste des Dichters eine Gedenktafel anbringen lassen. Die Verbindung mit der herrlichen Umgebung Meiningens stellen Brücken her, von denen besonders zwei hervorzuheben sind. Beide führen aus der Stadt in die schönen Anlagen des Herrnbergs. Die nördliche und ältere, von Herzog Georg erbaut und nur für Fußgänger bestimmt, aus Eisen hergestellt, überspannt in leichtem Bogen die Werra; die südliche, im Frühjahr 1900 dem Verkehr übergeben und auch für schwere Lastwagen passierbar, ist aus Cement gebaut und hat eine Spannweite von 40 m. Sie ist zu Ehren des Herzogs „Georgbrücke“ genannt. Die zuerst genannte Brücke führt an eine Grotte. Umrahmt von Bäumen, Sträuchern und allerlei Blattpflanzen hat hier Herzog Georg die Büste von Otto Ludwig, dem Dichter des „Erbförster“ und der „Makkabäer“, aufstellen lassen. Seine besondere Hochschätzung dieses vaterländischen

Dichters hat der Herzog dadurch bewiesen, daß er unter sehr bedeutenden Opfern die „Makkabäer“ und die bis jetzt immer noch für nicht bühnenfähig erachtete „Pfarrrose“, beides Werke Otto Ludwigs, in Gegenwart von dessen Tochter im Herzoglichen Theater aufführen ließ.

Wie in der Stadt selbst schon zwei Kliniken von der Fürsorge der Ärzte für die leidende Menschheit beredtes Zeugnis ablegen, so finden wir auch hier in luftiger Höhe ein stattliches Sanatorium, geräumig und den Zwecken entsprechend eingerichtet.

Der Herrnberg, den wir nun betreten, ist eine der anmutigsten Schöpfungen des regierenden Herzogs. Baumgruppen und Strauchwerk von allerlei Art wechseln miteinander ab, und dazwischen führen bald breite und bequeme, bald schmale und steile Wege, auch im Winter bei Schnee und Eis stets gangbar gehalten, zur Höhe des Bilstein, und an geeigneten Stellen angebrachte Ruheplätze gestatten dem Fußgänger freien Ausblick auf die Stadt und in das Werrathal. Von hier aus gelangt man in kurzer Zeit in die schönen Waldungen der Haßfurt und an der Ruine Habichtsburg vorbei zum Landsberg. Eine halbe Stunde von Meiningen entfernt, nach Westen zu, liegt das Dorf Dreißigacker mit einem Schloß. Dieses war ursprünglich als Jagdschloß erbaut, diente aber von 1801—1843 als Forstschule, dann als Kaserne, 1870—71 als Aufenthalt für 500 gefangene Franzosen und ist jetzt Arbeitshaus oder Korrektionsanstalt. Im Osten der Stadt auf der sogenannten Schanz ist in neuerer Zeit ein hölzerner, den Namen Bismarcks tragender Turm errichtet worden, den zu besteigen kein Besucher Meiningens versäumen sollte. Eine herrliche Aussicht auf Rhön und Thüringerwald lohnt reichlich die Mühe. Bequem läßt sich von hier Grimmenthal erreichen. Bauerbach, Fasanerie und die dazwischen liegende Burgruine Henneberg sind auch nur gegen $2^1/_2$—3 Stunden von Meiningen entfernt. Will man noch umfangreichere Aussicht genießen, so besteige man die 2—3 Stunden entfernten Berge Dolmar und Geba. Den Fernverkehr vermitteln die vor wenig Jahren in preußischen Besitz übergegangene Werrabahn und die bayerische Staatseisenbahn. Post, Telegraph und Telephon aber bieten dem Fremden Gelegenheit, seinen Lieben nach der Heimat Kunde vom Wohlbefinden zukommen zu lassen und Grüße zu senden aus der freundlichen Werrastadt, der Pforte von Franken, der alten Harfenstadt, die wegen ihrer Naturschönheiten und sonstigen Sehenswürdigkeiten gern besucht wird.

Aug. Greif, Meiningen.

Herzog Georg I. von Meiningen, ein edler Fürst.

In bester Erinnerung bei der Meininger Bevölkerung steht Herzog Georg I., der von 1782—1803 regierte. Er war ein weiser Regent, ein wohlwollender Fürst, ein thätiger Menschenfreund und ein Gönner der Gelehrten und Künstler. Während seiner Regierung wurden die Mauern und Wälle der Stadt Meiningen, die damals noch ein mittelalterliches Gepräge zeigte, abgebrochen, auch der englische Garten angelegt. Die Anlagen in Liebenstein und Altenstein, die in neuerer Zeit von dem jetzt regierenden Herzog Georg II. in außerordentlich pracht- und kunstvoller Weise weiter gefördert worden sind, waren ursprünglich das Werk Georgs I. Er war auch der Gründer der einst berühmten Forstakademie zu Dreißigacker. Viele Erzählungen von ihm, die im Munde des Volkes fortleben, geben Zeugnis von seinem edlen Charakter. Einige derselben mögen hier Platz finden.

Einst hörte er von einem ungerechten Richterspruch. Da funkelte plötzlich sein Auge von gerechtem Unwillen, und die Worte, die an jedem Fürstenthrone mit goldenen Buchstaben eingegraben zu werden verdienten, entflossen seiner schönen Seele: „Meine Unterthanen müssen Recht bekommen, wenn sie Recht haben, und wenn ich selbst die Gegenpartei wäre."

Zu einem Handwerksmann, der ihm einst den Rock küssen wollte, da er ihn hatte zu sich rufen lassen, sagte er lachelnd: „Warum willst du Schafwolle küssen?" und verbot ihm für die Zukunft auf immer diesen Beweis seiner Ehrfurcht.

Zu einem Bittenden, der vor ihm niederfiel, sprach er in edler Erregung: „Steht auf, man kniet nur vor Gott und nicht vor Menschen!"

Einst kam ein Trupp arbeitsloser Taglöhner mitten im härtesten Winter zu ihm, um Arbeit und Brot bittend. Er stellte sie alsbald an einem Orte an. Die Aufseher bei dieser Arbeit machten Vorstellungen, weil 20 Menschen bei dem gefrorenen Boden jetzt nicht so viel in einem Tage zustande bringen könnten, als sonst in derselben Zeit ein einziger Arbeiter ausrichte. „Das weiß ich wohl," gab Herzog Georg zur Antwort, „aber diese Leute wollen doch arbeiten, und da darf man sie nicht abhalten. Wenn ich auch keinen Gewinn bei der Arbeit habe, so finden diese Leute doch ihr Brot dabei, und mehr will ich ja nicht."

Gemeinnütziges Taschenbuch 1805.

Wie Herzog Georg I. über Anstand und gute Sitte dachte, zeigt folgender Brief an die hoffähigen Damen:

„Unter dem milden Himmel Italiens bedurfte der päpstliche Großvikar jüngst im strengen Eifer für die Sittlichkeit der Damenkleidung seiner moralischen Deklamationen, um sie den Schönen Roms zur Pflicht zu machen. Bei unserm rauhen Himmel werden einige unserer hiesigen jungen Damen, welche ihre römischen Schwestern allzutreu zu kopieren sich bemühen, wohl nicht zur Unzeit erinnert, wenn sie nach den Erfahrungen, deren Zeugen sie gewesen sind, von den physisch schädlichen Folgen und dem die Gesundheit zerstörenden Einfluß eines allzuleichten Anzuges noch immer sich nicht überzeugt haben, — von ihrem Arzte sich deshalb belehren zu lassen.

Aus Freundschaft für sie selbst aber und aus Achtung für Sittsamkeit, ohne darüber ebenfalls deklamieren zu wollen, bitte ich dieselben, künftig weder allzuhüllenlos, noch allzufesselnlos gekleidet zu erscheinen, und, wenn sie den Hof besuchen, über die Grenzlinie der Decenz und Indecenz im Anzuge die Frau Oberhofmeisterin von Steube entscheiden zu lassen, um mir die Verlegenheit zu ersparen, ihre Gegenwart verbitten zu müssen.

Meiningen, den 3. Februar 1801. Georg, H. z. S.

Friedrich Erck, Meiningen. (Nach Bechstein.)

Der Landsberg
bei
Meiningen.

Den Wanderer, der, aus der Richtung von Eisenach kommend, das liebliche Werrathal durchwandert, grüßt zwischen dem Dorfe Walldorf und der Residenzstadt Meiningen von einem bewaldeten Bergkegel, der sich am Westrand des Thales erhebt, eine liebliche Burg, Landsberg genannt. Wer näher zuschaut, gewahrt bald, daß das Äußere des stolzen Schlosses keine Spuren zeigt, die vom Zahn der Zeit oder von Belagerungskämpfen verursacht sein könnten, sondern daß es vielmehr noch ein recht jungfräuliches Gewand trägt; denn das Alter unserer Burg reicht nicht in jene Zeit zurück, wo die bedrückten Bauern durch die Zerstörung der Festen ihrer Zwingherren ihre Rechte und ihre Freiheit erkämpfen wollten, oder gar in die Zeiten der Raubritter, deren Raubnester gerechter Strafe zum Opfer fielen. Erst seit etwa 60 Jahren schaut sie in das Land hinaus, und sie wurde erbaut nicht Feinden zum Trutz, sondern als ein Lustschloß und zugleich zur Erinnerung an die Zeit des edlen Rittertums und als eine Zierde der Gegend. Der fürstliche Erbauer, Herzog Bernhard Erich Freund, hat sich durch dieses Bauwerk ein dauerndes Ehrendenkmal errichtet und der Umgebung seiner Residenz einen gar seltenen Schmuck verliehen. Von welcher Seite man auch die Burg erschaut, sie gewährt einen lieblichen und zugleich imposanten Anblick, und jederzeit ergötzt sich das Auge daran, sei es, wenn frisches Maiengrün den Abhang des Berges ziert oder dichtes, sattgrünes Sommerlaub die Burg zu verdecken sucht oder das buntfarbige Herbstkleid des Gehölzes ihren Reiz erhöht; ja auch selbst dann, wenn bei entlaubtem Wald die Burg völlig sichtbar wird und sich das graue Mauerwerk derselben von dem Grün des Nadelholzes, das besonders den Westabhang des Berges bekleidet, abhebt, oder wenn der stolze Bau im Sonnenschein wie ein Zauberschloß aus mit Schnee, Eiskrystallen oder Reif behangenen Bäumen hervorschaut.

Der Berg, den die Burg krönt, gehört zu dem Kalkgebirge, während bei dem nahen Walldorf die Sandsteinformation beginnt. Schon im Mittelalter stand auf dieser Höhe eine Bergfeste, die den Namen Landeswehr trug. Über den Erbauer derselben weiß man nichts Gewisses. Da indes König Heinrich I. gegen die Ungarn, die auch in dieser Gegend verderblich hausten, die Stadt Meiningen, die Dörfer Belrieth, Vachdorf und Leutersdorf befestigen und die beiden Landwehren ober- und unterhalb der Stadt Meiningen aufwerfen ließ, so kann man vermuten, daß er zum Schutz der Reichsdomäne Walldorf und des Landes überhaupt die Burg Landeswehr errichtete. Bedeutungsvoll sprach ja der Name ihre Bestimmung aus, und ein alter Volksspruch von ihr und den Nachbarburgen Hutsberg und Henneberg lautete: „Henne hut's Land,“ (d. i. Henne, hüte das Land!) Zu solchem Landesschutz war die Landeswehr durch ihre Lage besonders geeignet, da sie drei von Norden heranziehende Straßenzüge beherrschte: den alten Thalweg im Werrathal, der wohl ehemals nicht jenseits der Werra, sondern dicht am Berge vorbeiführte; die alte Frankenstraße, auch Weinstraße genannt, die von Walldorf aus westlich um den Berg durch die Haßfurtwaldung weiter zog, und die Straße in das Sandland, das spätere Amt Sand.

Die Besitzer der Burg, die Wolfe genannt, sind ein ritterliches Geschlecht gewesen. Sie hatten, wie Meiningen, bald würzburgische, bald hennebergische Oberherren. 1413 entzündete ein Blitzstrahl die Burg und äscherte sie ein, doch wurde sie bald wieder aufgebaut. Als 1525 die Bauern plündernd und zerstörend das Werrathal heraufzogen und die Klöster Frauensee, Allendorf, Frauen- und Herrenbreitungen, Wasungen und die Burgen Todenwarte und Maienluft verwüsteten, teilte auch die Landeswehr dieses Schicksal. Sie blieb fortan unbewohnbar, während die Ökonomiegebäude am Fuße des Berges neu errichtet wurden. Diese kamen 1542 an Henneberg und wurden 1546 von dem Grafen Wilhelm verkauft, im Dreißigjährigen Kriege aber teils verbrannt, teils zerstört.

Als 1680 durch die Länderteilung der sieben Söhne Ernsts des Frommen Meiningen eine Residenz wurde, benutzte man die brauchbaren Mauersteine der alten Landeswehr zum Bau des Residenzschlosses, und 1685 wurde der noch stehende Turm mittels Pulver gesprengt. Ein oberer zerborstener Teil des durch diese Explosion umgestürzten Turmes blieb schräg nach Norden geneigt liegen und ruht auch jetzt noch als Denkstein und Erinnerungszeichen an die alte Burg an seiner Stelle.

1793 faßte Herzog Georg I., der Schöpfer des englischen Gartens in Meiningen und der Anlagen in Liebenstein und Altenstein, den Entschluß, den Landsberg zu einem Sommeraufenthalt für sich herrichten zu lassen. Der Plan wurde indes vereitelt und der Hof wieder verkauft. Erst der Sohn brachte zur Ausführung, was der Vater geplant hatte. Der Herzog Bernhard erwarb 1836 den Landsberg und beschloß, auf dem Ruinenhügel das Schloß wieder aufzurichten, am Bergesfuß aber einen neuen Meierhof anzulegen, und zwar in der ebenso geschmackvollen als freundlichen Bauart der ansehnlicheren Schweizerhäuser nach den Plänen, welche der Baurat August Wilhelm Doebner von Meiningen entworfen hatte.

Im August 1836 begann die Arbeit, und 1840 war der Bau in seinen Hauptmassen beendigt. Er zerfällt in das eigentliche Schloß, die Wohnung des Schloßverwalters und die Pförtnerwohnung.

Ein guter Fahrweg führt am Berg empor, an der Westseite der Burg vorüber. Am Giebel der Schloßverwalterswohnung schaut aus einer runden Öffnung die Büste des Maurermeisters Thomas, der die Maurerarbeit besorgte, hervor, während über dem reichverzierten Erker des höchsten Turmes ein kolossaler Löwenkopf wahrzunehmen ist. Bald zeigt sich das Thor in malerischer Umgebung teils nackter, teils übergrünter Felsen mit seinen Zinnen und Schießscharten. In den Hof eintretend, gelangt man an die östliche Front des Schlosses, begrenzt von dem nördlichen und südlichen (achteckigen) Turm mit dem Schmuck verschiedener Wappen. Zu einer Plattform führt eine Freitreppe empor, unter welcher eine kleine Halle mit einigen stattlichen Hirschgeweihen sichtbar wird. Am Giebel zeigt sich ein altes, von Herzog Bernhard I. herstammendes Steinwappen mit den Buchstaben B. H. Z. S. J. C. V. B. (Bernhard, Herzog zu Sachsen, Jülich, Cleve und Berg). Zur Erinnerung an die Herren der früheren Burg sind über den Fenstern die Wappen von Henneberg-

Nach einer photogr. Aufn. von R. Bachner, Meiningen.

Schloß Landsberg bei Meiningen.

Schleusingen, Henneberg-Römhild, der Burggrafschaft Würzburg u. s. w. angebracht. Prächtiger Epheu und andere Schlingpflanzen ranken sich an den Wänden empor, wie auch gärtnerische Anlagen den Hof freundlich verzieren, der außerdem eine etwa 8 m tiefe Cisterne aufweist. Am östlichen Giebel der Schloßverwalterwohnung erblicken wir die Büste des Baurates Doebner.

Wenn man sich schon beim Anblick des Äußeren der Burg in das Mittelalter zurückversetzt wähnt, obgleich dieselbe in ihrer Anlage nicht der Bauweise der früheren Zeiten vollständig entspricht, so ist dies in noch erhöhtem Maße bei dem Rundgang durch die Hallen, Gemächer und Säle der Burg der Fall, so daß man bald die Absicht des fürstlichen Erbauers des Werkes herausfindet. In einer Beschreibung des Schlosses Landsberg von Ludwig Bechstein, die uns bei unserer Darstellung hauptsächlich als Grundlage dient, lesen wir:

„Wenn man, das Schloß Landsberg im Auge, den Berg hinansteigt, durch das Burgthor in den Hof und weiter in das Innere eintritt, sieht man sich der Gegenwart entrückt; wohin man rings seine Blicke wendet, überall stellt sich das Mittelalter dar in eben so edler als gefälliger Erscheinung. Man fühlt und erkennt es wohl, daß man in diesem Anschauen sich der lebendigen Erinnerung an jene alte Zeit freuen solle, und so geschieht es auch; man freut sich im Anblicke der so anmutig zurückgezauberten Vergangenheit, wie man auch sonst von ihr urteilen möge. Doch daß dies Wohlgefallen den Beschauer nicht befange, noch über die Absicht des fürstlichen Erbauers täusche, vielmehr der Sinn des ganzen Werkes richtig verstanden und gewürdigt werde, dafür hat jener selbst mit Sorge getragen durch den sinnvollen Spruch, welchen er über den Eingang der Waffenhalle gesetzt hat, und der also lautet:

‚Nicht zurückwünschen laßt uns die alte Zeit,
Wohl aber der Ahnen Kraft und männlich Walten,
Nicht den Lehnsdruck, nicht der Ritter Eisenkleid,
Wohl aber die felsenfeste Treu' der Alten.'"

In dieser Halle zeigen sich dem Auge in wohlgefälliger Anordnung mannigfaltige Rüstungen und ritterliche Waffen der Vergangenheit: Flügelhelme, Schwerter, Dolche, Speere, Hellebarden und Partisanen, Schilde, Armbrüste, kunstvoll verzierte Gewehre, Jagd- und Pulverhörner. Einzelne Stücke sind besonders bemerkenswert, z. B. das Gewehr, mit welchem Karl IX. von Frankreich in der Bartholomäusnacht den ersten Schuß auf die Hugenotten abgab. Geweihe von Renn- und Elentieren, Antilopen u. s. w. finden sich im Durchgang nach dem unteren Turmzimmer, in dessen Nischen Statuetten denkwürdiger Personen, wie Götz' von Berlichingen, Ulrichs von Hutten u. a., aufgestellt sind.

Besonderes Interesse bietet der große Saal. Die Decke desselben ist reich mit gotischen Füllungen geschmückt und zeigt 14 aufgelegte Wappenschilde des Herzoglich Sächsischen Wappens. Über den spitzbogigen Flügelthüren sind reiche gotische Ornamente, Laubwerk und Rosetten in Holzschnitzerei angebracht; in ebenso stilvoller Weise sind auch Geräte und Ausstattungsstücke ausgeführt und zwar von einheimischen Meistern, die sich damit ein ehrendes Zeugnis ihrer Kunstfertigkeit ausgestellt haben. Die Lehnen der Stühle enthalten Wappenstickereien von den Händen fürstlicher Frauen und bilden gleichsam ein Album der Erinnerung für das ritterliche Fürstenschloß.

Der Schenktisch trägt eine sehenswerte Sammlung eigentümlicher Humpen und Pokale und soll uns wohl an die fröhlichen Trinkgelage der Ritterzeit erinnern. Vor allem aber nehmen unsere Aufmerksamkeit die Wände in Anspruch, die von dem Historienmaler Wilhelm Lindenschmitt aus Mainz mit Gemälden geschmückt worden sind, die an der Geschichte der Vorfahren des Erbauers des Schlosses die hauptsächlichsten und würdigsten Charakterzüge des edeln Rittertums zur Anschauung bringen möchten. Wir finden bald heraus, was die acht Bilder andeuten wollen:

1. Die religiöse Bedeutung des Rittertums: Conrad, Markgraf zu Meißen, der Stammvater der Wettiner, befindet sich im Kampf mit den Obotriten, die er zum Christentum bekehren will.

2. Die Verbindung des ritterlichen Wesens mit der Kunst des Gesanges und der Dichtkunst: Beim Sängerkrieg auf der Wartburg breitet die Landgräfin ihren Mantel schützend über Heinrich von Ofterdingen.

3. Der Ritter ist bereit, das Liebste zu opfern, wenn es dem Dienst des Herrn gilt: Der fromme Landgraf Ludwig will am Kreuzzug teilnehmen und nimmt in Meiningen Abschied von seiner Gemahlin, der heiligen Elisabeth.

4. Ernstes Werk der Waffen wird beim Turnier zum heitern Spiel: Prachtturnier Heinrichs des Erlauchten zu Nordhausen.

5. Die ritterliche Minne zeigt Kühnheit und Keuschheit: Friedrich mit der gebissenen Wange entführt die junge Gräfin Elisabeth von Arnshaugk, die er hernach in ehrsamer Zucht auf seinem Schlosse in Gotha wahrte, bis die Mutter in die Vermählung willigte.

6. Der Ritter schirmt die Schwachen: Friedrich mit der gebissenen Wange schützt mit seiner Schar seine neugeborene Tochter an der Brust der Amme gegen die Feinde auf dem Weg zur Taufe: „Das Kind muß trinken, und wenn es das Thüringer Land kostet.“

7. Lehnstreue ist Ritterpflicht: Mit Hilfe treuer Vasallen erkämpfen Friedrich und Diezmann in der Schlacht bei Lucka ihre angestammten Länder, die Albrecht der Unartige an den Kaiser verkauft hatte.

8. Ritterwort wird unverbrüchlich gehalten: Der Kurfürst Friedrich der Streitbare bedrängt in einer Fehde den Ritter Staupitz. Die Gemahlin desselben hat vom Kurfürsten die Zusage erhalten, mit soviel von ihrem besten Gut aus der belagerten Burg ausziehen zu dürfen, als sie selbst zu tragen vermag. Nun trägt sie, wie einst die Weiber von Weinsberg, ihren Gemahl auf dem Rücken davon.

Drei hohe Glasthüren führen aus dem Saale auf eine sehr geräumige Terrasse mit freier Aussicht nach Westen, Norden und Osten. Hier steht eine prächtige Linde, von deren Pflanzung folgendes erzählt wird. Der Baum stand ehemals am alten Marstall in der Nähe des Residenzschlosses in Meiningen und war von den Hofkutschern gepflanzt worden. Als nun der damalige Garteninspektor Buttmann, der die gärtnerischen Anlagen am Landsberg ausführte, den Baum wegen seiner schönen Form dort wegnehmen und für die Terrasse verwenden wollte, protestierten die Kutscher dagegen. Da nahm der Garteninspektor seine Zuflucht zur List. In einer Frühlingsnacht ließ er unbemerkt den Baum mit Ballen ausheben und an seinen jetzigen Standort bringen; an die leergewordene Stelle aber pflanzte er eine andere Linde, und seine Widersacher mußten sich nun in das Unabänderliche fügen.

Das an den Saal anstoßende Turmzimmer hält uns noch weiter im Bann der Ritterzeit: ein Turnierfries vom Hofbildhauer Ferdinand Müller zeigt uns den Verlauf des schon erwähnten Turniers zu Nordhausen. Der Fries beginnt mit einer Rittergruppe, an ihrer Spitze ein Herold; Zuschauer und Wappner stehen an den mit Trophäen und Wappenschildern geschmückten Schranken, wo einige Ritter auf den Eintritt harren; zwei Ritter turnieren. Ein Festzug, Musikanten zu Roß voran, von Rittern und Knappen gebildet, bewegt sich der Stelle zu, wo die Danke verteilt werden. Erwähnt sei aus diesem Zimmer noch ein kunstvoll gearbeiteter Reliquienschrein. Er enthält u. a. den aus Gold und Silber gewebten Krönungsteppich der Königin Adelheid von Großbritannien, der Schwester des Herzogs Bernhard, das goldene Scepter der Maria Stuart, den silbernen Handbecher und Tafelteller des Kaisers Napoleon I. aus dessen Reiseservice, ein Schiefertäfelchen, dessen sich der von Karl V. gefangene Kurfürst Johann Friedrich der Großmütige zum Schreiben bediente. An den Wänden erschaut man unter Glas und Rahmen viele Schriftstücke von Luther, Gustav Adolf und anderen berühmten Männern.

Auch ein Lutherzimmer enthält die Burg, in dem auf zierlichen Consolen Statuetten von Luther, Melanchthon, Calvin, Zwingli, Friedrich dem Weisen, Bernhard von Weimar, Philipp von Hessen und Gustav Adolf stehen. Gewissermaßen als Gegenstück dazu ist ein Zimmer im zweiten Stock zu betrachten, da es Gemälde von Gegnern der Reformation, wie von Karl IX. von Frankreich, Karl V., Tilly, Philipp II., aufweist.

Sehenswert ist im unteren Stock auch die Hirschgalerie mit zahlreichen stattlichen Geweihen. Die angebrachten Inschriften belehren uns, daß es ehemals recht gewichtige Hirsche gegeben haben muß, die den fürstlichen Jägern erwünschte Jagdbeute darboten. Hirsche im Gewicht von 5 Centner 33 Pfund sind jetzt wohl selten. Eine der originellen Inschriften lautet:

Ich hatte vierzehn Enden zwar,
Auch dacht ich nicht an Tod'sgefahr,
Karl Friedrich aber faßte mich
Aufs Rohr so unbarmherziglich
Und putzte mir das Leben weg
Bei Hummelshain am Riesenecк. 1738.

Von den 36 Sprüchen, die an den Fenstern dieser Galerie stehen, wollen wir nur einige anführen:

Bei jedem Freunde halte still,
Der Dich nur, nicht das Deine will.

Was einer für den andern gerne thut, das ist keine Last.

Wer mit dem Kopf will oben hinaus,
Thut viel Schaden und richtet nichts aus.

Wenn der Wein eingeht, geht die Weisheit aus.

Es ist keine Mauer fester als Einigkeit.

Lernst du wohl,
So wirst du gebratener Hühner voll;
Lernst du übel,
Frißt du mit der Sau aus dem Kübel.

Armut ist der Faulheit Lohn.

Im Souterrain des größten Turmes befindet sich das sogenannte Schatzhaus, ein verließähnliches Gemach, das von einem feuerroten Lichtschein erhellt und darum im Volksmund auch die Hölle genannt wird. Am Schlußstein der Decke ist eine Hand mit einem Schlüssel zu sehen. Es knüpft sich daran folgende Sage:

Einst wollte der Landesherr im nahen Haßfurtwalde jagen und sandte einen Kammerherrn voraus mit einem Befehl an die Kreiser und Treiber. Als dieser Befehl ausgerichtet war, bestieg der Kammerherr den Ruinenberg und ruhte dort. Da erblickte er wie im Traum eine weiße Jungfrau, die sich zu Zeiten sehen ließ in den Bergtrümmern, und sie winkte ihm, zeigte ihm die Glücksblume und verschwand. Und da stand eine große, goldgelbe Schlüsselblume vor ihm, die zog er aus der Erde, und in ihrem Wurzelgeflechte hing ein großer, uralter Schlüssel. Auch sah jetzt der Kammerherr eine zuvor nicht erblickte große, eiserne Gewölbthür, und wie er mit dem Schlüssel sie anrührte, sprang sie auf, und im Gewölbe drinnen lag ein großer Schatz von Gold und edelem Gestein. Der Kammerherr wollte gleich zugreifen, da hörte er Jagdhörner und die Stimme seines Gebieters, die laut nach ihm rief; sogleich sprang er zurück, behielt den Schlüssel, achtete aber der Blume nicht, sondern verlor sie. Als die Jagd beendet war, schlich er sich wieder auf den Landsberg hinauf, den Schatz zu heben, und suchte die Thür, aber er fand sie nicht wieder, weil er die Blume verloren hatte.

Wer denkt dabei nicht an die Wunderblume des Wartberges und andere ähnliche Sagen?

Die Zimmer des zweiten Stockes sind ebenfalls reich an ornamentalem Schmuck und stilvollem Prunk, sehenswerten Ölgemälden, Glasmalereien und Wappengezier. Erwähnt sei das Stammbaumzimmer mit einer Ahnenbilderreihe des Herzoglichen Hauses Sachsen in sechzehn anmutigen Gruppen. Aus dem sogenannten Spruchzimmer mögen die alten Sinn- und Denksprüche, die der praktischen Lebensweisheit der Vorfahren entlehnt sind, hier Platz finden:

Ein Gutthat, die bei Zeit geschicht,
Dieselb' ist doppelt ausgericht.

Gerechtigkeit war stets der Grund,
Darauf ein tapfrer Mann bestund.

Was ziert eine zarte Jungfrau mehr
Denn Keuschheit, Einfalt, Zucht und Ehr?

Der Mensch ein'n großen Vorrat hat,
Wenn er wird vom Geringen satt.

Die Arbeit alles überwind't,
Wer nur dazu ist recht gesinnt.

Das Glück wohl einer oft umschlang,
Behielt es aber selten lang.

Wer sich auf Menschen will verlassen,
Der irret weit in allen Gassen.

Wo einer schickt sich in die Zeit,
Da ist die best' Bescheidenheit.

Wo man nicht zur Belohnung hat
Die Ehr', geschieht kein rühmlich That.

Freundschaft ist der best' Zurat,
Den Einer auf der Erden hat.

Im Unglück hab' ein'n stäten Mut,
Trau Gott! Es wird wohl wieder gut.

Ein's Mannes Red' ist keine Red',
Man soll die Teile hören beed'.

Die Räume des dritten Stockes waren wohl besonders zum Aufenthalt für die Dienerschaft bestimmt. Ein Zimmer daselbst führt den Namen Altarzimmer und enthält kostbares Bildwerk an Malerei und Holzschnitzerei mit reicher Vergoldung, Altarschmuck aus katholischen Kirchen aus der Zeit vor 400 Jahren. Kenner haben erklärt, daß es Kunstwerke von sehr hohem Werte seien. Sie stellen Scenen aus dem Leben Jesu und verschiedener Märtyrer und Märtyrerinnen dar und stammen aus Kirchen des Meininger Landes. In neuerer Zeit ist einem andern Raume dieses Stockes eine interessante Sammlung einverleibt worden, die von dem Marine-Ingenieur Sonnefeld dem Herzogtum Meiningen geschenkt worden ist. Sie besteht aus Waffen, Schmuck, Geräten, Götzenbildern, Musikinstrumenten, Geld, Bekleidungsgegenständen, Modellen von Fahrzeugen und anderen Gegenständen, die bei den Völkern Neuguineas und des Bismarckarchipels gebräuchlich sind und uns von der Lebensweise derselben eine Anschauung geben.

Nach unserem Gang durch das Schloß besteigen wir wohl noch die Plattform des höchsten Turmes, wo wir aus dem Bannkreis der Vergangenheit wieder in die Gegenwart zurückgeführt werden. Wir befinden uns hier etwa 400 m über der Nordsee und erfreuen uns an heiteren Tagen einer zwar nicht weit ausgedehnten, aber doch mannigfaltigen Aussicht auf eine Landschaft, die mancherlei Reize besitzt.

Nach Süden zeigt sich im Thal ein Einzelhof der Wüstung Defertshausen. Hier stand ehemals ein Dorf, das, wie verschiedene Dörfer oberhalb Meiningens (Berkes, Reumles, Niedersülzfeld), im 15. Jahrhundert, wahrscheinlich in Fehden mit den Bischöfen von Würzburg, niedergebrannt oder sonstwie zerstört wurde. Von der Stadt Meiningen sieht man nur die nördliche und die östliche Vorstadt und einen Teil des Residenzschlosses. Von den die Stadt umgebenden Höhen treten besonders der Drachenberg und die Donopskuppe mit künstlicher Ruine und aus dem Walde dahinter der vor kurzem erbaute Bismarckturm hervor. Auch die beiden Gleichberge bei Römhild sind in südlicher Richtung zu sehen. Vom Drachenberg nach Norden weiter gehend, erblickt man den Gutshof Johannesberg, die Villa Jerusalem und das freundliche Dorf Welkershausen, weiter draußen aber den durch eine reizende Rundsicht bekannten Dolmar (Thüringer Rigi), einen Teil des Thüringer Waldes mit hervortretendem Inselsberg. Nördlich liegt vor uns Walldorf, in dessen Nähe sich eine sehenswerte unterirdische Sandgrube von bedeutender Ausdehnung befindet. In der Richtung des Werrathales zeigen sich Dorf Wallbach und Stadt Wasungen mit der Burg Maienluft. Als Vorberge der Rhön treten nach Nordwesten der Bleß, die Stoffelskuppe und der Hahnberg in unsern Gesichtskreis. Im Westen breitet die hohe Geba ihre gewaltige Masse vor uns aus; von ihrem breiten Rücken grüßt ein Schutzhaus, das in neuerer Zeit errichtet worden ist. Freundliche Dörfer: Öpfershausen, Stepfershausen, Rippershausen und Melkers sind nach dieser Richtung zu schauen, und nahe dem Fuße des Burgberges liegt das ländliche Gasthaus Brückenmühle am Herpfluß. Auf herrlichen Wäldern ruht das Auge beim Blick nach Südwesten. Hier zeigen sich auch auf einem felsigen Bergvorsprung Mauerreste der Habichtsburg, von der alte Urkunden berichten, daß sie dem Minnesänger Otto von Bodenlauben aus dem Geschlechte der Grafen von Henneberg gehört habe. Über die Waldung hinaus erblickt man auf einer Hochebene das Dorf Dreißigacker mit einem Slchoß, das ehemals der Sitz einer berühmten Forstakademie war, jetzt aber als Strafanstalt benutzt wird.

Nachdem wir uns an dieser lieblichen Rundsicht erfreut haben, verlassen wir Burg und Schloß und gelangen auf einem der mannigfach gekrümmten Parkwege, die in den Laub- und Nadelholzanpflanzungen um den Berg angelegt sind, zu der Meierei, wo wir jederzeit erwünschte leibliche Erquickung finden können. Neben dem Wirtschaftshaus, den Stallungen und Scheunen steht hier auch ein Herrenhaus, das geschmackvoll möbliert ist. Haupt- und Nebenhaus sind mit mancherlei beziehungsreichen Sprüchen ausgeschmückt, die in volkstümlicher Frische erbauliche Betrachtungen oder goldene Lebensregeln enthalten.

Vor dem Hause breitet sich ein freundlicher Blumengarten aus, und an diesen reiht sich ein schattiger Laubengang. Zu den Anlagen des Landsberges kann auch die prächtige Lindenallee, mit welcher die von der Residenz herführende Straße bepflanzt ist, gerechnet werden. Chaussee und Allee wurden gleichzeitig mit der Errichtung des Schlosses angelegt. —

Knüpfen sich an Burg und Schloß Landsberg auch keine historischen Erinnerungen von hervorragender Bedeutung, die zu einem Besuch besondere Veranlassung bieten könnten, so möchten wir gleichwohl jedem, den seine Wanderung hier vorbeiführt, empfehlen, nicht vorüberzugehen, ohne an diesem reizenden Ort Einkehr gehalten zu haben. Gewiß geht er mit Dank im Herzen gegen den erlauchten Herzog von dannen, der es verstanden hat, hier in so sinniger Weise uns Zeiten und Ereignisse nahe zu bringen, die für die jetzigen und künftigen Geschlechter stets beachtenswert und lehrreich bleiben werden. Friedrich Erck, Meiningen.

Grimmenthal, ein ehemals berühmter Wallfahrtsort.

Seit dem Jahre 1884 durchschneidet das Herz des Thüringer Waldes eine Bahnlinie, die nicht nur als Glied für die Verbindung des Nordostens mit den südwestlichen Teilen unseres Vaterlandes wichtig ist, sondern auch durch eine von landschaftlichen Schönheiten und interessanten Punkten ausgezeichnete Gegend führt. Sie nimmt ihren Ausgang von Neudietendorf, der bekannten Herrnhuterkolonie, grüßt, an den 3 Gleichen vorüberführend, historischen Boden und kommt bald nach dem hübsch gelegenen Arnstadt, wo E. Marlitt-John ihre vielgelesenen Romane schrieb. Nachdem die Bahn Plaue und Gräfenroda passiert hat, tritt sie in das hochromantische Thal der Wilden Gera, auch der Dörrberger Grund genannt, ein, wo das Auge des Vorüberfahrenden der Anblick prachtvoller Wälder entzückt, bevor es in dem nun folgenden 3030 m langen Brandleitetunnel für kurze Zeit in Nacht getaucht wird. Bei Oberhof erreicht die Bahn die Westseite des Gebirges und führt dann an den industriereichen Städten Zella und Suhl vorüber ins liebliche Thal der Hasel, an der entlang sie dem Werrathal zueilt. In dieses gelangt sie bei Grimmenthal, der letzten Station vor ihrer Einmündung in die bayrische Staatsbahn bei Ritschenhausen, und kreuzt dabei die Werrabahn. Die ehemals verhältnismäßig untergeordnete und ruhige Station hat dadurch große Bedeutung gewonnen; denn infolge des Übergangsverkehrs herrscht hier ein außerordentlich reges Leben, und die Stadt Meiningen empfindet es noch heute schmerzlich, daß dieser Verkehrsweg nicht über die Residenzstadt gelenkt worden ist. Die Station trägt ihren Namen von dem ganz in der Nähe liegenden Hospital Grimmenthal, und an diesem Orte hat vor nun fast 400 Jahren das vormals stille Thal schon einmal einen überaus zahlreichen Volksverkehr gesehen, von dem uns die Chronik von Meiningen und Ludwig Bechstein in dem „Romantischen Zeitbild Grimmenthal"*) gar Interessantes zu erzählen wissen. Um diese Zeit war Grimmenthal ein vielbesuchter Wallfahrtsort, dessen Entstehen, Blühen und Vergehen nach den genannten Quellen im nachstehenden geschildert werden soll.

Gegen Ende des 15. Jahrhunderts lebte in dem 20 Minuten von Grimmenthal gelegenen Dorfe Obermaßfeld ein ausgedienter Hauptmann, Heinz Teufel aus Würzburg. Von der Jagd heimkehrend, überfiel ihn am Wege, wo in einer Hecke ein altes verwittertes Marienbild stand, eine starke Unpäßlichkeit, so daß er meinte, sein letztes Stündlein sei gekommen. Mühsam schleppte er sich zu dem alten Betstock und flehte die Jungfrau Maria um Heilung an. Siehe da, nach kurzer Zeit verschwanden seine Schmerzen! Mit einem „Gelobet seist du, Maria!" erhob er sich und glaubte sicher, die Mutter Gottes habe ein Wunder an ihm gewirkt.**) Rasch verbreitete sich die Kunde von dem wunderthätigen Gnadenbilde. Alt und jung eilte hinzu, es zu schauen, und unter dem ehrwürdigen Stamm der alten Linde wimmelte es in kurzem von zahllosem Stadt- und Landvolk, das betend vor dem Bilde auf den Knieen lag und es reich mit Kränzen schmückte. Aus Dankbarkeit für seine Genesung ließ Teufel eine Kapelle errichten, die 1498 von dem Weihbischof von Würzburg in Anwesenheit zahlloser Pilger eingeweiht wurde. Eine unheimliche Krankheit, die damals in Deutschland herrschte, trieb viele, Heilung suchend, nach dem neuen Wallfahrtsorte, und der Besuch wurde ein so außerordentlicher, daß Fürst Wilhelm von Henneberg den Bau einer großen Kirche daselbst anordnete.

Reiche Geschenke wurden dargebracht, und bereits im Jahre 1502 war der Kirchenbau vollendet, daneben auch noch andere Gebäude, in denen flinke Wirte für das leibliche Wohl der Pilger Sorge trugen. Am Himmelfahrtstag dieses Jahres wurde die ungemein reich ausgestattete Wallfahrtskirche unter Entfaltung des größten Pompes eingeweiht. Von seinem Untermaßfelder Schlosse (dem jetzigen Männer-

*) Hildburghausen, Kesselringsche Hofbuchhandlung. 1833.

**) Nach einem andern Bericht soll an einem Bader, Namens Simon Ammi, der in der Nähe des Bildes vom Pferde gefallen war und Arme und Beine gebrochen hatte, das Heilwunder geschehen sein.

zuchthaus der Thüringer Staaten) kam Fürst Wilhelm mit großem Gefolge herüber, denn er interessierte sich außerordentlich für diese Gründung, da sie seinem Lande Geld und Ruhm brachte. Er hatte daher auch Wege und Stege, die nach Grimmenthal führten, verbessern und steinerne Brücken bei Unter- und Obermaßfeld über die Werra und bei Einhausen über die Hasel bauen lassen. Die Weihe vollzog der Bischof von Würzburg. Unzählige Waller waren herbeigekommen, um Ablaß und Segen zu empfangen. Die benachbarten Klöster, Meiningen, Breitungen, Rohr, Veßra, waren durch Abordnungen unter Anführung ihres Abtes oder des Priors bei der Feier vertreten. Reiche Spenden wurden dargebracht, auch der Ärmste ging nicht davon, ohne eine Gabe für die gute Maria von Grimmenthal hinterlassen zu haben.

Linde zu Grimmenthal.

So erfreute sich diese Kirche bald eines großen Reichtums und immer zahlreicheren Zuzugs, denn man hörte fortgesetzt von neuen Wundern, die in Grimmenthal geschehen sein sollten, wie Lahme ohne Krücken, Blinde sehend davongegangen seien u. s. w. Als einmal drei Gefangene in Meiningen aus dem Gefängnis entwichen waren, erzählte man, sie seien dadurch frei geworden, daß sie sich bittend an die heilige Maria zu Grimmenthal gewandt hätten. Die Zahl der Wallfahrer nach diesem Orte soll in einem Jahre 30000, nach andern gar 44000 erreicht haben. Alle Nationen waren unter den Pilgern vertreten, selbst ein König aus Äthiopien soll mit einer Schar Wallfahrer dort verweilt haben.

Während Grimmenthal oft die Menge der Besucher nicht zu fassen vermochte und unaufhörlich von Buß- und Bittgesängen, Litaneien und Gebeten wiederhallte, erlebten andere, zuvor vielbesuchte Orte stille Tage. St. Wolfgangs Kapelle, welche auf einer Insel des Hermannsfelder Sees erbaut war und allen dahin Wallenden hundertjährigen Ablaß verhieß, sah nur selten noch Gäste, und auch die Mönche zu Veßra klagten bitter, daß ihrem Kloster nur kärgliche Spenden zuteil würden.

Aber auch für Grimmenthal war die Zeit des Niedergangs nicht mehr fern. Das Licht des Evangeliums, das der Gottesmann Luther aufs neue angezündet hatte, drang allgemach auch in das Henneberger Land. Luther selbst sagt in seinen Tischreden von dieser Wallfahrt: „Daher ist kommen der große Betrug des Teufels mit den Wallfahrten in das Grimmenthal, da die Leute verblendet, als wären sie toll und thöricht. Ist ein rechtes Grimmenthal, ein vallis furoris."

Furchtbar wütete der Bauernkrieg in dieser Gegend und verwandelte die Henneburg, Lichtenburg, Hutsburg, Osterburg und andere Schlösser in Ruinen, Grimmenthal blieb von der Zerstörungswut der Bauern verschont; der reiche Kirchenschatz war vorher an sicheren Orten geborgen worden. Im Jahre 1527 hatte man in den Opferstöcken zu Grimmenthal noch 1501 Gulden an barem Gelde, außerdem mancherlei Kleinodien gefunden, 1535 fanden sich darin nur 27, 1542 noch 10 Gulden. Das vorher so belebte Gotteshaus verödete, die Lieder und Gebete verstummten, die ewigen Lampen leuchteten nicht mehr, die Altäre waren ihres Schmuckes beraubt, Spinnen spannen graue Schleier über das Antlitz der Madonna. Die Herrlichkeit Grimmenthals war dahin, und auch die Thränen, welche die gute, hölzerne Maria darüber vergoß (man hatte Wasser in dem ausgehöhlten Kopfe des Bildes geborgen), konnten sie nicht zurückbringen. Neben der Geistlichkeit bedauerte das am tiefsten Graf Wilhelm, und so ist es nicht zu verwundern, daß er Luther und sein Werk haßte und einer öffentlichen Einführung der Reformation entgegentrat. Erst seinem Sohne Georg Ernst gelang es 1543, ihr Eingang im Henneberger Land zu verschaffen. Er war es auch, der 1547 Grimmenthal in ein Asyl für Arme und Schwache umwandelte und bestimmte, daß das Vermögen der Wallfahrtskirche für Kirche und Schule verwendet werde. Bald war das neue Hospital von 12 Pfründnern besetzt, die Kirche neu hergerichtet, um nun für protestantischen Gottesdienst Verwendung zu finden. Eine ehemals am Hospitalhause angebrachte Inschrift soll nach der Hennebergischen Chronik gelautet haben:

	Als im Henneberger Herrschaft Land
	Im Schwang noch gieng des Päbstler Tand
	Zum Grimmenthal hin an diesem Grund
1498	Ein Wallfart hoch berümt entstund
1502	Welch wurd erbauet und geweiht,
	Zu Fürst Wilhelm der letztern Zeit.
1530	Da aber Gottes Wort ward rein erklärt,
	Da wards in Hospital verkehrt,
	Darinn täglich arme werden gespeist,
	Und christlich Gottesdienst geleist.
1547	Bestättigt hat solch löblich Werk
	Fürst Georg Ernst von Henneberg.

Diese Inschrift findet sich nicht mehr vor, wohl aber die nachfolgende an der Frontseite des Hauses, rechts neben der Thoreinfahrt, über welcher noch das Gräflich Hennebergische Wappen zu sehen ist.

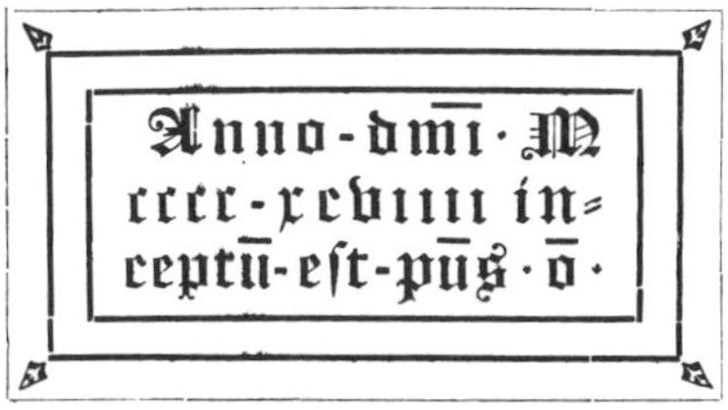

Anno domini M CCCCXCVIIII inceptum est opus hoc. (Im Jahre des Herrn 1499 ist dieses Werk angefangen.)

Am 30. Juni 1758 kam durch unvorsichtiges Flachsdörren Feuer in Grimmenthal aus, wodurch nicht nur das Brauhaus und die Malzdarre in Asche gelegt wurden, sondern auch das Innere der schönen Wallfahrtskirche mit all seinem reichen Schmuck an Malereien und Skulpturen gänzlich ausbrannte. Die ausgebrannten Tempeltrümmer blieben stehen, eine Zier der Gegend, ein Denkmal der Erinnerung, bis sie im ersten Jahrzehnt des 19. Jahrhunderts abgetragen und zur Erbauung von Stallungen benutzt wurden.

Das Hospital besteht heute noch als solches und unterhält jetzt 18 Pfründner. Daneben befinden sich ein großer Ökonomiehof und ein Gasthaus, das sich namentlich zur Sommerszeit regen Besuches erfreut. Die alte Linde aber grünt und blüht als eine Zeugin aus vergangenen Tagen noch fort. Ist auch ihr Stamm morsch und hohl geworden, so kann doch der Gast, der in Grimmenthal Einkehr hält, noch unter ihrem Laubdach oder auf den Ruhesitzen, die zwischen dem Astwerk ihrer Krone errichtet sind, nachsinnen über den Wandel der Zeiten und den Wechsel der Anschauungen.

Friedrich Erck, Meiningen.

Der Brautrocken.

In den Dörfern des Jüchsegrundes hat sich bis heute ein ganz eigenartiger Gebrauch bei der Verehelichung erhalten — der sogenannte Brautrocken. Das kirchliche Aufgebot des Brautpaares ist für die Bewohner dieser Orte zugleich die Ankündigung, daß im Laufe der Woche die Braut mit ihrer Begleitung in jedem Hause vorzusprechen sich erlauben wird. Schon lange vorher ist von der Braut eine nähere Bekannte, gewöhnlich eine Tochter der Paten, zur Begleiterin oder sogenannten „Brautmagd“ bestimmt worden. Nur unbescholtene junge Mädchen können zu diesem Ehrenposten berufen werden, weshalb auch die Ankündigung ihrer Wahl von den Betreffenden mit großer Freude und herzlichem Danke entgegengenommen wird. Zugleich wird die „Brautmagd“ von dem Brautpaare mit irgend einem Kleidungsstück oder Schmuckgegenstande beschenkt. In festlichem Gewande wird sodann, gewöhnlich am Dienstag vor der Hochzeit, von der Braut und der Brautmagd der Rundgang angetreten. Beide tragen eigens hierzu bestimmte Körbe, die im Dorfe wenig vorhanden sind, aber zu diesem Zwecke gern verliehen werden. In den nächsten Nachbarhäusern beginnt der Besuch. Mit der stereotypen Redensart: „Da bring ich e' Braut“ wird die Vorstellung von der Brautmagd eingeleitet. Daran schließt sich ein kurzes oder längeres Gespräch über Witterung, Putz, Hochzeit u. dergl.; die Hauptsache ist aber das nun an die Braut zu verabfolgende Geschenk, bestehend in Haushaltungsgegenständen, wie Tassen, Gläsern, Lampen 2c. oder in barem Gelde. Der Wert des Geschenkes richtet sich ganz nach den Beziehungen, in welchen die Verlobten zu den einzelnen Familien stehen.

Brautrocken.

So wandern denn die beiden „Bräute“ — denn so werden sie kurzweg genannt — von Haus zu Haus, um überall die Gaben in Empfang zu nehmen; nur die größte Feindschaft zu einer Familie kann eine Wohnung überspringen lassen. In früheren Zeiten, als der Flachsbau in unserem Grunde noch in Blüte stand, wurde in den meisten Fällen Flachs gegeben und zwar so viel, wie man auf einmal an dem Rocken des Spinnrades befestigen konnte, daher führt der Gebrauch noch heute den Namen „Brautrocken“. Mehrmals begeben sich die fleißigen Einsammlerinnen nach Hause, um erst die gesammelten Geschenke niederzulegen, und setzen dann immer aufs neue ihren Gang fort. In besonders befreundeten Familien, so hauptsächlich bei den nächsten Verwandten oder Paten, wird gewöhnlich ein kleiner Imbiß oder auch ein Gläschen Wein, mindestens aber ein Täßchen Kaffee verabreicht. — Im Laufe des Tages stellen sich nun die Nachbarn und Freunde, Verwandte und Bekannte im Hause der Braut ein, um die Geschenke alle zu bewundern. Dabei zeigt die Brautmutter mit Stolz und Freude die schönen Sachen und weiß ohne Etikette sofort die einzelnen Geber zu nennen. Der Bräutigam fehlt natürlich auch nicht, er freut sich über den ersten gemeinsamen Vermögenserwerb und giebt seiner Freude wohl dadurch Ausdruck, daß er ein „Fäßchen“ stiftet. Am Abend des so „einträglichen“ Tages versammeln sich noch die besonders Geladenen zur Besichtigung der Gaben im Hause der Braut und verleben hier einige frohe Stunden.

Man mag über die Einrichtung des Brautrockens denken, wie man will, sie als eine Belästigung oder eine besondere Steuer auffassen — sie wird sich nie beseitigen lassen — und das ist gut. Es ist damit auch den Ärmsten für die Ehe ein einigermaßen günstiger Anfang geboten, indem sie auf diese Weise wenigstens die allernötigsten Ausstattungsstücke für Wohnung und Küche erlangen. Es wird mit dieser Sitte ein Stück edlen Gemeinsinns erhalten, und wer wollte sich namentlich in unseren Zeitläuften nicht darüber freuen?

F. Gerlach, Jüchsen.

Feste Heldburg.

Wohlauf, die Luft geht frisch und rein,
Wer lange sitzt, muß rosten,
Den allerschönsten Sonnenschein
Läßt uns der Himmel kosten.
Jetzt reicht mir Stab und Ordenskleid
Der fahrenden Scholaren,
Ich will zu guter Sommerszeit
Ins Land der Franken fahren!

Mit diesem schönen Burschenliede hat Scheffel zu erkennen gegeben, wie gern er nach dem Frankenlande gewandert ist, wie er als vielgereister Mann gern geweilt hat in den fränkischen Gauen, und wie er hier den südlichen Himmel beim allerschönsten Sonnenscheine vergessen, seine Befriedigung im Empfinden und Genießen der landschaftlichen Schönheit und Stille und Abgelegenheit gefunden hat. — Und fürwahr, eine Fahrt ins Frankenland ist lohnend! Unter dem Begriffe Franken versteht der nur auf dem geographisch-politischen Standpunkt Stehende vielleicht nur die zum Königreich Bayern gehörigen Bezirke Ober-, Mittel- und Unterfranken. Lebt man aber unter der Bevölkerung der in Frage kommenden Gegenden, so erkennt man bald, daß der volkstümliche Begriff das ganze Stromgebiet des Maines als Franken bezeichnet.

Da man heute moderner geworden ist, und das Ordenskleid und der Stab der fahrenden Scholaren in ursprünglicher Form wohl selten noch anzutreffen sein wird, so wollen wir eine Fahrt ins Frankenland zwar nicht auf schönere, aber bequemere und gebräuchlichere Art unternehmen.

Verlassen wir bei Hildburghausen das Thal der Werra und somit das Wesergebiet in südlicher Richtung, so brauchen wir den „schmalen Spuren“ der Eisenbahnlinie Hildburghausen-Friedrichshall nicht lange zu folgen, und wir befinden uns schon im Maingebiete, im Frankenlande. Auf der Zickzackfahrt mit dem „Bähnle“ bleibt rechts der große und der kleine Gleichberg liegen. Letzterer, jedenfalls vulkanischen Ursprungs, war bis zur neuesten Zeit der Fundort vieler interessanter Gegenstände aus der Stein- und Bronzezeit. Links winkt uns von waldiger Bergeshöhe die Ruine „Straufhain“, eine zerfallene, schon im 12. Jahrhundert urkundlich genannte Burg. Doch vorwärts geht die Fahrt durch das Wiesenthal der Kreck, und bald hebt sich am Horizont auf hohem, schön bewachsenem Basaltkegel eine Burg ab, die dem Namen „Fränkische Leuchte“ alle Ehre macht, es ist die Feste Heldburg. Diese sei das Ziel unserer heutigen Fahrt.

Nach einer Photographie im Verlag von Junghannß & Koritzer, Kunstanstalt, Meiningen.

Die Feste Heldburg.

Auf schattiger, schön hergerichteter Fahrstraße beginnen wir direkt am Bahnhof, am Schützenhaus und an der Oberförsterei vorüber, den Aufstieg, der auf bequeme Weise in einer Viertelstunde bewerkstelligt ist. Je höher wir kommen, desto mehr nehmen wir wahr, daß in gärtnerischer Beziehung die Kunst die an und für sich schöne Natur kräftig unterstützt hat. Schön angelegte und sorgfältig gepflegte Wege umschlängeln die altehrwürdige Burg. Auf einem dieser Wege durchschreiten wir einen steinernen Thorbogen und befinden uns sogleich vor einem der beiden Festungsthore, wo der Eingang in den innern Burghof ist. Hier im Innern treten die Unterscheidungsmerkmale in den drei Bauten, die schon äußerlich der Burg ihre Signatur geben, wiederum deutlich zu Tage. Drei Bauperioden lassen sich deutlich unterscheiden und sind auch dem Namen nach bezeichnet.

In ihrer jetzigen Gestalt zerfällt die Feste in den Heidenbau (Nordostseite), den Kommandantenbau (Nordwestseite) und den Französischen Bau (Südseite). Im Heidenbau befindet sich die von Herzog Ernst dem Frommen eingerichtete und 1665 eingeweihte Kirche, die den Namen „Zum Kripplein Christi“ erhielt, sintemalen sie auf der Stelle eines ehemaligen Pferdestalles errichtet wurde. Die von Gebäuden freie Nordostseite des Burghofes bietet von der mit Zinnen versehenen Burgmauer eine herrliche Aussicht nach dem Thüringer Walde. In seiner ganzen Breite bietet er sich dar, sichtbar sind von links nach rechts der Dolmar, Ruppberg, Gebrannte Stein, Beerberg, Schneekopf, Finsterberg, mehr im Vordergrunde die Hohe Wart,

Nach einer Photographie von H. Bräunlich, Jena.

Der Burghof der Feste Heldburg.

Simmersberg und Eisfelder Bleß. — Der Kommandantenbau besteht aus einigen Vorratsräumen, von denen einer die ehemalige Burgapotheke enthielt, deren Privilegium aber jetzt mit der Apotheke in der Stadt Heldburg vereinigt ist. Der Französische Bau im Renaissancestil enthält außer dem Rittersaal mit alter Waffendekoration das Audienzzimmer des Herzogs, Speisezimmer, die Zimmer der Frau Baronin von Heldburg und verschiedene andere, zum Teil noch in künstlerischem Ausbau begriffene Gemächer. — Doch nun ist es Zeit, sich nach einer Erfrischung umzusehen. Wir ersteigen die am Südthor befindliche Treppe und gelangen rechts in die Restaurationsräume des Eckturmes. Bei einer Flasche guten Gerstensaftes pflegen wir der Ruhe und lassen uns etwas von der Geschichte der Burg erzählen.

Wann sie erstanden, ist historisch sicher nicht erwiesen. Doch steht so viel fest, daß sie erbaut worden ist in der Zeit, da der christliche Kult den heidnischen noch nicht vollständig verdrängt hatte. Der Sage nach hat sich hier eine altheidnische Kultstätte befunden, die dem Heidenbau dann seine Bezeichnung gegeben. Für diese Annahme spricht auch der dicht bei der Burg befindliche „Hain“. Um das Jahr 837 wird die „Elidburg“, als vom Gaugrafen Asis an das Stift Fulda testamentarisch überwiesen, erwähnt.

Nach wechselndem Besitz ging die Feste mit umliegenden Landesteilen an die Grafen von Henneberg und später an die Grafen von Meißen über, um dann stets bei den Wettinern zu bleiben. — Auch in den bekannten „Grumbachschen Händeln“ scheint die Heldburg eine Rolle gespielt zu haben. Hier, wo Friedrich des Mittleren zweiter Sohn geboren wurde und damals der Ausbau zur Herzoglichen Residenz erfolgte, hier hat jedenfalls die erste Zusammenkunft zwischen Wilhelm von Grumbach, der im nahen Hellingen ein Gut besaß, und dem oben genannten Herzog Johann Friedrich stattgefunden. — Während des Dreißigjährigen Krieges hat die Feste ebenso wie die Stadt Heldburg schwere Plünderungen und Verheerungen durchmachen müssen. Zweimal wurde sie erstürmt (1632 und 1634). — Unter Herzog Ernst erfolgte später teilweise Wiederherstellung und Befestigung; ja, es wurde sogar ein Reichskontingent als Garnison hierher gelegt.

Doch diese Periode der Fürsorge verging bald, und seit dem Jahre 1770 wurde wenig für Erhaltung dieser historischen Stätte gethan, obgleich vom Landtage eine Zeit lang 800 fl. jährlich für dieselbe bewilligt waren. Und so kam es, daß Prof. Brückner in seiner Meiningischen Landeskunde im Jahre 1853 schreiben konnte: „In den letzten kunstgramen Jahren ist die Feste dem Griff des Wetters wieder überlassen worden. Bereits ist dort vieles Herrliche zerfallen und vieles zum Einbrechen bereit. Nur noch wenig bewohnbare Zimmer sind vorhanden, außerdem eine alte Rüstkammer, ein chaotisches Archiv, ein Burgverließ, starke Gefängnisse und schauerliche Marterkammern, geräumige Keller, Gewölbe und Gänge, ein Kirchlein, eine Cisterne und ein Brunnen.“ — Doch über dieser Burg waltete ein guter Stern; sie sollte dem Verfall noch nicht geweiht sein, sondern sie sollte neu erstehen und künstlerisch vervollkommnet werden. Und dieses würdige Ziel hatte sich der Landesherr, der Herzog Georg, gesteckt. Die Feste kann sich freuen, daß sie einen derartigen kunstsinnigen und kunstverständigen Bauherrn gefunden hat. Gleich einem Phönix ist sie aus ihrem Verfall wieder erstanden, schöner und herrlicher als je zuvor. Alljährlich noch werden Neubauten und Änderungen vorgenommen, die auf direkten persönlichen Befehl des Herzogs ausgeführt werden. Längere oder kürzere Zeit nimmt auch der Herzog mit seiner hohen Gemahlin, der Frau Baronin von Heldburg, hier Aufenthalt, um, allen lauten und prunkenden Festen abhold, die landschaftliche Schönheit und die echte, stillanhängliche Liebe der Landeskinder zu genießen.

Doch inzwischen hat die Sonne ihren Pfad weiter verfolgt und schickt sich eben an, am westlichen Horizont hinter den Rhönbergen zu verschwinden. Da bietet sich dem Auge noch ein Bild, das sich mit Worten nicht wiedergeben läßt. Wir sehen hinab ins Wiesenthal der Kreck, die sich gleich einem silbernen Faden in mannigfachen Windungen dahinzieht, und erblicken friedliche Ortschaften, am Horizont die Höhen der Rhön, davor, gegen die blutrot untergehende Sonne scharf abgegrenzt, die weißen Gemäuer der auf bayrischem Gebiet stehenden, weithin sichtbaren St. Ursulakapelle, an deren Fuße sich die Quellen der Fränkischen Saale befinden. Nach Südosten bietet sich der Ausblick nach den bayrischen Höhen des direkten Maingebietes. Östlich schließen sich der Staffelberg, die Feste Coburg u. s. w. an. Doch wir müssen die Stätte wieder verlassen, wo das Auge ungehindert schweifen konnte von den Höhen des Thüringer Waldes bis hinab zur Maingegend. Wir lenken unsere Schritte von der Heldburg wieder abwärts und gelangen bald in das Städtchen gleichen Namens. Seine Entstehung fällt wohl mit der der Feste zusammen. 837 wird es erwähnt als „Heldburg im Fleck“. Die Einwohnerzahl, ca. 1100, ist sich seit langer Zeit gleich geblieben, und es ist auch nicht anzunehmen, daß dieselbe überhaupt noch bedeutend größer werden könnte. Von der großen Heerstraße entfernt, durch seine Lage für Handel nicht geeignet, ohne besondere Industriezweige, bleibt der Bevölkerung nur Ackerbau und Viehzucht. Ein biederer, fleißiger Menschenschlag geht seinen mühsamen Tagesverrichtungen nach, ohne jedoch auf einen grünen Zweig kommen zu können, ohne aber auch große Ansprüche an das Leben zu stellen.

Nach einer Photogr. v. F. Zinck, Hildburghausen.

Ritter Georg auf Feste Heldburg.

Wer Bedarf oder Lust hat, dem nahen „Friedrichshall“ einen Besuch abzustatten, um sich an dessen lieblichem „Bitterwasser“ zu ergötzen, der mag es thun. Wir besteigen wieder das „Bähnle“ und verlassen unser heutiges Reiseziel mit dem

Wunsche, daß der Feste Heldburg stets ein Herr beschieden sein möge, der das erhält, was der derzeitige Herzog Georg in wahrer Würdigung der hervorragend schönen landschaftlichen Lage und historischen Vergangenheit aus den Ruinen hat erstehen lassen: einen herrlichen Schmuck der Meininger Lande!

A. Schunke, Heldburg.

Wie die Ortschaften des Meininger Landes zu ihren Namen gekommen sind.

Warum sind uns viele deutsche Orts-, Länder-, Fluß- und Bergnamen so unverständlich? Klingt dem gewöhnlichen Manne, dem umfassendere Sprachkenntnisse fehlen, unser „Weimar“ oder „Kahla“ nicht ebenso fremd wie etwa „Smyrna“ oder „Lima“? Bei dem Namen „Suhl“ vermag er sich so wenig zu denken wie etwa bei „Sues“, so daß man in Anwendung auf die Ortsnamen mit vollem Rechte sagen kann, der Deutsche versteht sein Deutsch nicht mehr.

Unsere meisten Orte verdanken ihre Namen irgend einem hervorstechenden Merkmal ihrer ursprünglichen Beschaffenheit, ihrer Lage, ihrer Umgebung u. s. w., oder sie sind nach ihren Gründern benannt. Der fremdartige Klang vieler Ortsnamen aber rührt davon her, daß sie an der Entwickelung der deutschen Sprache nicht teilgenommen haben, sondern auf einer früheren Stufe derselben stehen geblieben sind. So sind die Ortsnamen zugleich Denkmäler längst überwundener Sprachstufen. Ganz spurlos ist freilich die Entwickelung unserer Muttersprache an den Ortsnamen nicht vorübergegangen; namentlich solange sie sich hauptsächlich durch mündliche Überlieferung von Geschlecht zu Geschlecht fortpflanzten, sind sie mannigfach abgeändert worden, wie die Urkunden besagen, die uns die Ortsnamen aus verschiedenen Zeiträumen der Vergangenheit übermitteln.

Als die Germanen auf ihren Wanderungen aus dem Osten in das heutige Deutschland kamen, fanden sie hier schon Bewohner vor. Diese, die Kelten, wurden von ihnen aus ihren Wohnsitzen verdrängt und zogen sich immer weiter nach dem Westen Europas zurück. Dem Keltenvolk verdanken wir in Deutschland die Namen Donau, Rhein, Wien, Worms, Mainz. Auch Thüringen war von Kelten bewohnt. Die merkwürdigen Gleichberge bei Römhild (nebst den in ihrer Nähe gelegenen Dörfern Gleichamberg und Gleicherwiesen) sollen ihren Namen von den Kelten erhalten haben, indem die urkundlich älteste Bezeichnung Glichen (Glychen) auf das keltische Wort clwg = Felsen zurückgeführt wird, so daß „Gleichberge“ so viel wie „Felsenberge“ heißt, was ja diese Basalterhebungen mit ihren gewaltigen Steinringen in der That sind.

Nach unserer kleinen Abschweifung auf diese altehrwürdige Bergbezeichnung wenden wir uns nunmehr den Ortsnamen zu, wobei wir uns freilich in der Hauptsache auf typische Formen beschränken müssen.

Viele Ortsnamen erscheinen unserem Ohr so fremd, weil sie Personennamen enthalten, die längst außer Gebrauch gekommen sind. Achelstedt bei Kranichfeld heißt „zu der Hofstätte des Agis oder Achilo", Gügleben, 795 Guggileiba geschrieben, ist der „Grundbesitz oder Hof des Gogo (Gugo)". Gumpelstadt enthält den alten Personennamen Gumpold (Cumpold), Hildburghausen den Namen Hilpert (Chilbert). Von einem gewissen Helido oder Helid hat Heldburg, von einem Hunmar Ummerstadt, von einem Sunno wahrscheinlich Sonneberg, von einem Schalcho Schalkau den Namen. In Gellershausen steckt der Personenname Gilaris, in Grimmelshausen der Name Grimoald (Grimold), in Gösselsdorf Gozzilo, in Eisfeld, 859 Asifelde, und in Eishausen, 827 Asiseshus, der Name Aso (Asi), in Einhausen der Name Agino, zusammengezogen in Aino, in Einödhausen, 889 Einharteshusen, der Personenname Eginhard (Einhart). Auch die eigentümlichen Formen Wahns, Mehmels, Melkers, Metzels, Ehnes, Möckers, Eckardts, Meimers und ähnliche enthalten Personennamen; denn Wahns heißt „zu dem Wohnsitz des Wahn", Eckardts „zur Behausung des Eckhardt", Ehnes „zum Hof des Enes (Aino)". Bei Melkers, Mehmels, Möckers, Meimers aber erhalten wir den Personennamen, wenn wir das anlautende M wegnehmen: Melkers heißt ursprünglich „zum Elkers"; im Volksmund verschmolz im Laufe der Jahre das m mit dem Personennamen, während das „zu" nicht mehr gesprochen wurde. Dieser Vorgang ist bei einer ganzen Reihe von Ortsnamen nachzuweisen. So ist Meschenbach eigentlich „zum Eschenbach", Merbelsrod „Rodung zum Erbel", wie im Dialekt der Ort Eicha bei Römhild noch heute „Träg" heißt, entstanden aus „zu der Äch, Äg" (d. h. Eiche). Wenn wir übrigens an Gasthäusern und Restaurants lesen: „Zum Fürsten Bismarck", „Zum Alten Fritz", so haben wir einen Beweis dafür, daß jene alte Form der Namengebung noch im Volksbewußtsein fortlebt.

An die zuletzt genannten schließen sich die auch in Süddeutschland weit verbreiteten Ortsnamen auf ungen und ingen an. Diese Endungen weisen darauf hin, daß die betreffenden Orte im 5. bis 9. Jahrhundert von schwäbischen Einwanderern gegründet worden sind. Hierher gehören Namen wie Meiningen, Salzungen, Wasungen, Breitungen, Schwallungen, Behrungen und Stedtlingen. Inge, im dritten Fall der Mehrzahl Ingen, war früher ein selbständiges Hauptwort, und „die Inge" bedeutet: „die Leute", „die Familie", „die Nachkommen". Demnach ist Salzungen — der Volksmund macht keinen Unterschied zwischen ingen und ungen, im Meininger Unterland spricht man Salzinge, Breitinge u. s. w. — zu erklären als „zu den Ansiedlern an den Salzquellen", Breitungen „zu den Leuten an der breiten Flußebene", Schwallungen „an dem Wasserschwall", Wasungen „zu den Ansiedlern an den Wasen" (Wiesen), Stedtlingen „zu den Nachkommen des Stadil" und Meiningen, zur Zeit Karls des Großen „Mimininga", „zu den Nachkommen des Mimo".

Eine große Klasse von Ortsnamen bilden die auf „hausen". An dieser Endung kommt uns deutlich zum Bewußtsein, wie fremd uns die Sprache unserer Vorfahren geworden ist. Wie wenige ahnen, daß „hausen" unser „Haus" enthält! Und doch ist dies der Fall. „Hausen“ ist der 3. Fall der Mehrzahl, der jetzt „Häusern“ lautet. Noch älter ist die Form „Husen“. Es ist schon einigemal angedeutet worden, daß die meisten deutschen Ortsnamen nicht im ersten, sondern im dritten Falle, also auf die Frage wo? stehen. In Amberg (= am Berg), Andermatt (= an der Matte) und in Zermatt (= zu der Matte) sind die vollständigen Fallbezeichnungen erhalten; die Mehrzahl der Ortsnamen hat jedoch das Verhältniswort jetzt abgestoßen. Die einfachste, freilich auch unbestimmteste und nur für einen kleinen Umkreis genügende Ortsbezeichnung war „zu den Häusern“, „zu den Husen“, „zu den Hausen“ oder auch „zu den Stätten“ (Wohnstätten), „zu der Stätte“. Der Ortsname „Hausen“, im übrigen Thüringen einigemal vorkommend, begegnet uns im Herzogtum Meiningen nicht. Auch „Stetten“ oder „Stedten“ ohne jede nähere Bestimmung kommt in Thüringen mehrmals vor, sehr häufig in zusammengesetzten Ortsnamen. Die Namen Westhausen, Osthausen, denen wir Nordhausen und Sundhausen (d. i. Südhausen) aus dem übrigen Thüringen hinzufügen, bedeuten nach dem eben Gesagten „zu den in westlicher, östlicher, nördlicher, südlicher Richtung gelegenen Häusern“. Diese Namen deuten demnach darauf hin, daß die durch sie bezeichneten Orte als Ansiedelungen von einem vorher angebauten Punkte, einem Mutterorte, aus angesehen werden müssen. Auf welche Orte sie freilich bezogen wurden, läßt sich nicht mehr feststellen. Holzhausen bedeutet „zu den Häusern im Holze, im Walde“, es ist also dasselbe wie das jüngere Wallendorf (= Walddorf), während in Adelhausen, Albingshausen, Bernshausen, Bettenhausen, Ellingshausen, Hümpfershausen, Poppenhausen, Rippershausen, Ritschenhausen, Stepfershausen, Stressenhausen, Welkershausen, Wernshausen und ähnlichen alte Personennamen enthalten sind. Eckolstädt ist die „Wohnstätte des Ekkolf“, Beinerstadt — wie kommt ein Dorf zu der Bezeichnung Stadt?! — ist keine Stadt nach heutigem Sprachgebrauche, sondern die „Hofstätte des Beinhar (Beinher)“.

Bei vielen zusammengesetzten Ortsnamen wird durch das Grundwort auf die Beschaffenheit der Gegend, auf irgend eine Eigentümlichkeit der Lage hingewiesen. Zu dieser Klasse zählen die Ortsnamen auf mar, ried (rieth), loh, a, aha, ach, wald, bach, berg, thal, fels, und zwar stammen Orte, deren Namen auf mar, loh und aha (a) endigen, aus einer entlegeneren Vergangenheit als Orte mit den übrigen Endungen. Wichmar, Themar, Rottmar, Rosa, alt Rosaha, Herpf, schon 788 als Heriffa erwähnt, und Örlsdorf gehören demnach mit zu den ältesten Ansiedlungen im Meininger Lande. Wichmar, in einem Thalkessel am rechten Ufer der Saale in der Nähe von Camburg gelegen, heißt weiches Mar, weiches Sumpfland; der Name besagt demnach, daß der Ort an einem Sumpfe erbaut wurde. Übrigens haben Wechmar im Gothaischen und Weimar, das im Jahre 800 als Wechmare vorkommt, ganz dieselbe Bedeutung wie Wichmar. Auch in Themar und Rottmar tritt uns das alte Mar entgegen. Themar, dessen älteste beglaubigte Schreibweise Tagamari lautet, bedeutet „Ort am Lehmsumpf“. Das in der Nähe liegende Dorf Tachbach erklärt sich auf ähnliche Weise. Auf eine Lage in ursprünglich feuchter, sumpfiger Gegend weisen auch die Namen auf rieth (ried) hin.

Denn rieth (hriot) ist unser jetziges „Ried“. Demnach lag Leimrieth ursprünglich an „Lehmwiesen mit Riedgras“; auch Reurieth, das im ersten Teile den Personennamen Ruoho enthält, und Häselrieth, beide an der Werra gelegen, weisen mit ihren Namen auf ihre Lage in ehemals auffallend sumpfiger Gegend hin. Bei der Namengebung des Dorfes Rieth bei Heldburg hat man sich mit der einfachen Form begnügt.

Die Endungen rot, rod, reuth, gereuth dagegen sind nicht mit rieth verwandt, sondern bedeuten „Rodung im Walde“. Sehr oft kam es vor, daß Ansiedler erst den Wald mit Feuer oder mit dem Beil und der Hacke ausroden mußten, um Raum für die Wohnstätte und Ackerland zum Anbau der Feldfrüchte zu gewinnen. Die auf diese Weise entstandenen Orte wurden häufig kurz Roth, Rode, Roda genannt, sie begegnen uns in großer Zahl in Thüringen. Bei Hinterrod (und Oberrod) wird die Lage der Rodung zu einem anderen Punkte näher bezeichnet; Waffenrod, Witzelrode und Schirnrod sagen uns, daß sich bei dem ersteren Orte ein Woffo, bei dem zweiten ein Wecil (Wetzel) und bei dem dritten ein Schir an der Rodung niederließ. Ebenso enthalten Arnsgereuth und Wittmannsgereuth in ihren Bestimmungswörtern die Namen derer, die den Wald rodeten und sich an der Rodung ansiedelten. Vielfach ist heutigestages von jenen Sümpfen und von diesen Wäldern keine Spur mehr zu sehen, sie sind der menschlichen Kultur gewichen. So erzählen uns die Ortsnamen, wie es in grauer Vergangenheit in der und jener Gegend ausgesehen hat.

Auf ehemalige Lage im Walde weisen auch die Ortsnamen auf loh hin, von denen im Meininger Lande nur Örlsdorf, ursprüngliche Schreibweise Urlogesdorf (= Urlohesdorf), vorkommt. Loh, im zweiten Falle Lohes, ist das ältere Wort für Holz, Wald. Es ist unverstümmelt erhalten in Büchelloh (Buchenloh) bei Ilmenau, in Hohenlohe und Iserlohn.

Die Ortsnamen auf a und ach sagen uns, daß ihre Träger nach dem Flusse oder Bache benannt wurden, an dem sie liegen. Das alte Wort affa, ahva, stammverwandt mit dem lateinischen aqua, bedeutet Wasser, Bach. Es kommt auch als ache und aha vor, meistens ist aber nur a übrig geblieben. Dies ist der Fall bei Werra, Gera, Rosa, Fulda, Schwarza, Wipfra u. a., während ach noch in Rodach, Steinach, Baunach u. a. vorkommt. Steinach wurde also einfach nach dem Gewässer benannt, an dem es gegründet worden war. Liegt aber ein Ort, dessen Name auf ach endet, an keinem Gewässer, wie z. B. Fichtach bei Schalkau, so hat ach dieselbe Bedeutung wie ig, igt, icht in den Namen Birkig, Birkigt, Eichicht, die bekanntlich als Sammelnamen unserem „Birkenwald“ und „Eichenwald“ entsprechen. Von der Beschaffenheit der Gegend hat auch Römhild seinen Namen. Um das Jahr 800 wurde es Rotemulte geschrieben, ist also aus rot und multe, dem alten Worte für „feine, lockere Erde“, zusammengesetzt. Einer Eigentümlichkeit des Bodens verdankt ferner noch Camburg seinen Namen. Es hat ihn der Kamburg entlehnt, die ehemals auf dem Turmberg gestanden hat. „Kam“ aber ist unser heutiges „Bergkamm“.

Zahlreiche Orte sind nach Tieren benannt, wie Pfersdorf, früher Hengesdorp, nach der Pferdezucht, die daselbst stark betrieben wurde. Auch Marisfeld ist wahrscheinlich hierher zu stellen, das in dem ersten Teile seines Namens das alte Wort für Pferd „Mar", eigentlich Marach, March, enthält. In Zusammensetzungen fällt das ch gewöhnlich aus, wie z. B. in Marbach, Marstall und Marschall. Ferner kommt der Name Rosa von Roß her; er deutet ebenfalls auf die Pferdezucht hin, die ehemals in der Gegend in Blüte stand. Es sei noch hingewiesen auf Roßfeld, Roßdorf, Gaulshausen, Mährenhausen. Schweina hat seinen Namen von der ehemals an dem gleichnamigen Bache stark betriebenen Schweinezucht und ist seiner Bedeutung nach mit Barchfeld verwandt, das mit dem alten Worte Barch für Schwein zusammengesetzt ist. Barchfeld ist der Ort an dem Felde, wo die Schweine gehalten wurden, wie Kranichfeld der Ort an dem Felde, auf dem sich die Kraniche sammelten. Mupperg bei Sonneberg ist ebenfalls nach dem bei unseren Vorfahren so hoch geschätzten Borstentiere benannt. Die älteste Schreibweise ist Muggiburc; so wurde ursprünglich der eigentümlich gestaltete Berg genannt, in dessen Nähe der Ort liegt und dessen Name auf ihn überging. Muc aber ist ein keltisches Wort und bedeutet Schwein. An und auf dem Mupperge wurden ehemals wie auf allen Eber-, Bern- und Schweinsbergen Schweineherden geweidet. Über die Bedeutung der Pferde- und Schweinezucht im alten Thüringen liegen geschichtliche Zeugnisse vor. Zu Anfang des fünften Jahrhunderts werden die Thüringer in einer römischen Tierarzeneikunde wegen ihrer guten Pferdezucht genannt. Als der thüringische König Hermannfried um die Hand der Amalaberga, der Nichte des großen Ostgotenkönigs Theoderich, warb, schickte er als Brautgabe an Theoderich thüringische Rosse, deren Vorzüge sehr anerkennend in einem Briefe Theoderichs an Hermannfried geschildert werden. In der zweiten Hälfte des sechsten Jahrhunderts legte Siegbert, der Sohn des fränkischen Königs Chlotar I., Mittelthüringen einen jährlichen Zins von 500 Schweinen, die an den königlichen Hof zu liefern waren, auf.

An manchen Orten scheint sich in alten Zeiten edles Wild so zahlreich aufgehalten zu haben, daß Ansiedlungen nach ihm benannt wurden, so das alte Hindfeld im Grabfeld und Hirschendorf bei Eisfeld. Von den Beziehungen unserer Vorfahren zur Pflanzenwelt legen Namen, wie Linden, Lindenberg, Lindenau, Oberlind, Unterlind, Effelder, Harras u. a. Zeugnis ab. Die nach vielfach an alten Gerichtsstätten anzutreffenden Linden genannten Orte bedürfen weiter keiner Erklärung. Effelder, älteste Schreibweise Affaldrahe, ist aus dem alten Worte apfalter = der Apfelbaum entstanden, und Harras heißt Flachsröste, denn der erste Teil des Wortes ist das alte „Har" (für Flachs), und ras kommt von rozen = rösten.

Besonders schwierig sind die aus dem Slavischen stammenden Ortsnamen zu erklären, deren es im Meiningischen eine stattliche Anzahl giebt. Nach den Stürmen der Völkerwanderung zogen die Slaven aus dem heutigen Ungarn und Rußland weiter nach Westen und breiteten sich bald bis zur Elbe und Saale aus. Die ersten slavischen Vorposten mögen zu Ende des sechsten Jahrhunderts Elbe und

Saale erreicht haben. Die Hauptmasse dagegen siedelte sich erst im Laufe des achten Jahrhunderts im östlichen Thüringen an. Das Vorkommen slavischer Ortsnamen sagt uns nun genau, wie weit jene Eindringlinge vorrückten. Diese Einwanderung geschah in den meisten Fällen auf friedlichem Wege. Die Dorfanlage der Slaven wich von der der Germanen auffallend ab: ihre Orte wurden, offenbar zu größerer Sicherheit vor feindlichen Überfällen, ringförmig erbaut, während die Germanen in Langdörfern und die Kelten in Einzelhöfen wohnten. Um den Dorfplatz herum gruppierten sich die Wohnhäuser, diesem eine Giebelseite zukehrend. Durch einen einzigen Zugang stand das Innere des Dorfes mit der Umgebung in Verbindung. Nur wenige Orte sind indes in dieser ursprünglichen Bauart erhalten geblieben. Das Wachstum der Dörfer, die Neuanlegung von Straßen verwischten den eigenartigen Charakter der slavischen Ansiedlungen, so daß jetzt außer Sitten und Trachten der Einwohner gewöhnlich nur noch der Name an den slavischen Ursprung erinnert. Aber auch die Namen haben sich zum Teil sehr gewandelt, so daß es bei vielen schwer fällt, die richtige Erklärung zu finden. Manche klingen dem Ohre wie echt deutsche Namen, während es anderseits auch nicht an gut deutschen Ortsnamen fehlt, die scheinbar slavisch sind. Bei einigen ist die Sprachforschung noch nicht ins reine gekommen, ob sie es mit einem deutschen oder einem slavischen Worte zu thun hat. Ans Deutsche klingen z. B. an Namen, wie Pößneck, Lehesten, Liebau, Gebersdorf, Treppendorf, Döhlau, Brattendorf, Cröften, Leislau und Molau. Diese Orte sind jedoch insgesamt nachweislich slavische Gründungen. Den Ortsnamen Pößneck, Liebau, Gebersdorf, Treppendorf (ursprünglich Trebunesthorp), Brattendorf und Molau liegen die slavischen Personennamen Pozdnik, Ljubo, Javor, Trebunu, Braton und Mol — vermutlich die Namen der Gründer oder der ersten Ansiedler — zu Grunde. Lehesten dagegen ist von dem slavischen lěstna, Haselbusch, Döhlau von dolan, Thalbewohner, Cröften von chrast, Gesträuch, Leislau von lysa, kahl, baumlos, und laj, Strecke, Graitschen von gradu, umwallter Platz, Prießnitz von brêza, die Birke, abzuleiten. Als slavischer Herkunft verraten sich die meisten Ortsnamen auf itz und ütz. Sie sind überwiegend aus slavischen Personennamen gebildet worden, wie Sieglitz, Seiselitz, Seidewitz, Schierschnitz, Rödelwitz, Röblitz, Creunitz, Beulwitz, Löbschütz, Neidschütz u. a., so daß z. B. Sieglitz als „Ansiedlung des Sedlak“, Rödelwitz als „Sippe des Rodla“, Beulwitz als „Hof des Byl“, Löbschütz als „Wohnort des Lubis“ aufzufassen ist. Indessen muß man sich hüten, alle Orte mit der Endung itz für slavisch zu halten. Auch echt deutsche Ortsnamen haben sich im Munde des Volkes so abgeschliffen, daß verschiedene Endungen zu itz geworden sind. So ist Siegritz aus Sigehartes entstanden. Eichitz bei Sonneberg, urkundlich früher Eygeutz, und Föritz, 1252 als Forhinge aufgeführt, sind ebenfalls rein deutsch, denn jenes bedeutet „Siedlung im Eichen-“, dieses „Siedlung im Föhrenwalde“.

Die fränkischen Könige, namentlich Karl der Große, suchten die Slaven am weiteren Vordringen zu hindern. Zum Schutz gegen sie, die in Thüringen Sorben, Wenden, Winden, auch Sorbenwenden genannt wurden, errichtete Karl die Mark Thüringen. In der Folge wurden die Slaven in blutigen Kämpfen immer weiter ostwärts zurückgedrängt und das von ihnen verlassene Gebiet wieder von Germanen besetzt. Nach altgermanischem Brauche war das Los der slavischen Kriegsgefangenen die Knechtschaft; als Leibeigene wurden sie unter die deutschen Edelinge, die an den Kämpfen teilnahmen, verteilt, und diese verwendeten sie oft kolonienweise auf ihren Gütern als Arbeiter und Knechte. Verschiedene Orte verraten in ihren Namen, daß sie solchen Vorgängen ihr Dasein verdanken. So bedeutet Poppenwind „zu den Wenden des Grafen Poppo", Herbartswind „zu den Wenden des Herbert" und Oberwind „zu den Wenden in hoher Wohnlage".

Armin Schmidt, Hildburghausen.

Die beiden Gleichberge bei Römhild.

Zu den eigenartigsten Bergen Thüringens gehören gewiß die beiden Gleichberge bei Römhild mit, von denen der eine eine Höhe von 641, der andere eine solche von 679 m über dem Meere erreicht. Der erstere, ein zugespitzter Kegel, führt im Volksmund den Namen Steinsburg, der andere mit breitem Rücken heißt der große Gleichberg. Eine Urkunde vom Jahre 867 nennt sie Steinburg und Bernberg. Wie der kleine Gleichberg zu diesem Beinamen kommt, wird aus dem Nachfolgenden ersichtlich werden; die Bezeichnung Bernberg (pêr oder bër = Eber, Schwein) weist in die Zeit zurück, wo während des Sommers Schweineherden auf dem Berge geweidet wurden, die in den Nächten hinter einem Steinwalle Schutz fanden.

Die Steinsburg ist in weitesten Kreisen bekannt, denn wegen ihrer herrlichen Aussicht kommen Besucher aus allen Gegenden.

Das Interessanteste an der Steinsburg ist aber ihre prähistorische Bedeutung, die durch gründliche Forschungen der neueren Zeit genügend dargethan ist. Von allen Seiten her bieten sich bequeme Aufstiege, wenn man aber etwa die Hälfte der Bergeshöhe erreicht hat, so trifft man auf einen niedrigen, den Berg in einer Länge von ca. 6 km umgebenden Basaltsteinwall, der ganz mühelos zu übersteigen ist. Innerhalb dieses Steinwalles sind einige Quellen, welche mit ihrem nahezu chemisch reinen Wasser dem Wanderer Labung spenden und die am Fuße des Berges liegenden Ortschaften mit Trinkwasser versehen. Beim weiteren Anstieg trifft man bald auf einen zweiten Steinwall, der schon bedeutend höher und breiter und dessen Übersteigung daher viel mühevoller ist. Am besten thut man, den Weg, der innerhalb der ersten Umwallung nach der Nordseite des Berges zu führt, zu verfolgen. Dieser durchschneidet sowohl die zweite, als auch die dritte, breiteste und höchste Umwallung des Berges und führt am bequemsten auf den Gipfel.

Schon der Augenschein belehrt den aufmerksamen Besucher, daß diese Steinwälle nicht dem Zufall ihre Gestaltung und Anordnung zu verdanken haben. Noch mehr wird man davon überzeugt, wenn man, auf dem Plateau angekommen, sich etwas links hält und dort die Umwallung betrachtet. Da findet man, daß die Steine zu einer wirklichen Mauer aufgeschichtet waren; so war es früher mit allen diesen Umwallungen, bestimmt wenigstens mit der zweiten und dritten. Sie bildeten sogenannte Trockenmauern, d. h. die Steine waren ohne Bindemittel aufeinander-gelegt. Im Laufe der Jahrhunderte sind diese Mauern verfallen und zum Zweck der Pflastersteingewinnung vollständig durchwühlt worden, so daß kein Stein auf dem anderen geblieben ist. Leider ist damit eine prähistorische Merkwürdigkeit von geradezu unersetzlichem Wert vernichtet worden. Bei dem Durchwühlen der Stein-wälle sind nun bis in die neueste Zeit hinein die interessantesten vorgeschichtlichen Funde gemacht worden. Eine Sammlung derselben, von dem verstorbenen Hofrat Dr. Jacob angelegt, ist in den Besitz des Staates übergegangen und in Meiningen aufgestellt, eine andere ist im Besitz der Stadt Römhild. Beide sind außerordentlich reichhaltig und sehenswert.

Zunächst sind Steinfunde zu erwähnen und zwar Steinbeile, Mühlsteine, Handreibsteine, Brotbacksteine, Wetzsteine u. dergl.

Weit zahlreicher als die Steinfunde, die wahrscheinlich früher aus Unkenntnis zerschlagen und verschleppt worden sind, sind die Funde von Bronzegegenständen, die, wenigstens teilweise, auf der Steinsburg hergestellt worden sind, denn es finden sich auch Bronzegußschlacken und abgezwickte Ansatz- und Halsstücke von Bronze-ringen, ferner Scherben von Graphitgefäßen, die aller Wahrscheinlichkeit nach zu Gießzwecken dienten.

Eine Unzahl von Thonscherben, die sich auf vielen Stellen des Wallgebietes fanden, weisen ferner darauf hin, daß die ehemalige Bewohnerschaft dieser Stätten sehr zahlreich gewesen sein muß.

Einige dieser Thonscherben zeigen Verzierungen, die mit den Fingernägeln hergestellt sind, andere haben teppichmusterartige, schwarzglänzende Parallelstreifen, die sich in schrägen Feldern schneiden. Den größten Teil der Thonfunde machen die in der Mitte durchbohrten Spinnwirtel aus, durch welche ein hölzernes Stäbchen gesteckt wurde, und die dann nach Art der Kinderkreisel auf dem Boden in Be-wegung gesetzt wurden, um den Flachsfaden aufzuwickeln.

Die Bronzefunde bestehen in Fibeln (nach Art unserer Sicherheitsnadeln), Hals-, Arm- und Beinringen, Nadeln und anderen Gegenständen, deren Verwendung zum Teil unbekannt ist. Der oben erwähnte Steinsburgforscher Dr. Jacob ist der Ansicht, daß diese Gegenstände teilweise auch römischen Ursprungs sind und durch den Handel hierherkamen. Noch zahlreicher und reichhaltiger als die Bronze-funde sind die von Eisen, man fand Schwerter, Keile, Beile, Lanzen, Sensen, Meißel, Pferdegebisse u. a. m.

An Glasfunden sind nur farbige Perlen vorgekommen. Auch Gräber aus roh zusammengelegten Steinen mit Skeletten sind aufgefunden worden, ebenso eine größere Anzahl Erdwohnungen. Dieselben finden sich in unmittelbarer Nähe der Steinwälle, haben eine kreisrunde Gestalt und sind etwa $1^1/_2$ m tief. An den durch Basaltbrocken gestützten Wänden entlang laufen Sitzbänke; die in der Mitte der Wohnung vorgefundenen Aschenreste zeigen den Feuerplatz an.

Durch diese Funde und Entdeckungen ist der Nachweis geliefert, daß schon vor Jahrtausenden die Steinsburg ein stark befestigter Wohnsitz gewesen ist, der vielleicht von den Kelten angelegt und als Zufluchtsort und Opferplatz benutzt wurde.

Doch nun zur Aussicht! Das ganze Gebiet zwischen Thüringer- und Frankenwald, Rhön und Haßbergen liegt vor uns ausgebreitet. Die Festen Coburg und Heldburg, die Ruine Straufhain und eine Unzahl von Städten und Dörfern beleben das Landschaftsbild. Nach Süden zeigt sich in nächster Nähe der gigantische große Gleichberg, und vom Sattel zwischen den beiden Gleichbergen, dem sogenannten Sandbrunnen, herauf winkt freundlich das gastliche Waldhaus „Waidmannsruh“ mit seinem Logierhaus für ruhebedürftige Sommergäste. Ein neuangelegter bequemer und schattiger Waldweg führt dort hinab. Nach erfolgter Stärkung statten wir noch dem großen Gleichberg einen Besuch ab. Zwar ist die Ebene auf demselben vollständig bewaldet, und man hat infolgedessen keine umfassende Rundsicht, aber an einzelnen Punkten des Plateaurandes öffnet sich ein oft überraschender Blick ins Vorgelände.

Der Rücken des Berges besteht aus Basaltfelsen, und da die Untersuchung ergeben hat, daß derselbe von vorzüglicher Qualität ist, so legt Römhild jetzt eine Drahtseilbahn von der Bergspitze nach dem Bahnhof der Stadt an, um das Basaltmaterial in ein dort erbautes Schlagwerk zu befördern.

Die Verwitterungsprodukte dieses Gesteins haben die Bodenoberfläche sehr günstig beeinflußt, so daß herrliche Buchen- und Eichenwälder die Abhänge der Gleichberge bedecken, unter deren Schatten eine für den Naturfreund und Botaniker gleich interessante Vegetation sich vorfindet, so daß eine Wanderung über die Gleichberge auch in dieser Hinsicht einen hohen Genuß gewährt.

Honndorf, Römhild.

Bi der Hansmärt en Hierschbrei gekocht hatt.

Der Hansmärt onn sei Frah Annedortheä
Die warrn en Hähmache, da iß nu gescheä:
Es wörd so gewahst senn en Uhrer zah,
Da sätt se (— es warr garr a hällisch fleisk Frah —)
Da sätt se: „Ich will bei den Tählühner blei
Onn du gäst me hämm onn kochst en Hierschbrei;
Der Hiersch iß enn schtrihfige Säckle enn Schahnk,
Die Mellich enn Kahler, sie schtätt off der Bahnk“.

Der Hansmärt hatt bei der Annedortheä
Ü merkt's, a wink önner 'n Pantoffel mößt schteä;

Hä ging halt nu hämm, macht Feuer onn wohl
Des gahtlich Hüztöpfe mit Hiersch ebe vohl
Onn schott a parr Töpfe voll Mellich noch nei
Onn satzt enn die Rörrn das Töpfe nu bei.
Mei Hansmärt hatt wohl schu Kärtoffel gekacht,
Melahdig aber känn Hierschbrei gemacht,
Drömm hatte geglotzt, äß bi a Schlueraff,
Bi's ohfing ze koche onn über woll laff.
Da holte en anner Töpfe abei
Onn schott vo den erschte a Porzio nei
Onn satzt die zwä Töpfe nei enn die Rörrn
Onn dacht: „Baß wörrd dahs für a Hierschbrei wörrn!"

Es dauert nett lang — es iß der Goeraus! —
Der Hiersch quellt onn guckt zu dann Töpfene raus,
Der Hiersch wörrd tröckener, die Mellich vergätt,
Kröücht nei en dann Hiersch, daß e Läffel denn schtätt:
Des drett onn värt Töpfe, des fönnft onn des sext
Muß bei — „he iß dann der Hiersch verhext?" —
Onn ömmer meä Mellich wörrd nachgeschott,
Der Moh kriegt en Angstschwähs onn jommert: „Ach Gott!
Bu schaff ich dann, ach, noch meä Töpfe her?
He, will dann des Meer noch a Meer gebähr?
Es iß ag kä Tröpfle Süßmellich meä doe!
Bi wörrd die Frah schimpfe, kömmt die me ze noe!"
So bärmetierte on schott halt nu Brönn
En dann decke Pfrahmf, da wuere nu dönn.
Onn bi der Brei fertig woer, kommt me geseä
Kä Töpfe, kä Schössel enn Kammbrat mä schteä;
Der Märt wescht ous en Gesicht sich den Schwähs
Mit en Hemmärmeln ah: onn weil der Brei hähs,
Ze träht en enn Kahler, da wörrd e hüsch frihsch.
Die gruß Hüzschößel vohl kömmt off en Tihsch.

Off ähmoel da kömmt nu die Annedortheä
Onn sitt off en Tihsch dann Hierschbrei schteä,
Da hatt se ürr Schtern enn Falle gezöh,
Schreit: „Ludermoh! Racker! he rappelst de wohl?!
Koch Hierschbrei, daß dich der Guckuck söll hohl!
Bärr soll dann die hehlig gruß Schößel leer eß?
Nett hahlb wörrde gesse, du Schperrmaul! ich wäs.
Da hamme jah, banne nett sauwer wüer,
Wäß Gott droh ze eße a Thäer drei vier;"

„Ach!“ sätt doe der Märt, „das iß noch garr niß!
Das Besle Hiersch, baß en der Schößel doe iß;
Da mußt amall nah enn Kahler geä,
Da kohste ärscht Wonner on Schträch geseä:
Wahrhaftig, da soll mich der Teufel hohl!
Dei Schößel onn Töpfe senn allminand vohl!“

Aus: Paul Motz, Gedichte in Henneberger Mundart. Verlag von W. Wiedemann'sche Buchhandlung (A. Dürkop, Saalfeld).

Coburg.

Zwischen zwei Reihen Kastanienbäumen, hinter denen stilvolle Villen hervorschauen, wandern wir der Stadt Coburg zu. Kaum haben wir die Brücke überschritten, die uns über des Bleßbergs harmlose Tochter, die kleine Itz, hinüberführt, so grüßt uns ein Denkmal echter Fürstentugend: das Augustenstift. Eine treubesorgte Mutter des Landes, stiftete die im Jahre 1831 verstorbene Herzogin Auguste ein Heim für Kinder der Ärmsten der Armen, damit ihnen die Wohlthat einer wahrhaft sittlichen und doch praktischen Erziehung zu teil werde. Nachdem zuerst ein anderes Gebäude diese Mädchenerziehungsanstalt beherbergt hatte, fand dieselbe im Jahre 1863 hier an der Grenzscheide von Neu- und Alt-Coburg eine bleibende Stätte. Noch wenige Schritte, und wir befinden uns im Heilig-Kreuz, einer Straße, die nach der kleinen Kirche dieses Namens benannt wurde. Dieselbe führt nach dem im Norden neu entstandenen, industriellen Stadtteil Coburgs, wo wir unter anderem auch die Kaserne des 3. Bataillons des 95. Thür. Infanterie-Regiments suchen müssen. Wir wandern jedoch gerade aus und sehen vor uns den Rittersteich, auf dessen Spiegel zwei Schwäne gravitätisch ihre Kreise ziehen. Sodann wenden wir uns rechts, überschreiten den sog. „Hahn“, einen Arm der Itz, der einer Reihe von Mühlen das Wasser liefert, und gelangen in die Allee. Diese, ein prächtiger Promenadenweg, an dem wir links das Taubald-Schillersche Erziehungsinstitut und das Landkrankenhaus, rechts das neuerbaute Post- und Telegraphengebäude bemerken, hatte früher einen düsteren, ja beinahe unheimlichen Charakter, so daß sie die schwarze Allee genannt wurde. Wahrscheinlich entstand sie auf der Sohle des alten Wallgrabens; denn rechts befand sich die alte Stadtmauer, von der noch jetzt einige Überreste dort zu sehen sind, während links der Festungsberg sich erhebt. Im kühlen Grunde dagegen standen viele alte Kastanienbäume. Wo die beiderseitigen Hügel am engsten zusammenrücken, überbrückt ein Thorbogen den Weg, über den eine von der Stadt kommende Straße nach der katholischen Kirche und hinauf nach der Feste führt. Als eines der Wunder Coburgs rühmt der alte Stadtbürger diesen kleinen Viadukt, wo, wie er sagt, zwei Heufuder übereinander fahren können. — Da vernehmen wir Glockenklang und Orgelton. Wir steigen den Hügel hinan und treten ein in die Kirche zu St. Augustin, wo Weihrauchduft und das angenehme Halbdunkel der gotischen Kirchen uns das Sinnbestrickende des katholischen Gottesdienstes zur Empfindung bringen. Wir heben unsere Augen empor, freuen uns an der Einheitlichkeit des Stils der kleinen Kirche und bewundern die prächtig gemalten Fenster, wo neben Apostelgestalten das Engelsgesicht der heiligen Elisabeth auf uns herniederblickt. Nachdem wir die Kirche verlassen, führt uns ein kurzer Treppenweg hinab zum Juwel der Stadt Coburg, auf den Schloßplatz. Gehet hin in die Thüringer Lande und suchet, ob ihr irgendwo in den Städten etwas findet, das mit dieser Anlage sich messen kann! Vor uns das im englisch-gotischen Stil erbaute Residenzschloß Ehrenburg, links

Nach einer photogr. Aufnahme von Soph. Williams, Berlin.

Schloß Ehrenburg.

dahinter Reitbahn und Marstall, während die massig und doch so wirksam angelegten Arkaden den Platz nach dem Festungsberg zu begrenzen. Auf der andern Seite dagegen erblickt man das Theater, das durch seinen Flachgiebel an die altgriechischen Tempelbauten erinnert, sowie das vom verstorbenen Herzog Alfred bewohnte Schloß. Die Mitte des Platzes schmückt ein herrlicher Rundgarten, in dem sich das Denkmal des Schöpfers der ganzen Anlage, des Herzogs Ernst I., befindet, während hoch über den Arkaden die Reiterstatue seines Sohnes, des Herzogs Ernst II., auf uns herabschaut.

Noch ganz erfüllt von den Eindrücken, die wir eben empfangen, wandeln wir zwischen den zwei Flügeln des Herzogl. Residenzschlosses dahin, durchschreiten die Thorhalle unter dem Schloßturm und gelangen in den inneren Schloßhof, der zwar nicht die Einheitlichkeit des Vorderbaues zeigt, aber doch manche architektonische

Schönheit und, da hier die ältesten Teile des Schlosses zu finden sind, auch historisch Interessantes bietet. Ein anderer Durchgang führt uns von hier in die Steingasse, eine Straße, wie sie für das alte Coburg charakteristisch ist. Häuser mit hohen, nach der Straße zu gerichteten Giebeln, und der Weg von solcher Enge, daß der Coburger im richtigen Gefühl, daß das Wort Straße hier eine Anmaßung bedeuten würde, es vorzog, in solchen Fällen von „Gassen" zu sprechen. Bewegtes Leben ist im Herbst und Winter dort zu finden; denn hier ist der Ort, wo die Hüter des Kapitols zu Markt gebracht werden. Da hört man dann in der „Gänsgaß",*) wie der Bauer diese Straße nennt, gar eifrig feilschen und handeln; denn jede Coburgerin möchte die billigste Gans kaufen, und wäre es bloß deshalb, damit der Eheherr abends am Stammtisch die Hausfrauentüchtigkeit seiner bessern Hälfte wacker rühmen kann. Gegenüber der Rückertstraße, in welcher eine Gedenktafel daran erinnert, daß hier der Dichter des Liebesfrühlings seine Wohnstätte aufgeschlagen hatte, führt ein ganz schmales Gäßchen aus der Steingasse auf den Kirchhof, wo die nach dem Schutzheiligen der Stadt**) benannte Moritzkirche sich erhebt. Betrachtet man diesen für eine Stadt wie das alte Coburg mächtigen Bau, so erkennt man, daß vor 500 Jahren der Einfluß des Religiösen auf das Leben der Menschen von einer ganz andern Bedeutung gewesen sein muß als heutzutage. Zwar ist es unserer Moritzkirche ergangen wie vielen ihrer berühmten Schwestern: Nur der eine der Türme ist zu einer dem Schiff der Kirche entsprechenden Höhe ausgebaut worden, und auch darüber ist so viel Zeit verflossen, daß die Spitze den Baustil einer späteren Kulturperiode zeigt. Dem andern Bruder aber sind die Coburger böse Stiefeltern gewesen, denn sie haben das Geld für seine Ausbildung bis heute in der Tasche behalten. —

Altersgrau sind die Mauern, aber ewig grün ist der Kranz der Sage, den die dichtende Volksseele um sie geschlungen: In alten Zeiten gehörte Stadt und Feste Coburg den Grafen zu Henneberg. Einer derselben, Graf Hermann, unternahm einst einen Kriegszug gegen den Bischof von Bamberg, der dem Mörder seines Vaters Schutz gewährte. Nach kurzem Kampf gelingt es ihm, zwölf bischöfliche Junker gefangen zu nehmen, unter ihnen auch den, der ihm den Vater erschlagen. Alle zwölf sollen nach dem Befehl des Grafen, wenn der Wächter vom Moritzturm die mitternächtliche Stunde verkündet, auf dem Galgenberge enthauptet werden. Jedoch des Grafen Gemahlin hat Mitleid mit den Jünglingen und bittet und fleht so lange, bis der Graf sich endlich erweichen läßt und ihr verspricht, nur den hinrichten zu lassen, der seinen Vater getötet hat. Aber alle sollen die Todesangst kosten, sollen hinabgeführt werden zur Richtstätte, während der Henker die Weisung erhält, beginnend mit dem Mörder, so viele der Jünglinge zu enthaupten, als Hornstöße vom Umgange des Moritzturmes erschallen. Jedoch auch das erscheint der milddenkenden Gräfin zu viel, und sie schließt den Türmer, dem vom Grafen befohlen ist, nur einmal ins Horn zu stoßen, auf der Feste in ein Zimmer ein.

*) eig. „Gensgaß".

**) Mohr im Stadtwappen.

Gegen Mitternacht führt eine Schar Kriegsknechte die Jünglinge von der Burg hinab zum Richtplatz. Von der Feste sieht man, wie die Fackeln langsam in Schlangenwindungen zwischen den Bäumen zu Thal wandeln und endlich Halt machen. Da gellt schaurig ein Hornruf vom Turm durch die Nacht; es folgt ein zweiter, dritter und so fort bis zum zwölften. Voll Zorn über den ungehorsamen Türmer stürzt der Graf ins Zimmer seiner Gemahlin und erblickt — — den Turmwächter, starr vor Bestürzung über die eben verklungenen Hornrufe auf den Knieen liegend. Schnell läßt der Graf sein Pferd satteln und jagt hinab zum Richtplatz, um vielleicht doch noch einige der Jünglinge zu retten. Aber er kommt zu spät;

Nach einer photogr. Aufnahme von Soph. Williams, Berlin.

Ansicht von Coburg.

zwölf Leichen liegen am Rabenstein. Jetzt gilt's dem Grafen, zu rächen, was er nicht mehr hindern konnte. Schaumbedeckt erreicht sein Pferd den Moritzturm. So rasch als seine Füße ihn tragen, eilt er die Wendeltreppe hinauf, gelangt auf den Umgang und erblickt einen Mönch, der mit teuflischem Gelächter sich über die Brüstung biegt. — Als einst der Mönch den Festungshof durchschritt, stolperte er über einen Stein und fiel zur Erde, weshalb die gefangenen Jünglinge ihn wacker auslachten. Das hatte aber den Mönch arg verdrossen und ihn veranlaßt, nachdem er den Befehl des Grafen erlauscht, das Amt des eingeschlossenen Turmwächters zu übernehmen und sich auf diese furchtbare Weise an den Junkern zu rächen. Jedoch die Freude über sein schändliches Vergeltungswerk ist nur von kurzer Dauer. Er hat kaum einen Fußtritt hinter sich vernommen, so fassen ihn kräftige Arme und werfen ihn hinab über das Steingeländer des Turmes. Am andern Morgen finden

Bewohner der umliegenden Häuser sein zerschmettertes Gebein. Sein Geist aber irrt noch immer rastlos umher, schreitet klagend zur Nachtzeit durch die Feste oder wandelt hinab zum Moritzturm, um den Wächter abzulösen, und dann hört man seinen Hornruf schaurig durch die stille Nacht ertönen. Noch jetzt zeigen die Coburger am Turm einen in den Stein eingeritzten Bogen, der andeuten soll, wie hoch das Blut des bösen Mönchs an der Mauer hinaufgespritzt ist. —

Während wir noch am Portal der Kirche die mit bewunderungswürdiger Naivetät dargestellten Figuren von Adam und Eva betrachten, hat sich der Platz mit Menschen gefüllt. Es erklingt Musik, und heran ziehen die Schüler des Gymnasium Casimirianum, um die alljährlich am Vorabend des Stiftungsfestes übliche Bekränzung der Bildsäule des Gründers der Anstalt zu vollziehen. Auf einer Leiter steigen drei Schüler empor. Der oberste schmückt Haupt und rechten Arm der Bildsäule mit je einem Eichenkranz und spricht zu Ehren des Herzogs Casimir einige lateinische Verse, welche in ein vivat, floreat, crescat auf die Anstalt ausklingen. Dabei leert er drei Gläser des edlen Coburger Gerstensaftes, die Gefäße aber wirft er dann in weitem Bogen hinaus unter die schaulustige Menge.

Als Gymnasium academicum ward diese Anstalt im Jahre 1605 eröffnet; die Umwandlung derselben in eine Universität wurde noch im Verlaufe des 17. Jahrhunderts in Aussicht genommen, ja sogar im Jahre 1677 ein hierauf bezügliches Privileg vom Kaiser erteilt. Die Ungunst der Zeiten hat die Verwirklichung dieses Planes verhindert; wenn man indes Coburg und seine Umgebung durchwandert, so ist's einem, als sei ein Stück Studentenpoesie darin verkörpert, als müßten einem die Jünger der Wissenschaft in vollem Wichs begegnen.

Wir schreiten am alten Gymnasium vorüber und erblicken im Hofraum den im Jahre 1880 errichteten Erweiterungsbau desselben. Eine Gedenktafel am Nachbarhause sagt uns, daß hier ein Wohlthäter der Stadt, namentlich des Handwerks, Freiherr von Rast, wohnte. Am Hause gegenüber erzählt eine gleiche Tafel, daß der Dichter Jean Paul von 1803—1804 in Coburg weilte. Im Sommer wanderte er jeden Morgen, „eine Blume im Knopfloch, eine Mappe unterm Arm, den Stock in der Hand und auf dem Haupt die Mütze mit dem großen Schild,“ hinauf zum Adamiberg, wo er im Gartenhäuschen fleißig am „Titan“ und an den „Flegeljahren“ arbeitete. —

Ohne daß wir es ahnen, sind wir hier, wo die Gymnasiumsgasse ihre Fortsetzung im Steinweglein findet, ganz nahe an die alte innere Stadtmauer gelangt, von der an dieser Stelle noch ein bedeutendes Stück erhalten ist. Eine Ansicht derselben bietet sich uns jedoch erst dann, wenn wir dem Steinweglein folgend, in die Ketschengasse eintreten und nach der Anlage umbiegen. Bis zum sog. Bärenturm, der früher als Bärenzwinger diente, können wir die Stadtmauer verfolgen. Schräg gegenüber von diesem befindet sich der Eingang zum alten Friedhof. Einer der letzten, der hier eine Ruhestätte fand, ist der im Mai 1851 verstorbene Schriftsteller Gustav von Heeringen, der als liebenswürdiger Erzähler auch in weiteren Kreisen bekannt geworden. — Eine Friedhofsruine mit all ihrem schwermütigen Reiz ist es, die sich vor uns ausbreitet: Verfallene Grüfte mit verblichenen Malereien, verwitterte und von Moos bedeckte Grabsteine, umgestürzte Denkmäler, Grabplatten mit altertümlichen Reliefbildern, Rasenhügel, auf denen nur selten noch ein von lieber Hand gepflanztes Blümlein sprießt, und in der Mitte ein altes Kirchlein, dem die Armut der Zeit, in der es entstanden, den Stempel aufdrückte. Als der unselige Dreißigjährige Krieg ausgetobt, und die verarmten Bewohner der durch Mord, Hunger und Krankheit zum großen Teil entvölkerten Städte endlich wieder auf bessere Zeiten hoffen durften, da errichteten unter schweren Opfern die Bürger Coburgs dieses Kirchlein. Der ganze Jammer jener Zeit wird in unserer Seele lebendig, wenn wir dieses armselige Kirchlein vergleichen mit den Prachtbauten: Gymnasium, Regierungsgebäude, Zeughaus, welche Herzog Casimir vor dem Kriege errichten ließ. —

Hügel reiht sich an Hügel, Gruft an Gruft; aber unten in der Ecke stand ein Turm, der einst ein Grab gewesen für einen Lebendigen. Ulrich von Lichtenstein, den man beschuldigte, der Geliebte der Herzogin Anna, Gemahlin des Herzogs Johann Casimir, gewesen zu sein, hat hier vierzig Jahre lang als Gefangener geschmachtet. Als noch die Jugendlocken sein Haupt schmückten, ward er hier eingeliefert; tiefe Rinnen entstanden in den steinernen Fliesen, wo sein Fuß während langer Jahre geschritten; als Toten trug man ihn wieder hinaus. — Wandern wir am Friedhof entlang, so bemerken wir freilich, daß der Lichtensteinturm nur noch in seinem untersten Teil vorhanden ist, daß man die schaurige Vergangenheit vergaß und ein freundliches Privathaus aus demselben entstehen ließ.

Indem wir nach dem Ketschenthore weiter wandern, erblicken wir dort Überreste der äußeren Stadtmauer, und hoch oben am alten Stadtthor grüßt uns das Wappen der Henneberger: eine Henne auf dem Berge. Zu unserer Linken sehen wir das Ministerialgebäude in einem schönen Garten, der namentlich im Frühjahr, wenn kaum der Schnee zerronnen, durch seinen prächtigen Blumenflor das Auge entzückt. Nach Süden zu führt die Straße nach dem Ketschenanger, wo Schießhaus und Turnhalle sich befinden und die Coburger ihre Volksfeste, Gregorius und Vogelschießen, Turn- und andere Feste feiern. Wir aber treten ein durch das Thor und gelangen in die Ketschengasse, die als die Fortsetzung der aus dem Itzgrund kommenden Heerstraße anzusehen ist. Als eine der Hauptverkehrsadern Coburgs zeigt sie namentlich an den Markttagen ein reges Leben. Da schwirren die Stimmen durcheinander, und man erkennt, daß der Volksdichter recht hat, wenn er von dem Coburger Dialekt sagt:

„Unner Koborger Sprach
Is a bisla hämpflich zwoar,
Ower dennoch racht gemütlich
Und die Hauptsach: racht kloar."

Plötzlich erweitert sich die Straße, und vor uns steht auf dem Albertsplatz die im gotischen Stil erbaute Mädchenbürgerschule, hinter welcher der Ernstplatz mit dem Kriegerdenkmal (1870) hervorschaut. —

Ein merkwürdiges Bild zeigt die obere Ketschengasse an den Tagen des Zwiebelmarktes. Ein Haufen Zwiebeln reiht sich an den andern, auch Gurken und Kraut sind reichlich vorhanden; kaum bleiben die Eingänge zu den Häusern frei.

Das Bamberger „Jörgle“ preist seine „Kimmerlinge“*) an, und die breitschulterigen Bamberger und Schweinfurter Gemüsefrauen rufen den vorübergehenden Coburgerinnen fortwährend zu:

„Gängs hä, Madam', kafens ma a Metzen Zwiebeln ab, machs sche!“

Die liebe Schuljugend jedoch bettelt von der Mutter ein paar Pfennige und kauft Süßholzwurzeln, die dann zum Schrecken aller Hausbewohner allüberall gekaut und hingeworfen werden. Noch ein paar Schritte, und wir stehen auf dem geräumigen Markte, vor uns auf hohem Syenitsockel die Bronzestatue des Prinzen Albert, des Vaters des verstorbenen Herzogs Alfred, dahinter das von Casimir erbaute Regierungsgebäude mit seinen geschmackvollen Ecktürmen und seinen mit hochragenden Bildsäulen

Nach einer photogr. Aufnahme von Soph. Williams, Berlin.

Der Marktplatz in Coburg.

geschmückten Giebeln. Die im Parterre befindlichen Verkaufsläden, in denen die verschiedensten Waren, unter anderem auch „Coburger Schmätzle“, feilgeboten werden, nennt der Coburger den „langen Kram“. Rechts erblicken wir die sog. große Apotheke, ein hochgiebeliges Haus, das einst Barfüßermönchen als Wohnstätte diente. Dem Regierungsgebäude gegenüber steht das Rathaus. Auf seinem Giebel über der Uhr befindet sich eine kleine Statue, die in der rechten Hand ein Scepter hält und die Regierungsgewalt des Hohen Rats veranschaulichen soll. Der gemütliche Coburger hat sich dies indes anders zurechtgelegt und spricht von der kleinen Bildsäule als von dem Männlein mit dem Bratwurstmaß. Ihm, dem die Bratwürste eine Lebensbedingung sind, erscheint es als eine der wichtigsten Aufgaben des Wohllöblichen

*) Eingemachte Salzgurken.

Magistrates, darauf zu sehen, daß die Bratwürste die gehörige Länge haben; denn er hält's mit dem Dichter, der da sagt:

„A Bratworscht im Frei'n schmeckt besser als im Haus,
Und wenn se racht lang is, geht nix drüber naus."

Allerdings arbeiten die Coburger Metzger mehr mit dem Messer als mit dem Fernglas, und daher kommt es, daß ihnen das Bratwurstmaß meist kleiner erscheint, als dem Bratwürste konsumierenden Publikum. Namentlich an den Markttagen sieht man die Fleischerfrauen auf dem Markte fleißig Bratwürste braten, während der Coburger Stadtbürger eifrig in die Wurst beißt und nicht selten in launiger

Nach einer photogr. Aufnahme von Soph. Williams, Berlin.
Rathaus in Coburg.

Weise seinem Ärger über das Mißverhältnis zwischen der Semmel und der Bratwurst Ausdruck verleiht. — Die freie Ecke des Rathauses ziert ein mit einer welschen Haube gekrönter Turm. Bei diesem könnte man wirklich denken, er sei zu dem Zwecke angebracht, um dem Beschauer zu zeigen, warum man diese Art der Bedachung mit den Eisenhüten unserer Altvordern verglich. Ist's einem doch, als müßte dort oben unter dem breiten Dach das bärtige Gesicht eines Landsknechts hervorschauen. — Unter dem Turm, der erst am Ende des zweiten Stockwerks ansetzt, bemerkt man die Statue des Schutzheiligen der Stadt, des heiligen Moritz, der mit Fahne und Wappenschild gar würdig seinen Repräsentationspflichten da oben genügt. Zu beiden Seiten des Rathauses steht auf dem Markte je ein Laufbrunnen. Dieselben sind mit verhältnismäßig großen Wasserbassins versehen und leisteten früher bei Feuersgefahr nicht zu verachtende Dienste; jetzt aber, nachdem die städtische Wasserleitung schon seit Jahren in Betrieb ist, haben sie nicht mehr die ehemalige Bedeutung.

Durchschreiten wir das große Rathausthor, so gelangen wir in den Hofraum, wo sich die Garküche, eine schlichte bürgerliche Speisewirtschaft, sowie die Restauration „Zollhof", auch „Schlot" genannt, befindet. Früher sind hier wohl Steuern für die Waren erhoben worden, welche in die Stadt eingebracht wurden, jetzt ist die Wirtschaft ein Ort, wo man den Coburger Arbeitsmann in seiner gemütlichen Art, sich zu geben beobachten kann. Da sieht man wohl noch öfters, wie das für Coburg charakteristische Frühstück bez. „Halberamd"*) „a Kas, a Labla und a Moaß Bier"**) mit gutem Appetit verzehrt wird, und es klingen uns dann die Coburger Schnadahüpfl im Ohr:

„A Kas und a Labla,
Dös is halt mei Lam;[1]
Ower[2] dich, Anne-Dorla,[3]
Thöt[4] ich doch net drüm[5] gam.[6]

De Hahn auf'm Kirchtorm,
So hoch wie a stet,
Ich laß'n sei Aussicht —
Dich sicht[7] a net."[8]

Will man den echten Coburger Bürger kennen lernen, so muß man Wirtschaften aufsuchen, die, dem Zollhof ähnlich, nicht zu groß sind, wo kein Kellner aufwartet und vor allem das Bier gut ist. Und der Coburger ist in dieser Hinsicht sehr wählerisch, namentlich zu der Zeit, wo das „alte" zum großen Teil schon konsumiert ist und meist „neues" d. h. oft noch nicht ganz ausgereiftes bez. abgelagertes Bier ausgeschenkt wird. Da sitzen sie dann bei Grasser oder Öhrl u. a. beisammen wie die Heringe und lassen sich Bier und Pfeife schmecken. Dann werden die Tagesereignisse besprochen und, wenn's gerade paßt, auch die Vorgänge in der letzten Stadtverordnetensitzung einer Kritik unterzogen. „Da hots'n ower nangesagt, ka Wörtla hot er dagegen könn red. Sölle müss'n ma wähl un net sote Schlofhaum, die zu olln ja sagn. Wa sölltn die Steuern aufbring, wenn dös so weita get." „Guck, Arnst, da hot gedacht, dös Fäßla, wos läuft, is alts, un hot sich mordsär gschickt, daß a seine drei Gloas fertig kriegt hot. Ower jetz steckt da Burkhardt erscht dös alte a, dös annere war vo sein' Bruda, no schlacht warsch a net."

Nachdem wir den Hofraum des Rathauses verlassen, betreten wir wieder den Markt und sehen, indem wir uns etwas links wenden, vor uns die Spitalgasse, die breiteste der inneren Straßen der Stadt, die, eine Fortsetzung der Ketschengasse, ihre eigene Fortsetzung in Steinweg, Heiligkreuz, Kasernenstraße u. s. w. erhält. Rechts vom Regierungsgebäude mündet in den Markt die Herrngasse, wo das Zeughaus sich befindet und der Topfmarkt abgehalten wird. Bei dem Gebäude der Coburg-Gothaischen Creditbank betreten wir die nach Westen führende Judengasse. Auch

*) Vesperbrot.

**) Handkäse, rundes Kümmelbrötchen und 1 l Bier.

1. Leben, 2. aber, 3. Anna-Dorothea, 4. thät, 5. darum, 6. geben, 7. sieht, 8. nicht.

diese zeigt gleich der Spital- und Ketschengasse noch einen der alten Thortürme, welche in alter Zeit die einzigen Zugänge zur Stadt bildeten. Rechts vom Thore führt ein Weg auf der Höhe der hier (wie auch auf der linken Seite des Turmes) noch gut erhaltenen Stadtmauer hin. Bis zum Vorjahre stand dicht hinter dem inneren Judenthor noch ein äußeres Thor, das aber mit Rücksicht auf den steigenden Verkehr abgebrochen wurde. Immer weiter folgen wir der Judengasse, erblicken rechts in der Mohrenstraße den Prachtbau der neuen Knabenschule und erreichen endlich die Judenbrücke, wo die Itz den Hahnfluß wieder aufnimmt. Indem wir das Bahngeleise überschreiten, sehen wir rechts den sehr beschränkten Güterbahnhof sich ausbreiten, während links eine Reihe hübscher Villen unser Auge erfreut. Wir steigen den Berg hinan und wenden uns nach den Plattenäckern, um noch einmal die ganze Stadt zu überschauen. Zuerst präsentiert sich uns die nördliche Stadt mit ihren zum großen Teil erst in neuerer Zeit entstandenen Gebäuden. Im Hintergrund grüßen uns die blauen Berge des Thüringer Waldes. Bald aber rücken die Häusermassen näher, und wir sehen, da der Bergrücken, auf dem wir stehen, ziemlich steil nach der Stadt zu abfällt, die Dächerreihen fast unmittelbar vor uns, überragt von dem Festungsberg mit der alten Burg. Fast ganz genau kann man an den roten Ziegeldächern erkennen, wie weit die alte Stadt reichte, die schon in früherer Zeit von Obstgärten rings umgeben war. Hat doch deshalb Dr. Martin Luther in seiner drastischen Weise die Stadt Coburg mit einem Stück Rindfleisch in der Peterlesbrüh*) verglichen. An den gegenüberliegenden Berghängen schauen zwischen den Bäumen zahlreiche Villen hervor, so daß die Stadt amphitheatralisch emporzusteigen scheint. Vom Glockenberg schauen Realschule und Seminar zu uns herüber daneben erblicken wir das Mausoleum, und dort sendet uns die Eckardtsklause freundlichen Gruß, während hoch oben auf dem Berge ein einsamer Wächter, der Eckardtsturm, steht. Vor uns im Thale rauscht die Itz am Schlachthause und der Aktienbrauerei vorüber hinab nach dem Itzgrund, wo bereits die Nebel gleich grauen Schleiern den Wiesenplan bedecken. Nur noch hie und da spiegelt sich ein Sonnenstrahl in den Fensterscheiben einzelner hochgelegener Gebäude und blendet unser Auge mit purpurnem Schein. Jetzt glänzt nur noch die vergoldete Spitze des Kirchturmes. Noch einmal leuchtet die Feste auf im Abendstrahl, dann senkt die Dämmerung ihre Schatten herab.

Wir aber treten ein in die Restauration zur Kapelle, um dort noch ein Stündchen den lauen Sommerabend zu genießen.

Richard Döbrich, Coburg.

*) Petersiliensauce.

Aus Coburgs schwerer Zeit.

Ein Bild aus dem Dreißigjährigen Kriege.

Schon seit Jahren tobte der grimmige Glaubenskampf im deutschen Vaterlande, und nur der weisen Politik des Herzogs Johann Casimir war es zu danken, daß Stadt und Land Coburg bisher, wenn auch nicht von den Kriegslasten,*) so doch von den Greueln, die die verwilderten Soldatenhorden in anderen Gebieten ausübten, verschont geblieben war. Dies änderte sich aber, nachdem der Kaiser Ferdinand II. im Jahre 1629 das Restitutionsedikt erlassen hatte. Dasselbe erregte bei den protestantischen Fürsten eine allgemeine Unzufriedenheit. Der Kurfürst Johann Georg von Sachsen berief deshalb die evangelischen Fürsten zu einer Zusammenkunft nach Leipzig. Auch der Herzog Casimir nahm daran teil und unterzeichnete den gemeinschaftlich abgefaßten Beschluß, sich den Forderungen des kaiserlichen Erlasses, wenn nötig mit Waffengewalt, zu widersetzen.

Dieses war das Zeichen zu den verheerenden Feindseligkeiten, womit die Kaiserlichen von nun an auch die coburgischen Lande behandelten, und die ihren Höhepunkt in der Belagerung der Stadt und Feste Coburg durch Wallenstein erreichten. Zum Glück fanden die Feinde die Coburger nicht unvorbereitet. Neben der Verschönerung seiner Residenzstadt durch öffentliche Bauten (das Regierungsgebäude, das Gymnasium, Erweiterung des Schlosses Ehrenburg) hatte Herzog Casimir auch Sorge getragen für eine den unsicheren Zeiten angemessene Befestigung der Stadt und der Feste. Letztere war umgebaut und mit einem neuen Mauergürtel versehen worden, wozu die Landstände Coburgs und Thüringens die für die damalige Zeit sehr beträchtliche Summe von 60000 Gulden verwilligt hatten. Im Jahre 1621 ward das Zeughaus in der Herrengasse fertiggestellt und mit den erforderlichen Waffen und Kriegsgerätschaften angefüllt.

Wenn solche Maßnahmen auch geeignet waren, die Bewohner und Bürgerschaft Coburgs einigermaßen zu beruhigen, so vermochten sie doch nicht, die Besorgnisse zu zerstreuen, die wie ein schwerer Druck auf allen lasteten. Wußte doch keiner, ob er die Saat, die er im Frühjahr ausstreute, auch im Herbste ernten würde. So nahte unter bangen Erwartungen der Herbst des Jahres 1632 heran. Es war zur Zeit, da der Schwedenkönig Gustav Adolf und Herzog Wallenstein sich bei Nürnberg kampfbereit gegenüberstanden. Auch nach Coburg war die Kunde davon gedrungen, und man glaubte, daß eine wichtige Entscheidung bald erfolgen werde. Da kam auf einmal die Nachricht, daß der Feind gegen die Stadt Coburg im Anzuge sei. Das Gerücht fand begreiflicherweise wenig Glauben; wußte man doch, daß Wallenstein bei Fürth ein festes Lager bezogen hatte, das er ohne zwingenden Grund wohl nicht aufgeben würde. Selbst als am 23. September der Oberst Taubadel mit 7 Compagnien Dragonern in Coburg eintraf, um auf Befehl

*) Im Jahre 1630 beliefen sich die Kriegskosten, die allein das Amt Coburg zu tragen hatte, auf 13 988 Gulden (Hönn, Bd. II. S. 259).

des Herzogs Bernhard von Weimar die Besatzung der Stadt und Festung zu verstärken, zweifelte man immer noch an der Wahrheit des Gehörten.

Thatsächlich hatte Wallenstein, ohne den Schwedenkönig in seiner befestigten Stellung anzugreifen, Fürth verlassen und war mit einem Heere von 40000 Mann und 48 Geschützen nordwärts gezogen. Er gedachte die sächsischen Herzöge, welche sich auf der Zusammenkunft in Leipzig gegen den Kaiser erklärt hatten, zu bestrafen. Von Bamberg aus zog er am 27. September mit 8000 Mann nach Coburg, um sich der Stadt und Festung zu bemächtigen. Zwei Tage vorher schon hatte Herzog Casimir mit seinem ganzen Hofstaat die Stadt verlassen, um sich über Römhild

Nach einer photogr. Aufnahme von Soph. Williams, Berlin.

Feste Coburg.

nach Schloß Tenneberg zu begeben. Vor seiner Flucht hatte er die hauptsächlichsten Wertsachen aus der Ehrenburg nach der Festung bringen lassen.

Am 25. September unternahm ein Teil der zur Verstärkung eingetroffenen Schweden in Gemeinschaft mit Bürgern und Bauern aus den benachbarten Ortschaften einen Streifzug den Itzgrund hinab, um Nachricht von dem anmarschierenden Feind zu erlangen. Bei Schottenstein trafen sie mit einer Abteilung der Kaiserlichen zusammen. Es kam zu einem Gefecht, in welchem die Schweden siegten und 8 Gefangene machten. Diese sagten aus, das ganze kaiserliche und bayerische Heer sei in vollem Anmarsch. Mochte auch die Mehrzahl der Bewohner diesen Bericht für arg übertrieben halten, so versäumten sie doch nicht, in größter Eile sich auf eine wirksame Verteidigung ihrer Stadt vorzubereiten. So weit es möglich war, wurden die noch außenstehenden Feldfrüchte eingeerntet. Wer bei dieser Arbeit entbehrlich war, übte sich in der Handhabung der Waffen und half die Befestigungen verstärken. Viele Bürger brachten den wertvolleren Teil ihrer Habe zur größeren Sicherheit in die Ehrenburg.

Am Morgen des 27. September ließ der Rat verkünden, die Bewohner sollten sich nicht zu weit von den schützenden Mauern entfernen. Zwei Kanonenschüsse von der Festung — die schwedische Losung — sollten ihnen melden, daß der Feind in Sicht sei. Auf dieses Zeichen hin sollten alle wehrhaften Männer sich nach dem Zeughause begeben, um die Waffen in Empfang zu nehmen. Der Tag verging ohne Störung. Am Abend wurden die Stadtthore verbarrikadiert und an allen Punkten Wachen ausgestellt. Ruhe senkte sich auf die müde Stadt. Nur die Wachen wechseln regelmäßig und halten scharfen Ausguck in der sternenhellen Herbstnacht. Eben haben die Glocken von den Türmen die 2. Morgenstunde verkündet, da blitzt es von der neuen Bastei auf, und dumpf rollend hallt der Donner des Geschützes über die Stadt. Dem ersten Schuß folgt sofort ein zweiter — es ist das verabredete Alarmzeichen — kein Zweifel, der Feind ist da. Lebendig wird es in der Stadt, Lichtschein erhellt die Fensterreihen der Häuser, die Hausthüren öffnen sich, Männer eilen schnellen Laufes durch die Straßen dem Markte zu. Dort drängt sich die Menge nach dem Zeughaus. Dragoner, Bürger, die Schüler des Gymnasiums, auch Handwerksburschen nehmen Gewehre in Empfang und wählen unter den anderen Waffen aus, was ihnen am passendsten dünkt. —

Mit Tagesanbruch erschien der Feind auf der Höhe des Glockenberges. Die bewaffneten Bürger eilten nach der bedrohten Stelle und warfen sich den Feinden entgegen. Aber trotz aller Tapferkeit vermochten sie nicht, die Angreifer zurückzudrängen, ja es fehlte nicht viel, so wäre ihnen der Rückzug nach der Stadt abgeschnitten worden. Doch im Augenblick der höchsten Bedrängnis donnerten von der Festung die Karthaunen und sandten ihre verderbenbringenden Geschosse in die feindlichen Reihen. Die hierdurch entstandene Verwirrung benutzten die Bürger, um sich nach der Vorstadt Stetzenbach (die heutige Leopoldstraße) zurückzuziehen. Bei diesem Kampfe waren auf Seite der Coburger 3 Mann gefallen.

Unterdessen hatte Wallenstein, der sein Hauptquartier in Ketschendorf, eine Viertelstunde südlich von der Stadt, aufgeschlagen hatte, einen Trompeter mit der Aufforderung zur Übergabe nach dem Ketschenthor geschickt. Da derselbe jedoch von einigen Kroaten begleitet war, gaben die Wachen Feuer auf ihn, worauf er sich zurückzog. Erzürnt darüber, ließ Wallenstein Kanonen auf den Glockenberg bringen und Stadt und Schloß beschießen. Dies verursachte mehr Schrecken als Schaden. Wohl schlug hie und da eine Kugel in ein Haus ein, ohne jedoch großes Unheil anzurichten, da man schnell bei der Hand war, das ausgebrochene Feuer mit nassen Häuten zu ersticken.

Wallenstein sah bald ein, daß auf diese Weise nicht viel zu erreichen war und sandte deshalb am Nachmittag einen zweiten Trompeter vor die Stadt. Da dieser allein kam, öffnete man ihm die Pforte am Thore und führte ihn mit verbundenen Augen nach dem Rathause, woselbst der ganze Rat versammelt war. Der Abgesandte verlangte im Namen seines Gebieters Übergabe der Stadt und

Festung nebst Zahlung einer ansehnlichen Geldsumme, wogegen der Stadt Schonung und der Besatzung mit Ausnahme der Dragoner freier Abzug zugesichert wurde; im Falle der Weigerung aber sollte die Stadt den Soldaten zur Plünderung preisgegeben werden. Man ließ den Trompeter in ein Wirtshaus gehen und ihm zu essen und zu trinken vorsetzen. Unterdessen wurden die Viertelsmeister eiligst zusammengerufen und ihnen die Botschaft bekanntgegeben. Als sie die Drohung des gefürchteten Herzogs von Friedland vernahmen, entsank ihnen der Mut, und sie stimmten für Übergabe der Stadt.

Nach einer photogr. Aufnahme v. Soph. Williams, Berlin.

Reformatorenzimmer.

In Begleitung des fremden Trompeters ward nun ein Bote in das feindliche Lager gesandt, um dem Feldherrn zu melden, daß man geneigt sei, auf seine Forderungen einzugehen. Zugleich ersuchte man darum, einen Hauptmann zu senden, der mit den Abgeordneten der Stadt auf halbem Wege über die weiteren Bedingungen verhandeln sollte. Wallenstein ging darauf ein. Als aber die Gesandten die Stadt durch das Spitalthor verlassen wollten, trafen sie vor demselben schon den feindlichen Obersten Becker mit einer starken Abteilung Kroaten an. Dieselben waren, während man in der Stadt verhandelte, unbemerkt von den Belagerten dorthin gelangt, indem sie sich in der Gegend, wo heute der Neue Weg sich befindet, durch Gebüsch gedeckt, heraufgeschlichen hatten. Die Abgeordneten baten um einen Aufschub von 24 Stunden, um die Genehmigung ihres Landesfürsten zu dem abgeschlossenen Vertrage einzu-

Nach einer photogr. Aufnahme v. Soph. Williams, Berlin.

Reformatorenzimmer.

holen. Wallenstein aber ließ ihnen sagen, daß er keine Frist mehr geben würde; man solle die Stadt sofort übergeben und 500 Soldaten aufnehmen.

Niedergeschlagen über diesen Bescheid, machten sie sich auf den Rückweg; zu ihrem Erstaunen fanden sie das Stadtthor offen und von feindlichen Reitern besetzt. Oberst Becker hatte die Wache überrumpelt und ließ sofort den Markt und alle Thore besetzen. Der Überfall wurde so rasch ausgeführt, daß die in der Stadt liegenden Schweden sich nicht mehr unbehelligt zurückziehen konnten; sie mußten sich mit Gewalt durchschlagen und erreichten durch das Steinthor, der Weinstraße folgend, ohne erhebliche Verluste zu erleiden, die Festung. Die Stadt war nun in den Händen des Feindes und mußte im vollen Maße erfahren, was eine eroberte Stadt im Dreißigjährigen Kriege zu erdulden hatte.

Im Laufe des Nachmittags zog der Kurfürst Maximilian von Bayern in die Stadt ein und nahm Wohnung auf dem Steinweg. Wallenstein selbst blieb in Ketschendorf. Die Soldaten schleppten die im Schlosse aufbewahrten Zelte heraus und schlugen sie vor den Mauern auf. Am Abend trafen zwei Kommissare ein, welche den Befehl überbrachten, daß die Bürger sämtliche Waffen, sowie die Hälfte aller vorrätigen Lebensmittel, desgleichen Pferde und Schlachtvieh ausliefern sollten. Bei dieser Gelegenheit nahm Tertzky, Wallensteins Schwager, alle Rüstungen weg und schaffte sie auf seine Güter in Böhmen. Graf von Pappenheim beanspruchte die Kunstgegenstände für sich, und die gemeinen Soldaten säumten nicht, es ihren Führern nachzuthun: zu nehmen, wo und was zu finden war.

Am nächsten Tag entsandte der Rat eine Deputation von 10 der angesehensten Bürger nach Ketschendorf, um Wallenstein zur Milde zu bewegen. Die Gesandten wurden zunächst vom Feldmarschall Grafen Altringer empfangen und mußten in seinem Quartier den Vorbeimarsch des ganzen Wallensteinschen Heeres mit ansehen, wobei sie bemerkt haben wollten, daß manche Compagnien viermal an ihnen vorüberzogen. Hierauf wurden sie vor Wallenstein geführt. Auf einem Feldbette liegend, empfing er sie. Er redete sie hart an, nannte sie Rebellen, weil sie auf seinen Trompeter geschossen hätten, und verlangte von ihnen, dafür zu sorgen, daß die Feste sofort übergeben würde. „Wenn dies nicht geschieht,“ — so schloß er — „so sollt ihr vor der Feste niedergeschossen, die Bürger der Stadt niedergehauen, der Kerl da oben aber samt seinen Soldaten soll, da ich die Festung durch Sturm nehmen werde, gehenkt werden!“ Der Kanzler Dr. Drach von der Deputation wagte es, um Gnade zu bitten. Da fuhr ihn der Herzog an: „Schert Euch zum Kuckuck, oder ich lasse Euch sofort aufhängen.“

So trat denn die Deputation den Weg nach der Feste an unter Begleitung des Generals Altringer. Letzterer schärfte ihnen nochmals ein, nichts unversucht zu lassen, den Kommandanten der Festung zur Übergabe zu bewegen. Er schwur ihnen, daß, wenn sie unverrichteter Sache zurückkämen, nicht nur die Stadt, sondern auch das Land mit Feuer und Schwert verwüstet werden würde; sie selbst aber sollten aufgehängt werden. Da half keine Entschuldigung, alles Bitten und Flehen war vergebens, sie mußten den schweren Gang unternehmen. Ein Trommler wurde vorausgeschickt, um sie dem Obristen Taubadel zu melden. Derselbe gab zur

Antwort, er hätte zwar nichts mit Stadt- und Landräten zu thun, doch möchten sie kommen. Als sie aber vor der Mauer erschienen und ihr Anliegen vorbrachten, geriet Taubadel in Zorn über solches Verlangen. Er schalt sie Spione und Verräter und drohte, auf sie feuern zu lassen, wenn sie nicht gingen. Sie traten also den Rückweg an. Sobald die feindlichen Musketiere dies merkten, eröffneten sie Feuer gegen dieselben, um sie am Zurückgehen zu hindern. So befanden sich die armen Gesandten in einer entsetzlichen Lage: vor ihnen, wie in ihrem Rücken drohte der Tod, und zudem brach die Nacht herein. — Da wandten sie sich in ihrer höchsten Not flehentlich an den Kommandanten der Festung mit der Bitte um Einlaß. Endlich ließ sich Taubadel erweichen. Vom Ausfallspförtlein aus legte man eine Leiter an die Mauer des Walles; auf 40 Sprossen stiegen sie in den Graben hinab und wurden durch genannte Pforte eingelassen. Bald konnten sie sehen, daß die Drohung Altringers keine leere gewesen war. Zwar blieb die Stadt unverwüstet, in den umliegenden Dörfern und Ortschaften aber loderte die Flamme auf und durchleuchtete mit blutigrotem Scheine die dunkle Nacht.

Am 29. September begann die ernstliche Belagerung der Festung. Auf einem in der Nähe gelegenen Hügel, Fürwitz*) genannt, pflanzte der Feind 2 Mörser auf, zog Laufgräben und beschoß die Schindel- und die Hohe Bastei. Die Granaten richteten jedoch wenig Schaden an, da die Belagerten auf ihrer Hut waren und jedes ausbrechende Feuer im Keime erstickten. Nur eine Frau und ein Pferd wurden durch eine platzende Granate getötet. In der Nacht machte ein Teil der Besatzung in der Stärke von 26 Mann einen Ausfall, um einige am Fuße des Fürwitz gelegene, von Feinden besetzte Häuser in Brand zu stecken. Wie tapfer sie sich auch hielten, sie mußten sich vor dem wachsamen und an Zahl überlegenen Feinde zurückziehen. Doch war es ihnen gelungen, einen der Kaiserlichen gefangen zu nehmen. Von diesem erfuhr Taubadel, daß für den nächsten Tag ein allgemeiner Angriff geplant sei, und er beschloß, den Angreifenden einen heißen Empfang zu bereiten.

Es hatte sich schon gezeigt, daß das Feuer der Belagerten an Schnelligkeit sowohl, als auch an Sicherheit dem der Belagerer weit überlegen war. Unter der Besatzung zeichnete sich ein Konstabler Namens Konrad Rüger, ein Coburger Kind, ganz besonders durch unerschrockene Tapferkeit und Sicherheit seines Schusses aus. Als am Morgen des 30. September Wallenstein mit einigen Begleitern die Festung rekognoszierte, wurde er von einigen Dragonern in der Festung erkannt. Rüger, davon benachrichtigt, richtete seine Feldschlange auf ihn, und — fast hätte dieser Schuß eine weltgeschichtliche Bedeutung erlangt — dicht vor Wallensteins Pferd schlug die Kugel ein, ihn mit Staub und Erde bedeckend. „Wart', Bestie, wenn ich dich kriege, lass' ich dich hängen!“ soll Wallenstein gerufen haben, und Rüger, dessen interessantem Tagebuch wir diese Notizen verdanken, fügt hinzu: „Das beste aber war, daß er sie nicht hatte!“

---

*) Derselbe war damals höher als jetzt; Herzog Bernhard von Weimar ließ ihn nach der Belagerung im Interesse der Sicherheit der Festung abtragen.

Um 2 Uhr nachmittags schickte der Herzog von Friedland einen Trompeter vor die Festung und ließ nochmals zur Übergabe auffordern. Taubadel ließ ihm antworten, der Herzog solle thun, was er nicht lassen könne, er habe für ihn nichts als Kraut und Lot und die Spitze vom Degen, wenn er die haben wollte, so sollte er nur kommen. In der folgenden Nacht suchten die Belagerer von Süden her im Schutze der Dunkelheit sich an die Wälle heranzuschleichen. Allein sie wurden von der neuen Bastei aus bemerkt und mit Sturmtöpfen und Handgranaten zurückgetrieben.

So leicht es den Verteidigern bisher geworden war, alle Angriffe zurückzuweisen, so war doch ihre Lage keineswegs beneidenswert. Es fehlte nämlich in der Festung an den erforderlichen Nahrungsmitteln. Rüger erzählt, daß schon am 29. September wegen Mangel an Futter 26 Pferde erschossen werden mußten. Damit der Feind von dieser Notlage nichts erfuhr, wurden die Leichname der Tiere in einem Schwibbogen der Bärenbastei untergebracht und mit Dünger bedeckt. Ein kühner Ausfall versorgte die Besatzung auf einige Zeit wieder mit frischem Fleisch. 200 Dragoner erbeuteten dabei in der Gegend von Ketschendorf eine Herde von 100 Schafen und brachten sie glücklich in die Festung. Schlimm aber war der Mangel an Wasser. Es befand sich zwar ein großer Ziehbrunnen auf dem Festungshofe, aber das Wasser desselben war ungenießbar geworden dadurch, daß ein Hund hineingefallen war. Trotzdem ließen die Belagerten den Mut nicht sinken. Sie waren fest entschlossen, bis zum Äußersten auszuharren.

Durch diesen zähen Widerstand erbittert, schritt der Feind am 3. Oktober zum Sturm. Am Morgen schon begannen die Geschütze auf dem Rögnersberg (der heutigen Brandensteinsebene) zu spielen, und aus den Laufgräben am Fürwitz wurde ein heftiges Feuer gegen die Basteien eröffnet. Zugleich versuchten 500 Mann mit Sturmleitern die Mauern zu ersteigen. Jedoch vergeblich. Die Leitern wurden umgestürzt, der Sturm wurde unter großen Verlusten der Angreifer abgeschlagen, auch die Batterie auf dem Rögnersberg durch wohlgezielte Schüsse zum Schweigen gebracht. In der Nacht brach eine Feuersbrunst in der Stadt vor dem Steinthor aus. Die Verwirrung war entsetzlich und wurde dadurch noch erhöht, daß Taubadel, in der Meinung, der Feind habe, entsprechend seiner Drohung, das Feuer angelegt, die Brandstätte beschießen ließ. Dreimal wurde mit einer Feldschlange Feuer gegeben, ehe er seinen Irrtum merkte. Eine ganze Häuserreihe ging in Flammen auf, bevor es den Bewohnern gelang, des Feuers Herr zu werden.

Wallenstein erkannte, daß er die Bergfeste sobald nicht würde nehmen können, und da er Kunde erhielt, daß Herzog Bernhard von Weimar im Anzug sei, so ließ er ab von der Belagerung und brach am 5. Oktober auf, um sich nach Sachsen zu wenden.

Taubadel verfolgte den abziehenden Feind und fügte ihm so viel Schaden zu als nur möglich. Mehrere Nachzügler, darunter auch der Beichtvater Wallensteins, wurden in der Stadt gefangen genommen und erschossen.

Eine Woche nur — vom 27. September bis zum 5. Oktober — hatte der Feind vor Coburg gelegen. Was aber das Land während der kurzen Zeit zu leiden gehabt hat, vermögen Worte nicht zu schildern. Zeughaus und Ehrenburg waren ausgeraubt, die besten Habseligkeiten der Bewohner fortgeschafft oder vernichtet. 17 Wohnhäuser lagen in Asche. Wohlhabende Dörfer und Ortschaften waren in Trümmerhaufen verwandelt. Die Stadt selbst war um 16000 Thaler gebrandschatzt worden, und da nur die Hälfte dieser Summe nebst einigen goldenen Ketten aufzubringen gewesen war, so wurden in der Nacht vor dem Abzug des Feindes die vornehmsten und angesehensten Bewohner Coburgs, Männer und Frauen, aus ihren Häusern geholt und als Geiseln mitgeschleppt.

Diese Gefangenen hatten Übles zu erdulden. Einige starben unterwegs, anderen gelang es zu entfliehen; die übrigen kamen erst Ostern 1633 wieder in ihre Vaterstadt zurück. Die Kosten für ihre Unterhaltung während der Zeit ihrer Gefangenschaft mußten von Stadt und Land getragen werden und beliefen sich auf 3000 Thaler. Den Zurückgebliebenen war kein besseres Los beschieden. Da gab es wohl Greise und Kinder, aber die Ernährer fehlten. Felder und Gärten lagen verwüstet. Nirgends mehr waren Nahrungsmittel zu finden. Seuchen und andere Krankheiten brachen aus. Im Oktober starben 300 Personen.

Aber noch war die schlimme Zeit lange nicht zu Ende. Das alles war nur das Vorspiel gewesen. Größere Trübsal sollte folgen. Wenn uns berichtet wird, daß in den Jahren 1632—35 mehr als 500 Kinder auf den Straßen tot aufgefunden wurden, ohne die alten Leute, die Hungers gestorben, wenn der Schaden, der Stadt und Land durch die schier unerschwinglichen Kriegslasten erwuchs, auf 14—15 Tonnen Gold berechnet wird, dann kann man ermessen, welch furchtbares Elend dieser unglückselige Krieg auch für Coburg im Gefolge hatte. Zieht man neben diesem berechenbaren Verlust an Gut und Menschenleben die unberechenbaren verderblichen Folgen jener Ereignisse für das Geistesleben und die Kultur, wie sie in Zerrüttung der Verhältnisse, Verwahrlosung und zunehmender Sittenlosigkeit der Bewohner, Niedergang von Kunst und Gewerbe sich äußerten, in Betracht, so darf man wohl mit Recht sagen, daß Jahrhunderte nötig waren, um wieder aufzubauen, was in wenig Jahrzehnten niedergerissen worden war.

Karl Lesch, Coburg.

Eine Bauernhochzeit in der coburgisch-nordfränkischen Gegend.

Am Donnerstag vor Pfingsten waren die Lindenberger in einer gewissen freudigen Erregung. Ein angesehenes Paar wollte sich „kopulieren“ (trauen) lassen. Eigentlich sollte die „Hochzig“ erst am zweiten Feiertage stattfinden. Allein der Mond war bis dahin schon wieder im Abnehmen begriffen, und bei „abnehmes Mah's“ (abnehmendem Monde) läßt sich von jeher kein Vernünftiger trauen. Es ginge sonst „hinterschich“ mit dem Haushalte.

Doch zuvor wollen wir erst hören, wie es denn eigentlich zu der Hochzeit gekommen ist.

Schon seit längerer Zeit ging in Lindenberg und Umgegend das Gemunkel, daß der Rötherswinder Hannpaules-Gottlieb der Lindenberger Beckenbauers-Dorthee zu Gefallen liefe. Schon an mehreren Sonntagen kam er mit einigen anderen Burschen ins Lindenberger Wirtshaus, was er früher nicht zu thun pflegte. Dazu machte sein Vater, der alte Hannpaule, am Sonntag vor Petri einen Zuspruch beim Beckenbauer, um sich in dessen Stall ein „zwiejähriges Stierla“ anzusehen, das ganz gut zu einem gleichalterigen Stück Jungvieh paßte, welches er selber aufgezogen hatte. In Wahrheit aber war es vielmehr deshalb, um überhaupt den Viehstand und noch gar manches andere in der Wirtschaft des Beckenbauern in Augenschein zu nehmen und sich nochmals gründlich von dem Stand der Dinge zu überzeugen. Denn ein alter erfahrener Landwirt, wie der Lindenberger Beckenbauer es war, sieht auf einem Gang durch den Bauernhof viel mehr, als sich ein Laienauge vorstellen mag. Kurz und gut, der Stierkauf wurde abgeschlossen, und die beiden Bauernfamilien waren dadurch von jetzt ab in etwas nähere Beziehungen zu einander getreten. Auf dem Petrimarkt in der Hauptstadt C. wurde die Sache vollends fertig. Denn die beiden jungen Leute kamen dort wie viele andere auch zusammen. Gottlieb ging mit Dorthee ins „Spiel“ (Theater) und bezahlte sogar das Billet für sie. Am nächsten Sonntag war Verspruch, und die Hochzig wurde auf die Woche vor Pfingsten festgesetzt. —

Die letzten Schneereste an den Winterlagen der Flur schmolzen immer mehr zusammen, die Wiesgründe kleideten sich in frisches Grün, und in den Herzen der Brautleute blühte die Hoffnung zart und lieblich auf. Für Dorthee schickte sich's jetzt nicht mehr, des Abends mit den Mädchen singend dorfauf und dorfab zu ziehen, und Gottlieb setzte sich im Wirtshaus, wenn's irgend ging, an den Männertisch, um zu zeigen, daß er nunmehr ernstlich damit umgehe, die „Bummschuh“ (Bubenschuhe, d. h. Burschenmanieren) auszuziehen und einen „g'setzten Mann“ zu spielen.

So kam denn allmählich die Hochzeitswoche heran. Die Kuchen pflegt die Braut selbst zu backen, um an deren Geraten oder Mißraten auf ihr künftiges Glück oder Ungemach vorbereitet zu sein. So buk denn auch Dorthee ihre Hochzeitskuchen unter geringer Beihilfe der Mutter und hatte die Freude, ihr Werk im ganzen geraten zu sehen.

Am Hochzeitsmorgen fuhr der Bräutigam im schwarzen Kirchenrock und Cylinder, einen mächtigen Strauß an der Brust, nach dem Heimatsort der Braut und wurde von den Schwiegereltern mit Glückwünschen empfangen. Im Hause selbst herrscht die reine „Vierzehn-Notwendigkeit“, d. h. es giebt vollauf zu thun. Wenn auch in der Küche die mächtigen Braten bereits zugerichtet, in den Kammern die Betten frisch überzogen und im Hofe die Wagen und Pflüge in eine gewisse übliche Richtung gebracht sind, so giebt es doch noch allerhand Gegenstände beiseite zu räumen und da und dort ordnende Hand anzulegen. Die Hauptsorgfalt aber wird der Braut gewidmet, welche in ihrer Kammer von geschickten Frauenhänden festlich geschmückt oder, wie man in dortiger Gegend sagt, „geputzt“ wird. Endlich, nachdem etwa noch ein

Band in die richtige Lage gebracht oder eine Falte am Rock zurecht gerückt ist, tritt sie, ein Kränzchen auf dem Kopfe und ein Spitzentaschentuch in der Hand, vor ihren Bräutigam, welcher sie mit Händedruck und Kuß empfängt.

Vor der Hausthür und im Hausplatze stehen schon die gaffenden Schulkinder und gewisse, sich überall neugierig vordrängende Erwachsene auf dem Sprunge, um möglichst viel von den Geldstücken zu „krabbsen", welche der Bräutigam von Zeit zu Zeit da, wo gerade eine größere Menschengruppe am Wege steht, „auswirft".

Das Rollwägelchen oder — wenn es nobel getrieben wird — die Kutsche steht schon im Hofe bereit, und mit „Gut Glück!" tritt das Paar aus dem Hause. Rasch werden die Pferde angetrieben, schon um den vielen Belästigungen zu entgehen, die dem Bräutigam von jung und alt wegen des Auswerfens zugemutet werden. So oft nun eine „Hamvell" (Handvoll) Geld unter eine Gruppe Kinder geschleudert wird, erfolgt ein wahres Purzeln und Überschlagen der „Krabbsenden", namentlich wenn der Wurf über eine Hecke oder in den Graben ging. Doch nur auf kurze Strecken hat sich der Bräutigam durch einen absichtlich derartig gezielten Wurf Ruhe verschafft. Überall wartet man seiner. Selbst unterwegs zum nächsten Kirchdorf, wo die Trauung stattfindet, kann er den Anfechtungen nicht entgehen, und bei den ersten Häusern haben die Maurer, welche gerade dort arbeiten, eine bunte Schnur über den Weg gespannt, um auch ein gutes Trinkgeld für sich herauszulocken. Das Läuten der Glocken und das Knallen der Büchsenschüsse, welche da und dort aus einem verborgenen Dachwinkel abgefeuert werden, verraten überdies noch genau die Zeit, wenn man sich am besten zum Fange aufzustellen hat. So geht denn das „Aufhalten" fort, bis es an der Kirchhofsmauer noch einmal tüchtig Geld regnet. Die Kirche steht voll von Neugierigen, die sich überzeugen wollen, ob's der Braut schwer ankommt oder nicht, ob sie vielleicht gar „flennt".

Der Geistliche hält die Rede und segnet alsdann das Paar ein. Ringe zu wechseln ist nicht Sitte, und zwar aus dem einfachen Grunde, weil man sich keine zu schenken pflegt. Wohl aber achtet man darauf, am Altar dicht nebeneinander zu stehen, wodurch ein einiges Eheleben verbürgt werden soll. Die Schmiedin hatte ihr besonderes Augenmerk darauf gerichtet, ob nicht eines der beiden Neuvermählten eine feuchte Spur unter der Fußsohle zurückließe; denn bei wem dies der Fall ist, das muß zuerst aus dem irdischen Dasein scheiden. Diesmal betraf es die Braut. Die Schmiedin erzählte es aber im Vertrauen nur ihrer Nachbarin, der Bätzen-Dorl.

Bei der Rückfahrt ins Hochzeitshaus wiederholt sich das Passen auf Geldauswerfen, bis denn das Paar die Hausthür glücklich hinter sich hat. Das Haus hat sich unterdessen gefüllt; denn „die Freundschaft", d. i. Vetterschaft, von nah und fern hat sich mittlerweile eingefunden und wird wohl mit den Worten: „Laßt euch nett so nürtig (nötigen)!" aufgefordert, von dem Kuchen, Semmelbrot, süßen Liqueur u. dergl., das freigebig und gastfreundlich geboten wird, zu genießen.

Gegen Abend hin geht's an den „Tiesch" (Tisch). Der Aufforderung des Hausherrn oder seines Gesponses: „Setzt euch ra zamm!" wird indes nur sehr zögernd Folge geleistet. Erst nach mehrmaliger Wiederholung der Mahnung: „Na ziert euch nett su lang, thutt, als wenn'r derhemma wärt!" sucht sich jedes irgend einen Platz nach Gutdünken und genießt mit möglichst anständiger Manier die kräftigen Speisen, welche eine geschickte Kochfrau aus der Umgegend hergerichtet hat und welcher während der Mahlzeit lobend gedacht wird.

Außer der „Freundschaft“ findet sich auch sonst noch manch ungeladener Gast ein, den merkwürdigerweise gerade am Hochzeitstage irgend ein Geschäftchen ins Haus führt und der dabei natürlich die Gastfreundschaft zu genießen bekommt.

In der Stube hat sich mittlerweile ein bedeutender Wärmegrad entwickelt, so daß die Fenster „schwitzen“ und die Tafelnden nicht minder. Aber ans Fensteröffnen wird meist erst spät gedacht.

Anfangs, beim Beginn des Essens, wird wenig gesprochen, es findet sich noch kein geeigneter Stoff dazu. Erst allmählich, nachdem einigemal getrunken worden ist und irgend ein Beherzter trotz der Anwesenheit der Geistlichkeit (Pfarrer und Lehrer) keck herausrückt, bekommen auch die übrigen Mut, sich zu räuspern. Gewöhnlich findet sich irgend ein bekannter Spaßvogel unter der Tischgesellschaft, welcher das große Wort führt und mitunter einen recht derben Witz in das Gespräch hineinwirft — namentlich muß sich das junge Ehepaar mancherlei unzarte Anspielungen gefallen lassen — so daß lautes Lachen und „Bauchschütteln“ darauf erfolgt. Bei unserer Hochzeit lag diese Rolle des Wortführers in den Händen des Schloßkommandanten, eines munteren, schon in vorgerücktem Alter stehenden Bauern, dessen Vermögensverhältnisse zwar nicht glänzend standen, der aber als flotter, schlagfertiger Gesellschafter überall beliebt war. Gar manchen tollen Streich hatte er verübt und nachher unter viel Beifall den Tischgenossen bei allerlei Gelegenheiten zum besten gegeben. Vielleicht hatte er auch für diese Hochzeit etwas in Bereitschaft. „Wie ist's denn mit dem Stierla, das dei Vatter verwichen (neulich) gekäfft hott, paßt's denn zum annern?“ Oder: „Wie schmeckt dir denn das Rötherswinner Bier, du hast's ja in der letzten Zeit orndtlich geprobiert?“ wird schalkhaft gefragt, und manche verfängliche Frage und Bemerkung dazwischengeworfen, so daß das Gelächter immer wieder frisch hervorbricht.

Am Schluß der Tafel wird ein Teller mit einem Spüllappen in der Runde herumgereicht, in welchen jeder Teilnehmer ein Trinkgeld für die Köchin praktiziert. Sind auch Musikanten da, so wird getanzt, wozu alles, was an „Weiberleuten“ im Hause aufgeboten werden kann, von den Männern und Burschen beigezogen wird. Das Hujujuch! der Kirchweih wird auch hierbei so kräftig, als es die Kehle hergiebt, als Ausdruck übermütiger Lust herausgeschmettert. Hei, wie klappt da der Fußboden unter den festen Tritten der Tänzer! Der Hund draußen an der Kette knurrt, und das Vieh im Stalle brummt ob der ungewohnten nächtlichen Ruhestörung im Hause. Aber das kümmert die Vergnügten nicht. An Schlafen darf natürlich nicht gedacht werden, und man gilt nicht als echter Hochzeitsgast, wenn man sich vom Schlafe übermannen läßt. „Heit wärd durchgemacht!“ (heute wird wachend ausgehalten) heißt es eben, und dabei Punktum! Sollte sich aber dennoch diese oder jene der älteren Personen gegen Morgen ein wenig abseits auf ein Bett legen, so ist die Ruhe nur von kurzer Dauer; denn lärmend naht sich der Troß, bricht die Thür auf, scharrt mit einem Karst vor dem Bette, als würden Steine gegraben, und ruht nicht eher, als bis der Schlaftrunkene ernstlich Anstalt macht, wieder aufzustehen und den bereits gebrauten Kaffee mitzutrinken. Ist dies geschehen, so zieht — der Tag ist inzwischen angebrochen — die ganze Hochzeitsgesellschaft durch das Dorf, allerhand übermütige Streiche verübend, gerät ins Wirtshaus, spielt Kegel, macht der Schule einen Besuch, veranlaßt den Lehrer, die Schüler heimzuschicken und sich dem Zuge anzuschließen, der sich etwa nach irgend einem beliebten Aussichtspunkt in der Flur oder auf dem Berge richtet, damit man sich in der frischen Luft den „Däm" aus dem Kopfe pustet. Zur Essenszeit kehrt man wieder ins Hochzeitshaus zurück. Der Appetit ist freilich nur schwach, wie sehr auch die Hausherrin bemüht ist, die Speisen den üblen Magenverhältnissen der Gäste anzupassen. Bloß der unverwüstliche Schloßkommandant steht immer auf dem Posten und hat stets das richtige Zauberwort zur Verfügung, um die drohende Abspannung der Gemüter nicht zur Herrschaft kommen zu lassen. Inzwischen wird auch ein Akt ernsterer Natur erledigt, dem ein fast feierlicher Charakter anhaftet, — die Geschenke werden dem Brautpaare überreicht. Sie bestehen in Haus- und Wirtschaftsgeräten, oder, je nach dem Vermögensstande und dem Grade der Freigebigkeit, in einigen blanken Goldstücken, welche den jungen Leuten unter Glückwünschen für die Zukunft überreicht werden. Der Braut rollen wohl bei solchen Zeichen der Liebe und Gutherzigkeit Thränen der Wehmut über die Wangen. Ist es doch der letzte Tag, den sie im lieben Elternhause mit den vielen süßen Erinnerungen zubringen darf. Denn, noch einige Stunden, und es geht ans Abschiednehmen. In der „öbern Stumm" sind sorgliche Frauenhände bereits damit beschäftigt, gehörige „Hochzigbündel" aufzubauen und den scheidenden Gästen Krapfen, Kuchenviertel, Speckstücken und ähnliche annehmbare Waren einzupacken. Die Geschirre warten bereits im Hofe. Ist noch Musik da, so wird ein Trupp um den andern „zun Durf naus geblosen", bis denn das junge Ehepaar mit Einbruch der Dunkelheit selbst Abschied nimmt, um in die neue Hauswirtschaft einzuziehen.

Noch lange fort wird in der Umgegend von reich und arm von dieser Festlichkeit gesprochen, ja sie wird sogar als eine Art Zeitrechnung angewandt, indem man von mancher anderen gleichzeitigen Begebenheit sagt: „Es wuar üm die nämlich' Zeit, wie dem Hannpaules-Gottfried und der Beckenbauers Dorthee ihr Hochzig wuar."

Rob. Gertloff, Coburg.

Königsberg in Franken.

Seitwärts von dem Durchbruche des Mains durch den fränkischen Landrücken erstreckt sich nach Norden der Haßgau, eine breite, wellige Thalmulde, in gleicher Richtung von den am Ende zusammenschließenden Haßbergen umrahmt, in der Mitte überragt von einem Basaltkegel, dem Ostheimer Hügel. Hier befindet sich die aus drei getrennten Gebieten bestehende coburgische Enklave Königsberg. Zum ersten Gebiete gehören auf einer schmalen Fläche von 34 qkm das im Vordergrunde einer romantisch gruppierten Berglandschaft des östlichen Zuges malerisch ausgebreitete Städtchen Königsberg, nahe dabei das Dorf Hellingen und weiter nach Südosten, in die Haßberge gebettet, die Dörfer Altershausen, Kottenbrunn, Dörflis und Köslau. Von Königsberg aus erreicht man 16 km nach Nordwesten das zweite, 4 qkm große Gebiet mit dem schmucken Dorfe Nassach und 12 km nördlich das dritte, 2 qkm einnehmende Gebiet mit dem aus einigen Bauernhöfen gebildeten Dörfchen Erlsdorf. Die drei winzigen Ländchen liegen wie Fremdlinge, „eine kleine Welt für sich bildend", in dem bayerischen Kreise Unterfranken; verwundert blicken die Löwen im Wappenschilde am blauweißen Grenzpfahle hinüber zu dem Nachbar, als wollten sie fragen: „Wie kommst du hier herein?"

Geben wir Auskunft.

Um gegen die wilde Reiterflut aus Ungarn feste Dämme zu errichten, ließ König Heinrich I. Burgen bauen, umgab sie mit Städten und schützte beide durch feste Mauern und Türme. Auch auf der Anhöhe über Königsberg, dem Schloßberge, erhob sich damals eine Burg, und an ihrem westlichen Abhange wurde eine Stadt gegründet. An diesen festen Platz verlegten wahrscheinlich die Grafen des Haßgaus ihren Sitz. Die Geschichte nennt von ihnen zuerst Meran. Die Gaugrafen, welche unter Karl dem Großen im Zauberbanne seines Herrschergeistes gehorsame Vollstrecker der kaiserlichen Befehle waren, erstarkten unter den Karolingern und den nachfolgenden Königen zu selbständigen Herren. Auch die Meraner schwangen sich empor und nahmen in der Hohenstaufenzeit den Herzogstitel an. In der Mitte des dreizehnten Jahrhunderts starb das Geschlecht aus. Der Bischof von Bamberg behauptete, der Lehnsherr der Meranschen Besitzungen in Franken zu sein, und beanspruchte diese Ländereien für sich. Hieraus entstand ein Streit zwischen den Meranschen Erben und dem geistlichen Machthaber, und bald wurde um den Besitz mit den Waffen gekämpft.

Im Auftrage und im Solde des Bischofs von Bamberg focht Graf Hermann I. von Henneberg mit seinen Mannen und trug den Sieg davon. Der Bischof befand sich nach beendigter Fehde in finanzieller Not, konnte den gedungenen Feldhauptmann nicht bezahlen und überließ ihm bis zur Tilgung der Schuld Königsberg, das dann hennebergisches Eigentum blieb, weil das Bistum auch in Zukunft seine Verbindlichkeit nicht mit barem Gelde löste. Eine hennebergische Prinzessin vermählte sich mit dem Burggrafen Albrecht von Nürnberg, brachte Königsberg als Teil des Malschatzes in die Ehe, und damit erhielt der Ort einen Herrn aus dem Hause Hohenzollern, aber nicht lange, denn des Burggrafen Tochter bekam bei ihrer Verheiratung mit dem Herzog Swandibor von Pommern Königsberg als Mitgift. Das pommersche Regiment war gleichfalls von kurzer Dauer; der Herzog verkaufte Stadt und Amt an das Stift Würzburg. Aber der damalige Bischof von Würzburg war in viele geldverschlingende Fehden verwickelt und stürzte die geistliche Herrschaft tief in Schulden. Durch das Drängen der Gläubiger geriet sein Nachfolger in eine peinliche Lage und verkaufte Königsberg an den Landgrafen von Thüringen, den Wettiner Fürsten Balthasar, und seitdem ist die Enclave Königsberg mit geringen Unterbrechungen bei dem Hause Wettin geblieben.

Königsberg in Franken.

Die Wettinschen Ländereien in Unterfranken bestanden früher aus den erwähnten drei Gebieten und noch vielen bayerischen Ortschaften und kamen bei der Teilung der Hinterlassenschaft Ernsts des Frommen unter sieben Söhne an den Herzog Ernst von Hildburghausen, welcher infolge zerrütteter Staatsfinanzen die jetzt von der coburgischen Enclave losgetrennten Stücke an das Stift Würzburg, das Stift Theres und einige Reichsritter verkaufte. Die Kaufverträge erlitten öfters Änderungen, wurden immer als „provisorische" Vereinbarungen angesehen, und heute noch nennt man die abgerissenen Orte die „provisorischen Ortschaften". Eine endgültige Bestimmung über deren Besitz ist nirgends zu finden. Aus Mangel an den erforderlichen urkundlichen Grundlagen kommt keine Klarheit in die Verwirrung, und die „provisorischen Ortschaften" werden wohl bayrisch bleiben.

Die Bewohner der Enclave, auch die des Städtchens Königsberg, sind meist Landwirte, wenige sind Handwerker. Zur Blütezeit des Ortes, im fünfzehnten und sechzehnten Jahrhundert, war dies umgekehrt. Infolge des Dreißigjährigen Krieges erlahmte hier, wie überall in Deutschland, das Gewerbe, bis mit der Zunahme der Bevölkerung, des Verkehrs und durch Märkte das Handwerk wieder aufblühte. Aber Königsberg kam nicht zu dem früheren Glanz. Im neunzehnten Jahrhundert wurden Handel und Verkehr nach anderen Richtungen gezogen, der Verdienst wurde geringer, viele Handwerker wanderten aus nach Amerika, die zurückgebliebenen gaben größtenteils ihren Beruf auf und wandten sich der Landwirtschaft zu, andere bewirtschafteten neben der Ausübung des Handwerks einige Grundstücke, ein kleiner Rest treibt gegenwärtig ausschließlich sein Gewerbe. Manche Landwirte haben sich bedeutenden Grundbesitz erworben, halten einen ansehnlichen Viehstand und zählen zu den wohlhabendsten im Haßgau. Hierzu gehören die Bauern des Dorfes Nassach, die durch Fleiß und Sparsamkeit sich auszeichnen und als „Mustergemeinde" gelten. Die dem Boden abgerungenen Früchte stehen in gutem Ruf und werden gern gekauft. Die Kirschbaumzucht ist im Norden des Haßgaues von dem aus Kühners prächtigem Buche „Dichter, Patriarch und Ritter" bekannten Truchseß von Bettenburg eingeführt worden, steht in der Nassacher Flur in besonderer Blüte und bildet eine der hauptsächlichsten Einnahmequellen der Nassacher. Nur die Weinberge haben in den letzten 25 Jahren einen geringen Herbst gezeitigt.

Die Bewohner der Enclave schlossen sich früh der Reformation an. Ein Theologe, Balthasar Düring aus Königsberg, trat mutig in die Schranken für Luthers Streitsätze; die Mönche daselbst verließen das Augustinerkloster. Die Gegend wurde in den Reformationskämpfen von kaiserlichen Truppen schwer heimgesucht. An ein Ereignis aus dem Dreißigjährigen Krieg erinnert das „Herzog Wilhelmsfest" oder „Schloßfest", das jedes Jahr in Königsberg gefeiert wird.

Vier Brüder aus dem Hause Wettin gelangten im Dreißigjährigen Krieg zu großer Berühmtheit, Friedrich, Bernhard, Ernst und Herzog Wilhelm von Weimar, der Besitzer Königsbergs.

Christian von Braunschweig hatte den Herzog Wilhelm von Weimar zum Generalleutnant ernannt und ihm ein Heer von 30000 Mann übergeben. Er wurde von Tilly bei Stadtlohn in Westfalen in einer mörderischen Schlacht besiegt, in welcher das braunschweigische Heer fast vernichtet, Wilhelm „durch Arm und Unterleib geschossen“ und gefangen genommen wurde. Man transportierte ihn nach „der festen Neustadt“ bei Wien. Für den Herzog stand das Schlimmste zu befürchten. Hatte doch das Prager Blutgericht gezeigt, zu welchen Scheußlichkeiten der konfessionelle Fanatismus den Kaiser hinzureißen vermochte. Wenn dem Gefangenen auch ärztliche Hülfe gewährt wurde und die Wunden heilten, so war anfangs die Haft doch streng und „die Abspeisung für eine fürstliche Person schlecht genug“. Nicht einmal die flehentlich erbetene Trostspende eines evangelischen Geistlichen gestattete man dem Herzog, dagegen hatten die Werkzeuge der Jesuiten die Erlaubnis, jederzeit bei ihm einzutreten, und die „Meß-Pfaffen“ stellten ihm die Freiheit in Aussicht, wenn er wieder in den Schoß der alleinseligmachenden Kirche zurückkehren würde. Er wies das Anerbieten mit Entrüstung von sich und wäre vor dem Westfälischen Frieden nicht freigekommen, wenn nicht einflußreiche Fürsten für ihn eingetreten wären. Kaiser Ferdinand II. hatte dem Herzog Maximilian von Bayern für seine Hülfeleistung die Kurwürde zugedacht und bedurfte dazu der Einwilligung der Kurfürsten, brauchte auch ihre Gunst für die Wahl seines Sohnes zum Kaiser. Kurfürst Georg von Sachsen verlangte auf dem Kurfürstentag in Schleusingen vom Kaiser als Gegenleistung die Entlassung Wilhelms aus der Gefangenschaft. Dadurch erhielt Wilhelm am Weihnachtstage 1625 ohne Lösegeld die Freiheit und seine Länder wieder. Mit verhaltenem Grimm hatte der Kaiser seine Einwilligung gegeben und entließ den verhaßten Protestanten erst, nachdem dieser sich der schmerzlichen Demütigung unterzogen hatte, vor dem Kaiser knieend um Gnade zu flehen. Wilhelm reiste zurück in sein Land und betrat dieses zuerst in Königsberg am 27. Januar 1626. Ein langer Zug festlich gekleideter, frohlockender Menschen bewegte sich an diesem Tage durch das östliche Thor der Stadt bergaufwärts zu einer Terrasse der Haßberge, die „Schloßeller“ genannt.

Bald sahen sie eine Reiterschar zwischen hohen Eichen den Roßberg herunterkommen, Herzog Wilhelm und sein Gefolge. Da brauste ein tausendstimmiger Jubel- und Willkommruf durch die Luft. Die Vorsteher der Stadtgemeinde gingen auf Herzog Wilhelm zu, sprachen im Namen der Bürgerschaft ihre Freude über seine Befreiung nebst Glückwunsch und Ergebenheit aus, und nun geleiteten die versammelten Einwohner den Fürsten in die Burg auf dem Schloßberg. Die Burg war ein stolzer Bau, bestehend aus Amtsgebäuden, Wirtschaftshäusern, einem großen herrschaftlichen Gebäude mit steilem Dach und einer Kapelle, ringsum mit Türmen besetzt und von Mauern und Wallgraben umschlossen. Aus der Mitte der Gebäude reckte sich ein mächtiger Bergfried, Türme und Kapelle überragend, hoch hinauf, sah keck hinunter in den Haßgau und hinaus bis an die äußersten Berge des Horizonts. In der Burgkapelle wurde ein Dankgottesdienst gehalten, daran reihte sich ein Volksfest, und Herzog Wilhelm bestimmte, daß diese Festlichkeiten jedes Jahr am 27. Januar wiederholt werden sollten. Seitdem ist kein Jahr vergangen ohne Abhaltung dieser Feierlichkeit, und zwar begaben sich die Bewohner der Stadt, solange die Kapelle noch zur würdigen Begehung der Feier benutzt werden konnte, ohne Rücksicht auf winterliche Unbilden dahin. Infolge andauernder Vernachlässigung ist die Burg zerfallen und mit ihr die Kapelle; die kirchliche Feier ist in die Stadtkirche verlegt worden, das mit dem Schloßfest verbundene Volksfest ist eingegangen.

Zu jeder Zeit hingen die Einwohner Königsbergs in unwandelbarer Treue an ihren Fürsten, leisteten ihnen in Tagen der Bedrängnis Hülfe mit Schwert, Streitkolben und Armbrust und erhielten dafür wertvolle Rechte verbrieft, z. B. Marktgerechtigkeit und eigene Gerichtsbarkeit. Zu größerer Vervollkommnung und Befestigung ihrer Selbständigkeit gelangte die Stadtgemeinde unter Swandibor; er gewährte den Bewohnern des ihm gleichgültigen, ferngelegenen Gebietes ihre Wünsche hinsichtlich städtischer Einrichtungen. Er und der Burggraf von Nürnberg kamen nie nach Königsberg, dem Stadtsäckel blieben die enormen Kosten für Verpflegung des Fürsten, seines Gefolges und Dienertrosses, für den Transport der zahlreichen Gäste und ihres Reisegepäcks erspart. Die Märkte waren stark besucht, Handel und Gewerbe blühten empor, der Wohlstand wuchs. Der Verkehr mit Menschen aus fernen Ländern lenkte den Blick von den heimatlichen Bergen ins Weite, Geschäftsreisen machten die Leute bekannt mit den Einrichtungen großer Städte, mit herrlichen Bauwerken, den Palästen reicher Bürger, den Kaufhallen, Rathäusern und Kirchen, alle kunstvoll ausgeführt in dem neuen Baustil, der den römischen Rundbogen emporgereckt hatte und in harmonisch verziertem Spitzbogen hinauf strebte zum Himmel. Bald entstanden hier Nachahmungen. Das Rathaus, die Wohnungen der Adligen und wohlhabenden Bürger wurden in gotischem Stil aufgeführt. Um hinter anderen Städten nicht zurückzubleiben, beriefen die Königsberger aus der Straßburger Bauhütte Steinmetzen zum Bau der Liebfrauenkirche. In der Mitte des fünfzehnten Jahrhunderts wurde sie vollendet und zu den stilreinsten Kirchenbauten gezählt; nach einem Chronikbericht übertraf sie in kunstgerechter Ausführung alle gleichartigen Schöpfungen zwischen Bamberg und Würzburg und ward als „Königin in Franken“ gepriesen. Auf der Flucht vor dem Schwedenkönig war Tilly nach dem Breitenfelder Mißgeschick auch hierher gekommen, stand während seines zehntägigen Aufenthaltes oft bewundernd vor dem Kunstwerk und äußerte, „er hätte in Deutschland dergleichen in einem Städtchen noch nicht gesehen,“ aus dem Munde eines Mannes, der auf seinem Kriegspfade viele architektonische Meisterwerke geschaut hatte, ein bemerkenswertes Zeugnis für die Schönheit des Baues.

Während seiner Anwesenheit brach in der Nähe der Kirche Feuer aus, verbreitete sich über die Umgebung und brachte die Kirche in Gefahr. Tilly kommandierte eine Abteilung Soldaten zu den Löscharbeiten und rettete die Kirche. Aber acht Jahre später rückten kaiserliche Truppen in Königsberg ein, plünderten einen Tag lang und legten nachts auf dem Kirchenboden Feuer an. Bald stand das ganze Gebäude in Flammen, der Turm und die Pfeiler im Schiff brachen zusammen, das Dach stürzte darüber. Niedergebeugt von Schmerz über den Ruin ihres Heiligtums blickten nach der Schreckensnacht die Einwohner auf das Zerstörungswerk. Jede andere von Scheusalen des Dreißigjährigen Kriegs an ihnen verbrochene Übelthat wich zurück vor diesem Weh. Nachdem der Westfälische Friede den Verwüstungen, Plünderungen und Menschenschlächtereien ein Ende gemacht hatte und die Einwohner sich wieder aufrafften aus dem Jammer, stand neben den Mühen und Sorgen um Linderung der vielgestaltigen Not der Gedanke an die Wiederherstellung der Kirche obenan. Aber die Stadt war verarmt, die Einwohnerzahl auf 500 herabgesunken. Mit vieler Mühe wurde so viel aufgebracht, um sie notdürftig zu reparieren und zur Abhaltung des Gottesdienstes brauchbar zu machen. Und was war aus dem stolzen Bau geworden? Ohne Verständnis für den gotischen Stil, von ungeschickten Händen nach Gutdünken ausgeflickt, stand sie bis vor wenigen Jahren da, ein unharmonisches Gebilde, häufig der Spott der Beschauer. Jetzt ist Aussicht vorhanden, dieses Baudenkmal aus einer der glorreichsten deutschen Kunst-

Nach einer photogr. Aufnahme von C. Martini, Königsberg i. Fr.

Regiomontanus' Geburtshaus zu Königsberg i. Fr.

epochen wieder stilgerecht zu restaurieren, damit es den alten Ehrenplatz unter den Kirchenbauten Unterfrankens wieder einnehme.

In der Nähe des Augustinerklosters am nördlichen Ende der Stadt erbauten die Einwohner gleichzeitig mit der Liebfrauenkirche die Friedhofskirche. Das Kloster, sowie die Kapellen in der Umgebung der Stadt sind verschwunden, die anderen erwähnten Gebäude und einige Bürgerhäuser aus dem Mittelalter noch vorhanden. Wer durch eins der alten Thore hereintritt und die Straßen entlang schreitet, dessen Auge wird gefesselt von der Bauart alter Häuser; er glaubt sich Jahrhunderte zurück versetzt, und an seinem geistigen Auge ziehen die Bilder der guten alten Zeit vorüber, wo Deutschland der Mittelpunkt des Welthandels war, Kunst und Handwerk in enger Verknüpfung emporgeblüht waren. Reste von Verzierungen an der Außenseite der Häuser und in den Wohnräumen zeugen von dem Kunstsinn, aber auch von der Wohlhabenheit der ersten Bewohner. Mit dem Wohlstand wuchs die Bildung. In dem Städtchen muß für vorzüglichen Unterricht gesorgt gewesen sein; denn der hier geborene große Gelehrte Johannes Müller, dessen Standbild den Marktbrunnen ziert und dessen Geburtshaus im Baustil seiner Zeit neu hergestellt und mit einer Gedenktafel versehen ist, hatte sich hier im zwölften Lebensjahre die Befähigung zum Besuch der Universität erworben. Dem Gebrauche seiner Zeit folgend, nahm er nach seiner Vaterstadt den Namen Regiomontanus an. Sein Lebensgang und seine Bedeutung für die Wissenschaft sind bekannt.

Löhnert, Königsberg.

Die Gegenreformation am Obermain und ihre Wirkung im Amt Sonnefeld.

Im Hochstift Bamberg hatte die Reformation so tief Wurzel gefaßt und eine so allgemeine und freudige Aufnahme gefunden, daß bis gegen das Ende des sechzehnten Jahrhunderts der dortige Kirchenfürst in einer vorwiegend lutherischen Stadt saß, in welcher der gesamte Adel und Bürgerstand mit nur wenigen Ausnahmen, ja selbst der ganze Stadtrat bis auf zwei Mitglieder der evangelischen Kirche angehörten. Dasselbe Verhältnis bestand auch auf dem flachen Lande. Hauptsächlich an den Grenzen gegen die brandenburgisch-fränkischen und kurfürstlich-sächsischen Gebietsteile hin waren zahlreiche Ortschaften ganz, die übrigen vorwiegend protestantisch. Es war dies aus dem Grunde nicht zu verwundern, weil die Bischöfe von Würzburg und Bamberg anfangs selbst ein sehr freundliches Interesse zeigten, welches soweit ging, daß Bischof Lorenz den 1518 durch Würzburg reisenden Dr. Martin Luther auf seinem Bischofsitze Marienberg empfing und in langer Unterhaltung sich eingehend über die Grundzüge seiner Bestrebungen unterrichten ließ.

In Bamberg hatten sich Bischof Georg III. und sein Minister Schwarzenberg mit einem Kreise eifriger Anhänger Reuchlins und Luthers in Verbindung gesetzt und sahen es gern, daß die religiöse Bewegung in immer weiteren Kreisen ihrer Geistlichkeit und des Stadt- und Landvolkes um sich griff. Die von ihnen geübte Duldsamkeit fand indes ihren beredtesten Ausdruck in der entschiedenen Weigerung, die 1520 gegen Luther erlassene Bannbulle in ihren Kirchen verkündigen zu lassen. Dieses einer Auflehnung nahe kommende Verhalten der Bischöfe wurde die Ursache, daß in der Behandlung der Protestanten alsbald ein Wechsel eintrat; denn die von Rom ausgeübte Pression zeigte sich in dem offenen Bestreben, einer weiteren Ausbreitung der neuen Lehre vorzubeugen. Schon die ersten Nachfolger, Conrad in Würzburg und Weigand von Redwitz in Bamberg, versuchten wieder in die alte Ordnung einzulenken, und fast alle späteren Kirchenfürsten der beiden Mainstädte erachteten es als Hauptaufgabe, ihr Bistum von Protestanten zu reinigen.

Die konfessionellen Verhältnisse hatten sich aber besonders im Bistum Bamberg zu Gunsten der Lutheraner solchergestalt entwickelt, daß die nur kurze Zeit regierenden

Bischöfe Johann Georg, Zobel von Giebelstadt (1577—1580) und Martin von Eyb (1580—1583) in Anbetracht der schwierigen Lage noch nicht den Mut hatten, mit offenen Angriffen vorzugehen. Selbst der 1583 im Alter von dreißig Jahren zur Regierung kommende Ernst von Mengershausen, ein hochgebildeter Mann, verwarf den ihm nahegelegten Plan zur Bekämpfung der Lutheraner, vielmehr ermahnte er den in Würzburg mit Leidenschaft gegen sie vorgehenden Bischof Julius Echter zur Mäßigung und Vorsicht.

Erst nach dem Tode des Fürstbischofs Ernst, 1591, wurde durch seinen Nachfolger Neithard von Thüngen, der eines Sinnes mit dem Bischof Julius von Würzburg war, eine energische Verfolgung der Protestanten auch im Bistum Bamberg eingeleitet. Die Regierung Neithards bezeichnet nun den Beginn fortwährender Drangsale, welchen unsere Glaubensgenossen im südlichen Grenzlande ausgesetzt waren und durch welche auch das Coburger Land, insbesondere das Amt Sonnefeld, in Mitleidenschaft gezogen wurde. Schon im Anfang der Bedrängnis suchten die Geängsteten bei dem Markgrafen Georg Friedrich von Ansbach-Kulmbach um Schutz und Hilfe nach. Aber alle Vermittelungsvorschläge und Gegenvorstellungen, die dieser in Bamberg zu Gunsten der Lutheraner machte, blieben erfolglos, denn Neithard glaubte sich, seitdem durch die Schuld Kursachsens 1582 die sogenannte Ferdinandsche Versicherung als einzige rechtliche Grundlage des Schutzes der Protestanten in Wegfall gekommen war, in seinen rücksichtslosen Maßnahmen unanfechtbar. Härter als je verfuhr er in der Anwendung drückender Bekehrungsmittel, wobei er von fanatischen Geistlichen und mehreren nach Bamberg, Forchheim, Kronach und in die bevölkertste Gegend des Obermains gerufenen Jesuiten unterstützt wurde. In kurzer Zeit wußten diese Organe im Verein mit einer Schar blindergebener Anhänger durch Verleumdung und Verhetzung die glaubensfreudige und friedliche Bevölkerung in zwei feindliche Parteien zu scheiden, von denen freilich die evangelische die allein schutzlose und duldende war, welcher gegenüber die bischöfliche mit den verwerflichsten Mitteln kämpfte. Wer sich nicht willig fand, den Weisungen Neithards zu genügen, die papistischen Prediger anzuerkennen, die Messe und den Beichtstuhl wieder zu besuchen, den neuen Glauben öffentlich abzuschwören und reuevoll Abbitte zu thun, der mußte die strengsten Proben seiner Bekehrungsmethode an sich erfahren. Man suchte die standhaften Lutheraner vom gesellschaftlichen und wirtschaftlichen Verkehr allenthalben auszuschließen, indem man ihnen weder Gruß noch Dank, weder Anrede noch Antwort oder irgend eine Gefälligkeit gönnte. Den Handwerkern durfte keine Arbeit zugewiesen, den Geschäftsleuten keine Ware und den Bauern weder Vieh und Getreide, noch Haus und Grundbesitz abgekauft werden. Knechte und Mägde wurden zur Auflehnung gegen den lutherischen Brotherrn und zum Verlassen des Dienstes genötigt. Zuletzt scheute man selbst nicht zurück, die Treugläubigen an Hab und Gut, in Hof und Feld durch Betrug und Diebstahl zu benachteiligen, sie mit Schimpf und Spott zu kränken, ihnen heimlich und öffentlich nachzustellen, sie zu überfallen und zu mißhandeln. In vielen Fällen geschah dies nur, um die Verfolgten zu beleidigenden Reden gegen die katholische Kirche oder ihre Anhänger zu reizen. Solche Vergehen wurden dann als Anlaß genommen, die armen Bedrängten in das bischöfliche Verließ nach Bamberg zu führen oder sogar von Haus und Hof zu vertreiben.

Unter solchen unerträglichen Umständen ließen sich nun viele gefügig finden, um der Wohlfahrt der Familie und des lieben Friedens willen den Drohungen nachzugeben und die freiwillig und nach Überzeugung angenommene Lehre des reinen Evangeliums wieder abzuleugnen. Mit Bewunderung aber mußte es erfüllen, wie ein großer Teil der Protestanten mit edlem Glaubensmute die schweren Bedrückungen Neithards ertrug, bis Not und äußerste Drangsal sie zwang, sich in den Schutz barmherziger Glaubensgenossen der Grenzgebiete zu flüchten.

Dieser hohe Geist des Evangeliums wirkte in jenen treuen Lutheranern, welche zu den benachbarten Kirchspielen Zeuln und Markt-Greiz trotz der Verfolgungen Neithards unter Gefährdung von Besitz, Freiheit und Leben standhaft blieben, welche es wagten, ungeachtet des Verbots und schwerer Drohungen ihre Blicke und Schritte nach Sonnefeld zu richten, um dort den Trost ihrer Religion zu finden, da die Gotteshäuser ihrer Heimatsorte für sie verschlossen waren. Sie legten 1597 bei dem dortigen Geistlichen M. Johann Diel in demütiger Klage die Bitte nieder, für sie bei dem regierenden Fürsten um Zulassung zu den Gottesdiensten und den heiligen Sakramenten des Abendmahls und der Taufe gütigst nachzusuchen. Herzog Casimir nahm das in warmen Worten fürsprechende Gesuch Diels mit Wohlwollen auf und ließ ihn durch sein Konsistorium beauftragen, die hilfe- und schutzsuchenden Lutheraner aus dem bambergischen Gebiete in seine seelsorgerische Wirksamkeit mit einzuschließen. Dem Beispiele von Zeuln und Greiz schlossen sich in den Jahren 1598 und 1599 auch die Glaubensgenossen in Michelau, Schwürbitz, Sorg, Lettenreut, Mannsgereut, Redwitz und anderen Orten an und erweckten durch ihre Einmütigkeit und fromme Ergebenheit bei vielen ihrer seitherigen Gegner soviel Mitgefühl, daß man begann, Abstand zu nehmen von den seither geübten Denunziationen, die so vielfach peinliche Strafen zur Folge hatten.

Als nun gar 1599 mit Neithards von Thüngen Tode der unerbittliche Verfolger der Protestanten dahingegangen und an seine Stelle Joh. Philipp von Gebsattel getreten war, da kehrte frische Hoffnung in die ruhebedürftigen Gemüter der Bedrängten ein, die sich auch einigermaßen erfüllen sollte. Denn wenn Gebsattel auch die von seinem Vorgänger begonnene Reinigung seines Bistums von Protestanten als Zielpunkt im Auge hatte, so war er doch human genug, ihnen den Besuch der benachbarten lutherischen Kirchen zu Ebersdorf, Sonnefeld und Gestungshausen nicht mit schweren Gefängnis- oder Körperstrafen entgelten zu lassen, wie es unter Thüngens Regierung so häufig geschehen war. Vielmehr war die verhältnismäßig ruhige Periode Gebsattels für die Schwergeprüften eine Zeit der Sammlung und des festen, innigen Zusammenschlusses zu einer treuen, glaubensfreudigen Gemeinschaft. Doch war diese wohlthuende Frist nur von kurzer Dauer. Joh. Philipp starb schon 1609, und die fanatisch-katholische Klerisei jubilierte, als ein offener Feind der Reformation, Johann Gottfried von Aschhausen, den Bischofsstuhl Bambergs einnahm; denn sie war überzeugt, daß der neue Kirchenfürst das Reinigungswerk Neithards von Thüngen zu Ende führen werde. Im gewissen Sinne hatte sich sein Anhang nicht getäuscht. Sein Auftreten war streng und rücksichtslos gegen die Evangelischen, aber im Verlauf seiner Wirksamkeit mußte er doch anerkennen, daß seine Gegenpartei, so schweren Schaden er ihr auch verursachte, in ihrem heldenhaften Dulden den Schutz und die Huld einer höheren Macht genieße.

Noch im Jahre seines Amtsantritts traf eine seiner ersten Maßregelungen die beiden toleranten Priester von Zeuln und Greiz, welche ihrer Stellen enthoben und durch strengpapistische Kapläne ersetzt wurden. Dieser Wechsel war der Beginn der zweiten Verfolgung, in welcher die beiden neuen Hilfskräfte durch Brutalitäten und Gehässigkeiten jeder Art in unrühmlicher Weise sich hervorthaten. Wer von den Protestanten sich nicht willig fand, seinen Glauben abzuschwören, wurde gefesselt nach Bamberg geführt oder erbarmungslos von Haus und Hof, wo niemand mehr seines Lebens sicher war, vertrieben. Nun begann ein allgemeines Flüchten auf coburgisches Gebiet, in die Ortschaften des Itzgrundes und des Amts Sonnefeld, wo die Verfolgten allenthalben freundliche Aufnahme bei barmherzigen Glaubensgenossen fanden. Im Amt Sonnefeld waren es die Pfarrer Holzhauser in Gestungshausen und Diel in Sonnefeld, welche durch ihren von warmherziger Nächstenliebe getragenen Pflichteifer die Gemeinden ihrer Sprengel so zu begeistern vermochten, daß allerorts die Vertriebenen und Flüchtigen wie Familienglieder aufgenommen wurden. Es war eine schwere aber große Zeit, als zu Ende 1609 und zu Anfang 1610 die hartbedrängten Lutheraner aus Zeuln, Greiz, Schwürbitz, Ober- und Unterlettenreut, Michelau, Neuensee, Gründtor*) und anderen bambergischen Ortschaften in Scharen hilfesuchend die Gastfreundschaft der coburgischen Grenznachbarn in Anspruch nahmen, um eine bessere Zeit abzuwarten oder eine neue Heimat in friedlichen Landen zu finden. Da zeigte sich den Bitten und Klagen der Erwachsenen und dem Weinen der Kinder gegenüber die erhabene Macht des Glaubens und echter Christenliebe bei den Bewohnern des Amts Sonnefeld in heiligem Wetteifer des aufopfernden Wohlthuns. Am ergreifendsten jedoch wirkten die Gottesdienste, die durch die Anwesenheit der Vertriebenen die einfachen Sonntage zu hochwichtigen Feiertagen gestalteten. Und als die Osterfeiertage des Jahres 1610 nahten, da strömten sie herbei, die Vertriebenen, welche schon Aufnahme in coburgischen Gemeinden gefunden hatten, und die noch Bedrängten, welche trotz offener Drohungen die tröstenden Worte ihres ehrwürdigen Pfarrers Diel hören wollten. Es war eine Feier von so hoher und heiliger Weihe, wie Sonnefeld sie zu keiner Zeit gesehen hat, als die Treugläubigen aus sechsundzwanzig bambergischen Gemeinden sich zum Gottesdienste in der herrlichen Klosterkirche zu Sonnefeld versammelten. Das unsagbar große Leid, das auf dieser Vereinigung bedrängter Christen lastete, fand seinen Ausdruck in dem aus tiefstem Herzen quellenden, zum Himmel steigenden Glaubenslied und Gebet, es fand seinen Trost in den erhebenden Worten des geistlichen Freundes und in dem einmütigen Zusammenstehen der leidenden und teilnehmenden Glaubensgenossen.

---

*) Der Ort dieses Namens ist jetzt nicht mehr bekannt; vermutlich wurde er im Dreißigjährigen Kriege zerstört.

So weit Diels Kraft reichte, stellte er sie zur Verfügung der Bittenden, und diese ebenso uneigennützige, wie nach allen Seiten hin beruhigende und Hoffnung spendende Wirksamkeit hatte zur Folge, daß Sonnefeld Jahrzehnte hindurch eine große Bedeutung gewann als der Sammel- und Stützpunkt der um ihrer Glaubenstreue willen Vertriebenen und Bedrängten des östlichen Teils des Stifts Bamberg. Neben Sonnefeld gewann aber auch der coburgische Grenzort **Weidhausen***) durch die unermüdliche Fürsorge Diels erheblich an Bedeutung als Kirchort. Die kleine Kirche allda, eine aus papistischer Zeit stammende Taufkapelle, hatte bisher nur zu Taufen, Leichenpredigten und, wenn beide Eheleute aus Weidhausen waren, zu Trauungen gedient. Daß diese Kirche nun auch zum ordentlichen Gottesdienst benutzt werde, war der Wunsch der bambergischen Glaubensgenossen. „Mit Vergießung heißer Zähren und Thränen flehten sie," berichtet Diel, „doch in sechs Wochen einmal und etwan auch auf die drei Hauptfeste, den andern oder dritten Feiertag samt Austeilung des heiligen Sakraments des Altars, eine Predigt allda zu thun, damit auch den alten und schwachen Stiftsleuten der Weg näher und keine zu große Beschwernis wäre . . ."

Zugleich rühmte Diel den kirchlichen Sinn der Weidhäuser, daß sie das Jahr über in Regen, Schnee, Kält und Hitz fleißig nach Sonnefeld zur Kirche gingen, daß sie ihr Kirchlein aus eigenen Mitteln, besonders in Rücksicht auf die bedrängten Nachbarn, mit drei Vorleben, einem Predigtstuhl und einem Taufstein ausgestattet hätten, und im Interesse seiner treuen Filialgemeinde fügte er das Ansuchen bei, daß es doch gestattet sein möge, an den Gottesdiensten **ein Klingelsäcklein herumgehen zu lassen, damit zur baulichen Verwahrung des Gotteshauses ein Gotteskasten geschaffen werde.**

Hierauf gab das Konsistorium zu Coburg in einem Reskript vom 16. Mai 1610 zur Antwort, daß es wegen der vertriebenen und noch bedrängten Treugläubigen seine Einwilligung gebe sowohl zu den alle sechs Wochen und an den Hauptfesten abzuhaltenden Gottesdiensten, als auch zur Gründung eines Gotteskastens durch milde Sammelgaben während derselben, ferner wolle es genehmigen, daß die Kinder der bambergischen Lutheraner in den Kirchen zu Weidhausen und Sonnefeld getauft würden.

Hatten sich schon im Verlauf der beiden Verfolgungsperioden durch das herzliche Entgegenkommen der coburgischen Protestanten die freundschaftlichsten Beziehungen zwischen den gleichgesinnten Grenznachbarn entwickelt, so mußten sich jetzt durch die Gewährung sehnlicher Herzenswünsche der Bedrängten jene Gefühle der Zusammengehörigkeit noch verstärken. Es ist erklärlich, daß der Anschluß der anwohnenden Glaubensgenossen durch die kirchlichen Begünstigungen auf coburgischem Gebiete ein so fester und inniger wurde, daß der papistische Ansturm ihn nicht zu erschüttern vermochte. Nur an den Wohnsitzen der fanatischen Kleriker selbst, wie in

*) Weidhausen und Trübenbach waren ehedem bambergisch und kamen durch den Tauschvertrag vom 31. Juli 1299 gegen die Zehenden zu Lochfeld, Horb a. M., Staffelstein und die Mühle zu Horschelsdorf in den Besitz des Klosters Sonnefeld.

Zeuln und Greiz, wo die Bekehrungs- und Bedrückungsmittel unausgesetzt in Anwendung waren, konnte eine Purifikation, wie Joh. Gottfried sie anstrebte, erreicht werden. In vielen Grenzorten dagegen, wo die Überwachung nicht immer streng gehandhabt wurde und die Bewegung der Bewohner eine freiere sein konnte, da hatte die neue Lehre festen Grund gefunden. Freilich wurde die Glaubenstreue der Bamberger Lutheraner noch einer blutigen und grausamen Prüfung unterworfen. Doch der Versuch der römischen Kirche, den nach Licht und Klarheit ringenden Geist der Reformation niederzuzwingen und alle Widerspenstigen mit Waffengewalt zu bekehren, scheiterte, wie alle anderen Mittel, an der göttlichen Macht des Evangeliums. Wohl zerrissen die Stürme des Dreißigjährigen Krieges die meisten Fäden, welche die Grenznachbarn des Amts Sonnefeld mit den jenseitigen Glaubensgenossen in Liebe, Freundschaft und Dankbarkeit verbunden hatten, und schärfer fast als zuvor schien die Grenze die beiden Gebiete zu trennen. Sind aber die väterlichen Tröstungen und Fürbitten Diels in Sonnefeld und Holzhausers in Gestungshausen für die Nachwelt verloren gegangen? Haben die barmherzigen und liebreichen Thaten der Bewohner des Amts Sonnefeld und ihre großen, für die Vertriebenen so freudig gespendeten Opfer keine Spuren hinterlassen? Zahlreiche bambergische Grenzorte, wie Schney, Michelau, Neuensorg, Schwürbitz, Redwitz, Mannsgereuth, Unter- und Oberlangenstadt, Mitwitz, Beikheim, Schmölz u. a. m. geben darauf die Antwort. In diesen Dörfern reift noch heute in Hunderten von lutherischen Familien die Frucht des als zarte Pflanze mit Leib und Leben zähe verteidigten reinen Evangeliums, dessen Anhänger in den Zeiten schwerster Anfechtung stets willigen Schutz und treue Pflege fanden bei den hilfreichen Bewohnern des Amts Sonnefeld.

H. Wank, Sonnefeld.

Die insektenfressenden Pflanzen Thüringens.

Wir haben uns daran gewöhnt und finden es selbstverständlich, daß die wehrlosen Pflanzen alle Mißhandlungen und Verheerungen seitens der Tiere, insbesondere der Insekten, ruhig über sich ergehen lassen. Kaum glaublich, ja märchenhaft klingt daher die Mitteilung, daß es Pflanzen geben soll, die imstande wären, kleine Tiere anzulocken, zu fangen und dann erbarmungslos zu verzehren. Und doch ist dies eine durch Beobachtungen und Untersuchungen außer allen Zweifel gestellte Thatsache. Man kennt bis jetzt etwa 350 sogenannte insekten- oder fleischfressende Pflanzenarten. Auch unser schönes Thüringerland besitzt drei Pflanzengattungen, welche in höchst eigentümlicher und komplizierter Weise den Insektenfang betreiben, und es dürfte wohl auf das Interesse weiterer Kreise zu rechnen sein, wenn wir im nachfolgenden an der Hand möglichst naturgetreu entworfener

Zeichnungen den Bau und das Leben unserer einheimischen insektenfressenden Pflanzen kurz darzulegen versuchen. —

Als erste Gattung dieser merkwürdigen Gewächse nennen wir die Droseraceen oder Sonnentaugewächse, von denen in Thüringen nur der rundblättrige Sonnentau — Drosera rotundifolia — vorkommt. Wir treffen dieses unscheinbare, zarte Pflänzchen stellenweise auf unseren sumpfigen Wiesen und Torfmooren, z. B. im Reinbachthal bei Suhl, dann bei Schleusingen, Hildburghausen, Siegmundsburg, Sonneberg, ferner auf den auch noch durch andere botanische Seltenheiten bekannten Mooren bei Stadtlingen, an dem Weg vom Dolmar nach Metzels, im sog. Sümpfig bei Bernshausen und Halmars im Meininger Unterlande, bei Eisenach, Arnstadt, Stadtilm (Torfmoore im Singer Forst), auf der Heide zwischen Rudolstadt und Pößneck, sowie auf den höchsten Erhebungen des Thüringer Waldes (Beerberg und Teufelskreise unweit des Schneekopfes), bei Ohrdruf am Goldberg und vor der Aue (mit Vaccinium Oxycoccus L.), bei Frankenhain, am Inselsberg, bei Kleinschmalkalden, im Zeitzgrund bei Roda, im St. Gangloffwald bei Mörsdorf, zwischen Schleifreisen und Hermsdorf zu beiden Seiten des Bahndammes, im Kirchholz zu Hermsdorf, in der Nähe der Sümpfe bei Klosterlausnitz u. s. w.

Wie ein flüchtiger Blick auf Fig. 1, die uns den rundblättrigen Sonnentau im Blütenzustande vorführt, lehrt, sind die löffelartig gestalteten, grundständigen Blätter am Rande und auf der Oberfläche mit zahlreichen scharlachroten, drüsigen Wimpern oder Tentakeln besetzt, deren Zahl man an jedem Blatte auf etwa 200 schätzen kann. Am Ende sind diese Wimpern, die übrigens, wie Fig. 2 zeigt, vom Rande nach der Mitte des Blattes zu allmählich an Länge abnehmen, mit roten, kugeligen Köpfchen gekrönt; an letzteren hängen gewöhnlich kleine, glashelle Tropfen, welche, im Sonnenschein wie Tauperlen glitzernd, auch Veranlassung gewesen sind, der Pflanze den poetischen Namen Sonnentau zu geben. Der etwa 8—20 cm hohe Blütenschaft, der sich aus der Mitte der Blattrosette erhebt, trägt oben einige unscheinbare, duftlose, weiße Blütensterne, welche keine große Anziehung auf das Heer der Insekten auszuüben vermögen. Als Anlockungsmittel dienen vielmehr dem Sonnentaupflänzchen die Blätter, deren Tauperlen im Sonnenglanze funkeln und willkommene Labung zu versprechen scheinen. Freilich ahnt das herbeifliegende Insekt nicht, welchen Gefahren es entgegeneilt. Kaum hat es sich auf dem Blatte niedergelassen, so fühlt es sich auch schon festgehalten. Denn nicht Tau ist es, der an den Wimpernköpfchen perlt, sondern ein klebriger Saft, an dem die zarten Glieder des Tierchens haften bleiben und in den sie sich bei jeder Bewegung nur noch mehr verwickeln. Gleichzeitig richten sich, wenn auch langsam, so doch unaufhaltsam, alle Wimpern des Blattes empor, und im Verlauf von einer bis zu drei Stunden hat sich die ganze Blattfläche, wie es Fig. 3 teilweise darstellt, gleich einer geballten Hand über die Beute zusammengefaltet. Alle Anstrengungen, die das gefangene Tierchen in der Todesangst zu seiner Befreiung macht, sind vergeblich; denn bald wird es von den aus den roten Wimpernköpfchen förmlich herausgepreßten Tropfen überflossen, erstickt und ertränkt. Wenn dann nach ein paar Tagen das Blatt sich wieder öffnet, sind

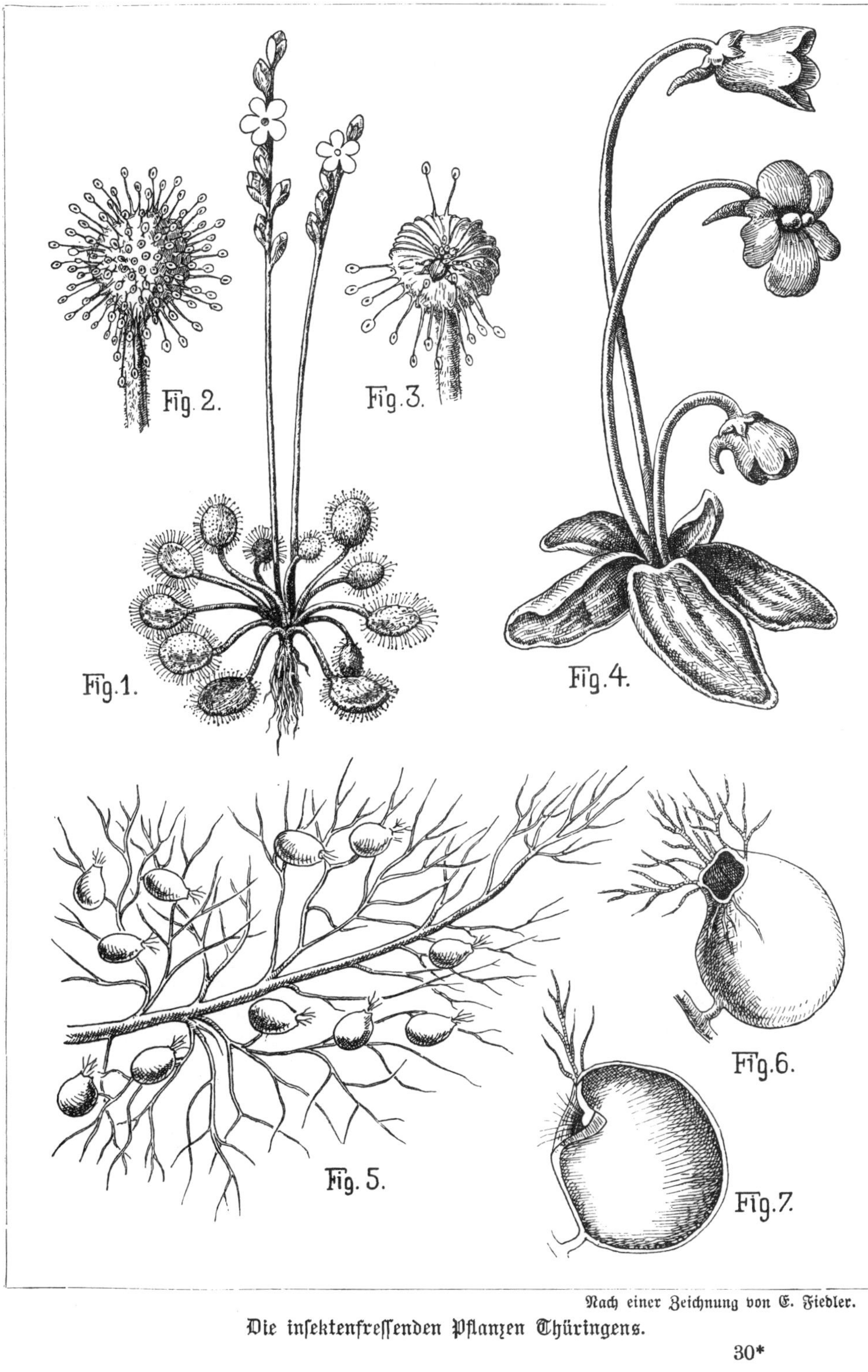

Nach einer Zeichnung von E. Fiedler.

Die insektenfressenden Pflanzen Thüringens.

von dem getöteten Insekt nur noch unverdauliche Reste, als Flügel, Kiefer, Beinschienen, Klauen, übriggeblieben. Fleisch und Blut dagegen sind von den Drüsenköpfchen absorbiert und der Pflanze als Nahrung zugeführt worden. Die Wimpern haben sich unterdessen gewissermaßen in Schlachtordnung wieder aufgestellt, und wenn auch anfänglich ihre Köpfchen zunächst noch trocken sind, so erscheinen doch in kurzer Zeit daran wieder die glänzenden Tröpfchen, und das Blatt ist dann zu neuer Beuteaufnahme gerüstet. Die Raubgier des Sonnentau ist so groß, daß selbst Insekten von nicht unbedeutender Größe, z. B. Libellen, dem Untergange geweiht sind, falls sie sich unvorsichtigerweise einem Blatte nähern. Wie beträchtlich die Zahl der von dem Sonnentau gemordeten Tiere ist, mag danach berechnet werden, daß man einmal auf einem einzigen Blatte die Ueberreste von nicht weniger als dreizehn verschiedenen Insekten fand.

Die zweite einheimische Pflanzengattung, die ebenfalls den Krieg gegen die Insekten als Lebensberuf betreibt, führt den Namen Fettkraut oder Pinguicula vulgaris. Das zierliche Pflänzchen, welches Fig. 4 darstellt, kommt selten in Thüringen vor; wir treffen es beispielsweise auf sumpfigen, torfigen Wiesen bei Ohrdruf (an der Aue), bei Scherershütte (Ohrdruf), Ernstroda, Wannigsroda, Elgersburg (sämtlich im Herzogtum Gotha), auf feuchten Waldwiesen bei dem Schloß Fröhlichen Wiederkunft, bei Zweiselbach, Gumperda, in der Umgegend von Roda, bei Hummelshain, Neustadt a. O., Heilingen bei Orlamünde, jenseits des Hainbachthales in Oberhain, auf dem Algerstedter Ried bei Erfurt, Kirchberg bei Oberweißbach, auf Wiesenflächen unter der Eremitage, bei Stadtilm, Kranichfeld, Lehesten. Auf schlanken Stielen trägt es veilchenblaue, nach rückwärts in einen spitzen Sporn auslaufende Blüten; die Laubblätter bilden eine Rosette und sind an ihrer Oberseite mit zahlreichen, schleimabsondernden Drüsen besetzt. Letztere sind auch die Ursache, daß sich die Pflanze, wie schon ihr Name sagt, ganz fettig anfühlt. Der klebrige Saft, den diese Drüsen ausscheiden, dient als Köder und als Leim zugleich. Sobald nämlich ein Insekt, durch den glänzenden, perlenden Saft angelockt, das Blatt berührt, wird es ohne weiteres von dem Schleime festgehalten und fällt schon nach kurzer Zeit dem Erstickungstode anheim. Infolge der Berührung werden die Drüsen nicht nur zu vermehrter Absonderung von Schleim, sondern auch zur Ausscheidung einer sauren, pepsinhaltigen Flüssigkeit angeregt, welche die Fähigkeit besitzt, das gefangene Insekt bis auf die harten Skelettteile vollständig aufzulösen und zu verdauen. Ist das Tierchen zufällig auf den Blattrand geraten, so rollt sich das Blatt langsam um die Beute herum ein, um auf diese Weise möglichst viele Drüsen zur Ausscheidung von Verdauungsflüssigkeit zu veranlassen. —

Wir wenden uns nunmehr zur dritten und letzten einheimischen insektenfressenden Pflanze, zu dem gemeinen Wasserschlauch — **Utricularia vulgaris***) — von welchem uns die 5. Figur ein Bruchstück vorführt. Diese Pflanze kommt in Thüringen ebenfalls nicht allzuhäufig vor; wir begegnen ihr z. B. in den Sümpfen

*) Außer dieser Art kommen in Thüringen noch vor: U. neglecta, U. intermedia und U. minor. Vgl. S. 203.

und Teichen bei Untermaßfeld, bei Stedtlingen, bei Stadt Roda, Sonneberg, Erfurt, Rudolstadt, auf der Hochebene von Plothen, auf Sümpfen zwischen Dietendorf und Großrettbach und bei Werningshausen im Herzogtum Gotha, dann an Teichen des Zeitzgrundes, in der Umgegend von Mörsdorf, bei St. Gangloff und Schleifreisen, an Teichen zwischen Ruttersdorf und Albersdorf, in Wiesengräben bei Schöngleima; der kleine W. insbesondere ist im kalten Thal bei Fröhlichen Wiederkunft zu finden. Das Merkwürdigste an Utricularia sind die vielen kleinen Bläschen, die an den schmalen, fein zerteilten, grünen Blättern sitzen und als Fangapparate für kleine Wassertiere dienen. Figur 6 und 7 stellen zwei Bläschen vergrößert dar. An der Seite lassen sie eine rundlich-viereckige Öffnung erkennen, welche durch eine nur nach innen sich zurückbiegende Klappe verschlossen ist. Auch sind die Klappen schön indigoblau gefärbt und stechen dadurch lebhaft von dem Grün der Blätter ab. Mehrere borstige Härchen am oberen Rande der Öffnung geben dem ganzen Gebilde eine gewisse Ähnlichkeit mit einem Wasserfloh (Daphnia pulex). Scharenweise gehen die kleinen Wasserkrebse, vielleicht getäuscht durch jene Ähnlichkeit, der gefährlichen Lockung nach; unversehens stoßen sie an die verhängnisvolle Klappe, deren blaue Farbe ihre Neugierde erregt, und gelangen so in das Innere der Blase; die Klappe schnellt aber vermöge ihrer Elasticität sogleich wieder in ihre ursprüngliche Lage zurück und versperrt, indem sie sich an den vorspringenden, verdickten, wulstförmigen Rand des Eingangs eng anschließt, den gefangenen Tierchen den Rückweg. Hierdurch lassen sich jedoch andere nicht abhalten, bald darauf dem gleichen Schicksal zu verfallen, wie aus der Thatsache hervorgeht, daß man in einzelnen Blasen die Reste von nicht weniger als vierundzwanzig kleinen Krebsen beobachtet hat. Auch Larven von Mücken, kleine Würmer und Urtiere (Protozoen), die in dem Hohlraum der Blase vielleicht Nahrung vermuteten oder auch Schutz gegen Verfolger zu finden hofften, werden nicht selten als Gefangene in den Blasen angetroffen. Die Tierchen machen zwar verschiedene Anstrengungen, um dem Gefängnisse zu entkommen; es ist jedoch alles vergeblich. Manche gehen schon nach kurzer Zeit elend zu Grunde, andere leben noch zwei bis drei, ja sogar bis sechs Tage; schließlich fallen sie aber alle dem Erstickungs- oder Hungertode anheim. Später findet man nur noch ihre harten Skeletteile, während ihre Weichteile von hierzu besonders ausgebildeten Saugzellen aufgenommen und weiterhin der ganzen Pflanze als Nahrung zugeführt worden sind. —

Hiermit wollen wir unsere Schilderung beenden. Wer sich von den Lesern über die hier nur in Kürze mitgeteilten, höchst merkwürdigen Erscheinungen und Vorgänge näher orientieren möchte, dem sei Darwins ausführliches Werk über die insektenfressenden Pflanzen oder „Die Pflanze" (10. Lief.) von **Prof. Cohn** bestens empfohlen. Die Ausführungen des letztgenannten Forschers haben wir auch bei unserer Darstellung teilweise zu Grunde gelegt.

Dr. Amm, Meiningen.

Volksetymologisches aus Thüringen.

Mit unbequemen Wörtern, besonders Fremdwörtern, geht der Volksmund um wie der Gebirgsbach mit Gesteinsbrocken. Wort wie Kiesel werden gewälzt und gewetzt, bis nichts Hervorragendes und Unebenes mehr an ihnen ist, und wie aus dem Bachkies nur der Kenner bei genauerem Zusehen den Granit und Porphyr, den Quarz und Grünstein herausfindet, so erkennt auch der Sprachforscher oft nur mit Mühe in den abgeschliffenen und undurchsichtig gewordenen Wörtern der Volkssprache die ursprünglichen Formen. Um Sprechflüssigkeit zu erreichen, vereinfacht der Volksmund manche Häufungsvokale (Dedor für Theodor, Dowis für Tobias, Indefidjen für Individuum — Gotha), macht Lautumstellungen (Infalenza oder Infulenzia für Influenza — Gotha, bürnen für brennen — Ruhla), assimiliert gewisse Konsonanten und läßt sie dem vorhergehenden gleichklingen (Mollen für Mulde, Wunner für Wunder, Schann für Schande — um Gotha), läßt Konsonanten ganz ausfallen (Hausern für Hauserden, Maichen für Mädchen — Gotha), wendet unberechtigterweise ein anlautendes h an (Hulan für Ulan — Gotha, Hädrexen für Eidechsen — Gräfenroda), verschluckt Endsilben u. dergl. m. Nur schwer wieder zu erkennen sind z. B. folgende Wörter: Werscht = Werkstätte, Hamfel = Handvoll, barbs = barfuß — Gotha; Bibs = Beifuß — Cabarz; Heit = Haupt — Ruhla und Umgegend; Gaumer = Goldammer — Mehlis; Schweng, Gier, Burg und Ilm für Geschwenda, Gera, Elgersburg und Ilmenau — in Gräfenroda. Wie verschieden übrigens das Bedürfnis nach Mundrechtmachung der Wörter in den einzelnen Gegenden ist, beweist u. a. der Name Ameise, der in Salzungen „Âmaise“, in Ufhoven bei Langensalza „Ómeisen“, in Sondra, der Vogtei „Hómeisen“, in Ebeleben, Nordhausen „Hómaisel“, am Harz „Hómaischel“, in Leina „Homise“, in Mühlhausen „Humaisen“, in Ülleben bei Gotha „Uëmeisen“, in Mosbach bei Eisenach „Huëmëisen“, in Ichtershausen „Huimeisen“, in Schwarzhausen „Imeisen“, in Winterstein „Iëmeisen“, in Altenburg, Jena „Amse“, „Amsel“, in Sundhausen „Émse“, in Breitungen „Émaze“, in Brotterode, Schmalkalden, Steinbach u. U., Mehlis „Imèze“, in Gräfenroda „Himèzen“, in Ruhla „Émèzen“, um Naumburg „Séchèmse“, in Altenburg „Séchamsel“, in Salzungen „Sèmèze“, in Markfuhl „Simèzen“ ausgesprochen wird.

Die angeführten Beispiele sind indessen (etwa „Amsel“ ausgenommen) noch keine solchen zur eigentlichen Volksetymologie. Bei dieser tritt zu den geschilderten äußerlichen, fast ganz mechanischen Vorgängen, noch ein anderer, rein geistiger Prozeß hinzu. Der fremde Klang des Wortes nämlich erweckt die Vorstellung von einem bekannten ähnlich klingenden Worte, das zwar eine charakteristische Seite der bezeichneten Sache in der Regel gut trifft, aber den wirklichen Sinn des ursprünglichen Wortes nicht wiedergiebt. In den Thüringerwaldorten mehr hennebergischer Mundart wie Ruhla, Tabarz u. s. w. wird die Preißelbeere (Vaccinium Vitis idaea) Brunschnetz oder Bruinschnetzen genannt. Entstanden ist der seltsame Name aus dem slavischen brusnice, was etwa braunrot bedeutet. Natürlich ist die Herkunft und Bedeutung dieses Wortes dem Volke unbekannt. Die rotbraun punktierte Unterseite der Blätter, vielleicht auch die Farbe der Beeren, erinnerte die Leute an die rotbraun angelaufenen Obstschnitzen, und so bildete die Volkszunge mit einer scheinbar leichten äußerlichen Veränderung des Wortes aus brusnice den Namen Brunschnetz. Ist es jemand infolge großer Anstrengung schwach geworden, und flimmert es ihm dabei vor den Augen, so sagt man wohl: Es wird mir ganz blümerant (andere auch flimmerant)! Die Heimat dieses Ausdrucks ist Frankreich, wo er eigentlich bleu mourant lautet, was „sterbendes Blau", d. i. blaßblau, bedeutet. Weiter sagt man (in Gotha und anderwärts) für Augenbrauen — Braunen, für Fourage — Futterage, für massakrieren — mordsakrieren, für martialisch — mordsjalisch, für Sperranzia (weitläufige Komplimente) — Sperränzchen (wobei man an das Sperren und Zieren denkt), für Suada („Redegabe" — nach Suada, der römischen Göttin der Überredung) — Schwarte — (man hat wohl hier den Hintergedanken: das Mundwerk geht wie mit einer Speckschwarte geschmiert). Aus renovieren mit Anlehnung an reinigen ist das drollige „reinefieren" als Bezeichnung eines sehr gründlichen Reinigens gebildet worden. Hervorragend Ergötzliches leistet der Volksmund bei der Wiedergabe der fremdsprachlichen Bezeichnung der Medikamente. Da ist zunächst das Wort unguentum (Salbe), das geradezu zur Umbildung in „umgewendet" herausfordert. In der That ist aus unguentum ad scabiem — „umgewend'ter Schabian" geworden; in Harzer Apotheken verlangte man nach Professor A. Kirchhoff-Halle statt unguentum digestivum — umgewend'ten Degenstiefel, statt unguentum Neapolitanum — umgewend'ten Napolium. Das in Gotha berühmte Doppel-Diakonuspflaster ist in Wirklichkeit ein Doppel-Diachylonpflaster (zusammengesetztes Bleipflaster), das Ochsenkruzchenspflaster ein emplastrum oxycroceum, die rote Prinzendipetatsalbe (Nordhausen) ein rotes Präcipitat, der Extradorn (Nordhausen) ein extractum Saturni. Ähnlich ergeht es den meisten Pflanzennamen lateinischer Herkunft. Aus Althaea wurde Allthee, aus Curcuma — Gurkemeh (mit Anlehnung an Gurke, wegen der Gestalt des betreffenden Wurzelstockes), aus Zitwerwurzel — Zitterwurzel, aus Sanicula — Zahnnickel (Gotha) oder Zuhnnickel = Zaunnickel (Schmalkalden; in anderen Gegenden Deutschlands wird die Pflanze auch „Saunickel" genannt), aus Eschscholtzia — Scholzchen (Friemar), aus Kamille — Kühmelle (Schmalkalden) oder Kommerblümmen (Markfuhl) oder Kammerblume (Sülzenbrücken rc.) oder Kummerblummen (Ruhla, Mosbach bei Eisenach rc.), aus Sadebaum oder Sevenbaum — Siebenzeit, aus Diclitera (= brennendes Herz) — die Gliedera, aus Genista — Genist, aus Holunderbeere — Heilundwundbeere (Schmalkalden), aus Rhabarber — Reinbarwer (Gotha). Mit dem Namen Wermuth sind unsere Sprachforscher noch nicht ins reine gekommen; insonderheit weiß man nicht, ob man die erste Silbe an „Wärme" oder „Wurm" anlehnen soll; der Volksmund ist damit längst fertig: das Kraut wird als ein den Leib erwärmendes Mittel gebraucht, dazu führt die Pflanze in Thüringen vielfach die Bezeichnung „Wärmden", also hat man im Altenburgischen aus dem Namen volksverständlich Wärmthee gemacht. Auch deutsche Namen unterliegen dem Zwange der Volksetymologie. So heißt eine der allerersten Frühlingsblumen — Tussilago farfara — hie und da „Sommerthürchen". Den guten Wintersteiner bedünkte es nun wohl gar verwunderlich, daß ein schlichtes Blümchen der schönen Jahreszeit Thür und Thor öffnen sollte, und so hat er denn ein klangverwandtes Wort greifbareren Inhaltes hergenommen und schlankweg Sommerdürschchen gebildet (Dursche von ahd. torso, turso, ital. torso = Strunk, Rumpf, aus lat. thyrsus, griech. thyrsos = Schößling). In ähnlicher Weise entstand aus dem Namen Gartenhagen (Artemisia abrotanum) — Gartenhahn (Gotha) oder Garthahn (Markfuhl) und selbst Gartenhühnchen (Schmalkalden).

Unter den Tiernamen ist in seltsamster Weise die allgemeine Volksbezeichnung des Kohlweißlings gewandelt worden. Dieser Schmetterling heißt u. a. in Gotha Milichdieb, in Mosbach bei Eisenach Mèlechdûm (Milchtaube), in Pößneck Mulchendieb, in Mehlis Mauwerstahler, in Bischofsheim am Fuße des Kreuzberges Mukestahler, in Ruhla Mälkensdêfel, in Suhl Målkestaïber. Der dem Namen zu Grunde liegende Begriff ist ursprünglich offenbar ausschließlich „Milch- oder Molkenstehler" (= dieb) gewesen, durch fortgesetztes Etymologisieren wurde aber dem Bestimmungswort der Sinn von „Mauer" und „Mücke" und dem Grundworte der von „Steffel (Steffchen, Steppchen = Teufel)" und „Stöber" (aufstöbern) untergeschoben, da dem Volke die Bedeutung der anfänglichen Bezeichnung abhanden gekommen war.

Ein ferneres, sehr interessantes Kapitel sind die volksetymologisch umgedeuteten Ortsbezeichnungen, deren eine ganze Zahl „litterarisch" geworden sind. Vielfach liegt diesen Namenerklärungen ein wohlfeiles Entstehungsgeschichtchen mit einem gelegentlichen Ausruf als Pointe zu Grunde. „Ohr druf!" rief nach Adolf Bubes Gedicht jener quellsuchende Mönch, indem er sein Ohr auf die Erde legte, und gab somit dem später an der betreffenden Stelle entstehenden Städtchen den Namen, während Ohrdruf doch eigentlich Ohrdorf, Dorf an der Ohra, heißt. Der beklommene Hinweis: „Hör' Seel' im Berg!" soll den Namen Hörselberg erklären; dieser bedeutet aber einfach Berg an der Hörsel und dieser Flußname = Pferdewasser. Ein im Wald Verirrter rief beim Auftauchen des ihm wohlbekannten Haderholzsteins (Hader = Streit) erfreut: „Ha, der Holzstein!" Nach harter Verfolgung, die auch mit schweren Thätlichkeiten verbunden war, entkam einst ein Graf einem erzürnten Bauern, dem er verbrecherischerweise ins Gehege gegangen war. Aber im Entschlüpfen rief der Edelmann noch: „Merk' Er's!" und deutete damit seine Rache an dem Verfolger und dessen Gemeinde an. So kam Merkers bei Tiefenort im Eisenacher Oberlande zu seinem Namen. In Wirklichkeit dürfte Merkers allerdings soviel als Merkershausen bedeuten; es ist dieselbe unfertige Bildungsform, wie wir sie in den Ortsnamen Albrechts, Heinrichs, Hilders 2c. haben. Beim erstmaligen Genuß der herrlichen Aussicht vom Wartburgberge entfuhr Ludwig dem Springer der Sage nach der Ausruf: „Wart' Berg, du sollst mir eine Burg werden!" Es liegt aber der Bezeichnung das vielverwendete althochdeutsche warta, d. i. Berg zur Aus- und Umschau, zu Grunde. Dieselbe Herkunft mag auch der Name des Dorfes Wartha a. d. Werra haben. Volksetymologisch wird dieser Name so erklärt:

Heinrich IV. hatte seinen Gegenkönig Rudolf von Schwaben und die diesem anhangenden Sachsen und Thüringer bei Mellrichstadt und Fladenheim geschlagen. Er hielt am Fuße des Kielforstes am Werraufer einen Rasttag und nahm dabei große Heerschau ab. Da ritten die Thüringer Edlen am jenseitigen Ufer zu ihm heran, um ihm in Masse ihre Unterwürfigkeit zu bezeigen. Um ihren Eifer zu mäßigen, rief ihnen der Kaiser zu: „Wart' da!" und einzeln mußte jeder der Großen ihm den Huldigungseid leisten. Auf Heinrichs Befehl wurde dann der Ort gegründet, der jetzt Wartha heißt. Die Ortsbenennungen Hermesdorf (altenburgischer Westkreis), Kahla, der Forstort Hadermich (= Streitbach; vgl. Dërmich = Dürrnbach bei Mosbach, Tammich = Tambach 2c.) bei Liebenstein werden in Beziehung gebracht zu den Willens- und Gefühlsäußerungen: „Hierher muß Dorf!" — „O du schöne Marienstadt, wie bist du so kahl geworden!" — „Da hat er mich!" Die letzten Worte soll eine ihrem Manne entlaufene und von demselben verfolgte Frau verzweifelt ausgestoßen haben, als sie sich endlich eingeholt und gepackt sah. — Bei der so häufig wiederkehrenden Wegbenennung Diebsteig oder Diebstieg hat man gern an die Möglichkeit einer Entstehung aus Dietsteig, Diutsteig = Volksweg gedacht, da solche Wege zur Vermeidung eines Umweges vom gewöhnlichen Volke eingeschlagen worden seien, jedenfalls bedeutet der Name aber „Schleichweg", kommt von slavisch dýbati, d. i. beschleichen, lauern, und ist angelehnt an das gemein-germanische „Dieb". Die nimmermüde etymologisierende Triebkraft im Volke hat übrigens in Gotha aus Diebstieg auch Diebstück gemacht. Der Inselsberg hieße richtiger Emseberg, entgegen der ansprechenden Erklärung, er schaue morgens wie eine „Insel" aus dem Nebelmeere heraus. Rennstieg wird überwiegend als aus Rainstieg, d. i. Grenzweg, entstanden angesehen, könnte nach neueren Untersuchungen allerdings auch die Bedeutung von „Rennweg" oder „Kurierpfad" haben. Für Heuberg wäre die begründetere Schreibart „Häuberg", da man mit diesem Namen ursprünglich einen Berg mit einem Schlage bezeichnete, auf dem also Holz gehauen war. Das Affenthal bei Metebach hat mit einem Affen nichts zu thun, der Name geht vielmehr auf das althochdeutsche affa, Nebenform aha, d. i. Wasser, zurück. Nicht in die Schriftsprache aufgenommen, also nur zur vulgären Volksetymologie gehörig sind folgende Beispiele: Die Wüstung Absolverode bei Georgenthal heißt im Volksmunde Apfelrot, der Berg St. Georg daselbst Singörgen, der altenb. Ort St. Annendorf — Stangendorf. — Im Gothaischen hört man für Hirzberg (= Hirschberg) bei Georgenthal — Herzberg, für Brunnenkresse — Bornkersch, für Egel — Igel, für Lehm — Leim, für First — Forscht (Forst), für Cord — Gurt, für Serge — Charge, für Scorzionärwurzel — Stationärwurzel, für Christmette — Christmitten, für Rippen — Riem' = Riemen 2c. sagen. Von einem Etymologisieren ist freilich bei vielen dieser falsch angewendeten Benennungen nicht recht die Rede. Zum Schluß sei noch einiger Familiennamen Erwähnung gethan, die auch der Volksetymologie verfallen sind. So kommt Wachsmuth von ahd. was, wahs = scharf, schneidend, fest, und schließt also nicht den Imperativ „Wachse, Mut!" ein, sondern bedeutet etwa „Kühnmut". Übrigens ist auch der Name „Waßmuth" z. B. in Berlin vorhanden. Der Wachserasen des Thüringer Waldes hat seinen Namen von dem steilen Abhang, an dem er liegt, die Wachsenburg — ehedem Wassenburg geheißen — wohl von dem steilen Bergkegel, auf dem sie thront. (Wegen der Verwandlung des ss in chs vgl. Voß und Fuchs, Dreßler und Drechsler, Oß und Ochs, säs und sechs, Sassen und Sachsen 2c.) Den z. B. in Gotha vorkommenden Familiennamen Rosenlöcher führt Dr. V. Burckas auf den Ortsnamen Roßlach zurück. Aber auch an den in fest gewordenen Formen überlieferten Familiennamen modelt der Volksmund noch herum: Kalmberg statt Kallenberg, Klein statt Kley, Kleinsteuber statt Kleysteuber, Angelmeyer statt Angermeyer, Schönemann statt Schömann wird in Gotha häufig gehört. Damit brechen wir dieses unerschöpfliche und interessante Kapitel unserer Volkskunde ab. Es wird bei liebevoller Beobachtung jedem einzelnen leicht werden, die vorstehenden Zusammenstellungen durch neue und eigenartige Beispiele aus dem eigenen Kreise reichlich zu vermehren.

L. Schmidt, Gotha.

Thüringen.

Nun winkt in holder Frühlingspracht
Mir Wiese, Busch und Hag,
Und aus des Laubes dunkler Nacht
Tönt Nachtigallenschlag.
Es zieht sich wie ein Silberband
Die Saale durch die Flur.
Mein Thüringen, mein Vaterland,
Wer schuf so schön dich nur?

Der Herrgott hat dich so geschmückt,
Waldheimat, lieb und traut,
Wie schaut mein Auge hochbeglückt
Den Wald, so stolz erbaut.
Mir läuten leis' am grünen Rand
Die blauen Glocken zu,
Mein Thüringen, mein Vaterland,
Du gabst mir Glück und Ruh.

Die alte Burg vom Berge winkt,
Umrankt vom Blütenstrauß.
Und wie die Sonne scheidend sinkt,
Winkt mir ein gastlich Haus.
O froher Sinn! O Freundeshand,
Du trautes Lied beim Wein!
Mein Thüringen, mein Vaterland,
Auf ewig denk ich dein!

August Sturm, Naumburg.

Inhaltsverzeichnis.

Buchdruckerei Julius Klinkhardt, Leipzig.